KURT KREILER

Der Mann, der Shakespeare erfand
Edward de Vere, Earl of Oxford

Mit Abbildungen

Insel Verlag

© Insel Verlag Frankfurt am Main und Leipzig 2009
Alle Rechte vorbehalten, insbesondere das der Übersetzung,
des öffentlichen Vortrags sowie der Übertragung
durch Rundfunk und Fernsehen, auch einzelner Teile.
Kein Teil des Werkes darf in irgendeiner Form
(durch Fotografie, Mikrofilm oder andere Verfahren)
ohne schriftliche Genehmigung des Verlages reproduziert
oder unter Verwendung elektronischer Systeme verarbeitet,
vervielfältigt oder verbreitet werden.
Satz: TypoForum GmbH, Seelbach
Druck: Freiburger Graphische Betriebe, Freiburg
Printed in Germany
Erste Auflage 2009
ISBN 978-3-458-17452-3

1 2 3 4 5 6 – 14 13 12 11 10 09

INHALT

»As if we were God's spies«
(King Lear, V/3)

AN DEN LESER

Einander ironisch musternd, stehen sie sich seit langem gegenüber:
Shakspere und Shakespeare. Der geschäftstüchtige, unbelesene, des
Schreibens kaum kundige Handschuhmachersohn aus Stratford-upon-
Avon, der seine Werke aus dem Nichts verfaßte. Und, mit Freuds Worten, »der hochgeborene und feingebildete, leidenschaftlich unordent-
liche, einigermaßen deklassierte Aristokrat Edward de Vere, siebzehn-
ter Earl of Oxford«, der sich eines Pseudonyms bediente, weil er seine
Werke gedruckt sehen wollte. Ein ungleicher Wettstreit, möchte man denken. Und doch hat die Welt
sich seit langem für die Büste und gegen den Dichter entschieden.

Edward de Vere (1550-1604), Sproß einer der alten kämpferischen Adels-
familien Englands, wächst als Knabe in ländlicher, als Jüngling in höfischer Umgebung auf. Sein Vormund, der Berater der Königin und
heimliche Landesvater, stellt dem Heranwachsenden ein Haus mit Bibliothek als Aufenthaltsort und die hervorragendsten Gelehrten als
Lehrer zur Verfügung. Arthur Golding, Übersetzer Ovids, unterrichtet
ihn in Literatur, Richard Edwards, der königliche Musik- und Schau-
spieldirektor, in den dramatischen Künsten. Der junge Earl schildert in
den *Adventures of Master F. I.* auf subtile Weise eine höfische amour fou,
bricht als Vierundzwanzigjähriger für ein Jahr nach Frankreich und Italien auf, verläßt nach der Rückkehr für fünf Jahre seine junge Frau, verliert nach und nach seinen Landbesitz und wird zum Schuldner der
Königin. Henry Wriothesley, Earl of Southampton, der Jüngling der
Sonette, soll seine älteste Tochter heiraten, aber zieht sich zurück. Als
Witwer ehelicht er eine herrscherliche zweite Frau, die ihm den Le-
bensabend verbittert. Von seinen Zeitgenossen als der »Beste im Fach
Komödie«, »erster Orpheus«, »Taufpate der Schriftsteller, Oberaufseher
der Drucker und Musterungs-Meister unzähliger Schauspielgruppen«
gerühmt, stirbt er, ein Jahr nach Elizabeth' Tod, auf seinem Landsitz in
London-Hackney.

Von diesem Leben werde ich erzählen, und von der historischen Bühne, auf der SHAKE-SPEARE, der Speerschwinger, sein Spiel des Spiels
und das Spiel aller Spiele inszeniert hat.

Dabei sollen neben seiner Stimme auch die Stimmen seiner Zeitgenossen vernehmbar werden mit ihrer Kunst der langen Perioden, ihren
wunderlichen Anspielungen, ihrem Witz und ihrer Lust am Dekor.
Aber warum nochmals ein dickes Buch zu einer dünnen These?
Welche neuen Erkenntnisse rechtfertigen einen *anderen* Shakespeare?

Nun, die fulminante erste Novelle in der Geschichte der englischen
Literatur – die Novelle *The Adventures of Master F. I.* von 1573 – stammt,
wie man bisher versäumt hat zu wissen, aus der Feder des zweiund-
zwanzigjährigen Edward de Vere. Ebenso ein Anhang von fünfzig Gedichten, die einen Blick in die Werkstatt des jungen Shakespeare erlauben.

In dieser Arbeit werde ich zeigen, daß Oxfords literarische Zeitgenossen Gabriel Harvey, Thomas Nashe, Edmund Spenser, Henry Willobie
und John Davies of Hereford den Earl als Verfasser der Shakespeareschen Werke angesprochen haben.

Erstmals benenne ich die konkreten zeithistorischen Anspielungen in
The Merchant of Venice, Love's Labour's Lost und *Hamlet*, das Rätsel der
Gentlewoman – und die waghalsige Rolle, die Ben Jonson nach Ox-
fords Tod gespielt hat.

Natürlich frage ich auch: Wer war der Jüngling? Wer die Dark Lady?
Und gebe auf diese Fragen Antwort.

Dies ist ein Buch der Findungen. Mitunter hängen seinen Sätzen noch
die Eierschalen der Wissenschaft an – keiner bitteren oder farblosen
Wissenschaft –, aber einer fröhlichen, zu Überraschungen geneigten.
Im Sinn der leidenschaftlichen Analyse sind Umwege und Aufenthalte
unumgänglich, denn ein erweiterter Horizont verlangt die Beobach-
tung auch des Details.
Doch weil sich die Ahnungslosigkeit der Kenner und die Kenntnis der
Ahnungslosen in diesem Fall die Waage halten, darf ich hoffen, den
Erwartungen aller gerecht zu werden.

Die zwischen die Kapitel eingestreuten bzw. sie einleitenden Texte wollen sich nicht immer entscheiden zwischen Dokumentation und Literatur. Sie basieren auf Quellen, die frei übersetzt oder nacherzählt wurden. Die Zitate aus den Stücken folgen in der Regel dem Wortlaut der Übersetzungen von August von Schlegel, Wolf von Baudissin und Dorothea Tieck – wobei ich mich nicht gescheut habe, in ihre Texte einzugreifen. Die Gedichtübersetzungen stammen von mir.

Dank

an Margareta, die mir wegweisend zugehört hat –
an Karen Schmidt-Paas, die Mäzenin, ohne die dies Buch nicht entstanden wäre –
an Robert Detobel, der seine Findungen selbstlos mit mir teilte und das Geschriebene verbessern half –
an Chris Hirte, den Übersetzer der *Adventures*, der las und kritisierte –
an meinen Bruder Bernd, den hilfreichen Altphilologen –
und an Hans-Ulrich Müller-Schwefe, meinen Lektor.
Ebenfalls Dank dem Deutschen Literaturfonds, der die Arbeit mit einem einjährigen Stipendium unterstützte.

I ERSTE SCHRITTE

Wie die meisten seiner Zeitgenossen war Edward de Vere an Landschaft nur mäßig interessiert. Landschaft gab es in Hülle und Fülle, man hatte sie zu durchqueren und hinter sich zu bringen auf einem Pferd, einem Karren, einer Kutsche oder zu Fuß, man war durch sie höchstens aufgehalten, weil ein brückenloser Fluß oder ein unvermeidlicher Berg den Weg versperrte, aber hielt sich deshalb nicht auf mit der Betrachtung von Landschaft, sie dämmerte noch in den Hintergründen der Malerei, ihre Sonnenaufgänge gehörten den Göttern, nicht den Menschen. Dennoch soll nicht unerwähnt bleiben, daß der Mann, für den Landschaft nicht mehr war als ein möglicher Schauplatz der menschlichen Leidenschaften, in einem überaus freundlichen Landstrich Englands geboren wurde.

Schloß Hedingham besetzt eine kleine Anhöhe inmitten eines sanft welligen Plans von Äckern und kleinen Wäldern, unweit des Flüßchens Colne. Ein Ort, wie es scheint, der keine Bedrohung kennt, ein Inbild des ländlichen Friedens, etwa fünfzig Meilen nordöstlich von London gelegen. Die nächstgrößere Stadt ist der Hafen Colchester. Inmitten dieser nordarkadischen Landschaft ragt ein stolzer normannischer Turm in den Himmel, der das bukolische Idyll konterkariert, ein Turm, zugleich Festung und Schloß, der in vier riesigen Stockwerken einem ganzen Dorf Zuflucht bietet. Über den Verliesen erhebt sich ein Haus für die Soldaten, darüber ein Haus für den Grafen und über dem eines für die Frauen und Kinder. Der Turm entstand an der Wende vom elften zum zwölften Jahrhundert. Erbaut hat ihn Aubrey (Alberic) de Vere, einer der Generäle von Wilhelm dem Eroberer.

Da die de Veres ein halbes Jahrtausend lang für und gegen die englischen Könige gekämpft, sie erzogen, inthronisiert, verraten, getauft, beerdigt haben, ist ihre Familiengeschichte von der Geschichte Englands nicht zu trennen.*

---

* Henry I zeichnete den zweiten Aubrey de Vere 1133 mit dem erblichen Titel des persönlichen Kämmerers – oder *Master Chamberlain of England* – aus. – Aubrey III (1130-1194) vertrat die Rechte der Empress Matilda (Maud), der Tochter von Henry I., gegen Stephen of Blois. Als Sieger im Bürgerkrieg wurde Kanzler Aubrey von Maud mit dem Schloß Colchester beschenkt. 1154 bestätigte Henry II Plantagenet die

Durch verwandtschaftliche Beziehungen zu den Tudors und als erbliche Lordkämmerer zählten die de Veres zu den Stützen und Garanten des Königtums. Ihre Herkunft und ihren Namen führte die Familie den Traditionen der Zeit entsprechend auf römische Anfänge zurück, ob- Schenkung, machte Aubrey de Vere zum ersten Earl of Oxford und gewährte ihm ein Drittel aus den Erträgen der Grafschaft.

Dessen Sohn Aubrey, der 2. Earl of Oxford (1163-1214), focht an der Seite von Richard Löwenherz in der Normandie und befehligte die Truppen von King John in Irland. Hedingham wurde von den gegen John rebellierenden Baronen eingenommen. Sein Bruder Robert de Vere, der 3. Earl of Oxford (1170-1221), unterstützte die rebellischen Barone und zwang King John, die »Magna Charta« von 1215 zu unterzeichnen. Er widerstand Johns Allianz mit dem Papst und gehörte zu den Baronen, die die englische Krone dem Sohn des französischen Königs anboten. Die Franzosen landeten in England und bezogen auf Schloß Colchester Stellung. Nach der Vertreibung von Dauphin Louis schloß Robert de Vere (zusammen mit den aufständischen Baronen) Frieden mit Henry III, dem Sohn von King John.

Einer, der als Verlierer in die Geschichte einging, war Robert de Vere, der 9. Earl of Oxford (1362-1392) – ein Schützling von Richard II, beneidet und gehaßt von den anderen Baronen. Als »Duke of Ireland« verließ er seine königliche Frau und heiratete eine Dienstbotin. Nach verlorenem Kampf gegen den Duke of Gloucester floh er nach Brabant, wo er während einer Jagd den Hauern eines Ebers erlag. Der erbliche Rang des »Chamberlain of England« fiel nach seinem Tod zurück an die Krone.

John de Vere, der zwölfte Earl (1408-1462), wurde während der Rosenkriege zwischen den Häusern York und Lancaster von Edward IV gefangengenommen und als Anhänger des Hauses Lancaster geköpft. Seinen ältesten Sohn hatte man vor seinen Augen hingerichtet.

Der dreizehnte Earl, John de Vere (1442-1513), war der jüngere Sohn des zwölften. Er wurde in die Rechte des Vaters wiedereingesetzt, konnte aber den Mord an Vater und Bruder nicht vergessen. Dieser John verband sich mit Richard Neville, Earl of Warwick, um das Haus Lancaster gegen das Haus York zu stärken. In der Schlacht von Barnet (1471) kämpften seine Leute versehentlich gegen die Anhänger Warwicks, John mußte vor den Yorkisten nach Wales und Frankreich fliehen, rüstete dort ein Schiff aus und besetzte mit 70 Leuten die Festung St Michael's Mount in Cornwall. Nach viermonatiger Belagerung kapitulierte er (1474) und wurde zehn Jahre lang in der Nähe von Calais eingesperrt. Mit Hilfe der Frau des Gefangenenwärters gelang ihm die Flucht. Er schloß sich im Kampf gegen Richard III dem Earl of Richmond (Henry Tudor) an und schlug Richard III. in der Schlacht von Bosworth Field (1485). Noch auf dem Schlachtfeld krönte man Henry Tudor zu Henry VII. John de Vere wurde zum Admiral von England und Irland erhoben und in den erblichen Rang des »Great Chamberlain« eingesetzt. Er lebte in großem Reichtum und wurde seiner Freigebigkeit wegen gerühmt.

Der vierzehnte und fünfzehnte Earl besaßen Ländereien im Wert mehrerer Grafschaften.

wohl der Name wahrscheinlich von einer alten Landschaftsbezeich-
nung abgeleitet ist. Das Motto der de Veres lautete *Vero nihil Verius*:
»Nichts ist wahrer als die Wahrheit«.

Wer die Wahrheit im Namen führt und diesen Namen mit dem Glück
seiner hohen Abkunft verbindet, darf auf ihn keinen Schatten fallen lassen – er würde sich sonst an der irdischen und himmlischen Ordnung
vergehen. Aber da die Wahrheit eine Sache Gottes ist, besetzen stellvertretend menschliche Überzeugungen ihren Platz.

John de Vere, der 16. Earl of Oxford (1516-1562), ein jäher und abenteuerlustiger Autokrat, Belagerer von Boulogne unter Heinrich VIII.,
unmittelbarer Lehnsherr der Krone und einer der grundbesitzreichsten
Männer des Landes, war ein Mann, der ohne alle Bedenken und Rück-
sichten für *seine* Überzeugungen eintrat. Seine Frau Dorothy, geb. Neville, hatte sich 1546 von ihm getrennt, nachdem er sie mit zwei anderen
Frauen – Anne und Joan – betrogen hatte, und war am 6. Januar 1548
gestorben. John de Vere und eine neunjährige Tochter Katherine blieben zurück. Unmittelbar darauf wurde der Graf zu dem Lord-Protector
Edward Seymour, Duke of Somerset, bestellt, der nach dem Tod von
Heinrich VIII. die Herrschaft an sich gerissen hatte. Somerset kassierte
unter dem Vorwand der Verschwägerung de Veres riesigen Besitz, d. h.
sämtliche Ländereien mit den zugehörigen Schlössern, Dörfern und
Gehöften: der Earl mußte seine Tochter Katherine einem Sohn Seymours zur Ehe versprechen.

Unter den im Zwangsvertrag genannten »Treuhändern« befand sich
auch Sir Thomas Darcy (1506-1558). Er sollte dafür sorgen, daß John de
Vere nicht unbeaufsichtigt eine neue Ehe einginge, aus der ein dem
Seymour-Clan feindlicher Erbe entspringen könnte. Darcy machte
von seinem Auftrag erweiterten Gebrauch und begab sich mit seinen
Männern zu Joan Jockey, einer Geliebten des Earl, und ließ ihr zur Ein-
schüchterung (und zum Zeichen, daß sie eine Hure sei) die Nase auf-
schlitzen.

John de Vere, ein Krieger und Rebell, verfiel darüber nicht in Schwer-
mut. Um seine Gegner abzulenken, kündigte er am 2. August 1548 die
Hochzeit mit einer gewissen Dorothy Fosser an, von deren Existenz Sir
Darcy wußte. Aber am Morgen des 1. August ritt er statt nach Haverhill

in Suffolk, wo Dorothy – und Darcys Männer – warteten, nach Belchamp St. Paul in Essex und heiratete dort Mistress Margery Golding, von der niemand gewußt hatte. Die Hochzeit mit ihr blieb zunächst geheim: ein Schachzug des Übervorteilten, mit dem er sich eine neue Königin ins Spiel holte.

Wir wissen nicht, ob die Ehe mit der jungen Frau glücklich oder unglücklich verlief, jedenfalls kündigte sich in angemessener Zeit eine Schwangerschaft an. Im August 1549 begann Somersets Macht zu bröckeln, und im Oktober wurde er gestürzt. Am 12. April 1550 aber kam das Kind der Rebellion zur Welt – und das Kind war ein Sohn –, der künftige 17. Earl of Oxford, getauft auf den Namen Edward. Die Namensgebung hatte nichts zu tun mit dem Feind Edward Seymour, sondern mit dem damals knapp dreizehnjährigen König Edward VI, dem Halbbruder der späteren Königin Elizabeth. Der königliche Knabe ließ dem Vater des Neugeborenen einen goldenen Becher, 27 Unzen schwer, als Taufgeschenk überreichen. (Nach dem modernen Kalender fällt der Geburtstag Edward de Veres auf den 22. April 1550. Das protestantische England bequemte sich erst 1752 dazu, die von Papst Gregor XIII. im Jahr 1582 revidierte Zeitrechnung zu übernehmen.)

Im Verlauf des Jahres 1551 versuchte Edward Seymour sich an die Macht zurück zu intrigieren, bis seine Gegner ihn im Januar 1552 aufs Schafott brachten. Durch königlichen Parlamentsbeschluß vom 17. Mai 1552, der die »äußerst habsüchtige und gefräßige Art« Seymours brandmarkte, erhielt John de Vere seine Güter ungeteilt zurück.

John de Vere, ein Freigeist mit protestantischer Neigung, scheint den Künsten und Wissenschaften gegenüber aufgeschlossen gewesen zu sein. Er fungierte als Patron einer eigenen Theatergruppe und war befreundet mit Thomas Smith, einem in Rhetorik, klassischer Philologie, Mathematik, Rechtswissenschaft und Philosophie gleichermaßen bewanderten Gelehrten. Ein älterer Schwager von John war Henry Howard, Earl of Surrey (1517-1547), ein glänzender Hofmann, Dichter, Diplomat und militärischer Führer, den ein fragwürdiger Hochverratsprozeß unter Heinrich VIII. den Kopf kostete. Surrey anglisierte die italienische Sonettform und führte als Übersetzer Vergils den Blankvers in die englische Dichtung ein. – Auch Margery Golding (ca. 1528-1568), John

de Veres zweite Frau, entstammte einer gebildeten Familie. Ihr Halbbruder war Arthur Golding (1535-1606), der Übersetzer von Ovids *Metamorphosen*.

Zu den hervorstechendsten Eigenschaften des Grafen John gehörten
seine Abenteuerlust und seine Verwegenheit. Während einer Eberjagd
in Frankreich stieg er vom Pferd, trat dem in die Enge getriebenen, zornigen Tier mit dem Rapier entgegen und tötete es. Den Franzosen
erklärte er nonchalant, in England sei so etwas eine Mutprobe für Knaben.

Es existiert ein anonymes Porträt aus den fünfziger Jahren, das John de
Vere in aristokratisch aufrechter Haltung zeigt: im hohen Oval des
Gesichts eine scharf geschnittene Nase, riesige Mandelaugen, hohe
Brauen, ein enormes Ohr. Er hat rotes Haar und einen rötlichen, sehr
gepflegten Bart, trägt eine weiße Jacke, die an der Brust kunstvoll
geschlitzt ist, mit einem steifen, mit schwarzer Spitze besetzten Kragen,
dazu ein schwarzes Barett. Seine langfingrige große Hand führt er zur
Brust an das Medaillon des Ebers, seines Wappentiers, das ihm an ei-
nem schwarzweißen Seidenband um den Hals hängt. Ein ritterlicher
Grande, feurig, klar und beherrscht. Eine spätere Zuschrift (quer über
die Kopfbedeckung gemalt) weist das Bild fälschlich als ein Porträt von
Edward de Vere aus.

Sein Sohn Edward sollte dem Vater in manchen Zügen gleichen, er
besaß als junger Mann die gleiche aufrecht überlegene Haltung, die
gleiche Nase, wenn auch etwas gerundeter – doch waren seine Augen
weicher, seine Brauen feiner, er hatte sprechendere Lippen und eine
höhere Stirn.

Am 6. Juli 1553 starb, knapp sechzehnjährig, König Edward VI an den
Folgen einer Pocken- und Tuberkuloseinfektion. Der humanistisch er-
zogene Jüngling hatte sich berufen gefühlt, der Sache des englischen
Protestantismus zu dienen. Ihm folgte seine ältere Halbschwester Mary
Tudor (1516-1558), die Tochter der von Heinrich VIII. geschiedenen
Katharina von Aragon. Mit Mary, halb Schaf, halb Tigerin, gelangte
der dekadente Geist des spanischen Katholizismus auf den englischen
Thron. Die neue Queen sah sich als Rächerin ihrer unglücklichen Mut-
ter und steigerte diese Grundhaltung zum religiösen Wahn. Sie heira-

tete den spanischen König Philipp II., der an ihr persönlich mehr als
desinteressiert war, und sank damit in der Gunst des Volkes.

Getreu
ihrem Vorsatz, dem Glauben die alleinseligmachenden Fesseln wieder
anzulegen, die katholischen Märtyrer zu befreien und die Protestanten
brennen zu lassen, errang Mary den traurigen Beinamen »die Blutige«.
Sie überzog das Land mit dem Krebsgeschwür ihrer Ängste und Aver-
sionen, dem Flammenzeichen der Scheiterhaufen, und starb selbst an
Krebs.

An dem kleinen Edward de Vere, Viscount Bolebec, Lord of Escales and
Baldlesmere, dürften diese Ereignisse vorbeigegangen sein. Denn zuerst
erkundet ein Kind das Nahe. Und auf Schloß Hedingham gab es eine
Fülle des Nahen. Dazu zählten Ammen und Diener, Pferdeknechte
und Pferde, Köche und Serviermädchen, Schauspieler und Hunde und
Katzen, schließlich ein vier Jahre jüngeres Schwesterchen namens Mary,
zählten die Wohngebäude und Stallungen, die Küche und Brauerei, der
Brunnen, das Waschhaus, die Tenne, die Scheunen und die Gärten.
Und im Zentrum dieser sich munter füllenden und leerenden Bühne
stand der gewaltige Turm der Ahnen. Die ganze Kulisse aber schien
zugeschnitten auf ihn, den Sproß des Grafen, den Herrscher en minia-
ture: Lord Bolebec. Festtage waren es, an denen er seinen Vater auf die
Jagd begleiten durfte, zuerst als Knirps zum Vater auf den Sattel geho-
ben, später auf einem eigenen Pferd.

Dieses Kind lernte gern und lernte von sich aus. Es lernte lesen, lernte
Musik und Sprachen, Geschichte und Geschichten, Götterwelten und
Allegorien, es lernte von den bestellten Lehrern, von der einfältigen
Amme, lernte etwas von den Schauspielern, die winters im Schloß
logierten, und lernte – soweit sie hier etwas zu sagen hatten – etwas
auch von den Geistlichen.

Gemäß dem Vorsatz, nur das zu erzählen, was die Quellen hergeben,
fällt die Darstellung der Kindheit des Dichters mager aus. Ein Kind
ist nicht nur das Ergebnis dessen, was seine Zeit, seine Familie, seine
Gesellschaft an ihm ausrichten. Aber weil wir nur die Gußform der
Umstände kennen, und auch sie nur in Bruchstücken, bleibt uns der
Blick in die Seele des Kindes verwehrt. Nur von Ferne und mit einiger Unregelmäßigkeit fallen ein paar Lichter auf das Bild einer Prin-
zenerziehung, zu deren Grundsätzen die größte Freiheit und die

größte Gebundenheit zählen. Die Schriftsteller Michel de Montaigne (*1533) und Agrippa d'Aubigné (*1552) lernten als vierjährige Kinder Latein und zwei bis drei weitere Fremdsprachen. Ihnen lag die Welt zu Füßen, aber sie mußten sie aufheben wie ein Gewicht. Ein solches Kind entwickelt ein frühes Gefühl der Überlegenheit – oder wird hochmütig, wenn seine Erzieher zu kriechen beginnen. Doch lernt und denkt es sich frei, wenn es mit dem Lernen und Denken nur früh beginnt.

Sir Thomas Smith (1513-1577), der Gelehrte, Politiker und Diplomat, bemerkte später einmal, er habe Edward seit der Zeit ins Herz geschlossen, als er in seinem Haus erzogen wurde (Brief an William Cecil, 25. April 1576). Das heißt Edward de Vere kam, wohl seit er fünf oder sechs Jahre alt war, als häufiger oder ständiger Gast nach Hill Hall (eine Tagesreise von Hedingham entfernt) zu Thomas Smith und seiner zweiten Frau Philippa Wilford. Zum Haushalt zählte ein Sohn von Thomas Smith, ebenfalls Thomas geheißen, der drei Jahre älter war als Edward.

Der Protestant Sir Thomas verkörperte den Typus des enzyklopädisch gebildeten humanistischen Gelehrten, der mit allen Kräften bestrebt war, pädagogisch und politisch auf die Gesellschaft seiner Zeit Einfluß zu nehmen. Aus einfachen Verhältnissen stammend, durfte er auf Kosten der Krone studieren, wurde gerühmt als die Zierde der Universität von Cambridge, später zum »public orator« berufen, bezog einen Lehrstuhl für Recht in Cambridge, reformierte zusammen mit seinem Freund John Cheke die Ausspracheregeln des Griechischen, arbeitete mit gleicher Leidenschaft auf den Gebieten der Nationalökonomie und Mathematik, wurde mit dreißig Jahren Vizekanzler der Universität und, unter Somersets Protektorat, Mitglied des Kronrats (Privy Council), Parlamentsmitglied und Staatssekretär. Somersets Sturz brachte ihn für fünf Monate in den Tower, wo er Paraphrasen auf die Psalmen schrieb. Unter dem nächsten Statthalter wurde er mit diplomatischen Aufgaben betreut, die ihn nach Frankreich führten. Nach dem Regierungsantritt von Queen Mary mußte er sich auf seine Güter zurückziehen.

Als der kleine Lord Bolebec zu ihm nach Hall Hill kam, war Smith Mitte Vierzig, lebte mit Frau und Sohn in einem reichen Haus, das er weitläufig umzugestalten plante, besaß eine große Bibliothek mit den Werken der griechischen und lateinischen Klassiker und, den politischen Verhältnissen geschuldet, reichlich Zeit. Er scheint sich dem wissensdurstigen Knaben mit Hingabe gewidmet zu haben.

Und da er wie kaum ein anderer hohe Gelehrsamkeit mit politischer Lebenserfahrung verband, die klassischen und modernen Sprachen beherrschte, Homer, Plato, Ovid, Plutarch, Boccaccio, Kopernikus und Machiavelli las, dürfte sein Unterricht so faszinierend wie umfassend gewesen sein.

Edward erlebte seine Aufenthalte in Hall Hill zweifellos als ein Glück. Die Zeit der ländlichen Zurückgezogenheit ging erst zu Ende, als Queen Mary am 17. November 1558 starb. Sir Thomas besann sich darauf, in die Öffentlichkeit zurückzukehren, und verschaffte dem achtjährigen Jungen Logis in der Universität von Cambridge. Dort flogen alsbald die Fensterscheiben (wie aus einer Rechnung über 2 Shilling 4 Pence hervorgeht), und bereits im März 1559 hatte Edward seine leicht verfrühte Universitätslaufbahn wieder beendet.

Der Regierungsantritt von Queen Elizabeth (1533-1603) im November 1558 markiert eine Epochenwende. Diese Prinzessin mit dem etwas herben Gesichtsschnitt, der hohen Stirn, den scharfsichtigen dunklen Augen, dem kühlen Mund und den roten Locken schrieb und sprach Griechisch, Lateinisch, Französisch und Italienisch, liebte die Literatur, die Musik und jede Form der theatralischen Inszenierung – sie war eine der klügsten Frauen ihrer Zeit, umsichtig und beherrscht, sehr empfindlich und sehr gerecht, eine wahre Königin und eine bewundernswerte Haushälterin.

Die »Schule des Lebens« war an ihr nicht spurlos vorübergegangen. Weil einst Elizabeth' Mutter (Anna Boleyn) die Mutter von Queen Mary (Katharina von Aragon) verdrängte, sollte unter Marys Herrschaft Elizabeth dafür leiden. In der Folge hatte die Prinzessin mit allen Mitteln der Vernunft und Verstellung um den eigenen Kopf zu kämpfen. Sie war klug genug, sich ihrer protestantischen Helfer zu bedienen und alle protestantischen Allianzen zu leugnen. Mary fand nicht die christlichen Gründe, um ihre Schwester rechtzeitig zu beseitigen. Nach dem Tod der Katholikin bewarb sich Philipp II. erneut um Englands Hand. Jetzt war

Elizabeth gemeint, aber sie lehnte mit Genugtuung ab: sie wolle nicht, wie sie schrieb, den gleichen Fehler machen wie ihre Schwester.

Die kühle junge Frau hatte den politpragmatischen Geist ihrer Zeit kennengelernt. Obwohl sie gerne Machiavelli las, wurde sie darüber nicht zur Zynikerin.

Die Tochter Heinrichs VIII. regierte absolutistisch, jedoch in Absprache mit den fähigsten Politikern ihrer Zeit. Sie verhandelte mit den ausländischen Diplomaten in deren Sprache, sie schmeichelte dem Parlament und diktierte ihm ihre Wünsche. Sie nannte sich mit voller Überzeugung die »Braut des Staates« und Beschützerin des englischen Volkes. Ihren Untertanen erschien sie als eine Märchenprinzessin, als eine vom Himmel gefallene Göttin, die es nicht für unter ihrer Würde hielt, den Ärmsten die Hand zu reichen, Petitionen eigenhändig entgegenzunehmen und für Blumensträuße aus der Hand der Kinder und Frauen herzlich zu danken. Ihr Krönungs- und Triumphzug durch die Stadt London geriet zu einem berauschenden Fest. Als ihr der Bürgermeister eine mit Gold gefüllte Börse aus rotem Satin überreichte, erwiderte sie mit den Worten: »Ich danke dem Herrn Bürgermeister, seinen Amtsgenossen und euch allen. Und da ihr alle wünscht, daß ich eure gute Königin sein soll, so seid versichert, daß ich so gut zu euch sein werde, wie je eine Königin zu ihrem Volke war. Hierzu fehlt es mir weder an Willen noch, wie ich überzeugt bin, an Macht. Und seid überzeugt, daß ich um eurer Sicherheit und Ruhe willen selbst mein Blut hinzugeben bereit bin, falls dieses von mir verlangt würde. Euch allen Dank in Gott.«

Um nichts zu überstürzen, wurde die Krönungsmesse am 15. Januar 1559 noch nach katholischem Ritus gefeiert. Aber als der Bischof die Monstranz hob, verhüllte die Königin ihr Gesicht mit dem Schleier, da der anglikanische Glaube die Elevation der Hostie als magische Handlung ablehnt. Es war dies mehr als eine Geste: es war ein Vorzeichen.

Elizabeth' Lord Great Chamberlain fiel während der Feierlichkeiten eine bedeutende Rolle zu. John de Vere begleitete die Prinzessin mit dem zeremoniellen Staatsschwert auf ihrem Zug nach Westminster und kniete in der Kirche mit einer silbernen Schale vor ihr nieder, in der sie sich die Hände wusch. Margery de Vere, Countess of Oxford, durfte als königliche Edeldame der Zeremonie assistieren.

Zusammen mit der jungen Königin feierte das Haus de Vere den Ausbruch aus provinzieller Enge und den Aufstieg an die Spitze des protestantischen Adels. William Cecil, Baron Burghley, (1520-1598), ein alter Bekannter der Familie, war zum Ersten Staatssekretär am Hof ernannt worden. Er hatte hinter dem Rücken von Queen Mary für Elizabeth' Wohl gesorgt. Jetzt stand er Elizabeth als engster persönlicher Berater und Betreuer ihrer politischen Korrespondenz zur Seite.

Als der schwedische Kronprinz Erik (1533-1577) um die Königin warb und seinen jüngeren Bruder, den Herzog Johann von Finnland, als Brautwerber schickte, wurde John de Vere die Ehre zuteil, den Herzog zusammen mit Lord Robert Dudley (dem nachmaligen Earl of Leicester, 1532-1588) und Sir Thomas Smith im Hafen von Colchester empfangen und ihn und sein Gefolge von fünfzig Reitern eine Woche lang auf Schloß Hedingham bewirten zu dürfen. In einem Brief an William Cecil vom 1. Oktober 1559 rühmte Thomas Smith den Schweden als einen vernünftigen Mann, der im gemeinsamen Umgang seine prinzlichen Allüren schnell vergesse, und wußte im selben Atemzug ein Loblied auf den Earl of Oxford zu singen, der die größten Wirkungen errreiche, nicht weil er drohe oder strafe, sondern weil die Seinen und das ganze Land ihn liebten. Auf Schloß Hedingham unterhielt man den Herzog und sein zahlreiches Gefolge mit Jagden, Gastmahlen, Musik und Theateraufführungen. Johann befand sich in Begleitung eines gewissen Nicholas Guildenstern (Nils Göransson, Baron Gyllenstierna), der weitere zwei Jahre in England ausharrte, um Elizabeth zur schwedischen Heirat zu überreden.

England wartete mit angehaltenem Atem auf die Entscheidung der Königin. Diese schrieb an Erik, den Sohn von Gustav I. Wasa, die bemerkenswerten Sätze:

»Durchlauchtigster Fürst, vallieber Vetter, Ein Brief, wahrhaft Euer nach Schrift und Empfindung, wurde uns am 30. Dezember durch Euren viellieben Bruder, den Herzog von Finnland, übergeben. Wir ersehen daraus, daß der Eifer und die Liebe Eurer Gesinnung für Uns sich nicht vermindert haben, aber Wir sind zugleich bekümmert darüber, daß Wir Eurer Durchlaucht nicht mit gleicher Zuneigung erwidern können. Und das wahrlich nicht deshalb, weil wir etwa irgendwie an Eurer Liebe und Ehrenhaftigkeit zweifelten, sondern weil wir, wie wir oft in Wort und Schrift bezeugt haben, noch niemals ein Gefühl solcher Zuneigung für irgendwen zu empfinden vermochten.«*

Der kleine Lord Bolebec, neun Jahre alt, hielt sich längst nicht mehr in Cambridge auf, sondern teils bei den Eltern, teils im Haus seines väterlichen Lehrers Thomas Smith. Die Krönungsfeierlichkeiten in London und der schwedische Besuch auf Hedingham dürften großen Eindruck auf ihn gemacht haben. Im August 1561 wurde er Zeuge eines fünftägigen Aufenthalts von Königin Elizabeth bei seinen Eltern. Elizabeth pflegte in den Sommermonaten mit ihrem gesamten Haushalt das Land zu bereisen, inklusive der Herren vom Staatsrat und der politischen Berater, Diplomaten, Hofdamen, Hofmänner, Diener und Köche – ein mehr als hundertköpfiger Troß, der sich auf rund vierhundert Wagen und Karren verteilte und einen Berg von Garderoben, Utensilien, Lebensmitteln, Aktenbündeln und Geschenken mit sich führte. Mit diesem bunten Zug reiste sie unter dem Beifall der Land- und Stadtbevölkerung von Ort zu Ort, von Schloß zu Schloß und ließ sich auf den verschiedenen Besitztümern von den Noblen ihres Landes bewirten und unterhalten. Daß die Earls sich dabei in ihren Aufwendungen gegenseitig überboten, war der Königin, über den puren Unterhaltungswert hinaus, nur recht, denn aus leeren Kassen lassen sich keine Aufstände finanzieren. Ihr Besuch auf Hedingham im zweiten Regierungsjahr spricht von der hohen Wertschätzung, die der Earl of Oxford und seine Frau am königlichen Hof genossen.

John de Vere erkrankte im Sommer des darauffolgenden Jahres, er unterzeichnete sein Testament am 18. Juli und starb am 3. August 1562.

* Erik folgte seinem Vater nach dessen Tod am 29. September 1560 als Erik XIV. auf den Thron.

Der Wald (nach Ovid)

Hedingham ist kein Schloß. Es ist eine Burg, und diese Burg nur ein einziger Turm, ein uralter, mächtiger Turm, breit wie ein Haus, kahl und trotzig in den Himmel hineingebaut, zweimal so hoch wie die höchsten Bäume, mit drei hohen Stockwerken und Fackeln an den Wänden, die Tag und Nacht brennen, der untere Raum für die Soldaten, der mittlere für den Burgherrn, der oberste, im Himmel, für Frauen und Kinder. Aber das war einmal: jetzt hocken sie alle neben der Burg, in großen Häusern aus Backstein und Schiefer, und im Turm hausen die Schafe. Sie haben das Fenster zu Vaters Zimmer verhängt. Weil, sagen sie, draußen die Sonne scheint. Als würde die Sonne etwas verderben. Das Licht des Phoebus. Drinnen, im Dunkel, beten sie zu dem anderen, dem Gott am Kreuz. Aber welcher Gott wird sich kreuzigen lassen? Und doch hat er mitgebetet heute morgen, hat das Ammengebet gebetet, töricht, aber wenn es geholfen hat, wird er glauben. Weil der Vater nicht sterben darf, jetzt nicht, es ist zu früh, er spürt das – es ist zu früh. Und noch lange nicht Mittag, als wollte dieser Tag nicht vergehn, an dem der Vater –

Ihn müßte Medea verjüngen, die Zauberin. Soll er sie rufen? Aber wie? Soll er ihr opfern? Was? – Seltene Kräuter sammeln? Hier wachsen keine. – Er wird, wenn sie ihn ins Haus rufen, nicht kommen. Er wird wachen bis tief in die Nacht –

»Medea durchschnitt die Kehle dem Greis, ließ aus dann fließen das alte Blut und ersetzt's durch der Säfte Gebräu. Als Äson dieses getrunken, teils durch den Mund, teils durch die Wunde, verloren sein Haar, sein Bart ihr Weiß, floh die Dürre, verscheucht, verschwanden Bleiche und Welkheit, füllten sich wieder die Falten und Runzeln, strotzten die Glieder von Kraft.«

Niemand kann ihn mehr für ein Kind halten, und niemand darf es, nur seine Amme, weil sie selbst das Kind ist, für das sie ihn hält. Er hat mehr gelesen als die Silberbärte in Oxford. Er hat gelesen King Arthur, Huon of Bordeaux, The Four Sons of Aymon, Bevis of Hampton, The Squire of Low Degree, The Knight of Courtesy and Lady Faguell, Frederick of Gene, Sir Eglamour, Sir Tryamour, Sir Lamwell, Sir Isenbras, Sir Gawain, Oliver of the Castle, Lucrece and Eurialus, The King and the Tanner, Friar Rush, Owl-glass, Gargantua, Robin Hood, Adam Bell, Clim of the Clough und William of Cloudesley, The

Churl and the Bird, The Seven Wise Masters, The Wife Lapped in a Morel's Skin, The Sack Full of News, The Sergeant That Became a Friar, Skogan, Colin Clout, The Friar and the Boy, Elinor Rumming und Das nußbraune Mädchen, ganz zu schweigen von den Lateinern: die Aeneis, die Metamorphosen, Plutarchs Alexander d. Gr. und Julius Caesar, Senecas Agamemnon, die Menaechmi von Plautus. Er liest Französisch und –
Und duldet nicht, daß dieser Zweig ihm ins Gesicht hängt. Er nimmt sein Messer und –»sieht von den Zweigen des Baums blutende Tropfen fallen. Hatte doch Lotis, den geilen Priapus fliehend, in diesem Baum den verwandelten Leib geborgen.«
Sein Leseplatz, sein Arkadien, sein Versteck, nur einen Steinwurf entfernt von den Gebäuden, oder zwei Steinwürfe, drei, vielleicht so weit ein Pfeil fliegt. Einmal hat er einem verlorengegangenen Pfeil, um ihn aufzuspüren, einen zweiten nachgeschossen. Er fand nur den ersten. – Oben, am Bett des Vaters, drängen sich die Ärzte. Leben davon, daß gestorben wird, sagt die Mutter. Im Wald alles unberührt, alles hell. Die Libellen, das Kraut, die Büsche, das Wasser.
»Jupiter beschloß, der Menschen Stamm unter Fluten und Güssen zu tilgen. Schon ließen See und Land sich nicht mehr unterscheiden. Alles war Meer, und dem Meere fehlten die Ufer. Der ersteigt einen Hügel, ein anderer sitzt in dem hohlen Nachen und führt die Ruder jetzt da, wo er neulich gepflügt hat. Jener schifft über Saaten dahin, übers Dach des versunkenen Hofes, und dieser fängt einen Fisch im Wipfel der Ulme. Unter dem Wasser bestaunen die Töchter des Nereus die Haine, Städte und Häuser; es tummeln im Wald sich Delphine, sie stoßen gegen das hohe Gezweig und erschüttern mit Schlägen die Stämme. Schwimmt zwischen Schafen der Wolf, entführt –«
Edward!!
»Circe steht dort. Berührt den Mann mit dem Stab, dieser flieht, doch wundert sich selbst, daß er so schnell enteilt, schneller, als sonst er's vermag. Da sieht er die Federn am Leibe. Und, empört –«
Edward!!

2 LEHRJAHRE

Ein Porträt aus den sechziger Jahren zeigt William Cecil, Baron Burghley als Reiter auf einem grauen Esel. Der Mann in seinem rotbraunen Staatskleid, mit Halskrause, Bart und Barett, wirkt größer als das steifohrig trabende Tier, das er mit der Linken zügelt, während er in der Rechten eine rote Nelke und einen Zweig der Heckenkirsche hält. Obwohl viel zu groß für das Eselchen, scheint seine wuchtige Gestalt auf dem guten Grauen fast zu schweben. Wegen seines überlangen Mantels reitet Baron Burghley im Damensitz.

Ganz in dieser Fasson hat der Staatssekretär und spätere Großschatzmeister seinem Land und seiner Königin gedient: in unbeirrter Aufrichtigkeit, schwer und groß, aber ohne sich schwer zu machen für andere. Der Mann im Damensitz neben der Jungfrau auf dem Thron. William Cecil war der erste und treueste Elisabethaner: vierzig Jahre lang, bis zu seinem letzten Atemzug, führte er die Staatsgeschäfte Englands, ein immer verläßlicher, immer kluger und vorsichtiger, oft verzweifelter Ratgeber, evangelisch in seiner Selbstlosigkeit, martialisch in seiner Pflichttreue – ein Mächtiger mit dem Ethos der christlichen Selbsterforschung, ein Vermögender mit dem Hang zu Mildtätigkeit und Schlichtheit. Im Rückblick will es scheinen, als hätte nicht der Esel den Mann, sondern der Mann den Esel getragen – und als wäre die Blume in seiner Hand die Königin.

Burghley ist seiner poloniushaften Diensteifrigkeit wegen vielfach geschmäht worden – aber wer hätte dem elisabethanischen England nützlicher sein können als dieser dienstbare Geheimrat und Übervater, der die Klugheit des Regierens mit dem nüchternen Sinn für Ökonomie verband.

Es gehört zu den eigenwilligen Paradoxa der Geschichte, daß William Cecil zum Ziehvater und Vormund – und später zum Schwiegervater – eines Jünglings und jungen Mannes werden sollte, dessen Temperament seiner akribisch wirtschaftenden Natur so völlig entgegengesetzt war. Niemandem verdankt Oxford mehr als dem ihm wesensfremden Ersatzvater, unter niemandem hat er dauerhafter gelitten, und niemanden hat er heftiger attackiert.

Als minderjähriger Erbe eines Grafentitels und einer Grafschaft war Edward de Vere zum königlichen Mündel geworden. »Wardship«, die Institution der königlichen Vormundschaft, war eine alte feudale Einrichtung. Hinterließ ein Herzog, Graf, Marquis, Baron oder Ritter einen unmündigen Erben, so fiel mindestens ein Drittel seines Grundbesitzes bis zur Volljährigkeit des Erben an die Krone zurück. Die »wardship am Boden« erhielt im Falle Oxfords Lord Robert Dudley, der spätere Earl of Leicester, die »wardship an der Person« fiel an William Cecil. D. h. als »Master of the Wards« hatte Cecil die wardships zu vergeben. Die Mündel aus den reichen Häusern nahm er meist für sich selbst in Anspruch: so auch den Earl of Oxford.

Für die Zeit bis April 1571 sollte William Cecil für angemessene Unterkunft, Ausbildung und Erziehung des Heranwachsenden sorgen. Natürlich tat er dies nicht umsonst, sondern stellte die hohen Ausgaben für Logis, Kleidung, Rüstung und standesgemäßes Lehrpersonal dem Mündel in Rechnung.

Vier Wochen nach dem Tod seines Vaters, am 3. September 1562, zog Edward de Vere, der 17. Earl of Oxford, mit einem Trauergeleit von 140 Gefolgsleuten in London ein, um sich dem Ziehvater Burghley zu übergeben. Das Schwarz, das er und seine Männer trugen, galt dem verstorbenen Earl, aber auch der verlorenen Freiheit. Er hatte Abschied genommen von zu Hause, von den wilden Jagden mit seinem Vater, von seiner Mutter, die sich bald wieder verheiraten sollte, von der kleinen Mary, von seinen Studien mit Thomas Smith, von einem verborgenen Leben auf dem Land, von seiner Kindheit.

Unter dem Banner des silbernen Sterns und des blauen Ebers ritten der zwölfjährige Earl und seine Männer durch das östliche Aldgate ein und durchquerten über Cheapside, St. Paul's, Down Fleet Street und Strand eine von Menschen pulsierende, von Waren und Abfällen überschwemmte Stadt. Am Ende ihres Weges hielten sie Einzug in das themseaufwärts gelegene Paradies des Hochadels – mit Leicester House, Arundel House, Somerset Hause, Savoy, Cecil House. Dahinter lag Whitehall Palace, die Residenz der Königin, damals eine der größten Palastanlagen Europas.

In Cecil House an der Nordseite des Strand empfingen Baron Burghley und dessen hochgebildete Frau Mildred Cooke den gräflichen Knaben. Burghleys Residenz wurde von den Zeitgenossen beschrieben als »ein schöner Ziegelbau mit vier stattlichen Türmen, sein Inneres mit kostbaren Darstellungen geschmückt, vor allem der Gebetsraum, der sich in einer Ecke des Eingangssaals befindet«. Hinter dem Haus befand sich eine große, sehr gepflegte Gartenanlage. Die Bibliothek umfaßte mehr als 1500 Bücher und Manuskripte und enthielt neben wissenschaftlichen und theologischen Arbeiten einen reichen Bestand an literarischen Werken in griechischer, lateinischer, italienischer, französischer und englischer Sprache – darunter Euripides, Sophokles, Ovid, Plutarch, Seneca, Terenz, Petrarca, Boccaccio, Ariost, Bandello, Giraldi Cinzio, Castiglione und Machiavelli, die *Histoires tragiques* und *Amadis de Gaule*.

Hier, im Haus des mächtigen, gleichwohl beflissenen William Cecil, hatte das Mündel nun seinen Studien weiter nachzugehen. Edward lernte zusammen mit drei oder vier Gleichaltrigen, darunter Edward Manners, Earl of Rutland (1548-1587). Der Unterricht verlief nach festem Stundenplan.

7.00 - 7.30	Tanzen
7.30 - 8.00	Frühstück
8.00 - 9.00	Französisch
9.00 - 10.00	Latein
10.00 - 10.30	Schreiben und Zeichnen

Gemeinsames Gebet, danach Mittagessen

1.00 - 2.00	Kosmographie
2.00 - 3.00	Latein
3.00 - 4.00	Französisch
4.00 - 4.30	Übungen mit der Feder

An Feiertagen, schrieb der umsichtige Erzieher, solle vor dem Mittagessen in eigener Sprache und nach dem Essen in Latein aus dem Evangelium gelesen werden. »Der Rest des Tages ist zu verbringen mit Reiten, Schießen, Tanzen, Spazierengehn und anderen passenden Beschäftigungen, ausgenommen die Zeit für das Gebet.«

Der Pragmatiker Burghley behielt vier von sechs Unterrichtsstunden (Tanzen nicht miteingerechnet) den Sprachen Latein und Französisch vor. Später scheinen noch Griechisch- und Italienischunterricht hinzugekommen zu sein. Während seiner späteren Italienreise jedenfalls sprach und las Oxford fließend Italienisch.

Das Fach »Kosmographie« beinhaltete Geschichte, Ökonomie, Geographie, Astronomie und vergleichende Literaturbetrachtung. Der unterrichtende Kosmograph, der seinem Namen alle Ehre machte, war der Sprachhistoriker und Kartograph Laurence Nowell (1530-1570). Er verfaßte ein Wörterbuch des Altenglischen, bereitete die Ausgabe aller angelsächsischen Chroniken und eines Manuskripts über angelsächsisches Recht vor – und zählte das einzig erhaltene Manuskript des *Beowulf*, des bedeutendsten literarischen Werks angelsächsischer Sprache, zu seinen gehüteten Schätzen. Außerdem zeichnete Nowell die bis dahin präziseste Landkarte Englands – auf der der Zwölfjährige seinen Weg von Hedingham nach London aus der Vogelperspektive betrachten konnte.

Der gelehrige Schüler ist durch Nowell wohl auch mit den sagenhaften Anfängen der Geschichte Englands bekannt gemacht worden, niedergelegt in den *Gesta regum anglorum* des Mönchs und Historikers William von Malmesbury († 1143).

Im Juni 1563 wandte sich Nowell an William Cecil mit der Bitte, ihn vom Lehramt zu entbinden, da er sich ganz seinem wissenschaftlichen Werk widmen wolle. Er sehe leicht ein, daß seine Arbeit »dem Grafen Oxford nicht lange vonnöten sein werde«.

Am 19. August 1563 schrieb Edward seinerseits an Cecil, und das erstemal wird die Stimme des Hochbegabten laut. Sie fügt sich, sicher geführt, als helle Oberstimme zum basso continuo der Burghleyschen Hofmusik:

> Monsieur, j'ay receu voz lettres plaines d'humanité et courtoysie, et fort resemblantes à vostre grand'amour et singuliere affection envers moy, comme vrais enfants devement procréez d'une telle mère, pour la quelle je me trouve de jour en jour plus tenu à v. h. ...

»Euer Ehren, ich habe Eure an Menschlichkeit und Höflichkeit reichen Briefe erhalten, die Eurer großen Liebe und besonderen Neigung für mich so sehr gleichen wie wahre Kinder ihrer Mutter, weshalb ich mich Euch von Tag zu Tag mehr verbunden fühle. Euren guten Ermahnun-

gen zur Beachtung der guten Ordnung gemäß Euren Bestimmungen
bin ich (mit Gottes Hilfe) entschlossen eifrigst nachzukommen, da ich
weiß und einsehe, daß sie mir zu meinem eigenen Nutzen sein werden,
und bediene mich dabei des Rats und der Autorität derer, die in meiner
Nähe sind und deren Umsicht ich so sehr schätze (wenn es mir zusteht,
etwas zu ihrem Vorteil zu bemerken), weil sie sich so benehmen, wie
die Umstände es verlangen und darüber hinaus alles tun, daß ich mich
nach Euren Regeln und Befehlen erhalte. Was meinen Studiengang
betrifft, so bitte ich Euch herzlich (weil eine lange Ausführung nötig
wäre, um die Einzelheiten zu erklären, aber die Zeit heute kurz ist),
mich von einer Erörterung darüber für diesmal freizusprechen, indem
ich Euch versichere, Euch bei nächster Gelegenheit alles darüber wissen zu lassen. Bis dahin bete ich zu Gott, daß er Euch Gesundheit
schenke. EDWARD OXENFORD«
Cecil hatte als kluger Politiker dafür gesorgt, daß sein Schützling auch
während des Studiums familiären Anschluß genießen konnte, und deshalb Edwards Onkel Arthur Golding als Tutor ins Haus gerufen. Die
Anstellung Goldings war keine Verlegenheitslösung – der Altphilologe
und Althistoriker gehörte zu den besten literarischen Übersetzern seiner Zeit. Aus den Widmungen zweier Übersetzungen darf geschlossen
werden, daß Golding wenigstens drei Jahre zusammen mit seinem Neffen in Burghleys Residenz verbrachte. Vermutlich nutzte er die Bibliothek des Staatssekretärs bis zum Abschluß seiner Arbeit an Ovids *Metamorphosen* im Jahr 1567.
Arthur Golding war nicht nur der Lehrer, sondern auch der persönliche
Sekretär seines Neffen. Am 28. Juni 1563 wies er in einem ausführlichen
Schriftsatz die vermessenen Ansprüche von Lord Windsor of Braden-
ham auf Edward de Veres Erbe zurück. Edward Baron Windsor, der
Mann von Edwards zwölf Jahre älterer Halbschwester Katherine, hatte
die Legitimität der Ehe zwischen John de Vere und Margery Golding
angezweifelt, um sich den Besitz des Schwiegervaters anzueignen. Die-
ser Versuch einer feindlichen Übernahme konnte durch Vorlage der
Heiratsurkunde vereitelt werden.
Wie bei Nowell nahm Edward auch bei Golding an einem lebendigen
Prozeß der Wissensfindung teil. Der Unterricht dieser Männer ging
nicht nur in die Breite und Enge als ein Nachsagenkönnen von Fakten

oder als Fähigkeit zum rhetorischen Manöver, sondern auch in die Tiefe und Höhe – als Kunst der inspirierten Weltbetrachtung.

Arthur Golding veröffentlichte 1563 die in Cecil House abgeschlossene Übersetzung der *Geschichte des Aretinus über den römischen Krieg gegen die Goten*. (Dieses Geschichtswerk aus der Feder des italienischen Humanisten und Politikers Leonardo Bruni Aretino dürfte Shakespeares *Titus Andronicus* beeinflußt haben.) Ein Jahr später – 1564 – widmete Golding dem Neffen eine umfangreiche Arbeit, die er ursprünglich John de Vere, dem 16. Earl of Oxford, zugedacht hatte: den Abriß der griechischen und römischen Geschichte nach Pompeius Trogus, verfaßt von Marcus Junianus Justinus. Es handelt sich um einen im zweiten Jahrhundert n. Chr. entstandenen Auszug aus einem verlorengegangenen Werk der augusteischen Epoche, das in knapper Erzählfolge die Geschichte von den Assyrern bis Augustus vergegenwärtigt.

»Euer Ehren«, schreibt Golding in der Widmung an den Vierzehnjährigen, »beim Wiederlesen der alten Schriftsteller fällt mir auf, daß es Brauch war bei Königen und Prinzen, die freie Zeit dem Studium und der Lektüre von Geschichten zu widmen.« So hat Artaxerxes, der fünfte König der Perser, viele Chroniken gelesen und Alexander der Große die Beschreibung der Schlacht von Troja unterm Kopfkissen liegen gehabt. Geschichte und Geschichten erweisen sich als Richtschnur des Handelns. Die vergangenen Schicksale stehen als Glücksfälle oder Schrecknisse lebhaft vor Augen. Was könne angenehmer und nützlicher sein, als lesend eine Welt zu durchwandern? Flüsse, Berge, Meere, Wälder und Wüsten, Tiere und Untiere, Länder und Städte, Sitten und Bräuche der Menschen kennenzulernen? Zeiten und Plätze zu durchwandern? Von vorbildhaften Unternehmungen zu erfahren und wie sie endeten? – Nun aber habe er, Arthur Golding, sich gefragt, wem er sein Werk zueignen solle. »Da gab es niemanden, der mit größerem Recht darauf hätte Anspruch machen dürfen oder für dessen Situation es erforderlicher und nützlicher gewesen wäre oder von dem ich dachte, daß er es günstiger aufnehmen würde, als Euer Ehren. Denn es ist anderen nicht unbekannt, und ich weiß es aus eigener Erfahrung, welch ernstes Verlangen Ihr in Euch tragt, sowohl die Geschichten vergangener Zeiten als auch der Neuzeit zu lesen, zu durchdenken und mit anderen zu besprechen – und dies mit bewährtem Gedankenreichtum und einer reifen Urteilskraft. Was nicht nur die Herzen aller erfreut, die sich zum Haus Eurer Vorfahren hingezogen fühlen, sondern auch die große Hoffnung und Erwartung wach werden läßt, daß Ihr künftig so geschickt und weise sein mögt, wie es Eurem edlen Geschlecht zukommt.«

Am 24. Dezember 1564 schloß Golding in *Cecil House* die Übersetzung der ersten vier Bücher von Ovids *Metamorphosen* ab.

Dies freilich ist anderer Stoff als die martialische Geschichte der Assyrer, Griechen, Römer und Goten (oder die Geschichte von Cäsars Gallischen Kriegen, die er gleichzeitig übersetzte) – hier handeln die Götter an den Menschen und durch sie, hier vollzieht sich die Wandlung des Seelischen und Leiblichen, der Durchgang des Irdischen zum unsterblichen Mythos, hier sind Schöpfung und Gegenschöpfung, menschliches Entflammen und Aufbegehren, göttliche Raserei und Erniedrigung mit einer poetischen Leuchtkraft und Schönheit ohnegleichen dargestellt. Ovids *Metamorphosen* umfassen alle Götterlust und Menschenqual der Antike, sie sind das bilderreichste, sprechendste und sicher das schönste Buch der römischen Klassik.

Merkwürdig nur, daß diese Dichtung, deren Übersetzung Berühmtheit erlangte (Ezra Pound sprach noch 1934 von einem der schönsten Werke englischer Sprache), daß dieser aus Sehnsucht und Schrecken, Reinheit und Stolz, Eigensinn und Rache zusammengesetzte Himmel des Heidnischen so gar nicht auf Goldings Linie lag. Denn Onkel Arthur Golding war Puritaner. Er schrieb über die protestantischen Märtyrer unter Queen Mary und über das Erdbeben von 1580 als Zeichen der göttlichen Vorsehung, er übersetzte Calvin (1567), die Psalmen Davids (1571), die apokryphen Testamente der zwölf Patriarchen (1575), eine Tragödie über Abraham und Isaak (1577) und wieder und nochmals Calvin, den Übervater der protestantischen Orthodoxie.

Und doch hat dieser gottergebene Christ die phantastischen Schrecken der heidnischen Rückschöpfung nicht ohne eine Spur von Humor ins Milieu des englischen Landadels übertragen.

Warum diese Abirrung? Warum die Navigation in eine dem Autor fremde Umlaufbahn?

Fast möchte man hier den diskreten ersten Auftritt des literaturbegeisterten Kindes vermuten. Warum sollte nicht der künftige Poet den gelehrten Onkel zu dieser überragenden Wahl verführt haben? Besaß dieses Kind doch den Geist, ihn in anderen zu entzünden.

Bereits am 20. April 1567, nach weiteren zweieinhalb Jahren intensiver Arbeit, lagen die 15 Bücher der Dichtung in der vollständigen Übertragung vor. Golding widmete sie dem mächtigen Earl of Leicester. Mit diesem Werk war Vorarbeit geleistet für einen Größeren. William Shakespeare wäre ein anderer geworden, hätte er die Metamorphosen nicht gekannt. Seine Sprache, die lakonische Prägnanz, seine Antithesen, seine Dialektik sind an dieser Dichtung geschult, seine Tragik der Freiheit ist von dem antiken Vorbild beeinflußt. Und tatsächlich hat Shakespeare Ovid nicht nur im lateinischen Original gelesen. Seine wörtlichen Adaptionen reflektieren oft, wie Sidney Lee bemerkt hat, die Phraseologie der englischen Version von Arthur Golding.

Während Edward de Vere begierig darauf ist, sein Leben zum Kunstwerk zu machen, spart der Onkel seines für das Jenseits auf. Im Jahr 1571 widmete Golding dem jungen Weltmann seine Übersetzung der Psalmen Davids (samt Calvins Kommentar) – mit einer Nachdrücklichkeit, als müsse er um die Seele des jungen Mannes ringen.

Um Gott danken zu können, müsse man ihn erkannt haben und sein Wort beherzigen. Und darum möchte er, Golding, dem Jüngeren das Wort Gottes ans Herz legen, auf daß er es zu seinem Ratgeber mache und es vor Königen verkünde. Der Earl sei aufgrund seines hohen Rangs dazu bestimmt, anderen ein Vorbild zu sein. »Doch wenn Ihr nun ein unsicherer Protestant oder ein perverser Papist würdet oder ein kalter Gleichgültiger (was Gott verhüte), könnte der Schaden, den Ihr Euerm Land zufügt, nicht in Worten ausgedrückt werden. Denn große Männer verletzen das Gemeinwohl nicht so sehr dadurch, daß sie im Hinblick auf sich selbst schlecht sind, sondern dadurch, daß sie andere durch ihr schlechtes Vorbild ins Schlechte hineinziehen.« Allerdings sei nicht zu befürchten, daß Oxford vom Weg der Rechtlichkeit und Aufrichtigkeit abweichen werde, auf dem er geführt worden sei von Baron

Burghley, »der früher Euer sorgsamer *Chiron* war und nun Euer vertrauensvoller *Patroklos* ist.«

Golding vergleicht Burghley nacheinander mit Chiron, dem Erzieher des Achill, und mit Patroklos, Achills bestem Freund. Der getaufte Achill aber soll ein Kämpfer sein gegen den Atheismus und die katholische Reaktion.

Jedoch haben wir mit diesem wohlmeinenden Rat Arthur Goldings, des calvinistischen Übersetzers Ovids, der Entwicklung der Dinge vorgegriffen.

Im August 1564 wurde der junge Earl Zeuge einer theatralischen Inszenierung, die ihn jäh in Bann schlug. Am Nachmittag des 5. August traf Elizabeth mit ihrem Sommergefolge im verwinkelten Cambridge ein und hatte eine lange Reihe von lateinischen Reden anzuhören und zu erwidern. Ebenfalls gekommen waren: Thomas Howard, Duke of Norfolk (der katholische Cousin Edward de Veres) – Thomas Radcliffe, Earl of Sussex – Ambrose Dudley, Earl of Warwick – die beiden gräflichen Mündel Edward de Vere, Earl of Oxford, und Edward Manners, Earl of Rutland – ferner Lord Robert Dudley (seine Erhebung zum Earl of Leicester erfolgte einen Monat später) – Admiral Lord Clinton, Lord Hunsdon, Baron Howard of Effingham, Baron Burghley und viele andere. Da keine College Hall groß genug schien, hatte man in der größten Kirche Cambridges, in *King's College Chapel*, eine riesige, die ganze Breite des Kirchenschiffs einnehmende Bühne errichtet. In diesen zum Theatersaal verwandelten Kirchenpalast zogen die Königin und ihre Peers am Abend des 6. August mit großem Gepränge ein. Der hohe Raum lag im Dämmer, Fackeln erleuchteten die Bühne, gespannteste Aufmerksamkeit herrschte.

Denn hier wurde kein christliches Erbauungsstück erwartet, kein blutiger Seneca-Verschnitt im englischen Gewand zur Aufführung gebracht, sondern eine der frischesten aller Komödien von Plautus, das Vorbild zu Molières Geizigem (1668), die *Aulularia*.

Der geizige Euclio findet einen Goldtopf unter dem Herd vergraben und verdächtigt Gott und die Welt, ihn seines Funds berauben zu wollen – seine Tochter ist, ohne daß er es weiß, von dem jungen Lyconides schwanger und erwartet ihre Niederkunft – und ein älterer Herr, der Onkel des Lyconides, will die Schöne heiraten (die während des Stücks keinen einzigen Auftritt hat). Doch plötzlich meint es der junge Mann ernst und will seinem Onkel zuvorkommen. Lyconides' Sklave stiehlt Euclios Goldtopf. Sein Herr, der davon nichts weiß, will Euclio gestehen, was er der Tochter angetan hat – Euclio, seines Verlustes gewahr, glaubt, Lyconides gestehe nicht den Diebstahl der Tochter, sondern des Goldes. Alle fallen übereinander her, und alles löst sich mit der richtigen Heirat in Wohlgefallen auf.

Cambridges Studenten gaben das Stück in lateinischer Sprache, was den Spaß nicht minderte. Elizabeth zeigte, wie der Dokumentarist sagt, nicht das geringste Anzeichen von Müdigkeit und blieb bis zum letzten Applaus, obwohl einige Damen ihres Gefolges, schwach im Lateinischen, schon schläfrig zu werden begannen.

Den gewaltigen Eindruck des ersten Abends schwächte der des nächsten etwas ab, als die tragische *Dido* des Akademikers Edward Halliwell zur Aufführung kam. Das dramatische Opus in Hexametern folgte gewissenhaft der *Aeneis* von Vergil. Am dritten Abend brachten die Studenten das englische Bibeldrama *Ezechias* des verstorbenen Nicholas Udall (1505-1556) auf die Bühne. Der biblische König Hiskia zerschlägt das Bild der ehernen Schlange und widersteht dem assyrischen Heerführer Rabschake. Und über Nacht kommt der Engel des Herrn Hiskia zu Hilfe und tötet hundertfünfundachtzigtausend Mann im assyrischen Lager. Mit den Assyrern dürfte der protestantische Fechtmeister Udall die Papisten gemeint haben, weshalb man das bejahrte Stück mit Vergnügen aus der Schublade holte. Aber mehr noch: die Wahl war auf ein englischsprachiges Stück gefallen. Und eine solche Wahl besaß programmatischen Charakter.

Im Fahrtwind der protestantischen Bewegung rangen die Akademiker von Cambridge und Oxford sich dazu durch, das Englische als literarische Hochsprache zu würdigen. Die Verbreitung der englischen Bibelübersetzung beschleunigte diese Entwicklung. Hatte es in den dreißiger und vierziger Jahren nur eine Handvoll englischer Stücke gegeben, die den Namen verdienen, so entstanden in den Sechzigern etwa ein Dutzend. Den Anfang machte die Blankverstragödie *Gorboduc* von Thomas Norton und Thomas Sackville (Lord Buckhurst) im Jahr 1562, ein schauerliches Rachedrama aus der sagenhaften Frühgeschichte Englands, das nacheinander vor Mitgliedern der Londoner Anwaltskammer »Inner Temple« und vor der Königin in Whitehall Palace zur Aufführung kam. Auf Senecas Spuren folgten ein anonymer *Julius Caesar,* John Pickerings *Horestes,* Thomas Prestons *Cambises,* ein von mehreren Autoren verfaßte Stück *Tancred and Gismund* und andere.

Festzuhalten ist, auch wenn dies der Lehrmeinung widerspricht: Das elisabethanische Theater war eine Erfindung der Universitäten und des Hofs. Cambridge, Oxford und Gray's Inn gingen mit ihrer Antikenbegeisterung voran, königlich geförderte Spielgruppen wie The Children of the Chapel Royal, The Children of St. Paul's, The Westminster Choristers und The Children of the Windsor Chapel zogen nach.

Für das ausgewählte Publikum von Akademikern und Adligen war das Theaterfest in King's College Chapel ein grandioses Ereignis. Für den vierzehnjährigen Earl of Oxford, den Sohn des rebellischen Granden, den Leser Ovids, den in Sprachen und Wissenschaft, Tanz und Turnier geschulten Jüngling, war es die Initiation in die Welt des Spiels.

Das Programm der Feierlichkeiten in Cambridge sah neben einer Menge weiterer Vorträge, Reden, Empfänge und Ehrungen auch noch einen vierten Theaterabend vor. Am 9. August 1564 sollte eine lateinische Version von Sophokles' *Ajax* aufgeführt werden. Dies wäre, wenn die Königin den Abend nicht wegen Erschöpfung abgesagt hätte, die erste Aufführung eines griechischen Klassikers auf englischem Boden gewesen.

Nach Überreichung von akademischen Ehrungen für Norfolk, Sussex, Warwick, Oxford, Rutland, Lord Robert Dudley und Sir William Cecil – d.h. am Vormittag des 10. August – verließen Elizabeth und ihr Hofstaat das ehrwürdige Cambridge. Beglückt durch hohes Lob und empfangene Geschenke, folgte ein Trupp studentischer Schauspieler dem Konvoi der Königin nach, um ihr bei nächster Gelegenheit mit einem improvisierten Maskenspiel aufzuwarten. Der spanische Botschafter Guzman de Silva berichtete als Zeuge dieser unerwünschten Dreingabe davon an den Hof in Madrid.

Der Anlaß des Spektakels war ein politischer. Die jungen Leute wollten ihrer Empörung gegen die im Gefängnis einsitzenden »blutigen Bischöfe« aus Queen Marys Zeit Ausdruck geben. – »Die Schauspieler«, ereifert sich der Spanier, »traten auf im Gewand der Inhaftierten. Zuerst kam der Bischof von London, der ein Lamm im Arm trug, so als wollte er es gleich auffressen, dann andere in verschiedenen Verkleidungen. Einer stellte einen Hund dar mit der Hostie im Maul.« Elizabeth war über diese grobianische Denunziation ihrer Feinde derart aufgebracht, daß sie aufsprang und aus der Vorstellung rannte. »Die Fackelträger erhellten ihr den Weg und ließen die anderen im Dunkeln, und damit endete diese gedankenlose und skandalöse Darbietung.«

Die Königin ließ sich jedoch durch diesen Vorfall in ihrer Theaterleidenschaft nicht beirren. Wie vielfach überliefert, besaß sie selbst einen angeborenen Sinn für Auftritte und Verwandlungen. Ihr genügte es nicht, eine Königin zu *sein*, sie setzte ihren Ehrgeiz darein, die Rolle der Königin auch zu *spielen*. Als »Braut des Staates«, die sie zu sein versprach, gehörte sie scheinbar allen, die den Staat verkörperten oder sich als sein Teil fühlten, aber blieb dadurch in Wirklichkeit ganz bei sich.

Am 25. Dezember 1564 kam es zu einer mit Begeisterung aufgenommenen Darbietung von *Damon und Phitias* in der Great Hall des königlichen Palastes. Spielleiter und Autor des neuen Stücks war Richard Edwards (1523–1566), Master of the Children. Es handelt sich um einen hochdramatischen Stoff mit komischen Intermezzi und glücklichem Ausgang – d. h. um eine Komödie mit temperiertem Trauerflor.
Die Vorlage ist uns aus Schillers »Bürgschaft« bekannt: Die beiden Freunde Damon und Phitias laufen als Neuankömmlinge in Syrakus einem bösartigen Verleumder in die Arme. Damon wird von Dionisius, dem Tyrannen, zum Tod verurteilt, aber erbittet sich eine Frist, um in der Heimat seinen Nachlaß regeln zu können. Freund Phitias bleibt als Pfand zurück. Schon ist die Frist verstrichen, und man führt den unglücklichen Phitias zur Richtstätte, da kommt Damon angelaufen und verlangt, daß man ihn hinrichte. Der Tyrann, gerührt und betroffen, hebt das ungerechte Urteil auf und möchte selbst ein guter Mensch werden. Um dem Zuschauer die Zeit abzukürzen, bis Phitias' getreuer Freund wiederkommt, flicht Edwards eine komische Zwischenszene ein, in der die Diener Will und Jack den einfältigen Köhler Grim zum

Mitglied einer Akademie für durchgesessene Hosenböden machen. –
Neben freundlicher Pädagogik und philosophischer Weltbetrachtung
(Edwards »zitiert« Pythagoras mit dem Wort, die ganze Welt sei eine
Bühne) enthält diese erste Tragikomödie auch wirklichen Sprach- und
Mutterwitz.

Mit *Damon and Phitias* hatte Richard Edwards ein Pionierstück für die
englische Bühne gezimmert, die es noch gar nicht gab.

Edwards war nicht nur Autor und Dramaturg, sondern auch Chorleiter
und Komponist. Wir wissen, daß er in Oxford studierte, ein Rektorat
in Worcester bekleidete und Mitte der fünfziger Jahre mit Hofkreisen
in Berührung kam. 1558 wurde er Mitglied der *Chapel Royal*, deren
Aufgabe es war, die Hofgottesdienste musikalisch zu unterstützen. Für
dieses Ensemble, bestehend aus 32 Männer- und 12 Knabenstimmen,
komponierte Richard Edwards diverse Madrigale und Motetten. 1561
ernannte Elizabeth ihn zum *Master of the Children* – und als solcher hatte
er die Chorschüler auszubilden, Musik für die Gottesdienste zusam-
menzustellen und mit Maskenspielen und Komödien zur Unterhaltung
des Hofs beizutragen. Er war eines der Multitalente jener Zeit, ein
wendiger und fähiger Mann, ein erfahrener Musiker, Literat und Pädagoge, der die Königin auf ihren Progresses begleitete, für gehobene
Andacht und kultiviertes Amüsement sorgte und zu diesem Zweck
Gedichte und Stücke schrieb.

Seine Schauspieler rekrutierte Edwards aus dem musikalischen Ensemble der *Chapel Royal, d.h.* aus den Reihen der Knaben zwischen zwölf
und sechzehn. Sprecherziehung und Rollenspiel gehörten damals zum
Repertoire einer humanistischen Erziehung. Denn nur wer in die Haut
des anderen zu schlüpfen vermag, kann den Blick auf sich selbst richten.*

Aufgrund der gegebenen Konstellation – ein funkelnder Richard
Edwards in Whitehall Palace als Lehrmeister einer jugendlichen Chor-
und Schauspielelite und ein hochbegabter Schüler im sechshundert
Schritte entfernt gelegenen Cecil House – dürfen wir vermuten, daß

---

* In der wahrscheinlich von Edwards stammenden Komödie *Jack Juggler* verwirrt der
Gaukler Jack den Heuchler Jenkin dadurch, daß er dessen Rolle spielt und ihm mit
logischen Kniffen weismacht, er wäre Jenkin, nicht Jack. Diese Variation nach Plautus' *Amphitrio* erschien anonym im Jahr 1565.

Edward de Veres musikalische und dramaturgische Ausbildung in den Händen von Master Edwards lag. Zumindest wissen wir, daß Oxford später selbst musiziert hat und auf der Bühne stand. Und daß ihm 1589 von George Puttenham (*The Arte of English Poesie*) zusammen mit »Maister Edwardes of her Maiesties Chappell« der höchste Preis im Fach Komödie und Zwischenspiel zugesprochen wurde.*

---

* Was das von uns postulierte Meister-Schüler-Verhältnis zwischen Master Edwards und Edward de Vere betrifft, so existiert dazu eine erhellende Nachgeschichte. Zehn Jahre nach Edwards' Tod, also im Jahr 1576, erscheint die poetische Anthologie *The Paradise of Dainty Devices*, die bis 1606 zehn Auflagen erlebt. Der namentlich nicht genannte Herausgeber etikettiert sie als »versehen mit verschiedenen ausdrucksstarken und gelehrten Eingebungen; zum größten Teil zusammengestellt und geschrieben von Master Edwards, vormals *Master of the Chapel*; im übrigen von verschiedenen gebildeten Herren, sowohl von Ehre wie von Würden«. Von den 99 Gedichten stammen 23 von Autoren, die anonym oder mit unbekannten Kürzeln veröffentlicht haben. Der gewichtigste Beiträger ist Richard Edwards mit vierzehn Gedichten, es folgen Thomas Lord Vaux (1509-1563), William Hunnis († 1597) und Francis Kinwelmersh († ca. 1580), die jeweils zehn, und ein gewisser »E. O.« oder »E. Ox.«, der acht Gedichte beisteuert. Bei näherem Hinsehen entpuppen sich allerdings auch die formal gewagten Beiträge von »My lucke is losse« (»Mein Geschick ist der Verlust«) als poetische Hervorbringungen des *E. O.* oder Earl of Oxford. (»My lucke is losse« ist eine Variante des »Fortunatus Infoelix« aus den *Adventures of Master F. I.*, »Fortunatus Infoelix« wiederum ein Deckname für den Earl.) D. h., Edward de Veres Anteil an der Anthologie ist nicht kleiner, sondern größer als der von Richard Edwards. Außerdem weist »My lucke is losse« durch die prominente Plazierung seiner Gedichte auf seine Rolle als Herausgeber der Sammlung hin.
Der Earl hat es also geschickt verstanden, seine Lyrik in einer größeren Anthologie unauffällig (aber für geübte Augen dennoch erkennbar) unterzubringen und gleichzeitig dem von ihm verehrten Richard Edwards seine Reverenz zu erweisen.
Die Shakespeareliteratur vermerkt, daß ein kleines Gedicht von Richard Edwards aus der Sammlung von 1576 sich als Zitat in »Romeo und Julia« (IV/5) wiederfindet. Es handelt sich um das *In Commendation of Music* überschriebene:
When griping griefs the heart would wound
And doleful dumps the mind oppress,
There music with her silver sound,
Is wont with speed to give redress.
Of troubled mind for every sore,
Sweet music hath a salve therefore ...
(»So du bedrückt bist oder bang, / von Schmerzen elend oder schwer, / so klingt Musik mit Silberklang, / daß dir die Freude wiederkehr. / Nach jedem Kummer oder Streit / hält die Musik den Trost bereit.«)
PETER Hört, spannt mir einmal eure Schafsköpfe, wie die Schafsdärme an euren

Zu Lichtmeß, am 2. Februar 1565, trat Richard Edwards mit den Children of the Chapel in der prominenten Rechtsschule Lincoln's Inn in London auf, die durch eine Aufführung englischsprachigen Theaters ihre Fortschrittlichkeit unter Beweis stellte. (Ein Jahr später zog die konkurrierende Gray's Inn mit zwei Aufführungen nach.) Im November 1565 organisierte er den Ablauf der Feierlichkeiten anläßlich der Hochzeit von Ambrose Dudley, Earl of Warwick (1529-1589), und Anne Russell, der Tochter des Earl of Bedford. Der Earl of Oxford und der Earl of Rutland begleiteten als Pagen die junge Braut von Westminster Palace zum Palast von Whitehall. Nach der Begrüßung Elizabeth' und ihrer Hofdamen (in gelben Satin und grünen Samt gekleidet) nahm Robert Dudley, Earl of Leicester – der jüngere Bruder des Bräutigams – die Braut feierlich in Empfang und übergab sie Warwick. Gottesdienst und Hochzeitsmahl waren die Einleitung zu einem dreitägigen Fest, in dessen Verlauf viel musiziert, getanzt, gesungen, gespielt und gegessen wurde. Master Edwards gab mit der Trompete den

Geigen. Antwortet mir wie Männer: ›Wenn in der Leiden hartem Drang / Das bange Herze will erliegen, / Musik mit ihrem Silberklang –‹ Warum ›Silberklang‹? Warum ›Musik mit ihrem Silberklang‹? Was sagt ihr, Hans Kolophonium?

ERSTER MUSIKANT Ei nun, Musje, weil Silber einen feinen Klang hat.

PETER Recht artig! Was sagt ihr, Michel Hackebrett?

ZWEITER MUSIKANT Ich sage ›Silberklang‹, weil Musik nur für Silber klingt.

PETER Auch recht artig! Was sagt ihr, Jakob Gellohr?

DRITTER MUSIKANT Meiner Seel, ich weiß nicht, was ich sagen soll.

PETER O ich bitte euch um Vergebung! Ihr seid der Sänger, ihr singt nur; so will ich es euch denn sagen. Es heißt ›Musik mit ihrem Silberklang‹, weil solche Kerle, wie ihr, kein Gold fürs Spielen kriegen.

Geht Shakespeare hier nicht allzu respektlos mit dem alten Master Edwards um? – Keinesfalls. Denn das hübsche Gedicht aus dem *Paradise of Dainty Devices* stammt gar nicht von Edwards – sondern von Oxford.

Nicht zu reden davon, daß der *Master of the Children* in keinem seiner Gedichte eine ähnliche Leichtigkeit des verbalen Musizierens erreicht, so fällt auf, daß nur die erste – fehlerhafte – Auflage vom *Paradise* die Zuschreibung von *When griping griefs* an Richard Edwards enthält, während das Gedicht in den neun späteren Auflagen anonym erscheint. Letzte Sicherheit gibt die Zuschreibung in der handschriftlichen Gedichtsammlung von Humphrey Coningsby (British Library, Harl. Ms. 7392), in der das Gedicht mit »Ball« gezeichnet ist. Das leichtsinnige Wörtchen »Ball« aber steht bei Coningsby (von der Forschung übersehen) in allen Fällen für den Earl of Oxford, den Mann, der die Liebe mit dem Tennisspiel und dem Tennisball mit der Tugend verglichen hat.

Einsatz zu den mit Spannung erwarteten Ritterturnieren, in denen sich die jungen Edlen miteinander maßen.

Höhe- und Schlußpunkt von Edwards' künstlerischer Tätigkeit aber war die Aufführung seiner zweiteiligen Tragikomödie (oder tragischen Romanze) *Palamon and Arcyte* im Christ Church College in Oxford am zweiten und vierten September 1566. Das Stück, das sich nur in Berichten erhalten hat, folgte Geoffrey Chaucers »Geschichte des Ritters« aus den berühmten *Canterbury Tales*.

Athens Herrscher Theseus hat die beiden thebanischen Jünglinge Palamon und Arcites in seine Gewalt gebracht. Durch das Kerkerfenster erblicken die Freunde im Garten die schöne Emilia, verlieben sich in ihren Anblick und werden in vollem Ernst aufeinander eifersüchtig. Nachdem Arcites begnadigt und verbannt worden ist, beneidet Palamon den Arcites um seine Freiheit und Arcites den Palamon um die Nähe zu Emilia. Arcites aber nutzt seine Freiheit, kehrt im Gewand eines anderen aus der Verbannung zurück und wird Kammerherr des Theseus, an dessen Hof er sich des Anblicks der Schönen erfreuen darf. Weil seine Liebeskrankheit ihn beutelt, geht Arcites in den Wald und klagt. Jedoch: er wird belauscht von – Palamon, der gerade dem Kerker entflohen ist. Und schon liefern die beiden Rivalen sich ein wütendes Duell. Theseus, der mit seinen Jägern und Frauen vorbeikommt, unterbricht den Kampf, erfährt den Hergang der Sache, zürnt und vergibt den Sündern aus Liebe, aber beraumt einen höfischen Wettkampf an, in dem Palamon und Arcites sich coram publico schlagen sollen und der Sieger die Braut gewinnt. Palamon bittet die liebende Venus um Hilfe, Arcites den Kriegsgott Mars. Von nun an übernehmen die Götter das Spiel: Mars läßt den Palamon im Kampf verlieren, Venus den Arcites bei der Parade tödlich vom Pferd stürzen – worauf die schöne Emilia dem schmachtenden Palamon zufällt.

Die Inszenierung in der prachtvollen Great Hall von Christ Church College sollte, so war es Edwards' Wunsch, die Aufführungen von Cambridge in den Schatten stellen. Aber man hatte noch nicht zu spielen begonnen, als unter dem Andrang der Zuschauer eine Tribüne zusammenbrach und drei Tote zu beklagen waren. Nach dem Abtransport der Verletzten durfte die Vorstellung beginnen.

Edwards' Inszenierung wetteiferte mit der Wirklichkeit. Emilias Garten war mit wirklichen Blumen und Bäumen und einer Gießkanne bestückt. Als beim Einzug des Theseus und seiner Jäger das Gebell einer wütenden Meute von Hunden zu hören war und die Kinder, die in den Fenstern saßen, laut schreiend nach draußen zeigten, sagte Elizabeth lachend:»Oh, diese Jungs stürzen sich noch aus dem Fenster, um schneller zu sein als die Hunde.« Immer wieder sorgten komödiantische Einlagen dafür, daß das Drama der Männerfreundschaft nicht zu tränenreich wurde. (Edwards' unkonventionelle Einführung der Posse ins Drama bedeutete eine Weichenstellung für die Entwicklung des elisabethanischen Theaters.) Die Fortsetzung des Stücks am zweiten Abend begann mit dem Auftritt des Theseus und seines Hofstaats und dem Erscheinen der Ritter im Gefolge von Palamon und Arcites. Bühne und Auditorium gingen spiegelbildlich ineinander über und bildeten eine an Prachtentfaltung nicht zu überbietende Szenerie.

Die Aufführung erntete ungeheuren Beifall. Niemand scheint daran Anstoß genommen zu haben, daß Emilia in dieser Geschichte nichts weiter ist als nur der reizende Spielball von Männerphantasien. Aber dies lag in der Entwicklung der Dinge. Weder war einer Truppe von Knaben und jungen Studenten die dramatische Exposition des Weiblichen zuzumuten, noch gab es in dieser Zeit eine Stimme, die die psychologische Gestaltung einer Frauenrolle reklamierte.[*]
Manchen der jungen Schauspieler, die in *Palamon and Arcyte* oder den lateinischsprachigen Aufführungen am Christ Church College mitgewirkt hatten, war später eine große Karriere beschieden: Toby Matthew wurde Erzbischof von York, John Rainolds Präsident von Queen's College, Miles Windsor Altertumsforscher, John Argall Logiker und Thomas Twyne Mediziner, Schriftsteller und Übersetzer.
Richard Edwards' Tod am 31. Oktober 1566 machte die Hoffnung auf

---

[*] Fünfzig Jahre später nahm sich der Dramatiker John Fletcher abermals des Stoffes an, aber er brachte es mit *The Two Noble Kinsmen* nur zu mäßigem Erfolg. Eine Puppen-Emilia als Bühnenheldin bedeutete *nach* Shakespeare einen gewaltigen Rückschritt. Um das Stück besser verkaufen zu können, gab Fletcher vor, Master William habe daran mitgeschrieben – eine geschickte Behauptung, über die sich eine ungeschickte Wissenschaft lange den Kopf zerbrochen hat.

weitere Stücke aus seiner Feder zunichte. Doch hatte sich um den Viel-seitigen ein reger Kreis von Mitarbeitern, Freunden und Schülern ge-bildet, der entschlossen war, Edwards' Erbe anzutreten.

Zu diesem Kreis hatte der junge Arthur Brooke gehört, der erste engli-sche Bearbeiter des Romeo-und-Julia-Stoffs (er war 1563 bei einem Schiffbruch ums Leben gekommen) – zu ihm gehörten Edwards' Kol-lege und Nachfolger William Hunnis (ca. 1527-1597) – der Dichter Francis Kinwelmersh (*1538), dessen Lieder Richard Edwards vertont hatte – sowie Kinwelmershs Freund George Gascoigne (ca. 1535-1577), der 1566 in Gray's Inn seine Übersetzungen von Ariosts *I Suppositi* und Lodovico Dolces *Giocasta* (nach Euripides' *Phönizierinnen*) zur Aufführ-rung brachte – der bukolische Dichter Barnabe Googe (1540-1594) – George Turberville (1543-1610), der 1567 mit einer Übersetzung von Ovids *Heroides* und mit eigenen Gedichten hervortrat – Thomas Twyne (1543-1613), der Phaers Übersetzung von Vergils *Aeneis* vervollstän-digte – und Alexander Neville (1544-1614), der Übersetzer von Sene-cas Tragödien. Mit George Gascoigne wiederum war eng befreundet George Whetstone (ca. 1544-1587), der Verfasser von *Promos and Cas-sandra* (1578), einer Quelle von Shakespeares *Measure for Measure*. Über-haupt scheint Shakespeare, folgt man der von Kenneth Muir besorg-ten Zusammenstellung der Quellen – *The Sources of Shakespeare's Plays*, London 1977 –, keine der genannten Übersetzungen aus diesem Kreis *nicht* gekannt zu haben.

Auch existieren vielfältige Beziehungen zwischen diesem Dichter- und Freundeskreises und dem jungen Edward de Vere. Zusammen mit George Gascoigne gab der Earl die poetische Anthologie *A Hundreth sundrie Flowres* (1573) heraus – mit Francis Kinwelmersh ist er in der Anthologie *The Paradise of Dainty Devices* (1576) vertreten – Thomas Twyne widmete ihm 1573 die Übersetzung (aus dem Lateinischen) von Humphrey Lhuyds *Breviary of Britain*.

Im übrigen ist bereits der Sechzehnjährige als ein großer Verehrer der Künste bezeugt. 1566 spielte ihm George Coryat auf der Laute zu eige-nen Weisen vor und verfaßte auf ihn ein lateinisches Gedicht. Der Musikus rühmt Oxfords Tatkraft und seine Tapferkeit in den ritter-lichen Waffenübungen. Der Graf, sagt Coryat, trage kein Verlangen danach, besungen zu werden, obwohl jeder, der Lieder liebt, wert sei, durch das Lied gewürdigt zu werden: »Die Laute möge ihm ihre süßen Klänge zu Gehör bringen – ihm, der von so großer Liebe zu den Musen ergriffen ist.«

Das Protokoll

Er gibt zu Protokoll, daß er ihn, Brincknell, nur flüchtig kannte und mit ihm in keinem freundschaftlichen oder verwandtschaftlichen Verhältnis stand. Der besagte Tag war ein Donnerstag, einer der heißesten Tage in diesem Jahr, der 24. Juli 1567. Er war froh, es im Hof etwas kühler zu haben, und verabredete sich mit Edward Baynham, Schneider, dem man nachsagt, er würde den Degen besser führen als die Nadel, in besagtem Hof zu einer Fechtübung, zur beidseitigen Unterhaltung und weil er sich im Freien noch etwas Bewegung gönnen wollte. Auf Vorhalt – es war der vordere Innenhof von Cecil House, er erinnert sich an einen Haufen von Pflastersteinen vor dem Durchgang zu den Ställen. Die Zeit – abends zwischen sieben und acht, bei noch gutem Licht. – Man war eben in Fahrt gekommen, Baynham hatte ihm einen Knuff an der Schulter versetzt, er ihm die linke Tasche aufgeschlitzt, was der guten Stimmung keinen Abbruch tat. Auf Vorhalt – Zuschauer hatten sie keine, außer, worüber er sich wunderte, eine Krähe, die auf dem oberen Bügel des Ziehbrunnens saß. – Plötzlich stand Brincknell im Hof, keiner hatte ihn kommen sehn, und schrie etwas von Aufhören! Feiglinge! Lumpen! und andern Unflat. Er war sturzbesoffen. Möglich, daß er sich für einen Freund von Baynham hielt. Möglich auch, daß er ihn, Oxford, nicht erkannte. Oder daß er ihn erkannte und irgend etwas gegen ihn hatte. Worauf er, Oxford, ihm zurief, er solle sich zum Teufel scheren, und Brincknell, von seinem Dämon getrieben, seiner Sinne nicht mächtig, sich auf ihn warf, und er in seiner Überraschung, statt die Waffe zurückzuziehen, sie zur Abwehr gebrauchte. Er habe ihm keinen Stoß versetzt, sondern den Stoß von Brincknell empfangen. Auf Vorhalt – er zögere nicht, Brincknells Verhalten selbstmörderisch zu nennen. – Dabei habe er von einer Verletztung zuerst nichts bemerkt, wunderte sich nur, daß Brincknell mit einem Mal still war, die Farbe wechselte und große Augen bekam. Er ließ den Degen sinken und sah das Blut. Anfangs sickerte es nur, später, nachdem sie ihn in die Küche getragen hatten, schoß es in Strömen aus der Wunde zwischen Leiste und Schenkel. Die Tücher, die sie auf die Wunde preßten, waren in Sekunden von Blut durchtränkt. Dann, während Baynham nach Helfern rief, der Boden im Blut schwamm und er über Brincknell gebeugt stand, war es ihm, als wäre er, eine Sekunde lang, nicht mehr er selbst, sondern der Sterbende. Später kamen Mägde und Diener und erst nach einer Stunde ein Arzt. Nachtrag – er wolle nicht, daß man Brincknell begrabe wie einen Hund.

3 ERSTE SIEGE, ERSTES BLUT

Am 1. Februar 1567 (bzw. »1566«, weil nach dem traditionellen englischen Kalender die Zeit vom 1. Januar bis zum 24. März noch zum alten Jahr rechnete) wurde Edward de Vere Mitglied von Gray's Inn, der Londoner Rechtsschule und Anwalts-Innung, der auch Burghley in seiner Jugend angehört hatte.

Der Tag darauf war Lichtmeß, der traditionelle Termin für eine gehobene Theateraufführung. Man darf mit großer Sicherheit annehmen, daß es der Tag war, an dem George Gascoignes *Supposes* zur Aufführung kamen. Hinter diesem Titel (»Die Untergeschobenen«) verbirgt sich die Übersetzung der ersten Prosakomödie von Lodovico Ariosto (1474-1533) *I Suppositi*. Dieses Stück bedeutete ein völliges Novum für die englische Bühne: es war die erste Komödie in Prosa und zugleich die Übersetzung des ersten Stücks der italienischen Renaissance mit völlig eigenständigem Handlungsablauf, geistreich, freizügig und atmosphärisch dicht – zwar ein Verwechslungs- und Versteckspiel nach altrömischem Muster, aber mit neuzeitlichen Charakteren besetzt und in einer leichtfüßig rhythmisierten Sprache geschrieben. Das Fräulein Polinesta setzt ihrer Amme auseinander, daß der Hausdiener Dulipo, der sich nachts zu ihr ins Zimmer schleicht, in Wahrheit ein junger Edelmann aus Sizilien (namens Erostrato) ist, der, nachdem er sich in sie verliebt, in seines Dieners Kleid und Namen geschlüpft sei, um zu ihr ins Haus zu gelangen. Der wirkliche Dulipo spielt in der Zwischenzeit die Rolle seines Herrn. Polinestas Vater aber möchte sie mit dem alten Rechtsanwalt Cleander verheiraten, den sie gründlich haßt. Der immer hungrige Pasphilo tanzt als Brautwerber zwischen den Tischen des geizigen Cleander und des falschen Erostrato hin und her – und plaudert dabei aus, daß der alte Doktor den Vater Polinestas mit 3000 Dukaten bestechen möchte, um den Gang der Dinge zu beschleunigen. Also muß »Dulipo« – d. h. Erostrato – im Namen seines Herrn ebenfalls 3000 Dukaten bieten, dabei ist ihm das Geld längst ausgegangen. Doch der Diener im Kleid des Herrn weiß mit einem neuem Verwirrspiel zu helfen: er beredet einen Fremden, als Vater von Erostrato aufzutreten und den Garantieschein für das Brautgeld zu unterschreiben. Da kommt plötzlich der wahre Vater des wahren Erostrato angereist und gefährdet das verrückte Spiel. (Diesen ganzen Plot hat Shakespeare in seine »Zähmung der Widerspenstigen« eingebaut.) Mag sein, daß Oxford nur Baron Burghley zuliebe sich in Gray's Inn eingeschrieben hat. Burghley wollte aus ihm einen Staatsmann machen, der junge Mann aber sah sich als Künstler. Er hat, wie sein puritanischer Anti-Biograph Alan H. Nelson (2003) gehässig anmerkt, in Gray's Inn niemals Logis bezogen. (Was angesichts der geringen Entfernung von Cecil House auch nicht notwendig war.) Mehr als die juristischen Kollegs scheinen ihn die Aktivitäten von Master Gascoigne interessiert zu haben, der die studentische Theatergruppe im Haus betreute.

Mitte der dreißiger Jahre als Sohn eines begüterten Landadligen und Friedensrichters geboren, genoß George Gascoigne in Cambridge eine gediegene Schulbildung und wurde Anfang der fünfziger Jahre in Gray's Inn aufgenommen. Er machte den Versuch, am königlichen Hof zu reüssieren, was zum finanziellen Fiasko führte. Den Ausweg sollte die Heirat mit einer reichen Witwe bringen. Seine Auserwählte hatte zwei Jahre vor der Hochzeit einen anderen Mann geheiratet, mit dem sie sich nicht ehelich verbunden fühlte. 1562, ein Jahr nach der Hochzeit, kam es zu einem Gefecht zwischen Gascoigne und dem »zweiten Mann«. Danach begannen endlose Rechtsstreitigkeiten, in denen Gascoigne das Geld seiner Frau verlor. Zwischen 1563 und 1565 versuchte er sich erfolglos als Farmer in Bedfordshire und kehrte im Anschluß daran nach Gray's Inn zurück, vielleicht um eine Anwaltskarriere aufzubauen, aber inzwischen waren seine literarischen Interessen in den Vordergrund gerückt. In der Zeit zwischen März 1566 und März 1567 brachte er seine Übersetzungen von Ariost und Euripides auf die Bühne von Gray's Inn. Kurz darauf wurde er von seinem Vater enterbt (oder fast enterbt) und mußte nach dessen Tod im Jahr 1568 gegen seinen Bruder klagen, um etwas vom eigenen Hab und Gut zu retten. 1569 wanderte er kurzzeitig in den Schuldturm.

Überraschenderweise erschienen im Jahr 1573 seine Dramenübersetzungen und Gedichte in einer höchst aufwendigen poetischen Anthologie, überschrieben: *A Hundreth sundrie Flowres* – »Hundert Vermischte Blumen«. Die Überraschung hält sich in Grenzen, wenn man weiß, daß der Earl of Oxford diese Anthologie finanzierte, um in ihr sein eigenes Werk, *The Adventures of Master F. I.*, zu verstecken.

Ariosts Komödie ist eines der wenigen italienischen Stücke, die in elisabethanischer Zeit der Übersetzung ins Englische für wert befunden wurden und zum Druck kamen. (Die Dramen von Boiardo, Accolti und Giraldi Cinzio, um einige Shakespeare-Quellen zu nennen, blieben den wenigen Lesern vorbehalten, die italienische Werke erwerben konnten und die Sprache verstanden. Dagegen fanden die italienischen Novellisten Boccaccio und Bandello schon in den sechziger Jahren ihre ersten englischen Übersetzer und Leser.)

Auch Gascoignes Adaption der *Jocasta* besitzt Seltenheitswert. Zu den wenigen Übersetzungen griechischer Klassiker im 16. Jahrhundert zählen Lady Jane Lumleys *Iphigenia at Aulis* (ca. 1555) und die lateinische Version der *Antigone* (1581) von Thomas Watson. (Auch Watson gehörte zum literarischen Freundeskreis des Earl of Oxford.)

Die *Jocasta* von George Gascoigne und Francis Kinwelmersh folgt einer italienischen Bearbeitung von Euripides' *Phönikerinnen*. Mit dem Original wurde sehr frei verfahren, vieles gestrichen, anderes eingefügt, das klassische Metrum in Blankverse umgegossen, der Chor in Einzelstimmen aufgelöst. Für die Veröffentlichung von 1573 hat ein gewisser »Fortunatus Infoelix« den Handlungsfaden des Dramas (*The Argument of the Tragedie*) in poetischer Form skizziert:

Um des verruchten Laius Schuld zu strafen
und den Inzest des Ödipus zu rächen,
verführt' der Zorn der Götter ihre Söhne,
mit blut'ger Klinge sich den Tod zu geben.
Die Frau und Mutter, zugleich Konkubine
(des unheilvollen Schicksals früh gewärtig)
will ihrer Söhne Tod nicht überleben
und stürzt sich in den blutbefleckten Degen.
Die Tochter, hilflos ausgesetzt dem Schrecken,
wagt nicht zu sterben, aber haßt das Leben,
und lieber führt sie ihren blinden Vater
als Kreons finst'rem Willen nachzugeben.
Kreon ist König, Inbild des Tyrannen,
Ödipus Bettler, Abbild aller Armen.

Fortunatus Infoelix, der unglücklich Beglückte (oder vom Pech verfolgte Glücksjünger) ist einer der vielen Dichternamen des Earl.

In der Zeit, als Edward de Vere sich für das Studium der Rechte einschrieb, beschäftigte ein besonders kniffliger Fall die Hirne der Professoren und Studenten – ein Fall, den einige Jahre später der Rechtsgelehrte Edmund Plowden in normannischem Französisch für die Nachwelt festgehalten hat (*Les comentaries, ou les reportes de Edmunde Plowden un apprentice de le comen ley*, 1571). Der ehemalige Zivilrichter – und Schüler von Gray's Inn – Sir James Hales war durch Folter und Inhaftierung unter Queen Mary gemütskrank geworden und hatte sich nach seiner Freilassung im Sommer 1554 in einem kleinen Flüßchen ertränkt, worauf die Krone sein Vermögen als das eines verbrecherischen Selbstmörders einzog. Seine Witwe prozessierte gegen die Krone mit dem Argument, ihr Mann könne bei Lebzeiten sein Gut nicht verwirkt haben, denn solange er lebte, habe er sich noch nicht umgebracht, und im Moment seines Todes sei sein Vermögen ihr, der Witwe, zugefallen. Demnach stellte sich die Frage, ob das Verbrechen zu Lebzeiten begangen worden war. Der Anwalt der Witwe trug vor, daß zu berücksichtigen seien erstens: die Ursache des Todes, zweitens: der Tod als Folge der Ursache. Als Ursache des Todes sei das Wasser geltend zu machen, nicht der Ertrinkende. – Der Anwalt der Krone ließ diese Spitzfindigkeit (oder verhüllte Argumentation für die Unzurechnungsfähigkeit von Hales) nicht durchgehen, sondern argumentierte psychologisch: Das Verbrechen besteht aus drei Teilen. Erstens die Vorstellung von der Tat und wie sie durchzuführen wäre, zweitens die Entscheidung, die der Absicht der Selbstzerstörung folgt, drittens die Ausführung, die zum Abschluß bringt, was in der Absicht lag. Der Richter führte aus: »Sir James Hales ist tot. Wie kam er zu seinem Tod? Durch Ertrinken. Wer ertränkte ihn? Sir James Hales. Und wann ertränkte er sich? Zu Lebzeiten – d. h. die Tat eines lebenden Menschen führte zum Tod eines toten Menschen, da Sir James Hales seinen Tod verursachte, solange er lebte.« (Ein gutes Beispiel für die Unbarmherzigkeit der besseren Gründe.)

Auch der mit allen Wassern gewaschene William Shakespeare muß von diesem Fall Wind bekommen haben, denn an Ophelias Grab läßt er, spaßig genug, zwei Totengräber-Clowns die Argumentation in schönster Kürze verdrehen.

ERSTER CLOWN Soll die ein christlich Begräbnis erhalten, die vorsätzlich ihre eigne Seligkeit sucht?

ZWEITER CLOWN Ich sage dir, sie solls, mach also flugs ihr Grab. Der Kronbeamte hat über sie gesessen und christlich Begräbnis erkannt.

ERSTER CLOWN Wie kann das sein, wenn sie sich nicht »se defendendo« [zu ihrem Schutz, in Notwehr] ertränkt hat?

ZWEITER CLOWN Nun, es ist so befunden.

ERSTER CLOWN Es muß aber »se offendendo« [sich angreifend, schädigend] sein, es geht nicht anders. Denn dies ist der Punkt: Wenn ich mich wissentlich ertränke, so beweist es eine Handlung, und eine Handlung hat drei Stücke: sie besteht in Handeln, Tun und Verrichten: Ergel* hat sie sich wissentlich ertränkt!

ZWEITER CLOWN Ei, hört doch, Gevatter Schaufler!

ERSTER CLOWN Erlaubt mir! Hier steht das Wasser: gut; hier steht der Mensch: gut! – Wenn der Mensch zu diesem Wasser geht und sich selbst ertränkt, so bleibts dabei, er mag wollen oder nicht, daß er hingeht. Merkt Euch das! Aber wenn das Wasser zu ihm kommt und ihn ertränkt, so ertränkt er sich nicht selbst. Ergel, wer an seinem eignen Tode nicht schuld ist, verkürzt sein eignes Leben nicht.

ZWEITER CLOWN Ist das rechtens?

ERSTER CLOWN Ei freilich, nach dem Kronbeamten-Recht.

Der Student der Rechte sollte die praktische Anwendung seiner Kenntnisse schneller nötig haben, als ihm lieb war. Am Abend des 24. Juli 1567 übte er sich im Hof von Cecil House mit dem Kostümschneider Edward Baynham in der Kunst des Fechtens. Beider Stoßdegen stammten aus Edward de Veres umfangreicher Waffensammlung, für die er jährlich an die £ 100 berappte. (Ein Landpfarrer bestritt sein Leben mit einem Jahresgehalt von £ 15.) Das sportliche Gefecht wurde jäh unterbrochen durch den Auftritt eines gewissen Thomas Brincknell, der im Cecilschen Haushalt als Hilfskoch diente. »Brincknell kam«,

* »Argal« (in Hamlet, Q2, 1604) statt »Ergo« spielt an auf John Argalls *De vera poenitentia* (1604).

wie das Protokoll des Kronbeamten und Leichenbeschauers Richard
Vale festhält,»zu dem besagten Platz, und da er betrunken war, Gott
nicht vor Augen hatte, vielmehr von einem gottlosen Antrieb bewegt
und irregeleitet war, rannte und fiel er verwegen in die Degenspitze
im Wert von 12 d, die der besagte Edward, Earl of Oxenford, dann und
dort in seiner Rechten hielt, in der Absicht des Spiels (wie vorher
bereits ausgeführt), wodurch vorgenannter Thomas mit dem bezeichneten Stoßdegen sich in vorsätzlicher Absicht an der Vorderseite seines
linken Schenkels dann und dort selbst durchbohrte und durchstach,
indem er sich dann und dort mit besagtem Degen eine tödliche Wunde
zufügte, vier Zoll tief und einen Zoll breit, woran besagter Thomas
dann und dort augenblicklich starb.«Dieses am 28. November 1567 von
siebzehn Zeugen unterschriebene Protokoll (wobei die Zeugen natürlich nicht den Hergang der Ereignisse, sondern nur die Leiche gesehen
hatten) diente zur Entlastung des Siebzehnjährigen, auf dessen Degenspitze der verwegene Hilfskoch so fatal gelandet war.

Ort und Umstände sprechen nicht dafür, daß der junge Graf es darauf
abgesehen hatte, sich eines böswilligen Gegners zu entledigen, sondern
lassen vermuten, der kleine Stich sei als eine Art Lektion gemeint gewesen. Wenn freilich der Zorn dem Lehrmeister die Hand führt und diese
Hand ein Messer hält, so hat der Belehrte das Nachsehen. Da die
Rechtsauffassung des 16. Jahrhunderts in einem solchen Fall nur zwischen den Möglichkeiten Notwehr, Mord oder Selbstmord unterschied, so hatte, um ein weiteres Opfer zu verhindern, der Hilfskoch
tunc & ibidem der Schurke zu sein. Er habe, schreibt William Cecil in
einem späteren Rückblick, das Beste dazu getan, die Totenschaukom-
mission dahin zu lenken,»den Tod eines armen Menschen, den er
(Oxford) in meinem Haus getötet hat, als defensionsweise (*se defendendo*) verursacht zu betrachten«.

Die beängstigende Nähe des Coroner's Report von 1567 zur Clownerie der Shakespearschen Totengräber spricht nun nicht unbedingt für
den diabolischen Charakter Oxfords (wie Alan H. Nelson meint) oder
Hamlets (wie die Anwältinnen Ophelias meinen könnten), sondern
viel eher von der Unbeholfenheit der Kronbeamten und Leichenbe-
schauer einer Wirklichkeit gegenüber, die komplexer war, ist und sein
wird als das kodifizierte Recht. Deutlich wird allerdings auch, dann und

dort, daß der Autor Shakespeare von Erfahrungen ausgeht, die dem über die Stränge schlagenden Oxford nicht fremd waren.

Das Drama des jungen Earl hinter den Mauern von Cecil House verblaßt gegen das Drama der fürstlichen Hinterhöfe und ihrer von Leidenschaften bestimmten Politik. Der geplagte William Cecil hatte sich nicht nur um den Frieden im eigenen Haus, sondern im eigenen Land zu sorgen und an der Seite seiner vernünftigen Königin eine unvernünftige in Zaum zu halten:

An ebenjenem 24. Juli 1567, als Thomas Brincknell dem jungen Earl ins Messer lief, verzichtete Maria Stuart zugunsten ihres unmündigen Sohns auf den schottischen Thron.

Maria Stuart (1542-1586), die Tochter des schottischen Königs James V. und seiner Gemahlin Marie de Guise, einer Enkelin der Schwester Heinrichs VIII., war nach dem frühen Tod des Vaters in Frankreich erzogen worden, hatte sechzehnjährig den französischen Thronfolger François II geheiratet, wurde mit siebzehn französische Königin und mit achtzehn Witwe. Nach diesem furiosen Einstieg in die Weltgeschichte zog sie sich 1561 nach Schottland zurück, wo sie als Katholikin bei vielen ihrer Untertanen auf Zurückhaltung stieß. Sie weigerte sich, den 1560 abgeschlossenen Vertrag zwischen England und den schottischen Lords zu ratifizieren, der Elizabeth' Recht auf den Thron ausdrücklich bestätigte und der Reformation in Schottland Vorschub leistete. Mit ihrer Cousine Elizabeth stand sie in angeregtem Briefwechsel, aber schicksalhafterweise fand niemals eine Begegnung zwischen beiden Frauen statt, obwohl sie dreimal ein Treffen vereinbart hatten. Elizabeth versuchte, der Jüngeren eine Heirat mit einem der Noblen ihres Landes zuzuschanzen, um sie politisch und emotional an England zu binden und eine katholische Allianz mit Spanien zu verhindern. Sie brachte dafür Lord Robert Dudley (nachmals Earl of Leicester) ins Spiel, in den sie selbst unsterblich verliebt gewesen war, bis sie einsehen mußte, daß eine Heirat mit ihm ihre Stellung und ihr Königreich ruiniert hätte. Maria lehnte ab, weil der angediente Bräutigam ihr nicht »standesgemäß« erschien, und streckte ihre Fühler nach Spanien aus, um über eine Ehe mit dem Kronprinzen Don Carlos zu verhandeln, einem – wie der Historiker Sir John E. Neale ihn nennt – gefräßigen, charakterlosen Epileptiker. Als diese Verhandlungen nicht fruchteten, lud sie Anfang 1565 ihren Vetter Henry Stuart, Lord Darnley, zu sich ins Land und heiratete ihn im Sommer des gleichen Jahres, ohne sich mit Elizabeth darüber zu verständigen. Lord Darnley war ein geistloser Geck, der sich mit allen Parteien überwarf, das Inbild eines arroganten, trunksüchtigen und lasterhaften Menschen. (Dieser Lord Darnley war der Vater von James VI, der 1603 der kinderlosen Elizabeth auf dem englischen Thron folgte.) Schon im Herbst 1565 war die Ehe zerrüttet. Aus Eifersucht auf den Emporkömmling David Riccio, der die Gunst Marias besaß, tat Darnley sich mit den protestantischen Lords zusammen, deren Ziel die Beseitigung Riccios war. Er selbst stürmte mit einigen Kumpanen das Zimmer, in dem Maria (im sechsten Monat schwanger) mit Riccio beim Abendessen saß, und sah genüßlich zu, wie Riccio unter den Messerstichen fiel. Man schrieb den 9. März 1566. An Marias Stelle, soll Elizabeth gesagt haben, hätte sie Darnley den Dolch aus den Händen gerissen und ihn erstochen.

Aber die Stuart wand sich wie eine Katze, überredete Darnley, seine Mitverschwörer im Stich zu lassen, ließ ihn dann selber fallen, brachte ihr Kind zur Welt, verliebte sich in den Grafen Bothwell, einen »wagemutigen, tollkühnen Mann« – und bereitete Darnleys Vernichtung im stillen vor. Sie lockte ihn in eine Falle und ließ ihn erwürgen. Drei Monate später, am 15. Mai 1567, heiratete sie den Mörder Bothwell – nach protestantischem Ritus.

Aber schon einen Monat später trieben die schottischen Lords Bothwell außer Landes und brachten Maria als Gefangene nach Edinburgh. Als man ihr drohte, sie wegen Mordes anzuklagen, erklärte sie am 24. Juli 1567 den Thronverzicht.

Und wie verhielt die englische Königin sich zu diesen Schauerlichkeiten? Sie glaubte nicht an Marias Schuld, schreibt John E. Neale, ließ Cecil holen und »machte ihm die schwersten Vorwürfe, daß niemand ihr riete, wie sie die Gefangennahme der Königin von Schottland rächen und Maria befreien könnte«. (J. E. Neale, Queen Elizabeth I, 1934). D. h., Elizabeth verhinderte eine Verständigung mit den schottischen Lords und rettete der Stuart den Kopf.

Mehr noch: der Gefangenen gelang es zu fliehen, sie versammelte die
ihr verbliebenen Truppen, stürzte sich in ein Gefecht gegen die Lords,
zog aber den kürzeren und rettete sich durch Flucht nach England. Um
Schlimmeres zu verhüten, mußte ihrer Bewegungsfreiheit ein Riegel
vorgeschoben werden. Von nun an wurde die Umtriebige als Elizabeth'
Ehrengefangene samt eigenem Hofstaat von einem Schloß zum anderen geschickt und mit einigem Geschick bewacht.

Und noch immer dachte Elizabeth daran, der süßen Schlange auf den
schottischen Thron zurückzuverhelfen. Doch die zu Marias Ehrenret-
tung eingesetzten Untersuchungen trugen in der Hauptsache zu ihrer
Belastung bei. Welcher Umstand einige konservative Lords in England
nicht davon abhielt, sich der Stuart anzudienen und ihre Verheiratung
mit dem Katholiken Thomas Howard, Duke of Norfolk (1535-1572),
ins Auge zu fassen. Der Witwer Norfolk war einer Heirat nicht abge-
neigt, obwohl er Elizabeth gegenüber Abscheu vor Maria heuchelte.
Die Konservativen hofften, auf diese Weise der Entmachtung Burghleys und seiner Königin einen Schritt näherzukommen. Sie hofften
überdies, den jungen Earl of Oxford – als Neffen des Duke of Norfolk – auf ihre Seite zu ziehen.

Soviel zu den Sorgen des englischen Hausvaters und Staatssekretärs
Lord Burghley.

Am 2. Dezember 1568 starb Edward de Veres Mutter. Margery Golding
hatte einem verwegenen Grafen den Erben und eine Tochter geboren,
hatte nach dessen Tod einen bescheidenen Mann geheiratet, hatte ein
paar Briefe geschrieben an Baron Burghley, worin sie sich in allen Erb-
angelegenheiten seinem und dem Willen ihres Sohnes unterwarf, und
war knapp vierzig Jahre alt geworden. Die Quellen geben keinen Aufschluß darüber, wie die Mutter zu ihrem Sohn oder der Sohn zur Mutter stand. – Oxfords Stiefvater Charles Tyrrell starb anderthalb Jahre
später und vermachte ihm das »große Pferd«, das der Stiefsohn ihm früher einmal geschenkt hatte.

Das Leben des jungen Lord Great Chamberlain, der bei Hof ein und aus
ging, die Königin mit dem Staatsschwert zum Parlament begleitete,
Turniere focht, den Tanzsaal dominierte und mit neunzehn Jahren zum
ersten Mal eine Stimme für seine Wahl zum Ritter des Hosenband-

ordens erhielt – das Leben dieses noblen Jünglings war anspruchsvoll und teuer. Er hatte seine Diener und Gefolgsleute zu erhalten, ritt die besten Pferde, führte die kostbarsten Waffen, durfte und mußte sich in die teuersten Stoffe kleiden und wollte mit Anschaffungen für die eigene Bibliothek nicht geizen.

Ein Ausgabenbuch aus dieser Zeit verzeichnet in einem Vierteljahr die Anschaffung eines Reitmantels und Umhangs aus feinem schwarzen Tuch, einer Jacke aus Kambrik, einer aus Satin und einer aus feinem Linnen, einer spanischen Jacke aus Samt und Satin, einer schwarzen Samthose und zehn Paar spanischer Lederschuhe, ferner den Erwerb eines Degens, eines Kurzdolchs und einiger Bücher, nämlich: der *Geneva Bible* (in der Übersetzung von William Whittingham, Genf 1568), der Werke Plutarchs in Französisch (übersetzt von Jean Amyot, Paris 1567), zweier italienischer Bücher und anderer. In einem anderen Quartal erhält der Buchhändler die beachtliche Summe von 4£ 6s 4d für die Folioausgaben von Cicero und Plato, weitere Bücher, Papier und Schreibfedern.

Bernard M. Ward, Oxfords erster Biograph, hat dieses Bild des jungen Hofmanns gezeichnet: »Von mittlerer Größe oder etwas darunter, wirkte er keck mit seinen rötlichen Locken und hellbraunen Augen. Er trug einen Samthut mit einer flauschigen Fasanenfeder, eine schwarze Satinjacke, Samthosen, seidene Strümpfe, gehalten von silbernen Bändern – an den Füßen die breiten, flachen Lederschuhe seiner Zeit. Seitlich führte er einen leichten Degen im silberplattierten Gürtel. So gekleidet mag er hinunter an den Fluß gegangen sein bis ans Ende von Ivy Lane. Dort warteten livrierte Bootsmänner in baldachinüberdachten Barken. Sie fuhren flußaufwärts nach Richmond Palace, von wo aus die Königin nach ihm geschickt hatte, damit er mit ihr tanze oder musiziere.« (B. M. Ward, The Seventeenth Earl of Oxford, 1928.)

Im Herbst und Winter 1569/70 lag Edward de Vere lange krank. Davon zeugen die hohen Rechnungen für Apothekerware – Tränke, Pillen und Pulver – und die diversen Ausgaben für Kopfpolster, Daunenkissen, Schwitzbäder, diätische Lebensmittel, angemietete Räume in Windsor etcetera.

Zur damaligen Lektüre dürfte neben Boccaccio, Chaucer und Plutarch auch die Genfer Bibel gezählt haben, die sich als einziges Buch aus Oxfords Bibliothek erhalten hat. Es handelt sich um die zweite Aufla-ge von Whittinghams Übersetzung: *The Bible and Holy Scriptures Con-teyned in the Olde and Newe Testament, translated according to the Ebrue and Greke, and conferred with the best translations in divers languages, with moste profitable annotations upon all the hard places, and other things of great im-portance as may appear in the Epistle to the Reader. Geneva, Rouland Hall, 1568-69.* Das mit kostbaren Silberbeschlägen verzierte Buch zeigt Ox-fords heraldische Embleme: den viergeteilten Schild mit dem fünfge-zackten Stern – und den Eber. Die Bibel enthält über tausend Anstrei-chungen und verschiedene kleine Anmerkungen von Oxfords Hand, wobei vier verschiedene Tinten – scharlachrot, orange, schwarz-braun und grau – zu unterscheiden sind. D. h., Edward de Vere hat sämtliche Bücher des Alten und Neuen Testaments mehrfach durchgearbeitet und nach einem ihm eigenen System alles Merkenswerte oder Zitierbare festgehalten.

Roger A. Stritmatter konnte zeigen, daß zweihundert der angestriche-nen Bibelstellen in den Dramen Shakespeares Verwendung gefunden bzw. ein Echo ausgelöst haben.

Die literarischen Neigungen des Earl blieben seinen Zeitgenossen nicht verborgen. Thomas Underdowne widmete dem Neunzehnjähri-gen die für die weitere Entwicklung der englischen Literatur bedeut-same Übersetzung von Heliodorus' *Aithiopika* – des meistgelesenen, um-fangreichsten Romans des Altertums.* Die »Äthiopischen Geschich-ten« waren ein Vorbild für Philip Sidneys *Arcadia*, und Motive daraus gingen ein in Shakespeares *Twelfth Night* (»Was ihr wollt«) und *Cymbe-line.*

»Ihr vereint in Euch besondere Tugenden«, spricht Underdowne den Grafen an, »Mut und Geschick, besondere Fähigkeiten in der Wissen-

---

* Thomas Underdowne: *An Æthiopian Historie*, 1569. – Heldin ist die äthiopische Kö-nigstochter Charikleia, die von ihrer Mutter ausgesetzt wird, nach Delphi kommt, dort bei den pythischen Spielen den schönen, apollinischen Jüngling Theagenes kennenlernt und ihn nach Überwindung widrigster Umstände schließlich zum Gat-ten erhält. Aus einer faszinierenden Eingangsszene, gleichsam einem lebenden Bild, entwickelt sich der Fortgang der Handlung in mehrfach unterbrochenen und kunst-voll miteinander verschlungenen Erzählungen.

schaft, Natürlichkeit und Gemeinsinn, so daß in Eurer Person, wie ich denke, das wahre Muster eines Edelmanns zum Ausdruck kommt, wie ich ihn im Geist vor mir gesehen habe.«

Inzwischen war die Anwesenheit Maria Stuarts in England zu einer echten Gefahr für Elizabeth geworden. Nachdem die Königin von den Heiratsplänen Norfolks mit der Stuart erfahren hatte, ließ sie den zwischen Rebellion und Gehorsam Schwankenden am 11. Oktober 1569 (zu seiner und ihrer Sicherheit) für ein Jahr in den Tower sperren. Zwei Wochen später probten die Earls of Northumberland und Westmorland den Aufstand gegen die Krone, scharten 4000 Mann um sich, feierten eine katholische Messe in der Kathedrale von Durham und ritten auf Schloß Tutbury zu, um Maria zu befreien, sie Norfolk zur Frau zu geben und zur englischen Königin zu machen. Die gefangene Tigerin aber wurde rechtzeitig nach Schloß Coventry ausquartiert – und der Aufstand Anfang Dezember von den englischen Truppen unter Sussex niedergeschlagen.

Offenbar war es im Zusammenhang mit Norfolks Verhaftung zu einer Verstimmung zwischen Burghley und Oxford gekommen, als dieser glaubte, sich für seinen Cousin stark machen zu müssen. (Thomas Howard, Duke of Norfolk, war der Sohn des Dichters Henry Howard, Earl of Surrey, und Edwards Tante Frances de Vere.) Ob und in welchem Ausmaß sich Oxford für Norfolk verwendet hat und ob er dabei von Norfolks Bruder Henry Howard – seinem späteren Freund – beeinflußt wurde, bleibt Gegenstand der Spekulation. Jedenfalls schreibt Oxford am 24. November 1569 im Ton der Entschuldigung (und ganz im Stil der grazilen Komplexität eines Master Fortunatus Infoelix) folgende Zeilen an seinen Vormund und Nestor:

»Sir. Obwohl ich krank war, danke ich doch Gott, daß ich mich durch Eure Fürsorge wiederhergestellt sehe, und bin Euch doppelt verbunden – für dieses und für vieles Gute, was ich zuvor von Euch empfangen habe; und obwohl Ihr nicht mehr so auf mich zählt wie früher, werdet Ihr am Ende trotz dieser Entfremdung sehen, daß ich dies anerkenne und nicht undankbar bin und auch nicht verdiene, daß Ihr den unguten Gedanken hegt, Eure Fürsorge für mich sei verfehlt gewesen, vielmehr Euch hiermit bitte, für den Fall, daß ich etwas falsch gemacht und mir Euren Unmut verdient habe, dies auf meine Jugend und auf meine mangelnde Erfahrung im Umgang mit Freunden zurückzuführen. Und ich erkühne mich, Eure Gunst und Freundschaft zu erbitten, auf daß Ihr mich nach Kräften in meinem Verlangen unterstützt, in militärischen Dienst zu treten, wofür ich Euch mehr als allen anderen am Hof dankbar sein werde und wonach Ihr über mich als über den Eurigen frei verfügen sollt.«

Er vertraut seinen Wunsch dem Papier an in der Hoffung, Burghley werde jetzt, wie er es früher bereits versprochen hat, die Erlaubnis der Königin für ihn erwirken, Kriege und Kriegsdienst an »entlegenen und auswärtigen Plätzen« kennenzulernen, um in dieser unruhigen Zeit seinem Land und seinem Fürsten dienen zu dürfen – und schließt mit der Versicherung seiner Freundschaft: »By your assured friend, Edward Oxenford.«

D. h., der junge Vasall Elizabeth' bedauert seine Abirrung und will sich, obwohl krank, in die Schlacht gegen die Aufständischen stürzen. Er ist bereit, sein Leben für die Königin zu opfern und versichert Burghley seiner Treue. (Nicht von ungefähr hinterlegt der Politiker Cecil Oxfords Briefe in den Staatsakten.)

Im Februar 1570 berichtete der französische Botschafter Fénélon nach Paris, Lord Oxford habe die Königin gebeten, nach Frankreich gehen zu dürfen, um den Hugenottenführer Henri Prince de Condé zu unterstützen. Oder sie solle ihm gestatten, gegen die Rebellen im Norden Englands zu kämpfen. Als der junge Mann dem Staatsrat seine Pläne darlegte, waren viele erstaunt, weil sie geglaubt hatten, er halte es mit den Katholiken.

Im März war es endlich soweit: Elizabeth entließ ihren Schützling in die freie Wildbahn des Kriegs – unter der Obhut des bewährten Feldherrn Thomas Radcliffe, Earl of Sussex (1526-1583). Es sollte noch einmal gegen den Norden gehen, denn der katholischen Rebellion begannen aus den abgeschnittenen Hälsen neue Köpfe nachzuwachsen. Eine Allianz aus schottischen Anhängern Maria Stuarts und englischen Rebellen ritt Angriffe gegen die Truppen Elizabeth'. Englische Flüchtlinge brachen unter dem Schutz der schottischen Lords zu Raubzügen und Brandschatzungen über die Grenze auf. – Sussex, empört über die »Undankbarkeit« seiner Feinde, schwor, den Schotten einen Denkzettel zu verpassen, der sie und ihre Kinder davon abhalten würde, Krieg gegen England zu führen. Mitte April zog er mit einem Heer von 700 Reitern und 1700 Fußsoldaten bei Kelso über die schottische Grenze und ritt am Teviot entlang auf Jedburgh zu, links und rechts in einer Entfernung von zwei Meilen alles niederbrennend, was im Wege stand. Man stieß kaum auf Widerstand. Eine zweite Kriegskolonne unter Sir John Forster marschierte weiter westlich, ebenfalls brandschatzend und verwüstend, und vereinigte sich mit Sussex' Truppe in Jedburgh. Es ging weiter am Teviot entlang bis Hawick, wo die Einwohner das Stroh von ihren Dächern rissen und es auf freiem Feld verbrannten, um ihre Häuser zu schützen. Die Engländer aber waren schneller, rafften das noch nicht verbrannte Stroh zusammen und setzten damit die Häuser in Brand. »Und nur Asche blieb übrig – für die Bauernweiber, um Seife draus zu kochen«, wie es in einem zeitgenössischen Stück heißt. (*The lamentable Tragedy of Locrine*, II/3)

Am Morgen des 28. April 1570 begann Sussex mit dem Bombardement von Hume Castle. Am selben Nachmittag wurde über die kampflose Übergabe des Schlosses verhandelt, und die Schotten durften nach Zurücklassung ihrer Waffen und ihres Hab und Guts unbehelligt abziehen.

Während dieser »kriegerischen Befriedung« kam es nur zu einigen kleineren Scharmützeln. Die dritte Kolonne unter Lord Scrope hatte der Übermacht des schottischen Lord Maxwell weichen müssen – ihre Reiter waren, wie es heißt, in Bedrängnis geraten.

Kein Schlachtengemälde eines Vergil, Malory oder Ariost bot sich den Augen des jungen Achill, Earl of Oxford – nur ein Sammelsurium aus dem Repertoire der menschlichen Bosheit: Gewalt und Hochmut auf der einen, Verrat und Angst auf der anderen Seite. Er hatte Tote und Verletzte gesehen, niedergerittene Menschen, Erdolchte, Erschossene und liegengebliebene Pferde.

Es ist nicht auszuschließen, daß die Kriegsbegeisterung des jungen Earl angesichts solcher Szenen nachließ. Denn der Krieg zeigte ein anderes Gesicht als das ritterliche Turnier.

In einem seiner 1573 veröffentlichten Gedichte (*Divers excellent devises of sundry gentlemen*, 3) warnt Oxford den Freund:

Der eitle Vorteil, den dir Mars geschenkt,
sollt' dich nicht unbedacht zu Felde führen,
wo dich ein stures Roß ins Chaos lenkt
und Därme hängen nach Kanonenschüssen,
wo falsche Freunde um ihr Leben bangen
und dahin laufen, wo Belohnung winkt.

Am 2. April 1571, zehn Tage vor seinem einundzwanzigsten Geburtstag, begleitete der junge Lord Great Chamberlain Königin Elizabeth zum Parlament und wohnte in den folgenden Wochen zehn Sitzungen des Oberhauses bei.

Um das Ereignis seiner Volljährigkeit zu feiern und ihm Gelegenheit zu männlichem Selbstbeweis zu geben, wurde Anfang Mai ein dreitägiges festliches Turnier zu Whitehall anberaumt.

Als »Herausforderer« traten auf: Edward Earl of Oxford, Charles Howard of Effingham (der spätere Lord High Admiral), der Royal Champion (oder königliche Turnier- und Kampfmeister) Sir Henry Lee und der spätere Lord Chancellor Christopher Hatton, Esquire. Eine ehrenvollere Kampfgenossenschaft hätte der junge Mann sich nicht wünschen können.

Zu den »Verteidigern« gehörten Lord Henry Seymour, Thomas Cecil (Burghleys älterer Sohn), Thomas Knyvet, Thomas Bedingfield und zwanzig weitere Männer.

Der Turnierplatz von Whitehall war, umgerechnet, mehr als zehn Fußballfelder groß, bestanden mit hölzernen Schranken, Barrieren und Hürden, geschmückt von farbigen Bannern, Standarten, Fahnen und Fähnlein, seitlich eingefaßt von Bänken, die einer Tausendschar Platz boten, an seiner Stirnseite begrenzt durch die Tribüne der Königin.

Jeder der Ritter sorgte für die Kostüme und die Ausrüstung seiner Pagen, seiner Diener, Lanzenträger, Waffenknechte, Trompeter, und Musiker. »Impresa« wurden geschaffen, in denen sich das selbstgewählte Motto mit einer bildlichen Darstellung sinnfällig verband. Ein solches Impresa schmückte den Schild und das Banner des Kämpfers. Die Pferde waren, passend zur Rüstung und den Farben des eigenen Hauses, mit farbigen, silber- und goldbestickten Schabracken geziert.

Gefochten wurde zu Pferde und zu Fuß. Den Preis gewann, wer am

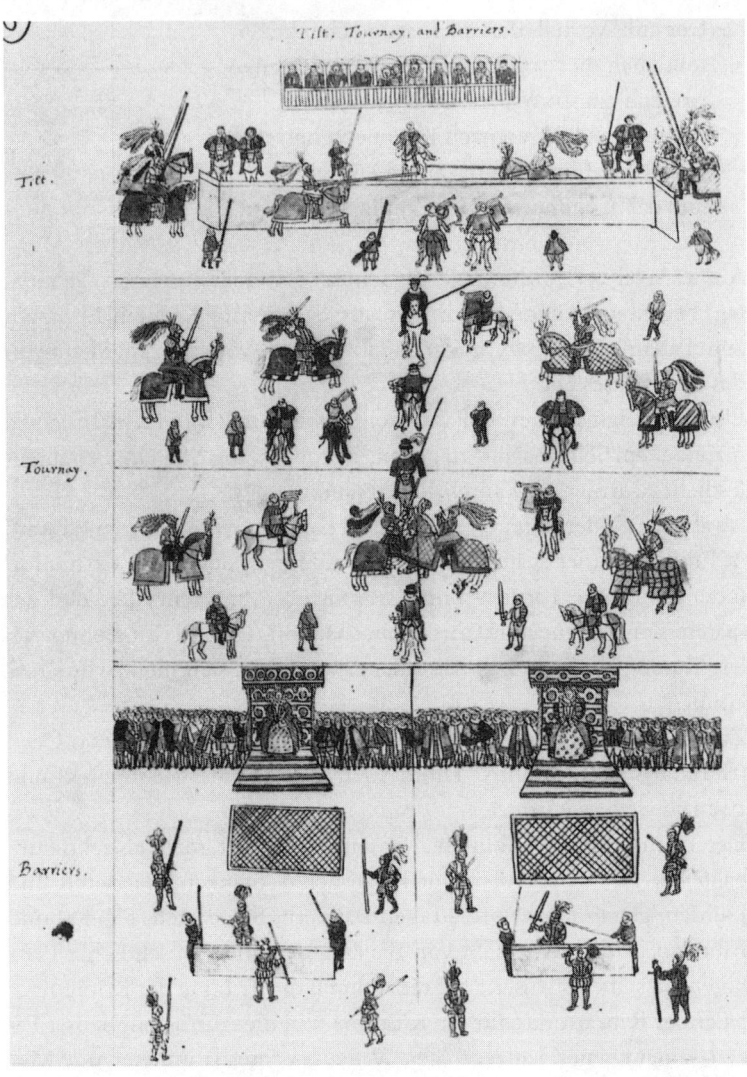

Tilt, Tournay and Barriers – Lanzenbrechen, Schwertkampf zu Pferd und Schwertkampf an der Schranke, ca. 1570.

meisten Lanzen brach, wer dreimal einen Stoß in der Höhe des Helms plazierte oder wer mit der Lanze den Gegner vom Pferd warf. Des Preises verlustig ging, wer ein Pferd traf, wer seinen Gegner von hinten angriff, wer zweimal seinen Helm verlor.

Als Richter im Turnier fungierten die Earls of Worcester, Sussex und Lincoln (Lord Clinton) sowie Sir Henry Sidney, Knight. Mit Sicherheit saß auch der angehende Poet Philip Sidney (*1554) auf der hohen Tribüne neben den Burghleys, Nottinghams, Huntingdons, den Seymours und Dudleys. In der Mitte ihres Hofstaats, von einem Baldachin beschirmt, thronte Elizabeth.

Das Gefolge des Earl of Oxford war in karmesinrotem Samt gekleidet – er selbst, als träte er aus dem Tableau eines Malory oder Ariost, verkörperte die Märchengestalt des *Roten Ritters*.

In einer Zeit, da der frühbürgerliche Merkantilismus die Welt des Rittertums abzulösen begann, verschrieb diese Welt sich um so begieriger dem Ideal der aristokratischen Ehre und Eleganz. Es lebte ein Stück mittelalterlicher Inbrunst in der Zeit der elisabethanischen Reform. Die protestantische Königin fand Zuspruch und Liebe als Regentin des Friedens oder Madonna der Politik – und das altertümliche Zeremoniell des Turniers führte vor, was es real noch nie gegeben hatte: den schönen Krieg.

»Er schlug sich weit über jedermanns Erwarten«, schrieb ein zeitgenössischer Beobachter, »und blieb hinter den anderen drei Herausforderern kaum zurück.«

Jedem der *Challengers* überreichte die Königin einen Preis:
- dem Earl of Oxford ein diamantenbesetztes kleines Bildnis (»Die größte Ehre wurde dem Grafen Oxford zuteil«, schreibt John Stowe in seinen Annalen)
- Charles Howard eine goldene Kette
- Sir Henry Lee einen Brillantring
- Sir Christopher Hatton eine Kette mit einem goldenen Glöckchen.

Von den *Defendants* wurden geehrt: Henry Grey mit einer Kette, Lord Henry Seymour mit einem Diamanten, Thomas Cecil mit einem Rubin.

Ein halbes Jahr später faßte der Hofmann Giles Fletcher (1548-1611) Oxfords Erscheinung in lateinische Verse:

»Und sollte er irgendwann heißblütig einen kleinen Krieg entfachen, so lenkt er sein schäumendes Roß mit leichtem Zügel und reitet ins Gefecht, den langen Speer in der Rechten. Furchtlos rückt er sich im Sattel zurecht, beugt sich anmutig vor und zurück. Jetzt schwenkt er um, jetzt gibt er dem Roß die Sporen. Das edle Tier nimmt Anlauf mit feuriger Kraft; schneller als der Wind schlägt es den Boden mit seinen Hufen – und hält ein im Lauf, wie ihm der Zügel befiehlt. – Bravo, tapfere Jugend! So gehen kühne Geister durch die Lehre des Kriegs.«

Die Geburt des Helden aus dem Geist des Turniers war nur die eine – ideale – Seite der Wirklichkeit. Seine Volljährigkeit bescherte dem jungen Earl ein böses Erwachen, was die grob materiellen Dinge des Lebens betraf. Die Rendite von 666 £ aus dem Ertrag seiner Ländereien war erst nach Ablauf eines Jahrs zu erwarten – und die Hofverwaltung präsentierte ihm am 1. Juli 1571 eine Rechnung von insgesamt £ 7000 (um ein Äquivalent in Euro zu finden, müßte man von einigen Millionen sprechen), die sich zusammensetzte aus £ 3000 für die Auslagen während der Zeit der Vormundschaft und £ 4000 für die Zuerteilung seiner Besitzurkunden. Oxford unterzeichnete eine Verpflichtung, die Summe bis 1581 in Raten zurückzuzahlen, andernfalls er den doppelten Betrag an die Krone zu entrichten habe.

In dieser Verlegenheit schien eine reiche Heirat nicht der schlechteste Ausweg. Aufgrund seiner Herkunft und Bildung, seiner Kühnheit und Eleganz war Edward de Vere in jenen Jahren der begehrteste Junggeselle im Königreich. Sein lebhaftes und mutiges Auftreten im Turnier hatte Eindruck gemacht. Und nicht nur eine der Zuschauerinnen scheint sich in ihn verliebt zu haben, aber eine besonders: die vierzehnjährige Anne Cecil, Tochter des im Februar zur Pairswürde erhobenen William Cecil, *Lord* Burghley. Anne war musisch, belesen, fleißig und hübsch – von ihren Eltern nicht minder gut erzogen als das gräfliche Mündel. Man darf annehmen, daß, obwohl aufgewachsen unter einem Dach, der Jüngling und das Mädchen sich nicht allzu oft gesehen hatten. Über die romantischen oder unromantischen Beweggründe Oxfords sei hier nicht spekuliert, jedenfalls unterzeichnete er Mitte Juli 1571 einen Hochzeitskontrakt mit Burghley, der ihm eine Mitgift von £ 3000

versprach. Die Heirat wurde auf September angesetzt. »Der Earl of
Oxford hat sich eine Frau genommen«, schreibt Lord St John an Lord
Rutland, der seinerseits ein Auge auf Anne geworfen hatte, »oder sagen
wir, eine Frau hat ihn eingefangen – nämlich Mistress Anne Cecil, und
die Königin hat zugestimmt, was großes Weinen, Wehklagen und Be-
trübnis auslöste unter denen, die ihrerseits gehofft hatten, den goldenen
Tag zu erleben.«
Auch Burghley wendet sich brieflich an Oxfords alten Spiel- und Lern-
genossen Rutland. Jetzt, sagt der Alte, da die Heirat beschlossene Sache
sei, wolle er gern bekennen, daß er den jungen Mann achte und lieb-
habe wie seinen eigenen Sohn.

Aber der geplante Hochzeitsschmaus im Herbst fiel einer Verschwörung zum Opfer. Die Schuldigen waren Maria Stuart und der Herzog
von Norfolk, Oxfords Cousin. Nicht, daß Norfolk Oxfords Hochzeit
sabotieren wollte, er hatte sogar sein ausdrückliches Jawort gegeben,
aber er ließ sich weiterhin auf die schmeichelhafte Vorstellung ein, an
der Seite der Stuart englischer König werden zu können.
Elizabeth hatte – gegen den Willen ihres Staatsrats – sich noch einmal
auf Verhandlungen mit der gestrauchelten Gegnerin eingelassen, um
sie mit ihren schottischen Untertanen zu versöhnen und ihr den verlorenen Thron zurückzuerobern. Dafür sollte Maria Verzicht leisten auf
das von ihr behauptete Recht auf die englische Thronfolge. Die Stuart
empfing Elizabeth' Diplomaten, aber betrieb hinter dem Rücken der
Engländer Konspiration, schrieb Liebesbriefe an Norfolk, plante Flucht
und Aufstand.
Zusammen mit Norfolk stand sie in Verbindung mit dem in London als
Geheimagent des Papstes agierenden Bankier Roberto Ridolfi – einem
»hoffnungsseligen, schwachköpfigen Intriganten«, wie John E. Neale
ihn nennt. Ridolfi hatte im September 1570 eine Liste mit den Namen
vierzig englischer Adliger zusammengestellt, die, wie er glaubte, für einen eventuellen Aufstand gegen Elizabeth in Frage kämen. Diese Liste,
in der kompromittierenderweise auch Oxfords Name erschien (vielleicht, weil Ridolfi ihn als Verwandten Norfolks zur katholischen Partei
rechnete), ging in einer Abschrift an Papst Pius V. Um Feuer an die
Lunte zu legen, machte Ridolfi sich im März 1571 auf die Reise zu

Herzog Alba (1507-1582) und Philipp II. (1527-1598) von Spanien. Alba schrieb an Philipp, falls Norfolk und seine Freunde losschlügen und vierzig Tage lang das Feld behaupteten, wäre es politisch zu vertreten, ein Heer nach England zu schicken. Aber sofort ein Heer hinüberzusenden, wie Ridolfi es verlangte, sei Wahnsinn. Er warnte Philipp vor dem Mann als einem gefährlichen Schwätzer. In Rom und Madrid aber ging man auf die Verschwörungsideen des Schwätzers begeistert ein. Bald darauf wurden an der englischen Küste einige chiffrierte Briefe Ridolfis abgefangen. Burghley war alarmiert, konnte den Umfang der Verschwörung aber noch nicht absehen. Der Zufall half weiter, als Ende August eine Geldsendung von 600 Pfund Sterling in Gold aufflog, die Norfolk den schottischen Anhängern der Stuart zugedacht hatte. Norfolks Diener wurden verhört, später die unter den Dachziegeln seines Hauses versteckte Geheimkorrespondenz entdeckt, der Herzog selbst am 7. September 1571 verhaftet und erneut in den Tower gebracht.

Es dürfte Burghley nicht erfreut haben, den Namen seines Schützlings und Schwiegersohns in spe auf Ridolfis Liste zu entdecken. Bald aber wurde klar, daß den Earl keine Schuld traf. Seiner Hochzeit, die aufgrund der politischen Querelen hatte verschoben werden müssen, stand nichts mehr im Weg.

Am 16. Dezember 1571 wurde in Westminster Abbey eine glanzvolle Doppelhochzeit gefeiert, an der die Königin und der Hochadel teilnahmen. Der Lord Great Chamberlain Edward de Vere, Earl of Oxford ehelichte Anne Cecil, die Tochter des Staatssekretärs Lord Burghley – und Edward Somerset, der künftige Earl of Worcester (ca. 1550-1628), heiratete Elizabeth Hastings, die Tochter des Earl of Huntingdon. Zum anschließenden Bankett zog man nach Whitehall Palace, wo Elizabeth kostbare Geschenke überreichte und zu Musik und Tanz einlud. Anderntags folgte ein prächtiges Turnier, in dessen Verlauf die jungvermählten Herren Dutzende von Lanzen brachen.

Feuerspiele in Warwick

Von Samstag auf Sonntag nächtigte die Königin in Schloß Warwick, wo sie den ganzen Sonntag blieb. Einige Leute vom Land hatten sich im Hof des Schlosses versammelt, um sie zu sehen und für sie zu tanzen, und es gefiel der Königin sehr, ihnen von ihrem Fenster aus zuzuschauen. Der Tag ging vorüber, man aß zu Abend, und anschließend wurde ein Feuerwerk gezeigt, das man auf den Feldern unterhalb des Hügels vorbereitet hatte. Der Schreiber des Nachstehenden hat es nicht selbst gesehn, da er krank zu Bett lag. Aber laut zuverlässigem Bericht spielte es sich so ab. Am Templergraben wurde aus rohem Holz eine Art Schanze errichtet, die mit Segeltuch bedeckt war. Das war das Fort. Darauf postierte man verschiedene Leute, die als Soldaten Dienst tun sollten, und aus der Stadt wurden so viele Harnische gebracht, wie man auftreiben konnte, um die Männer damit zu bewaffnen. Den einen sagte man, sie sollten blank ziehen, den andern, sie sollten Feuerwerk hinauswerfen, Schwärmer, Kanonenschüsse und Feuerbälle. Auf der andern Seite des Grabens wurde eine zweite, gleich starke Festung errichtet, deren Gouverneur der Earl of Oxford war, ein munterer Gentleman mit einer munteren Truppe von Herren. Dazu hatte man zwölf oder vierzehn Belagerungsgeschütze aufgestellt, die von London kamen, und zwölf schöne Mörser, die der Earl of Warwick aus dem Tower hatte holen lassen. Diese Geschütze und Mörser wurden der Reihe nach durch Lunten abgefeuert und machten einen Riesenlärm wie bei einem richtigen Angriff, und während sie einmal aussetzten, griffen der Earl of Oxford und seine Soldaten, zweihundert an der Zahl, mit Hakenbüchsen und Arkebusen an – worauf die im Fort von neuem schossen und Feuer warfen, was alle in Schrecken versetzte, die so etwas noch nicht gesehen hatten, und großartig war für die, die so etwas mögen, und in der Tat hocherstaunlich für die, die es nicht verstanden. Die Feuerbrände fielen in das Flüßchen Avon und erloschen, dann stiegen neue Feuer auf und flogen kreuz und quer und warfen blitzende Flammenzungen: ein Schauspiel, an dem Ihre Königliche Majestät großes Vergnügen fand. Bis, durch ein Mißgeschick, ein armer Mann oder ein paar andere zu Schaden kamen. Denn zuletzt schickten die Belagerer einen fliegenden Drachen los, der Flammenbälle warf und, um das Fort zur Aufgabe zu zwingen, es lichterloh in Brand setzte. Aber durch ein Versehen oder anderswie passierte es, daß einer der Feuerbälle auf ein Haus am Ende der Brücke fiel, in dem ein gewisser Henry Cooper, der Müller, wohnte, und sein Haus in Brand setzte, worin der Mann und seine Frau schliefen, wodurch, bevor Hilfe kam, das Haus und alles Inventar verbrannten, und man Mühe hatte, den Mann und die Frau zu retten. Dann fingen auch noch ein oder zwei andere Häuser daneben zu brennen an, konnten aber durch die fleißige Hilfe des Earl of Oxford, des Sir Fulke Greville und anderer Herren und Stadtleute gerettet werden, die freiwillig und in großer Zahl erschienen. Ein Wunder, daß weiter nicht viel passierte, da die abgeschossnen Feuerbälle und Schwärmer knapp über dem Schloß passierten und mitten in der Stadt niederkamen – einige auf Häusern, einige in Höfen und Hintergärten, einige auf der Hauptstraße. Manche flogen, sehr zum Schrecken der Einwohner dieses Fleckens, fast bis zur Marienkirche, so daß vier Häuser in der Stadt und Vorstadt brannten, von denen eines eine Kugel abbekam, die bei der einen Seite herein- und bei der andern hinausging und ein Loch zurückließ, groß wie ein Mannskopf, aber weiter keinen Schaden anrichtete.

Als die Feuer gelöscht waren, ging man zu Bett; und am nächsten Morgen waren es Ihre Majestät zufrieden, daß man den armen Alten und seine Frau, die ihr Haus verloren hatten, zu ihr brachte, worauf sie sie reich beschenkte. Durch die Mildtätigkeit der Königin und anderer Hofleute kamen ungefähr 25 £ 12 Shilling 8 Pence zusammen, die ihnen mit der Versicherung des Bedauerns übergeben wurden.

4 DIE NEUE FREIHEIT

Nun war der schöne junge Mann zwar volljährig, dazu reich, über die Maßen anspruchsvoll und großzügig, Herr einer beflissenen Dienerschaft, wußte sich von keinerlei fest umrissenen Aufgaben eingeschränkt, nannte sich Lord Great Chamberlain of England, Viscount Bolebec, Lord Sanford, Lord of Escales and Baldlesmere, aber war, wie das Schicksal es wollte, verheiratet – mit einem gerade fünfzehnjährigen Mädchen.

Zusammen mit seiner Frau bezog er ein Stockwerk im »Savoy«, vis à vis von Lord Burghleys Residenz. Das Savoy war ein ehemaliges Spital, in vornehmster Lage am *Strand* gelegen, d. h. an der Straße zwischen Innenstadt und Schloß Whitehall. Von den neuen Gemächern aus genoß man den Blick auf die Themse.

Die Suite im Savoy besaß den Vorteil, daß Anne Cecil, das »Kind«, wie er es nannte, einen Großteil ihrer Zeit nebenan bei der Mutter verbringen konnte. Denn der junge Earl wollte seine Freiheit in keiner Weise behindert sehen, auch nicht durch eine Ehe.

Die kleine Anne, das liebliche Geschöpf, das sich den kühnen Turnierreiter »eingefangen« hatte, machte bald nach ihrer Hochzeit eine bestürzende Entdeckung. Ihr Mann schrieb.

Er schrieb nicht wie ihr Vater – zahllose Antworten auf zahllose Petitionen, neben unzähligen Resümees, Protokollen, Briefen und Verfügungen – nein, er schrieb Selbsterdachtes, schrieb Vorworte zu Büchern, schrieb eine Novelle, schrieb kunstvolle Gedichte. Aber nicht an sie, Anne Cecil.

Der Earl trauert seinen diversen Lieben nach und zettelt neue an – er übt sich in Abschieden, verwünscht seine Sehnsüchte, wenn er sich in immer andere Frauen verliebt, er leidet und verursacht Leiden. Und niemand weiß, ob dies nur vom Schreibtisch aus geschieht, sozusagen als literarische Warmhalteübung – oder ob das Spiel auch real ist.

Konkrete Anspielungen gibt es in den Gedichten des »Fortunatus infoelix« jedenfalls genug.

Er schreibt Verse, um sie zusammen mit einem Ring zu überreichen, »in den ein Rebhuhn in der Klaue des Falken eingraviert« ist: »Das Rebhuhn in des Falken scharfer Kralle, / das sich in seiner Not geschlagen gibt, / weiß wohl, daß es aus dieser sichren Falle / durch Kraft sowenig wie durch Kampf entflieht.« Der Autor des reizenden »Klaglieds« begeht aber nicht die Platitüde, sich selbst mit dem Falken zu vergleichen. Nein, er ist das Rebhuhn.

Das Rebhuhn spricht: was hilft es, daß Natur
mich wie die staub'ge Erde selbst gefärbt
und mir die luftgen Schwingen lieh, doch nur,
daß ich im Fluge angefallen werd?
Am Boden jagten mich die lauten Hunde,
und droben schlägt die Fälkin mir die Wunde.

An Flucht ist nicht zu denken. Also folgt der Schwächere, sprich der Mann, mit einem shakespearschen Hang zur erotischen Selbstaufopferung der von der Natur ihm gebotenen Laufrichtung.

Niemals, ich kann Euch nicht im Kampf entrinnen,
mit Euch zu streiten hätte keinen Sinn.
Der Falke Ihr, des Grausamkeit besiegt,
und ich der Schwache, der Euch gern erliegt.

Nun aber spielt dies Gedicht nicht nur auf die bekannte Geschichte vom Falken und der Lerche an – Merlin, ein kleiner Falke, will die Lerche in seinen Fängen halten, um sich über Nacht an ihr zu wärmen und sie dann wieder freizulassen –, sondern nutzt zugleich das Familienemblem der Dame. Mit den Worten »Mein Leid versiegle ich in meinem Herzen, / dies Siegel nehmt, als Zeichen meiner Schmerzen« überreicht der Dichter der angebeteten Fälkin den Ring mit ihrem Wappen. Und dieses Wappen, sagt die Forschung, ist dem Geschlecht der Knollys (oder Knowles) zuzurechnen. Der weibliche Falke könnte die schöne Elizabeth Knollys gewesen sein, damals achtundzwanzig Jahre alt.

Und zu Frühlingsanfang 1572 schreibt Edward de Vere ein Gedicht, dessen Szenerie einlädt zu Versteckspiel und Selbstoffenbarung. Da die julianische Kalenderuhr deutlich nachgeht, schreibt man nicht den 20., sondern den 10. März.* Ver, der Frühling, wenn nicht anderswer, über-

---

* Wegen des vorangegangenen Schaltjahrs fiel der Frühlingsanfang im Jahr 1572 auf den 10. März (nach dem modernen Kalender auf den 20. März) – in den Jahren 1570

quert mit seinem Boot die Themse und belauscht eine junge Dame,
die – »vom Frühling in Nöte gebracht und durch seine Wiederkehr
erneut gequält« – sich in einer anmutigen Klage ergeht.

Am zehnten März, am Tage, als die Sonne
blitzend des Widders hornig Haupt bezog
und ich nach alter Wissenschaft erkannte,
daß *Ver* herannaht und der Winter floh,
quert' ich den Fluß, der Lüfte mich zu freun
im freien Land. Das Wetter war so schön.
Als ich so fuhr und fast schon drüben war,
hört' eine Stimme ich – sie schien zu klagen.
Worauf ich hielt und durch ein stattlich Tor
mein Boot verließ, um mich an Land zu wagen.
Ich suchte lang, bis ich das Wesen fand,
des Weinen ich vom Flusse aus erkannt.

Das Fräulein beklagt, daß ihr in dieser Zeit des Blühens kein Frühling
wird – denn der, der sie vormals erfreut hat, frühlingt nun anderswo
(*springs now elsewhere*).

Der heitre *Ver*, der es verstanden hat,
die Angst zu bannen, Freude zu vermehren,
er springt nun anderswo und hat mich satt,
und darum wird der Winter mich verzehren.
Ach, meine Sonne scheint an andren Küsten,
und jede andre darf nach ihm gelüsten.
Welch Trieb gedeiht, der nicht von *Ver* berührt?
Welch Blume blüht, wo keine Sonne scheint?

Plötzlich verstummt das Mädchen, sieht sich um und wird blaß. Und
der muntere Herzensbrecher – *the lustie Ver* – tritt mit Schamröte im
Gesicht die Flucht an.

Im Gedichtanhang zu den *Adventures of Master F. I.* finden sich – neben
den Strophen vom zehnten März – zwei weitere Rollengedichte, in
denen junge Frauen die Absenz des Mannes beklagen. Dafür gibt es
natürlich literarische Vorbilder, vor allem die *Heroides* von Ovid und

und 1571 auf den 11. März. Im März 1573 aber befanden sich Oxfords Gedichte
schon im Druck. – »Ver« ist das lateinische Wort für Frühling.

poetische Paraphrasen von Sir Thomas Wyatt – aber auch die eigene Neigung. Es ist diesem Dichter ganz selbstverständlich gegeben, sich in die Herzen einsamer oder (von ihm) verlassener Frauen einzufühlen. Eine, »gekränkt durch falschen Verdacht«, liegt auf dem verwaisten Bett und begleitet sich selbst zur Laute:

Und ich arm's Wesen liege hier allein,

mich zu verstecken und verletzt zu sein,

und meine Blüte weicht den kalten Winden,

eh meine Sommertage noch beginnen.[*]

Derart war es um die Kunstfertigkeit des jung Verheirateten bestellt. Er unterwirft sich mit gleicher Begeisterung der lustvollen Fron des Schreibens wie den aufopferungsvollen Ritualen der Liebe. Immer ist es er selbst, der seine Fesseln wählt – und in dieser Wahl seine Freiheit findet. Man könnte auch sagen: seine Freiheit von der Ehe.

»Ach wären Frauen nicht so schwach wie schön«, sinniert er in einem seiner Gedichte, »und nicht so wechselhaft in ihrem Sagen, / die Männer hätten davon nur Gewinn.«

Aber wie sie sich versprechen, so versagen sie sich auch, flattern, zügellosen jungen Falken gleich, einmal auf diese, einmal auf die andre Hand. Woran aber auch die Männer Schuld haben.

---

[*] Einige Jahre später – Edward war aus Italien zurückgekommen und hatte seiner Frau den Rücken gekehrt – schrieb er ein »Echogedicht« auf Anne Vavasour, eine schwarzhaarige junge Schönheit, in die sich zu verlieben oder von der sich zu trennen er eben im Begriff stand. Mit dem Rücken an einen Baum gelehnt, sitzt er unweit der offenen See und belauscht eine junge Frau, auf deren Worte aus dem Wald ein leises Echo ertönt:

Oh heavens ! who was the first that bred in me this fever ? – Vere
Who was the first that gave the wound whose fear I wear for ever? – Vere.
Ihr Himmel, sagt, wer weckt' in mir dies Fieber? – Er.
Und wer verwundete als Erster mich und traf für immer? – Er.
Sie bekennt, daß dieser Vere/ER ihr Herz gefesselt und sie in Sorgen gestürzt habe. »Doch warum«, fragt sie, »findet Liebe nicht Erwiderung?« – »Zu jung«, tönt das Echo. Nach ein paar weiteren Klagen und Fragen kommt es zum komödiantischen Schluß:
Erring ich seine Gunst, wenn ich ihn glücklich mach? – Ach.
Vergelt ich seinen Stolz mit Treue und bin treu danach? – Ach.
Und ich, mit dieser Frau vertraut,
sprach: Gott, welch großes Wunder.
Das Echo macht die Wahrheit laut –
und Wahres geht nicht unter.

Wahrlich: wir Männer schmeicheln und verführen
zum Zeitvertreib, weil's anders nicht gefällt;
wir ködern unsern Falk mit tollen Schwüren,
von denen keiner und die keiner hält –
und sagen uns am Ende aller Launen:
ein Narr nur spielt mit Narren oder Frauen.

Diente das Savoy (»my lodging near the Strand«) als Stadtquartier mit engster Fühlung zum Hof, so bot sich im Sommer und Herbst ein Ausweichen auf die gräflichen Güter von Hedingham, Havering-atte-Bower und Wivenhoe Hall an. Vor allem Wivenhoe, unweit von Colchester auf einer kleinen Anhöhe an der Flutmündung der Colne gelegen, hatte es dem Earl angetan. Der alte Ziegelbau, inmitten eines Parks gelegen, war bestückt mit einem großen Torhaus, dessen Türme den Schiffern als Seezeichen dienten. Oxford nannte Wivenhoe seinen ländlichen Musensitz: »my new country Muses of Wivenhoe«.

Sicherlich ging es manchmal hoch her auf diesem Musensitz. Der Earl lud seine besten und schlechtesten Freunde zu sich ein, lebte ausgelassen und einigermaßen verschwenderisch, lebte in angemessener Distanz zu seiner kleinen Frau und liebte es, unfaßbar zu sein – besonders für seine Schwiegereltern.

Daß Lord Burghley mit diesem Mutwill nicht nur Freude hatte, können wir uns vorstellen. In einer seiner Erinnerungslisten schreibt der geplagte Haushalter über Oxfords Jahr 1572:

»In Greenwich kein Kostgeld für die Stallknechte, den Türsteher, den Pagen, den Hausbewahrer. Danach die Köche nicht bezahlt. – Vor dem Progress die Pferde an Smith ausgeliehen. Für £ 13 neue Pferde zu mir nach Theobalds geschickt, kein Geld, sie beschlagen zu lassen. – Um eins an die Tür geklopft, geweckt. – Von (Rowland) York und andern, die bei ihm waren, während des Mittag- und Abendessens nicht reingelassen. – Bevor Montmorency landete, kein Geld, um zu bezahlen. – Kein Wort gesprochen im väterlichen Haus. – So viele Hunderte ausgegeben von den 10000, die seit der Heirat in seine Hand gelangt sind. – Nie von Liebe gesprochen, im Mantel, Tressen, Federbüsche. – Wieder den Hosenbandorden verlangt. – Kein Damensattel für den Weg zurück von Wivenhoe, aber goldgewirkter Barchent. – Wäsche wurde geplündert, sehr feine, und Damast. – Zwei Frauen wurden geschwängert. Männer im Zimmer zu ihrer Unterhaltung. Nimmt keinen Anstoß daran, weil sie ihn toll fanden. – Seit Ostern in Greenwich 3000 Pfund Sterling. – Leute gewechselt, um zu sparen.«

Wer hier wen schwängert und plündert, geht aus den Aufzeichnungen nicht hervor, aber offensichtlich kann Oxford nicht mit Geld umgehen und läßt seinen Freunden und seinem Gesinde Narrenfreiheit. Und er scheint wenig danach zu fragen, was andere von ihm denken.

Dieser Mann liebt das Spiel der Wandlungen, den ernsten Unernst, das glücklose Glück. Während seine Kindfrau in Wivenhoe bleibt, setzt er sich ab nach London und verleiht den Damensattel.

Dabei hätte Burghley so gerne einen Staatsmann aus ihm gemacht. Oxford jedoch, beansprucht und bedroht von den konkurrierenden Glaubenssätzen seines ehrgeizigen Cousins Norfolk und seines unbestechlichen Schwiegervaters Burghley, zog sich demonstrativ zu den Musen zurück, den Göttinnen, die ihm als einzige Freiheit versprachen.

Am 16. Januar 1572 mußte sich der waghalsige Norfolk vor seinen Standesgenossen wegen Hochverrats verantworten – und wurde schuldig gesprochen. Als der Lord High Steward das Todesurteil verkündete, wurde ihm die Schneide des Henkerbeils zugewandt. Aber die Königin zögerte, das Urteil zu unterzeichnen. Endlich unterzeichnete sie, aber verlangte nach einer schlaflosen Nacht die Ausfertigung einer Gegenorder. Dies geschah mehrfach. Ihr Kleinhirn – in dem das Gemüt wohne – mißtraue der Stirn, wie sie an Burghley schrieb. Sie wollte sich weder an Norfolks noch an Maria Stuarts Leben vergreifen. Doch das Parlament, das Marias Ränke und den Hergang der Ridolfi-Verschwörung erstmals in vollem Umfang erfuhr, forderte vehement ein Opfer. So ging Norfolk (an Marias Stelle) am 2. Juni 1572 zum Richtblock. Er hatte seinem vierzehnjährigen Sohn Philip die Freundschaft zu Edward de Vere ans Herz gelegt mit den Worten: »Da ist mein Cousin of Oxford, der zu nachlässig ist, was die Angelegenheiten seiner Freunde betrifft, Dir aber mehr Gutes tun könnte als irgendeiner Deiner Verwandten.« (Brief vom 20. Januar 1572)

Am 18. März hatte der Kundschafter John Lee aus Antwerpen an Burghley nach London berichtet, daß die Papisten in den Niederlanden auf einen katholischen Aufstand gegen die englische Königin hofften und dabei mit französischer Unterstützung rechneten. »Sie sind überzeugt, daß der Herzog von Norfolk heimliche Freunde unter dem hohen Adel hat und daß dies die Königin beeinflussen müsse – und daß der Earl of Oxford (der ein ergebener Anhänger Norfolks gewesen ist) aus diesem Grund gegen Euer Ehren einen Widerwillen entwickelt hat, weshalb er sich (wie sie hier sagen) von seiner Frau, der Countess zurückzog. Welch andre eitle Vorstellungen sie sich machen, etwa darüber, was die Königin zum Earl of Sussex gesagt habe, darüber will ich gar nicht schreiben.« Noch immer geisterte Ridolfis Liste in den Köpfen der Katholiken – doch weder dachten die Engländer daran, sich gegen Elizabeth zu empören, noch rüstete der englandfreundliche Charles IX Kriegsschiffe gegen die Königin aus, noch engagierte sich Oxford für seinen Cousin Norfolk.

Gestützt auf den Geheimbericht John Lees, fabrizierte der Historiker William Dugdale (*The baronage of England*) anno 1675 eine dreiste Lüge, die von späteren Autoren wörtlich abgeschrieben wurde.[*] Edward de Vere, der bedingungslose Freund von Norfolk, habe sich bei Burghley ernstlich für seinen Cousin eingesetzt, um ihn vor dem Untergang zu retten, und sei, als er nichts in dieser Sache vermochte, so bitter erzürnt gegen seinen Schwiegervater gewesen, daß er in seiner Entrüstung zu ihm sagte, er würde alles tun, um seine Tochter zu ruinieren.

Die Dokumente sprechen eine andere Sprache. Der französische Botschafter de la Mothe Fénélon setzte sich Anfang April 1572 mit Burghley darüber ins Einvernehmen, daß Oxford den französischen Herzog François de Montmorency während einer geplanten Visite in England begleiten solle. Ende April erhielt Oxford sieben von neun Stimmen der Ritter des Hosenbandordens (*Order of the Garter*), die ihn der Königin zur Aufnahme in ihren Kreis empfahlen. Dies muß als unbedingter Vertrauensbeweis gewertet werden. Von den elf Kandidaten, die zwischen vier und neun Stimmen erhalten hatten, berief die Königin letzt-

---

[*] So von Francis Peck (*Desiderata curiosa*, 1732), Horace Walpole (*A catalogue of the Royal and Noble Authors*, 1759), Edmund Lodge (*Illustrations of British History*, 1791) und Isaac D'Israeli (*Curiosities of Literature*, 1833).

lich drei ältere Männer in den Orden – darunter Lord Burghley, seit März Lord High Treasurer oder Großschatzmeister des Landes. Im Mai und Juni besuchte der Earl elf von fünfunddreißig Sitzungen des Parlaments. Er empfing und begleitete den gemäßigten Katholiken François Duc de Montmorency (1530-1579) und inszenierte zu seiner Unterhaltung ein nächtliches Turnier bei Fackelschein. Dennoch kann man nicht sagen, Oxford hätte auf der politischen Bühne als Staatsmann agiert. Er schien es zufrieden sein, als gewandter Unterhalter und Inszenator wirken zu dürfen. Burghley, der längst entthronte Ziehvater dieses mutwilligen Achill, rief ihn vergeblich zu größerer Gewissenhaftigkeit und Bescheidung auf. Nachdem sein Schwiegersohn ihm wieder einmal wegen des Hosenbandordens zugesetzt hatte und Burghley sich zu einer Bemerkung dem Freund Thomas Smith gegenüber hatte hinreißen lassen, schrieb Smith den bezeichnenden Satz:»Ich fürchte, Milord of Oxford redet eher so, wie er wünscht, daß es sein soll, als anzuerkennen, was ist.« (Thomas Smith an Thomas Wilson, 21. März 1572) Und damit traf Smith den Nagel auf den Kopf. Weder wollte der junge Dichter sich abfinden mit dem,»was ist«, noch wollte er voreilig Maximen dafür aufstellen, wie es zu sein habe. Die vorgefundene Wirklichkeit entsprach einem von vielen möglichen Entwürfen. Und seine, Oxfords Sache, war es, *alle* Möglichkeiten durchzuspielen: als Denkender, Liebender, Lernender – und als Poet. (Die sympathischste Form des Eigensinns ist die, sich freizuhalten von Ideologie. Was weder Gleichgültigkeit bedeutet noch heißt, die Tafeln der Werte zerbrechen zu müssen oder zu wollen.)

Womit aber konnte Edward de Vere, Earl of Oxford, sich als Dichter ausweisen innerhalb der höfischen Gesellschaft? Den Mitgliedern des Hochadels war es verwehrt, bei Lebzeiten andere als theologische, wissenschaftliche oder staatsmännische Werke zu publizieren. Man hätte dies als eine lächerliche und unstandesgemäße Anbiederung gegenüber den bürgerlichen Autoren empfunden, die damit ihr Brot verdienten. Zu leicht macht sich ein Dichter seinen Mitmenschen verständlich, als wäre er ein Mensch ihresgleichen. Die Werke eines Earl of Surrey, Sir Wyatt, Lord Vaux oder Lord Buckhurst durften in Handschriften zirkulieren, sie durften anonym in Sammelwerken erscheinen oder, und dies war das Sicherste, erst nach dem Tod der Autoren öffentlich zum Druck kommen. Deshalb plante der Earl sein literarisches Debüt im Stil einer höfischen Inszenierung. Und holte damit die Welt der italienischen Renaissance nach England.

Das erste Werk, das er mit einer ausführlichen Einleitung versah, war »Das Buch vom Hofmann« (*Il Libro del Cortegiano*) von Baldassare Castiglione (1478-1529), dem Freund Ariosts und Raffaels. Die lateinische Übersetzung Bartholomew Clerkes (*Balthasaris Castilionis comitis de curiali sive aulico*, 1571/72) erschien unter den Auspizien von Lord Oxford und Sir Thomas Sackville, Lord Buckhurst.

Was adelt den Menschen, so fragt Castiglione, wenn es nicht allein seine Herkunft ist, die ihn erhebt? Worin besteht menschliche Vollkommenheit, wenn die Urteile der Menschen darüber so verschieden sind? Welche Werte sind für einen Edelmann christlicher Prägung verbindlich? Welche besonderen Eigenschaften machen ihn zum gesellschaftlichen Vorbild und nützlichen Diener seines Fürsten? Was ist Wahrheit und was Täuschung, was ist Vorurteil und was Erkenntnis?

Zur Beantwortung dieser Fragen entwirft Castiglione kein philosophisches System, sondern führt den Leser mitten in eine Gesprächsrunde an den glänzenden Hof von Urbino, in ein Zentrum der höfischen Gelehrsamkeit, Beredtheit und Tugend, und läßt in witzigen und provokanten Dialogen die dort Versammelten selbst zu Wort kommen. An der Spitze des gemeinsamen Erkenntnisunternehmens steht eine Frau, die kluge und menschlich lautere Herzogin Elisabetta Gonzaga. Ihrer und weiterer Damen Anwesenheit verhindert das Abgleiten in männliche Gedankentyrannei und steht ein für den leichten Ton dieses immer geistreichen Rede- und Denkvergnügens. Ähnlich wie in Boccaccios *Decamerone* dürfen aus den vorgebrachten Erzählungen, Parabeln und Schwänken folgerichtig Schlüsse gezogen werden, die – ohne dogmatischen Anspruch – eine Annäherung an das Lebbare, Richtige, menschlich Wertvolle und Schöne bedeuten. Castigliones prinzipieller Offenheit entspricht sein Bild des idealen Hofmanns – der sich seines eigenen Werts, aber auch seiner Fehlerhaftigkeit bewußt ist, sich keiner ehrgeizigen Übertreibung schuldig macht, in seiner Haltung und in seinem Sprechen auf ein harmonisches Äußeres achtet, das richtige Maß und die Verhältnismäßigkeit der Mittel kennt und Großes vollbringt, ohne den Eindruck zu erwecken, es hätte ihn Mühe gekostet. Er ist tapfer und kühn, empfindsam und gebildet. Er gefällt, ohne sich zu verstellen, er ist geistreich, ohne zu kränken. Die Verehrung der Schönheit macht ihn schön, die Verachtung der Lüge erhebt ihn über die Menge. Sein Ideal ist die menschliche Vollkommenheit, nicht die Anpassung des Höflings.

Castigliones hohes Ethos, seine Anschaulichkeit, Lebhaftigkeit und seine Dramaturgie des schöpferischen Zweifels entsprachen ganz den Vorlieben und dem Geschmack der englischen Königin. Thomas Hobys Übersetzung *The Courtier* war 1561, zwei Jahre nach ihrer Thronbesteigung, erschienen – und bildete Legitimation und Programm des humanen Feudalismus unter Elizabeth.

Die Übersetzung und Herausgabe des lateinischen Castiglione zehn Jahre nach dem englischen ist zu verstehen als eine Ehrengabe des Adels an die Königin. Sie war die Schöpferin und Garantin einer neuen *Urbanitas*, in der, nach römischem Vorbild, der Mensch sich unter Menschen einrichten und sein Leben nach den Grundsätzen der zivilen Ordnung gestalten durfte. Auf diese Weise, so die implizite Botschaft, hatte England vor allen anderen Ländern Europas es sich verdient, Castiglione in der Sprache Ciceros zu lesen!

»Wer«, so schreibt Oxford (in Latein), »hätte sich je einer schwierigeren, vornehmeren und glänzenderen Aufgabe unterzogen als Castiglione, der uns jenes Vorbild und Bildnis des Hofmanns vor Augen gestellt hat, ein Werk, dem nichts hinzugefügt werden kann, in dem kein Wort zu viel ist, eine Darstellung, in der wir den höchstvollkommenen Menschen erkennen dürfen. Obwohl die Natur nichts so verfeinert hat, daß es in all seinen Teilen vollkommen wäre, so veredelt doch die Gesittung der Menschen die Würde, die ihnen die Natur verliehen hat. Denn wer sich selbst besiegt hat, besiegt die übrigen – und er übertrifft die Natur, die noch von keinem übertroffen wurde. Dazu gilt es Anweisungen zu erteilen für die Vervollkommnung des Zeremoniells und der höfischen Pracht, nämlich wie man angesichts eines so großen Glanzes unter den Augen auswärtiger Gäste und den gestrengen Blicken des Fürsten sich verhalten soll.«

Der Earl läßt ein Lob Castigliones folgen, das auch dem Mann gelten
könnte, der sich einmal Shakespeare nennen wird.

>Was immer wir aus menschlichem Mund vernehmen, sei es in gele-
gentlichem Gespräch oder in gesellschaftlicher Unterhaltung, sei es
treffend und ehrlich oder gemein und schändlich, Castiglione hat es
in einer Weise dargestellt, als spiele es sich vor unseren Augen ab.«

Nach anerkennenden Worten für die Übersetzungskunst seines Freundes Bartholomew Clerke geht Oxford ausführlich darauf ein, wie sehr
sich das Buch durch seine Widmung selbst empfiehlt:

>In der Tat, was konnte Dauerhafteres zur Verewigung unserer höchst
ausgezeichneten und edlen Königin, was Glänzenderes zur Verbreitung ihres Ruhms, was Fruchtbareres zu ihrem Gewinn unternommen werden, als ihr den *Hofmann* zu widmen? Sie vereinigt in ihrer
Person alle höfischen Eigenschaften mit fast göttlichen und himmlischen Tugenden. Es wäre vermessen, wenn ich glaubte, ihre Vortrefflichkeit umfassend darstellen zu können, denn keine Feder besitzt ein so großes Geschick, keine Rede eine solche Fülle des Ausdrucks und der Stilmittel, daß der Glanz ihrer Tugend sie nicht
überstrahlen würde. Es war daher ein höchst weiser Entschluß jenes
Übersetzers, sich eine Schutzherrin zu erwählen, die alle überragt
an Tatkraft, Geist und Gottesfurcht und in höchstem Maße bewandert ist auf dem Gebiet der Wissenschaft und Literatur. Wenn die
klarsten Merkmale für eine weise Herrschaft gegeben, wenn die
sichersten Garantien für einen blühenden Staat gewährleistet, wenn
die größten Ehren für die besten Bürger (gemäß ihrem Verdienst
und nach allgemeinem Dafürhalten) Wirklichkeit geworden sind,
so scheint es in der Tat eine eines Herrschers würdige Aufgabe, diese
Errungenschaften durch Autorität zu schützen, durch Belohnun-
gen zu fördern und durch das Ansehen seines Namens zu adeln –
und am würdigsten erscheint diese Aufgabe unserer Herrscherin,
der als Einziger literarisches Verdienst und der Preis aller Musen
zuzuerkennen ist. – Dat. ex Aula regia tertio. – Gegeben am Königlichen Hof, den 5. Januar 1572.«

Es erstaunt nicht, daß der junge Autor angesichts der jüngst anbranden-
den Hochverratswellen die Gelegenheit suchte (oder schuf), eine klas-

sische Prunkrede und hochgemute Ergebenheitsadresse an die Königin
zu richten – und zwar von ihrem Vorzimmer aus.

Eine weitere Buchempfehlung nahm er sich im Frühjahr oder Sommer
1572 vor – die Einleitung zu Cardanus Comforte, *translated into Englishe.*
And Published by commandement of the righte honourable the Earle of Oxen-
forde ... A. D. 1573.
Douce (1807), Hunter (1845), Campbell (1930), Craig (1934) u. a. haben *Cardanus Comforte* als »Hamlet's Book« identifiziert, d. h. als das
Buch, in dem Prinz Hamlet liest, als er wie ein Zerstreuter oder Verrückter die Gemächer von Schloß Helsingör durchwandert. Hamlet
hat durchaus Grund, es zu lesen, denn es ist ein Buch der Tröstung (*De*
Consolatione), verfaßt von dem Mathematiker, Mediziner, Philosophen
und Astrologen Girolamo Cardano (1501-1576) – geschrieben für alle
die, die von grausamen Schicksalsschlägen getroffen wurden. Cardano
selbst hatte die Hinrichtung seines Sohnes erleben müssen und sah sich
lebenslang dem Neid und den Verleumdungen seiner Mitmenschen
ausgesetzt. So wollte er sein Werk zunächst das »Buch des Anklägers«
nennen, dann aber schien es ihm wichtiger, den Unglücklichen Trost
als den Glücklichen Anlaß zum Tadel zu geben. Cardanos Tröstungen
gründen auf genauer Menschenkenntnis und der Lektüre der klassischen Philosophen von Plato bis Boethius.
Was er denn da lese, fragt Polonius den Prinzen. Worte, sagt Hamlet:
Worte, Worte. Um was es ginge, will der Alte wissen. »Um Verleumdungen, Herr; denn der satirische Schuft da sagt, daß alte Männer graue
Bärte haben; daß ihre Gesichter runzlig sind; daß ihnen zäher Ambra
und Harz aus den Augen triefen; daß sie einen überflüssigen Mangel an
Witz und daneben sehr kraftlose Lenden haben.«
Cardano, der bestreitet, daß ein langes Leben immer besser sei als ein
kurzes, und der die Klagen über des Lebens Kürze für töricht hält, sagt
über die Alten: »Von den Jungen werden sie verachtet, von ihren Familien gehaßt. Die Sinne dienen ihrem Körper nicht, die Körper gehor-
chen nicht ihrem Geist, die Nächte verbringen sie schlaflos, und sie
essen ohne Appetit. Sie sind sich selbst ein Graus, wie könnten sie für
andere eine Freude sein? Wie viele alte Männer hat es gegeben, für die
es besser gewesen wäre, jung zu sterben?«

Als Philosoph ist Girolamo Cardano Exponent eines christlich gefärbten Stoizismus. Der Tod, so sagt er, kann verglichen werden entweder mit einem tiefen Schlaf, mit einer langen Reise oder mit völliger Zerstörung. Der tiefe Schlaf vergeht traumlos und muß wie ein Augenblick erscheinen; die lange Reise der vom Körper befreiten Seele verspricht Freiheit und darum Glück; aber auch die Zerstörung kann nichts Schlechtes beinhalten, denn was nicht ist, kann nicht schlecht sein. Er selbst denkt an eine *Reise* der Seele – denn warum träumten die, die auf den Tod zugehen, sonst von einer Reise in ein unbekanntes Land: einer Reise ohne Wiederkehr?

»Sterben – schlafen – / nichts weiter! – und zu wissen daß ein Schlaf / das Herzweh und die tausend Stöße endet, / die unsres Fleisches Erbteil – 's ist ein Ziel, / aufs innigste zu wünschen.« Spricht der bedrängte Hamlet.

Aber er geht einen entscheidenden Schritt weiter als Cardano: »Sterben – schlafen – / Schlafen! Vielleicht auch träumen! – Ja, da liegt's: / Was in dem Schlaf für Träume kommen mögen, / wenn wir den Drang des Ird'schen abgeschüttelt, / das zwingt uns, still zu stehn.«

Denn der Todesschlaf selbst könnte garstige Träume gebären, und die lange Reise so harmlos nicht sein. Die Vorstellung des unentdeckten Landes, »von des Bezirk kein Wandrer wiederkehrt«, beirrt nachhaltig das menschliche Gefühl.

Der Trübsal könne sich nur ergeben, glaubt Cardano, wer weichlich oder weibisch ist. D. h.: »Nur ein feiges und schwächliches Bewußtsein ist die Ursache deines Unglücks.«

Im Dialog mit Cardano wagt Prinz Hamlet den Sprung in die Moderne. Nicht ein feiges Bewußtsein ist die Ursache unseres Unglücks, sondern das Bewußtsein ist die Ursache unserer Feigheit. *Thus conscience does make cowards of us all.* Der Gedanke an unsere Sterblichkeit macht uns schwach.

Aber wie Cardano ist auch Hamlet der Überzeugung, daß der Mensch der Herr seines Denkens und durch sein Denken der Urheber seines Glücks oder Unglücks ist. »Der Mensch«, sagt Cardano, »ist nichts als sein Geist: ist sein Geist unzufrieden, so ist es auch der Mensch, selbst wenn alles sonst gut ist.«

Die Hochachtung des Earl of Oxford gilt einem Autor, der in kynischer
Aufrichtigkeit kein Hehl machte aus seiner Verachtung von Reichtum
und Ruhm. Nicht nur, daß Cardano vom Elend der Könige spricht,
die, umgeben von Neid, Haß, Groll, Gift und Verfolgung, dem finster-
sten Argwohn verfallen und keinen Schlaf mehr finden, er zweifelt
schlechthin das Glück des Reichtums an: Reichtum erzeugt die Miß-
gunst der Armen und die Trägheit der Erben, er verführt zu Hochmut
und Dekadenz. »Unmöglich«, meint Cardano, »daß ein Mann, der in
den Reichtum hineingeboren wird, ein guter Gelehrter würde – wenn
er nicht anfangs ein armes Leben gelebt hat oder in seiner Jugend
irgendeiner Raserei verfallen ist. Obwohl man wider das Lob der Armut sagen muß, daß die Armen von den Reichen betteln, an ihrem
Tisch sitzen und bei ihnen Schutz für ihr Leben suchen.« Aufs Ganze
gesehen, aber bedürften die Reichen der Armen mehr als die Armen
der Reichen, und nur in korrupten Staaten halte man Macht für Recht,
Tugend für Einfalt und Reichtum für ein Gebot. Die Kinder der Reichen seien die Gefangenen der Sorge, während die Kinder der Armen
fischen, jagen, hökern dürften und gehen, wohin sie wollen.

Möglich, daß Oxford das Trostbuch nach dem Tod der Mutter las, als er
selbst krank war. Jedenfalls hat er den zehn Jahre älteren Freund Thomas
Bedingfield angeregt, das Buch zu übersetzen, hat den Druck bezahlt
und ein eigenwilliges Vorwort geschrieben.

In einem verabredeten Spiel zwischen Übersetzer und Herausgeber
kokettiert Bedingfield damit, daß er das Werk nicht für eine Veröffentlichung, sondern nur für einen kleinen Kreis von Freunden vorgesehen
habe. Der Earl fegt in seinen Zeilen »An den lieben Freund Thomas
Bedingfield Esqu., Mitglied der Königlichen Leibwache« dieses Ansinnen beiseite.

»So wie Ihr durch die Übersetzung etwas für Euch gewonnen habt,
können viele aus der Lektüre derselben Erkenntnis schöpfen …
. Und da neben der Heiligen Schrift nichts so sehr zur Tugend anhält
wie die Philosophie, von der Euer Buch so reich erfüllt ist, hielt
ich es für einen unverzeihlichen Fehler, diesen Schatz in den Tiefen
meiner Truhen zu vergraben, und zog es vor, einem statt vielen zu
mißfallen, zumal ich annehme, daß eine solche Kleinigkeit unserer
Freundschaft keinen Riß zufügen wird, der durch Gründe der Ver-

nunft nicht geheilt werden könnte. So bin ich wie ein guter und
vorausschauender Feldherr gezwungen, das Korn des eigenen Landes zu vernichten und zu verbrennen, damit seine Feinde davon keinen Gewinn haben. Um zu verhindern, daß so viele Eurer Lands-
leute durch meine Heimlichkeit um Euren Studienfleiß betrogen
werden (über den Rechenschaft zu geben Euch Gewissenspflicht
sein sollte), bin ich entschlossen, Eurer Bitte vernichtende Gewalt
anzutun und alles, was mich zuvor zum Gegenteil bewog, für null
und nichtig zu erklären.«

Was nützt Gold, fährt er fort, wenn man es nicht ausgibt? Was nützt
Wissen, wenn man es nicht mitteilt? Der Baum muß Frucht tragen, der
Weinstock Trauben liefern. Warum sollte man eine Rose mehr als die
andere schätzen, wenn nicht ihres Duftes wegen? – und warum einen
Mann mehr als den anderen, wenn nicht aufgrund seiner Verdienste?
Wie es einer schönen Frau zukommt, sich mit Juwelen zu schmücken,
so sollte ein Mann durch seine Tugenden glänzen. Er, Oxford, wolle die
Rolle des Arztes spielen, der sich gegen die Wünsche des Patienten auf-
lehnen muß, um ihm zu helfen. Deshalb stehe er auf wider Bedingfields
Selbstzweifel und entreiße ihm das Werk, um es der Öffentlichkeit zu
übergeben.
Und er geht – ohne ersichtlichen Anlaß – noch einen Schritt weiter
und beschwört den Gedanken an Nachruhm und Unsterblichkeit.
»So sehen wir auch, daß, wenn unsere Freunde tot sind, wir unsere
Zuneigung nicht besser zeigen können als durch die Errichtung
eines Grabmals, wodurch wir sie, wenn sie denn gestorben sind,
wieder lebendig machen, und sei es nur durch ihr Denkmal. Aber
mit mir, merkt auf, verhält sich das viel besser, denn ich will Euch zu
Lebzeiten ein solches Denkmal setzen, daß Ihr, so sage ich, bereits
als Lebender erkennen mögt, von welch hehrer Dauer das Bild
Eures Lebens sein wird, wenn Ihr einmal dahingegangen seid. Zu
Lebzeiten, ich wiederhole es, will ich Euch dies Monument und
Denkmal Eures Lebens setzen, wodurch ich Euch mein Wohlwollen bezeige, auch darin, daß ich trotz Eures Mißfallens ganz der Eure
bin.«

Eine ins Pathos der Freundschaft gekleidete dramatische Szene, geschrieben auf Schloß Wivenhoe bei Colchester, um dem vorgeblich von Skrupeln geplagten Übersetzer seinen Geniestreich zu entwinden. Die literarische Schamhaftigkeit des Freundes war indes nicht der einzige und wirkliche Grund für diese auf die Schaffung von Monumenten so bedachte Einleitung. (Bedingfield übersetzte in den folgenden Jahren unbeschwert noch andere Werke.) Hier kündigt sich der bestimmte Vorsatz zu eigenen poetischen Veröffentlichungen an, die vorbereitend legitimiert werden.

Als Überraschungscoup fügte der Earl seiner Einleitung zu *Cardanus Comforte* ein mehrstrophiges Gedicht hinzu – und zeigte damit, wer er war und wozu er antrat. Geschrieben ist es nicht dem Autor zum Preis, sondern dem Leser zum Trost. Seiner Form nach erscheint es makellos, seinem Inhalt nach mehr als unkonventionell.

Der Earl of Oxford an den Leser

Der Tagelöhner, der den Grund bestellt
und Korn zu Garben bindet, erntet Hohn
statt Lohn, da er für Arbeit Stroh erhält.
Er nimmt vorlieb mit Spreu, der Herr mit Korn,
und weißes Brot kommt nicht auf seinen Tisch,
ihm müssen Kohl und schwarzes Mehl genügen.
Den Gutsherrn zieht es mehr zu Fleisch und Fisch,
statt Unkraut jäten geht er Blumen pflücken.
Der Maurer, der des Grafen Halle baut,
bewohnt sie nicht, denn sie dient höhern Rängen.
Aus Lehm und Pappe ist sein kleines Haus,
nicht Stein, nicht Ziegel stecken in den Wänden.
Die müß'ge Drohne, die nicht Arbeit hat,
ernährt sich gerne von der Biene Fleiß.
Wer endlos schafft, wird davon selten satt,
und wahre Tugend kommt um ihren Preis.
Der flinkste Hase wird vom Hund gebissen,
wenn er zu lange in der Kuhle weilt.
Es geht der Windhund leer aus, wie wir wissen,

wenn er sich nach der Beute übereilt.
Wer sich die Mühe macht, ein Buch zu schreiben,
dem wird die Muse nicht den Preis vergönnen.
Glück denen, die sich der Lektüre weihen
und dabei süß und sauer unterscheiden können.
Den Vogel fängt nicht, wer ihn laut verbellt,
vielmehr wer still sitzt und die Netze hält.*

Oxford wendet sich an den Leser und schlägt ihn zum Ritter, während
er (in satirischer Absicht) den Autor mit dem Tagelöhner vergleicht,
der ohne Lohn ausgeht. Eine überraschende Volte, eine spöttische Reverenz, ein Salto, mit dem er am Ende wieder bei sich selbst ankommt:
denn er, der das Buch einleitet, ist der schreibende Leser.
Sein Tonfall ist leicht, die Haltung zur Welt eine ironisch heitere. Seine

* *The Earl of Oxford to the Reader*
The labouring man that tills the fertile soil,
And reaps the harvest fruit, hath not indeed
The gain, but pain; and if for all his toil
He gets the straw, the lord will have the seed.
The manchet fine falls not unto his share;
On coarsest cheat his hungry stomach feeds.
The landlord doth possess the finest fare;
He pulls the flowers, he plucks but weeds.
The mason poor that builds the lordly halls,
Dwells not in them; they are for high degree;
His cottage is compact in paper walls,
And not with brick or stone, as others be.
The idle drone that labours not at all,
Sucks up the sweet of honey from the bee;
Who worketh most to their share least doth fall,
With due desert reward will never be.
The swiftest hare unto the mastive slow
Oft-times doth fall, to him as for a prey;
The greyhound thereby doth miss his game we know
For which he made such speedy haste away.
So he that takes the pain to pen the book,
Reaps not the gifts of goodly golden muse;
But those gain that, who on the work shall look,
And from the sour the sweet by skill doth choose,
For he that beats the bush the bird not gets,
But who sits still and holdeth fast the nets.

Munterkeit besitzt etwas Provokatives. Dieser Dichter kennt die Beschwernisse des Lebens und scheint ihnen doch enthoben zu sein.

Im ereignisreichen Jahr 1572 avancierte der Earl zum begehrten Unterhalter der höfischen Gesellschaft: sein sprühender Witz steckte an, seine Kühnheiten wirkten bezaubernd, sein Temperament lud ein zu ausgelassenen Wortgefechten, während sein Wissen und Lebensernst den Boden bildeten, der Standfestigkeit verlieh.

Kein Wunder darum, daß die Königin den jungen Zauberer mit großer Freude in ihrer nächsten Umgebung sah. Aber auch kein Wunder, daß andere neidisch wurden – etwa der kleine, etwas zu stattliche, immer beflissene, fast immer wohlgelaunte Christopher Hatton, Gentleman of Privy Chamber und Captain of the Guard, der sich dem Wahlspruch »Foelix Infortunatus« verschrieb – der auch im Unglück Glückliche. Die Treue zu seinem Motto wurde leicht strapaziert, als er im Sommer und Herbst 1572 von Elizabeth minder berücksichtigt wurde denn gewohnt, während der zehn Jahre jüngere Lord Great Chamberlain als neuer Stern im königlichen Banner aufging. Er holte Rat ein bei Edward Dyer (1543-1607), einem angesehenen Hofmann, der mit Oxford als Poet wetteiferte und schöne, immer melancholische Gedichte schrieb. Dyers Antwort ist aus unerfindlichen Gründen in einer Abschrift erhalten geblieben.

»Setzt, wenn Ihr vertraulich mit der Königin sprecht, den Lord in Liebesdingen herunter – und tadelt ihn vor anderen, wenn er um die Königin buhlt ... Gebraucht niemandem gegenüber ungnädige oder vorwurfsvolle Worte, die sich auf ihn beziehen, damit er, weil nicht herausgefordert, sich in Sicherheit wiegt und schläft, während Ihr wach seid und Euern Vorteil erwartet. Andernfalls würdet Ihr Euch gleichsam über ihn setzen und ihn zu Maßnahmen zwingen, und er würde die Königin glauben machen, alles ihretwegen zu erleiden, was in ihrer Sicht ein Verdienst wäre – und seine Rache erschiene in jedermanns Urteil gerecht, zu welchen Mitteln er und seine Freunde auch immer greifen würden.«

Mitte Juli 1572 zogen Elizabeth und ihr Hofstaat für eine Woche auf Oxfords Besitz Havering-atte-Bower, nordöstlich von London. Von

Havering Palace, dem Lieblingssitz der Königin Eleanor (1241-1290), hat sich kein einziger Stein erhalten, während die ausgedehnten Waldungen, damals königliches Jagdrevier, heute wie einst in großer Pracht bestehen. In Schloß Pirgo bei Havering-atte-Bower hat Heinrich VIII. seine neunjährige Tochter Elizabeth in Augenschein genommen, wahrscheinlich das erste Mal nach der Hinrichtung ihrer Mutter im Jahr 1536. Da das Kind ihm gefiel, sicherte er ihm einen Platz in der Thronfolge. Somit dürfte Elizabeth überwiegend angenehme Erinnerungen mit diesem Ort verbunden haben.

Von Havering Palace aus brach man auf zu Lord Burghleys nahe gelegenem Schloß Theobalds. Dessen riesige Gartenanlagen waren nach dem Vorbild von Fontainebleau gestaltet: seltene Bäume und Pflanzen aller Art wechselten sich ab mit Heckenlabyrinthen, Wasserläufen, Springbrunnen, hölzernen Säulen und Pyramiden. Die Zisternen in der Nähe des Gartenhauses luden ein zum Bad. – Mitte des 18. Jahrhunderts wurde das alte Schloß abgerissen.

Die fröhlich gravitätische Reise ging weiter über Gorhambury, Dunstable und Woburn nach Warwick Castle am Ufer des Avon. Die alte normannische Burg, die von einem Hügel aus Stadt und Flüßchen überschaut, zählt heute zu Englands größten Sehenswürdigkeiten. Auf Warwick Castle herrschte Ambrose Dudley, Earl of Warwick, dessen Hochzeitszug der fünfzehnjährige Earl of Oxford als Page begleitet hatte.

Wieder wurden die Königin und ihre Lords von Groß und Klein willkommen geheißen und von ausgesuchten Rednern und Reden empfangen.

Wie der Chronist beschreibt, hatten der Earl of Oxford und eine Gruppe munterer Herren (»a lusty gentleman with a lusty band of gentlemen«) für Sonntag, den 17. August 1572 eine spektakuläre Inszenierung vorbereitet, die zu nächtlicher Stunde vor den Augen der versammelten Hofgesellschaft gezeigt werden sollte. Aus Warwick hatte man gegen ein Handgeld an die hundert Männer angeworben, die als Spielsoldaten eine hölzerne Plattform bevölkerten, genannt das *Fort*, Kanonen mit Pulver luden und Feuerbrände in die Nacht schleuderten. Gegen dieses Fort, das am Fuß des Burghügels zwischen dem Avon und einem grabenartigen Ableger des Flüßchens lag, stürmten Oxford und seine Männer, ihrerseits mit Feuerwerk und fliegenden Bränden bewaffnet, zu Fuß und auf Pferden an. Der Chronist des *Black Book of Warwick* meldet, obwohl er das Ereignis verschlafen hat, eine Zahl von zweihundert Angreifern. Die Mörser und Kanonen, die man aus London hatte herbeischleppen lassen, schossen Feuerbälle über das Dach des Schlosses bis hinüber in die Stadt, wo einige Dächer Feuer fingen. Nachdem ein flammenspeiender Drache das Fort erfolgreich in Brand gesetzt hatte, organisierten Oxford und der achtzehnjährige Fulke Greville (der lebenslange Freund Sir Philip Sidneys) die allgemeinen Rettungs- und Löscharbeiten.

Es mag überraschen, daß die erste Inszenierung des künftigen Dramatikers eine Art Stummfilm gewesen sein soll, eine Spielform des Schreckens bei bengalischer Beleuchtung.

Das Ganze war die Fortführung des »Tourney at night by torchlight«, das im Juni vor den Augen des Duc de Montmorency abgehalten worden war. Ein Spektakel, das weder der Verherrlichung noch Vorbereitung des Krieges diente, sondern durch Nachahmung ihn ersetzen wollte.

Der zarte Faden, den die Schönheit spinnt (E. O.)

Ich will Euch nun mit einem Sonett bekannt machen, geschrieben zum Preis des nußbraunen Mädchens.

Der zarte Faden, den die Schönheit spinnt,
verführt die wahnhaft aufgerissnen Augen –
ähnlich der Spinne, die im Netze sinnt,
durch List harmlose Fliegen einzufangen.
Der Kleiderprunk, der goldne Überhang,
das Wortgeplätscher aus Athenas Teichen,
der weiße Puder auf erhitzter Wang
sind art'ge Köder, Narren zu erweichen.
Doch wenn im nackten Mund das Alter glänzt
und Reif die goldnen Haare überrinnt,
so kennen Reue und Bedauern längst
das Ränkespiel aus Amors Labyrinth.
Nicht schön, nicht häßlich, weder groß noch klein,
wird ein lieb nußbraun Kind das Beste sein.

Si fortunatus infoelix

5 HUNDERT VERMISCHTE BLUMEN

Ein Schlachtengemälde anderen Ausmaßes als das Feuerwerk von Warwick kündigte sich in Frankreich an.

Am 17. August 1572 feierten der Protestant Henri de Navarre – der spätere König Henri IV (1553-1610) – und die Katholikin Marguerite de Valois, die Schwester von Charles IX, ihre Verlobung. Am Tag darauf sollte die Hochzeit in der Kathedrale von Notre-Dame stattfinden – oder besser gesagt vor der Kathedrale, denn Henri de Navarre durfte sie nicht betreten.

Es war weniger die Hochzeit zwischen einem achtzehnjährigen kleinen König der Pyrenäen und einer neunzehnjährigen Pariser Prinzessin, denn beide waren einander höchst gleichgültig, als vielmehr die Heirat der Königinmutter Katharina von Medici (1519-1589), die auf diplomatischem Weg die verfeindeten Religions- und Bürgerkriegsparteien unter die Haube bringen wollte. Das Resultat hätte nicht verheerender sein können.

Schon etwa zehn Jahre lang standen sich Frankreich, Spanien und England in geschwisterlicher Drohhaltung gegenüber. Das von Glaubenskämpfen zerrissene Frankreich war politisch orientierungslos – England fühlte sich von Spanien belagert und von Frankreich beargwöhnt – Spanien, päpstlicher als der Papst, führte zu seinem Schaden Krieg in den freiheitsbewegten Niederlanden. Und jeder Provinzfürst schwelgte in Eroberungen und Allianzen.

Die Hochzeitstafel war noch nicht leergegessen, als ein politisches Attentat Paris erschütterte. Aus einem Fenster wurde auf Admiral Gaspard de Coligny, den Führer der hugenottischen Truppen, geschossen: der Admiral verwundet, aber nicht getötet.

Der Calvinist Coligny hatte das Vertrauen des schwankenden Charles IX erworben und mit Macht die französische Unterstützung der Niederlande verlangt. D.h., er stand im Begriff, Frankreich in einen Krieg gegen Spanien zu treiben. Andernfalls, so hatte er gedroht, stünde Frankreich vor einem neuen Bürgerkrieg. In diesem Augenblick sah Katharina ihre matrimonialen Friedenskünste gefährdet. Zum einen würden französische Katholiken nicht klaglos gegen die Niederlande ziehen, um einen protestantischen Aufstand zu unterstützen, zum anderen sah sie die Gefahr heraufbeschworen, daß Spanien sich mit dem konkurrierenden Haus der Herzöge von Guise verbünden und die Valois vom Thron stürzen könnte. Darum – so ihr folgerichtiger Gedanke – mußte Admiral Coligny sterben. Zusammen mit seinen Kampfgefährten in die Falle von Paris gelockt, eingeschläfert von Freundschaftsbezeugungen und den Hochzeitsfeierlichkeiten, würde er alle Vorsicht vergessen und ohne Gefahr beseitigt werden können. Aber Coligny starb nicht, weil er sich im Augenblick des Schusses gebückt hatte, um seinen Schuh zu binden.

Katharina war in Panik, die Stadt ein einziger Hexenkessel. Würde es zu einem Gegenschlag von seiten der Hugenotten kommen? Noch immer hielten sich hier Tausende von Protestanten auf, die im Gefolge von Henri de Navarre und Coligny als Gäste eingezogen waren. Überbevölkert und erregt, glich Paris einem Pulverfaß.

Das Gerücht einer »hugenottischen Verschwörung«, das sich in der Stadt verbreitete, wurde von Katharina begierig aufgegriffen. Am Ende bestimmte sie ihren willenlosen, leicht erregbaren Sohn dazu, die Todesmaschinerie gegen die Protestanten in Gang zu setzen. Die Tore der Stadt wurden geschlossen, die städtische Garde alarmiert. In den ersten Morgenstunden des 24. August begann das Blutbad der »Bartholomäusnacht«. Henri de Navarre brachte man innerhalb der königlichen Gemächer in Schutz. Coligny wurde erdolcht und aus dem Fenster geworfen. Allein in Paris starben fünf- bis achttausend Menschen – anschließend griffen die Verfolgungen über auf das ganze Land. Rund 200000 Menschen flüchteten aus Frankreich: in die Schweiz, nach Deutschland, Flandern und nach England.

Aufgeschreckt durch die Nachrichten aus Frankreich, schreibt Edward de Vere (wahrscheinlich von seinem Landsitz Wivenhoe aus) Anfang September 1572 an Schwiegervater William Cecil, Lord Burghley. Zuerst geht es um wirtschaftliche Belange, um einen neuen Gutsverwalter, um Pachtverträge, die Oxford abzuschließen vergaß – und um das »allzu große Vertrauen«, das er andern Leuten bei der Abwicklung eigener Belange entgegengebracht hat. In all diesen Dingen möchte er sich den Ratschlägen und Anweisungen seines Schwiegervaters unterordnen. Danach kommt er auf die politische Situation zu sprechen.

»Aufgrund dieser Tragödie haben wir eine große Zahl von französischen Flüchtlingen hier in der Stadt, Aeneasse, die uns von ihrem eigenen Untergang mit Tränen in den Augen erzählen, erschütternd, wenn man es hört, aber grausamer und schlimmer noch, wenn wir uns vorstellen, es selbst erleben zu müssen. Alle hiesigen Gerüchte werden in den Schatten gestellt von den Stimmen derer, die aus Paris und Rouen geflohen sind und erzählen, es breite die Grausamkeit sich in ganz Frankreich wie eine sizilianische Vesper aus – wovon Eure Lordschaft besser unterrichtet sind als wir hier. Und da die Welt so voller Verrat und gemeiner Schliche ist und täglich neue und unerwartete Dinge ausheckt, mein Gott, so wünsche ich für Euch aus ganzem Herzen: sorgt für Eure und für die Sicherheit Ihrer königlichen Majestät, auf daß Eure Freunde sich lange Eurer erfreuen dürfen, und Ihr Euch Eurer Freunde. Ich spreche so, weil ich weiß, welche Anschläge auf Euch geplant wurden, einer von seiten [Edmund] Mathers, und ein späterer, wenn ich richtig verstanden habe, von seiten des Auslands. Bedenkt, wenn der Admiral in Frankreich den Papisten ein Dorn oder Balken im Auge war, so ist ihnen der Großschatzmeister von England ein Block und Riegel auf ihrem Weg, den sie immer werden forträumen wollen, weil sie ja schon mit anderen fertig geworden sind.«

Jetzt, nach den Toten von Paris, seien die Augen aller Menschen auf Burghley gerichtet als auf die einzigartige Hoffnung und Säule, auf die die Konfession sich stützen könne.

»Seid mir nicht böse, wenn ich heute offener zu Euch spreche, als es meine Gewohnheit ist, denn ich sehe mich als einen, der sich in jedem Fall zu Euren Anhängern zählt. Was Euch zustößt, das stößt auch mir zu, oder zumindest will ich freiwillig daran Anteil haben.«

Er möchte mit Burghley stehen oder fallen – ja, er wolle sein Leben für ihn einsetzen.

»Und ich versichere, ich wünsche nichts mehr, als in diesem Sinn von Euch angenommen und angesehen zu werden. Damit, und mit meinen und Eurer Tochter herzlichen Empfehlungen, überlassen wir Euch dem Schutz des Allmächtigen Gottes. Euer Lordschaft geneigter Schwiegersohn. Edward Oxenford.«

Ganz offenbar bemüht sich Oxford, eine Mißstimmung zwischen ihm und seinem Schwiegervater auszuräumen. Er will, wie er in einem weiteren Brief versichert, im Ausland Dienst tun oder einen Posten bei der Flotte übernehmen. Und nachdem Burghley ihn brieflich seines Wohlwollens versichert hat, antwortet er am 31. Oktober 1572:

»Milord, Eure letzten Zeilen – die ersten, die von Eurer positiven Einstellung mir gegenüber Zeugnis ablegen (Gott gebe, daß sie so lange erhalten bleibt, als ich mir dies wünsche und ihrer bedarf) – haben mich, nach den Stürmen, die Eure betonte Zurückhaltung ausgelöst hat, nicht wenig erleichtert und entlastet. Und, so wenig ich der bösen Zungen achte, so sehr hoffe ich nun, nach Euer Lordschaft unparteiischem Urteil, mehr als vorher vor Euch bestehen und Euch durch meine Taten mehr erfreuen zu können, als es mir (sei es aufgrund meiner Jugend oder andrer Umstände wegen) bis heute gelungen ist. Aber dennoch: damit diejenigen (ich kann sie nicht anders nennen als meine falschen Freunde) nicht wieder Gelegenheit finden, die beginnende Wertschätzung meiner Person durch Eure Lordschaft zunichte zu machen, ersuche ich Euch mit dem größten Ernst, Euch allzu großer Leichtgläubigkeit zu enthalten, damit ich, der ich so langsam in Eurer Achtung wachse, nicht unverdientermaßen aus Eurer Gunst gestrichen werde.«

Ja, er versichert, alles tun zu wollen, um sich Burghleys Gunst zu erhalten, auch wenn der Ältere nicht alles befürworten könne, was er, der junge Mann, unternehme, und schließt mit einer für ihn typischen Volte:

»Und damit, durch Eure Lordschaft das Beste erhoffend und durch mich selbst das Schlimmste fürchtend, nehme ich meinen Abschied, damit meine Briefe Euch nicht widerwärtig und lästig werden, dem ich in Dankbarkeit zugetan bin. Geschrieben den 31. Oktober von Euerem liebenden Schwiegersohn in Wivenhoe. Edward Oxenford.«

Ein halbes Jahr später, am 11. Mai 1573, informiert Gilbert Talbot seinen Vater, den Earl of Shrewsbury, über die neuesten Ereignisse am Hof. Auch über den heißköpfigen Earl of Oxford wird berichtet.
Schatzmeister Burghley, sagt Talbot, sei einzig mit den Staatsangelegen-

heiten befaßt und halte sich wacker. Lord Leicester sei viel mit Ihrer Majestät zusammen und bemühe sich in der letzten Zeit, ihr noch mehr zu gefallen als bisher. Allerdings hätten sich zwei Schwestern, Lady Sheffield und Frances Howard, in den Lord verliebt, und stritten darüber, wer ihn mehr liebe. Die Königin ärgere sich über alle drei. Lord of Sussex sei fleißig, sein Einfluß mäßig, und Christopher Hatton immer noch krank. Am Hof glaube man, er werde seine Gesundheit nur schwer wiederherstellen können. Die Königin aber besuche ihn fast jeden Tag, um ihn aufzumuntern.

»Lord Oxford ist in der letzten Zeit zu hohem Ansehen gekommen, denn Ihre Majestät die Königin schätzt sein Auftreten, seine Art zu tanzen und seine Kühnheit mehr als die irgendeines anderen. Ich denke, Sussex stärkt ihm den Rücken, so gut er kann; hätte er nicht einen so unbeständigen Geist, würde er sicher in kurzer Zeit alle anderen ausstechen. Lady Burghley [die Mutter von Anne Cecil] hat unklugerweise ihre Eifersucht bekannt (ganz so wie es war), was der Königin zu Ohren gekommen ist – worauf sie nicht wenig ungehalten mit ihr war, aber nun ist sie wieder versöhnt. – Und für all diese Liebesangelegenheiten hat der Lord Schatzmeister nur ein Blinzeln aus den Augenwinkeln übrig und will sich in keiner Weise einmischen.«

Zehn Tage später, um das Faß des Lobes nicht zum Überlaufen zu bringen, kam es auf der Landstraße zwischen Gravesend und Rochester zu einem wüsten Spektakel, bei dem der mutwillige junge Earl seine Hände im Spiel hatte. Drei seiner Leute, Danny Wilkins, John Hannam und Maurice Dennis, lauerten im Graben neben der Straße zweien ihrer Kollegen auf und schossen auf sie. William Faunt platzte der Sattelgurt, und er fiel vom Pferd, John Wotton suchte sein Heil in der Flucht. Die Angreifer bestiegen ihre Pferde und ritten zurück nach London. Anstatt die ihnen erteilte Lektion zu schlucken, reichten Faunt und Wotton bei Lord Burghley Klage ein: Man habe sie verfolgt und ermorden wollen, sie seien an keinem Ort ihres Lebens mehr sicher etc. Nachdem Burghley die beiden einvernommen hatte, ließ er sie wieder laufen. Wahrscheinlich waren sie von ihm dafür bezahlt worden, den Schwiegersohn auszuspionieren. Oxford war empört, denn er

hielt die Opfer für die Schuldigen, und beklagte sich, daß man das Gespann seiner drei Helden – Wilkins, Hannam und den Franzosen Dennis – ins Gefängnis geworfen hatte.
Wer wollte ihm, dem Herrn, verbieten, zweien seiner Leute, die er für Schurken hielt, einen Tritt zu verpassen? Eine solche Kehrtwendung der Rechtsverhältnisse gegen die maßgebende Vernunft von oben war nicht nach seinem Geschmack. Und sein Zorn wurde noch größer, als Lady Burghley nach Wivenhoe kam und offen Partei gegen ihn ergriff. Seine Schwiegermutter, sagte er, habe Annes Liebe von ihm abgezogen und ihm den Tod gewünscht.
Der nächtliche Überfall zwischen Rochester und Gravesend ist in die Literatur eingegangen, und wieder war es Shakespeare, der von der Geschichte gewußt und sie in einem Stück verarbeitet hat. Aber in *1 Henry IV*, II/2 sind es nicht Wilkins, Hannam und Dennis, die bei Gadshill einen Überfall machen, sondern Falstaff mit seinen Kumpanen Bardolph und Peto.[*]

Und für den nächsten Affront war schon gesorgt. Denn Edward de Vere bereitete die Veröffentlichung seiner poetischen Arbeiten vor.
Neben zahlreichen Gedichten hatte er die Novelle *The Adventures of Master F. I.* verfaßt, in der »Master Fortunatus Infoelix« um eine verheiratete Dame wirbt, sie erobert und wieder verliert. Ein Erzähler namens »G. T.« wird eingeführt, der als Freund von »F. I.« über dessen Verhältnisse und Gefühle bestens Bescheid weiß. »G. T.«, der, wie er selbst sagt, eigentlich nur ein paar Gedichte von »F. I.« zusammenstellen wollte,« beginnt (gegen seinen Vorsatz) die Geschichte von F. I.s souveräner Liebesverirrung aufzuschreiben, möchte aber am Ende das Erzählte für sich behalten. Dummerweise überläßt er das Manuskript seinem Freund »H. W.«, der es in den Druck gibt. (D. h., wir erleben noch einmal – wie bei *Cardanus Comforte* – die Inszenierung der »Veröffentlichung wider Willen«.)

[*] Möglicherweise hat Captain John Hannam, der 1585 auf einer Expedition Drakes nach Westindien starb, das Vorbild für Sir John Falstaff abgegeben. Denn achtundzwanzig Jahre später behauptet Thomas Dekker in *Satiro-Mastix*, Ben Jonsons grobschlächtiger »Captain Tucca« – eine Parodie Falstaffs – habe erst durch »Captain Hannam« sprechen gelernt. (Vgl. Robert Detobel, Captain Tucca, Captain Hannam, and Falstaff, in: The De Vere Society Newsletter, March 2008.)

»G. T.« schließt das Vorwort zu den *Adventures* – oder »Aventiuren« – am 10. August 1572 ab, sein Freund »H. W.« datiert sein Vorwort an den Leser auf den 20. Januar 1573 und nennt dabei auch seinen Wohnort: *From my lodging near the Strand.*

Soweit also hatte der Verfasser seiner Anonymität vorgearbeitet. Denn natürlich verbot es sich für ihn als Great Chamberlain, eine Geschichte der seelischen und erotischen Nuancen unter eigenem Namen zu publizieren. »Dabei finde ich«, läßt er den Drucker »A. B.« einleitend sagen, »nachdem ich das Werk gründlich studierte, nichts Mißliches darin – abgesehen von zwei oder drei unzüchtigen Passagen im Verlauf einer amourösen Affäre.«

Wie aber sollte der Autor es einrichten, daß das Buch an prominenter Stelle erschien und doch sein Geheimnis wahrte?

Die Konstruktion der doppelten Anonymität (»G. T.« verfaßt einen epischen Kommentar zu den Gedichten von »F. I.«) schloß das öffentliche Rätselraten nicht aus. Es erschien sicherer, die Arbeiten eines anderen Autors als Deckung zu benutzen.

Dieser andere war schnell gefunden oder stand schon auf dem Posten: der knapp vierzigjährige Dichter, Übersetzer, Landmann, Kundschafter und Soldat George Gascoigne. 1566 waren seine Übersetzungen nach Ariost und Euripides in Gray's Inn aufgeführt und danach vergessen worden. Der Soldat Gascoigne, immer auf der Hut vor seinen Gläubigern, besaß weder Reputation noch eigene Mittel, die eigenen Sachen drucken zu lassen. Wenn nun der Earl of Oxford eine Anthologie finanzierte, so war beiden gedient: Gascoigne konnte namentlich und Oxford anonym darin unterkommen. Um den Leser zusätzlich zu verwirren, zeichnete der Earl mit acht verschiedenen Chiffren und Mottos.

Das gemeinsame Werk erschien im Mai oder Juni 1573 unter dem Titel *A Hundreth sundrie Flowres*: »Einhundert vermischte Blumen, gebunden in einen kleinen poetischen Strauß, zum Teil gepflückt in den vortrefflichen fremden Gärten des Euripides, Ovid, Petrarca, Ariost und anderer – zum Teil die Erfindung aus unseren eigenen fruchtbaren Obstgärten in England. Enthaltend verschiedene liebliche Düfte tragischer, komischer und allegorischer Diskurse, sowohl erfreulich wie

¶ A Hundreth sun-
drie Flowres bounde
vp in one small Poesie.

Gathered partely (by transla-
tion) in the fyne outlandish Gardins
of Euripides, Ouid, Petrarke, Ariosto,
and others : and partly by inuention,
out of our owne fruitefull Orchardes in Englande :

Yelding sundrie svveete sauours of Tragical, Comical, and Morall Discourses, bothe pleasaunt and profitable to the
well smellyng noses of lear-
ned Readers.

Meritum petere, graue.

AT LONDON,
Imprinted for Richarde Smith.

Titelblatt von »A Hundreth sundrie Flowres«, 1573

nützlich für die empfindsamen Nasen der gebildeten Leser. – Meritum petere grave – Zu London, gedruckt für Richard Smith.« Das Inhaltsverzeichnis des 450 Seiten umfassenden Buches nennt:

»*Erstens* eine ausgezeichnete und angenehme Komödie, betitelt Supposes

Zum zweiten die leidvolle Tragödie von Jocasta, den Sturz Thebens betreffend.

Drittens ein angenehmer Diskurs über die Aventiuren des Master F.I. mit einigen ausgezeichneten Briefen, Gedichten, Liedern, Balladen, Rundgesängen, Couplets und Versen.

Viertens diverse ausgezeichnete Erfindungen von verschiedenen Gentlemen (*Divers excellent Devises of sundry Gentlemen*).

Fünftens gewisse Erfindungen von Master Gascoigne, enthaltend seine Anatomie, seine Klage, sein Lob auf Mistress Bridges, jetzige Sands, sein Lob auf Mistress Zouch, spätere Lady Grey of Wilton.

Letztlich der schmerzliche Diskurs von Dan Bartholmew of Bath, worin seine Triumphe, seine Erörterung der Liebe, seine heftige Leidenschaft, seine Bittschrift um Schutz, sein Letzter Wille und Testament, sein Abschied.

Als Letztes von allem der Berichterstatter.«

George Gascoigne, der Anfang März 1573 (zusammen mit Oxfords Freund Rowland York und dem Spion William Herle) eine Kundschafterfahrt nach Holland angetreten hatte, befand sich zur Zeit der Drucklegung der *Hundreth sundrie Flowres* bereits nicht mehr in England. Die Anthologie enthält ein Gedicht von ihm, in dem er seine »Reise nach Holland im März« beschreibt und auf die Belagerung Haarlems (Dezember 1572 – Juli 1573) anspielt. Das heißt: Gascoigne hat dieses Gedicht vom Kontinent aus durch einen Boten nach England geschickt, als die beiden ersten Kapitel der *Flowres* bereits zum Drucker gegangen waren.

Demnach hat ein anderer, nämlich *Meritum petere grave* – »der Mann, dem es schwerfällt, das Verdiente erbitten zu müssen« –, den Band zusammengestellt, seinen Druck überwacht, das Inhaltsverzeichnis geschrieben und den Gedichten verschiedene Wahlsprüche oder Mottos zugeordnet.

Obwohl der dritte und vierte Teil des Buches (die »Aventiuren« und der Gedichtanhang von »verschiedenen Gentlemen«) auf den Earl zurückgehen, war das Versteckspiel so raffiniert eingefädelt, daß man die »Vermischten Blumen« vierhundert Jahre lang für das alleinige Werk von Gascoigne hielt.

Dabei hat der Autor Edward de Vere durchaus Spuren gelegt, die den gebildeten Leser von damals stutzig machen konnten. Er hat als »H. W.« mit seiner Adresse gezeichnet (*From my lodging near the Strand*), nannte sich in einem der Gedichte *The lustie Ver* (der muntere Frühling) und überschrieb das Schlußgedicht des vierten Kapitels (*The Shield of Love*) mit der rätselhaften Zeile: »In seiner Abwesenheit bittet der Liebende, der seinen Namen (in Geheimschrift) enthüllt, um schnelle Linderung.«

Der Historiker Captain Bernard M. Ward, als Wissenschaftler ein Autodidakt und Einzelgänger, hat – im Jahr 1926 – das Geheimnis dieser Verschlüsselung aufgedeckt. Bildet man, in Anlehnung an die kryptographische Methode des Abtes Trithemius (1462-1526), in mäandernder Lesart eine Kette aus den Anfangsbuchstaben aller im Gedicht vorkommenden Worte, so kann man aus dieser Buchstabenfolge den Namen Edward De Vere (mit den passenden Großbuchstaben) herauslesen. Obwohl man den Namen nur erkennen wird, wenn man einer bereits bestehenden Vermutung folgt, ist der Buchstabenkette kein anderer Autor zu entlocken, der in Frage käme.

Es gibt vor allem zwei Gründe für Oxfords – statt Gascoignes – Autorschaft der *Adventures of Master F. I.* und der *Divers excellent Devises of sundry Gentlemen*. Der Earl schreibt, anders als Master Gascoigne, prägnant und dialektisch versiert – und er formuliert aus einer anderen sozialen Perspektive als der Junker. Während Gascoigne alias »Ever or Never« (E.Ver or N(ot)E.Ver) in langatmigen und monotonen Versen seine verlorene Büchse als »Geliebte« beweint, sich mit derben Witzen über die Holländer hermacht, seine Erfahrungen als Landwirt und Jäger besingt oder sich in endlose Lamenti über eine untreue Geliebte verliert, weilt »Fortunatus Infoelix« (alias »Meritum petere grave« oder »Spraeta tamen vivunt« etc.) unter seinesgleichen auf einem Castle, tafelt in vornehmer Runde, geht mit dem Ehemann seiner Geliebten auf Jagd oder reist, wenn ihn die englischen Frauen zu sehr quälen, an den königlichen Hof nach Paris. Er kennt niemanden über sich als die von ihm angebeteten Frauen, nennt die Geliebte seinen liebsten Feind, durchleidet Trennungen, als wären sie ein notwendiges Moment des Liebens, übt das Ritual der Empörung eher beiläufig, kurz: er erscheint begabt zu seltener Schwerelosigkeit und Freiheit. Dem reuigen Sünder Gascoigne steht ein virtuoser junger Dichter gegenüber, der sich in Liebes-, Schmerz- und Sprachlust ergeht.

Edward de Vere schreckt nicht davor zurück, seinen poetischen Schatten Gascoigne nach Lust und Laune zu vereinnahmen. Einmal nennt er den Liebhaber, den er in der Ichform sprechen läßt, vorwitzig G. G., obwohl er sich selbst meint. Ein andermal spielt er – wieder so als wäre er der andere – mit den Buchstaben G. G. und B. – »Doch nun willst du vielleicht ein G. erlauben / und mit dem G. dem B. dich anvertrauen. / O weh o weh, ich frag, wie soll das taugen, / auf solcher bill'gen Ausflucht aufzubauen. / Nimm Doppel-G. für deine liebste Letter / und treib das B. hinaus ins kalte Wetter.« (*Eyther a needlesse or a bootelesse comparison betweene two letters*).

Eine Parallele zu Oxfords Buchstabenpoesie findet sich in *King Richard III*, I/1. Clarence: »Er hofft auf Prophezeiungen und Träume, / streicht aus dem Alphabet den Buchstab G / und spricht, ein Deuter sagt' ihm, / daß durch G / Enterbung ihm und seinem Stamm gescheh.«

Doch worum geht es nun in den *Aventiuren*?

Diese »erste englische Novelle« beschreibt die Geschichte einer Enttäuschung und (höchst modern) die Liebe als ein »Experiment«. Fortunatus Infoelix, ein galanter und gebildeter Ritter des 16. Jahrhunderts, weilt zu Gast in einem Schloß im Norden Englands und verliebt sich in die Schwiegertochter des Hausherrn. Der Kavalier entschließt sich zur Eroberung der Dame mit den Mitteln der Poesie. Dame Elynor reizt ihren Belagerer durch die Doppeldeutigkeit ihres Widerstands. Er darf sich Hoffnung machen. Aber die Zeremonien der Liebesverschwörung werden gestört, als eine zweite Frau – Frances – den glücklich Unglücklichen zum Tanz verführt. Mistress Elynor reagiert mit Eifersucht. Dennoch oder gerade deshalb bittet Master F. I. die schöne Frances um einen zweiten Tanz, den er umwidmet zu einer lyrischen Huldigung an eine Unbekannte. Wenn anderntags Dame Frances, offenbar die Tochter des Hauses, sich Master Infoelix als verständnisvolle Freundin anbietet, so nur vordergründig deshalb, um ihn mit Mistress Elynor zu versöhnen, tatsächlich aber, um ihre Rivalin aus dem Feld zu schlagen und das, was sie sein »Experiment« nennt, geschickt zu steuern. Die eitle Selbstsicherheit des Fortunatus endet nach der Rückkehr von Elynors Sekretär. Frances' Einflüsterungen beginnen zu wirken, und ein kalter Argwohn beschleicht das Herz des Liebenden, ein Argwohn aus den Tiefen der Seele. Master Infoelix schickt sich an, sein Glück zu zerstören.

Die Handlung dieses Kammerstücks in Prosa spielt sich auf engstem Raum ab wie auf einer Bühne. Selten wird eine längere Strecke durcherzählt, und wenn, wie im Fall der Allegorie des Argwohns, so bewegt sich diese Erzählung auf einem Nebengleis. Im allgemeinen wird gesprochen – zu zweit, zu dritt und zu mehreren –, und dies mit einer Wendigkeit, einer Schärfe und einem Übermut, wie man es in England noch nie gehört hatte. Der erotische Vorsatz verbindet sich mit verbaler Kriegführung, die Liebesbeziehung mit der Metaphorik des Kampfs. Dramen en minature werden vor dem Kamin als Gesellschaftsspiel gespielt.

Nichts Menschliches bleibt diesem Autor verborgen, aber er liebt die Dramaturgie der Heimlichkeit. Seine gezielten Andeutungen bereiten Enthüllungen unter der Oberfläche vor. Denn nichts ist, wie es scheint. Der Leser kommt zu Erkenntnissen nur, wenn er hellhörig wird bei jedem Dementi und den »Auslassungen« der Rede mehr Gewicht beimißt als ihrer vordergründigen Bedeutung.

Erstmals seit Chaucer berührt ein englischer Autor ohne Scheu die körperlichen Vorgänge der Liebe. Ein unerhörtes, von der Literaturgeschichtsschreibung aber nicht wahrgenommenes Ereignis. Zudem reiht der Autor ein spitzes Bonmot an das andere, schreibt ein Gedicht über die Saat der Hörner, die auf der Stirn des Ehemanns gedeiht, nennt Elynors Sekretär einen »doppelten Pygmäen, an Breite so dick wie zwei Mastschweine, an Dünkel ein Riese, an Körperkraft eine Mücke« etc.

Aus verschiedensten Zitaten und Anspielungen wird deutlich, daß der Verfasser nicht nur Malory, Chaucer und Skelton bestens kennt, sondern auch die italienische Renaissanceliteratur von Dante, Petrarca,

Boccaccio über Piccolomini und Bembo bis zu Ariost, Castiglione und Bandello. Vor allem erweist er sich als ein großer Freund Ariosts (1474-1533), des lyrischen Epikers und Zauberers, der es verstand, einer phantastischen Ritterwelt Farbe und Sinnlichkeit zu verleihen. In seinen Gedichten thematisiert »Fortunatus infoelix« das eigene Ausgeliefertsein an die Frau – sein williges Erliegen, Erleiden, Regredieren gegenüber der seelischen Ambivalenz der begehrten Dame. Vorherrschend (wie später in Shakespeares Sonetten) ist die Schmerzlust des Scheiterns, die Faszination des Widerstands, die Schönheit der »Schwärze«. Die besungenen Frauen sind schön und edel, aber charakterisiert durch eine Offenheit, die sich mit Grausamkeit paart.[*]

Nach dem Erscheinen von *A Hundreth sundrie Flowres* im Sommer 1573 scheint es am Hof zu einem mittleren Skandal gekommen zu sein. Offenbar waren die *Aventiuren* mit der Erörterung sinnlicher Details zu weit gegangen. Auch fragte man sich, wer hier über wen geschrieben hatte.

Zwar kannte man bei Hof keinen »Fortunatus Infoelix«, wohl aber, gleich schlimm, einen »Foelix Infortunatus«. So nämlich beliebte sich der von Elizabeth geschätzte Christopher Hatton zu nennen, der, wie man lästerte, sich in ihr Herz getanzt hatte.

Waren der beglückt Unglückliche und der auch im Unglück Glückliche eng oder weitläufig miteinander verwandt? Hatton verweigerte vorläufig die Antwort, denn er hatte sich, seiner schlechten Gesundheit wegen, nach Spa aufs Festland abgesetzt. – Auch über die Identität von »Mistress Elynor« durfte man sich in Mutmaßungen verlieren. Warum wurde sie mit »Cynthia«, der Mondgöttin, verglichen? War es nicht der Königin vorbehalten, neben oder über die »Mondin« gestellt zu werden? – George Gascoigne, der einzige, der zwischen einer Schar von Geisterautoren mit eigenem Namen gezeichnet hatte, saß in Holland und polierte seine geliebte Büchse.

Auch wenn wir heute zu dem Schluß kommen, daß Oxford sein Figurentheater zwar an reale Vorgänge angelehnt, aber im einzelnen frei

---

[*] Vgl. das Nachwort zu *Fortunatus im Unglück von Edward de Vere Earl of Oxford.* Übs. von Chris Hirte und Kurt Kreiler. Insel Verlag 2006. Darin wird der Nachweis für Oxfords Autorschaft erbracht.

erfunden hat, mögen die Zeitgenossen anderer Meinung gewesen sein.

Oxfords Konkurrent Christopher Hatton schrieb derweil aus Spa rührende und überspannte»Liebesbriefe« an die jungfräuliche Königin. Sie versuchte, seinen Überschwang freundlich zu bremsen (»Wo die Gemüter differieren und die Meinungen auseinandergehen, kann man nicht von Freundschaft sprechen. Aber wenn ich das große Glück haben sollte, Einen zu finden, der nur das will, was ihm zukommt, und ich mich an dem erfreuen kann, was er gewährt, so sage ich mir selbst Lebewohl – und bin ganz die Seine«), aber er, den sie *Sheep* oder *Lydds* nannte (ihr Schaf, ihren Augendeckel), zelebrierte unerschütterlich die hohe Tonlage. Allerdings bereitete ihm *Boar*, wie Elizabeth Oxford nannte, einiges Kopfzerbrechen. Er hatte sichtlich Respekt vor dem jungen Feuerkopf – und war doch zu naiv, um das Ausmaß der Verwüstungen zu ahnen, die der Eber bereits angerichtet hatte.

Im Juni 1573 zeichnet er drei Hütchen und ein großes E über seinen Brief.

»HAT HAT HAT & E

Der Mangel (Eurer Gegenwart), den ich empfinde, läßt mich Euern höchsten Wert erkennen. Ich spreche vor Gott. Mein Geist ist so weit von meinem Körper entfernt – Ihr selbst mögt wissen, warum –, daß Melancholie (hervorgerufen durch die ungewohnte Abwesenheit) mich vergessen ließ, wer ich bin. Euer Schaf ist schwarz (vor Trauer); Ihr werdet mich kaum mehr wiedererkennen, so sehr hat mich dieser ungesunde Zustand zerschlagen. Gebe Gott, Ihr möget Vertrauen haben in meine Wahrhaftigkeit. Sie bezeugt Eure größten Verdienste. Es dürfte Euch freuen (ich spreche ohne Anmaßung), daß Ihr so sehr und mit aller Ernsthaftigkeit geliebt werdet. Ich liebe Euch. Ich kann Euch nicht entbehren. Den Beweis dafür finde ich in meinem Wunsch und Verlangen, Euch nahe zu sein. Glaubt mir, gnädigste Lady, es gibt nichts Milderes, Ihr seid das höchste Glück, das ich in dieser Welt kenne oder finden kann. Gott segne Euch für immer. Den Zweig von Basilikum will ich tragen und aufbewahren bis ans Ende meines Lebens. Gott ist mein Zeuge, daß ich nicht heuchle. Es ist eine huldvolle Gunstbezeigung, mir allerliebst und willkommen. Behaltet sie dem Schaf vor, es hat keinen Zahn, um damit zu beißen; wogegen der Stoßzahn des Ebers zerstören und zerreißen kann.«

Nachdem der im Unglück Glückliche gesundet und nach England zurückgekehrt war, erfuhr er von den Aventiuren des im Glück Unglücklichen und begegnete seinem spiegelverkehrten Gegenüber am 14. Oktober. Es kam, wie ein Zeitgenosse berichtet, zu *great wordes.* »Milord of Oxford und Master Hatton lieferten sich ein Wortgefecht im Präsenzzimmer, ein Umstand, der vor den Kronrat kommen soll.« An anderer Stelle wird die Erinnerung an Hattons meisterlichen Briefstil noch einmal heraufbeschworen – und zwar in Shakespeares *Twelfth Night* oder »Was ihr wollt«. Dort setzt die Dienerin Maria in der Schrift von Gräfin Olivia einen Brief an Haushofmeister Malvolio auf, der (zum Spaß) Olivias Liebesgeständnis enthält und unterschrieben ist mit: THE FORTUNATE UNHAPPY.

Und im Jahr 1578 wird der Seilmacherssohn Gabriel Harvey (1550-1630), der gelehrte Manierist und englische Cicero, im Zuge seiner bestellten Lobreden auf Elizabeth, Lord Burghley, Graf Leicester, Graf Oxford, Sir Hatton und Philip Sidney die beiden ungleichen Fortunatusse in krauser lateinischer Rede miteinander vergleichen, den einen – Hatton – einen heimlichen Philosophen nennen, der in seinem Glück das Unglück nicht fürchtet –, den anderen einen zweiten Alexander, der vom Glück begünstigt, aber nicht glücklich ist. Denn Alexander ist zu groß für den Erdkreis, sagt Harvey, und der Erdkreis für ihn zu klein. Während der friedliche Hatton – *Lydds* – durch die geschlossenen Lider blinzelt, ist *Fortunatus Infoelix* ein Kampfeswütiger, »ein über Zauberkräfte verfügender Gyges, ein Ungebändigter, ein gegenüber den Göttern und Menschen hochmütiger Hasser, ein erbitterter Feind der Erde und des Himmelsgewölbes«.

Harvey, so dürfen wir daraus schließen, ist einer Meinung mit Oxfords amerikanischem Biographen Alan H. Nelson, der seinem Buch den Titel gegeben hat: *Monstrous Adversary.* Der monströse Widersacher.

Ralph Lane an Lord Burghley, 17. Januar 1574

Nachdem Ralph Lane Esquire, ein Cousin Cristopher Hattons, nachmalig erster Gouverneur Virginias und zweiter Entdecker des Tabaks, im schlecht geheizten Zimmer seines Hauses zu London die Feder gespitzt und das gelblich rauhe Papier auf Quarto gefaltet hatte, tauchte er die Feder ein, aber nur, um sie wie abwesend auf den Rand des Glases wieder sinken zu lassen. Die Dinge, die ihm eben noch klar vor Augen gestanden hatten, begannen sich in seinem Kopf zu verwirren, und vielleicht, so dachte er plötzlich, würde er sich mit dem, was er zu sagen hatte, wieder und doch nur ins eigene Fleisch schneiden. Denn wer — wer — wollte die Wahrheit hören? Aber — gerade das wäre nun lächerlich, sich vor dem zu verstecken, was er wußte, denn, mochte man ihm auch am Zeug flicken, ihn verspotten oder beneiden, er hatte sein Wissen nicht geschenkt bekommen, stand seit zehn Jahren im Dienst der Königin, war vierundvierzig Jahre alt — und er würde sich nicht klein, sich nicht mundtot machen lassen. Ein wohltuender Zorn stieg in ihm auf, der, und nur so kannte er sich selbst, jede Bedenklichkeit im Augenblick vertrieb. Er tauchte darum die Feder noch einmal ein und schrieb.

»Euer Ehren, die Angelegenheit, die ich kürzlich mit Lord Edward [Oxford] und Lord Seymour erörterte, wurde jetzt mit Guaras, dem spanischen Gesandten, besprochen. Wie ich höre, hat Guaras den Vorschlag in Erwägung gezogen, aber hält alles in allem nicht viel davon. — Nachdem die beiden Lordschaften Master R. B.* angeboten hatten, als ihr Agent aufzutreten, hat dieser sich auf sehr ehrenhafte und überlegene Art dazu außerstande erklärt, und zwar aus gutem Grund: er sagte, der Umstand, daß er zuletzt auf der anderen Seite gedient habe, müsse, wenn er die Absichten der beiden Lords vortrage, sie den Holländern verdächtig machen. — Nachdem die Lords diese Entschuldigung akzeptiert hatten, bestimmten sie plötzlich einen anderen als Agenten für sich, nämlich Rowland York. Mich selbst, den man ebenfalls vorschlug, lehnten sie ab mit der Begründung, ich sei für diese Reise von zu hitziger Gemütsart. Die Schlußfolgerung war, man müsse Guaras ohne allen Aufschub eine neue Forde-

---

* Richard Bingham (1528-1599), der spätere Gouverneur von Connacht, kämpfte 1571 in der Schlacht von Lepanto auf spanischer Seite, wechselte dann die Linien und arbeitete von den Niederlanden aus als Agent für Lord Burghley.

rung stellen – und müsse dafür Land als Sicherheit anbieten – 6000 Pfund soll-
ten sofort aufgenommen, zwölfhundert Mann und sechs Schiffe in aller Eile
bewaffnet werden – und ehe dadurch Zeit vertan werde, daß Guaras von fehlen-
der Vollmacht rede (wie er es vorher schon einmal getan hatte), solle man, wie
Lord Edward [Oxford] vorschlug, Guaras (gegen die Sicherheit von Land) um
3000 Pfund erleichtern, was der Sache dienlich sei. Und mit diesem Beschluß ging
der Rat auseinander. Wird nun aber ein zusätzlicher Ratgeber zu dieser Konfe-
renz hinzugezogen – d. h. einer mehr als vorgesehen oder erwünscht war, näm-
lich Eure Lordschaft –, so hoffe ich, die Lords werden mit einem passenderen
Auftrag für ihre eigene Königin versehen werden, der sie ebenso zufriedenstellt
und in jedem Fall weniger gefährlich ist.

Wenn Ihr nach Guaras schickt, so macht ihm klar, daß nichts Eurer Aufmerk-
samkeit – und Euren Spähern – entgehen kann, was die Handlungen des besag-
ten Lords betrifft, da Euer Interesse an ihm ist, wie es ist. Dies wird genügen,
nicht allein diesen, sondern auch alle weiteren Versuche ausländischer Parteien
zu unterbinden, die aus seinem jungen, ungefestigten Geist ihren Vorteil ziehen
wollen.

Wahrlich, Sir, ganz abgesehen davon, wie sehr ich Euch verpflichtet und ihm
persönlich gewogen bin, kann ich den Verdacht nicht loswerden, daß (obwohl er
von seiner Seite aus nichts Ungutes gewollt oder getan hat) seine Bekanntschaft
mit ausländischen Agenten ihm auf Dauer zum Nachteil gereichen muß; ein
kräftiger spanischer Westwind, mit einem unglücklichen Steuermann am Ruder,
könnte sein nobles Boot so weit nördlich an schottisches Ufer lenken, daß er
unversehens Schiffbruch erleidet, wie schon manche der Edelsten vor ihm, deren
Fehl um so mehr zu bedauern ist. Um offen mit Eurer Lordschaft zu sprechen,
wenn Ihre Majestät es nicht unternimmt, ihn sinnvoll zu beschäftigen, so ist er
ganz der Mann, der sich irgendwann selbst eine Beschäftigung im Ausland
suchen könnte, und dies ohne den Rat seiner besten Freunde. Und deshalb, um
ihn von diesen Gedanken abzubringen, die ihn letztens angefallen haben, solltet
Ihr daran denken, ihn im Dienst Ihrer Majestät zu beschäftigen, vielleicht daß
er den Lord Deputierten in Irland (Sir William Fitzwilliam) begleiten könnte
und damit diesen Sommer hinbringt. Ein Wink Eurer Lordschaft, verbunden
mit der Aussicht, ihn später in noch wichtigeren Angelegenheiten zu beschäfti-
gen, genügt vielleicht, dies kürzlich entflammte Feuer zu unterdrücken, vor
allem auch, wenn er von Euch zu verstehen bekommt, daß Ihr über seine jetzi-
gen Zusammenkünfte im Bilde seid.

Nur dies, Sir, meine herzliche und ehrerbietige Verbundenheit Eurer Lordschaft gegenüber, in einer Sache, von der ich weiß, daß sie Euch berührt, hat mich zu der Torheit verleitet, Euch Vorschläge zu machen, aber Eure Lordschaft wird meine gute Absicht nicht verdammen, auch wenn, was ich zu sagen habe, im Grunde vielleicht nichts Besseres verdient.«

6 DER ENGLISCHE SENECA

Im Juni 1573 war dem Earl das Londoner Stadthaus seiner Familie urkundlich übertragen worden, über das in der Zeit seiner Vormundschaft Robert Dudley, Earl of Leicester verfügt hatte. Das *Vere House* oder *Oxford House*, ein weitläufiges schönes Gebäude mit Gärten und Nebenhäusern, lag in der Candlewick Street nahe dem »London Stone« (heute Cannon Street Station), unweit St. Swithin's Church und Eastcheap.

Oxford behielt dennoch die Etage im Savoy bei, da sie näher bei Cecil House und Whitehall Palace lag.

Er war jetzt in jeder Hinsicht sein eigener Herr – wobei ihm bei finanziellen Entscheidungen sein Schwiegervater über die Schulter blickte. Seine Schulden betrugen rund £6000, während Burghley die versprochene Mitgift von £3000 noch zurückgehalten hatte. Auch ob er ins Ausland reisen durfte, hing nicht von ihm, sondern von der Königin ab – und die Königin beriet sich mit Burghley.

Natürlich wollte der junge Mann, der als Autor nicht berühmt werden durfte, weil solcher Ruhm seinem Namen geschadet hätte, sich in und vor der Welt beweisen. Das schottische Gemetzel war schal gewesen. Das Feuerwerk von Warwick kein Ersatz für Heldentaten. Nach Flandern oder Frankreich wollte die Königin ihn nicht ziehen lassen – aber vielleicht, so hoffte er, gab es in Irland Lorbeeren zu ernten. Im Juli war der neun Jahre ältere Walter Devereux, Earl of Essex (1541-1576), in das grüne Land der Rebellen aufgebrochen, um auf eigene Kosten einen Teil der irischen Provinz Ulster zu unterwerfen. Jetzt zog es Oxford in das westlich gelegene Connacht. Von dort aus konnte er, nach dem Vorbild der fahrenden Ritter, dem schneidigen Essex entgegenreiten und mit Fortunas Beistand selbst zum Helden werden.

Während Oxford Notare, Kanzlisten und Verwalter zu sich nach London berief, um eine Verfügung aufzusetzen, wer im Fall seines Todes wie zu versorgen sei (und diese würdigen Männer vergeblich auf sich warten ließ, weil er seine Wertsachen inventarisieren mußte), segelte Essex mit seinen 1200 Soldaten der Katastrophe entgegen. Ein Sturm zerschlug seine Flotte und trieb seine Schiffe bis nach Cork und der

Insel Man. Bis man sich in Ulster versammelt hatte, war es Herbst geworden, und nach dem Winterlager in Belfast war die Truppe durch Krankheit, Hunger und Desertion auf zweihundert Mann geschmolzen. Essex machte diese Verluste durch eine wahllose Schlächterei wett, bis er Ende 1575 nach England zurückkehrte.

Elizabeth, die diese Dinge kommen sah, hielt ihre schützende Hand über Oxford und widersetzte sich im letzten Augenblick dem sinnlosen Irlandabenteuer.

Anfang 1574 kam es zu dubiosen Verhandlungen zwischen dem Earl und Antonio de Guaras, dem nichtoffiziellen spanischen Gesandten König Philipps in England, der seit über zwanzig Jahren als Kaufmann in London lebte. Der Agent de Guaras, der zwischen 1571 und 1578 den spanischen Botschafter ersetzte, stand seit längerem im Gespräch mit Burghley über ein spanisch-englisches Handelsabkommen. Dabei hatte er dem Lord Treasurer ein Bestechungsgeld von 15 000 Pfund Sterling (!) angeboten, das dieser dankend ablehnte. De Guaras, der von der noch ausstehenden Mitgift für Burghleys Schwiegersohn wußte, bot an, das Geld dem jungen Earl zukommen zu lassen. »Darauf antwortete Burghley nicht«, schreibt Guaras an Herzog Alba, »aber, wie um es nicht auszuschließen, lachte er still in sich hinein. Und etwa zur selben Zeit grüßte mich seine Frau, wenn sie mich sah, fragte mich nach meinem Befinden und was sie für mich tun könnte, woraus ich schloß, daß sie sich auf dies Geschenk Hoffnung machte, denn sonst war sie nicht so zuvorkommend zu mir.«

Das »Geschenk« war offenbar nicht auf den Weg gebracht worden, aber Oxford, hellhörig geworden, hatte sich in Gespräche mit de Guaras eingelassen und in deren Verlauf, wie es scheint, einen aberwitzigen Plan ausgeheckt. Er wollte sich unter einem Vorwand £3000 von de Guaras borgen – und dafür und von anderem geliehenem Geld sechs Schiffe mit zwölfhundert Mann Besatzung ausrüsten und nach Holland schicken. Sicher dachte der junge Abenteurer an ein Konkurrenzunternehmen zu Essex, zum Schaden der Spanier – finanziert mit spanischem Gold.

In die geheimnisvollen Verhandlungen wurde Ralph Lane Esqu. (1530-1603) einbezogen, ein in der Undercover-Arbeit bewanderter Mitarbeiter Burghleys. In seinem Bericht an Burghley billigt Lane dem Dreiundzwanzigjährigen zu, »nichts Ungutes geplant oder getan zu haben«, aber sieht ihn in Gefahr, zu weit an »schottisches Ufer« (sprich zur katholischen Partei) abzutreiben und menschlich und politisch Schiffbruch zu erleiden. Durch seinen Umgang mit ausländischen Agenten (Guaras & Co.) würde er sich auf Dauer nur selber schaden. Burghley solle ihn mit einer ehrenvollen Beschäftigung im Dienst der Königin aufs erste ruhig- und sicherstellen, bis seine heißblütigen Launen sich gelegt hätten.

Lord Burghley mußte die Warnung sehr ernst nehmen. Wer kannte diesen jungen Heißsporn so gut wie er, seine Eskapaden und Veitstänze, seinen Eifer und seine Treuebekundungen, seinen Hochmut und seine Verletzlichkeit? Oxford war mehr Phantast als Politiker – und als Feldherr mit Sicherheit unberechenbar.

Und der Lord Treasurer hatte nicht nur seinen Schwiegersohn im Auge zu behalten, sondern auch dessen gefährliche Freunde, vor allem Rowland York (ca. 1550-1588), den Hazardeur und Raufbold, der im vergangenen Jahr auf Kundschafterfahrt in Holland gewesen war, dann Edward Seymour (1548-1574), den jüngsten Sohn des ehemaligen Lordprotektors, und Oxfords Cousin Henry Howard, den Bruder des hochverräterischen Thomas Howard, Duke of Norfolk, einen hochgebildeten und hochgescheiten katholischen Dunkelmann. Daneben gab es noch den so geschäftigen wie undurchsichtigen Charles Arundell, der Botengänge für Oxford besorgte und den merkwürdigen Freundesbund vervollständigte.

Nach dem Zerplatzen der irischen (und holländischen) Seifenblase konnte Oxford sich getrost zurücklehnen und sich seiner heimlichen Passion, dem Schreiben, widmen. Es spricht einiges dafür, daß in den Wintermonaten 1573/74 sein erstes, blutiges Stück entstand, ein Drama nach dem Vorbild von Senecas Rachetragödien. Dabei hatte er sich mit seiner ersten Veröffentlichung, den *Adventures of Master F. I.*, wenig Freunde gemacht. Nicht nur Christopher Hatton und Gabriel Harvey kannten den wahren Autor – mit ihnen zusammen ärgerte sich (oder lachte) ein großer Teil der Hofgesellschaft.

Das Stirnrunzeln der höheren Ränge fand seinen Niederschlag in der nächsten Wahl zum Hosenbandorden. Statt zehn von zwölf Stimmen

wie im Vorjahr erntete Oxford im April 1574 nur vier. Und auch diesmal zog die Königin einen anderen Kandidaten vor.

Anfang Juli 1574 überraschte der Earl mit einer neuen Eskapade. Vorausgegangen war eine Audienz bei der Königin, der er ein persönliches
Anliegen vorgetragen hatte. Elizabeth beschied es abschlägig und warf
ihm Verschwendungssucht vor. Der junge Earl reagierte darauf in einer
Weise, die »Anstoß erregte«. Sussex berichtete von diesem Ereignis dem
Lord Treasurer. Burghley schrieb zurück, er bedaure Elizabeth' impul-
sive Art, aber der Earl hätte allen Grund gehabt, sich vor der Audienz
mit ihm zu besprechen. Dann aber lobte er den guten Charakter des
Schwiegersohns. Möge er sich in seinen privaten Angelegenheiten
auch leichtsinnig zeigen, er – Burghley – stehe dafür ein, daß der Earl
seine Pflicht gegenüber der Königin und seinem Land immer erfüllen
werde. Und er bete zu Gott, daß die abschlägige Antwort den armen
jungen Earl nicht zum Spielball für andere werden lasse.

Drei Tage nach der unglücklichen Audienz brach Oxford zusammen
mit einem Bruder von Rowland York nachts um drei Uhr von London
auf, ritt nach Wivenhoe, versorgte sich mit einer größeren Geldsumme
und nahm in der nächsten Nacht (vom ersten auf den zweiten Juli 1574)
ein Schiff nach Calais, von wo aus er über Brügge in den Norden Flanderns reiste.

Dieser spontane Aufbruch in »Feindesland« (der Großteil Flanderns war
spanisch besetzt) – ohne die Erlaubnis der Königin – erregte in England
und auf dem Festland ungeheures Aufsehen. Sofort spekulierte man,
der seltsame Mann habe sich auf den Weg nach Brüssel gemacht, wo die
emigrierten Häupter des schottischen Aufstands residierten – darunter
Charles Neville, Earl of Westmorland, der vom englischen Parlament zu
Tod und Ehrlosigkeit verurteilt worden war, und die Witwe des 1572 hin-
gerichteten Thomas Percy, Earl of Northumberland. Schon begannen
die Katholiken diesseits und jenseits des Kanals schadenfroh zu jubeln,
und Elizabeth, aufgebracht über den Ungehorsam ihres eigensinnigen
Schützlings, sandte ihm auf der Stelle einen reitenden Boten hinterher –
in Gestalt seines Freundes Thomas Bedingfield, Übersetzer von *Cardanus
Comforte* und Mitglied der königlichen Ehrenwache – mit der Aufforderung, unverzüglich und ohne Widerrede zurückzukehren.

Der in Flandern reisende Earl scherte sich allerdings keinen Deut um Westmorland und die katholischen Rebellen, gegen die er 1570 an Sussex' Seite gekämpft hatte. Als Thomas Bedingfield ihn Mitte Juli eingeholt hatte, war er gerade bis Zaltbommel an der Waal gelangt. Bommel war die südlichste Bastion der befreiten Niederlande und hielt seit einem Monat den spanischen Belagerern stand. (Später erzählte er zum großen Vergnügen seiner Zechkumpane Arundell und York, Herzog Alba habe ihn augenblicks zum General aller spanischen Truppen befördert, und er, Oxford, hätte die Belagerung Bommels, die er anderntags siegreich zu beenden hoffte, nur deshalb abbrechen müssen, weil dummerweise Bedingfield erschien.)

Nun hat man sich lange nach dem Ziel und Zweck von Oxfords Reise gefragt. Als nächster Ort auf seinem Weg lag Leiden, eine Stadt, die den spanischen Angreifern seit acht Monaten standhielt. Sie wurde im Oktober 1574 durch Flutung des Umlands befreit. Aber eine belagerte Stadt ist kein lohnendes Reiseziel. Wohin also?

Worüber hatte der Earl mit Elizabeth verhandelt, warum hatte sie ihn einen Verschwender genannt, und warum war er mit einer *great somme of money* aufgebrochen?

Die ganze Unternehmung wird verständlich, wenn man weiß, daß Oxfords Freund George Gascoigne, der Koautor der *Hundreth sundrie Flowres*, seit Anfang Juni im Gefängnis von Haarlem saß. Ende Mai hatten die fünfhundert englischen Verteidiger der Festung Valkenberg (darunter Gascoigne) einer Übermacht von dreitausend spanischen Angreifern weichen müssen. Die Engländer begehrten Einlaß in Leiden, aber die Leidener fürchteten ein neues trojanisches Pferd und hielten ihre Tore geschlossen. Daraufhin ergab sich der aufgescheuchte Trupp den Spaniern, die den unliebsamen Fang alsbald nach England zurückschickten, mit Ausnahme der englischen Hauptleute, die man als Geiseln zurückbehielt und in Haarlem, 20 Meilen von Leiden entfernt, gefangensetzte.

Den Rest kann man sich denken. Alarmiert durch einen Hilferuf des Freundes, war Oxford zur Königin geeilt und hatte sie gebeten, den literarischen Blutsbruder freikaufen zu dürfen. Elizabeth hatte abgewinkt – und der Heißsporn war trotzdem gefahren.

Knapp vierzig Meilen vor seinem Ziel sah sich der gräfliche Ausreißer

von Master Bedingfield eingeholt und mußte – ohne Widerrede – umkehren. Am 28. Juli war er zurück in England. Gascoigne, den niemand
kaufen wollte, wurde im Oktober freigelassen.

Man rechnete es Oxford hoch an, daß er in Flandern jeden Kontakt mit
den schottischen Rebellen vermieden hatte. Die Königin, vorbereitet
durch einen langen Brief Burghleys an den neuen Staatssekretär und
Geheimdienstchef Francis Walsingham (1530-1590), erwartete huldvoll
die Rückkunft des jungen Verschwenders. Der sommerliche Progress
hatte sie in die Hafenstadt Bristol geführt, wohin der Earl sich eiligst
begab, um in frischen Kleidern, ebenso elegant wie reumütig, vor das
Angesicht seiner Herrin zu treten. Und nichts war der großen Dame
willkommener als geistreiche Ergebenheit, denn wie gesagt: nur wer
forderte, *was ihm zukam*, durfte mit ihrer Freundschaft rechnen. Oxford, ihrer Verzeihung gewiß, trug die nächste Bitte schon auf den Lippen. Sie solle ihn reisen lassen. Wenn nicht als englischen Flottenführer
nach Irland, wenn nicht als »spanischen General« nach Flandern, dann
als diplomatischen Boten (und dichtenden Müßiggänger) nach Frankreich und Italien.

Inzwischen hatte sich die sommerliche Hofwandergesellschaft mit einigen »geschickten Einfällen« auf die Rückkehr des verlorenen Sohnes
vorbereitet. Jedenfalls begleitete Oxford die Königin nach Bath, Long-
leat House (zu Sir John Thynne), Wilton House (zum Earl of Pembroke), Abbotstone (zum Marquis of Winchester), Herriard (zu George
Puttenham) und Farnham – und traf Mitte September bei Anne Cecil
und seinen Schwiegereltern auf Schloß Theobalds ein.

Am 9. Oktober 1574 schwängerte er, wie Alan H. Nelson berechnet
hat, seine – jetzt fast achtzehnjährige – Frau in der Residenz Hampton
Court. Dort war am 1. Oktober auch Elizabeth eingetroffen. Schon am
13. September hatte Anne Cecil an den Earl of Sussex – den Kämmerer
des königlichen Haushalts – geschrieben und ein Doppelzimmer bestellt. Sie wolle, nachdem sie die Königin so lange nicht mehr gesehen
habe, gerne wieder ihre Pflichten als Hofdame erfüllen und bitte, es
möglich zu machen, den für ihre Unterkunft vorgesehenen zwei Zim-
mern ein drittes hinzuzufügen, denn »je bequemer meine Unterkunft
ist, um so williger, hoffe ich, wird mein Lord und Gemahl dorthin mit-

reisen und hierdurch Gelegenheit finden, Ihrer Majestät zu wiederholten Malen aufzuwarten«.

Wunderlicherweise wurde die Schwangerschaft erst Ende Februar 1575 diagnostiziert, also zwei Wochen, nachdem der werdende Vater nach Italien aufgebrochen war. Der alte Sir Thomas Smith, Oxfords erster Ziehvater, schickte Anne Cecil zur Besserung ihrer unerklärlichen Beschwerden ein »medizinisches Wasser« mit Fenchel und Engelwurz. Er bange um sie, schrieb er an Annes Mutter, als wäre sie fünfmal seine eigene Tochter.

Unter den Theaterstücken, die zur Nachweihnachts- und Neujahrszeit 1574/75 am königlichen Hof zur Aufführung kamen, dürfte sich auch *Titus Andronicus* befunden haben, Shakespeares erstes Drama.

Grund für diese Annahme gibt zuallererst ein »Albumblatt«, das ein Augenzeuge der Aufführung gezeichnet und geschrieben hat. Es handelt sich um die einzige zeitgenössische Illustration zu einem Shakespearestück. Das Blatt stammt aus dem Nachlaß von Sir Michael Hicks, dem zweiten Sekretär von William Cecil, Lord Burghley.

Der Illustrator und Schreiber zitiert drei Passagen aus *Titus Andronicus*: die Bitte der Gotenkönigin Tamora um Begnadigung ihres erstgeborenen Sohns, dann die abschlägige Entgegnung des römischen Feldherrn Titus (Akt I, Szene 1) und endlich Aarons – des Mohren – berühmte Apologie der Bosheit (Akt V, Szene 1). Den Text krönt eine kleine Zeichnung, die drei Figuren aus dem römischen Lager (Saturninus, Bassianus und Titus) in Opposition stellt zu vier Figuren aus dem Lager der Goten (Tamora, Demetrius, Chiron und Aaron). Offensichtlich hat der Schreiber bei der Zusammenstellung seines Texts nach einer Manuskriptvorlage gearbeitet, denn seine Version ist besser als der Druck der ersten Quartoausgabe von 1595.

Besagtes Albumblatt ist von der Forschung bisher gar nicht oder falsch datiert worden. Und doch ist die Grundlage für eine Datierung gegeben, denn der Kompilator hat das Blatt mit seinem Namenszug und einer Jahreszahl versehen: »Henry Peacham Anno $m^o\ q^o\ g\ q^{to}$«.

Der Seelsorger und Gelehrte Henry Peacham (1546-1634), Verfasser eines »Gartens der Beredsamkeit« (*The Garden of Eloquence conteyning the figures of Grammar and Rhetorick, from whence may be gathered all manners*

Albumblatt von Henry Peacham zu »Titus Andronicus«, 1574

Elizabeth I. und Edward de Vere, Earl of Oxford, 1576
(The Procession of the Knights of the Garter,
Zeichnung von Marcus Gheeraerts dem Älteren)

of Flowers, Colours, Ornaments, exornations, forms and fashions of speech), schreibt die Jahreszahl in Buchstabenkürzeln. Dabei steht m^o für millesimo (zum tausendsten Mal), q^o für quingentesimo (zum fünfhundertsten Mal) und q^{to} für quarto, zum vierten Mal – im Unterschied zu quinto (zum fünften Mal), das q^{nto} abgekürzt würde. Soweit hat man mit Peachams Renaissancestenogramm wenig Mühe. Nur das kleine g an dritter Stelle der Jahreszahl will nicht einleuchten. Warum weicht Peacham hier vom System seiner »zum soundsovielten Male« Zählung ab? Warum schreibt er nicht, wie man erwarten würde, »zum sechzigsten« (sexagesimo) oder »zum siebzigsten« (septuagesimo) oder »zum achtigsten« (octogesimo) Mal – oder, wie der Shakespeareforscher es von ihm erwarten würde, nonagesimo = n^o ($m^o\,q^o\,n^o\,q^{to}$ = 1594)? Was soll an dritter Stelle ein kleines g?

David H. Roper hat über dieses Ärgernis nachgedacht und eine einfache Lösung gefunden. Peacham mußte auf die Abkürzung s^o verzichten, weil sie sowohl sexagesimo als auch septuagesimo bedeuten kann. Deshalb verwendet er an dieser Stelle ein anderes System der Abkürzung und schreibt ein kleines g. Das ist der siebte Buchstabe des Alphabets – und bedeutet »sieben«. D. h., die Jahreszahl lautet **1574**.

Die Verwendung des kleinen g für die Zahl 7 entspringt nicht der Phantasie des Master Henry Peacham, sondern folgt der griechischen (bzw. hebräischen) Schreibweise der Zahlen. Die Griechen schrieben keine Zahlen, sondern erkannten den Buchstaben einen Zahlenwert zu. Sie hätten »1574« als αεηδ geschrieben – beziehungsweise, dem lateinischen Alphabet folgend, als »ae**g**d«.

Peacham schreibt nicht nonagesimo oder n^o, weil er sich offensichtlich noch nicht in den neunziger Jahren des 16. Jahrhunderts befindet – und weil, hätte er sich in den neunziger Jahren befunden (und wäre sein eigener Sohn gewesen), er sich nicht mehr einer Schreibweise bedient hätte, die damals schon veraltet war.

Nun ist und bleibt diese Entdeckung in den Augen vieler Menschen ärgerlich. Soll man aufgrund eines kleinen g eine große Theorie verabschieden – eine Weltanschauung, ein Monument? Da verkleinert man lieber diesen Umstand, nennt ihn peripher, spekuliert, ob Peacham bei klaren Sinnen war – oder opfert (wie die Eidechse ihren Schwanz) die Tragödie *Titus Andronicus* als solche.

Feldherr Titus Andronicus ist nach seinem Sieg über die Goten heim-
gekehrt und begräbt seinen zuletzt gefallenen Sohn. Nach römischem
Brauch verlangt der Geist des Toten ein Menschenopfer: Alarbus, der
älteste Sohn der Gotenkönigin, wird erschlagen, zerstückt und verbrannt. Dies schauerliche Spektakel setzt den abgefeimten Rachefeld-
zug der erniedrigten Tamora in Gang, zu dem sie sich Aarons, ihres
bösen Schattens, bedient. Nachdem Titus die ihm angetragene Krone
abgelehnt und sie dem dumm-arroganten Saturninus zugespielt hat,
muß er erleben, daß Saturninus – an der Seite Tamoras – ihn in der lie-
derlichsten Weise kränkt, verlacht und beiseite schiebt. Womit das Feld
bereitet ist für Aaron, der Tamoras schwachsinnige Söhne zu einem
familiären Schlachtfest gegen die Feinde anstiftet. Titus' edle Tochter
Lavinia wird auf dem Leichnam ihres ermordeten Mannes von den beiden geschändet und ihrer Zunge und Hände beraubt. Aaron lockt Titus' Söhne in eine Falle, bezichtigt sie der grauenvollen Tat und bringt
sie aufs Schafott. Doch Lavinia vermag auch ohne Zunge zu sprechen,
ohne Hände zu schreiben – und Titus, der sich mit Narrheit tarnt,
inszeniert zuletzt ein barbarisches Fest der Rache.

Nicht der Plot ist an diesem Stück das Erstaunliche – der Autor hat ihn
einer kursierenden Räuberpistole im italienischen Stil entlehnt –, sondern die unbarmherzige Radikalisierung der sprachlichen, dramaturgi-
schen und psychologischen Mittel. In diesem kühnen Jugendstück sind
die Götter entmachtet, die Menschen zu Teufeln geworden.
Titus Andronicus ist eine Tragödie, die mit kompromißloser Energie
Wahrheitsfindung betreibt – sie ist die *definitive* Tragödie, indem sie uns
die Totalität des erniedrigten Gefühls und deren Umschlag ins To-
talitäre vor Augen führt. Hier geht gespielter Wahnsinn über in die
rasende Vernunft der Rache, hier schlägt die Pauke des Lachens hinein in blutige Tränen, hier wird ein Exzeß des Verderbens beschworen, gegen den der Tod nur ein kühlender Hauch ist, wird die Macht
eines metaphysisch Bösen demonstriert, das sich selber kennt und
will – ja, hier wird auf offener Bühne gezeigt, was die Antike hinter
dem Vorhang der Rede verbarg: ein Bluten aus allen Wunden. In solchen Entgrenzungen aber wirkt auch ein Moment der Schwerelosigkeit: die Groteske der Narrheit und die Clownerie des Todes.

Niemand bestreitet den Charakter des *Frühwerks*: dafür sprechen die
schrille Expressivität, die Überladenheit mit rhetorischen Figuren, die
für Shakespeare sonst wenig übliche Einbeziehung lateinischer Zitate
und Floskeln (*Integer vitae, scelerisque purus, / Non egete Mauri iaculis, nec
arcu*: »Ein lauteres, unverdorbenes Leben / bedarf der Spieße und Bogen
des Mohren nicht« etc.) – und der explizite Bezug auf Senecas Vorbild.

Senecas Rachetragödien handeln von der unheilvollen Lust am Bösen
und von der Grausamkeit, zu der Menschen fähig sind. Seine Horror-
szenarien werden in langen Reden und Erzählungen rhetorisch abgehandelt. Zur Steigerung des Effekts spricht der Römer in knappen,
geistreich pointierten Sätzen, variiert häufig die Wort- und Satzstel-
lung, bringt geschliffene Antithesen und einprägsame Sprachbilder.

Auch in Shakespeares *Titus Andronicus* bleibt ein erzählter Rest, der
nicht im Fluß der dramatischen Rede aufgeht, eine Anhäufung von
expressiven Bildern und Metaphern um ihrer selbst willen. Noch sind
die Bilder nicht notwendig abgestimmt auf den Fortgang des Dramas,
jagen rhetorische Höhepunkte einander und bleiben seltsam ornamen-
tal. Da fällt Titus' Sohn Marcius in die Grube, die Aaron ihm gegraben
hat, und ergeht sich in poetischer Rede über den Leichnam des Bassianus, auf den er gefallen ist – oder Marcus, der edle Bruder des Titus, findet die aus Mund und Armen blutende Lavinia und spricht sie mit
schönen traurigen Worten an wie eine Bildsäule oder eine Tote.

Und doch treten uns in diesem Stück wirkliche Charaktere und wirkliche Handlungen entgegen, wir vermögen den absurden Zyklus der
Rache nachzuvollziehen, wir werden mitgerissen von den Exaltationen
der Leidenschaft und angesprochen von einem Spiel zwischen Verstellung und Wahnsinn.

Shakespeare bezog seinen Stoff nicht aus einer klassischen Vorlage, sondern (was überraschen mag) aus einer Pseudohistorie italienischen Ur-
sprungs, man könnte auch sagen: aus einem Dreigroschenroman der
Renaissance. Zwar ist von dieser Vorlage (*The History of Titus Andronicus, the Renowned Roman General; newly translated from the Italian Copy
printed at Rome*) nur ein einziges Exemplar aus der ersten Hälfte des
18. Jahrhunderts bekannt, aber Machart und Inhalt weisen die Erzählung als ein Produkt des 16. Jahrhunderts aus. Daß diese Räuberpistole

die Tragödie nicht imitiert, sondern ihr vorausgeht, beweist sich aus
zwei Umständen: sie entwickelt eine langatmige Vorgeschichte, die bei
Shakespeare fehlt, und sie ermangelt, anders als die Tragödie, jeder psychologischen Motivation.

In den Protagonisten des Dramas sind in nuce manche der späteren
Charaktere Shakespeares angelegt. Titus' servile Selbstverleugnung äh-
nelt der des Polonius, sein vorgestellter Wahnsinn dem des Hamlet –
und seine Alterstorheit wird bestraft wie die des King Lear. In Aaron
haben wir den Schurken aus Vorsatz, einen frühen Jago oder Edmund.
Königin Tamora zeigt sich verschlagen wie Lady Macbeth.

Dieses »rohe«, »blutige« Stück steckt voll atemberaubender Erfindungen: der geschundene Titus zeigt Mitleid für eine getötete Fliege –
Tamora und ihre Söhne, gekleidet als Rache, Schändung und Mord,
enthüllen durch die Maske ihr wahres Gesicht – Aaron, der schwarze
Mörder, vergöttert seinen Bastard – Lavinia blättert mit ihren Stümpfen
in Ovids *Metarmorphosen* bis zur Stelle, an der das traurige Schicksal der
Philomela beschrieben ist – sie führt mit Mund und Füßen einen Stab
und schreibt damit die Namen ihrer Verfolger in den Sand.

Philomela war – nach Ovid – die Unglückliche, die von ihrem Schwager Tereus entführt und vergewaltigt wurde. Weil sie sich entschlossen
zeigte, ihr Leid und ihre Schmach in aller Öffentlichkeit kundzutun,
beraubte Tereus sie der Zunge und hielt sie gefangen. Sie aber wob ihre
stummen Worte in ein Tuch, das sie ihrer Schwester Prokne zukommen
ließ. Prokne, die Gattin des Tereus, zerriß das eigene Kind und setzte es
Tereus als Mahlzeit vor. Vor Tereus fliehend, wurde Prokne von den
Göttern in eine Schwalbe, Philomela in eine Nachtigall verwandelt.
Und als Nachtigall kündet sie mit ihrem traurigen *Tereú Tereú* weiterhin
von der geschehenen Untat.

Philomela ist das Urbild des verwundeten Menschen, das Opfer schlechthin – aber (in ihrer Wandlung zur Nachtigall) auch das Urbild des Künstlers, den ein Gott beredt macht, nicht die eigene Zunge. »Und wie die
schöne Philomen, / die wacht und singt, wenn andre schlafen, / und sich
erfreut an eigner Pein, um Tereus für ihr Leid zu strafen, / so sing' ich
auch und decke auf, / wie glücklos meines Lebens Lauf« – dichtet »Fortunatus Infoelix« in den »Hundert Vermischten Blumen« von 1573.

Das kleine g aus Henry Peachams »Chronogramm« hat uns auf den Weg
zu einer Einsicht gebracht, die in dem kleinen g allein nicht enthalten
ist. Der Blick auf einige inhaltliche und gedankliche Parallelen zwischen *Titus Andronicus* und den Gedichten des Fortunatus vermag die
erstaunliche Annahme zu rechtfertigen, Shakespeares erste Tragödie
könnte 1574 entstanden sein und mit einem anderen Mann zu tun
haben als mit Master William Shakspere oder Shaxpere (1564-1616) aus
Stratford-upon-Avon.

Edward de Vere alias Fortunatus Infoelix gebraucht die gleiche Kampf-
metaphorik der Liebe wie Shakespeare in *Titus Andronicus*. Er setzt iden-
tische Bilder der lachenden Verzweiflung, des weinenden Lachens und
des Mitleids mit der Kreatur.

Zu den erschütterndsten Momenten in *Titus Andronicus* gehört die De-
mütigung des alten Mannes, der sich die Hand hat abschlagen lassen, wofür ihm die abgeschlagenen Köpfe seiner Söhne vor die Füße geworfen
werden, und der geküßt wird von der verstümmelten Tochter (II/1):

> MARCUS Rauf nur dein Silberhaar, mit deinen Zähnen
> zerfleisch die andre Hand: dies grause Bild
> sei deiner armen Augen letzte Schau.
> Nun ist es Zeit zum Sturm, was schweigst du still?
> TITUS Ha! ha! ha!
> MARCUS Was lachst du?
> Solcher Stunde ziemt es nicht!
> TITUS Nun, blieb mir denn noch eine Träne übrig?
> Und dann ist auch das Weinen selbst mein Feind,
> der mir die feuchten Augen wohl zerstörte,
> bis sie erblindet von der Tränen Zoll …

Dem weinenden Lachen des Opfers antwortet das »lachende Weinen«
des Henkers (V/1):

> AARON Ich spielte falsch um deines Vaters Hand,
> und als ich ihn betört, trat ich beiseit,
> erstickend fast vor unerhörtem Lachen.
> Ich duckte mich an einer Mauer Spalt,
> als er die Hand gab für der Söhne Häupter;
> sah, wie er weint', und lachte dann so herzlich,
> daß mir die Augen tränten so wie ihm …

Spiegelbildlich erleben wir diese Grausamkeiten in einem »Liebes-gedicht« E. O.s aus dem *Paradise of Dainty Devices* (*Not Attaining to his Desire, he Complaineth*). Der Liebende, der wie Hannibal in seiner Ver-zweiflung lacht, schlüpft in die Rolle des Titus – die Geliebte, die (wie Caesar) freudig weint, spielt den Part der schwarzen Seele.

> Ich bin nicht so, wie Ihr mich kennt,
> nicht froh, wenn Ihr mich lächeln seht,
> ein Sklave, den Ihr glanzvoll nennt,
> ein Trunkener, der Trauer trägt.
> Ich lächle, um mich zu verbergen
> wie Hannibal im Heimatland,
> als er Karthago durch die Schergen
> der Römer überwältigt fand.
>
> > Und als man des Pompejus Haupt
> > dem überraschten Caesar zeigte,
> > da wurde rings kein Unmut laut,
> > weil er in Tränen sich verneigte.
> > Und doch entsprang, was ihn bewegt
> > der hellen Freude, nicht den Schmerzen.
> > So wußten Weise, wie Ihr seht,
> > ihr wahres Denken zu verbergen.
>
> Ich Hannibal, der lacht vor Schmerz –
> Euch stehen Caesars Tränen gut.
> Der eine wandelt Leid in Scherz,
> der andere schluchzt auf vor Lust.
> Ich lächle, da Ihr mich verschmäht,
> Ihr weint vor Freude, da ich leide,
> bis ich mein Herz, das Ihr getötet,
> statt des Pompejus Kopf Euch zeige.

Oxfords Kunst der feinfühligen Beobachtung und kompromißlosen Konfrontation, die ihm eigene Mischung von Subtilität und Grausam-keit, von Weichheit und Härte wiederholen sich bei Shakespeare auf wundersame Weise. William scheint in die Haut des Earl geschlüpft, wenn er seinen Titus, weinend über eine Fliege gebeugt, sich in dunk-len und wahnsinnigen Reden ergehen läßt. Er, dessen Söhne ermordet wurden, ist die Fliege ja selbst, während seine Rachegedanken ihn zum Adler machen.

(Vgl. die Zeilen von Master F. I. an Mistress Elynor: »und wie die Fliege, wenn sie angesengt, / der feinen Flügel rasche Kraft verliert / und in der Kerze hilflos niederhängt, / bis ihr der Tod das kleine Leben nimmt, so kämpfen die, die gegen ihre Liebe fechten, / gegen den Strom, und ich kann davon sprechen.«)

Wenn *Titus Andronicus* nun aber 1574 – statt 1594 – entstanden ist, so ergibt sich eine andere Ausgangslage für die historisch-philologische Kritik des Dramas. Dann ist dieses Stück nicht länger anzusehen als ein beflissenes Nachfolgewerk in der Tradition von George Peeles *Battle of Alcazar*, Thomas Kyds *Spanish Tragedy* und Christopher Marlowes *The Jew of Malta*, sondern als das begründende und Maßstäbe setzende Werk, das Peeles, Kyds und Marlowes Dramen der achtziger Jahre vorausging. Dann ist auch nicht länger davon zu sprechen, daß ein junger ehrgeiziger Autor hier mit gelehrtem Putz gegen seine Konkurrenten ins Feld gezogen ist – nein, dieser junge Autor wußte von sich aus – und ohne andere Vorgänger als die schlichten Pioniere Thomas Sackville, John Pickering, Thomas Preston und Richard Edwards – den Bogen zu schlagen zu den Klassikern Euripides, Ovid und Seneca.

Das Verhör von Orazio Cuoco

*Nach anderthalb Jahren zurück in Venedig, seine Stimme ist tief geworden,
nicht mehr der helle Klang und das hohe Tirilieren, nicht mehr der Knabe, der
im Gefolge eines englischen Grafen in die Welt zog, das Engelshaar auf der
Schulter, in der Hand drei Würfel aus Elfenbein. Der Graf hat ihm gefallen, der
war von all den Herren der Eleganteste, war immer zu Scherzen aufgelegt, aber
in Paris, da schimpfte er Pit einen Dieb, Simson einen Giftmischer und verdrosch
Francis. Verdrosch Francis, den Bratenwender, weil der einen Witz gemacht
hatte. Obwohl Francis doch schon das Pech gehabt hatte mit der französischen
Hure und nachher vom Schiff sprang. Der Clown. Denn auf der Überfahrt nach
England fielen sie unter die Piraten, und alle band man sie und warf sie ins Loch
zu den Ratten, bis der Graf sich freikaufte mit einem phantastischen Lösegeld
und sie ihm hinterhergeschmissen wurden, allesamt. Nathaniel, der Prediger,
und Balthasar, der Kammerherr – Tom und Pit, die Diener – Ferdinando, der
Zahlmeister – Simson, der Koch – Lucio, der Botengänger, Ambrosius, der Pfer-
deknecht – und er, der Sänger, Orazio. Francis war schon bei den Fischen. Und
nachher, in England, hatte Voxfor keine Frau mehr, oder wollte sie nicht mehr –
und er, Orazio, mußte bei ihm im Zimmer schlafen, und einmal küßte der Graf
ihn, das war, nachdem er der Königin vorgesungen hatte, der rothaarigen, mit
den scharfen Augen, das war in der Zeit, als es abwärts ging mit seiner Stimme,
aber warum geküßt? Danach wollte er weg. Zurück zu den Eltern. Weil dieses
England ihn verrückt macht, wo die Sprache ein Graus ist und das Essen
komisch und das Wetter die Hölle. Weil man in London, statt über dem Wasser
zu gehn wie in Venedig, unter dem Wasser geht – wie Francis, Gott sei seiner
Seele gnädig. Wie Gott überhaupt aus allem das Gegenteil macht. Francis tot,
weil er ausbüchste vor den Piraten – er am Leben, weil er dem Tod ins Auge
sah – seine Eltern, die im Haus blieben, fort und vergessen – und er, der fortging,
als einziger zurück. Sofern sie ihn jetzt in Ruhe lassen, denn er weiß nicht, was
sie von ihm wollen. Je höher die Herren, um so höher die Zimmer. Stuck an den
Wänden und an der Decke die nackten Beine der Heiligen. Die einzigen, außer
den Geckos, die über die Decke laufen können. Er möchte es auch. Hochlaufen
an einer Wand und durch ein Fenster verschwinden. Vielleicht ist es ein Verbrechen, der Königin von England vorgesungen –*
»Signor Orazio Cuoco – –«

Er schaut auf. Ein livriertes Gerippe steht neben ihm. Augen eines Habichts.

»*Eintreten!*«

Er erhebt sich, geht in den nächsten Raum, der Habicht schließt mit einem Ruck die Tür. Vor ihm drei Geistliche an einem Tisch. Gestickte Teppiche an der Wand. Der Mann in der Mitte breit und in freundlichem Rosa. Die beiden anderen schwarz und muffig. Wie Vögel über dem Aas.

»*Nehmt Platz!*«

Der Mittlere wird ihn verbrennen lassen, die beiden andern kehren seine Asche in den Rinnstein.

»*Eine Befragung*«, *sagt der Rosige,* »*Eure Abwesenheit von Venedig betreffend.*«

Orazio nickt. Man spricht ihn an wie einen Herrn.

»*Venedig, den 27. August 1577.*«

Der rechte der Leichenträger kritzelt das Datum.

»*Ihr seid wie alt?*«

»*Ich bin siebzehn Jahre alt.*«

»*Seid außerhalb des Landes gereist?*«

»*Ja, meine Herren.*«

»*Wohin?*«

»*Nach England.*«

»*Wann aufgebrochen?*«

»*Vor anderthalb Jahren, wenn ich mich recht erinnere.*«

»*Zu welchem Zweck?*«

»*Ich ging mit einem Grafen, der mit der englischen Königin verwandt ist, namens Milord Voxfor.*«

»*Wie lange wart Ihr in England?*«

»*Etwa elf Monate.*«

»*Und wohntet − ?*«

»*Immer im Haus des Grafen.*«

»*In welcher Stellung?*«

»*Ich war Page.*«

»*Wann verließt Ihr England?*«

»*Im Februar. Vor sieben Monaten.*«

»*Und wann hier eingetroffen?*«

»*Vor zwei Wochen. Mitte August.*«

»*Mit wem zusammen verließt Ihr England?*«

»Nur in Begleitung von Herren.«

»Wo und mit wem habt Ihr Euch in den letzten sieben Monaten aufgehalten?«

»Ich war vier Monate in Antwerpen bei Capitano Juan Battista da Monte, dann ging ich mit ihm für einige Zeit nach Burgund, von dort nach Lothringen, von Lothringen nach Savoyen, von dort nach Cremona, wo ich den Herrn verließ. Von Cremona kam ich über Mantua und Padua nach Venedig.«

»Wer hieß Euch dem englischen Grafen folgen?«

»Niemand. Er hörte mich im Chor von Santa Maria Formosa singen und fragte mich, ob ich mit ihm nach England gehen wolle. Und so kam ich zu dem Grafen.«

»Suchtet Ihr bei jemandem Rat, ob Ihr gehen solltet oder nicht?«

»Ich fragte Vater und Mutter, und sie rieten mir, zu gehen. – Sie sind inzwischen an der Pest gestorben.«

»Wo ist der Graf jetzt?«

»In England.«

»Lebt er als Katholik?«

»Nein, meine Herren.«

»Wann brach der Graf nach England auf, nachdem er Euch gefragt hatte, ob Ihr mitkommen wollt?«

»Ich kam Weiberfastnacht in sein Haus und brach Rosenmontag zusammen mit ihm auf.«

»Was aßt Ihr in seinem Haus am Freitag und Samstag zwischen Weiberfastnacht und Rosenmontag?«

»Fisch.«

»Was aßt Ihr in der Fastenzeit in England und auf der Reise nach England?«

»Auf der Reise? Solange wir welchen bekamen, aßen wir Fisch.«

»Und zwischen Gründonnerstag und Ostern?«

»Fleisch und Fisch.«

»Was? In der Fastenzeit aß man Fleisch?«

»Nein, meine Herren.«

»Wurdet Ihr gezwungen, Fleisch an den verbotenen Tagen zu essen?«

»Nein. In seinem Haus hatte er auch einen Gefolgsmann und einen Diener, die Katholiken waren.«

»Wurdet Ihr gezwungen, den häretischen Gottesdiensten beizuwohnen?«

»Nein.«

»Wohntet Ihr den häretischen Gottesdiensten aus eigenem Wollen bei?«

»Nein, meine Herren. Ich ging zur Messe ins Haus des französischen und portugiesischen Botschafters.«

»Und gab es in England jemanden, der Euch dazu aufforderte, die Lehre der Häretiker zu studieren?«

»Ja.«

»Und wer waren diese Leute?«

»Ein Mann namens Alexandro Forlan. Ich glaube, er war aus Venedig aus religiösen Gründen verbannt. Und ein anderer, Ambroso da Venezia, ein Musiker der Königin von England, der dort eine Frau und zwei Kinder hat, aber wie ich verstand, hat er auch eine Frau in Venedig, die er finanziell unterstützt. Und fünf venezianische Brüder, die als Musiker der Königin Flöte und Viola spielen. Mehr weiß ich nicht.«

»Spracht Ihr jemals mit der Königin?«

»Ja, meine Herren. Und ich sang in ihrer Gegenwart.«

»Worüber sprach sie mit Euch?«

»Sie wollte mich zu ihrem Glauben bekehren.«

»Warum habt Ihr England verlassen?«

»Ein milanesischer Kaufmann, Signor Christopholo da Monte, sagte mir, ich würde verdorben werden, wenn ich bliebe, und er wollte nicht, daß ich mich dort länger aufhalte. So brach ich in Gesellschaft anderer Kaufleute nach Belgien auf. Er gab mir 25 Dukaten mit für die Reise.«

»Erhieltet Ihr Erlaubnis vom Grafen?«

»Nein. Er hätte mich nicht gehen lassen.«

Der Inquisitor räuspert sich.

»Was machte der Graf, als er hier in der Stadt war?«

»Er sah sich das Land an. Er besuchte die Messe in der Griechischen Kirche. Er sprach gut lateinisch und italienisch.«

»Wollte der Graf Euch jemals zu seinem Glauben bekehren?«

»Nein. Er läßt jeden leben, wie er will.«

Man heißt Orazio aufstehen und im Vorzimmer warten. Nach einer Viertelstunde erscheint der Protokollant und überreicht ihm den Paß.

7 FRANKREICH UND ITALIEN

Am elisabethanischen Hof war es Brauch, sich zu Beginn des neuen Jahres gegenseitig mit kleinen und großen Kostbarkeiten zu beschenken. Oxfords Neujahrsgeschenk des Jahres 1575 an die Königin übertraf alle Erwartungen: »Ein sehr schönes goldenes Juwel mit einer Frau, die ein kleines, mit Diamantensplittern besetztes Schiff in Händen hält, das Ganze besetzt mit kleinen Diamanten, vier schönen Rubinen, einem großen Diamant, einigen kleineren Diamanten und drei herabhängenden Perlen. Ferner drei goldene, mit Diamantensplittern besetzte Kettchen.« Das diamantene Schiff ist der vorausgenommene Dank für die in Aussicht gestellte Reiseerlaubnis. Der Earl wollte über Frankreich nach Italien reisen, über Paris nach Venedig und Florenz – er wollte die Menschen kennenlernen, die die Geschicke Europas bestimmten, Katharina von Medici, Henri III, Kaiser Maximilian II., den Dogen von Venedig, die Fürsten Italiens – wollte sich bekannt machen mit ihren Staatsmännern, Frauen, Mätressen und Künstlern. Kein Gedanke daran, daß die illustren Reisepläne (inklusive des verschwenderischen Geschenks an Elizabeth) seine wirtschaftlichen Verhältnisse weit überstiegen. Wie die erneute Bilanzierung ergab, waren seine Schulden inzwischen auf 9000 Pfund Sterling angestiegen – davon sollten £3500 an die Krone und £5500 an private Gläubiger beglichen werden. Zum großen Teil waren diese Schulden vom Vater ererbt oder gingen auf das Konto des elisabethanischen Vormundschaftssystems, zum kleineren Teil waren sie Folge der eigenen Mißwirtschaft. Oxfords immenser Grundbesitz, seine einzige wirtschaftliche Ressource, begann zu schmelzen. Aber nur der Bettler zählt sein Geld.

Ein Verkauf der Ländereien Acton Trussell und Acton Bednall in Staffordshire, Christian Malford in Wiltshire, Roseworthy, Tregenna, Bejowan, Domellick, Tresithney und Tregorrick in Cornwall an die Zwischenkäufer Sir William Cordell, Thomas Bromley und Edward Hubbard im Wert von £6000 war notwendig geworden, um die Gläubiger zu befriedigen und die Reise zu finanzieren. Lord Burghley fiel die Aufgabe zu, vom Erlös des verkauften Grunds Oxfords Schulden zu bezahlen.

Gleichzeitig mußte eine testamentarische Verfügung aufgesetzt werden, die alle Eventualitäten regelte. Darin wurden Anne Cecil, die Schwester Mary de Vere (1554-1624) sowie die männlichen Nachkommen des 15. Earl of Oxford bedacht.

Neben solch profanen Dingen nahm sich Oxford noch einer dringenden literarischen Besorgung an. Die von ihm und George Gascoigne verfaßte Anthologie *A Hundreth sundrie Flowres* war nicht mehr greifbar, nachdem sie in Hofkreisen Ärgernis erregt hatte. (»England hat Gascoignes Blumen zertrampelt«, heißt es in einem lateinischen Widmungsgedicht zur zweiten Auflage.) Der Verfasser der *Adventures of Master F. I.* wollte sich dies nicht gefallen lassen, schrieb seine Novelle mit geringfügigen Änderungen zu einer »Übersetzung aus dem Italienischen« um, veränderte die Anordnung der Gedichte und ließ seinen (aus Holland zurückgekehrten) Freund Gascoigne eine »ungeheuchelte Erklärung« an die ehrwürdigen Herren der Zensurbehörde verfassen, in der versichert wurde, dieser »zweite Druck der Geschichte von *Ferdinando Jeronimi* und Lady *Elinora*« sei so »geändert und gedreht« worden, »so gereinigt von allen unreinen Worten und so gesäubert von den Anwandlungen der Unmenschlichkeit, daß Ihr vielleicht nicht glauben würdet, es sei dieselbe Geschichte«. In dieser Verkleidung – und versehen mit dem Titel *The Posies of George Gascoigne Esqu.* – erschien das Buch tauglich für einen zweiten Stapellauf. (Die *Posies* – Poesien, Blumensträuße und Sinnsprüche in einem – setzen sich zusammen aus den Kapiteln »Blumen«, »Kräuter« und »Unkräuter«.)
Nicht genug damit, schrieb Oxford etwa die Hälfte der zwanzig Empfehlungsgedichte für das Werk und rundete Gascoignes neuen Beitrag *The fruite of Fetters* (»Die Frucht der Fesseln«) mit einem *Epilogisimus* ab. – Hatte sich Gascoigne vor dem Erscheinen der *Flowres* (1573) nach Holland absentiert, so verabschiedete sich Oxford vor dem Erscheinen der *Posies* (1575) nach Frankreich und Italien.

Am 24. Januar 1575 bat der französische Botschafter in England – Bertrand de Salignac de la Mothe Fénélon – bei Henri III um geneigte Aufnahme des englischen Gasts am französischen Hof.
Der Earl of Oxford, von dem man dachte, er würde eine militärische

Expedition ausrüsten und in Holland intervenieren, schreibt Fénélon, habe jetzt einen neuen Kurs eingeschlagen und plane eine Italienreise – wobei er auf seiner Reise durch Frankreich gern einen Monat in Paris verbringen würde. Man sage dem Earl nach, daß er als Neffe des enthaupteten Herzogs von Norfolk in den Augen der Königin nicht vertrauenswürdig sei. Dem französischen König aber wolle der junge Mann ergebenst die Hand küssen und sich keinem seiner Befehle verweigern. »Als Lord Great Chamberlain von England und erster Adliger des Königreichs, der mehr Anhänger zählt als irgendwer sonst, bittet er Euch, Sieur, um die Ehre und Gunst, durch Euer Reich reisen zu dürfen, worüber auch der englische Hof unendlich erfreut wäre.«

Man habe Oxford in Aussicht gestellt, schreibt Fénélon weiter, daß er in Italien Don Juan d'Austria, dem Halbbruder Philipps II., seine Aufwartung machen dürfe, aber der Earl sei »viel mehr geneigt, sich dem französischen König zur Verfügung zu stellen«.

Auch Königin Elizabeth wollte ihren Schützling nicht ins Leere laufen lassen. Neben einem generellen Empfehlungsschreiben an alle Monarchen oder Regenten, denen Oxford seinen Besuch abstatten würde, versah sie ihn mit einem gesonderten Schreiben an Maximilian II. (1527-1576), den Kaiser des Heiligen Römischen Reiches, König von Ungarn, Böhmen, Nieder- und Oberösterreich und Verteidiger der kaiserlichen Rechte in Reichsitalien. Maximilians Religionspolitik war bekanntermaßen von Toleranz geprägt.

»Ein glänzender junger Mann von höchster Vortrefflichkeit«, schreibt Elizabeth, »Abkömmling einer der ältesten Familien Englands, Edward de Vere, Earl of Oxford, unser sehr geliebter Untertan und Cousin, wünscht die Paläste Eurer Prinzen zu besuchen, als auch die Städte und Provinzen Eueres Reichs, um davon Wissen zu erlangen. Er selbst ist ein Inbild der Sitte, Tugend und Gelehrsamkeit.«

Diese Empfehlung war die Eintrittskarte auch zu den italienischen Fürstenhöfen, den Gonzaga, D'Este und Medici, die mit dem Habsburger in verwandtschaftlicher Beziehung standen.

»Milord of Oxford hat mit königlicher Erlaubnis die Überfahrt angetreten«, schreibt Edward Bacon an seinen Bruder Anthony am 7. Februar 1575.* Zwei Gentlemen und ein Troß von sieben oder acht Dienern begleiteten den eleganten Abenteurer.

Wir wissen nicht, ob Oxford an den Krönungsfeierlichkeiten und an der Hochzeit des dreiundzwanzigjährigen Henri III teilgenommen hat. Beide Ereignisse fanden statt zu Reims am 13. und 15. Februar 1575. Henri war der dritte Sohn der übelbeleumdeten Katharina von Medici. Als Regenten vorausgegangen waren ihm seine Brüder François II – der, als er sechzehnjährig starb, die ein Jahr ältere Maria Stuart zur Witwe machte – und Charles IX, der mit knapp vierundzwanzig Jahren an Tuberkulose starb.

Der frisch Gekrönte blickte vorsichtig aus verschlagenen Augen, war spitzgesichtig, schmal und melancholisch – eine Mischung aus Mann und Frau, aus Genußmensch und Büßer, aus eiferndem Herrscher und pedikürter Marionette. Man sah ihn über und über in violetten Satin gekleidet, die purpurne venezianische Kappe in die Stirn gezogen, Perlgehänge von den Ohren baumelnd, behangen mit Schleifen und Bändern, Korallen- und Silberschmuck. Mal trug er an einer seidnen Schnur einen Korb mit jungen Hunden um den Hals, mal eine Kette aus fein geschnitzten Totenköpfen. Er weinte um eine früh verstorbene Geliebte, vergötterte seine männlichen Mignons, gründete Akademien, vernachlässigte die Regierung, tanzte bis zur Erschöpfung und geißelte sich nachts.

Erst am 6. März 1575 wurde der Earl dem französischen König offiziell vorgestellt. Ein Trauerfall (der Tod einer älteren Schwester von Henri III) war vorausgegangen, und die Audienz hatte verschoben werden müssen. Henri fragte Oxford, ob er verheiratet sei. Ja, mit einer schönen Frau, antwortete der. Oh, erwiderte der König, dann ist von einem schönen Paar zu sprechen!

Auch wenn Oxford nicht in Reims gewesen sein sollte, im ehrwürdigen Louvre fand er auf überschaubarem Raum die französische Hofgesellschaft komplett versammelt. Hier wohnten Freund und Feind auf benachbarten Fluren, tauschten Höflichkeiten aus, wünschten sich gegenseitig den Tod und verliebten sich ineinander. Hauptprotagonisten waren die intrigante Katharina von Medici, ihre schwachen Söhne

---

* Edward Bacon (1548-1615), Sohn des Lord Keeper Sir Nicholas Bacon, war der ältere Halbbruder von Anthony und Francis Bacon.

Henri III (1551-1589) und Hercule-François, Duc d'Alençon (1555-1584) – sowie ihre schöne Tochter Marguerite de Valois (1553-1615) und deren abenteuerlustiger Gemahl Henri de Navarre (1553-1610). Katharinas Ehrendamen bildeten, ganz im Gegensatz zum englischen Hof, ein *escadron volant*: ein spionierendes Liebesgeschwader. Sie überlieferten die Geheimnisse ihrer prinzlichen und gräflichen Liebhaber bettwarm der königlichen Krämerin, die darüber Buch führte. So wurde Henri de Navarre, Katharinas Schwiegersohn, von der reizenden Madame de Sauve liebevoll überwacht und in Fesseln gehalten. Nachdem er die Blutnacht hatte überleben dürfen, nötigte man ihm das Bekenntnis zum katholischen Glauben ab und hielt ihn als Gefangenen am Pariser Hof. Navarras erotische Kaprizen wurden von Katharina begünstigt, da sie seine politische Entmannung garantierten. »Der König, mein Gemahl«, schreibt die schöne Marguerite de Valois in ihren Erinnerungen, »hatte zu derselben Zeit eine Ohnmacht, die wohl über eine Stunde dauerte (sie war, glaube ich, eine Folge von Ausschweifungen mit Frauen, denn ich hatte bis dahin nie dergleichen an ihm bemerkt); ich kam ihm während dieses Zufalls zu Hilfe, wie meine Pflicht es erforderte; darüber war er so zufrieden mit mir, daß er es gegen jedermann rühmte.«

Gleichzeitig stand Navarra auf vertrautem Fuß mit dem Brüderpaar Henri de Lorraine, Duc de Guise, und Charles de Lorraine, Duc de Mayenne, den militärischen Führern der Katholischen Liga, seinen späteren Erzfeinden. Der Dichter Agrippa d'Aubigné, damals Navarras Stallmeister am französischen Hof, schreibt über das Verhältnis zwischen seinem Herrn und Henri de Lorraine: »Diese beiden Fürsten vertrugen sich so gut, daß sie zusammen schliefen und speisten und gemeinsam ihre Maskenfeste, Reigen und Ringelstechen veranstalteten, wobei ich immer der Spielleiter war.«

Immerhin durfte auch Marguerite de Valois ihren zahlreichen Liebschaften nachgehen, obwohl die Wahl des Partners der political correctness zu entsprechen hatte. Mit ihrer Beziehung etwa zu dem überaus stolzen Seigneur de Bussy d'Amboise provozierte sie Henri III, da Bussy ein Parteigänger von Hercule-François war, dem jüngeren Bruder des Königs. (Die in Haßliebe miteinander verflochtenen Majestés, Ducs und Seigneurs gehörten alle einer Generation an: der älteste – Bussy – war 26 Jahre, der jüngste – Hercule-François – 20 Jahre alt.)

Auf Hercule-François, den Lieblingsbruder Marguerites, hatte Oxford vor allem ein Auge zu werfen, war er doch seit drei Jahren als möglicher Heiratskandidat für Königin Elizabeth im Gespräch. »Monsieur«, wie man den jungen Mann (als nächsten Thronanwärter der Seitenlinie) am französischen Hof nannte, fühlte sich von Henri schmählich unterdrückt und phantasierte sich mit unverhohlenem Ehrgeiz in die Rolle des künftigen englischen Königs hinein. Daß er von Blatternarben entstellt und einundzwanzig Jahre jünger war als die Engländerin, schien weder ihn noch seine Mutter zu stören. Auch über das Hindernis der verschiedenen Konfessionen wollte Katharina großzügig hinwegsehen, wie sie es ja schon im Fall der »Bluthochzeit« zwischen Navarra und Marguerite getan hatte.

Elizabeth war klug genug, mit Frankreich über diese Frage bis ins Jahr 1582 hinein zu verhandeln, da sie darin die beste Möglichkeit sah, sich Katharina und Henri III gewogen zu erhalten. Danach, als der Zweck erreicht war, ließ sie den Prinzen ohne große Gefühlsregung fallen.

Mit Henri III verband den Earl ein anderes Thema: die Italienbegeisterung. Henri war 1573 zum König von Polen gewählt worden, aber hatte nach dem Tod seines Bruders Charles IX das ungeliebte Land (im Juni 1574) fluchtartig verlassen, um die französische Thronfolge anzutreten. Aufgrund unguter Erfahrungen mit den deutschen Protestanten hatte er seinen Rückweg nach Frankreich über Wien und Italien gewählt und war von den Venezianern triumphal empfangen worden. Der Doge und die italienischen Fürsten hatten sich um ihn geschart, das Prunkschiff *Bucintoro* war mobilisiert worden, riesige Feuerwerke wurden abgebrannt, ein Bankett für dreitausend Gäste gegeben, und die poetische Kurtisane Veronica Franco hatte ihm ihre Gedichte geschenkt. Darüber und über endlose Festlichkeiten in Padua, Mantua und Cremona gab es zu erzählen.

Zweifellos hat der französische König dem Earl auch seinen Hofdichter Philippe Desportes (1546-1606) vorgestellt, dessen modisch elegante Liebesgedichte Henri mehr bewunderte als die unvergleichlich frischere Lyrik des großen Pierre de Ronsard (1524-1585).

Hochzeitsmahl und Leichenfeier, Mignon- und Mätressenwesen,
weichliche Kostümierung und giftige Intrige waren die politischen
Realien des französischen Hofs unter Henri III, an dessen Turbulenzen
der englische Earl verwundert Anteil nahm. Mitten hinein in die tragigroteske Inszenierung des Scheins platzte eine überraschende Nachricht aus England. Seine Frau war schwanger.

Als Anne von ihrem Arzt darüber aufgeklärt wurde, schien sie betrübt,
und als man sie zu trösten versuchte, brach sie in Tränen aus. Wie solle
sie sich freuen, da sie nicht wisse, wie ihr Mann darüber denke – der,
daran erinnere sie sich genau, in Anwesenheit der Königin geäußert
habe, daß, falls seine Frau ein Kind bekäme, es nicht von ihm sei. Ihr
Arzt hatte sie beruhigt und ihr versichert, dies sei doch nur die übliche
Antwort lebenslustiger Hofmänner (*the common answer of lusty cour-
tiers*).

Der Earl nahm die Nachricht von der Schwangerschaft in bester Stimmung auf und ließ umgehend ein großes Porträt von sich fertigen, das
aus Paris an Anne Cecil ging. Es ist das einzige authentische Bildnis, das
wir von ihm besitzen. Den rechten Arm locker in die Hüfte gestemmt,
sieht der junge Mann uns mit mit ruhiger Selbstverständlichkeit an. So,
als ob er uns kennen würde, während unser Blick noch sucht. Die großen mandelförmigen Augen unter der hohen Stirn und den feinen
Brauen dominieren das weich geschnittene Gesicht mit dem entschlos-
senen Mund und der kräftigen Nase. Den Samthut mit der Fasanfeder
trägt er quer über die Stirn. Dem Kinn schmeichelt der kostbar
gewirkte Batist der Halskrause, die gold- und ockerfarbene Jacke
schließt ihn wie eine Rüstung ein. Haltung und Blick verraten ein
hohes Selbstgefühl. Zugleich geht etwas Mildes von diesem Menschen
aus.

Am 17. März 1575 schrieb Oxford an den Schwiegervater:

»Milord, Eure Zeilen haben einen glücklichen Menschen aus mir
gemacht, denn sie haben mir Gewißheit über den freudigen
Zustand verschafft, über den Ihr in Eurem früheren Brief noch im
Zweifel wart. Ich danke Gott dafür (nächst Eurer Lordschaft), daß es
ihm gefallen hat, mich zum Vater und Euch zum Großvater zu
machen, und dafür, daß, wenn es ein Junge ist, ich mit Euch zusammen an einer noch größeren Freude teilhaben darf. Aber ich sehe

keinen Anlaß, deshalb zurückzukehren, denn, da es Gott gefallen hat, mir einen Sohn zu schenken (und ich hoffe fest, es ist ein Sohn), dünkt mich gerade dies ein guter Grund, zu reisen, weil ich nun, was immer aus mir wird, einen zurücklasse, der meine Pflichten und Aufgaben der Krone und meinem Land gegenüber erfüllen kann.

Ich danke Eurer Lordschaft für die weiteren Wechsel und die freundlichen Schreiben, die Master Benedict Spinola mir übermittelt hat ...

Aus Angst vor der Inquisition wage ich es nicht, die Strecke über Mailand zu nehmen; der dortige Bischof übt eine zu schlimme Tyrannei aus. Deshalb wähle ich den Weg über Deutschland, wo ich mich mit Sturmius bekannt machen will, mit dem ich einige Zeit verbringen möchte.

Ich bin hier auf das größte Entgegenkommen gestoßen, der König schrieb mir eine Empfehlung an seinen Botschafter am türkischen Hof; ebenso versah mich der venezianische Botschafter, der meine Reiseabsichten kennt, mit Empfehlungen an den Dogen und verschiedene seiner Verwandten in Venedig, um mich ihrer Hilfe bei der Fortsetzung meiner Reise zu versichern. Ich bin allerdings nicht sicher, ob ich die Reise fortsetzen werde, denn wenn die Türken, wie man erwartet, sich der italienischen Küste nähern sollten, werde ich mich der Flotte zur Verfügung stellen; wenn sie ausbleiben, will ich mir vielleicht zwei oder drei Monate nehmen, Konstantinopel und einen Teil Griechenlands zu sehen.«

Offenbar hatte Burghley seinen Schwiegersohn gefragt, ob er anläßlich des freudigen Ereignisses nicht in den Schoß der Familie zurückkehren wolle. Diesem Ansinnen wußte der Abreiser mit spielerischer Nonchalance zu begegnen, indem er das Ungeborene, von dessen Existenz er gerade erfahren hatte, zu seinem Stellvertreter erklärte. Nun konnte aus dem Vater werden, was wollte – er war frei.

Das von den Spaniern regierte Herzogtum Mailand gedachte der Reisende zu umgehen, denn dort herrschte Kardinal Carlo Borromeo, der asketische Reformkleriker, der für die Verwirklichung der Beschlüsse des Tridentiner Konzils kämpfte.

Es überrascht, daß Oxford bis Konstantinopel reisen wollte. Vordringlich hatte er wohl den Wunsch, Griechenland kennenzulernen, das Ge-

burtsland der abendländischen Philosophie und Literatur. Griechenland aber war türkisch, und der Weg dorthin konnte für einen Repräsentanten Englands nur über den Sultan von Konstantinopel führen.
Immerhin war es erst drei Jahre her, daß die vereinigte christliche Flotte
unter Don Juan d'Austria (1547-1578) die Türken in der Seeschlacht
von Lepanto (7. Oktober 1571) vernichtend geschlagen hatte. Damals
ließ Königin Elizabeth den Sieg der Venezianer, Genuesen und Spanier
in den englischen Kirchen feiern, während die Calvinisten der Niederlande sich kleine silberne Monde an die Hüte hefteten und Frankreich
(als Widersacher Spaniens) unbeeindruckt türkenfreundlich blieb.
Doch bereits im März 1573 hatte Venedig gegen den Willen der Heiligen Liga einen Separatfrieden mit Konstantinopel geschlossen, da ein
fortdauernder Kriegszustand mit den Türken den venezianischen Handel lahmgelegt hätte.
Im Falle eines türkischen Angriffs auf Italien wäre Oxford bereit gewesen, gegen die Türken zu kämpfen – andernfalls, wenn sie stillhielten,
wollte er Sultan Murat III. die Hand schütteln. Das heißt, er dachte
bereits wie ein Venezianer.

Am 18. März setzte der Dichter seine Reise von Paris aus nach Straßburg fort, wo er bei dem Humanisten Johannes Sturmius (1507-1589)
einkehren wollte. Sturmius war Schulreformer, Gründer und Rektor
eines Gymnasiums in Straßburg, ein Pädagoge, der zu vollkommener
lateinischer Eloquenz erziehen wollte. Zu diesem Zweck edierte er
eine Reihe klassischer Autoren und ließ seine Schüler die Stücke von
Plautus und Terenz aufführen. Als junger Mann hatte er Dialektik und
Rhetorik in Paris gelehrt, sich früh der protestantischen Bewegung
angeschlossen und versucht, König François I (1494-1547) für den Protestantismus zu gewinnen. Der moderate Calvinist vermittelte zwischen den französischen Hugenotten und den deutschen Lutheranern
und zog sich dabei den Groll beider Seiten zu. Ihm gefiel es, in der
Rolle eines selbsternannten Diplomaten mit den gekrönten Häuptern
Europas zu korrespondieren. Was darauf schließen läßt, daß Oxford in
Elizabeth' Auftrag zu Sturmius reiste.
Der bald siebzigjährige Gelehrte und sein knapp fünfundzwanzigjähri-
ger Gast werden sich – in lateinischer Sprache – ausführlich über die

Werke der Klassiker und über die politische Situation in Europa unterhalten haben. Zweihundert Jahre vor Goethe konnte Edward de Vere das Münster und die neue astronomische Uhr bewundern.

Von Straßburg aus machte er möglicherweise einen Abstecher in die Pfalz zu Graf Johann Kasimir von Pfalz-Simmern (1543-1592). Kasimir unterstützte als Calvinist die französischen Hugenotten und zählte zu Elizabeth' Verbündeten in Deutschland. (Im Oktober 1575 wurden seine mit englischem Geld finanzierten »Reiters« bei Dormans von den Katholiken geschlagen.)

Dem Earl scheint es in Straßburg gefallen zu haben (oder er wartete eine günstigere Zeit für die Überquerung der Alpen ab), denn er brach laut Burghleys Notizen erst am 26. April 1575 zur Weiterreise auf.

Da man ihn bereits im Mai in Venedig bewillkommnete, muß er auf dem kürzesten Weg via Ulm, Augsburg, München, Brenner, Bozen, Trient, Verona an sein Ziel gekommen sein. Die emphatischen Worte, die George Chapman (1559-1634) in der Tragödie *The Revenge of Bussy d'Ambois* (1609) seinen Helden Clermont sprechen läßt, erinnern an die Gestalt des poetischen Earl:

> Ich traf in Deutschland, aus Italien kommend
> einen vortrefflichen, berühmten Earl
> aus England, wohlgestaltet wie kein andrer,
> von Kopf bis Fuß vollkommen und höchst selten;
> er hatte das Gesicht der alten Römer,
> von denen seine edlen Ahnen stammten;
> er wirkte groß von Geist und von Gestalt,
> kühn und gelehrt, freigebig wie die Sonne,
> er sprach und schrieb poetisch, oder von gelehrten Dingen
> und Gegenständen öffentlichen Wohls;
> es war der Earl of Oxford, der, nachdem
> Fürst Kasimir ihn einlud, seine Truppen
> zu besichtigen, dies abschlug und kein Haarbreit
> vom selbstgewählten freien Pfade abwich.
> Darob verwundert, fragt' ich nach dem Grund,
> da ihn das Angebot doch ehren mußte.
> Er gab zur Antwort, daß es ihm nicht passe,
> zu nehmen, was sich nicht vergelten lasse.

Jedenfalls war der Graf jung und unternehmungslustig, wohlversehen mit Geld, Gefährten und Büchern. Das Land, das er betrat, wie eh und je von rivalisierenden Kräften in Atem gehalten, setzte sich zusammen aus den Herzogtümern Savoyen-Piemont, Mantua-Montferrat, Parma, Ferrara, Florenz und Urbino, den Stadtstaaten Genua und Venedig, dem Kirchenstaat und den spanischen Besitzungen Mailand, Neapel und Sizilien.

Eben begann sich der machtvolle Geist der Renaissance zu amalgamieren mit den neuen Ekstasen des Glaubens, die Lust an der Antike wurde gezügelt von den gegenreformatorischen Anstrengungen Roms, die Kühnheit des Lebensgenusses überschattet von einem langsamen wirtschaftlichen Abstieg.

Kaum in Venedig angekommen, empfing den Earl der Brief eines Sir Richard Shelley, der ihm freies Haus und Geleit anbot. Natürlich stand Shelley mit Lord Burghley in enger Verbindung. Oxford, der schwiegerväterlichen Observation überdrüssig, schlug das Angebot mit knappen Worten aus. Er wisse nicht, wie die Königin über Shelley denke. (»Mich erschreckte es sehr«, schrieb Sir Richard nach London, »daß ich bei all meiner Bedachtsamkeit und Treue dem Mißtrauen ausgesetzt sein sollte, ganz so, als wäre ich ein Flüchtling.«)

Nun war der Earl of Oxford kein beliebiger Reisender, sondern ein Abgesandter der englischen Königin. Der venezianische Botschafter in Frankreich und der französische Botschafter in Venedig hatten ihn wortreich angekündigt, Elizabeth und Henri III ihn mit den schmeichelhaftesten Empfehlungen versehen. Keine Frage, daß diesem Mann die Paläste der Mocenigo, Foscari, Contarini, Bembo, da Ponte, Malipiero, Cornaro und Morosini offenstanden – auch wenn der goldene *Bucintoro* diesmal angetäut blieb.

Venedig im Jahr 1575 bildete einen reichen, an Fülle überbordenden Kosmos von Architekturen, ein Kaleidoskop der Formen, das in den weiten und engen Wassern der Kanäle sich zu einer unwirklich erregten Spiegelwelt kristallisierte. Und die ganze Stadt war erfüllt von Leben: von Geschrei, Gesang, Parlando, den Stimmen der Kaufleute, dem Gezänk der Höker und Kupplerinnen, dem Lachen der Kinder und den Liedern der Verliebten. Große Riegel an Türen und Toren schirmten nachts die schlafenden Häuser, allerdings ohne vor Gift und Seuchen schützen zu können.

Tizian Vecellio (*1488) schuf seine letzten Werke – Palladio (*1508) baute die Kirche San Giorgio Maggiore – Tintoretto (*1518) hatte die Ausmalung der *Sala dell' Albergo* in der Scuola Grande di San Rocco abgeschlossen – Veronese (*1528) porträtierte den Bildhauer Alessandro Vittoria. Die Komponisten Andrea und Giovanni Gabrieli wirkten in San Marco, die Theatergruppe der *Gelosi* gastierte mit der Commedia dell'arte in der Stadt.

Der große Spötter Pietro Aretino war tot, aber eben hatte Veronica Franco, die schöne »cortesana onesta«, ihren Band mit Gedichten (*Terze Rime*) veröffentlicht: »Ich bin so süß und begehrenswert / mit einem Mann im Bett, / der zart zu mir ist und mich verehrt«. Vorstellbar, daß Oxford mit Veronica bekannt wurde, die dem französischen König eine Nacht geschenkt hatte. Virginia Padovana, eine Kollegin der Franco, erinnert sich zwölf Jahre später, als ein gewisser Sir Stephen Powle sie besucht, mit überaus freundlichen Worten an den Earl. »Sie verehrt«, schreibt Powle, »unsere Nation Lord Oxfords wegen.«

Vorstellbar auch, daß der Earl bei Tizian, dem damals Achtundachtzigjährigen, um einen kurzen Besuch anfragen ließ. Tizian hatte für die Fürsten von Ferrara und Mantua gearbeitet, war zum »Hofmaler« Karls V. avanciert, wurde zum Ritter vom Goldenen Sporn geschlagen, hatte in Rom die Päpste, in Augsburg nochmals den Kaiser gemalt.

Sicher ist nur, daß Oxford bis Juni oder Juli in Venedig blieb, nacheinander drei Pakete an Lord Burghley schickte (von denen aufgrund der Pestgefahr keines die Grenzen passierte), endlich auf die Reise nach Konstantinopel verzichtete und sich auf den Weg nach Genua machte. Offenbar hatte er Burghleys Spione glücklich abgehängt, denn wir besitzen über diesen Abschnitt seiner Reise keinen anderen Bericht als Charles Arundells Denunziation aus dem Jahr 1581. Der zum Feind gewordene Freund erinnert sich daran, mit welchen Flunkereien Oxford den Bericht über seine ›Italienische Reise‹ ausgeschmückt habe.

»Eine seiner Lügengeschichten betrifft die hervorragenden Reden, die er in Italien gehalten hat, namentlich in Venedig, Padua, Bologna und an anderen Orten, wovon er eine besonders hervor-

hob, die Ansprache an seine Armee, als er auf Genua zumar-
schierte.«

Ohne weitere Auskunft aus den Archiven sind wir geneigt, uns einmal
des Fehlers der Shakspere-Biographen schuldig zu machen – und zu
spekulieren.

Um von Venedig nach Genua zu kommen, mußte Oxford die Herzog-
tümer Mantua *und/oder* Ferrara *und* Parma durchqueren. Padua und
Bologna sind nach Arundells Zeugnis als seine Aufenthalte belegt,
Mantua und Ferrara waren Mußziele eines Künstlers und Stellvertreters
der englischen Königin – Parma ein notwendiger Durchgangsort.

Die zwanzig Meilen von Venedig nach Padua legte man auf dem Brentakanal zurück. Unterwegs war eine der schönsten Villen Palladios zu
bewundern, die berühmte *Malcontenta* der Senatoren Nicolò und Luigi
Foscari, erbaut 1559-1560 – ein Haus, das mit Shakespeares Belmonte
im »Kaufmann von Venedig« verglichen werden darf. Henri III war
1574 mit großem Aufwand hier empfangen worden.

Der Earl kam nach Padua, dessen Straßen Montaigne auf seiner fünf
Jahre später angetretenen Italienreise »eng und häßlich« genannt hat,
»wenig bewohnt, arm an schönen Häusern«. Wobei der Philosoph
nicht vergaß, Paduas schöne Lage – »in einer nach allen Seiten fernhin
offenen Ebene« – hervorzuheben.

Das kaum zu erwartende Wunder aber war Mantua, die Stadt der Gonzaga, die Stadt Vergils, Mantegnas und Castigliones.

Auf einer vom Mincio breit umflossenen Landzunge gelegen, scheint
Mantova aus den Wassern zu steigen wie Mörikes Land Orplid. Aber
auch Orplid ist grausam.

Im Jahr 1328 hatte der erste Gonzaga – Ludovico I. – die Dynastie der
Bonacolsi vertrieben, sein Enkel Ludovico II. ermordete 1362 den älteren Bruder Ugolino, während er mit ihm am Tisch saß, Brot aß und
Wein trank. Erst hundert Jahre später waren die Herzöge friedlicher
geworden.

Nach und nach wuchs der Palazzo Ducale aus drei getrennten architek-
tonischen Komplexen (Castel San Giorgio, Corte Vecchia und Palazzo
del Capitano) zu einem einzigen zusammen. Die Kunstankäufe der Isabelle d'Este und ihres Sohns Federigo II. Gonzaga (1500-1540) verwandelten den herzoglichen Palast in ein Schatzhaus – und der von Fede-

rigo berufene Künstler Giulio Romano (1492-1546) schuf die Stadt zum Gesamtkunstwerk um. Romano besorgte zahlreiche Umbauten im Innern des herzoglichen Palasts, entwarf Kirchen und Häuser und erbaute ein Lustschloß vor den Toren der Stadt, den Palazzo del Tè.

Wir haben uns den Earl in den Sälen des Palazzo del Tè vorzustellen an der Seite von Guglielmo Gonzaga (1538-1587), Herzog von Mantua und Montferrat, der häßlich war, bucklig und plump. Der griechische Götterhimmel schien auf die Erde niedergekommen, aber zu tragen hatte ihn ein Zwerg.

Guglielmo führte den Gast auch durch die gotischen, manieristischen, römischen, klassizistischen Korridore, Höfe und Säle des Palazzo Ducale, an der *Camera di Sposi* und dem *Studiola* vorbei in die *Sala di Troia* – um ihn Giulio Romanos letzten Entwurf bewundern zu lassen. Es handelt sich um den einzigen abendländischen Freskenzyklus zu *Trojas Untergang*, wie Homer und Vergil ihn geschildert haben.

Auf dem Wasserweg über den Mincio und Po erreichte der Reisende das vierzig Meilen entfernt liegende Ferrara, einen Ort künstlerischer und literarischer Hochkultur. Regierender Herzog war Alfonso II. d'Este (1533-1597), ein Schwager Kaiser Maximilians, eingegangen in die Geschichte als Förderer und Gefängnismeister des Dichters Torquato Tasso (1544-1595).

Tasso, einer der größten lyrischen Dichter Italiens, hatte siebzehnjährig das Versepos *Rinaldo* im Stile Ariosts geschrieben und sich danach dem Studium der klassischen Literatur und Jurisprudenz gewidmet. Er war in Paris mit Pierre Ronsard bekannt geworden, dem Fixstern der *Pléiade*, hatte im Dienst des Herzogs Alfonso dessen Schwestern kennengelernt und mit deren einer – Lukrezia – ein zärtliches Verhältnis begonnen. 1572 besorgte er die Aufführung seines Schäferspiels *Aminta*, dessen Ruhm sich rasch über Italien verbreitete. Seine Protagonisten sind einfache Hirten, das heißt die Abkömmlinge der Götter selbst, Träger zeitloser Eigenschaften, und zugleich nahe und entfernte Spiegelungen der wirklichen Menschen am wirklichen Hof von Ferrara. Bewundernswert die melodische Eindringlichkeit der Sprache, die Prägnanz der Szenen, die Musik der Worte, Musik ohne Musik.

Im Juni 1575 stellte sich Tasso in einem Anfall von Paranoia und Schuldgefühl dem Inquisitionsgericht von Bologna und bezichtigte sich geheimer Glaubenszweifel. Ein Jahr später zückte er den Dolch gegen einen vermeintlichen Angreifer, worauf ihn der Herzog vorübergehend einsperrte, bis es, nach langem und ruhelosem Umherziehen Tassos, im März 1579 zu einem verhängnisvollen Tobsuchtsanfall in Gegenwart Alfonsos kam, worauf dieser den Dichter für Jahre einsperren ließ.

In Ferrara, so ist zu denken, lernte der Earl of Oxford den launischen Herzog und dessen Schwestern kennen. (Aus dem Jahr 1581 berichtet Montaigne, daß Alfonso ihn stehend, mit gezogenem Hut empfangen habe und während ihrer Unterhaltung barhaupt blieb.)

Vermutlich setzte Oxford seine Reise über Bologna, Modena und Parma nach Genua fort. Der Earl näherte sich der Republik Genua nicht mit zehn- oder dreißigtausend Soldaten, wie Charles Arundell von ihm gehört haben will, sondern mit drei Dienern, einem Koch und einem Bratenwender.

Oxford habe im Kreis seiner Freunde erzählt, sagt Arundell vier Jahre später, daß er mit 10000 Fußsoldaten und 3000 Pferden auf dem Weg nach Genua war, um die Stadt auf Befehl von Don Juan d'Austria, dem Admiral der spanischen Mittelmeerflotte, für König Philipp II. einzunehmen. (Eine witzige Parallele zu der Belagerung von Bommel.)

»Ich habe ihn oft erzählen hören«, erinnert sich Arundell, »daß zu der Zeit, als er in Italien war, Uneinigkeit und Zwietracht zwischen zwei Genueser Familien entstand, wodurch es zu Kämpfen kam und jede der beiden Parteien Unterstützung suchte – und daß er (da ihm sein unter Herzog Alba erlangter Ruhm nach Italien gefolgt war) zum General von 30000 Mann ernannt wurde, die der Papst zur Unterstützung der einen Partei geschickt hatte – und daß er bei dieser Aktion so große Umsicht und so großes Geschick bewies, als nötig war, um in dieser Sache ein Übereinkommen zu erzielen, was mehr zu seinem Ruhm beitrug, als wenn er die Schlacht geschlagen hätte. Die Geschichte ist sehr charakteristisch für ihn, und er kommt darin ordentlich zum Zuge. Er hat sie verschiedene Male erzählt – und einmal damit begonnen, findet er so leicht kein Ende –, was sol-

chen Spaß gemacht hat, daß ich vor Lachen oft fast unter den Tisch
fiel.«

Soweit die Falstaffiade des Grafen aus dem Mund seines lachenden
Anklägers.

In Venedig nannte man Genua kühl die »Mätresse Spaniens«. Als Admiral Gian Andrea Doria (1540-1606) im Jahr 1570 den Venezianern mit
spanischen Schiffen zu Hilfe eilen sollte, um die Türken vor Zypern zu
schlagen, kam Doria absichtlich zu spät und verursachte dadurch den
Verlust der Insel. Trotzdem hatten die Spanier, Genuesen und Venezianer sich 1571 – ein letztes Mal – zusammengetan, um unter Don Juan
die große Schlacht von Lepanto zu schlagen.

Im Verlauf des Jahres 1575 war es zu Streitigkeiten zwischen dem alten
und dem neuen Genueser Adel gekommen. Der »Portico vecchio«, zu
denen die Dorias gehörten, ersuchte Spanien um Unterstützung, der
an die Macht drängende »Portico nuovo« hatte sich an Frankreich um
Hilfe gewandt. Als Oxford Ende August in die Stadt kam, war weitgehend wieder Frieden hergestellt.

Es ist anzunehmen, daß der Reisende Eingang fand in das Haus des
siebzigjährigen Dogen Giacomo Durazzo Grimaldi und in den Palast
des mächtigen Gian Andrea Doria. Dieser Doria war der Großneffe
und Adoptivsohn des langlebigen (von Bronzino als Neptun verewig-
ten) Andrea Doria, der die Republik Genua wiederhergestellt und als
Vierundachtzigjähriger seinen letzten Kampf gegen die Piraten geführt
hatte. Gian Andrea konnte erzählen von seinem Sieg über den berüch-
tigten türkischen Korsar Turgut Reis und von der alles entscheidenden,
ruhmreichen Schlacht vor Lepanto.

Gegen seinen ursprünglichen Vorsatz kehrte Oxford über Mailand
nach Venedig zurück. (Auf Nachrichten aus Italien hin gratuliert der
Emigrant Benedict Spinola dem aufgeregten Lord Burghley brieflich
zur »sicheren Rückkehr des Grafen aus Mailand nach Venedig«, während der Venezianer Clemente Paretti nur davon weiß, daß Oxford aus
Genua zurückgekommen sei.)

Der Earl kam krank in der Lagunenstadt an, während sich ringsum die
Fälle von Pest mehrten. Inzwischen hatten mehrere Briefe aus England
seine venezianische Adresse erreicht. Anne Cecil, so lautete die wich-

tigste Nachricht, war Anfang Juli von einer Tochter – Elizabeth – entbunden worden.

Am 24. September 1575 griff er zur Feder und schrieb an Burghley: »Guter Milord, nachdem ich lange in der Hoffnung auf Eure Briefe war, erhielt ich endlich, als ich daran fast schon verzweifeln wollte, deren zwei. Drei Pakete, die ich diesen Sommer verschiedentlich an Euch geschickt hatte, kamen – weil an den Durchgängen Pest herrschte – so wie sie waren zurück, wovon ich aber erst nach meiner Rückkehr nach Venedig erfuhr, als ich mit Fieber darniederlag. Doch, mit Gottes Hilfe, habe ich die Krankheit jetzt überwunden und bin außer Gefahr, aber doch sehr geschwächt und daran gehindert zu reisen – was mich am meisten bekümmert, da ich fürchte, daß meine Zeit nicht reichen könnte für das, was ich vorhabe – denn obwohl ich so viel und genug gesehen habe, hätte ich doch gerne die Zeit, daraus Nutzen zu ziehen. Eure Lordschaft wollen wissen, wie mir Italien gefällt, was meine weiteren Absichten sind und wann ich zurückzukommen gedenke. Wie mir Italien gefällt? Milord, ich bin glücklich, es gesehen zu haben – und dränge nicht danach, es je wieder zu sehen, außer ich könnte meinem Prinzen oder meinem Land damit dienen. Was meine Reiseabsichten betrifft, so möchte ich gerne mehr von Deutschland sehen, weshalb ich Euch und Milord Leicester bitte, eine Verlängerung meiner Reiseerlaubnis für den nächsten Sommer zu erwirken – danach werde ich ganz sicher zurückkommen. Ich hätte gerne Spanien gesehn, aber nach Italien fürchte ich das Schlimmste.«

Er habe, um Burghley nicht damit zu belästigen, einen seiner Diener nach England geschickt und ihm Anweisungen mitgegeben, wie einige Dinge dort des weiteren zu regeln seien. Ferner, er habe sich von Messer Baptista Nigrone 500 Kronen geliehen, die Burghley bitte vom Erlös der Oxfordschen Ländereien begleichen möge. Endlich werden noch Belange hinsichtlich eines Pächters angesprochen, und schließlich dankt Oxford für die guten Nachrichten über die Entbindung seiner Frau.

Burghley, dem an einem Lob Italiens nicht gelegen war, wird aus diesen Zeilen entnommen haben, daß seinem Schwiegersohn der Aufenthalt

My good lord, hauinge loked for yowre L. letters a gratwhile, at lenght
when I grew to dispaire of them I receued two from yowre L.
thre pakets whiche at sundrie times I had sent this summer
towards England returned bake agayne, by reason the plage
beinge in the passages, none were suffred to pass but as
they came were returned bake. whiche I cam not to the
knowlege of till my returne now to Venice. where I have
bene greued withe a feuer yet withe the help of god now
I haue recouerd the same and am past the dainger therof thoughe
browght veri weake therby. and hindred from a great deale of
trauell. whiche griues me most, seminge my time not sufficient
for my desire. for allthought I haue sene so mucke as sufficethe
me yet wowld I haue time to profite therby. yowre L.
semes desirous to know how I leake Jtaly, what is myne
intention in trauell, and when I meane to returne; for my
leking of Jtaly. my lord I am glad I haue sene it, and
I care not euer to se it any more vnles it be to
serue my prince or contrie. for myne intention to trauell
I am desirows to see moor of Germanie, wherfore I shall
desire yowre L. withe my Lord of Leicester. to procure
me the next summer, to continue my licence, at the end
of whiche I meane vndoughtedly to returne. I thought
so haue sene spaine, but by Jtaly, I gess the worse.
I haue sent on of my seruant into England, withe some
new disposition of my afaires there, wherfore I will
not troble yowre L. in this letter with the same. if this
siknes had not happend vnto me whiche hathe taken
away this chifest time of trauell, at this present I wowld
not haue written for forther leaue, but to supply the
whiche, I dought not her Maiestie will not denie one so
small a fauour. by reason of my great charges of trauell.

tow. y^r L...

Brief Oxfords an Lord Burghley vom 24. September 1575

gut, ja sehr gut gefiel, auch wenn er gewisse Brandspuren der Inquisition in Mailand wohl nicht übersehen hatte. Aus dem reichlich beiläufigen Dank für die Nachricht über die »Entbindung« könnte geschlossen werden, daß der Earl von der Geburt einer Tochter enttäuscht war – oder daß ihn Venedigs Unmoral (»die tanzende Helena mit ihrem tönenden Stachel«, wie Nathaniel Baxter später schreibt*) bereits in eisernen Fesseln hielt und er sich innerlich von seiner Frau verabschiedet hatte. Viel wahrscheinlicher jedoch ist, daß Oxford seine persönlichen Briefe an Anne (mit den in ihnen enthaltenen Gllückwünschen) dem Diener mitgab, den er nach England geschickt hatte. Nur wissen wir davon nichts, da alle privaten Korrespondenzen De Veres verlorengegangen sind.

Die nächsten zweieinhalb Monate verbrachte Oxford in Venedig und Padua, kaufte Bücher, las und schrieb. In guter Verfassung, mit neuem Geld aus England versorgt, machte er sich am 12. Dezember 1575 auf den Weg nach Florenz, wo er noch vor Weihnachten angekommen sein dürfte.

Keine andere italienische Stadt hat in ihrer Geschichte mehr Kriege geführt und mehr Verschwörer, Rebellen und Abenteurer der Macht hervorgebracht als Florenz.

Ihn empfingen, wie zu denken ist, der höfliche Großherzog Francesco de Medici (1541-1587) und die spröde und häßliche Gattin, Johanna von Österreich, eine Schwester Kaiser Maximilians II. Im Hintergrund agierte die Venezianerin Bianca Cappello, Francescos Geliebte – und spätere Frau. Francesco war 1574 seinem Vater Cosimo gefolgt, einem rücksichtslosen Despoten, der als Achtzehnjähriger mit gezücktem Schwert gegen die Strozzi ins Feld gezogen war, seine Feinde ausgerottet und sein Volk ausgepreßt hatte. Den Sohn bezeichneten seine Zeitgenossen als arrogant, tyrannisch, mißtrauisch und verschlossen. An Politik war er wenig interessiert. Er liebte Gedichte, beherbergte seine Bildersammlung in den Uffizien und betrieb ein alchimistisches Labor, mit dessen Gold er die vollen Kassen der Medici zum Überlaufen bringen wollte.

* Gemeint ist die musizierende Kurtisane, also »Helena« mit dem Fiedelbogen – nicht, wie A. H. Nelson glaubt, die Lustseuche.

Morde waren an diesem Hof nichts Seltenes. Bianca Cappellos Mann, überflüssig geworden, endete mit einem Dolch im Rücken. Francescos Schwester Isabelle wurde von ihrem Mann, einem Orsini, aus Rache für ihre Untreue im Bett erwürgt. Dies allerdings erst ein halbes Jahr nach Oxfords Besuch.

Januar und Februar 1576 verbrachte Oxford im Großherzogtum Florenz, in Siena und Lucca. In Palermo, wo ihn der Schwadroneur Edward Webbe gesehen haben will, ist er ganz sicher nicht gewesen. Vielleicht aber machte er einen Abstecher nach Urbino, wo Baldessare Castiglione im erlesenen Kreis von Herzogin Elisabetta Gonzaga, Emilia Pia da Montefeltro, Pietro Bembo, Gasparo Pallavicini und Aretino die Eigenschaften des idealen Hofmanns erörtert hatte.

Am 3. Januar schreibt der Earl – aus Siena – an Lord Burghley, aber nicht über die Denkwürdigkeiten der Stadt, sondern anläßlich seiner unvermindert schlechten finanziellen Situation in England. Wie er von Burghley erfahren hat, sind seine Schulden noch größer als angenommen und die Gläubiger bei weitem nicht zufriedengestellt. Er bittet Burghley, zusätzlich Ländereien zu verkaufen und den in die eigene Tasche wirtschaftenden Verwalter Edward Hubbard zu entlassen.

»Tut Ihr dies, so erweist Ihr mir einen großen Gefallen; tut Ihr es nicht, so durchkreuzt Ihr meine Pläne. Auch wenn Ihr mir in der Frage, ob ich mich von Land trennen soll, abgeraten habt und – da Ihr mich schätzt – alles gerne anders hättet, so bleibt mir doch, wie Ihr seht, kein anderes Heilmittel.

Hilfe wird mir nur aus dem Meinen, und das Meine ist dazu da, mir zu dienen – nicht umgekehrt. Das heißt, bis alle diese Verpflichtungen entfallen sind und bis ich mich zu Hause besser stelle, bin ich entschlossen, meinen Kurs fortzusetzen, welchen ich Euch in keiner Weise zu durchkreuzen bitte, wenn Ihr nicht wollt, daß keine Freundschaft mehr zwischen uns sei.

Da ich alle Hoffnung aufgegeben habe, im Dienst Ihrer Majestät zu Einnahmen zu kommen, und bedenke, daß man mir meine Jugend entgegenhält und mir bei jedem meiner Schritte einen Stein in den Weg legt, halte ich es für vergeblich, gegen die Ochsen zu ziehen (»calcitrare contra li buoi«). Ist das Schlimmste erst ins Auge gefaßt, ist es leichter, die Dinge mit Geduld zu ertragen. Da, wenn Sachen verkehrt gelaufen sind, die Reue zu spät kommt. Ich bin entschlossen, dem Übel abzuhelfen, aber kann es höchstens mildern. Ich hoffe auf nichts, doch sollte etwas gänzlich Unerwartetes eintreten, so werde ich bis dahin vermutlich so alt sein, daß meine Söhne, die davon profitieren, den Dank abzustatten haben – nach dem englischen Sprichwort, daß es mir geht wie dem Pferd, das verhungert, während das Gras wächst.«

In diesem Brief geht es Schlag auf Schlag. Die Kühnheit des Ausdrucks entspricht der Entschlossenheit des Schreibers. Nicht er hat seinem Besitz, sondern sein Besitz hat ihm zu dienen, deshalb will er nicht daran hängenbleiben. Die Königin nimmt ihn nicht in ihren Dienst, die Ochsen des Hofs stellen sich ihm als Steine in den Weg. Worauf er sich selbst ins Wort fällt mit einer unvergleichlichen Volte und aus dem sauren Bier des Zorns ein abgründiges Lachen aufsteigen läßt.

Mitte Februar war Oxford wieder zurück in Venedig. Eine Verlängerung der Reise kam nicht mehr in Frage, die Königin verlangte ihn zurück an den Hof.
In Santa Maria Formosa hörte er Orazio Cuoco singen, den Knaben mit der Engelsstimme. Er lud ihn ein, in seinem Gefolge mit nach England zu kommen. An dem Platz von Santa Maria Formosa lag das Haus der schönen Veronica Franco und das Geschäft des Wucherzinsnehmers Gaspare Ribeiro.
Bald bevölkerte ein Gewirr von Masken die Stadt: gefiederte Colombinen und silberne Harlekine, scheckige Narren, Fantasmen und Pulcinellen, lange Schnäbel und Nasen, blutig rote Capitani, weiße Pierrots und melancholische *Volti neri*. Als Teufel verkleidete Männer zogen vor die Häuser der Frauen und Mädchen und bewarfen die Fenster mit Eiern. Mit Geschrei und Gelächter, singend und tanzend, feierten die Herren und Damen Venedigs, die Kaufleute, Wirte und Musikanten, die Diener, Träger, Beleuchter, Ausrufer, Kurtisanen und Diebe den letzen Karneval vor der großen Pest.
Am Rosenmontag, dem 5. März 1576, brach der Earl von Venedig auf. Im Sommer raffte die Seuche ein Viertel der Bevölkerung dahin.

Die Reise zurück führte über Mailand nach Lyon und von dort aus quer durch die Bürgerkriegsfronten nach Paris. Die Zeit vom 21. März bis 10. April verbrachte Oxford in der französischen Hauptstadt.

Hier waren entscheidende Veränderungen eingetreten: »Monsieur« Hercule-François d'Alencon, der jüngste Valois, war im September 1575 der alptraumhaften Atmosphäre des französischen Hofs entflohen, hatte Verbindung zum hugenottischen Prinzen von Condé aufgenommen und begonnen, eine eigene Streitmacht aufzustellen. Katharina von Medici, seine Mutter, war ihm verzweifelt nachgereist, um eine Spaltung des Königreichs zu verhindern. Die Lage wurde noch bedenklicher, als am 6. Februar 1576 auch Henri de Navarre die Flucht aus dem Louvre gelang. Sofort begannen sich die Hugenotten um Navarra zu scharen, und bald hieß es, er habe etwa 3000 Reiter und 9000 Fußsoldaten zu seiner Verfügung. Sollten sich die Streitkräfte von Condé, Alençon und Navarra vereinigen, so war das Ende von Henri III abzusehen.

Um ihm die Krone zu retten, verhandelte Katharina ab Mitte März mit den Abgesandten Alençons und der Hugenotten, schrieb Briefe, führte geheime Gespräche, schmeichelte, bat und versprach.

Was tat inzwischen der König? Henri III, geschminkt und gepudert, verschwendete Zeit, Geld und Energie an seine Mignons »mit ihren kleinen Samtmützen und ihrem schweren, widerlichen Parfum«. Er betrieb eine eigene kleine *Académie du Palais*, wie Giovanni Francesco Morosini, der venezianische Botschafter, es am 3. Februar 1576 beschrieben hat:

> »In den letzten Tagen hat Ihre Majestät daran Vergnügen gefunden, sich in ein kleines fensterloses Gemach zurückzuziehen, wo den ganzen Tag Kerzen brennen müssen, und in dieses Gemach lädt Ihre Majestät vier oder fünf junge Leute aus der Stadt ein, die sich zur Poesie und schönen Literatur bekennen, und zusätzlich zu diesen den Duc de Nevers [Luigi Gonzaga], den Grand Prior [Henri Duc d'Angoulême], Monsieur de Biragues, die Königin von Navarra (seine Schwester), die Duchesse de Nevers [Henriette de Clèves] und die Duchesse de Retz [Catherine de Clermont], die ebenfalls alle die Dichtung lieben. Wenn sie versammelt sind, fordert der König einen der jungen Leute auf, zum Preis einer der Tugenden zu

sprechen und sie über alle anderen zu stellen, und sobald dieser seine Rede beendet hat, argumentiert der Reihe nach jeder einzelne gegen die aufgestellte These. Ihre Majestät verbringt viele Stunden bei dieser Übung, zur geringen Befriedigung der Königinmutter und aller anderen, die sehen, daß der König aus diesem Grund die Regierung vernachlässigt.«

Nun wird Henri III es keinesfalls versäumt haben, seinen hohen englischen Gast, den Literaten und Italienkenner, in den illustren Kreis seiner Tugendphilosophen einzuführen. Zu welchem Auftritt es dabei gekommen sein mag, bleibt unserer Phantasie überlassen.

Als der Earl endlich Abschied nahm von Paris, führte er in seinem Gepäck außer Büchern und Papieren zahlreiche wertvolle Geschenke mit sich. Noch wußte er nicht, daß er auf der Überfahrt nach England von holländischen Piraten gekapert werden und mit leeren Händen zu den Seinen zurückkommen würde.

Nein, er würde nicht zu den Seinen, er würde als ein völlig Fremder zurückkehren.

Exkurs: »Shakespeare« – l'uomo universale

Kunst erweist sich nicht im Ausdruck eines Wollens oder in der Beantwortung eines Sollens, sondern im Sichtbarwerden eines Könnens. Sie
vermag das Leben zu ändern, nicht, weil sie Imperative setzt, sondern
indem sie Existenz- und Wesensgehalte so individuell und exempla-
risch zur Anschauung bringt, daß kein Ausweichen in Gleichgültigkeit
möglich ist.

In diesem Sinne ist Shakespeare Künstler par excellence. Deshalb fühlen wir uns in Shakespeares Stücken zu Hause wie im Gefüge unserer
alten europäischen Städte. Ihre Architektur ist übersät mit spieleri-
schem Beiwerk, durchzogen von tumultuösen Erinnerungen, Grausamkeiten und Verführungen – ein Organismus, der sich in seiner Komplexität, in seinem Reichtum der Anspielungen auf Geschichte und Mythos
nicht wiederholen wird – eine für Jahrhunderte geschaffene Bühne, die
wir Heutigen, mit Sonnenbrille und Panamahut, als den uns eigenen und
vertrauten Raum betreten.

Shakespeare ist unvergleichlich, aber nicht voraussetzungslos.

Er ist höchst individuell, nicht als erratischer Block, als unbezügliches,
darum unverständliches Genie, sondern als ein Genie im Werden, als
ein Künstler, der sich mit seiner Stimme auf einen langen Vorlauf des
Sprechens und der sprachlichen Gestaltung bezieht.

Welches aber sind die literarischen Ahnen Shakespeares?

Er ist kein Moralist – und darum nur halben Herzens englisch. Keines
seiner Stücke illustriert einen ethischen Vorsatz. Shakespeare musiziert
seine Stücke, er näht sie nicht. D. h. er fertigt keine bestellten Kleider,
sondern schützt und wärmt, deckt auf, entblößt, setzt Lichter, führt
in Kälte und Dunkel – und dies im heftigsten Wechsel oder in einem
atemberaubenden Zugleich. Indem er die Erwartungen des Zuschau-
ers negiert, übertrifft er sie.

Der Lyriker Shakespeare steht Sir Thomas Wyatt und Henry Howard,
Earl of Surrey, am nächsten, den Gefolgsleuten Heinrichs VIII.

Der Dramatiker macht literarische Anleihen bei Geoffrey Chaucer
(1340-1400), dem humorvollsten und sinnlichsten der spätmittelalter-
lichen Dichter, gelegentlich auch bei John Skelton (1460-1529), dem

Prinzenerzieher und satirischen Poeten – und er zeigt sich nicht un-
beeinflußt von der Tragikomik eines Richard Edwards (1523-1566).
Andere englische Vorbilder sind zweifelhaft.
Wo also schreibt er sich her? Wen schreibt er fort?

Wir kennen von Shakespeare drei römische Historien, die auf Plutarchs Lebensbeschreibungen zurückgehen, elf englische Historien (einschließlich *Macbeth* und *King Lear*), die Holinsheds Chroniken als Stein-
bruch benützen – und (den falschen *Pericles* ausgenommen) weitere
21 Komödien und Tragödien, von denen nur eine Komödie (*Love's
Labour's Lost*) keine erkennbare literarische Vorlage besitzt, während die
übrigen zwanzig Stücke aus Quellen der Antike und Renaissance
schöpfen. Zwei (*The Comedy of Errors* und *Timon of Athens*) gehen auf
Plautus bzw. Plutarch zurück – fünf Stücke verarbeiten pseudohistori-
sche Stoffe des Mittelalters und der Renaissance (Belleforests *Amleth*,
Chaucers *Troilus and Criseyde*, *The History of Titus Andronicus*, Greenes
Pandosto und Lodges *Rosalynde*) –, und dreizehn weitere beziehen ihren
Plot aus der Literatur der italienischen Renaissance: aus Werken von
Boccaccio, Fiorentino, Ariost, Bandello, Giraldi Cinzio und anderen.[*]

[*] Shakespeare las Ovid, Vergil, Horaz, Plautus, Seneca und andere lateinische Autoren im Original – und es gibt Hinweise dafür, daß er auch des Griechischen mächtig
war. J. A. K. Thompson hat in »Shakespeare and the Classics« (1952) auf zwei Stellen
in *Titus Andronicus* hingewiesen, die die Kenntnis der griechischen Klassiker voraussetzen. Marcus Andronicus fleht seinen Bruder Titus an, den im Eifer niederge-
streckten Mutius zu begraben: »Die Griechen, ausgesöhnt, begruben Ajax, / der
sich entleibt; Laertes' kluger Sohn / sprach mildgestimmt für seine Totenfeier« (II/1).
Eine Aussage, die zurückgeht auf Sophokles' Drama *Ajax*. – Und wenn Demetrius,
der Sohn der Gotenkönigin, seine Mutter an die Rächerin Hekuba erinnert, die
Rache nahm »an Thrakiens Tyrann im eignen Zelt«, I/1), so bezieht er sich wörtlich
auf die *Hekuba* des Euripides.
Allerdings muß daran erinnert werden, daß Euripides und Sophokles schon seit 1507
und 1543 in lateinischen Übersetzungen vorlagen.
Kopfzerbrechen jedoch bereiten Shakespeares Sonette 153 und 154, die zwei Epi-
gramme aus hellenistischer Zeit poetisch variieren. Interessanterweise sind diese
Epigramme des Marianus Scholasticus (6. Jahrhundert n. Chr.) als Paar überliefert.
Sie bilden die Nummernfolge 626 und 627 in der *Anthologia Graeca* oder *Anthologia
Planudea*, die 1494 in Florenz und 1566 in Paris gedruckt wurde (*Anthologia diaphorōn
epigrammatōn palaiōn*). Nur eines der beiden griechischen Epigramme (Nr. 627) war
im 16. Jahrhundert ins Lateinische übersetzt worden (Fausto Sabeo, *Epigrammata*,

Shakespeare holt die Götter ins Fleisch wie Ovid, er beschwört die Seelen der Verstorbenen wie Dante, er entzündet sich an Boccaccio, er
schreibt die Metaphern Petrarcas fort – und tritt uns doch mit jedem
Wort in unverwechselbarer Gestalt entgegen: als ein Spieler, ein Auf-
rührer, ein irdisch Liebender. Bei ihm ist nicht mehr (wie bei Petrarca)
die Erde ein Gleichnis für den Himmel, sondern der Himmel, als Arte-
fakt, ein Gleichnis für die Erde.

Shakespeare ist nicht nur der »italienischste« aller englischen Dramatiker, er ist auch der einzige, der Italien zu kennen scheint und ihm einen
Reiz abgewinnt. Nicht, daß Italien terra incognita war. Aber ein Verständnis seiner Kultur konnten nur Menschen gewinnen, die der italienischen Sprache mächtig waren und Zugang zu italienischen Drucken
besaßen. Und solche Menschen gab es nur bei Hof oder an den Universitäten.

Schon Geoffrey Chaucer, der Dichter, Hofmann, Diplomat und Gelehrte, war im 14. Jahrhundert nach Italien gereist, hatte Petrarca schätzen gelernt und nach dem Vorbild von Boccaccios *Filostrato* sein Versepos *Troilus and Criseyde* gestaltet.

In der ersten Hälfte des 16. Jahrhunderts bereiste Sir Thomas Wyatt das
Land von Herzensfrost und -feuer und besorgte Übersetzungen von
Gedichten Petrarcas und Serafinos. 1561, zwei Jahre nach Elizabeth'
Regierungsantritt, übertrug Sir Thomas Hoby Castigliones *Il Cortegiano*
(*The Courtier*), das wegweisende Werk für die elisabethanische Hofkul-
tur. 1566/67 erschienen William Painters *Palace of Pleasure* und Geoffrey
Fentons *Certaine Tragicall Discourses* – zwei Sammlungen italienischer
Novellen, die in Hofkreisen großen Anklang fanden.

Boccaccios und Bandellos Welt der leidenschaftlichen Exzesse und
lachenden Katastrophen machte auf die englischen Leser großen Eindruck. Die Freizügigkeit der Novellen bewunderte man als exotisch,
die darin geschilderten Verwegenheiten als eine köstliche Abart des
Menschlichen.

Rom 1556). Diese Übersetzung könnte das Vorbild zu Sonett 154 abgegeben haben.
Aber woher kannte Shakespeare die Nummer 626? (Vgl. James Hutton: Analogues
of Shakespeare's Sonnets 153-54. Contributions to the History of a Theme, in:
Modern Philology, Vol. 38 [1941], pp. 385-403)

Jedoch kühlte das Italien-Interesse der siebziger Jahre spätestens nach dem spanischen Überfall auf England – 1588 – merklich ab. Italiens Bindung an das feindliche Spanien war zu eng, als daß sie nicht zu Verwechslungen hätte führen müssen. Von Rom aus betrieb der Papst eine Politik, die auf den Sturz Elizabeth' und auf die Rekatholisierung Englands unter Mary Stuart abzielte – und Philipp II. rekrutierte italienische Soldaten für seinen Kampf gegen Elizabeth.

Zahlreiche englische Autoren – wie Kyd, Marlowe, Nashe, Jonson, Webster und Marston – reagierten auf diese politische Situation mit populären antispanischen und antiitalienischen Klischees. Der bevorzugte Hintergrund des elisabethanischen Theaters war der dunkle italienische Palast – mit vergitterten Fenstern, die die Flucht verhindern – mit Teppichen, die die Schritte dämpfen – mit versteckten Falltüren, unter denen die Opfer verschwinden – mit geheimen Schlupflöchern, in denen gedungene Mörder hocken. In den neunziger Jahren wurde es üblich, das italienische Kostüm als Einkleidung von Tücke, Intrige, Verschwörung und Mord zu gebrauchen. Fortan war Italien nur noch die Heimat des »verruchten Machiavell« (den außer Königin Elizabeth und ein paar englischen Aristokraten niemand gelesen hatte) – ein Tummelplatz für die Zyniker der Macht. Oder wie der Spötter Thomas Nashe es in *Pierce Pennilesse* (1592) halb scherzhaft, halb ernst auf den Begriff brachte:

> »O Italien, du Akademie der Menschenschlächterei, Spielplatz des Mordens, Giftapotheke für alle Nationen: wie viele Arten von Waffen hast du erfunden, die der Bosheit dienen? Angenommen, ich liebe die Frau eines Mannes, der höchst lebendig ist, und kann sie wegen seiner eifersüchtigen Wachsamkeit nicht umarmen: die Arzneikunde (oder die Kunst zu morden) liefert einem die Medizin, ihn ins Jenseits zu befördern – wobei die Art und Weise seines Ablebens nach Wunsch zu bestimmen ist, je nachdem, ob es innerhalb eines Jahres, eines Monats, eines halben Jahres oder welchen Zeitraums auch immer erfolgen soll, wobei es auf einen Tag mehr oder weniger nicht ankommt.«

Shakespeares Italienbild unterscheidet sich diametral von dem seiner literarischen Zeitgenossen. Seine »italienischen Stücke« (*The Two Gen-*

tlemen of Verona, The Taming of the Shrew, The Merchant of Venice, Much Ado About Nothing, All's Well That Ends Well, Measure for Measure, The Tempest, Romeo and Juliet, Othello) spielen in einem zwar gefährdeten, aber nicht abnormen sozialen Raum. Im Gegenteil: alle menschlichen Entgleisungen, zu denen es naturgemäß kommen muß, werden am Ende in die Schranken der Ordnung zurückgeführt – durch Aufklärung des Irrtums, Verzeihung, Belehrung, Bekehrung – oder Strafe und Tod. Shakespeares italienische Fürsten – der Duke of Venice, der Duke of Milan, Prinz Escalus und Vincentio, Duke of Vienna – sind vorbildliche Herrscher. Die schillerndste Figur unter ihnen ist Vincentio, der Herzog von Vienna (in *Measure for Measure*), der im Gewand des Mönchs die Machenschaften seines Statthalters Angelo konterkariert. (Mit *Vienna* dürfte nicht die Stadt Wien gemeint sein, sondern der Herrschaftsbereich des Habsburger Kaisers Karl V., in diesem Fall die Region Mailand. Giraldi Cinzios Erzählung, die der Dramatiker als Vorlage verwendet hat, bezieht sich auf einen wahren Vorfall im Jahr 1547 unter der Herrschaft von Ferrante Gonzaga, Herzog von Mailand!)

Einen anderen – exilierten – »Herzog von Mailand« stellt der zauberkundige Prospero vor, der auf einer fernen Insel seine schiffbrüchig gewordenen Feinde an unsichtbaren Fäden führt. Auch und gerade er verkörpert das Ideal der gerechten Herrschaft, und dies um so eindrucksvoller, als er allein mit den Waffen des Geistes (und der Geister) regiert.

Shakespeares italienische Charaktere sind nicht vorsätzlich negativ gezeichnet. Es handelt sich in der Regel um glanzvolle junge Männer, leicht entflammbar, zu tausend Streichen aufgelegt, um kein Widerwort verlegen, selbstbewußt und mit einem gehörigen Ehrbegriff ausgestattet – oder um liebliche Frauengestalten, unschuldig temperamentvoll, mädchenhaft süß, hoheitsvoll und intelligent – neben anderen Figuren, die (wie in jedem Land und zu jeder Zeit) drückebergerisch sind oder verwegen, grell, melancholisch, widerspenstig, vorlaut, närrisch, kalt oder kriminell.

Keiner von Shakespeares Zeitgenossen hätte das Idyll eines Belmont (*Merchant of Venice*) oder des Hofs von Messina (*Much Ado*) in Italien gesucht und gefunden. Keiner hätte einem italienischen Mönch auch nur ein Gran Güte zugestanden, wie es Shakespeare doppelt und dreifach tut.

Man darf aus diesen Beobachtungen einen ersten Schluß ziehen: Shake-speares italienische Stücke müssen – vielleicht mit Ausnahme von *Measure for Measure* – vor dem Jahr 1588 entstanden sein. Denn niemand, auch nicht das Genie, hätte so unbesorgt gegen den Zeitgeist und wider sein Publikum anschreiben können und wollen.

Shakespeare besaß aber nicht nur eine besondere Sympathie für Italien, sondern auch erstaunliche Kenntnisse auf dem Gebiet der italienischen Literatur. Man hat es lange nicht wahrhaben wollen, aber schon lange gewußt: der englische Dramatiker las neben Dante, Petrarca, Boccac-cio, Boiardo, Castiglione, Ariost und Bandello auch die entlegensten italienischen Veröffentlichungen im Original. Wie Julius Leopold Klein (*Geschichte des italienischen Dramas I-II, 1866/67*), Ernesto Grillo (*Shake-speare and Italy*, 1949) und Mario Praz (*The Flaming Heart*, 1958) gezeigt haben, finden sich in Shakespeares Werken Reminiszenzen an den *Timone* von Matteo Maria Boiardo (1500), an die *Strambotti* von Sera-fino Aquilano (1502), an *La Virginia* von Bernardo Accolti (1513), an *Le Vite de' più eccellenti pittori scultori ed architettori* von Giorgio Vasari (1550) und an *Le piacevoli notti* von Giovanni Francesco Straparola (1553). Nichts davon war ins Englische übersetzt worden. Er las die Novellen von Giovanni Fiorentino, die *Hecatommithi* von Giraldi Cinzio und die philosophischen Dialoge von Giordano Bruno.

Daraus läßt sich ein zweiter Schluß ziehen: Shakespeare muß ein Ange-höriger der universitären oder aristokratischen Elite Englands gewesen sein. Denn niemand sonst hätte die Mittel gehabt, sich derart seltene und teure Werke aus dem Ausland zu beschaffen. Niemand sonst hätte die Zeit gefunden, sich gleichzeitig in die lateinischsprachige, französi-sche und spanische Literatur zu vertiefen und umfangreiche Kenntnisse auf den Gebieten der Medizin, der Rechtswissenschaften, Naturwis-senschaften und Philosophie zu erwerben. Shakespeare, der sich (im Gegensatz zu den bürgerlichen Autoren) seines immensen Wissens an keiner Stelle rühmt, wußte vom Blutkreislauf, er hatte eine Idee von der Schwerkraft, er bezog sich, wie Peter R. Moore gezeigt hat, auf das astronomische Modell von Tycho Brahe. Er war, dem Ideal der italieni-schen Renaissance entsprechend, ein »uomo universale«.

Überraschend, wie genau der Autor über die italienischen Verhältnisse in historischer, geographischer und lokaler Hinsicht unterrichtet ist. Zwar läßt er Prospero, den einen seiner Herzöge von Mailand, »an eines Schiffleins Bord« bringen und »ein paar Meilen seewärts« fahren – er verleiht in *The Two Gentlemen of Verona* dem kleinen Verona einen Hafen, der die Stadt mit Mailand verbindet – und er kann sich nicht entscheiden (im gleichen Stück), ob in Mailand ein Herzog oder der Kaiser regiert. Aber die Fehler, die er macht, sind keine Fehler. Mailand war über ein Kanalsystem mit der Adda und dem Po und über den Po mit dem Meer verbunden. Zwar fährt man mehr als »ein paar Meilen« bis zum Meer – aber es wäre ein grobes Mißverständnis, wollte man den Luftgeist Shakespeare auf eine solche Kleinigkeit festnageln. Bei ihm darf Böhmen ungeniert am Meer liegen, weil er absichtsvoll, d. h. im Sinne einer literarischen Reverenz, Robert Greenes Schreibfehler aus *Pandosto* fortsetzt. Boemia statt Boeotia.

Aber jede seiner poetischen Verwandlungen besitzt ein Fenster auf das Urbild. Veronas Hafen entpuppt sich als eine Anlegestelle der Etsch, und die »Flut«, die die Reise ermöglicht, als der Hochwasserstand des Flusses. – »Wenn der Strom vertrocknet wäre«, sagt der komische Lanz, »bin ich imstande, ihn mit meinen Tränen zu füllen; wenn der Wind sich gelegt hätte, könnte ich das Boot mit meinen Seufzern treiben.« Zudem war es damals nicht ausgeschlossen und nicht absurd, auf dem Wasserweg von Verona nach Mailand zu reisen.

Und das Herzogtum Mailand, um die Kette der »Fehler« nicht abreißen zu lassen, wurde seit 1522 vom spanischen Haus Habsburg regiert. Der »Herzog von Mailand« fungierte in dieser Zeit als Statthalter des Kaisers. Also gab es zwei Herren – und Shakespeare hat diesem Umstand Rechnung getragen.

Daneben kennt er aber auch einen »St. Georgsbrunnen« am Stadtrand von Mailand, den es offensichtlich einmal gegeben hat. Er weiß, daß die Gelehrtenstadt Padua im Gegensatz zu Mantua zum Herrschaftsbereich von Venedig gehört, er kennt den Reichtum Pisas und gebraucht ein Wort Dantes, wenn er von den »gewichtigen Bürgern« in Pisa spricht (*The Taming of the Shrew*, I/1). Ihm ist bekannt, daß man den Pisanern nachsagt, sie seien geizig. Er weiß von den Händeln zwischen den Florentinern und Senesen – und gebraucht dabei einen Ausdruck, der von der italienischen Umgangssprache abgeleitet ist: *The Florentines and Senoys are by th'ears* (»si pigliano per gli orecchi«). Die Florentiner und die Senesen haben sich bei den Ohren (*All's Well That Ends Well*, I/2).

Der Diener Lanz in *The Two Gentlemen of Verona* (II/5) schwadroniert davon, daß Proteus, sein Herr, und Madame Julia »ganz artig im Spaß« auseinandergegangen seien. »Wie«, fragt Flink, »sind sie auseinander?« »Nein«, antwortet Lanz, »sie sind beide so ganz wie ein Fisch.« Die Wendung *whole as a fish* (ganz und gesund wie ein Fisch) ist abgeleitet von dem italienischen Sprichwort »sano come un pesce«. Überhaupt herrscht in den »italienischen Stücken« kein Mangel an Zitaten italienischer Redewendungen und Grußformeln.

Shakespeare weiß, daß man in Venedig einander mit einem Taubengericht beschenkt (*The Merchant of Venice*), er nennt Shylocks Diener »Gobbo« und spielt damit an auf die Darstellung eines Buckligen auf der Rialtobrücke (ein Detail, das über die Grenzen Venedigs hinaus nicht bekannt war) – gebraucht den Begriff »gondola« und »gondolier« – schildert mit wenigen Federstrichen das Interieur eines vornehmen italienischen Hauses und ist vertraut mit den Gebräuchen einer italienischen Hochzeitsfeier (*The Taming of the Shrew*). Auch kennt der Engländer, wie Ernesto Grillo bemerkt hat, eine abgelegene mantuanische Episode aus der Geschichte der Gonzaga: »The murther of Gonzago« (*Hamlet*, II/2 und III/2). »He poisons him i' th' garden for's estate« (»Er vergiftet ihn im Garten vor seinem Gut«): Ludovico Gonzaga (1334-1382) ermordete den älteren Bruder Ugolino Gonzaga am 14. Oktober 1362, während er mit ihm an seinem Tisch saß, sein Brot aß und seinen Wein trank. (Aber die findigen Italiener vergifteten auch durch das Ohr: ein gewisser Luigi Gonzaga soll 1538 auf diese Weise den Herzog von Urbino ermordet haben.)

Auch muß erstaunen, welch genaue Kenntnis Shakespeare von den Motiven der italienischen Renaissancemalerei besaß.

In der Rahmenhandlung zu *The Taming of the Shrew* preisen die gräflichen Diener dem Kesselflicker Christopher Sly die reizvolle Sammlung des Hauses an: »Liebst du Gemälde? sprich! wir bringen dir / Adonis ruhend an dem klaren Bach, / und Cytherea ganz im Schilf versteckt, / das ihren Atem kost und so sich regt / wie schwankes Schilfrohr mit dem Winde spielt. // Wir zeigen Io dir, da sie noch Jungfrau, / wie sie betrogen ward und überrascht, / ganz nach dem Leben täuschend dargestellt. // Und Daphne flüchtend durch den dorn'gen Wald, / zerritzt die Beine, daß man schwört, sie blute, / und bei dem Anblick traurig wein' Apoll: / so meisterlich gemalt sind ihre Tränen.« (Keines dieser Motive hat in der englischen Malerei des 16. Jahrhunderts Verwendung gefunden.)

A. H. Bullen und Erwin Panofsky haben gemutmaßt, daß das Versepos *Venus and Adonis* sich einer bildlichen Anregung durch Tizian verdanke. Zwar ist die Beziehung zwischen Venus und Adonis (den Verkörperungen von Liebe und Schönheit) bereits von Ovid geschildert worden, aber in der antiken Vorlage flieht Adonis nicht vor Venus, sondern ihr Verhältnis endet, nachdem Adonis auf der Jagd vom Eber getötet wurde. Bei Shakespeare umwirbt Venus den schönen Jüngling, aber Adonis entzieht sich ihren Verführungskünsten.

Auch auf Tizians berühmtem Gemälde von 1553/54 wird ein Abschied nehmender oder sich entziehender Adonis dargestellt: der Jüngling löst sich aus den Armen der Venus, die ihn zurückhalten will. Das Bild wurde für Philipp II. von Spanien und Queen Mary gemalt, doch der enttäuschte Gatte nahm es bei seiner Flucht aus England mit nach Madrid.

Allerdings hatte Tizian mehrere Versionen gemalt, wovon eine, in der Adonis ein anmutiges Hütchen trägt (»He sees her coming, and begins to glow … And with his bonnet hides his angry brow«), bis zu seinem Tod im August 1576 in seinem venezianischen Wohnhaus hing.

Darüber hinaus war Shakespeare vertraut mit der Gestalt des Malers und Architekten Giulio Romano (1492–1546), den er in *The Winter's Tale* als den Bildhauer würdigt, der Hermiones lebensecht erscheinendes Standbild geschaffen haben soll.

> Ein Werk, woran schon seit vielen Jahren gearbeitet ward und das jetzt kürzlich erst vollendet ist, durch Julio Romano, den großen italienischen Meister, der, wenn er selbst Ewigkeit hätte und seinen Werken Odem einhauchen könnte, die Natur um ihre Kunden brächte, so vollkommen ist er als ihr Nachäffer: er hat die Hermione

so der Hermione gleich gemacht, daß, wie man sagt, man mit ihr sprechen und Antwort erwarten möchte.*

(*The Winter's Tale*, V/2)

Shakespeare kannte in jedem Fall die beiden – in Giorgio Vasaris »Lebensbeschreibungen« von 1550 wiedergegebenen – Epitaphe auf Giulio Romano, von dem es im ersten heißt: »G. R. nahm sterbend / die drei Künste mit sich« (gemeint sind die Malerei, die Architektur und die Bildhauerei) – während der zweite lautet: »Jupiter sah, wie durch die Vorzüglichkeit Giulio Romanos die behauenen und gemalten Körper atmeten und die Häuser der Sterblichen denen des Himmels gleichkamen. Da berief er verärgert den Rat aller Götter und hob ihn von der Erde empor. Denn er konnte es nicht ertragen, daß ihm ein irdischer Mann gleichkam oder ihn besiegte.«

Im Epitaph wie im Drama ist vom atmenden bzw. dem zu beatmenden Stein die Rede – vom Neid Jupiters und vom Neid der Natur.

Die Frage ist: hat Shakespeare mehr über Romano gewußt als das bei Vasari Gelesene? Oder, mit Gregor Sarrazin (1894) zu fragen: »War Shakespeare in Mantua?« Der Verräter Sinon steht dafür ein, indem er leugnet. Aber gemach.

In seinem Versepos *The Rape of Lucrece* (»Die Schändung der Lukrezia«) beschreibt der Dichter eine Bilderfolge zur Geschichte des Trojanischen Kriegs aus der Perspektive der vergewaltigten Lukrezia. Der Königssohn Tarquinius, ein Gast ihres Hauses, hat sie – die züchtige Ehefrau – nachts in ihrem Gemach überfallen. Sie müsse ihm zu Willen sein, so drohte er, oder er würde sie und einen ihrer Sklaven erdolchen – würde dann den Toten neben sie legen und behaupten, er hätte sie beide beim Ehebruch überrascht und getötet. Lukrezia muß sich ergeben wie ein gehetztes Wild, eine zweite Philomela: nicht aus Angst vor dem Tod, sondern vor Verleumdung und Tod. Am nächsten Morgen fällt ihr Blick auf ein Bild des Verräters Sinon. Einzig dem Verrat Sinons, so fühlt sie, und so gibt der Autor uns zu verstehen, ist die böse

* Möglicherweise eine Anspielung auf Giulio Romanos berühmtestes Frauenporträt, das Bildnis der Giovanna d'Aragona (1502-1575). Augustinus Niphus (*De pulchro liber*, 1531) hatte Giovanna d'Aragona mit Hermione, der Tochter des Menelaos, verglichen.

Tat des Tarquinius zu vergleichen. Denn Sinon hat durch seine Verstellung den Untergang einer ganzen Stadt, ja eines ganzen Volkes herbeigeführt. Er, der »listige Grieche«, gab sich als ein Opfer der Griechen aus, beanspruchte Gastrecht bei den Trojanern und verführte sie dann, das Trojanische Pferd in ihren Mauern aufzunehmen.

Und sie durchforscht des hohen Bildes Rund,
bemitleidet, wen sie im Elend findet –
und sieht zuletzt den Sinon, den man band,
wie er erbärmlich zu den Phrygiern blinzelt.
Obwohl besorgt, so blickt er doch zufrieden:
auf Troja geht er mit den Schäfern zu,
so sanft – geduldiger als die Geduld.

Der Maler wandte an ihn seine Kunst,
die Tücke hinter Einfalt zu verbergen:
der Mann so schlicht, das Auge tränenfeucht,
die Stirne duldsam, wie zum Gruß der Schmerzen,
nicht rot noch bleich die Wange, und doch beides,
daß sein Erröten nicht die Schuld verrät,
noch, weil er fahl ist, man ins Herz ihm sieht.

Nein, als ein wahrer und ausbündger Teufel
weiß er den ruhigsten Anschein zu erwecken,
weiß die geheime Bosheit zu verstecken,
daß es der Argwohn selbst nicht raten möcht,
wie seine List mit finsterem Gewölk
den hellen Tag bekriecht und er die Hölle
im heiligmäßigen Gesicht verbirgt.

(*The Rape of Lucrece, 211-229*)

Die Schilderung und Kommentierung des Gemäldes, das Lukrezia rundum durchforscht, ist dem Dichter neunundzwanzig Strophen wert. Die Rede ist von Helenas Entführung durch Paris, von Ajax und Ulysses, vom Tod des Priamus und der Klage der Hekuba, von Nestor, Achilles und Hektor, von Pyrrhus, Troilus – und Sinon. In Lukrezias

Zimmer befindet sich also kein einfaches Tafelbild, sondern ein Bilder-zyklus, der Trojas Schicksal behandelt.

Tatsächlich existiert, wie schon beschrieben, ein solcher Zyklus von Fresken: Darstellungen mit der Entführung der Helena, der Bewaffnung des Achill und der Schlacht um Troja. Und diese Bilderfolge, entworfen von Giulio Romano, schmückt einen einzigen Raum – den ehemaligen Waffensaal Federigo Gonzagas im Palazzo Ducale zu Mantua.

Nicht, daß Shakespeares Beschreibung in allem auf die Bilderfolge von Mantua zuträfe, darum kann es gar nicht gehen – doch ist überraschenderweise eines der vier großen Einzelgemälde, die in Augenhöhe den Saal durchziehen, dem Trojanischen Pferd und Sinons Verrat gewidmet. Und dieser Sinon ist der Prototyp der gespielten Unschuld: schmachtend blickt er zu seinen »Befreiern« auf, geht Hand in Hand mit ihnen auf Troja zu, das er vernichten wird.

Der Dichter, so darf aus diesen Beobachtungen geschlossen werden, hat selbst Italien bereist. Er lernte die italienische Literatur, Geschichte und Geographie aus eigener Anschauung kennen, er war vertraut mit der Sprache des einfachen Volks und mit der Bilderwelt der Paläste.

Shakespeare, der Mann, der fließend Italienisch sprach und in Italien reiste, der – aus hohem Hause stammend – eine universitäre Ausbildung genossen hatte, umfassend belesen war und seine italienischen Stücke vor 1588 geschrieben haben muß, ein solcher Shakespeare ist augenscheinlich ein anderer als William Shakspere aus Stratford-upon-Avon.

Erstaunlicherweise bringt der durch Frankreich und Italien reisende Edward de Vere alle Voraussetzungen mit, Shakespeare zu sein. Der poetische Earl und der ab 1593 unter dem Namen »William Shakespeare« veröffentlichende Dichter schöpfen aus den gleichen literarischen Quellen. Der Earl hat (mit Ausnahme von Messina) alle Schauplätze der italienischen Stücke Shakespeares bereist. Er verstand es, »Shakespeare« die italienischen Sprichworte und Grußworte zuzuflüstern, die dieser in seinen Komödien unterbrachte. Auch hat er ihn reichlich mit italienischen Namen versorgt. *Baptista Mignola* etwa heißt der Vater des widerspenstigen Kathrinchens – ein reicher Patrizier aus

Padua, der seine goldenen Kronen in Truhen aus Elfenbein verwahrt. Der Name besitzt einige Ähnlichkeit mit den Namen von Oxfords italienischen Bekannten: denn da gab es den reichen Venezianer *Baptista Nigrone*, von dem der Earl sich Geld lieh, und die Brüder Benedict und Pasquino *Spinola*, die abwechselnd Botengänge zwischen Italien und England besorgten und Geld von Burghley übermittelten. – Oxfords Reiseroute von Padua nach Genua mußte ihn durch Mantua zum »Marquis von Monferrat« führen, der in Shakespeares »Kaufmann von Venedig« das Privileg besitzt, den jungen Bassanio nach Belmont begleitet zu haben (*The Merchant of Venice*, I/2). Henri III dürfte den englischen Grafen gebeten haben, seine ganz persönlichen Grüße an Guglielmo Gonzaga – Herzog von Mantua und Montferrat – zu übermitteln, den der französische Thronfolger im Juli 1574 in der Villa Foscari, genannt *La Malcontenta*, kennengelernt hatte. Die *Malcontenta* aber hält man allgemein für ein zweites – oder ein erstes – Belmont.

Sicher ist auch, daß Shakespeare – wie Edward de Vere – Französisch las.

Salluste du Bartas hat mit seinem Schöpfungsgedicht *La Semaine ou Création du monde* (1579) Spuren hinterlassen in *Romeo and Juliet* und *Winter's Tale*. – Im Versepos *Venus and Adonis* finden sich Anklänge an Pierre de Ronsard. – Die dänische Sage von Amlethus hatte Verbreitung gefunden durch die *Histoires Tragiques* von François de Belleforest (1576). – Formulierungen aus Michel de Montaignes Essais (1580-82) gingen ein in *The Tempest* und *Hamlet*. – Und nicht zu übersehen sind die französischen Reminiszenzen in *Love's Labour's Lost* (»Verlorne Liebesmüh«).

Die Grafen Biron, Longaville und Dumain, die zusammen mit Ferdinand, *King of Navarre*, eine gemeinsame Freundes-Akademie bilden, sind keine spaßige Erfindung oder flüchtige Assoziation. Nein, es hat sie wirklich gegeben, und sie hatten in einem genau zu beschreibenden Zeitraum miteinander zu tun. Nicht, daß der Autor der Komödie die historischen Personen abbildend beschreibt, das wäre ihm viel zu wenig, aber indem er seine Figuren nach realen Vorbildern benennt, läßt er uns die Quelle seiner Inspiration entdecken.

Armand de Gontaut, Seigneur de Biron (1524-1592), kämpfte, obwohl den Hugenotten zuneigend, während der Religionskriege auf seiten von Henri III in den Schlachten von Dreux, Saint-Denis und Montcontour und wurde 1577 zum Marschall von Frankreich ernannt. – Léonor d'Orléans-Longueville (1540-1573) war Gouverneur der Picardie und Normandie. – Charles de Lorraine, Duc de Mayenne oder Duc du Main (1554-1611), war Oberster Kämmerer, Gouverneur von Burgund – und jüngerer Bruder des Heerführers Henri de Lorraine, Duc de Guise. Nach dem Frieden von Beaulieu am 4. Mai 1576, den Katharina von Medici mit ihrem protestantenfreundlichen Sohn Hercule-François d'Alençon, dem Anführer der Malcontents (oder »Politiques«), geschlossen hatte, distanzierten sich die beiden Guisen von Henri III und stellten sich an die Spitze der neuen Katholischen Liga.

Die Gestalt des Ferdinand, König von Navarra, in *Love's Labour's Lost* ist eine schillernde. Seinem Namen nach verweist er auf König Henri de Navarre, den späteren Henri IV. In seiner Rolle als Gründer einer platonischen Akademie und in seiner rührenden Ungelenkigkeit erinnert er an den französischen König Henri III. Als Verkörperung des herkulischen Brautwerbers aber scheint er auf Hercule-François Duc d'Alençon anzuspielen. D. h., der König Ferdinand des Stücks umfaßt in seiner Person eine königliche Triade.

Die historischen Figuren Henri III, Navarre, Alençon, du Main, Biron und Longueville aber waren nur bis September 1575 gemeinsam unter einem Dach zu finden, denn Alençon und Navarre flohen am 15. September 1575 und am 6. Februar 1576 aus dem Louvre. Gleichzeitig war die Gründung der *Académie du Palais* im Gange.

Der einzige englische Autor, der (während seiner Besuche in den Jahren 1575 und 1576) den Liebeskrieg im Louvre persönlich erlebte und Zutritt erhalten haben kann zu den philosophischen Sitzungen der »Palastakademie«, war Edward de Vere, Earl of Oxford.

Burghley an die Königin, 23. April 1576

Unübertreffliche königliche Frau, seit ich meinen Dienst bei Euch antrat, war ich, weil Ihr in Eurer Güte mir dies erlaubtet und weil der Platz, an dem ich stand, es so wollte, sehr häufig ein Vermittler der Bitten anderer an Euch und fand, wann immer ich deshalb zu Euch kam, bei Eurer Majestät ein geneigtes Ohr. Nun aber, in meinen reifen Jahren, sehe ich die Notwendigkeit, ein Vermittler oder ein Bittsteller für mich selbst zu sein und ein Fürsprecher für die, die mir nahestehen – in einer Sache, die ehrenhaft und gerecht ist. Und da ich weiß, daß Ihr Euch in Fällen von geringerer Bedeutung gewogen gezeigt habt, zweifle ich nicht daran, daß ich in einer Angelegenheit, die mich selbst angeht und tief berührt, mit Eurer Gunst rechnen darf.

Bevor ich Eure Majestät genauer mit meinem Anliegen bekannt mache, möchte ich zweierlei vorausschicken: ich will Euch nur in dem Maße lästig sein, wie die Not mich dazu zwingt – und ich gestehe mir ein, in Gottes Güte und in Euch vertrauend, daß die Angelegenheit zu einem besseren Ende kommen möchte, als der Anfang befürchten läßt. Eure Majestät wird denken, meine Bitte wird sehr groß sein, da ich so lange zögere, sie auszusprechen – und wahrlich, höchst gnädige, unübertreffliche Lady, mit meinem Anliegen verhält es sich so, daß ich nur ungern darauf zu sprechen komme, ja lieber würde ich darüber schweigen als es offenlegen, nicht weil ich von meiner Seite aus an seiner Berechtigung zweifle, sondern der Verletzlichkeit anderer wegen, von denen die Sache ausgeht.

Möchte es Eurer Majestät gefallen, mich und meine Tochter, die Countess of Oxford, Eures königlichen Wohlwollens weiterhin für wert zu halten – mich, den altgedienten Mann, der, was Loyalität und Ergebenheit betrifft, sich mit den Besten, Größten, Ältesten und Jüngsten vergleichen darf, aber allen anderen gerne den Platz einräumt, den sie verdienen – und meine Tochter, Eurer Majestät ergebenste junge Dienerin, die Euch in pflichtschuldiger Liebe und Ehrfurcht zugetan ist und deren glühende Bewunderung für Euch nicht größer sein könnte.

Nun betrachtet, königliche Frau, mit gleichem Wohlwollen die Angelegenheit zwischen Milord of Oxford und ihr, eine Angelegenheit, von der ich nicht mit Gewißheit sagen kann, wie sie entstanden ist – strafe mich Gott, wenn ich nicht die Wahrheit sage –, sei es, weil er mich ablehnt oder weil er sie verkennt. Während seiner Abwesenheit habe ich keine Gelegenheit ausgelassen, ihm Gu-

tes zu tun, und nicht einmal in Gedanken etwas gegen ihn unternommen, sondern war im Gegenteil bemüht, für sein Wohl und für seine Angelegenheiten Sorge zu tragen. Sollte man mir wider mein Verdienst mit Argwohn begegnen, so würde mir – und meiner Tochter – großes Unrecht widerfahren, obwohl man einwenden könnte, daß Vaterliebe blind macht. Doch ich habe Gott und seine Engel zu meinen Zeugen angerufen und entsage der Vaterliebe und gestehe Eurer Majestät: Nie habe ich gesehen, daß sie sich gegenüber ihrem Mann anders verhalten hätte als ehrbar, sittsam und liebevoll, sei es in ihren Reden, ihren Handlungen oder auf jede andere Art. – Wie hat die Aussicht auf sein Kommen sie mit Freude erfüllt! Wie hat sie die Stunde seiner Ankunft herbeigesehnt – wie eben nur ein junger liebender Mensch, in Liebe wurzelnd und durch Liebe betört, sich freuen und sehnen kann! Und als man nach seiner Ankunft Sorge trug, er könne ihre Unschuld bezweifeln – wie beherzt reagierte sie da, ohne eine Spur von schlechtem Gewissen, vielmehr im Vertrauen darauf, gut von ihm empfangen zu werden. Von solcher Zuversicht erfüllt, und nachdem sie mich mit Bitten bedrängt hatte, ging sie auf ihn zu – und wurde in ihrer Erwartung enttäuscht. Also wartet sie ab, ihrer Pflicht gemäß, um vielleicht noch einen Teil ihrer Hoffnung erfüllt zu sehen.

Und nun, da ich nicht weiter in den Gegenstand eindringen und Eure Majestät nicht belästigen möchte, ende ich mit dieser demütigen Bitte: daß Ihr mir Eure königliche Gunst nicht versagt, wenn ich mich und die Meinen gegen all das verteidige, was hieraus zu meinem Schaden folgt oder mir zur Unehre gereichen könnte. Und doch möchte ich nicht aufgrund meines langjährigen Diensts oder deshalb, weil Eure Majestät mich an diesen Platz berufen hat, eine außergewöhnliche Gunst beanspruchen, denn mein Dienst ist meine Pflicht, und schon meine Berufung war ein übergroßer Lohn. Und so will ich Eurer Majestät dienen, an welchen Platz Ihr mich immer stellt, sei er hoch oder gering, denn ich will gerne auch im Kleinen tun, was ich im Großen getan habe.

8 TRENNUNG

Auf der Überfahrt von Frankreich nach England – am 13. oder 14. April 1576 – wurde Oxford von holländischen Geusen (Freiheitskämpfern und Piraten) überfallen, ausgeraubt und gefangengenommen. Der Kronrat schickte einen Diplomaten nach Vlissingen zu Prinz Wilhelm von Oranien (1533-1584), um über die mißliche Angelegenheit zu verhandeln. Wenn Nathaniel Baxter dreißig Jahre später dichtet: »Nackt landeten wir von Italien her, / versklavt von Räubern, rücksichtslosen Leuten«, so muß das nicht unbedingt wörtlich genommen werden. (Möglicherweise hat Baxter den Earl damals vom Festland abgeholt.)

Die niederländischen Generalstaaten werden sich beeilt haben, den prominenten Gefangenen zu befreien und ihn zusammen mit seinen Büchern und Papieren nach Dover zu schicken. Jedenfalls erhielt Lord Burghley rechtzeitig Nachricht, wann er mit der Ankunft seines Schwiegersohns zu rechnen habe.

Man schreibt den 20. April 1576. Als erste sind Oxfords gute Freunde zur Stelle: sein Cousin Lord Henry Howard und die Brüder Rowland und Edward York. Erst zwei Stunden später erscheint Thomas Cecil, Lord Burghleys ältester Sohn, der die Willkommensgrüße der Familie überbringt. Auch der Verwalter Edward Hubbard ist gekommen, über dem sich die Wolken des Oxfordschen Zorns zusammengezogen haben. Doch der Earl möchte nur in Gegenwart von Lord Burghley mit dem Verwalter sprechen. Seinerseits läßt Burghley dem Schwiegersohn ausrichten, er würde ihn gerne in Cecil House empfangen und unterbringen – aber Oxford antwortet ausweichend.

Gegen den Rat ihres Vaters macht Anne Cecil sich auf den Weg nach Gravesend, und Lady Mary, Oxfords temperamentvolle kleine Schwester, leistet ihr dabei Gesellschaft. Anne möchte ihren lang entbehrten Mann willkommen heißen, bevor er in der großen Gesellschaft verschwindet. – Aber sie freut sich zu früh.

Das Unbegreifliche geschieht:

»Mein Sohn erzählte mir«, so notiert Burghley später, »daß er [Oxford] plötzlich die Barke verließ und ein kleineres Boot nahm, mit dem er – allein in Begleitung von Rowland York – nach London fuhr.«

Während Anne in Gravesend, an der Mündung der Themse ins Meer, auf das Schiff ihres Mannes wartet, fährt der Graf in seiner Jolle unbemerkt an ihr vorbei. Flußaufwärts erreicht er das in London Walbrook gelegene York House, schlägt dort sein Domizil auf und schickt Burghleys Boten mit der Nachricht heim, er wolle zwei bis drei Tage bei York verbringen. Danach könne man weitersehen. Gleichen Bescheid erteilt er dem Boten seiner Frau. Zum Abendessen in York House empfängt er seine Schwester Mary. Burghley überredet Anne, von einem unerwünschten Besuch in York House abzusehen. Sie wird fünfeinhalb Jahre auf die Rückkehr ihres Mannes warten.

Edward de Vere teilt nichts darüber mit, was ihn zu seinem schroffen und unverständlichen Verhalten bewogen haben mag. Drei Tage später spekuliert Lord Burghley in einem Brief an die Königin über die »Angelegenheit« zwischen Oxford und seiner Tochter: »Eine Angelegenheit, von der ich nicht mit Gewißheit sagen kann, wie sie entstanden ist … sei es, weil er mich ablehnt oder weil er sie verkennt.« Er bittet die Herrscherin um Rückendeckung, sollte er gezwungen sein, sich gegen Oxfords Anwürfe zur Wehr zu setzen.
Aber der Earl hüllt sich in Schweigen. Endlich, als Burghleys Briefe ihn dazu zwingen, antwortet er – am 27. April 1576 – mit vornehmer Kälte.

»Milord, obwohl ich aus Gründen, die ich noch für mich behalte, es unterließ, Euch zu schreiben oder zu Euch zu kommen, war ich doch entschlossen, Euch in diesen Tagen zu besuchen, sobald ich Gelegenheit dazu fände. Aber nun, da Ihr mich durch Eure Zeilen dazu anhaltet, sofort zu antworten, will ich Eurer Lordschaft folgendes zu verstehen geben.
Bis ich mir über einige Mißhelligkeiten größere Gewißheit verschaffen kann, bin ich, was meine Frau anbelangt, nicht gewillt, ihr Gesellschaft zu leisten. Darauf, wie diese Mißhelligkeiten noch genannt werden könnten, will ich hier nicht eingehen, allerdings kann man sie nicht durchweg als Verfehlungen bezeichnen. Anderes, was mir mißfällt, werde ich erst benennen oder publik machen, wenn es mir richtig erscheint. Auch will ich mir mein Leben nicht weiterhin durch solche Beschwernisse und Beunruhigungen ver-

derben lassen, wie ich sie zu ertragen hatte. Noch will ich mich
selbst unglücklich machen, nur um Euch zu gefallen.

Und wenn Eure Lordschaft schreiben, Ihr würdet, wenn ich einverstanden bin, *sie* in Euer Haus aufnehmen, so gebe ich zu verstehen,
daß ich damit sehr wohl einverstanden bin, denn dort könnt Ihr
Euch an ihr erfreuen, die Eure Tochter oder ihrer Mutter Tochter
mehr ist als meine Frau – und ich werde zusammen mit dieser Beun-
ruhigung von manch anderem Kummer befreit werden. Ich zweifle
nicht daran, daß ihr Vermögen groß genug ist, um davon leben und
sich selbst erhalten zu können.

All das wäre im privaten Rahmen zu regeln gewesen und hätte nicht
zur öffentlichen Fabel werden müssen, wenn Ihr so gut sein wollt,
mich zu verstehen. Aber ich weiß nicht, auf welchen oder wessen
Rat hin die Dinge sich so sehr gegen meinen Wunsch und meine
Absicht entwickelt haben, wodurch *sie* in den Augen der Welt der
Ehre verlustig geht und, obwohl es vermeidbar gewesen wäre,
öffentlicher Argwohn entsteht – was alles dazu angetan ist, mein
Mißfallen aufs neue zu erregen. Weshalb ich Eure Lordschaft bitte,
mich in dieser Angelegenheit (jetzt werdet Ihr mich verstehn) nicht
länger zu bedrängen. Also schreibe ich an Euch, wie Ihr an mich
geschrieben habt, diesen Freitag, den 27. April.

Euch zur Verfügung stehend in allem, was vernunftgemäß ist.

Edward Oxenford«

Indem er alles offenläßt, sagt dieser Brief doch alles. Oxford hat sich von
seiner Frau zurückgezogen, weil er etwas weiß, worüber er deutlicher
nicht sprechen will. Denn eine größere Deutlichkeit des Sprechens
könnte, vor allem wenn sie öffentlich würde, *ihr* zur Unehre gereichen.
(Ihre Unehre aber ist auch die seine.) Und obwohl nicht alles, was ihm
mißfällt, Verfehlung genannt werden kann, ist sein Mißfallen doch so
stark, daß er die Gesellschaft seiner Frau ablehnt: sich sein Leben nicht
verderben lassen will von den Beschwernissen, die er durch sie erlitten
hat – und sie zurückschickt zu den Eltern.

Eine noch deutlichere Sprache spricht das Gedicht von E. O., das im
gleichen Jahr in der Anthologie *The Paradise of Dainty Devices* veröffentlicht wurde.

Er erhebt Klage, nachdem sein guter Name befleckt worden ist

Im Zügel der entsetzten Hoffnung ohne ein Zurück,
steh ohne Hilfe ich, dem Schock der Schande ausgesetzt.
Mein Leben, das sich mühsam schleppt, muß kümmerlich
verrinnen:
vertagt mein Tod, den toten Tagen Leben abzuringen.
mein Herz, mein Geist, mein Witz, mein Mut erstickt in Pein
und Scham,
allein weil ich um meinen Ruf und guten Namen kam.

Und da mir Kopf und Geist und Stimm und Zunge nicht mehr
dienen,
um auszudrücken, auszudenken, lautzumachen, zu ersinnen,
was voller Leid ich klagen möcht und endlos klagen müßte,
so muß und werd um Hilf ich flehn, mit tränennassen Augen,
zu allen, die in Himmeln, die in Höllen und auf Erden leben,
daß sie mit mir, was ich verlor, fortan beweinen mögen.

Helft Götter, Heil'ge, Geister all, die ihr im Himmel wohnt,
ihr helft, die ihr gewohnt zu klagen seid, heulende Höllenhunde,
ihr Menschen helft, helft, Bestien, Vögel, Würmer,
Erdenknechte,
hilf, Fisch, hilf, Federvieh, was kreucht und fleucht zu Wasser
oder Land,
hilf, Echo, das in Lüften webt, die Schreie zu verdoppeln –
da meinen guten Namen ich verlor: helft mir, ihn zu beweinen.

Man erstaunt, mit welcher Verve der Geschundene seinen Schmerz zu poetisieren versteht, welches Aufgebot an Metaphern, Lautstärke und Dramatik er arrangiert, zu welch exzessivem Selbstmitleid er fähig ist. Der Schock aber, den der Schreiber erlitten hat, ist echt. Denn es entspringt keiner Laune, wenn er öffentlich den Verlust seines »guten Namens« beklagt. Seine Wut, seine Verzweiflung, seine Krisis können sich nur auf einen konkreten Anlaß beziehen: auf die vermeintliche Untreue seiner jungen Frau.

»Der Earl of Oxford«, notiert Lord Burghley rückblickend, »wurde, als er von Italien zurückgekehrt war, von gewissen schlechten Personen dazu verleitet, für seine Frau zum Fremden zu werden« (*he was entyced by certen lewd Persons to be a Stranger to his Wiff*). Und Oxfords Ziehvater, der Gelehrte und Staatsmann Sir Thomas Smith, schreibt am 25. April an Freund Burghley: »Die Wohltaten und die große Sorge, die Ihr ihm zukommen ließt, verdienen eine ganz andere Belohnung als das Verhalten, das er Euch gegenüber an den Tag legt, seit er zurückgekommen ist. Ich weiß nicht, welche Ratgeber und Einflüsterer er besitzt, daß er sich so benimmt. Ich bin traurig darüber – und traurig, so viel davon zu hören.«

Smith und Burghley also glaubten, daß der Earl im Hafen von Dover einer Schurkerei zum Opfer gefallen war. Und nicht wenige Indizien bestärken diesen Verdacht. Vor allem eine Eintragung in Burghleys Tagebuch, die seltsamer und unverständlicher nicht sein könnte.

»Er erklärte gegenüber Milord Howard, daß er nur in Hampton Court (Anfang Oktober 1574) mit seiner Frau zusammenlag, das Kind also nicht von ihm sein könne, weil es im Juli (1575) geboren wurde. Was nicht der Zeit von zwölf Monaten entspricht.«

Oxford stellt nicht in Frage, daß seine Tochter nach neun Monaten Schwangerschaft am 2. Juli 1575 geboren wurde. Wie sollte er auch – die ganze Hofgesellschaft war um diese Geburt versammelt. Sinn bekommt die Sache erst, wenn man weiß, daß Esel zwölf Monate trächtig sind. Weil der Earl meint, hintergangen worden zu sein, und sich deshalb für den Dummen – sprich für einen Esel – hält, hätte sein Kind erst nach zwölf Monaten zur Welt kommen dürfen. (Nicht der Witz selbst ist das Erstaunliche, sondern daß Oxford Witze macht in einer so fatalen Situation.) D. h., er geht davon aus, daß Anne Cecil ihn betrogen hat oder betrügen wollte, nachdem sie Mutter geworden war. Er aber – als der »Esel« – stellt die Dinge nochmals auf den Kopf und annulliert, im Hinblick auf ihren »Betrug«, seine Vaterschaft.*

* In den *Facezien*, der Anekdotensammlung des Poggio Bracciolini (1380-1459), findet sich unter dem Titel »Jemand, der eine Matrone fragt, ob seine Frau zwölf Monate lang schwanger gehen könnte« folgende Geschichte: »Ein Bürger von Florenz, der außer Landes gewesen war und nach Ablauf eines Jahres in sein Haus

Dieses kuriose Spiel mit dem Abgrund finden wir vorformuliert in der Novelle *The Adventures of Master F. I.*: Master Fortunatus Infoelix verliebt sich in die verheiratete Mistress Elynor. In einem Gedicht an Elynor vergleicht er sie mit Bathseba, die ihm, dem »zweiten König David«, durch ihre Schönheit den Kopf verdreht. Später erzählt er ihr – wieder in der Rolle von König David – die Geschichte des Goldenen Esels nach Apuleius, wobei *er* (Master F. I. – David) mit der Bitte schließt, *sie* (Elynor – Bathseba) möge ihn nicht aus Versehen, wie bei Apuleius geschildert, in einen Esel verwandeln. Aber diese Verwandlung ist, wie der Leser weiß, längst im Gange, denn Mistress Elynor betrügt ihren Master nach Strich und Faden, nachdem er sich wie ein Esel betragen hatte.

Edward (Neddie) de Vere hält sich demnach für betrogen und für einen Esel. Aber warum weiß ausgerechnet Lord Howard davon? Augenscheinlich deshalb, weil Howard und York ihrem Freund Ox die giftige Pille zu schlucken gegeben haben. Charles Arundell dürfte das Trio infernale komplett gemacht haben.

Lord Henry Howard, späterer Earl of Northampton (1540-1614), war bekennender Katholik und ein Mann von perfider Intelligenz. Der Bruder des hochverräterischen Thomas Howard, Duke of Norfolk, und Gefolgsmann Maria Stuarts haßte das Konstrukt einer protestantischen Staatskirche unter Königin Elizabeth, haßte ihren Schützling, den Earl of Leicester, und haßte Lord Burghley als ersten Repräsentanten der elisabethanischen Politik.

zurückkehrte, fand am Tage seiner Heimkehr seine Frau in den Wehen liegen, was ihn nicht wenig beunruhigte, weil er den Verdacht hatte, seine Frau sei ihm untreu gewesen. Da er aber seiner Sache nicht sicher war, ging er, um sich zu vergewissern, zu einer vornehmen und sehr klugen Matrone, die in seiner Nähe wohnte, und fragte sie, ob es möglich sei, daß seine Frau ein Kind von zwölf Monaten zur Welt bringe. Diese durchschaute sofort die Dummheit des Mannes und sagte: ›Gewiß, wenn deine Frau am Tage der Empfängnis zufällig einen Esel gesehen hat, hat sie wie die Eselinnen ein ganzes Jahr schwanger gehen müssen.‹ Der Mann beruhigte sich bei diesen Worten und dankte Gott, dass er ihn von keinem kleinen Verdacht befreite und seine Frau vor einem großen Skandal bewahrte. Den neugeborenen Knaben aber erkannte er als sein Kind an.« (Die Facezien des Poggio Fiorentino. Aus dem Lateinischen übersetzt von Hans Floerke. München 1906)

Im Jahr 1571 hatte Howard sich durch geschicktes Leugnen dem Verdacht entzogen, seinen Bruder bei der Verschwörung gegen Elizabeth unterstützt zu haben. Dafür bezog er nach dessen Hinrichtung als Judaslohn eine jährliche Pension von der Krone, setzte aber desungeachtet seine Verbindung zu Maria Stuart fort. Der Umstand wurde ruchbar, und er kam Anfang 1575 erneut in Haft. – 1583 brachte man Lord »Harry« in Verbindung zum »Throckmorton Plot«, der die Ermordung der Königin zum Ziel hatte. Nachdem er bei Elizabeth keinen Kredit mehr genoß, machte er sich in den neunziger Jahren lieb Kind bei ihrem designierten Nachfolger James VI von Schottland – dem späteren James I von England – und erlebte unter seiner Herrschaft einen kometenhaften Aufstieg. Howard hetzte gegen Sir Walter Raleigh und brachte ihn für 13 Jahre in den Tower. Er unterstützte zu seinem eigenen Vorteil die Scheidung seiner Großnichte von dem dritten Earl of Essex (1613) und ließ einem Gegner der Scheidung, Sir Thomas Overbury, durch Lady Essex Gift reichen.

An der Seite des eleganten Zynikers und Frauenhassers Lord Henry Howard finden wir den Hasardeur Rowland York (ca. 1550-1588) – einen jungen Mann aus reichem Haus, dessen Vater das Finanzwesen unter Edward VI konsolidierte und dabei ein Vermögen machte. Die Zeitgenossen charakterisieren Rowland York als unerschrocken und mordlustig. Er scheute keinen Witz und keinen Streit, ging 1573 an der Seite George Gascoignes als Kundschafter und Soldat nach Holland, sprach in Haarlem den »jungen Nonnen« zu, kam vom Festland mit dem kurzen Stoßdegen zurück, den man in England bis dahin verschmäht hatte (eine geeignete Waffe für Duelle mit tödlichem Ausgang), wurde 1578 ein zweites Mal nach Holland gerufen und zeichnete sich in der Schlacht von Rijmenam durch besondere Kaltblütigkeit aus. Allgemein erhoben sich Klagen über seine Arroganz. 1580 wurde er, wie der Spion William Herle berichtet, von den Holländern wegen Verleumdung (*false charges*) vor Gericht gestellt. 1587 verriet er die Stadt Zutphen an die Spanier, die ihn ein Jahr später während eines Banketts vergifteten.

Der dritte im Bund der guten Freunde, auch wenn er in Dover namentlich nicht auftritt, ist Sir Charles Arundell (1539-1587), der über seine Mutter – Margaret Howard – sowohl mit Henry Howard als auch Edward de Vere verwandt war. Im April 1572 hatte er eine Delegation zur Unterzeichnung des Vertrags von Blois nach Frankreich begleitet. 1574 erhielt er die Stelle eines Renteneinnehmers, im Sommer 1578 begleitete er eine Gruppe von Diplomaten unter Staatssekretär Francis Walsingham in die Niederlande, um die protestantischen Rebellen von französischer Unterstützung unabhängig zu machen. Zum Mißlingen der Mission mag beigetragen haben, daß der Katholik Arundell von der englischen Gruppe absprang. Er unterstützte zusammen mit Henry Howard die Pläne der »französischen Hochzeit« Elizabeth', bis Oxford ihn (und Howard) im Dezember 1580 des Verrats an der Königin beschuldigte. Teils, um sich zu verteidigen, teils, um sich zu rächen, verunglimpfte er den Earl – seinen »monströsen Gegner« – in ellenlangen Manifesten. Nach Aufdeckung des Throckmorton Plot im Jahr 1583 floh er nach Frankreich, wo er als spanischer Agent Sold bezog und (im Stil seiner Anklagen gegen Oxford) eine wilde Schmähschrift gegen den Earl of Leicester verfaßte. *Leicester's Commonwealth* wurde 1584 nach England eingeschleust und sorgte dort für Aufruhr. Der Graf wird darin beschuldigt, zahlreiche Morde begangen zu haben und unter den Kammerfrauen der Königin auf die »Weide« gegangen zu sein. – Arundell starb unter mysteriösen Umständen im Dezember 1587 in Paris.

Es war das gemeinsame Anliegen von Howard und Arundell, ihren Freund Edward de Vere durch gezielte Verleumdung Anne Cecils dem Lord Treasurer zu entfremden. Rowland York, dem der Verrat ein Herzensbedürfnis gewesen zu sein scheint, diente dabei als williges Instrument.

Wir stellen uns vor, daß sich Rowland (etwa in der Art Jagos) vertraulich an seinen Freund Oxford wandte und ihm wohldosiert zu verstehen gab, Anne Cecil habe sich, um die lange Zeit des Wartens zu überbrücken, ein und ein zweites, ja ein drittes Mal mit einem sehr eindeutigen Angebot an ihn gewandt, dem er – natürlich – widerstand. Später, während des gemeinsamen Abendessens in York House, werden Howard und Arundell ihre eigenen Beobachtungen nachgetragen und im Verlauf der Unterhaltung den alten William Cecil nicht geschont haben.

Dem Rückkehrer war klar: Anne würde die Darstellung Yorks in jedem Fall abstreiten. Entweder also ginge er zu ihr zurück und trennte sich von seinen Freunden, oder er hielte an seinen Freunden fest (an deren Wort zu zweifeln er keinen Grund fand) – und trennte sich von Anne Cecil. Vielleicht erschien ihm letzteres im Augenblick erträglicher. Vielleicht wollte ihn das Schicksal vom Cecil-Clan mit einem Schlag befreien.

Werfen wir noch einen kurzen Blick auf den Fortgang der Verratsgeschichte. Im Sommer 1577 kommt es zwischen Oxford und York zum Zerwürfnis. (Arundell wird später aussagen, Oxford habe York ermorden lassen wollen, dann aber, in der Art eines Theaterbösewichts, Befehl gegeben, *den* Mann aus dem Weg zu räumen, der sich weigerte, den Mord zu begehen.) Gleichzeitig bekommt die Freundschaft zwischen Howard und Oxford einen unheilbaren Riß, da der Earl, der wieder aktiv am Hofleben teilnimmt, für seine Dienste mit dem ehemals Howardschen Besitz Castle Rysing belohnt wird. Das Schloß war nach der Hinrichtung von Howards Bruder an die Krone zurückgefallen. – Zwar verkehren Oxford und Howard noch miteinander, aber das Verhältnis bleibt gespannt. Im Juli 1580 schimpft Howard den Earl einen Säufer, und Ende des Jahres folgt der Eklat. Oxford nennt die Sippe der Howards das »schändlichste und verräterischste Geschlecht auf Erden«, geht zur Königin und bittet sie um Verzeihung dafür, daß er die katholischen Verräter Henry Howard, Charles Arundell und Francis Southwell jemals in Schutz genommen hat. Howard und Arundell scheuen sich nicht, ihn zu ihrer Verteidigung als einen Mörder, Lügner, Atheisten und Spitzbuben zu verleumden.

Aber noch schreiben wir das Jahr 1576.
Oxford zog sich nicht nur von Anne Cecil zurück, sondern sparte auch nicht mit Vorwürfen an die Adresse seines übermächtigen Ersatzvaters: Burghley habe ihn in Italien nicht mit genügend Geld versorgt, habe während seiner Abwesenheit (zu seinem Schaden) Grundbucheintragungen unterlassen, habe vor drei Jahren seine Diener Wilkins, Hannam und Dennis schlecht behandelt etc. Burghley, der die Italienreise des Earl mit £ 2000 aus eigener Tasche unterstützt hatte, verfaßte eine Gegendar-

stellung. Das Geplänkel verlagerte die Aufmerksamkeit auf Nebenschauplätze, ohne daß an der Hauptsache sich etwas änderte: der Earl of Oxford wollte seine Frau unter keinen Umständen wiedersehen.

Was hat sich in Oxford abgespielt, als er diesen Entschluß faßte? Warum hat er die Intrige nicht durchschaut – oder untersucht? Entsprach es einem inneren Vorsatz, sich zu täuschen oder sich täuschen zu lassen?

Wir haben den Earl kennengelernt als Meister der poetischen Selbsterforschung, als Artisten der Liebesrhetorik, als seelenkundigen Tragöden und illusionslosen Illusionisten. Auch als den großen Verborgenen, als Künstler, der sich dem Blick der Zeitgenossen und Nachgeborenen konsequent zu entziehen verstand.

Er kommt als neuer Mensch aus Italien zurück, er hat Frauen, Geist und Macht der italienischen Renaissance kennengelernt, ist den holländischen Piraten mit heiler Haut entronnen, findet sich »nackt« an die Küste Englands gespült, ein Mensch, der alles verloren hat, um es neu zu gewinnen: Sebastian und Prospero zugleich.

Wollte Oxford seinen neuen Anfang nicht verspielen? War die Trauerpose, in die er fiel, darum nur ein Spiel vor sich selbst und den anderen? Ein lyrisch exerziertes Lamento zur Beruhigung seiner überreizten Sinne und seines im Untergrund wachen Gewissens?

Wie schafft es ein junger Mann, den die gesellschaftliche Konvention, seine Ehe, seine Verwandtschaft, seine höfische Rolle, das Gewicht seines Namens, seine Pflicht, sein Anhang und seine Anhängerschaft in einen goldenen Panzer pferchen, wie schafft er es, sich mit einem Hieb zu befreien und ein Klausner zu werden im Dienst der Kunst, ein geheimer Jünger der Pallas Athene? Muß er dafür seine Frau opfern, die er vielleicht nur widerwillig geheiratet hat?

Oxfords Feinde sagen, er sei in Venedig auf den Geschmack der Knabenliebe gekommen, habe sich den entsprechenden Jüngling gleich mitgebracht und wollte sich mit ihm ein schönes Leben machen. Anhaltspunkte gibt es dafür keine außer der Denunziation Howards, der den abgefallenen Freund zur Hölle wünschte. Dagegen gibt es Hinweise auf den Beginn einer rastlosen literarischen Tätigkeit, die seinen Ruhm als »Bester im Fach Komödie« begründen und George Puttenham später in seiner *Arte of English Poesie* (1589) zu dem Kommentar veranlassen sollte:

»In unserer Zeit hat sich eine andere Gruppe von höfischen Verfer-
tigern – Adligen und Hofbeamten – hervorgetan, die äußerst gut
schreiben (wie sich zeigen ließe, wenn ihre Hervorbringungen auf-
gespürt und gleich anderen veröffentlicht werden könnten), unter
denen dem edlen Edward Earl of Oxford der Vorrang gebührt.«
Der poetische Earl war, wenn wir William Cecil und Ralph Lane glauben wollen, ein Hof-Rebell und Hof-Narr in Gestalt des Ebers, Fauns
und Heißsporns, der zu seinem Glück durch Schaden nicht »klug« werden wollte.

Wir werden nicht sagen können, was genau sich in ihm abspielte, als
er seine Frau verließ – und wollen uns davor hüten, aus Shakespeares
Stücken ein Persönlichkeitsbild abzuleiten. Denn mit Shakespeare läßt
sich bekanntermaßen jede Biographie schreiben, auch die des Mannes
aus Stratford.

Freitag, den 13. Juli 1576 richtet der Earl ein kurzes Schreiben an Lord
Burghley. Er erinnert an das Gespräch vom Vortag, worin er Burghley
zugestanden habe, Anne Cecil an den Hof bringen zu dürfen, wann
immer er, Oxford, nicht dort anwesend sei. Er habe Burghley jedoch
auch gebeten, ihn nicht weiter in dieser Sache zu bedrängen.

»Nun höre ich, daß Eure Lordschaft sie zum heutigen Empfang mit
an den Hof bringen will, in der Hoffnung, die Sache im Anschluß
weiterhin verfolgen zu können. Wenn Eure Lordschaft so handelt,
nehmt Ihr mehr in die Hand, als ich bereit bin zu geben. Denn ich
ziehe meine eigene Zufriedenheit der der anderen vor und werde
dies weiterhin tun, obschon ich da, wo ich nachgeben und mich
mäßigen kann, sehr gerne in Eurem Sinn handeln will. Deshalb
bitte ich Euch, von meiner Zusage erst dann Gebrauch zu machen,
wenn Ihr mir, schriftlich oder mündlich, auf Ehre versichert habt,
Euch an unsere Abmachung zu halten, welcher ich unter dieser
Voraussetzung meinerseits zustimme, wodurch ich meine Pflicht
erfülle gegenüber dem Wunsch Ihrer Majestät sowie Eurem väterlichen Gefühl für Eure Tochter entgegenkomme. Andernfalls ist alles, was bisher besprochen wurde, nichtig.«

Wenn Howard und Arundell jedoch glaubten, Oxford durch ihren Verrat an sich gebunden zu haben, so hingen sie einer Wunschvorstellung an. Der Sohn des couragierten Protestanten John de Vere, Neffe und Schüler des Calvinisten Arthur Golding, der ergebene Dienstmann der Königin Elizabeth, die ihn im Januar 1578 mit dem ehemals Howardschen Besitz Castle Rysing beschenkte: Edward de Vere, Earl of Oxford, besaß nicht den geringsten Grund, sich »mit Rom zu versöhnen« und heimlich die Messe zu besuchen. Seine kritischen Bemerkungen über den Mailänder Kirchenfürsten Carlo Borromeo und Spaniens bösen Einfluß auf Italien zeigen keine Anfälligkeit für die katholische Lehre.

Allein, Henry Howard, Charles Arundell und der ihnen befreundete Botschafter Mauvissière wollen später geltend machen, daß Oxford sich im Jahr 1576 zum römischen Glauben bekehrt und »alles ihm Mögliche zur Förderung der katholischen Religion« zu tun versprochen habe. Dagegen hat Orazio Cuoco, der bis März 1577 in Oxfords Haushalt lebte, ihn der venezianischen Inquisition gegenüber als einen Mann geschildert, der »jeden leben läßt, wie er will«. Und zur Messe ging Orazio ins Haus des französischen oder portugiesischen Botschafters. D. h., für eine »katholische« Gesinnung oder Betätigung des Earl of Oxford in den Jahren 1576 bis 1580 gibt es nicht den geringsten aktenkundlichen Hinweis, auch wenn Howards und Arundells Denunziationen bei den Historikern auf fruchtbaren Boden gefallen sind.

Bald nach seiner Rückkehr begann Oxford die in Italien begonnenen poetischen und dramatischen Entwürfe auszuarbeiten. Einige seiner neuen Gedichte brachte er in eine Anthologie ein, die 99 Gedichte enthielt und überschrieben war: *The Paradise of Dainty Devices* – »Das Paradies der zierlichen Erfindungen«. *The Paradise* versammelt tote und lebende Autoren: Thomas Lord Vaux (1509-1563), Richard Edwards (1523-1566), William Hunnis (ca. 1529-1597), Francis Kinwelmersh (1538-1580), Jasper Heywood (1553-1598) und über zwanzig Autoren, die unter einem Pseudonym oder mit dem Namenskürzel gezeichnet haben – darunter »E. O.«. Auch Edmund Spenser (»E. S.«) und der junge Walter Raleigh (»W. R.«) sind in dem Band vertreten. – Die Anthologie wurde vor Juli 1576 in das Stationers' Register (Register der Buchdrukker- und Buchhändlergilde) eingetragen und dürfte nicht vor August 1576 erschienen sein.

Der Ton der Sammlung ist insgesamt feierlich und ernst. Nicht die Freuden der Liebe werden thematisiert, sondern ihre Schattenseiten: Zurückweisung, böses Erwachen und Trennung. Aber auch notwendige Selbsteinkehr und Vorbereitung auf den Tod bilden den Gegenstand der Dichtungen. Wegweisend steht am Anfang die Übersetzung des mittelalterlichen *Cur mundus militat sub vana gloria:* »Warum kämpft die Welt um nichtigen Ruhm? ... Wohin schwand Cäsar, erhaben an Herrschergewalt? Wohin Crassus? ... Fraß der Würmer, o Klumpen Staub, o Tau, o Nichtigkeit, warum wirst du so gepriesen? Weißt du doch nicht, ob du morgen noch lebst.«[*]

Der Bernhard von Clairvaux zugeschriebene Gesang zählt zu den bekanntesten geistlichen Dichtungen Europas. Die englische Übertragung in sechshebigen Jamben besitzt neben der nötigen Genauigkeit große poetische Selbständigkeit. Die letzte Strophe lautet im Englischen:

> The pompe of worldly prayse, which worldlinges hold so deere,
> In holy sacred booke, is likened to a flowre:
> Whose date dooth no conteyne, a weeke, a moonth, or yeere,
> But springing nowe, dooth fade againe within an houre.
> And as the lightest leafe, with winde about is throwne,
> So lyght is lyfe of man, and lightly hence is blowne.

* * *

> Irdischen Glanz und Preis, den Weltlingen so lieb,
> vergleicht die Heil'ge Schrift mit einer kleinen Blume,
> die keinen Tag und Mond, kein Jahr von Dauer ist,
> nein, die entsprungen erst, schon welkt nach einer Stunde.
> So leicht, ein leichtes Blatt, das sich im Wind bewegt,
> so leicht wiegt unser Sein, so schnell ist es verweht.

Der Übersetzer der lateinischen Verse nennt sich »My lucke is losse« (Mein Glück [Geschick] ist der Verlust) und läßt sich unschwer als ein Zwilling des »Fortunatus Infoelix« erkennen. D. h., diese Übersetzung

---

[*] Dies Memento mori hallt wider in Prinz Hamlets komisch sinistren Betrachtungen: »Der große Cäsar, tot und Lehm geworden, / Verstopft ein Loch wohl vor dem rauhen Norden. / O daß die Erde, der die Welt gebebt, / Vor Wind und Wetter eine Wand verklebt!« (Vgl. Harry Morris: Hamlet as a *Memento Mori* Poem, in: PMLA, Vol. 85, No. 5, 1970)

und fünf andere Gedichte des verlustreichen Anonymus (No. 2 und 43-45 in der Ausgabe von Hyder E. Rollins, 1927) sind ihrer inhaltlichen und stilistischen Besonderheit nach eindeutig Hervorbringungen des Earl. (Dies, obwohl nicht Oxfords Vornamen, weiß auch der Schreiber von Humphrey Coningsbys Lyriksammlung, der die monströse Klage »If fortune may enforce the careful heart to cry« einem gewissen »RO.LOO« – RObert LOrd of Oxford – zuschreibt. Hinter diesem Kürzel hat eine andere Hand mit feiner Schrift das Wörtchen »Ball« eingetragen und damit die Zuschreibung gesichert; vgl. die Fußnote auf Seite 38.)

»My lucke is losse« zeichnet sich aus durch Offenheit, Experimentierfreudigkeit und eine tragische Sturm-und-Drang-Gebärde. Er liebt das Concetto, die Antithese, die Hyperbel, die Alliteration – und macht (wie später die Euphuisten) gerne und zahlreich Gebrauch von allen Mitteln zum Erwecken des Staunens. Eines seiner kürzeren Gedichte überschreibt er mit einem Zitat aus Ovid: *Donec eris felix multos numerabis amicos. / Nullus ad amissas ibit amicus opes.* – »Solange du glücklich bist, wirst du genug Freunde zählen. / Keinen Freund hast du, wenn dein Reichtum verloren ist.«

Wie Raben, Krähen, gierig und in Scharen,
ein Aas umschwärmen, das am Boden liegt,
mit ihren Schnäbeln reißend in es fahren,
bis sie das Fleisch, die Haut hinabgewürgt,
– nie anderes als ihren Fraß im Sinn,
geschäftig, mit der Beute abzuziehn –
am Ende nur die Knochen liegenlassen,
um anderswo ein fetteres Aas zu raffen,

so seh ich da, wo Reichtum unbegrenzt
und Geld und Gold zu finden jede Menge,
der Freunde viel, bereit zu Freundschaftsdienst,
sich sammeln, drängen, brüsten ohne Ende.
Sie preisen rasch den eignen Edelmut,
doch sind voll Haß und sinnen auf Betrug.

Denn wenn aus Reichtum einmal Mangel wird,
so gehn sie hin, wo neues Gold sie kirrt.

Diese Zeilen sind so etwas wie das Motto zu Shakespeares *Timon of Athens*. (»Timon von Athen«, ein unglückliches, handlungsarmes Stück über den in den Wahnsinn der totalen Verfeindung getriebenen Menschenfreund. Ein Reicher, der sich arm geschenkt hat, sieht sich der grenzenlosen Undankbarkeit seiner Mitmenschen ausgesetzt. Ihren Spott beantwortet er mit seinem Fluch, an dem er selbst zugrunde geht.)

»My lucke is losse« beklagt seine wirklichen und fiktiven Verluste so lange, bis der Schmerz über dem Lamento die Flucht ergreift.

In einem der Gedichte setzt er sich dergestalt in Diskurs mit sich selbst, als wäre er nicht nur er, sondern zugleich ein anderer.

Ich seufz. *Warum?* Besorgt um ihren Schmerz.
Ich klag. *Weshalb?* Verzweifelt, weil sie klagt.
Mich dauert. *Was?* Ihr zweiflerisches Herz.
Ich fürchte. *Wen?* Sie, die sich mir versagt.
Ich leide. *Wie?* Wie sie um mich sich plagt.
Ich fühle. *Was?* Daß sie die Unrast quält:
und ihre Blässe mir mein Glück vergällt.

Eine zweite und dritte Strophe führen im dramatischen Selbstgespräch aus, worauf er hofft, was ihn bedrängt, wonach er Verlangen hegt – und wie *sie* auf sein Verlangen reagiert. Nämlich: sie blickt ihn an. Worauf er sich selbst antworten kann: »Ich weiß, der Männer Freiheit liegt im Wählen, / der Frauen Eigensinn darin, zu quälen.«

Hält sie zu dir? Sie billigt, was ich tu.
Wandt sie sich ab? Sie wollt nicht, daß ich schweige.
Willigt' sie ein? Sie gab mir manches zu.
Erbatst du was? Birn, Äpfel und Getreide.
All das. – *Und sie? Gab Käse oder Kreide?*
Doch sieh. Wohin? Wie andrer Wünsch und Zähren
sich gegen deine Liebe zu ihr wehren.

Der Dichter verliert sich nicht, während er sich selbst betrachtet. Aber weil er sich selbst zu verlassen weiß, gewinnt er sich immer neu. (In komischer Form demonstriert der Diener Lanz das Auseinandergehen der Ich-Anteile: »Nein, in einer ganzen Stunde werde ich nicht mit

Weinen fertig. … Ich will Euch zeigen, wie es herging: dieser Schuh ist mein Vater; nein, dieser linke Schuh ist mein Vater, – nein, nein, dieser linke Schuh ist meine Mutter … ich bin der Hund, – nein, der Hund ist er selbst, und ich bin der Hund, – ach! der Hund ist ich, und ich bin auch ich selbst; ja, ja, so ist's.« *The Two Gentlemen of Verona*, II/3)

Überraschenderweise tritt der Meister des Versteckspiels im *Paradise* von 1576 auch namentlich auf. Er zeichnet acht seiner Gedichte mit dem Kürzel »E. O.« – als wollte er sagen: Hier bin ich! Aber auch: Seht, wie ich leide!

Aber nur die Klage über den »Verlust seines guten Namens« berührt die persönliche Geschichte des Earl. Wo immer er sonst *ich* sagt, investiert er zwar seine persönliche Empfindung, gibt aber nichts von seiner persönlichen Situation preis.

Da ist der Verliebte, der sein vernunftwidriges Verlangen bereut, aber von seiner Hoffnung nicht läßt, weil er wie Gyges den Ring im Maul des Fisches wiederfinden könnte – da ist der Abgewiesene, der sich nicht länger quälen lassen möchte – der von der Geliebten Verlachte, der seine Feindin trotzdem liebt – und der Mann, der die Traube gepflückt hat und dennoch Durst leidet.

Alles in allem sieht es so aus, als hätte der Earl durch sein namentliches Erscheinen innerhalb des *Paradise of Dainty Devices* ein gewisses Aufsehen nicht vermeiden wollen.

Kaum aus Italien zurückgekehrt, traf der Earl seinen Doppelgänger und Freund George Gascoigne wieder. Nach den Jahren der Laune, der Verschuldung und des Herumirrens war der Dichtersoldat im Jahr 1575 überraschend zum Spielleiter der königlichen Feste von Kenilworth avanciert. Er hatte der Königin die Erzählung des Einsiedlers Hemetes vortragen dürfen (ein Märchen mit prophetischem Bezug auf ein aktuell bevorstehendes Turnier, wahrscheinlich aus Edward Dyers Feder stammend) – und ihr dieselbe Geschichte, zusammen mit selbstverfaßten Übersetzungen ins Lateinische, Französische und Italienische, als Neujahrsgeschenk 1575/76 überreicht. Vor Elizabeth nannte er sich stolz einen »Dichter mit dem Speer« (*A Poet with a Speare*) – einen »Mann in Waffen, den Stift im Ohr, der mit der Feder ficht und mit dem

TAM MARTI QVAM MERCVRIO:·

George Gascoigne.
Der Dichter mit dem Speer
(1535-1577)

Gascoigne
vor Königin Elizabeth,
Neujahr 1576

Schwerte schreibt« (*A soldyer armde, with pensyle in his eare / with penn to fighte, and sworde to wryte a letter*). Und nun wollte er zeigen, wie sehr dieser Dichter auf eigenen Füßen stand.

Nach seinem *Glasse of Governement*, einem puritanisch angehauchten Stück über Gut und Böse, sollten im Sommer 1576 zwei weitere kleine Werke erscheinen: die Verssatire *The Steele Glasse* (»Der stählerne Spiegel«) und die Elegie *The Complaynt of Philomene*. Die Vorworte datiert Gascoigne mit »fünfzehnten« bzw. »sechzehnten« April 1576. Aber auch im Mai wird noch daran gearbeitet, denn Freund Oxford schreibt ein mit »N. R.« gezeichnetes Empfehlungsgedicht zum *Steele Glasse*, in dem er scherzhaft auf Gascoignes Vielgesichtigkeit anspielt: Homer, Vergil, Catull, Seneca, Archilochos und Plautus, Ovid, Tibull, Lucilius und Horaz hätten jeder auf eigene Art gedichtet, »nur Gascoigne schreibt in jeder Art« (*Thus divers men with divers vaines did write, / But Gascoigne doth in every vaine indite*). Aber der Spaß geht noch weiter. Ihm, der Gascoigne zu loben habe, sagt »N. R.«, gehe es wie dem griechischen Maler Timantes, der den trauernden König Agamemnon malen sollte. Timantes verbarg das Gesicht des Königs hinter einem Schleier. Und so wolle er, »N. R.«, Gascoignes dunkle Schönheit in schweigende Verse hüllen.

Gleich so soll meine Feder Gascoigne ehren
und ohne Anmut, seiner Anmut willen,
sie in den Flor verschwiegner Verse hüllen.

Mit sublimem Schalk verweist Oxford den poetischen Streiter Gascoigne an seinen Platz, ohne daß der Leser von damals (und heute) etwas merken müßte.*

---

* Oxford arbeitet auf mehreren Ebenen an der Vollendung von Gascoignes fiktivem Porträt. Z. B. schreibt er in der Rolle Gascoignes ein vierseitiges Prolog-Gedicht zu dessen *Philomene* (1576).

Es war April, der süß den Mai verkündet,
da lichtes Naß in goldnen Schauern schmilzt
und jedes Vöglein Liebesweisen findet
und milder Wind die ersten Blüten küßt,
als ich des Abends spät alleine ging,
das helle Lied der Nachtigall zu hören,
und innehaltend lauscht ich dem Gesang:
Von ihrem Leid begann sie zu erzählen ...

Die armselig zwitschernden Vögel, so beklagt sich die Nachtigall, würden kostspie-

Der äußerlich zum Puritaner mutierte und einer Lebensstellung sichere George Gascoigne blieb seinem alten Unglück treu – und starb im Oktober 1577. Er hatte Oxfords Anonymität mit dem Schild seines Namens geschützt und war dafür – wie jeder andere siegreiche Kämpfer – mit dem sozialen Aufstieg belohnt worden. Nach Gascoignes Tod trat Oxford das Erbe seines Namens an. Nicht, daß er wie zu Lebzeiten Gascoignes noch einmal mit den Buchstaben GG spielte. Aber zu Ehren des Freundes, der ihn vom Gewicht seines Namens befreit hatte, nannte der Earl sich später – nach Gascoignes Vorbild – den Dichter mit dem Speer.

lig in Käfigen gehalten und gefüttert, während sie, die einsame Sängerin, um ihr Brot betteln müsse. Nur ein wahrhaft Liebender dürfe sich ihr noch nähern. Darum singe sie gern für den einsamen Wanderer, der liebeskrank in den Wald kam und nun ihrem Lied lauscht. Und wie auf des Orpheus Harfe läßt sie ihre Töne erklingen: Tereu, Tereu – fy fy fy fy fy – Jug, Jug, Jug – Nemesis, Nemesis. Über diesem Gesang schlummert der Wanderer ein. Aber im Traum erscheint ihm eine Nymphe, die die Geschichte der zur Nachtigall gewordenen Philomene erzählen wird. – Womit übergeleitet ist zu Gascoignes Elegie *The fable of Philomena*.

Harveys Prognostica 1628

Der Alte schneuzt mit einigem Wohlgefallen in das karierte Tuch.
»*Und wen stellt die Büste dar?*« *fragt der Neffe.*
»*Ein Fabeltier. Ochse und Esel zugleich.*«
»*Ich verstehe nicht. Gab es ihn zweimal?*«
»*Wenn du so willst. Es gab ihn, den sehenden Esel, auch Ochse genannt oder in meinen Worten der Vollochse, weil er ein Earl of Oxenford war, und es gab den blinden Esel, den hergelaufenen Lumpen aus Stratford, der sich am Theater eine goldene Nase verdient hat, nicht weil er spielen konnte, sondern weil er mit Geld gespielt hat, weil er Anteile am Swan und am Globe gekauft hat und aus Versehen Shakspere hieß oder Shaxpere oder wie zum Teufel auch.*«
»*Und Shakespeare? Der Dichter?*«
»*Shake-Spear! Schwinge den Speer! Was, wie ich denke, darauf zurückgeht, daß ich in meinen* Gratulationes *von 1578 einen ähnlichen Vergleich gebraucht habe:* ›*vultus tela vibrat*‹ *− dein Blick schleudert Lanzen!*«
»*Wessen Blick?*«
»*Oxfords, du Narr.*«
»*Ihr habt ihn gekannt? Ihr seid ihm gegenübergestanden?*«
»*Ihm und der Königin. Im Vertrauen −*«, *Harvey beugt sich zum Ohr des Neffen,* »*man nannte mich damals den englischen Cicero.*«
Der Jüngling erbleicht.
»*Aber ich war*«, *sagt der Alte entschuldigend,* »*immer ein wenig vorlaut im Reden und überaus jähzornig. Und sehe es heute als meinen Fehler an, daß ich mit Vorliebe gerade das sage, was meinen Gesprächspartnern mißfällt. Das ist der Einfluß meines Aszendenten. Aber auch ein Zeichen von Wahrheitsliebe. Obwohl ich nicht verkenne, daß ich mir dadurch Feinde gemacht habe. Bedeutende Feinde. Auch den Ochsen.*«
»*Ihr verwirrt mich.*«
»*Du hast Zeit, darüber nachzudenken.*«
Der Junge senkt den Kopf und hebt ihn wieder.
»*Und warum wurde die Büste gesetzt? Ich meine, warum wurde sie in Stratford gesetzt?*«
»*Eine Sorge weniger.*«
Der Alte hat sich heiser geredet. Noch einmal wischt er mit dem Sacktuch über die Stirn, um es mit großer Geste einzustecken.

»Keiner wird etwas anderes behaupten wollen, auch du nicht, schon deshalb, weil du nichts verstanden hast.«

Behend greift er nach der Schelle.

»Joan!! Wo steckst du zum Teufel? Was machen die Krabben?«

9 GESCHICHTE DES IRRTUMS

Zu Neujahr 1577 bedachten sich die Königin und Anne Cecil, Countess of Oxford, mit wertvollen Geschenken, während der Earl auf einen Empfang verzichtete.

Lord Burghley appellierte noch einmal an das gute Herz seines Schwiegersohns. Anne, so schreibt er bekümmert, habe unter dem Verlust seiner Liebe, seiner Konversation und seiner Gesellschaft sehr gelitten – doch sie sei ihm noch immer zugetan. Er bittet Oxford um ein Gespräch unter vier Augen, nicht, um etwas zu erzwingen, sondern um die Dinge in aller Freundlichkeit zu erörtern. Wir wissen nicht, ob die geplante Zusammenkunft stattgefunden hat.

Jedenfalls ließ der Earl seine so resolut behauptete Freiheit nicht ungenutzt verstreichen. Zwischen 1578 und 1585 versammelt Humphrey Coningsby, der Sammler und Abschreiber höfischer Lyrik, in seiner Handschrift vierzehn neue Gedichte Oxfords, die in ähnlicher Form nochmals auftauchen im Bodleian Manuscript *Rawlinson Poet. 85*. Sieben oder acht weitere Gedichte finden sich in *Anne Cornwallis her Booke* (Folger Library, V. a. 89). Dutzende anderer handschriftliche Sammlungen dürften bestanden haben, aber sind verlorengegangen.

Mit dem »Earle of Oxenforde« konkurrieren in der Kunst der Liebesklage der Hofmann Edward Dyer (1543-1607) und der umtriebige Walter Raleigh (1552-1618), der 1578 zusammen mit seinem Halbbruder Sir Humphrey Gilbert nach Amerika segelte, 1580 als Experte für irische Fragen an Elizabeth' Hof kam und 1585 die erste englische Kolonie in Amerika gründete.*

Manieristischer als der lyrische Manierist E. O. schreibt der junge Philip Sidney (1554-1586), der neue Hoffnungsträger und Stern am englischen Hof. Nach Studienjahren in Heidelberg, Straßburg und Wien, nach Reisen durch Frankreich und Italien und einer Gesandtschaftstätigkeit

---

* William Webbe sieht sich in seinem *Discourse on English Poetry* (1586) zu der Bemerkung aufgerufen: »Nicht aussparen möchte ich das verdiente Lob der vielen ehrenwerten und edlen Lords und Herren am Hofe Ihrer Majestät, die zu kostbaren Erfindungen der Dichtkunst höchst befähigt waren und sind – unter denen der sehr ehrenwerte Earl of Oxford den Titel des Vorzüglichsten für sich in Anspruch nehmen kann.«

in Prag kehrte er im Sommer 1577 nach England zurück, verfaßte hochartifizielle Gedichte im italienischen Stil und machte sich an die Abfassung der *Arcadia*: eines idealischen Ritterromans, den er in erster Fassung 1579 abschloß. Bei Sidney meldet sich der Geist einer puritanischen Romantik, die unbotmäßige Leidenschaften bezwingen hilft und die Liebe ins Joch der besseren Einsicht spannt. Der Neffe und präsumptive Erbe des Earl of Leicester bewunderte und beneidete Edward de Vere. Entweder er würde vor dem Älteren den Dichterlorbeer erringen oder ihn beizeiten an Tugendhaftigkeit und Ritterlichkeit übertreffen. Oxford machte keine Anstrengung, sich dieser Ambition in den Weg zu stellen. Er hatte andere Eroberungen vor.

Am 1. Januar 1577 fand in Hampton Court eine Aufführung der St. Paul's Children statt. Als Titel des Schauspiels nennt die Buchhaltung der Hoflustbarkeiten: *Historie of Error.*
Es spricht einiges dafür, daß es sich bei diesem Stück um *The Comedy of Errors* – »Die Komödie der Irrungen« – handelt, das man übereinstimmend für ein frühes Werk Shakespeares hält.
Sollte der Autor von *Titus Andronicus* die Idee dazu aus Italien mitgebracht haben?
Die Buchhalter, die die Kosten der Hofschauspiele abrechneten, waren mit ihren Angaben nicht allzu genau. Sie trugen die Titel der Stücke nach dem Hörensagen ein – und prinzipiell ohne Angabe des Autors. (Einundzwanzig Jahre später führt Francis Meres die Komödie unter dem Titel *Errors* in seinem Katalog der Werke Shakespeares auf, und nochmals fünfundzwanzig Jahre später erscheint sie unter dem bekannten Titel erstmals im Druck.)
Die »Komödie der Irrungen« war den St. Paul's Children allerdings wie auf den Leib geschneidert: handelt es sich doch um ein Spiel mit hübschen jungen Männern und Frauen, in deren Rollen die Boys brillieren konnten.
Antipholus aus Syrakus ist nach Ephesus gekommen und weiß nicht, daß dort sein Zwillingsbruder lebt, von dem er als Kind getrennt worden ist. Jedermann in der Stadt hält ihn für den Antipholus aus Ephesus, und es ergeben sich die hübschesten Verwechslungen. Er wird von Adriana, der Frau des Antipholus von Ephesus, dringend zum Essen

gerufen. Nach einigem Sträuben läßt sich der Syrakuser ins fremde Haus hineinziehen (»Bis ich den sichern Zweifel klar erkannt, / biet ich dem dargebotnen Trug die Hand«, II/2) – und verliebt sich prompt in Adrianas Schwester. Dromio von Syrakus, der wackere Sklave des Syrakusers, spielt solange den Türhüter, beschimpft durch die geschlossene Tür den Antipholus von E. und seinen Sklaven Dromio von E. als Hergelaufene und Räuber und verwehrt ihnen den Eintritt.

Dieses alle Lachmuskeln reizende, mit äußerstem Raffinement konstruierte Spiel wird konterkariert von einem dramatischen Vorgang, wie er tragischer nicht gedacht werden könnte. Der Vater der beiden Antipholusse, der wider das Verbot aus Syrakus nach Ephesus gekommen ist, steht vor der Hinrichtung. Freikaufen könnte ihn nur sein Sohn Antipholus von S., von dem der Alte nicht weiß, wo er sich befindet, während dieser Sohn – vergeistert, verliebt, verlacht – durch Ephesus wie durch einen Alptraum irrt.

Es existieren zwei literarische Vorlagen zu diesem Stück: die Komödien *Menaechmi* und *Amphitruo* von Plautus (ca. 250-184). Die *Menaechmi* haben den Plot in groben Zügen vorformuliert. Menaechmus 2 kommt auf der Suche nach seinem (ihm unbekannten) Zwillingsbruder Menaechmus 1 in eine unbekannte Stadt, aber rennt dort wie ein Irrer (oder ein Betrüger) an dem Gesuchten und an sich selbst vorbei. Das Zwillingsdienerpaar der »Irrungen« erinnert an die beiden Sosiasse in *Amphitruo*, von denen allerdings einer eine Verwandlung Merkurs und der andere ein Rüpel ist. Die *Menaechmi* sind ein grobes, unglaubwürdiges Stück und ihre Protagonisten verstockte Einfaltspinsel und schäbige Strolche, die mit vorsätzlicher Gefühllosigkeit agieren. Die Fabel von *Amphitruo* ist griechisch, Plautus hat sie nur adaptiert.

Gerade im Hinblick auf diese beiden Quellen verstärkt sich der Eindruck des Wunderbaren und Neuen, das die *Errors* in die Welt gebracht haben. Sie bestechen durch zahlreiche Turbulenzen, Assoziationen, Synkopen und Echos – sind reich an Paradoxa und Philosophemen: nie frech, nie tumb, nie arrogant –, auch wenn es Schläge regnet.

Dadurch, daß sie sich irren, blicken die handelnden Figuren in einen Abgrund von Wahrheit. Sie beginnen sich zu erkennen als die, die sie sein könnten, oder als die, die zu sein sie bisher abgestritten haben. Das Zaubrische, spukhaft Reale dieser Komödie verleiht dem Feuerwerk der Späße zusätzlichen Glanz. Ja, gerade das Unwahrscheinliche der Situation wird zum Indiz ihrer Glaubwürdigkeit.

Shakespeare übersetzt die plebejischen *Menaechmi* in die gehobene Tugendsphäre des englischen und italienischen Rittertums. Er imitiert die höfische Sprache nicht, er poetisiert sie – ohne Beigeschmack des Elitären.

Adriana, eine Bürgerin aus Ephesus, die den Bruder ihres Mannes für ihren Mann hält, wendet sich an den vermeintlichen Gatten mit einer Rede, die jeder Prinzessin Ehre machen würde:

> The time was once when thou unurg'd wouldst vow
> That never words were music to thine ear,
> That never object pleasing in thine eye,
> That never touch well welcome to thy hand,
> That never meat sweet-savour'd in thy taste,
> Unless I spake, or look'd, or touch'd, or carv'd to thee.
> How comes it now, my husband, O, how comes it,
> That thou art then estranged from thyself?

* * *

> Nicht lang noch her, da schwurst du ungefragt,
> kein andres Wort bedeute dir Musik,
> kein andrer Mensch erheitere dein Aug,
> kein andrer Willkomm freue deine Hand,
> kein andres Mahl bereite dir Genuß,
> wenn *ich* nicht spräche, blickte, grüßte, diente.
> Wie kommt's denn jetzt, mein Gatte, o wie kommt's,
> daß du so ganz dir selbst entfremdet bist?

etc.

Adriana denkt in den Kategorien von höfischer Tugend und Ehre, sie spricht in poetischen Bildern, ist um mythologische Anspielungen nicht verlegen, vereint frauliche Behutsamkeit und männliche Schärfe, geforderten Respekt und notwendige Provokation.

Und nicht anders denkt und spricht die schöne Luciana – Adrianas Schwester –, wenn sie dem vermeintlich untreuen Ehemann (Antipholus von Syrakus) den Kopf wäscht und sich mit einer vornehmen Scheltrede für Adriana einsetzt:

Wollt Ihr sie doppelt kränken, Unverstand,
an ihrem Tisch gestehn des Betts Verrat?
Die Schmach ist halber Ruhm, wohl angewandt –
und böses Wort verdoppelt böse Tat.
Ach, wollt uns arme Frauen glauben machen
(uns tut der Glaube not), daß ihr uns liebt.
Verschenkt die Hand, laßt uns den Ärmel fassen.
Wir gehn nach euch. Und wolln von euch nicht lassen.

»Obwohl andere Frauen euren Arm besitzen«, sagt Luciana wörtlich,
»reicht *uns* euren Ärmel.«

Oxford wartet in einem seiner Gedichte mit einer ähnlichen Metapher
auf:

»Der hält den Handschuh, der hält meine Hand, / mein Herz hält *der*,
den ich zu hassen scheine« (*Though I seem strange*).

Antipholus von Syrakus aber fühlt sich weder ertappt noch gescholten,
sondern von der edlen Gestalt Lucianas bezaubert – und kleidet seine so
verehrungsvolle wie deplazierte Liebe in die Worte:

Ach ziehe, süß Siren', mit deinem Lied
mich nicht ins Meer, das deine Schwester weint –
für *dich*, Sirene, sing! und ich folg mit.
Dein glänzend Haar breit auf die Silberflut,
ich will als Bett es nehmen und drin liegen.
Mögt, Herrin, Ihr dies Bild als Gleichnis sehn:
denn wer so stirbt, wird noch im Tod gewinnen.
Wenn Liebe schwer wird, mag sie untergehn.

Shakespeares Adriana hat das salzige Meer geweint, in das Luciana den
Antipholus mit ihrem »Sirenengesang« hineinlocken will. Aber, so fleht
er sie an, sie möge doch für sich selbst singen und die silberne Flut der
Tränen mit ihrem Haar bedecken: dann wird er sich in das wässrige Bett
legen und, wenn es sein muß, genußvoll sterben.

Über die Empfindungsgrundlage dieser hochgespannten Metaphern
erfahren wir mehr aus der Lektüre der *Aventiuren*, denn auch der Earl ist
mit dem petrarkistischen Motiv des Tränenmeers vertraut:

»Ihre salzigen Tränen netzten die ersterbenden Lippen ihres Dieners ... Er wurde ohnmächtig in ihrer Umarmung, und es ist wohl
schwer zu sagen, was sie am meisten erschreckte, als sie es bemerkte.

Aber mein Freund F. I. gestand mir, es sei eine glückliche Ohnmacht gewesen. Als Unglück habe er vielmehr sein Erwachen empfunden, denn es sei schöner, in einer solchen Gemütsaufwallung zu sterben als unter Todesqualen.«

Das Schicksal des Liebenden, so weiß der Earl und so weiß Shakespeare, ist der Tod durch Mißachtung und die Auferstehung unter Tränen. Überall in den »Irrungen« ist Oxford gegenwärtig: mit seiner Lust, ein Anderer zu sein, mit seinem Geschick, aus Circes Becher das Wasser des Lebens zu trinken, mit seinem Faible für komisch-ernste Paradoxa und zaubrische Illuminationen.

Deshalb, und um dem sicheren Zweifel die Hand zu bieten, sei nachhaltig die Vermutung ausgesprochen, die junge Spielgruppe von St. Paul habe am 1. Januar 1577 Shakespeares *Historie of Error* zur Uraufführung gebracht.

Wann immer die Königin dies Spiel gesehen hat, im Jahr 1577 oder später, sie wird entzückt gewesen sein.

Was wiederum erklären könnte, warum der Earl of Oxford trotz seines ehelichen Fiaskos (und Lord Burghleys notwendiger Zurückhaltung) sehr schnell wieder bei Hof reüssierte.

E. O., der »vollendete Hofmann«, dürfte auch im folgenden Jahr mit einem neuen Stück zu den Neujahrsfestlichkeiten beigetragen haben. Am Sonntag, den 5. Januar 1578 traten die Lord Howard's Men[*] vor der Königin mit einem Schauspiel auf, dessen Titel in den Hofannalen keine Erwähnung fand. Die Nacht des 5. Januar war die traditionelle Twelfth Night, die »zwölfte Nacht« nach Weihnachten – bzw. der Vorabend von Epiphanias, der Taufe Jesu.

In der Twelfth Night von 1578 könnten entweder *The Two Gentlemen of Verona* – »Die beiden Veroneser« – gespielt worden sein – oder, noch wahrscheinlicher, *Twelfth Night Or What You Will*: »Was ihr wollt«.

Zwischen den *Veronesern* und *Was ihr wollt* besteht ein inhaltlicher Konnex. Beide Stücke entlehnen die Bausteine ihrer Handlung einem Duo

---

[*] Aus den Howard's Men, der Theatergruppe von Charles Howard, 2nd Baron Howard of Effingham, wurden nach Howards Berufung zum Großadmiral die Admiral's Men, die unter Edward Alleyn Berühmtheit erlangten.

älterer Quellen: Matteo Bandellos Erzählung »Die Zwillingsgeschwister« (*Novelle*, II,36, Lucca 1554) und Jorge de Montemayors *Diana Enamorada* (Valencia 1559).* Vermutlich kannte der Dramatiker auch Bandellos und Montemajors literarische Vorlage – die alte italienische Komödie *Gli Ingannati* von 1537. (Vgl. Julius Leopold Klein, *Geschichte des italienischen Dramas I*, S.754: »Der Dichter von *Was ihr wollt* steckte die Nase in alle Töpfe, dieser Gott als Schmarotzer.«)

In beiden Stücken ist die Reimung aufgegeben, Blankvers und Prosa, gehobene und Alltagssprache wechseln einander ab, die Nebenfiguren sorgen für den komödiantischen Effekt. Beide Stücke behandeln das

---

* Bandello und Montemayor erzählen die Geschichte einer jungen Frau, die – von ihrem Geliebten verlassen oder vergessen – sich in Männerkleidern bei ihm als Page verdingt. Der so vergeßliche junge Mann aber hat sich bereits wieder neu verliebt und schickt den »Pagen« als Unterhändler der Liebe zu seiner neuen Angebeteten. D.h. die vergessene Geliebte muß den Kampf gegen sich selbst führen und als hübscher junger Mann um die neue Frau werben – mit dem Erfolg, daß die Umworbene sich in sie – den Pagen – verliebt. Aus diesem Dilemma findet Bandello den märchenhaften Ausweg, einen Zwillingsbruder des unglücklichen Liebesboten auftauchen zu lassen, mit dem die zweite Frau belohnt wird – während der elegische Montemayor die zweite Frau sterben läßt. In jedem Fall darf der Page wieder zur (ersten) Frau werden und mit dem aus der Trance erwachenden Geliebten die Ehe eingehen.

In den *Veronesern* kappt Shakespeare das Zwillingsmotiv und verbindet die Geschichte der verkehrten Werbung mit der Erzählung von Proteus' Freundschaftsverrat. Proteus vergafft sich in Silvia und will sie seinem Freund Valentin abspenstig machen. Durch den Verrat an Valentin glaubt er, sich den Weg zu Silvia ebnen zu können. In einem zweiten Schritt schickt er Julia, seine von ihm vergessene Geliebte, als Pagen zu Silvia. Silvia aber weist (wie bei Montemayor) die Werbung ab, weil sie von Proteus' älterer Liebe zu Julia weiß und sich noch immer zu Valentin hingezogen fühlt.

Kein Wunder, daß auf solch melancholisch-tragischer Grundlage die Komödie nicht wirklich gedeihen will, obwohl die komischen Diener Lanz und Flink Furore machen. Der versöhnliche Schluß erscheint hergeholt, mehr einem Vorsatz als der inneren Logik folgend.

In *Was ihr wollt* trennt Shakespeare sich von der Vorgeschichte des Liebesmärchens, dem Motiv des Vergessens, aber behält die Zwillingskonstellation bei. Nach einem Schiffbruch haben Viola und ihr Bruder Sebastian sich aus den Augen verloren. Sie retten sich an die Küste Illyriens, aber jeder hält den anderen für tot. Viola verkleidet sich als Mann, dient dem Herzog Orsino, verliebt sich in ihn und hat in seinem Auftrag um die Gräfin Olivia zu werben. Olivia verliert (wie bei Bandello) ihr Herz an den schönen Pagen (bzw. dessen Zwilling Sebastian). Die Grundsituation bleibt komödiantisch heiter und strebt einer harmonischen Lösung zu.

Sich-ineinander-Verwirren von Liebe und Selbstliebe, Wahrheit und Täuschung, Identität und Entfremdung. Wahrscheinlich stammen beide Stücke aus der gleichen Schaffensperiode – und für die Datierung des einen, der »Veroneser«, gibt es ernst zu nehmende Anhaltspunkte.

»Away ass! You'll lose the tide if you *tarry* any longer«, sagt Panthino zu Lanz. »Fort Esel! Du verpaßt die Flut, wenn du länger wartest« (II/3). – 1576 erschien eine Morality von George Wapull mit dem populären Titel *The Tide tarrieth for no Man*: Die Flut wartet auf niemanden. Die pathetische Mahnung, die sich bei Wapull ein dutzend Mal wiederholt, wird von Panthino auf den Kopf gestellt.

»Was für eine sie ist, will ich mir selbst nicht sagen«, sagt (in III/1) Lanz über das Mädchen, das er liebt. »She hath more qualities than a water spaniel – which is much in a bare Christian. Here is the cate-log [pulling out a paper] of her condition. ›Inprimis: She can fetch and carry.‹«. – »Sie hat mehr Qualitäten als ein Hühnerhund, was viel ist für einen Christenmenschen. Hier ein Katzalog [zieht ein Papier hervor] von ihren Eigenschaften. ›Vor allem: Kann holen und tragen.‹«

Selbiger Katzalog verweist auf das Büchlein des Dr. Caius *Of Englishe dogges the diversities, the names, the natures, and the properties ... London 1576*, in dem auf Seite 16 gleichlautend die Eigenschaften des Wasserspaniels abgehandelt werden.

Anspielungen auf Vorgänge, an die keine kollektive Erinnerung besteht, wären in einem Theaterstück sinnlos. Die Erinnerung an ein Bonmot, einen Buchtitel, eine »Schlagzeile«, einen Sieg, einen Verlust muß *frisch* sein, um akklamiert werden zu können. Von daher erscheint es nicht allzu waghalsig, für 1577 als Entstehungszeit der »Veroneser« zu plädieren.

Twelfth Night Or What You Will enthält zudem ein paar vergnügte Anspielungen auf Sir Christopher Hatton (1540-1591), genannt *The Sheep*. Auf das Schaf, das dem Blauen Eber schon einmal ins Gehege geraten war. Hatton, den die Königin am 12. November 1577 zum Vice-Chamberlain ernannt und zum Ritter (Knight) geschlagen hatte, soll sich – nach einem Wort Sir John Perrotts – seinen Weg in das Herz der Königin mit einer Gaillarde ertanzt haben. – In der Komödie (I/3) stellt der Proto-Falstaff Sir Toby Belch (Tobias von Rülp) seinem Freund Sir

Andrew Aguecheek (Christoph von Bleichenwang) die harmlose Frage: »What is thy excellence in a galliard, knight?« (»Wie bewährst du dich in der Gaillarde, Ritter?«) – Darauf Sir Andrew: »Faith, I can cut a caper.« (Mein Seel, ich kann eine Kapriole machen = ich kann eine Kaper schneiden). – Und Sir Toby: »And I can cut the mutton to't.« (Und ich schneide den Hammel dazu.)

Für alle, die die Anspielung auf den stämmigen Sir Christopher Hatton – Knight – noch nicht verstanden haben, frotzelt Sir Toby weiter: »Ich dachte wohl, nach dem vortrefflichen Bau deines Beins, es müßte unter dem Gestirn der Gaillarde gebildet sein.« Sir Andrew: »Ja, es ist kräftig, und in einem geflammten Strumpfe nimmt es sich leidlich aus. Wollen wir ein Gelag anstellen?«

Keinesfalls hat Shakespeare den frisch geknighteten Christopher Hatton in der Figur des gespreizten, übellaunig puritanischen Haushofmeisters Malvolio porträtiert (*mal voglio* – ich will Schlechtes). Solche Gleichungen waren des Meisters Sache nicht. Zwar wird in einer späteren Szene die Erinnerung an Hattons Briefstil flüchtig gestreift – die Dienerin Maria setzt in Olivias Schrift einen Brief an Malvolio auf, den sie mit THE FORTUNATE UNHAPPY unterschreibt –, aber weder hat Malvolio den Brief selbst geschrieben, noch lautet Hattons persönliches Motto »Fortunatus Infoelix«.

Maria unterschreibt – statt ihrer Herrin – mit »BEGLÜCKT UN-GLÜCKLICH«, um zu suggerieren, Olivia verzehre sich in Liebe zu Malvolio. »Beglückt unglücklich« ist aber auch das Attribut des *Master F.I.*, der sich in Liebe zu Mistress Elynor verzehrt – und das Motto (oder die Maske) des Mannes, der einundzwanzig Gedichte im Anhang zu den Aventiuren mit »Si fortunatus infoelix« zeichnet. Anders gesagt: Wir erkennen in Shakespeares FORTUNATE UNHAPPY eine parodistische Selbstanspielung – auf den Earl of Oxford.

Das erstaunliche Selbstzitat aber liefert gleichzeitig einen Datierungshinweis. Denn nur in einer Komödie der siebziger Jahre ist eine Anspielung auf die *Adventures* von 1573 bzw. die *Posies* von 1575 sinnvoll.*

---

* Noch ein anderer Umstand spricht dafür, daß *Twelfth Night* im Jahr 1578 zur Aufführung kam: Edmund Spensers August-Ekloge von 1579 (*The Shepheardes Calender*) enthält deutliche Anklänge an das Schlußlied des Clowns (V/1): »When that I was and a little tiny boy, / With hey, ho, the wind and the rain«.

Aber wir haben noch zu erzählen, wie sich das Jahr 1577 für den Earl gestaltete, der nun zwar ohne Ehefrau, aber nicht frauenlos lebte. Die Historiker feiern die Jahre 1577/78 als die Zeit seiner katholischen Verirrung. Aber das Gegenteil ist richtig.

Der »jeune Seigneur d'Oxford«, der sich am französischen Hof so glänzend eingeführt hatte, wollte die Bekanntschaft mit König Henri III für seine Karriere bei Hof nutzen.

Henri III besaß einen genügend redseligen und ausreichend intriganten Botschafter am Hof Elizabeth', den Grafen Castelnau de Mauvissière (1517-1592). Das spitze Gesicht mit großer Nase und gelocktem Haar, die schwarzen Augen und gespannten Lippen haben etwas Koboldhaftes. Mauvissières vordringliche Aufgabe in London war es erstens, Königin Elizabeth davon abzuhalten, die nach England emigrierten Hugenotten zu unterstützen, zweitens, Maria Stuart mit konspirativen Nachrichten vom Festland zu versorgen. Nach außen hin aber propagierte Henri III das Prinzip der Nichteinmischung: d. h., weder Frankreich noch England sollte den »aufständischen Untertanen« im anderen Land Vorschub leisten.

Über Graf Mauvissière blieb der Earl mit Henri III in Verbindung. Im Sommer 1577 war eine neue Reise nach Frankreich geplant, die nicht zustande kam. (Statt dessen reisten zwei Cousins, Francis Vere, der spätere Gouverneur von Den Briel, und Hugh de Vere – zwei sehr junge Leute, die sich auf der Suche nach dem irrlichternden Duc d'Alençon ins Lager der Guisen verirrten und von Elizabeth eiligst zurückgerufen wurden.)

Am 12. Juli 1577 schrieb Henri III seinem Botschafter, er solle sich allen Aufstandsplänen französischer Emigranten in England widersetzen.

Spensers Dichterwettstreit zwischen Perigot und Willye ahmt in neckischer Weise den Tonfall des Narrenlieds nach und antwortet dem Shakespeareschen Refrain »with hey, ho, the wind and the rain« mit achtzehn »hey ho's« – in der Art von »hey ho hollydaye«, »hey ho the high hill«, »hey ho Bonibell« etc.
Bei dem idealischen Wettstreit übernimmt *Cuddie* (»das vollendete Muster eines Poeten«) die Rolle des Königs, der den Lorbeerkranz vergeben soll. Mit Cuddie wiederum ist der Earl gemeint, denn ihm wird (in Anspielung auf das Einleitungsgedicht zu *Cardanus Comforte*, 1572, vgl. Kap.4, S.82) die signifikante Formulierung »I beate the bush, the byrds to them doe flye« in den Mund gelegt.

Staatssekretär
Francis Walsingham
(1530-1590)

Botschafter
Michel de Castelnau-Mauvissière
(1517-1592)

»Laßt die Leute reden, die Euch solche Angebote machen, ohne ihnen zuzustimmen oder Derartiges zu billigen. Im übrigen wollte ich Euch sagen, daß es gut sein wird, sich des Wohlwollens des jungen Grafen von Oxford zu versichern, wie er es hinsichtlich des guten Fortgangs meiner Angelegenheiten zum Ausdruck gebracht hat, und desgleichen das Wohlwollen seines Cousins, des Sohns des verstorbenen Herzogs von Norfolk [Philip Howard, der spätere Earl of Arundel]. Aber achtet darauf, daß dies so geheim und geschickt wie möglich geschieht, nicht daß die beiden deshalb in Verdacht geraten oder man schlecht von ihnen zu denken beginnt. Ich werde Euch bald einen Ring schicken, um von meiner Seite aus dem Grafen von Oxford ein Geschenk zu machen und ihn meiner Freundschaft und Wohlgesonnenheit zu versichern.«

D. h., explizit stellt der französische König klar, daß er sich vom katholischen Widerstand in England distanziert – und daß er die von ihm ins Vertrauen gezogenen Earls – Oxford und Arundel – nicht zu diesem Widerstand rechnet. Trotzdem möchte er Oxford durch die öffentliche Bezeigung seiner Huld nicht dem Argwohn der englischen Hofgesellschaft aussetzen.[*]

Am 28. Juli teilt Henri III dem Grafen Mauvissière mit, sein Cousin, der protestantische Prinz von Condé, wolle sich von La Rochelle aus nach England einschiffen – wozu der Seefahrer John Hawkins (Maistre Hacquin) ihm vier oder fünf englische Schiffe zur Verfügung stellen werde.

»Der Prinz beabsichtigt, mit den ihm in England zur Verfügung gestellten Mitteln nach Deutschland weiterzureisen, um dort Reiter und Landsknechte anzuwerben.« Und schmollend fügt der König hinzu: »Dies zeigt hinlänglich die Unterstützung und Gunst, die Elizabeth ihm und meinen aufständischen Untertanen gewährt.«

Davon in Kenntnis gesetzt, bietet »le jeune Seigneur« dem französischen König mit gewohnter Großzügigkeit an, Condé für die Überfahrt

---

[*] Ist es Kurzsicht oder Vorurteil, wenn der englische Historiker John A. Bossy in seinem Aufsatz *English Catholics and the French Marriage* aus diesem Brief den Schluß zieht, der französische König habe Oxford für seine Bereitschaft belohnen wollen, sich an die Spitze eines katholischen Aufstands zu setzen?

fünf Schiffe zur Verfügung zu stellen, die er, Oxford, selbst ausrüsten werde. Offenbar verbindet er damit das Angebot, Condé zur Königin zu begleiten und als diplomatischer Mittler aufzutreten.

Henri III reagiert darauf am 5. September:

»Was das angeht, was der junge Graf von Oxford bezüglich der Beteiligung eines englischen Kapitäns vorgeschlagen hat, so ist das zur Zeit nicht machbar, da mein Cousin, der Prinz von Condé, seinen Entschluß, nach England zu reisen, geändert hat. Wenn er aber seinen alten Plan wiederaufnimmt, möchte ich nicht, daß besagter Kapitän unter Berufung auf mich oder ihn, Oxford, sein Unternehmen ausführt, um der Königin von England jeden Grund zu Argwohn und Mißtrauen zu nehmen – was Sie dem jungen Grafen zu verstehen geben können, dessen freundliches Mir-zugeneigt-Sein ich Sie zu erhalten bitte. Ich freue mich über das Geschenk, das Sie ihm gemacht haben; auch werde ich Ihnen bald einen Ring für ihn schicken.«

Wieder ist es die übertriebene Sorge des Königs, Oxfords Name könne ins Gerede kommen, wenn man erfährt, daß der Earl ihm, Henri, eine Gefälligkeit erwiesen habe.

Mauvissière antwortet am 23. September 1577:

»Indes war ich sehr erfreut, die Ansicht Eurer Majestät bezüglich der fünf Schiffe zu erfahren, die man mir angeboten hatte und täglich noch anbietet von seiten des benannten jungen Herrn, ohne daß Eurer Majestät irgendwelche Kosten entstehen; daraufhin habe ich zu verstehen gegeben, daß sie nicht benötigt werden, wenn die Friedensverhandlungen erfolgreich verlaufen, wie es der gute Anfang verspricht – und darüber hinaus, daß der Prinz von Condé seinen Plan, hier vorbeizukommen, geändert hat.«*

Am Ende seines Schreibens wartet der Botschafter mit einer Neuigkeit auf:

»Le jeune Seigneur hat mich heute zu sich bestellt und mir mitgeteilt, daß seine Herrin, die Königin von England ihm vorgeschlagen hat, zusammen mit Graf Leicester in die Niederlande zu gehen, um

---

* John A. Bossy aber, und mit ihm ein Schwanz von Abschreibern, behauptet kühn: »Oxford bot an, fünf Schiffe für den Kampf gegen die Hugenotten aufzubringen – doch der Friede von Bergerac kam dazwischen.«

den niederländischen Generalstaaten zuhilfe zu kommen, aber daß es ihm – ausgehend von dem Gerücht, der Duc de Guise würde Don Juan d'Austria zu Hilfe kommen – sehr mißfallen würde, den Krieg gegen einen Diener Eurer Majestät zu führen. Wäre er jedoch um seiner Ehre willen gezwungen, dies zu tun, so würde das nichts an seinem guten Willen Euch gegenüber ändern und an dem Angebot, Euch immer ein treuer Diener zu sein.«

Sprich: Oxford möchte Henri III nicht vor den Kopf stoßen, wenn er gegen das katholische Frankreich ins Feld ziehen muß – aber er wird es gegebenenfalls tun.

Mauvissière kommentiert:»In derartigen Angelegenheiten hat die Sache selbst mehr Gewicht als die sie begleitenden Reden und Höflichkeiten oder süße Worte und Versprechungen.«

Was könnte die Saga von den katholischen Allüren Oxfords schlagender entkräften als diese nie zitierte Briefstelle?

Der Earl war bereit, gegen Don Juan d'Austria und Henri de Lorraine, Duc de Guise, ins Feld zu ziehen – und Elizabeth, die nichts mehr fürchtete als eine französisch-spanische Allianz in Flandern, war bereit, ihren Schützling ziehen zu lassen. Der geplante Kriegszug gegen die spanischen Niederlande fiel ins Wasser, aber um ihn ihrer bleibenden Gunst zu versichern, übertrug die Königin (wie bereits erwähnt) dem Earl am 15. Januar 1578 Castle Rysing, den ehemaligen Stammsitz der Howards.

Anfang 1578 heiratete Oxfords Schwester Mary de Vere den ein Jahr jüngeren Peregrine Bertie, Baron Willoughby of Eresby (1555-1601), der in den 80er Jahren als Diplomat in Dänemark großen Erfolg haben sollte. Berties Mutter, die glühende Protestantin Catherine Willoughby, Duchess of Suffolk, hatte sich lange gegen die Verbindung gestemmt, vielleicht, weil ihr Mary nicht fromm genug war – und auch der Earl hatte sich mit dem Schwager in spe angelegt, wahrscheinlich, weil er Berties finanzielle Ansprüche übertrieben fand. Später, nachdem das Kriegsbeil begraben war, freundete Oxford sich mit Bertie an.

Auch die Duchess überwand ihre Abneigung gegen Marys kapriziösen Bruder und stellte in einem Brief an Lord Burghley Überlegungen an, wie man den jungen Vater am besten mit seiner kleinen Tochter zusammenbringen könne. Oxford hatte den Wunsch geäußert, das Kind kennenzulernen, ohne der Mutter begegnen zu müssen. Nun plante die Duchess, ihn während seines nächsten Besuchs mit der kleinen Elizabeth zu überraschen, wobei sie zuerst so tun wollte, als wäre es ein fremdes Kind. – Wir wissen freilich nicht, ob dieser Coup gelang.

Nachdem Henri III die »fünf Schiffe« zurückgewiesen hatte, sann der Eigentümer von Castle Rysing auf neue und bessere Investitionen. Den Niederungen finanziellen Taktierens stand er mit aristokratischer Verachtung gegenüber. »Das Meine ist dazu da, mir zu dienen – nicht umgekehrt«, hatte er aus Siena an Lord Burghley geschrieben. Ihm ging es darum, weltmännisch und großzügig zu handeln. Wenn mit hervorragenden Innovationen Geld zu verdienen war, gut so. Aber nie konnte das Geldverdienen selbst der Zweck sein.

Eine verlockende Investitionsmöglichkeit tat sich auf, als Oxfords Freund, der Kapitän und Entdecker Martin Frobisher (1535-1594), Ende Mai 1578 mit einer Flotte von 16 Schiffen und 350 Mann Besatzung in die Arktis aufbrach. Frobishers Ziel war die Entdeckung der Nordwestpassage nach China.

Der Seeweg über ein amerikanisches »Nordkap« nach Asien hätte England unschätzbare Vorteile gebracht, denn mit ihm wäre eine neue Handelsstraße nach China eröffnet und der alte Traum eines direkten Seewegs nach Indien verwirklicht worden – und Spanien hätte das Nachsehen gehabt. Auch bestand Hoffnung, an den Küsten des Eismeers Gold zu finden. Frobisher hatte von seiner ersten und zweiten Reise in den Jahren 1576 und 1577 Proben von »Golderz« mitgebracht, die positiv beurteilt worden waren. Sein eigentliches Ziel aber war es, die noch unbeschriebenen Ränder der Erde sichtbar zu machen. Der Welthorizont würde sich erweitern, die *Meta incognita*, die »unbekannten Grenze«, sich der menschlichen Einsicht ergeben müssen.

Martin Frobisher war ein Mann nach Oxfords Geschmack. Aus einer angesehenen alten Familie stammend, kam er nach dem frühen Tod des Vaters zu einem Onkel, der ihn mit fünfzehn Jahren zur See fahren ließ. Zehn Jahre später machte er sein Kapitänsdiplom, unternahm zahlreiche Handelsfahrten nach Guinea, verbrachte neun Monate in portugiesischer Gefangenschaft auf der Sklavenburg El Mina – und wurde danach Freibeuter. Nach Jahren der verwegenen Piraterie auf dem Ärmelkanal nahm ihn die Königin in ihre Dienste. Von da an patrouillierte er legal in der irischen See, um spanische und portugiesische Schiffe aufzubringen. 1576 trat er mit zwei Schiffen und einer Pinasse seine erste Reise nach Grönland und Nordkanada an. Auf der Suche nach der Nordwestpassage entdeckte er die »Frobisher Bay« auf Baffin Island, die er 150 Kilometer weit ins Landesinnere befuhr. Die zweite Reise führte über die Orkney-Inseln Richtung Westnordwest nach Hall Island und erbrachte außer dem Mitbringsel des »Golderzes« keine Ergebnisse. Die Proben wurden von einem italienischen Alchimisten als Gold eingeschätzt.

Jetzt setzte man große Hoffnungen auf die nächste Entdeckungsfahrt. Der Earl trug zu der Expedition nicht nur eine Summe von £ 1000 bei, die er anschließend noch erhöhte, sondern auch einen seiner hochgemuten, hochartifiziellen Sätze:

> »Meinen sehr lieben Freunden William Pelham und Thomas Randolph, Esquires, Mr Young, Mr Lok, Mr Hogan, Mr Field und anderen Kommissionären der Fahrt nach der Meta incognita:
> Mit meinen herzlichen Empfehlungen, in Kenntnis des vernünftigen und sorgfältigen Plans zur Fortsetzung der Entdeckung Chinas auf dem Nordwestweg, die mein Freund Master Frobisher nach besten Kräften bereits versucht hat und jetzt vollständig abzuschließen beauftragt ist: zugleich angehalten von dem Wunsch Ihrer Majestät, die Nordwestpassage entdeckt zu sehen, *und* meiner eigenen Hochschätzung Master Frobishers: darf ich Euch das Angebot machen, ein Mitunternehmer zu werden auf der Grundlage des Betrags von eintausend Pfund oder mehr, so Ihr wollt, welcher Betrag oder welche Beträge, die ich nach Erhalt Eurer Zustimmung als Schuld eintragen lassen werde, am kommenden Michaelistag ausgezahlt werden sollen. In Erwartung Eurer Antwort sage ich Euch herzlich Lebewohl. Gegeben am Hof, den 21. Mai 1578, Euer lieber Freund, Edward Oxenford«

Auch die Königin, Lord Burghley, Leicester, Warwick, Sussex, Hunsdon, Pembroke, Sir Thomas Gresham, Philip Sidney, Edward Dyer, John Dee und viele andere hatten in das Unternehmen der China-

Kompanie (*Company of Cathay*) investiert, aber niemand mit einer so hohen Summe.

Leiter und Hauptverantwortlicher der *Company* war Michael Lok, ein Großkaufmann, der im Handel mit der Levante und Rußland zu Reichtum und Ansehen gelangt war. Lok selbst investierte über £ 2000 in Frobishers Expedition und überredete Oxford, seinen ersten Einsatz von £ 1000 auf 3000 aufzustocken.

Drei Wochen, nachdem die Flotte von England ausgelaufen war, erreichte sie Grönland. Frobisher nahm das kalte Paradies unter dem Namen »West-England« für die Königin in Besitz. Auf der Weiterfahrt geriet man in einen Sturm, bei welchem ein Transportschiff mit Bauholz sank. Damit war die Aussicht auf die Errichtung eines Winterquartiers zunichte gemacht. Während eines Blizzards verlor Frobisher den Kurs und segelte zwanzig Tage in der »Falschen Straße« – der Hudson Bay. Endlich zurück auf offener See, drohte eine Meuterei auszubrechen. Die Mannschaften wollten mit den beschädigten Schiffen nicht weiter nach Norden fahren. Frobisher landete in »seiner« Bay und setzte durch, daß tausend Fässer mit Katzengold eingeladen wurden. Nach der Rückkehr – Ende September 1578 – erwies sich die Fracht als wertlos und die finanziellen Einsätze der Noblen waren verfallen.

Frobisher warf Lok später vor, er habe zu dem Zeitpunkt, als er den Earl zur Aufstockung seiner Investition überredete, von der Wertlosigkeit des »Golderzes« schon gewußt. Da sich die Untersuchungen des Materials aber bis November hinzogen, scheint dieser Vorwurf aus der Luft gegriffen. Michael Lok büßte als Hauptschuldner mit vollständigem Bankrott. Der Earl aber nahm seine Verluste mit Gleichmut hin und zögerte nicht, Frobisher auch noch im kommenden Jahr zu unterstützen.

Königin Elizabeth war indessen noch immer bemüht, ihre befreundeten Feinde Frankreich – Spanien – Niederlande mit- und gegeneinander im Gleichgewicht zu halten. Statt selbst Krieg zu führen, bezahlte sie dafür den lustigen Herzog Johann Kasimir von der Pfalz und sah im übrigen untätig zu, als der Spanier Don Juan d'Austria – ohne die Hilfe des Duc de Guise – die Truppen der freien Niederländer bei Gembloux (31. Januar 1578) besiegte. Als die Generalstaaten daraufhin den Duc d'Alençon um Hilfe anriefen, beeilte sich der junge Herkules, den Protestanten mit einem frisch geworbenen Heer von 10 000 Mann zu Hilfe zu eilen. Elizabeth, die – trotz ihres Horrors vor Spanien – keine französischen Truppen in den Niederlanden dulden wollte, schickte im Juni ihren Staatssekretär Francis Walsingham zu Verhandlungen zum Prinz von Oranien – allerdings ohne Erfolg. Alençon kämpfte am 1. August 1578 in der Schlacht von Mecheln auf der Seite der Generalstaaaten gegen Don Juan und bewahrte die Niederländer vor dem Schlimmsten.

Elizabeth, aufgebracht über Alençons Erfolg, versprach Oranien 12 000 Engländer, wenn er die Beziehungen mit Alençon beende. (Aber Oranien war der englischen Versprechungen müde.) Umgekehrt wußte Alençon seinen Triumph auf dem Feld für seine persönlichen Zwecke zu nutzen. Er warb ein zweites Mal um Elizabeth' Hand. Warum sollte sie sich vor einer französischen Annexion der Niederlande fürchten, wenn sie ihn heiraten konnte? – Die jungfräuliche Königin antwortete mit einer Einladung.*

Wieder einmal, einen abwechslungsreichen englischen Sommer lang, war sie von Schloß zu Schloß, von Gut zu Gut unterwegs. Nach einem Aufenthalt in Oxfords Havering-atte-Bower vom zwölften bis zwanzigsten Juli zog sie über Latton, Standon, Berden Priory in das schöne Essex nach Schloß Audley End, dem Lord Thomas Howard (1561-1626), der zweite Sohn des Herzogs von Norfolk, als siebzehnjähriger Hausherr vorstand.

Um Elizabeth, die die fünf letzten Julitage auf Audley End verbrachte, begann sich ein erlauchter Kreis zu versammeln: der Earl of Leicester, William Cecil Lord Burghley, der Earl of Sussex, der Earl of Oxford, Lord Charles Howard, Baron of Effingham, Lord Hunsdon, Sir Christopher Hatton, Sir Francis Knollys, Sir Thomas Heneage, Philip Sidney – und die Liebesverhandler des Duc d'Alençon.

An diesem schönen Ort kam es zu einer vom spanischen Botschafter

---

* Elizabeth spielt mit Alençons Werbung wie mit einer kostbaren Schachfigur. Dieser Mann könnte einen geeigneten Schild gegen die Spanier bilden, und er bedeutet für sie eine letzte Chance, Ehefrau und Mutter zu werden. Andererseits darf sie die Liebe ihres Volks nicht aufs Spiel setzen. Gewinn und Verlust müssen sich die Waage halten. D. h., ein solcher Werber ist zu begrüßen und in sicherem Abstand zu halten, zu ermutigen und gekonnt zu enttäuschen. Gefühl und Vernunft sind aus getrennten Gläsern zu trinken.

Mendoza beschriebenen Szene zwischen der Königin und dem Earl of
Sussex, in der sie ihm vorwirft, zu wenig Essen für die französischen
Gäste aufgetischt zu haben. Sussex antwortet, die Tafel sei nie reichhal-
tiger gewesen, worauf Elizabeth Sussex beschimpft und sich an einen
schmeichlerischen Höfling wendet, der ihren Ungereimtheiten kate-
gorisch zustimmt. Anderntags demonstriert Oxford seine Solidarität
mit Sussex, indem er sich weigert, für die Franzosen zu tanzen. Sie fragt
ihn provozierend, warum er nicht in die Niederlande ginge, um unter
dem Habsburger Erzherzog Mathias zu dienen, und er antwortet mit
einem Witz: weil ihm der Erzherzog zu gering sei. Wenn schon, dann
wolle er unter Philipp II. dienen. Wie immer hielt Oxford den gefähr-
lichsten Witz für den besten. Eine weniger intelligente Königin wäre
darüber ins Zweifeln geraten.

Der umsichtige Burghley hatte von Havering aus an den Vizekanzler
von Cambridge geschrieben, er möge doch anläßlich des Besuchs der
Königin für sie und die Herren Leicester, Sussex und Oxford ein kleines Geschenk bereithalten, wie etwa ein Paar Handschuhe für jeden,
begleitet von einigen Versen. Auch war eine rhetorische Disputation
geplant zum Thema: »Die Milde ist beim Fürsten mehr zu loben als die
Strenge«. Eine Gruppe von Gelehrten aus Cambridge, angeleitet von
Abraham Fleming, sollte die These verteidigen, eine andere unter Gabriel Harvey sie widerlegen.
Harvey, der junge Rhetorikprofessor und Gefolgsmann des Earl of
Leicester, führte in seinem Gepäck aber nicht nur Handschuhe mit
sich, sondern auch vier umfangreiche Dank- und Freudenbezeigungen
(*Gratulationes*), die er zum Lob der Königin und ihrer Noblen verfaßt
hatte. Der gelehrte Manierist, der sich für einen Dichter hielt, war
intelligent und gewissenlos. Sein Auserwähltheitsgefühl, gepaart mit
sozialen Minderwertigkeitskomplexen, erzeugte die hochbrisante Mischung eines aggressiven Schmeichlers, der sich bei seinen wissenschaftlichen Kollegen früh unbeliebt machte. Da er zur Selbstkritik unfähig war, fiel es ihm nicht auf, daß er sich mit seinen schwülstigen
Übertreibungen der Lächerlichkeit preisgab.
Die beiden angehenden Dichter Edmund Spenser und Philip Sidney
ließen sich Harveys überschäumende Verehrung gerne gefallen und

verkehrten freundschaftlich mit ihm. Im sicheren Hafen ihrer Wertschätzung verstieg Harvey sich zu noch größerer Selbstliebe: er schickte
sich, allerdings erfolglos, an, den Hexameter für die englische Literatur
zu erobern.

Der erste Teil seiner *Gratulationes Valdinenses* war der Königin gewidmet, der zweite dem Earl of Leicester, der dritte Lord Burghley, der
vierte dem Trio Oxford, Hatton und Sidney. Was nicht heißt, daß man
dem Rhetor die Zeit eingeräumt hätte, seine diversen Lobgesänge und
Erörterungen persönlich vorzutragen, denn nach dem dreistündigen
Disput der Professoren war die Hofgesellschaft froh, sich ergötzlicheren
Dingen widmen zu dürfen.

Da Harveys Crew den rhetorischen Wettstreit gewonnen hatte, durfte
der ehrgeizige junge Mann der Königin die Hand küssen. Leicester
sagte, er wolle ihn vielleicht nach Frankreich und Italien schicken, worauf Elizabeth bemerkte:»Richtig, er hat jetzt schon das Gesicht und
Aussehen eines Italieners.« Ein zweifelhaftes Kompliment, das Harvey
grenzenlos entzückte und verwirrte.

Im Monat August ging der ungebetene Hymniker daran, seine Manuskripte nach den Vorgaben der Staatsräson und des guten Geschmacks
auf den letzten Stand zu bringen. Zu seinem Schrecken hatte er von der
Werbung Alençons erfahren und suchte jetzt nach einem Weg, weder
der mit Frankreich liebäugelnden Königin noch seinem frankophoben
Dienstherrn Leicester zu nahe zu treten.

Und schon im September lagen die Reden, die Gabriel Harvey nie
gehalten hatte, im Druck vor. Harvey erfreut Elizabeth durch ein um-
fängliches Lob der Italiener (denn immerhin ist Alençon der Sohn von
Katharina von Medici), läßt aber einfließen, daß der italienische Geist
sich auf labyrinthischen Wegen ergehe und daß es speziell das Verdienst
der Italiener sei, kein Verdienst zu haben.

In der Rede an den Earl of Leicester, den Hauptopponenten der französischen Heirat, wird er den Medici gegenüber noch deutlicher.»Glücklich das Haus der Medici«, ruft Harvey aus,»und über die Maßen glücklich alle Florentiner, die von einem solchen Geist geführt werden!« –
aber das wirkliche Glück sehe anders aus. Auf Beschluß der Göttin
Athene solle England als einziges Land der Länder von solchem Geist
und solcher Herrschaft verschont bleiben.

In der Ansprache an Lord Burghley, der Alençons Werbung unterstützt, entlädt sich Harveys antimachiavellistischer Furor. Einige gebe es ja, die begonnen hätten, tierisches Verhalten zu verteidigen: die List des Fuchses, den Grimm des Wolfs und die Raublust des Löwen. Solche Autoren seien es aber auch, die es für ein bloßes Schauspiel hielten, wenn in einer Nacht dreitausend Menschen umgebracht würden. Womit Harvey auf die Schrecken der Bartholomäusnacht reagiert.

Mit Sir Christopher Hatton und Philip Sidney hat Harvey keine Schwierigkeiten, denn beide gehören zu Leicesters Anti-Hochzeits-Partei. Oxford aber schlägt den protestantisch patriotischen Hoffnungen des Rhetors ins Gesicht. Warum biedert er sich den Franzosen an? Warum schreibt er italienische Komödien? Warum hat er seine Frau verlassen?

Harvey hält Oxfords menschliches und politisches Verhalten für selbstherrlich und falsch.

Jetzt ergreift er die ausgezeichnete Gelegenheit, Sir Hatton und dessen Gegenspieler Oxford als *Foelix Infortunatus* (den im Unglück Glücklichen) contra *Fortunatus Infoelix* (den beglückt Unglücklichen) vorzuführen. »Der eine ist glücklich«, sagt Harvey in seiner Rede an Hatton, »aber nicht vom Glück begünstigt – während der andere nicht glücklich ist, obwohl er vom Glück begünstigt wird.« Der eine – Hatton – ist ein Philosoph, ein gemäßigt Glücklicher, »der seine Grundlagen in sich selbst hat, den Sturz nicht fürchtet und auf alles fremde und äußere Gut herabschaut«. Der andere ein verwöhnter Alexander der Große, den der Erfolg unglücklich (und zum Unmenschen) gemacht hat.

Auch John Lyly, Thomas Watson und andere Zeitgenossen haben den Earl mit Alexander verglichen – aber nicht in dem Sinne, wie Gabriel Harvey dies tut:

> »Alexander der Große war vom Glück begünstigt, aber nicht glücklich. Warum? – War er nicht im Kreis seiner Freunde betrunken und ein Rasender? Ein Kampfeswütiger, der im Affekt Menschen umbringt, ein Furchtbarer, ein Plünderer, ein über Zauberkräfte verfügender Gyges, ein Ungebändigter, ein gegenüber den Göttern und Menschen hochmütiger Hasser, ein erbitterter Feind der Erde und des Himmelsgewölbes?«

Wohlgemerkt, Harvey nennt in seiner *Gratulatio* an Hatton kein einziges Mal den Namen des Earl, aber seine Ausfälle gegen den Anonymus alias ALEXANDER (alias Fortunatus Infoelix) haben es in sich.

»Ein Erdkreis genügt dem jungen Peleus nicht. Er ist zu groß für den Erdkreis, und der Erdkreis ist für ihn klein. Er genügt nicht einem jungen Mann, der mehr weiß als tausend Alte und ihnen überlegen ist … Es gibt also gewisse Menschen, die sich aufgrund ihres Charakters und ihres Inneren aufblähen, so daß man sie für tausend Menschen, ja tausend Helden hält. Ein einziger Alexander kommt in meinen Augen bald tausend Tyrannen gleich, bald tausend Menschen, bald tausend Feldherren. Ich weiß nicht, wer von den Alten geglaubt hat, es gäbe tausend Welten. Dieser da möge tausend Welten besitzen – er möge für sich ein Tausendmann sein. Jeder Finger und jedes Haar möge seine eigene Welt regieren, der Kopf möge andere Welten tragen. Er möge auf die Schultern tausend weitere Welten setzen, tausend auf die Arme und tausend auf den Fuß.«

Dies die verborgene Schmähung. Die Strafpredigt des Gelehrten an die Adresse des gefährlichen Alleskönners, der seine junge Frau hat sitzenlassen und die Queen mit »Monsieur« verheiratet sehen möchte.

Der offizielle Teil der Dank- und Freudenbezeigung sieht anders aus. Da der Earl eine spitze Feder führt und als Schwiegersohn des mächtigen Lord Burghley mit Vorsicht zu behandeln ist, packe man den Mann ungeniert bei seinem Ehrgeiz! Man huldige ihm, um ihn aufs Glatteis zu führen.

Als ein *de Vere* sei Oxford das Abbild der Wahrheit, nichts könne wahrer sein, denn er schließe das Wahre in seine Arme und hasse die Falschheit. Seine wahre Farbe sei Blau, und in Wahrheit passe der Blaue Eber, sein Wappentier, am allerbesten zu ihm. Seinem Namen nach sei er ein wahrhafter Eroberer und ein Verbesserer seines Landes. Sein glänzender Ruhm verlange nach einem pathetischeren Dichter, als er, Harvey, es sei. Denn Oxfords Tugend reiche bis an den Äther. England wird ihn als den neuen Achill entdecken.

»Englische Verse habt Ihr genug gesungen: Eure Epistel[*] beweist, wie sehr Ihr Euch in der Literatur auszeichnet, sie ist eleganter als

---

[*] Oxfords lateinisches Vorwort zu Bartholomew Clerkes Übersetzung von Castigliones *Il Cortegiano*.

Castigliones *Hofmann*. Ich habe viel Lateinisches von Euch gesehen, Englisches gibt es noch mehr. Ihr habt aus französischen und italienischen Gedichten geschöpft, aus vielen Charakteren und den Redekünsten. Sturmius ist Euch bestens bekannt, desgleichen so viele geschliffene Franzosen, Italiener und Deutsche. Legt, o Denkwürdiger, das dürftige Schreibrohr beiseite, die blutleeren Bücher und die Schriften ohne praktischen Wert.

Jetzt ist das Schwert gefragt, es muß geschliffen werden. Die Menschen reden überall vom Feldlager und den grimmigen Waffen. Ihr müßt die Geschütze in Bewegung setzen! Jetzt rasen überall die Furien der Kriege, jetzt herrscht überall die martialische Göttin. Denkt nicht an Frieden, und mögen die Geister des Mars Euch, der Ihr alles wollt, zu Hilfe kommen, wenn Hannibal vor den Toren Britanniens steht und wenn im nächsten Augenblick Juan d'Austria, umgeben von einer riesigen Phalanx, zu uns übersetzen will.

Ihr erweckt den Eindruck, als wolltet Ihr im nächsten Augenblick wild entschlossen kämpfen. Ich fühle es, unser ganzes Vaterland glaubt es. Das Blut kocht in Eurer Brust, die Tapferkeit steht Euch auf die Stirn geschrieben. Mars bestimmt Eure Worte, Minerva hält sich in Eurer Rechten verborgen, Bellona herrscht in Eurem Körper. Der glühende Eifer des Mars beseelt Euch, Eure Augen funkeln, Eure Miene schleudert Lanzen; wer möchte nicht schwören, daß Achill wieder lebendig ist?

Handelt, großer Earl, Ihr müßt die Hoffnung auf Eure Tapferkeit nähren; es nützt im Frieden, daß ein Mann die schrecklichen Waffen des Mars ergreift.«

Mit dieser kriegerischen Rhetorik ist Oxford auf den richtigen Kurs gebracht. Der Angegriffene muß die Ermahnung als Lob verbuchen. Er soll seine Feder beiseite werfen und politisch Farbe bekennen. Er soll sein Land vor Don Juan d'Austria retten, dem Sieger von Lepanto!

Aber so verstiegen sie auch sein mag, Harveys martialische Rede trifft einen Nerv. Denn was könnte den Schützling Minervas und »Lanzen-Schleuderer« mehr verlockt haben als ein Zweikampf mit Don Juan? Wohl hätte der Earl diesem Traum nicht nur die Literatur, er hätte ihm bedenkenlos sein Leben geopfert.

Welche Ironie des Schicksals, daß Juan d'Austria, Halbbruder Philipps II.

von Spanien, Gouverneur der Niederlande, der Ritter und Held und die romantischste Gestalt seiner Zeit, am 1. Oktober 1578 – zwei Monate nach Harveys Aufschrei – einem banalen Fieber erlag. Die Niederlande waren zum Grab seiner Hoffnungen geworden.

Der Cavaliero (nach Barnabe Rich)

*So du eines frostigen Morgens von London aus nach Westminster spazierst,
kann es sein, daß eine seltsame Gestalt dir begegnet. Sie sitzt hoch zu Pferd,
und du weißt zuerst nicht, ob Mann oder Frau. Das Pferd trägt ein bis auf den
Boden reichendes Tuch, der Jemand einen französischen Mantel, eine Halskrause, eine französische Kniehose und einen Fächer aus Federn, den er nah ans
Gesicht hält. Du kannst nicht glauben, daß ein Mann so verrückt wäre, sich mit
einem solchen Ding dem Gespött der Welt auszusetzen, aber wenn er näher
kommt, erkennst du in ihm zweifelsohne den Mann. Seine braunen Locken
unter dem runden Barett und sein gekämmtes Bärtchen werden dir in die Augen
stechen. Schon von weitem nickt er dir zu, aber es ist nur sein Pferd, bis er plötzlich stehenbleibt und es wirklich tut. Du grüßt ihn, verlierst ein Wort über seine
Pferdedecke, wie hübsch sie bestickt ist, und er beugt sich herab, um mit dir zu
reden. Er spricht sehr zierlich und auf französische Art, und alles gemischt mit
oui oui und Monsieur und Mon Dieu! Doch du staunst, wie munter er ist, welchen Witz und welche verrückten Einfälle er hat. Frag ihn nach der Königin,
und er erzählt dir von seinem Pferd. Frag ihn nach seinem Pferd, und er erzählt
dir von ihrer Hochzeit. Inzwischen ist er abgestiegen und begleitet dich noch ein
wenig in deine Richtung.*

Ob denn aus dieser Hochzeit wirklich etwas werden wird, fragst du ihn.

*Oui oui, wird er sagen und den Hals schief legen – oui, c'est l'amour! C'est
incroyable! Und dann legt er los, daß er es ist, der diese Hochzeit in Gang bringen wird, da die Königin auf keinen anderen hört als auf ihn, und daß sie ihn im
Scherz ihr Lieblingstier nennt, ihren Affen, le singe à jamais, und daß er eines
Morgens in ihr Zimmer kam, ihr die Nachthaube stahl und sie an den Prinzen
schickte, der schon ihr Taschentuch besaß. Der Prinz nennt ihn seinen liebsten
Freund und sie den Prinzen ihren Frosch und ihn ihren Affen. Was allerdings
sein Verdienst sei, denn er habe drei Monate lang ihr von ihm vorgeschwärmt:
seine bescheidene Courtoisie, habe er gesagt, seine Gelenkigkeit, seine Geläufig-
keit, seine Tanzkunst, kurz seine edle Unwürdigkeit werde hundertfach übertroffen von der Courtoisie Alençons, der ein wahrer Prinz sei, ein kühner Reiter,
ein unerschrockener Soldat, ein zäher Verhandler, ein wahrer Liebender, aber in
seiner Liebe zur Königin wie ein Kind, schlaflos seine Nächte durchweinend,
ihr Taschentuch in seiner langfingrigen Hand. Und niemals hätten ihn die Pok-*

ken entstellt, niemals, seine Züge hätten durch die überstandene Krankheit nur gewonnen an Ernst und männlicher Rauhheit. Und dann, eines Nachts, ohne jede Ankündigung, habe Alençon die Überfahrt gewagt, sei in Verkleidung im Palast erschienen und sofort zu ihr geeilt, aber die Unglückliche schlief schon, und er mußte ihn mit Gewalt zurückhalten und ihn zwingen, sich in sein eigenes Bett zu legen. Nicht in sein eigenes, sondern in seines. Mon Dieu! Denn sein Bett brauche er ja für sich. Baron de St. Marc. Und welche Schwüre am nächsten Morgen zwischen beiden, oui oui, incroyable, und welche Geschenke! welche Herrlichkeiten! Und ihr Frosch! Und ihr Affe! Den ganzen Tag turtelten sie, aber die Nächte seien streng geschieden, der Prinz verbringe die seinen mit Seufzen und Jammern in Gedanken an ihre göttliche Lieblichkeit. Weil an ihr, wie man sagt, ja nur die Jahre älter würden, nicht sie.

Nach diesem Bonmot wird er dich anlächeln, als seist du die Königin. Oder das bestickte Pferd. Wird aufsteigen, seinen Fächer nehmen, dir höflich Adieu sagen und davonreiten. Mit einem Nicken noch.

10 DIE FRANZÖSISCHE HOCHZEIT

Shakespeares Werk ist nicht aus dem Nichts entstanden, auch wenn die
Welt bisher keinen Autor dazu vorweisen kann.
Wir ahnen, daß dieses Werk nach Inhalt und Umfang nicht auf der Ba-
sis eines lebenslangen Dienstverhältnisses entstand, sondern auf der
Grundlage geistiger und ökonomischer Selbstbestimmung. Ein Werk
ohne Abhängigkeit von ignoranten Gönnern, ohne Einschmeichelung
und Anpassung: ohne Rücksicht auf die Willkür der Herrschenden
oder die horrende Geschmacklosigkeit des Markts.

Wenden wir uns dem Earl of Oxford als dem wahrscheinlichen Shakespeare zu, so wird deutlich: Der »Lanzenschleuderer« besaß die postulierte geistige und ökonomische Unabhängigkeit in vollem Maß. Der
Earl hatte sich nach keinen Gönnern zu strecken. Umgekehrt: seine
Zeitgenossen standen in wirtschaftlicher und literarischer Abhängigkeit von dem »sehr ehrenwerten, guten Lord und Meister Edward de
Vere, Lord of Escales & Baldlesmere, Viscount Bolebec, Lord Great
Chamberlain of England«. Allein zwischen seinem fünfzehnten und
dreißigsten Lebensjahr wurden ihm zehn literarische und wissenschaftliche Werke zugeeignet (darunter die Übersetzungen der Werke von
Pompeius Trogus, Heliodorus, Cardano, Humfred Lhuyd, Galenus und
des protestantischen Märtyrers Guido de Bray).

Die ersten jungen Autoren, die sich dem Meister als Schüler und Dienstleute anboten, waren John Lyly (1554-1606) und Anthony Munday
(1560-1633).
Der hochbegabte, zierliche John Lyly hatte am Magdalen College in
Oxford studiert, war neunzehnjährig Bakkalaureus der Künste (Bache-
lor of Arts) geworden, liebte alles Schöne, Wahre und Gute, vornehm-
lich aber die Poesie. Als geborener Ästhet und Stilist konnte er sich
nicht mit der Idee befreunden, ein Leben lang der Unbill der kleinen
Verhältnisse ausgesetzt zu sein, und nahm seinen Aufschwung ins
Große mit einer Petition an Lord Burghley: »Ich weiß, daß die Güte
einer großen Persönlichkeit ein allgemeiner Zufluchtsort ist ... In ei-

nem Wort, das ist der springende Punkt: Wollen Euer Gnaden der Königin einen Hirtenbrief entreißen … Lyly ist nichts, wenn Ihr nicht wie eine schützende Gottheit, wie ein günstiger Stern, wie der Polarstern vor mir leuchtet.« Tatsächlich scheint der allgegenwärtige Burghley seine schützende Hand über ihn gehalten zu haben, denn nach seinem Magisterabschluß fand Lyly Aufnahme im *Savoy*, in dem der Earl of Oxford eine Etage besaß. Die aufregende Nachbarschaft zu dem väterlichen Schatzmeister und dem schreibenden Großkämmerer des Reichs inspirierte Lyly zu einem zweihundertseitigen Roman, den er im Jahr 1578 zügig niederschrieb: *Euphues. The Anatomy of Wit* (London 1579). Der Roman besitzt kaum Handlung, statt dessen philosophieren seine Protagonisten unerhört langatmig und sprachzierlich über die ethischen Prämissen ihres (Nicht-)Tuns.

Euphues, ein junger Edelmann aus Athen, und seine Gefährten Philautus und Eubulus treten auf und sprechen wie englische Spanier im alten Griechenland oder poetische Kanzleibeamte der Rhetorik. Nach dem Vorbild des Spaniers Antonio de Guevara und seiner *Epistolas familiares*, *1539-45* (*The Familiar Epistles, 1574*) entfesselt John Lyly periodische Kontradiktionen im gepuderten Korsett der Tugendrede (»denn es gibt kein Ding, das nicht sein Gegenteil hat«) und belädt die immer gleichen Satzstrukturen mit immer neuen, gleich wohldosierten Wortfüllungen (»Liebe Tochter, nachdem du lange ein Mädchen warst, mußt du nun lernen, eine Mutter zu sein, und so, wie ich Sorge trug, dich als Jungfrau zu bewahren, so wünsche ich jetzt, dich zu einer Ehefrau zu machen«), um am Ende seiner literarischen Diplomarbeit schelmisch zu gestehen: »Von dem Werk wurde ich entbunden, ehe meine Freunde wußten, daß ich schwanger war.«

Oxford nahm das Werk wohlwollend auf und machte den wendigen kleinen John Lyly, da er schon im Hause war, zu seinem literarischen Sekretär.

Bald nach dem Erscheinen der *Anatomy of Wit* (»Die Kunst, geistreich zu sein«) wurde der von Lyly inaugurierte »Euphuismus« zu einer Mode in englischen Hofkreisen: die jungen Damen fanden es fein, parfümierte Handschuhe zu tragen und so gespreizt zu sprechen wie Euphues. Und der Beiname des Wohlgestalteten ging auf John Lyly über.

Der Vierundzwanzigjährige aber hatte seinen »Zufluchtsort« gefunden:

den Dichter Edward de Vere, Earl of Oxford, den er verherrlichte. Das literarische und menschliche Dienstverhältnis sollte äußerst produktiv sein und länger als zehn Jahre währen.

Nicht weniger karrierebewußt als John Lyly war Anthony Munday – einer der vielen Autoren jener Zeit, die ihr dürftiges Einkommen mit einem Stipendium aus Francis Walsinghams Geheimdienstkasse aufbesserten. Munday scheint mehr als *ein* Leben geführt zu haben: 1553 oder 1560 geboren, arbeitete er als Tuchmacher- bzw. Druckerlehrling, als Balladendichter, Schauspieler, Pamphletist, Übersetzer von Ritterromanen, Verfasser von Stücken, Aufzügen und Chroniken.

1578 schenkte er Oxford seine (verlorene) Übersetzung *Galien of France* – und begab sich danach, zweifelsohne im Auftrag des englischen Geheimdiensts, auf die Reise über Frankreich nach Rom, wo er – als Priesteranwärter getarnt – erfolgreich die Gruppe der englischen Katholiken ausspionierte. Er beschreibt seine Taktik relativ offen im Vorwort zu seinem *Mirror of Mutability,* 1579 (»Spiegel der Veränderlichkeit«), den er seinem »Lord & Patron« Oxenford widmet.*

Munday liefert im *Mirror of Mutability* einen Beitrag zur Geschichte der menschlichen Vanitas. Er läßt verschiedene biblische Charaktere auftreten und sie von ihrem unglücklichen Schicksal bzw. ihren Verfehlungen erzählen. Im lateinischen Widmungsgedicht aber preist er (nach dem Vorbild Vergils) den Earl of Oxford freudig als seinen »Alexis«, den er beim Wein besuchen will. Der Earl könne ihm helfen, seine Traurigkeit zu verscheuchen. »Nur so lange dauert die Finsternis, bis Phoebus mit seinem glühenden Hauch zurückkehrt ... Ihr, mein Wohlgestalteter, lebt wohl, und es lebe Euer freundlich gesinnter Wille.«

Belauscht, bewundert, assistiert von hochkarätigem literarischem Personal, setzte der Earl sein eigenes Schreiben fort. Die Königin erwartete einen neuen Beitrag zu den Spielen der Nachweihnacht oder der Fast-

---

* Wer angesichts des engen Verhältnisses zwischen Oxford und seinem »Vasallo e Servitore« Munday immer noch von den krypto-katholischen Neigungen des Earl spricht, macht sich der Geschichtsfälschung schuldig. Immerhin sah Anthony Munday es im Jahr 1581 als seine Aufgabe an, den Jesuiten Edmund Campion und seine Mitbrüder als Agenten der katholischen Mission zu enttarnen und aufs Schafott zu bringen.

nachtszeit, eine komische oder feierliche Überraschung in der Reihe der höfischen Lustbarkeiten.

Von welcher Art diese Überraschung gewesen sein könnte, darüber gibt die Bemerkung eines Zeitgenossen Aufschluß, mit der er das kurze Aufleben und -leuchten eines Theaterstücks bezeugt, als dessen Titel er uns überliefert: *The Jew.*

In einer Schrift mit dem schönen Titel »Die Schule der Verirrung: enthaltend eine Invektive gegen Reimer, Sackpfeifer, Schauspieler, Possenreißer und ähnliches Kroppzeug im Gemeinwesen. London 1579« sagt der junge Autor Stephen Gosson dem Unterhaltungsunwesen aller Zeiten – und seiner Zeit – den leidenschaftlichen Kampf an. Noch weiß der mutige Schreiber nicht, auf welch verlorenem Posten er mit der Polemik gegen den professionellen Firlefanz steht. (Das Vergnügen der Bärenhatz erreicht allemal eine höhere »Quote« als Lyrik und Kontrapunkt.)

Lehrmeister Gosson machte in seiner *Schoole of Abuse* aber auch auf die wenigen Ausnahmen aufmerksam, die sich von dem allgemeinen Klamauk verdienstvoll abhoben. Zu ihnen rechnet er *The Jew,* ein Stück, das im Bull, einem Theater in der Bishopsgate, zur Aufführung gekommen war. (Vom Bull's Inn ging – unter James Burbage (1531-1597) – die Gründung des ersten Londoner Spielhauses aus, genannt »The Theatre«.)

Gossons Beschreibung läßt aufhorchen: »Es handelt von der Gier derer, die Weltliches wählen, und von der blutdürstigen Gesinnung der Wucherer.« Auch Gabriel Harvey muß das Stück gesehen haben, denn in seinem *Letter-Book* findet sich ein um 1579/80 geschriebener Brief, in dem er sagt, er sei dem Adressaten weit mehr verpflichtet »als irgendein Kaufmann in Italien irgendeinem dortigen Juden«.

Kein Zweifel: Gosson bezieht sich mit dem Wort »the greedinesse of worldly chusers« auf die Kästchen-Szene und mit »bloody mindes of Usurers« auf die blutdürstige Gesinnung Shylocks in *The Merchant of Venice.* Und auch Harveys Bonmot bliebe ohne den Hintergrund des Stücks unverständlich und fade.

Die Frage ist nur, ob Gosson und Harvey den »Kaufmann von Venedig« gesehen haben – oder ein Vorläuferstück, das neben der Fabel der mörderischen Pfandleihe auch die Kästchen-Wahl enthielt? (In diesem Fall hätte bereits der Autor des älteren Stücks zwei verschiedene literarische Quellen – *Il Pecorone* und *Gesta Romanorum* – in einer Handlung zusammengeführt. Beziehungsweise *The Merchant of Venice* wäre der Abklatsch von *The Jew*.) Die Frage nach der Entstehungszeit von Shakespeares Stück läßt sich jedoch rasch und mit einiger Sicherheit beantworten, wenn wir den verborgenen Hinweisen folgen, die der Autor gegeben hat.

Portia, die Herrin von Belmont und unbezweifelbare Lichtgestalt der Komödie, wird umworben von einer Reihe ausländischer Granden, die mit der Wahl des goldenen, silbernen oder bleiernen Kästchens die Probe auf ihr Glück machen müssen. Unter denen, die vorschnell wieder abziehen, befinden sich der »neapolitanische Prinz«, der »Pfalzgraf«, »Monsieur Le Bon«, Baron »Falconbridge« und »des Herzogs von Sachsen Neffe«.

Diese Herren sind durchaus keine reinen Phantasiegestalten.

PORTIA Zuerst ist da der neapolitanische Prinz.

NERISSA Das ist ein wildes Füllen, in der Tat. Er spricht von nichts als seinem Pferde, und bildet sich nicht wenig auf seine Talente ein, daß er es selbst beschlagen kann. Ich fürchte sehr, seine gnädige Frau Mutter hat es mit einem Schmied gehalten. (I/2)

Der »neapolitanische Prinz« besitzt eine gewisse Ähnlichkeit mit Don Juan d'Austria, der sich als Admiral der Mittelmeerflotte oft in Neapel aufgehalten hatte. Don Juans Mutter war die Gürtlermeisterstochter Barbara Blomberg aus Regensburg, mit der Kaiser Karl V. ein Liebesverhältnis eingegangen war. Aus dem Kaiser wird der Hufschmied – eine freche Anspielung auf Gott Vulkan und sein Verhältnis mit Venus. Und wie sehr sich der uneheliche Prinz durch seine Reitkünste hervortat, bezeugt John Lothrop Motley in seiner Geschichte der Niederlande (*The Rise of the Dutch Republic, 1856*): »Im ganzen Land war keiner, der wie er eine Lanze brechen oder Ringe stechen konnte, und er war bekannt für seine Kühnheit und sein Geschick, mit dem er ungebärdige Pferde zähmte.« (Auch der venezianische Gesandte in Neapel hatte im Jahr 1575 Don Juan als einen wohlgestalten Mann beschrieben, der sich prächtig kleide und wie niemand anderer verstehe, mit Pferden umzugehen.)

Sollte Shakespeare sich den Scherz erlaubt haben, in einer Aufführung bei Hof Don Juan d'Austria, den Intimfeind der Königin, als »ihren« ersten gescheiterten Brautwerber auftreten zu lassen?

Denn bei näherem Hinsehen erweist sich die tugendhafte Portia, Erbin von Belmont, als eine ideale Spiegelung der jungfräulichen Königin. Portia wird dargestellt als makellos, mild, wissend, heiter und gelehrt, ihr Reichtum ist immens, ihr Rechtsverstand übertrifft den der Männer – und sie spricht wie eine Fürstin. Nachdem Bassanio das richtige Kästchen gewählt und sich ihrer Liebe würdig erwiesen hat, überantwortet sie sich, die eben noch »Monarchin ihrer selbst« war, dem geliebten Mann als ihrem »Lord, ihrem Führer und König« – und Bassanio, von ihren Worten in die süßeste Konfusion gestürzt, vergleicht seine Rührung und Verwirrung mit der, »wie sie nach einer wohlgesprochnen Rede / von einem teuren Prinzen wohl im Kreis / der murmelnden zufriednen Meng' erscheint«.

Solange der neapolitanische Prinz am Leben war, hätte Elizabeth über diesen Witz nicht lachen können. Vier oder fünf Monate nach seinem Tod aber war der Bann gebrochen. Die Königin wurde aktuell begehrt, der Situationswitz konnte verstanden werden. Um so mehr, als in der Reihe der »Suitors« lustig fortgefahren wird:

NERISSA Ferner ist da der Pfalzgraf.

PORTIA Er tut nichts wie Stirnrunzeln, als wollt er sagen: wenn Ihr mich nicht haben wollt, so laßt's! Er hört lustige Geschichten an, und lächelt nicht. Ich fürchte, es wird der weinende Philosoph aus ihm, wenn er alt wird, da er in seiner Jugend so unhöflich finster sieht. Ich möchte lieber an einen Totenkopf mit dem Knochen im Munde verheiratet sein, als an einen von diesen. Gott beschütze mich vor beiden!

Der seit 1576 herrschende Pfalzgraf war Ludwig VI. von der Pfalz (1539-1583), der im Gegensatz zu seinem jüngeren Bruder Johann Kasimir nicht calvinistischer, sondern lutherischer Konfession war. Nach seinem Regierungsantritt im Jahr 1576 ließ er in der Hofkapelle des Heidelberger Schlosses den calvinistischen Gottesdienst einstellen und das Hofpersonal von Calvinisten säubern. Von Jugend an kränklich, wachte er mit einer strengen christlichen Polizeiordnung über das Volk, wetterte gegen Genußsucht und Verschwendung und verbot die im dörflichen Leben der Kurpfälzer so beliebte Kirchweih, die Fastnacht und den Johannistag. Als er 1583 starb, übernahm sein lebensfroher Bruder Johann Kasimir (»Der Jäger aus Kurpfalz«) stellvertretend die Regierung.

Bei Nerissas nächster Frage an ihre Herrin darf man aufhorchen.

NERISSA Was sagt Ihr denn zu dem französischen Herrn, Monsieur Le Bon?

PORTIA Gott schuf ihn, also laßt ihn für einen Menschen gelten. Im Ernst, ich weiß, daß es Sünde ist, ein Spötter zu sein: aber er! Ja doch, er hat ein bessres Pferd als der Neapolitaner; eine bessre schlechte Gewohnheit die Stirn zu runzeln als der Pfalzgraf; er ist jedermann und niemand. Wenn eine Drossel singt, so macht er gleich Luftsprünge; er ficht mit seinem eigenen Schatten. Wenn ich ihn nähme, so nähme ich zwanzig Männer; wenn er mich verachtete, so vergäbe ich es ihm: denn er möchte mich bis zur Tollheit lieben, ich werde es niemals erwidern.

MONSIEUR war, wie gesagt, in der Zeit zwischen 1574 und 1584 am französischen und englischen Hof die offizielle Bezeichnung für den Duc d'Alençon, der so gerne König geworden wäre. Übrigens wurden die Namen französischer Herrscher nicht selten mit dem Epithet »le Bon« geschmückt – man denke an Jean le Bon, König von Frankreich, oder Philippe le Bon, Herzog von Burgund. Und natürlich paßt zu Alençons bekanntermaßen unstetem und unausgeglichenem Wesen Portias Bemerkung: »er ficht mit seinem eigenen Schatten«. Vielleicht sind dies noch keine hinreichenden Indizien für die Gleichung Alençon = Le Bon.

Aber warum macht Monsieur Le Bon Luftsprünge (»he falls straight a capering«), wenn eine Drossel singt? Weil die Drossel im Französischen *mauvis* heißt – und weil ein gewisser Graf Castelnau de *Mauvissière* als französischer Botschafter am englischen Hof mit zähem Fleiß die Sache der »französischen Heirat« zu befördern trachtet. Wenn Graf Mauvissière, die Drossel, singt, so macht *Monsieur* vor Freude einen Luftsprung.

Erstaunlich nur, mit welcher Hemmungslosigkeit Elizabeth' Hofdichter sich über den französischen Hochzeiter lustig macht und lustig machen darf. Offenbar waren ihm die schönen Grüße und Versprechungen des französischen Königs nur einen Pappenstiel wert. Und er glaubte zu wissen, daß Elizabeth' jüngferliche Hochzeitsstrategien in der Hauptsache nichts anderes waren als: politisches Theater. Wäre es anders gewesen, hätte die frisch umworbene Queen den Witz mit der Singdrossel wohl reichlich deplaziert gefunden. In der Folge werden Falconbridge, ein junger Baron aus England und sein Nachbar – ein Schotte – abgehandelt. Da Falconbridge weder Latein, Französisch noch Italienisch beherrscht, kommt er für Portia nicht in Betracht. Er ist eines feinen Mannes Bild, aber eben nur ein Bild – und deshalb stumm. Shakespeares Karikatur des tumben Landadligen vermeidet jede konkrete Anspielung – da sie in der gegebenen Situation als peinlich empfunden werden müßte. Auch der Schotte, der vom Engländer »eine Ohrfeige geborgt hat«, bleibt gesichtslos. Dann aber greift der Witz noch einmal in die deutschen Lande über.

NERISSA Wie gefällt Euch der junge Deutsche, des Herzogs von Sachsen Neffe?

PORTIA Sehr abscheulich des Morgens, wenn er nüchtern ist, und höchst abscheulich des Nachmittags, wenn er betrunken ist ... Aus Furcht vor dem Schlimmsten bitte ich dich also, setze einen Römer voll Rheinwein auf das falsche Kästchen; denn sollte der Teufel drin sein, und draußen lockt diese Versuchung, so weiß ich, er wird es wählen.

Mit dem »Neffen« des Herzogs von Sachsen dürfte Graf Johann Kasimir von der Pfalz (1543-1592) gemeint sein, der Schwiegersohn von Kurfürst August von Sachsen und Schwager des Herzogs Johann Friedrich II. von Sachsen-Gotha.* Kasimir galt nicht als Kostverächter. Als Regent der Kurpfalz (nach dem Tod seines Bruders Ludwig VI.) ließ er im Heidelberger Schloß ein Faß »wie noch keines auf Erden« bauen, dazu ein Gebäude, um es aufzunehmen. Die pfälzische Hofgesellschaft

---

* Die Vermutung wird zur Gewißheit, wenn wir erfahren, daß Johann Kasimir im Frühjahr 1564 *tatsächlich* um Elizabeth geworben hat.
Von den eigenen Vorzügen geblendet, überredete der junge Pfälzer den Schotten Sir James Melville, die Königin mit seinem, Kasimirs, Porträt zu überraschen. Elizabeth empfing Melville in Hampton Court und nahm die Porträts von Johann Kasimir und seinen Eltern in Empfang. Am nächsten Morgen gab sie Melville die Bilder zurück: sie danke, aber wolle *keines* behalten. Daraufhin schrieb Melville an Kasimir und riet ihm, seine Hoffnungen zu begraben. (Memoirs of Sir James Melville of Halhill [1603], ed. A. F. Steuart. London, 1929).

leerte das Kasimir-Faß – mit einem Inhalt von 130000 Litern Wein – innerhalb von zwei Monaten. Während seines Besuchs in London Anfang Februar 1579 hatte Elizabeth zu seinen Ehren ein zweitägiges Turnier veranstaltet. Kasimir bedankte sich mit Weinlieferungen an Sir Walsingham und Lord Leicester.

Mit der lästigen Aufzählung könnte es nun genug sein, aber im »Kaufmann von Venedig« werden noch zwei weitere Heiratskandidaten vorgeführt, die sich der Probe der Kästchenwahl unterziehen und dabei scheitern. Da ist zuerst der schwarze Prinz von *Morocco*, der auftritt als ein Miles Gloriosus, ein soldatisches Großmaul, sich brüstend, er hätte mit seinem Säbel den Schah von Persien und den türkischen Sultan niedergeschlagen. Mit diesem Morocco könnte ein beliebiger schwarzer Emir gemeint sein, gäbe nicht das goldene Kästchen, das er stolz und gierig erwählt, über sein weiteres Schicksal Auskunft – denn ein Totenkopf springt ihm entgegen.

Von den zwei maurischen Prinzen, die am 4. August 1578 in der verheerenden Schlacht von Alcazarquivir (zwischen Fez und Tanger) fielen, war einer ein Schwarzer: Prinz Mulay Mohammed, der als Marionettenkönig Don Juan d'Austrias seinem Onkel Sultan Abd El-Malik den Thron von Marokko streitig machte. Mulay Mohammed kämpfte und fiel an der Seite des jungen »Kreuzfahrerkönigs« Sebastian von Portugal (1554-1578), der mit einem Heer von 18000 Mann in Marokko eingefallen war, um es für Portugal zu erobern. 8000 Portugiesen, darunter die meisten portugiesischen Adligen, starben auf dem Schlachtfeld. Die Leiche Sebastians wurde nie gefunden. Sultan Abd El-Malik erlag nach dem Sieg den körperlichen Strapazen der Reiterei. Mit der Schlacht von Alcazarquivir war der Traum von Portugals Zukunft ausgeträumt: zwei Jahre später verlor es seine Unabhängigkeit und fiel an Spanien. (1594 rühmt George Peele in seinem Drama *The Battle of Alcazar* den »Negro« Muly Mahamet als »this brave Barbarian Lord *Muly Molocco*«.)

Und nochmals springt ein Kästchen auf – und zeigt dem spanischen Bewerber ein Narrengesicht. Der Mann, der in diesen Spiegel schaut, Prinz von Aragon mit Namen, hat Silber gewählt, das Metall, das seine Schiffe ihm aus dem Neuen Kontinent zutragen. Denn hinter Aragon verbirgt sich der erste Mann in der langen Reihe der Abgewiesenen,

der erste, den Elizabeth mit Furor verschmäht hat: König Philipp II.
Und Shakespeare macht kein Geheimnis daraus, daß er ihn für einen
aufgeblasenen Gecken und Narren hält.

Anhand dieser Liste dürfte die politische, historische und poetische
Kompetenz des Autors klar geworden sein. Er ist keiner, der sich nach
den hohen Namen, die er ins Spiel bringt, erst mühsam durchfragen
muß. Er zitiert, verhüllt und decouvriert mit der größten Leichtigkeit.
Er sucht nicht nach Anlässen, sondern streift das politische Zeitgeschehen
mit dem kleinen Finger. Spielerisch und wie am Rande bezieht er
eigene Erfahrungen ein, er würde sie Äußerlichkeiten nennen: jemand
borgt 3000 Dukaten auf drei Monate in Aussicht auf einen Gewinn, der
nicht eintrifft – Schiffe laufen aus ohne Sicherheit auf Rückkehr – der
venezianische Karneval verhüllt eine Entführungsszene, und Melancholia
streift die Zurückgebliebenen.

Die in das Stück eingebrachten persönlichen Assoziationen geben die
Identität des Autors und den Zeitpunkt der Abfassung preis: »Monsieur«
zählte zu Oxfords guten Bekannten am französischen Hof – mit
Graf Kasimir, dem »Jäger aus Kurpfalz«, hatte er sich in der Pfalz getroffen
– das »wilde Füllen« Don Juan war sein ihm wichtigster Feind.
Entgegen der italienischen Vorlage – Il Pecorone (Der Schafhirt) von Ser
Giovanni Fiorentino – spricht Shakespeare nicht von zehntausend, sondern
von dreitausend Dukaten, die »Messer Ansaldo« sich von dem
Juden leiht. – Fiorentinos Hafenstadt Belmont verlegt Shakespeare an
den Brentakanal in die Nähe von Padua (rund »zwanzig Meilen« entfernt
vom Anlegeplatz der Fähre nach Venedig, wie gesagt wird), d. h.
dorthin, wo der Earl die Villen der Foscari und Contarini passiert
hatte.

Oxford schreibt sich noch mit einer weiteren Kleinigkeit in den »Kaufmann
von Venedig« ein: mit dem Lied »Tell me, where is fancy bred, /
Or in the heart or in the head?« (III/2)

> Sagt mir, woher Neigung rührt.
> Aus dem Herzen? aus dem Kopf?
> Wer sie aufnimmt, wer sie nährt?
> Sagt mir, sagt.

Gezeugt wird in den Augen sie,
genährt mit Blicken, aber stirbt
auch in der Wiege, die sie birgt.
Laßt sie uns zu Grabe läuten:
ich fang an – ding dong – beizeiten.

Diese Zeilen bilden die Kurzform des Oxfordschen Gedichts »When wert thou born, Desire?«, das die Sammlung von Humphrey Coningsby eröffnet und um das Jahr 1578 aufgezeichnet wurde. Die Vorlage stammt aus dem Italienischen, als ihr Urheber galt Serafino Aquilano.

Oxfords – bzw. Serafinos – Amor wird hervorgebracht durch glückliche Einbildung, wohnt in schönen Herzen, wird genährt mit Freude, labt sich am Anblick der Schönheit und lebt und stirbt täglich tausendfach.

Daraus schließen wir, daß *The Merchant of Venice* identisch ist mit dem Stück *The Jew*, auf das Stephen Gosson und Gabriel Harvey 1579 reagiert haben. Die Komödie dürfte nach Frobishers dritter Amerikareise und Don Juan d'Austrias Tod am 1. Oktober 1578 abgefaßt und erstmals 1579 aufgeführt worden sein.

Aber noch ein weiterer Umstand bezeugt die Existenz des *Merchant of Venice* im Jahr 1579: Anthony Mundays Imitation der Wucherer-Episode in seiner – dem Earl of Oxford gewidmeten – Erzählung *Zelauto* von 1580.*

* Shakespeare verleiht der Gestalt des mörderisch rechtlichen Juden höchste Glaubwürdigkeit, indem er sie (anders als die italienische Vorlage des 14. Jahrhunderts) psychologisch und sozial begründet. In seiner Notlage geht Kaufmann Antonio seinen Feind Shylock um ein Darlehen an: denselben Mann, den er als jüdischen Geldverleiher bespuckt und seiner Existenzgrundlage zu berauben versucht hat. Und eben diesem Shylock wird von einem der Freunde Antonios die Tochter geraubt – ein Vorgang, der ihm den Weg zur christlichen Barmherzigkeit um so nachhaltiger verstellt. Shylock will aus der Kreatur, zu der ihn die Christen erniedrigt haben, durch grausame Einforderung seines Rechts wieder zum Menschen werden. Ein tragisches Paradox, das am Ende eine makaber komische Auflösung erfährt.
Auch Anthony Munday erzählt (im dritten Teil von *Zelauto*) die Geschichte einer skandalösen Schuldverschreibung, die Ähnlichkeit mit Shakespeares Darstellung besitzt, aber Shakespeares Quelle – *Il Pecorone* – ignoriert. Munday kennt Fiorentino

Mundays Plagiat ist eine bewußte Reverenz an den Meister im Rahmen eines literarischen Dienstverhältnisses. In seinem an Oxford gerichteten Vorwort zu *Zelauto* betont der Verfasser die Vorbildhaftigkeit des Earl: wie der Held Primaleon seinem geliebten Bruder nachfolgte, so folge er, Munday, dem großen Oxford nach. Ein einfacher Mann dürfe es wagen, seinem Kaiser nichts als einen Blumenstrauß zu schenken, weil seine kleine Gabe ebenso von Herzen komme wie das kostbare Geschenk eines Reichen. Offenbar versteht Munday unter diesem Blumenstrauß das Bündel von Imitaten und Anspielungen im eigenen Werk.

Wir werden dem gleichen Verfahren bei John Lyly, Robert Greene, Thomas Nashe u. a. wiederbegegnen. Umgekehrt scheut Shakespeare sich nicht, mit *Winter's Tale* und *As You Like It* literarische Adaptionen von Greene und Lodge vorzulegen.

Allerdings ist Mundays literarische Mimikry Welten entfernt von Shakespeares zeitloser Fabel. Er verfehlt die tragische Dimension Shylocks mit dem Klischee des einfältigen Wucherers, der von seiner Angebeten und seiner eigenen Tochter im Verein betrogen wird.

Nun aber haben Stephen Gosson und Gabriel Harvey *The Jew* nicht am königlichen Hof, sondern im Bull in der Bishopsgate gesehen. Offenbar hatte das Stück seinen Weg in die Öffentlichkeit gefunden, da die Schauspieler (Warwicks's Men, Sussex's Men oder Leicester's

---

nur aus der Hand Shakespeares und setzt die typischen Eigenmächtigkeiten, die Shakespeare sich Fiorentino gegenüber herausgenommen hat, unbesehen fort. Während bei Fiorentino die Herrin von Belmont allein den Anwalt spielt, um den Kaufmann zu retten, stellt Shakespeare ihr die als Schreiber verkleidete Zofe zur Seite. Diese doppelte Frauenpräsenz im männlichen Gewand wird von Munday imitiert und zur Grundlage einer neuen Handlungskonstellation gemacht. – Und Anthony Munday kopiert nicht nur das Märchen von der Bestrafung des grausamen Wucherers aus *The Merchant* (oder *The Jew*), sondern darüber hinaus erzählerische Motive der Oxfordschen *Adventures of Master F. I.* In seinem Sprichwörterreigen läßt Munday keine der Wendungen aus, die schon in den *Adventures* vorkommen: den Krüppel, dem vorgehinkt wird – die Maus in der Falle – die Kohlen des Liebesfeuers – den Stab in der Hecke – die Liebe, die auf den Magen schlägt. Er imitiert den Stil der parodistischen Übertreibung, die Werbungsrhetorik des Liebenden, das Spiegelmotiv, wiederholt das David-und-Bathseba-Zitat, das Zitat einer Stelle aus Ariost (*Orlando Furioso* XXXI, 1) etc.

Men) mit einem guten Stück »draußen« ein Zubrot verdienen konnten.

Gosson vertritt in diesem Zusammenhang die Meinung, die wirklich guten Stücke, darunter *The Jew* und sein eigenes (*Catilins Conspiracies*), seien nicht gut für jeden Geschmack, d. h., sie sollten nicht öffentlich aufgeführt werden. Er glaubt also, daß *The Merchant of Venice* zu schade dafür sei, als Perle dem Pöbel vorgeworfen zu werden.

In den Abrechnungsbüchern existiert keine Aufzeichnung über eine Aufführung von *The Jew* oder *The Merchant*, aber das heißt nichts. Die Buchhaltung der Hoflustbarkeiten, die sogenannten Revels Accounts, bringen die Titel der gespielten Stücke oft nur halb oder gar nicht.

Der Gewährsmann Gilbert Talbot (der spätere Earl of Shrewbury) weiß jedoch von einer am Hof aufgeführten »devyse« zu berichten. Er schreibt am 5. März 1579 an seinen Vater:

»Es ist müßig, Euch mit der Schilderung solcher Darbietungen aufzuhalten, wie sie während der Fastnachtszeit [1. bis 3. März 1579] an den Abenden dargeboten wurden. Die vorzüglichste war ein Szenario, vorgestellt durch den Earl of Oxford, den Earl of Surrey, Lord Thomas Howard und Lord Windsor. Das Szenario war hübscher als das, was [sonst] aufgeführt wurde, aber das Beste darin (ich meine das am besten Aufgenommene) waren zwei kostbare Juwelen, die Ihrer Majestät von den beiden Earls gereicht wurden.«

D. h., der Earl of Oxford trat an einem der drei ersten Märztage zusammen mit Philip Howard, Earl of Surrey [and Arundel], Lord Thomas Howard und Frederick Baron Windsor in einer höfischen Darstellung auf.* Der Gedanke, er und seine Freunde hätten die Kästchenszene aus dem *Merchant* gespielt, ist reizvoll, aber in keiner Weise belegbar. Jeden-

* Philip Howard (1557-1595) war der erstgeborene, Thomas Howard (1561-1626) der zweitgeborene Sohn des 1572 enthaupteten Herzogs von Norfolk – Frederick Windsor (1559-1585) ein Neffe Oxfords. Der anfangs leichtlebige Philip Howard konvertierte 1584 nach einer Begegnung mit Edmund Campion zum katholischen Glauben. Thomas Howard, der spätere Earl of Suffolk, brachte es unter James I zum Lord Chamberlain und Lord Treasurer. – Die Besetzung der »devyse« (allegorische Darstellung, Schauspiel, Schaustellung) mit den vier Adligen erinnert an die spätere Inszenierung der *Four Foster Children of Desire* mit Philip Howard, Lord Windsor, Philip Sidney und Fulke Greville im Mai 1581.

falls war der Earl, soviel geht aus Talbots Hinweis hervor, noch immer als Inszenator und Spieler für die höfische Bühne tätig.

Unter den Zuschauern der Shrovetide- oder Fastnachts-Device befanden sich, wie die Quellen verbürgen, der französische Botschafter Graf Castelnau de Mauvissière – und Jean de Simier, Baron de St. Marc, der Liebesbotschafter des Duc d'Alençon, von Elizabeth (aufgrund der Namensähnlichkeit mit »simien«, affenartig) zärtlich angesprochen als der Affe.

Bereits am 5. Januar 1579 war Alençons Liebesbote in London eingetroffen, um die Sache seines Herrn zu fördern. Mit ihm erschien ein erfahrener Hofmann, »ein Meister in Liebesdingen, voll lustiger Einfälle und galanter Unterhaltung«. Elizabeth verbrachte plaudernd und scherzend ganze Tage mit ihm. Schon wurde landauf landab gemunkelt, der Franzose hätte sie bezaubert und den Weg zu ihrem Herzen gefunden.

Die Frage der »Französischen Hochzeit« mußte vor dem Staatsrat erörtert werden. Walsingham und Leicester standen an der Spitze der glaubenseifrigen Opposition, Burghley und Sussex unterstützten die Hochzeit. Bedenklich schien vor allem der Altersunterschied zwischen der Königin und dem Herzog (die Königin war fünfundvierzig, der Duc d'Alençon vierundzwanzig Jahre alt), und man fragte sich, ob Elizabeth in diesem Alter noch einen Thronerben zur Welt bringen könne. Die charakterliche Unbeständigkeit und das häßliche Äußere des jungen Mannes kamen zur Sprache (Monsieurs Gesicht war von Blatternarben entstellt) – und vor allem: die Religionszugehörigkeit. Als Präsumptiverbe des französischen Throns mußte der Herzog trotz seiner protestantischen Sympathien Katholik bleiben. Alles Katholische aber war beim englischen Volk höchst umstritten.

Während die Herren Staatsräte das Pro und Kontra der Hochzeit erwogen, ergötzten sich Elizabeth und Simier an diversen Aufführungen und auf prachtvollen Festen.

Der spanische Botschafter Bernardino de Mendoza schreibt am 8. April nach Madrid, im Hinblick auf den erwarteten Besuch von Alençon sei vorgeschlagen worden, daß der Earl of Surrey, der Earl of Oxford und Lord Windsor Unterkünfte bereitstellen sollten. »Denn obwohl sie noch jung sind, sind ihre Häuser sehr alt und ehrwürdig.«

Ungeachtet seiner häuslichen und höfischen Kapricen, genoß Oxford in den Augen der Königin wieder allerhöchstes Ansehen. Er schien ihr der geeignete Mann dafür zu sein, das Katz- und Maus-Spiel mit den Franzosen auf die unterhaltsamste und nobelste Art zu prolongieren.

Vom 11. bis 29. August 1579 begab sich Hercule-François Duc d'Alençon in Verkleidung nach England, um in eigener Person für sich zu werben. Außer Simier und der Königin wußte niemand – oder sollte niemand wissen –, daß er gelandet war.

»Mit den Jahren war *Monsieur* ansehnlicher geworden«, schreibt Sir John E. Neale, der Biograph Elizabeth', »und seine Lebhaftigkeit tat das übrige.« Elizabeth sagte zu ihm, man habe ihn ihr als häßlich, bucklig und mißgestaltet beschrieben, aber sie stelle das Gegenteil fest, in ihren Augen sei er eine sehr stattliche Erscheinung. Es folgten dreizehn heiße Tage und dreizehn kühle Nächte mit Liebesgeplänkel, Seufzern und schönen Versprechungen.

Da Oxford und Alençon sich bereits von Paris her kannten, konnte der Prinz sich vertrauensvoll an ihn wenden. Vor allem lief er nicht Gefahr, schlecht unterhalten zu werden.

In ebendiesen Augusttagen ereignete sich vor den Augen aller französischen Gäste ein höchst wunderlicher Zusammenstoß. Er wurde überliefert von einem engen Freund eines der beiden Kontrahenten, woraus sich eine leicht parteiische Sichtweise ergibt.

Kurz: der Earl, der das Tennisspiel liebte (und darüber ein Gedicht schrieb), traf, während er zusammen mit einer ungenannten Begleitung zum Tennisplatz von Whitehall kam, dort auf den von ihm sehr geschätzten, aber an dieser Stelle überflüssigen oder überzähligen jungen Dichterrivalen Philip Sidney.

Oxford, so schildert Sir Fulke Greville (1554-1628), betrat den Platz, auf dem Sidney (»der Freiheit seines Herzens hingegeben«) spielte. Vielleicht hatte Oxford reserviert, vielleicht hatte er einem hohen Gast eine Versprechung gemacht, kurz: er drängt darauf, daß Sidney für ihn und seinen Gast das Feld räumt. Sidney widerspricht. Oxford drückt sich deutlicher aus. Sidney, der gebeten und nicht geschoben werden will, widerspricht nochmals. Dieses demonstrative Sich-nicht-aus-der-Ruhe-bringen-Lassen bringt Oxford in Rage, und er befiehlt Sidney, den Platz zu verlassen. Darauf antwortet der Gegner, wenn seine Lordschaft sich gemäßigter ausgedrückt hätte, wäre er der Bitte vielleicht nachgekommen, wogegen er dem »Druck der Peitsche« standhalten werde. Oxford, aufs höchste erbost, nennt ihn verächtlich: »Puppy«. – Welpe. Hundesohn. Pinscher.

Nun waren die französischen Gäste ausgerechnet in jenem Teil des Schlosses untergebracht, dessen Fenster auf den Tennisplatz gingen. Und schon schauen sie alle neugierig herunter, denn nichts, sagt Greville, zieht die Franzosen mehr an als Streit. Sidney blickt sozusagen in die Augen des feindlichen Lagers.

»Was bin ich?« fragt er Oxford mit lauter Stimme. – »Ein Pinscher.« – Darauf Sidney, vorsätzlich ignorant gegenüber Oxfords Ironie: »Gelogen! Puppys sind Hunde. Ich bin ein Mensch.«

Dem ist nicht zu widersprechen. Doch begeht Sidney damit den Affront, seinen Widerpart der *Lüge* zu zeihen. Was nach den feudalen Spielregeln mit einer Aufforderung zum Duell beantwortet werden muß. Worauf beide »wie in Trance« oder wie in einem stummen Bild auf der Bühne – schweigen.

Die Ungleichheit der Geburt, sagt Sidneys Freund Greville, war für einen Augenblick vergessen.

Immer noch lehnen die Zuschauer aus den Fenstern. Alençons Höflinge. Mit einem unterdrückten Zischen macht Sidney kehrt und verläßt den Platz.

Oxford beginnt das Tennisspiel, als wäre nichts passiert.

Sidney sitzt zu Hause und erwartet Oxfords Herausforderung zum Duell. Dem scheint die Sache egal zu sein. Um ihn zu »wecken«, läßt Sidney ihm eine Erinnerung zukommen: das Stillhalten seines Gegners sei in den Augen der Franzosen wenn nicht der Tod, so doch der »Tiefschlaf der Ehre«. Wahrscheinlich aber hat Sidney bei dieser Gelegenheit noch eine kräftige Beleidigung nachgeschoben, denn nun sieht Oxford sich gezwungen, seinen Gegner der Lüge zu zeihen. (Er läßt ihm dies durch Walter Raleigh und Charles Arundell bestellen.) Woraufhin Sidney den Lord zum Zweikampf herausfordert – und sich dadurch des Rechts auf die Wahl der Waffen beraubt. Dennoch kommt es nicht zum Duell.

Zuerst interveniert das Privy Council, der Kronrat oder Geheime Staatsrat, der mit der Regelung von Ehrenstreitigkeiten befaßt ist. Auf

eine entsprechende Ermahnung von Sir Christopher Hatton antwortet
Philip Sidney:

> »Wenn ich ihm vergeben könnte, so würde ich *mir* angesichts einer
> solchen Beleidigung, der ich ausgesetzt bin, doch selbst nicht verge-
> ben können. Nichts unter der Sonne kann mich bereuen lassen, und
> kein Umstand wird mich zwingen, ein halbes Wort zurückzuneh-
> men; lassen Sie ihn also verfahren, wie er will; ich für mein Teil
> glaube, es würde die Sache nur schlimmer machen, wenn ich mich
> zurückhalte.«

Erst nachdem die Königin den jungen Heißsporn zu sich bestellt und
ihm geduldig auseinandersetzt, daß angesichts des bestehenden Stan-
desunterschieds ein Duell nicht angebracht sei, scheint er – obwohl
unter Protest – langsam beizugeben. Hubert Languet, ein Freund aus
Antwerpen, empfiehlt ihm, sich mehr auf staatspolitische Tugenden zu
konzentrieren als auf höfische Äußerlichkeiten: Oxford habe ihn – Sidney – durch seine Arroganz aus der Trance gerissen und ihm damit
weniger geschadet als diejenigen, die ihm schmeicheln.

Ob arrogant oder nicht, jedenfalls war es Oxford sichtbar schwerge-
fallen, in dem gebildeten Enthusiasten Philip Sidney seinen Feind zu
sehen.

Der Streit flackert Anfang 1580 wieder auf, nachdem Sidney in einem
Brief an die Königin explizit Stellung bezogen hat gegen die französische Hochzeit. Was darüber hinaus vorgefallen sein mag, wissen wir
nicht. Jedenfalls fordert der Earl am 27. Januar Philip Sidney zum Duell
heraus. Und wieder wird die Königin tätig und stellt die beiden Kontrahenten ruhig. Der Earl wird angehalten, zwei Wochen lang sein
Zimmer zu hüten, während Sidney dem königlichen Hof auf unbe-
stimmte Zeit fernzubleiben hat.

Es mag überraschen, daß die beiden Dichter ein Jahr später in einem
großen Turnier Schulter an Schulter kämpfen werden.

Im Sommer oder Herbst 1579 hatte Oxford sich in Anne Vavasour verliebt, eine junge Hofdame der Königin, schwarzhaarig und schön,
achtzehn oder neunzehn Jahre alt, womit eine Liaison mit einschnei-
denden Folgen ihren Anfang nahm. Die Liebenden spielten das Spiel
mit dem Feuer: Edward warb um eine der unberührbaren Gefährtin-

nen Dianas, um eine Jungfrau, die zu erziehen und auf eine standesge-
mäße Heirat vorzubereiten die Königin als ihre vornehmste Aufgabe
ansah – Anne ließ sich ein auf die Beziehung mit einem verheirateten
Mann: einem Dichter, einem Verrückten.

Beider Liebe mußte ein Geheimnis bleiben, keine noch so unschuldige
Geste, kein falsches Wort, kein suchender Blick durfte sie den Außen-
stehenden verraten. Der Schein hatte vorzugaukeln, wogegen das Sein
rebellierte, die Masken hatten undurchdringlich zu sein, bis Spiel und
Wirklichkeit ununterscheidbar geworden waren.

Oxford schreibt ein Rollengedicht für Anne (*Though I seem strange*), in
dem er sie als Künstlerin der Verstellung agieren läßt. Die Geliebte
spricht zu ihm:

> Schein ich dir fremd, mein Freund, mußt du's nicht sein,
> fall nicht in Zweifel, schneide kein Gesicht.
> Mein Herz sagt ja, und nur der Mund sagt nein.
> Ich bin ganz dein, und ich verlaß dich nicht.

Sie lebe zwischen neidischen Aufpassern, vor deren Blicken sie sich in
das »Tuch der Keuschheit« kleiden müsse. Sie lächle, auch wenn sie weinen wolle, und zeige keine Freude, wenn sie glücklich sei.

> Drum, wenn ich liebe, bleib ich unerkannt,
> wenn ich mich sehne, scheint es, daß ich streite.
> Der hält den Handschuh, der hält meine Hand,
> mein Herz hält der, den ich zu hassen scheine.

Er »antwortet« ihr in einem korrespondierenden Gedicht (*Winged with
desire*) mit der Schilderung der eigenen Befindlichkeit. Seine Liebe ist
leidenschaftlich, aber er darf das Wort Liebe nicht aussprechen. Umge-
trieben zwischen Glück und Sorge, findet er an keinem Ort Ruhe,
zeigt sich und bleibt doch verborgen, spricht vom Frieden und erlebt
den Kampf.

> Ein Unzufriedner, scheine ich zufrieden,
> vom Himmel redend, geh ich durch die Hölle.
> Doch Zeit soll Zeit nach meinem Willen bilden,
> dann wird zur Lust, was heute noch bedrückt.
> Bis dahin, Liebste, werd vom Sturm erquickt,
> den unsers Unglücks Glück uns reichlich schickt.

Hier finden wir den Dichter ganz in seinem Element: befeuert von der

Lust des Widerspruchs, hinter seinen Masken sich selbst erspürend. Zur Individualität verurteilt, steigert er sich in schöpferischer Schmerzlust selbst. Er ist fähig, sein Gegenüber in einem gespielten Dialog rhetorisch zu ersetzen. Sprechend lauscht er auf das Echo seiner Gedanken. Er vermag es, durch den Schleier der Verstellung auf sich selbst und in den Abgrund der Wahrheit zu blicken.

Anne Vavasour scheint eine sehr selbstbewußte und eigenwillige junge Frau gewesen zu sein. Später, nach der Affäre mit Edward de Vere und der Geburt eines kleinen Edward des Zweiten – Sir Edward Vere (1581-1629) –, wurde sie die Geliebte des Royal Champion Sir Henry Lee und heiratete nebenbei einen gewissen Sir Richard Warburton.

(Es ist nicht auszuschließen, aber auch nicht zu beweisen, daß die Gestalt der Katharina aus »Der Widerspenstigen Zähmung« –*The Taming of the Shrew* – von ferne etwas mit der schönen Schwarzhaarigen zu tun haben könnte: wird in diesem Stück doch auf virtuose Art das Spiel der Maskierung und Fremdheit durchgespielt, das sich Liebe nennt.)

Die Gedichte an Anne Vavasour, obwohl eigentlich ein Gegenstand der Geheimhaltung, fanden erstaunlich rasch Eingang in die zeitgenössischen Sammlungen höfischer Lyrik. Auch von Walter Raleigh ist ein Gedicht an die Vavasour überliefert (*Many desire, but few or none deserve*), das zeigt, daß Oxford seiner Liebe nicht allzu sicher sein durfte. Raleigh warnt die junge Dame davor, sich einem anderen zu ergeben, der es weniger gut mit ihr meint als er: »Darum gib acht und folge nicht der Laune, / halt dich zurück, du weißt, wie Schnitter sind; / glaub mir, ist erst das Korn gemäht, so fahrn sie hin, was schert sie dann der Acker.«

Der Earl empfand diesen Vorstoß Raleighs mit Sicherheit als Affront. Eine Weile später, während Raleigh in Irland auf blutige Weise Karriere machte, scheint es zu dem bekannten Ausspruch gekommen zu sein, den Francis Bacon in seinen *Apophthegms* (1625) überliefert hat.

»Nach Raleighs Beförderung durch Königin Elizabeth spielte sie eines Tages das Virginal, und Milord Oxford und ein anderer Adliger standen dabei. Nun war der Deckel des Instruments offen und die Anschlagstifte [Springer] waren zu sehen. Milord of Oxford und der andere Mann flüsterten und lächelten, was die Königin bemerkte. Nun wollte sie den Grund wissen. Milord of Oxford antwortete,

sie hätten gelächelt bei dem Gedanken: ›Sobald Springer hochge-
hen, fallen Köpfe‹.«

When jacks went up, heads went down.

Mit den *Adventures* von 1573 hatte ein Anonymus die englische Erzähl-
literatur aus ihrem langen Dornröschenschlaf erweckt. Ende der siebziger Jahre folgten John Lylys *Euphues* und Philip Sidneys (nur in wenigen
Handschriften zirkulierendes) Arkadien-Epos.

Anfang 1580 war es dann das Werk eines Unbekannten, das die literarische Welt in Entzücken versetzte: *The Shepheardes Calender*, ein poetischer Hirten-Almanach nach dem Vorbild Vergils. Sein Verfasser, der
junge Edmund Spenser (1552-1599), sollte erst später namentlich her-
vortreten.

In Dialogen von reizvoller Antiquiertheit behandelt der *Shepheardes
Calender* ästhetische und künstlerische Fragen und führt nebenbei das
Handwerk der Dichtung auf gekonnte Weise vor. Die Szenerie ist bu-
kolisch, d. h., einige Zeitgenossen und Freunde treten in der Verkleidung von Schäfern auf, die einander besingen, belehren oder in Wettstreit miteinander treten.

Spenser gehört zu den eigenständigsten, gebildetsten und wortgewand-
testen Dichtern der elisabethanischen Epoche. Der Tuchhändlerssohn
studierte in Cambridge, erhielt 1578 eine Anstellung beim Bischof vom
Rochester, 1579 beim Earl of Leicester, wurde im gleichen Jahr mit Leicesters Neffen Philip Sidney bekannt und befreundete sich mit ihm.
Ein anderer guter Bekannter und Freund war Gabriel Harvey, der als
»Hobbinol« durch sein Werk geistert.

Philip Sidney tritt im *Shepheardes Calender* als »Willie« auf (und wird in
den *Teares of the Muses* – 1591 – liebevoll als »our pleasant Willy« erinnert).

Spenser versäumte nicht die Gelegenheit, auch dem Earl of Oxford
einen Auftritt in seinem Erstlingswerk zu bescheren.

Der Wechselgesang zwischen Perigot und Willie in der August-Ekloge
enthält einen Anklang an das Schlußlied des Clowns aus *Twelfth Night*
von 1578. Später trägt der junge Hirte Cuddie ein Gedicht von Colin
Clout vor, das nichts anderes ist als eine Parodie auf die Oxfordschen
Liebesklagen im *Paradise*. Die feierlichen Alliterationen E. O.s werden

nachgeahmt (»Thus like a woeful wight I wove the web of woe« tönt wieder als »The wastefull woodes beare witnesse of my woe« etc.), die tröpfelnden Tränen fließen, die Schreie und Klagen kommen mit hohlem Echo zurück, die schrillen Nachtvögel werden um Hilfe angerufen, Leid und Schmerz überschlagen sich in paradoxer Lamentation. Colin Clout – alias Spenser – verwendet drei Schlüsselbegriffe der Oxfordschen Liebestheatralik (*woe / resound / cries*) als wiederkehrende Endreime – und erlaubt sich den zusätzlichen Witz, Cuddie, das Eselchen, den gesammelten Schmerzkram vortragen zu lassen. Denn Cuddie, so macht die spätere Oktober-Ekloge unmißverständlich klar, ist der Hirtenname des Earl.

Der Oktober führt Cuddie als das »überragende Beispiel« eines Dichters vor, »der sich, da er keine Unterstützung seiner Arbeit und Studien erfährt, über die Geringschätzung der Dichtkunst beklagt«. Spenser nimmt hier Bezug auf die erste poetische Äußerung des Earl of Oxford im Vorwort zu *Cardanus Comforte*, in der der Dichter sich mit dem einfachen Arbeiter vergleicht, der ohne Lohn ausgeht. (Nicht der Autor, der auf den Busch schlägt, sondern der Leser, der still das Netz hält, fängt den Vogel.)

Entsprechend sagt Cuddie: »Die hübschen Lieder, die ich dichtete, um die jungen Leute zu unterhalten, haben großen Anklang gefunden. Aber welchen Gewinn habe ich davon? Sie haben das Vergnügen, ich einen mageren Lohn. Ich schlage auf den Busch, aber die Vögel fliegen *ihnen* zu. Was kann mir Gutes daraus entstehen?«

»Es ist besser«, antwortet Pierce, »gepriesen zu werden als belohnt. Der Ruhm zählt mehr als der Gewinn.« Darauf will Cuddie sich nicht einlassen: »Solcher Lobpreis ist wie Rauch, der sich im Himmel verliert.« Und schon kontert Pierce mit einer überraschenden Attacke:

»So gib den niedrigen und nichtsnutzigen Clown auf und erhebe dich aus dem Staub. Singe vom blutigen Mars, von Kriegen und Tjosten, wende dich denen zu, die die hehre Krone tragen. Den berühmten Rittern, deren unverwundbare Rüstung Rost anzusetzen beginnt.«

Das heißt: Gib die Komödie auf (die Figur des Clowns, auf dessen Schlußlied in *Twelfth Night* die August-Ekloge angespielt hat) – werde, der du bist – widme dich dem großen Stoff der Historien, singe von großen Heldentaten – schreibe über Elizabeth oder über den Earl of

Leicester – und wenn du erschöpft bist, so kehre zurück zum Tanz und erfreue die Königin.

Damit bläst Spenser ins gleiche Horn wie Gabriel Harvey mit seinen *Gratulationes* von Audley End. Oxford soll sich zum Krieger oder kriegerischen Sänger wandeln und nach Möglichkeit seinen Antagonisten, den Earl of Leicester, poetisch verherrlichen – und, so der Hintergedanke, sich bei dieser Gelegenheit zur antifranzösischen Partei bekehren.

»Oh, wenn meine Schläfen mit Wein befeuchtet wären«, läßt Spenser den Komödianten Cuddie antworten, »und doppelt mit wildem Efeu bekränzt, wie würde ich die Musen dann auf die Bühne bringen und sie lehren, auf feinem Kothurn einherzuschreiten, mit der wunderlichen Bellona[*] in ihrer Begleitung.«

Spenser verrät nun auch Cuddies[**] feuriges Emblem. Es lautet nach einem Wort von Ovid: *Agitante calescimus illo.* »Bei dessen Wirken wir erglühen«.

---

[*] Ein gewisser ›E. K.‹ (wahrscheinlich Spenser selbst) kommentiert die Bezeichnung *quaint Bellona*: »Die wunderliche Bellona, die Göttin des Kampfes, ist Pallas Athene. Sie darf hier zu Recht wunderlich genannt werden, da sie (wie Lukian sagt), als Jupiter mit ihr in Kindsnöte kam, seinen Sohn Vulkan veranlaßte, mit der Axt seinen Schädel zu spalten. Heraus sprang wohlgemut eine kühne Jungfrau, rundum bewaffnet, der sich Vulkan, weil er sie schön und reizend fand, leichtsinnig und zärtlich näherte, worauf die Dame verachtungsvoll ihren Speer gegen ihn schwang [›shaked the speare at him‹] und seine Frechheit zurückwies.«

D. h., Spenser (wie vor ihm Gabriel Harvey in Audley End) legt dem Dichter Edward de Vere nahe, in der Begleitung der speerschwingenden Pallas Athene – oder Minerva – aufzutreten.

[**] Um über das »Who is Who« keinen Zweifel aufkommen zu lassen, wünscht Gabriel Harvey in den *Three Proper and Wittie Familiar Letters* (1580) seinem Freund Spenser einen reichen Gewinn aus dem *Shepheardes Calender* – wogegen, wie er witzelt, Master Cuddie »alias you know who« und Master Hobbinol, sprich er selbst, von der Dichtkunst *keinen Lohn* erwarten dürften. Womit Harvey sich mit dem Earl of Oxford – dem großen Alias – wohlgemut auf eine Stufe stellt.

1 *Königin Elizabeth I (1533-1603)*

2 *John de Vere, 16. Earl of Oxford (1516-1562).*
Später irrtümlich »Ewd De Vere« überschrieben

3 William Cecil,
Baron Burghley,
auf einem Maultier reitend

4 Großschatzmeister
William Cecil,
Lord Burghley (1520-1598)

5 *Robert Dudley, Earl of Leicester (1532-1588)*

6 *Elizabeth I, eine Gaillarde tanzend*

*7 Sir Christopher Hatton,
porträtiert von Cornelis Ketel*

*8 Sir Christopher Hatton
(1540-1591)*

9 Sir Philip Sidney
(1554-1586)

10 Sir Walter Raleigh
(1552-1618)

11 *Katharina von Medici*
(1519-1589)

12 *König Henri III*
von Frankreich (1551-1589)

13 *Henri de Navarre,*
später Henri IV (1553-1610)

14 *Marguerite de Valois*
(1553-1615)

15 *Henri de Lorraine,*
Duc de Guise (1550-1588)

16 *Charles de Lorraine,*
Duc de Mayenne (1554-1611)

17 Giovanna d'Aragona,
Porträt bei Raffael bestellt,
ausgeführt von Giulio Romano

18 Tiziano Vecellio,
Venus und Adonis

19 *König Philipp II. von Spanien (1527-1598)*

*20 Don Juan d'Austria
(1547-1578)*

*21 Hercule-François d'Alençon,
genannt »Monsieur« (1555-1584)*

22 Mildred Cooke,
Lady Burghley (1526-1589)

23 Staatssekretär Robert Cecil,
später Earl of Salisbury
(1563-1612)

24 *Anne Vavasour (†1621)*

25 *Henry Wriothesley,*
Der Jüngling,
mißdeutet als »Lady Norton«

26 *Henry Wriothesley,*
3. Earl of Southampton (1573-1624),
Porträt im Tower mit Katze

27 *Henry Wriothesley,*
Miniatur (1594)

28 Robert Devereux, 2. Earl of Essex (1566-1601)

Exkurs: Shakespeare, der göttliche Dieb

Autoren wie Erasmus, Rabelais, Montaigne, Cervantes und Shakespeare zeigen ihre Selbständigkeit nicht voraussetzungslos, sondern im Verhältnis zu der ihnen vorausgegangenen Literatur und Geschichte. Mehr noch: Shakespeare wäre ohne den schöpferische Bezug auf seine literarischen Ahnen nicht er selbst. Durch den »göttlichen Diebstahl« überlieferter Fabeln verankert er seine Dramen in der Seelengeschichte der Menschheit und bewahrt Vergangenes für die Zukunft.

Wie wäre der Dramatiker zu denken ohne Ovid? Mit dem antiken Vorbild teilt Shakespeare den Realitätssinn in der Darstellung des Mythos. Sein Werk beruft sich unzählige Male auf die Vergleichswelt des römischen Götterhimmels, auf die Taten von Jupiter, Juno, Pallas und Amor, von Mars und Venus, von Phoebus, Vulkan, Pluto, Persephone, Thetis und Diana. Allgegenwärtig sind die Schicksale von Achill, Odysseus, Philomela, Daphne, Io, Adonis, Sisyphos, Narziß, Aktäon, Pyramus und Thisbe, Philemon und Baucis. Ovids Schreckensbilder leben in Shakespeares Tragödien fort: Thetis verwandelt sich in eine Tigerin, Peleus läßt erschreckt die Arme vor ihr sinken. *O tiger's heart wrapp'd in a woman's hide!*

Shakespeare läßt sich anstecken vom Humor der *Canterbury Tales*, aber ebenso geläufig sind ihm Chaucers *Troilus and Criseyde* und *The Legend of Good Women*. Er liebt Heiterkeit und Elan seines Geistesverwandten Boccaccio und übernimmt dessen geistreiche Lösungen. Großen Einfluß auf ihn ausgeübt haben Boiardo und Ariost mit dem hellen Märchenton ihrer phantastischen Epen. Die Stoffe der italienischen Novellisten bilden das Skelett, das die Shakespeareschen Komödien mit lebendigem Fleisch bekleiden. Als Leser Montaignes hat Shakespeare sich mit einem modernen Stil der philosophischen Selbstreflexion vertraut gemacht. Und seine Historien zeigen sowohl Machiavellis als auch Castigliones Einfluß: Während die politische Pragmatik des einen sich von der gnadenlosen Betrachtung dessen ableitet, was Geschichte gemacht hat, entwirft der Idealismus des anderen eine politische Utopie.

Neben Shakespeares Universalität besticht sein psychologischer Scharf-
blick. Wie kein anderer Autor seiner Zeit dringt er ein in das Geheimnis der seelischen Motivation.

Der Dichter bezieht seine »plots« fast ausschließlich aus der Literatur.
Aber er schafft etwas Neues, weil er im Handlungsgeflecht der Vorlagen
die verborgenen seelischen Anlässe erkennt und sie im Drama sichtbar
macht.

Als Spezialist der glaubwürdig gemachten Unglaubwürdigkeiten schreibt
der Dramatiker ein Lustspiel des Ariost um, das seinerseits Motive des
Plautus und Terenz gekonnt verbindet. Ariosts *I Suppositi* (Gascoignes
Übersetzung von 1566 trägt den Titel *Supposes*), die beweglichste und
heiterste italienische Komödie des 16. Jahrhunderts, geht aus Shakespeares Feder verwandelt hervor als *The Taming of the Shrew*: »Die Zähmung der Keiferin« bzw. »Der Widerspenstigen Zähmung«. – »Niemals
hat Shakespeare ein so starkes Plagiat begangen«, seufzt Karl Simrock
(*Die Quellen des Shakespeare I*, 1872), ohne dabei zu verhehlen, daß über
der Aneignung des Alten etwas Neues, Anderes entstanden ist.

Bei Ariost hat ein junger Student und Edelmann, der zusammen mit
seinem Diener nach Ferrara kam, sich auf listige Weise in das Haus
Damons eingeschlichen: er gab vor, sein eigener Diener zu sein und
ließ sich von Damon, dem Vater seiner Liebsten, als Gehilfe anstellen.
Auf diese Weise sind zwei Jahre vergangen, in denen er in schöner
Heimlichkeit die Liebesfreuden mit seiner Freundin genießen konnte.
Nun will Damon seine Tochter an einen alten Rechtsanwalt verheiraten, der eine Mitgift von 3000 Dukaten bietet. Um ihn auszustechen,
schmiedet der Diener des Studiosus ein Komplott. Er beredet einen
Fremden, als Vater des »studierenden« Edelmanns aufzutreten und für
seinen »Sohn« zu bürgen.

Shakespeare übernimmt den Rollentausch zwischen Herr und Diener und läßt Lucentio (in der Rolle des Dieners Tranio) um die schöne Bianca werben, die Jungfrau bleiben muß, bis ihre widerspenstige
Schwester Katharina unter die Haube gebracht ist. Der Horizont ist
offener, die Situation spielerischer als bei Ariost, die Bedingungen aber
sind noch erschwert. Wer wird Katharinchen zähmen? Wie soll Lucentio in der Rolle Tranios sich gegen die anderen Freier Biancas durchsetzen? Wieder fädelt der Diener die Intrige mit dem »falschen Vater« ein,

und das närrische Spiel geht seinen Gang, bis der echte Vater auf-
taucht.

Für Shakespeare ist dieses Karussell der Verstellung aber nur ein Anlaß,
um auf sein eigentliches Thema zu kommen: die Zähmung der Keiferin. Ein energischer junger Mann erscheint, der keine andere Frau
haben will als die »Böse«, die sich in die Rolle der Emanze hineingestei-
gert hat und damit alles andere als glücklich ist. Petruchio verführt
Katharina durch das Spiel der Macht, das er Liebe nennt. Und tatsächlich empfindet die bisher ungeliebte Frau es als Liebe, von ihrer angemaßten und zum Stachel gewordenen Männlichkeit erlöst zu werden.
Sie antwortet mit dem Spiel der Ergebung, um ihrer weiblichen Macht
– im Guten – versichert zu sein. (Auch hier hat der Autor auf literarische Vorbilder, d. h. auf europäischen Märchenstoff zurückgegriffen.)

Spiel und Lüge, so zieht Shakespeare den Schluß, sind nicht identisch.
Im Spiel verstelle ich mich zur Erbauung und Aufklärung meines
Gegenübers. In der Lüge verstelle ich mich zu seinem Schaden. Die
Macht der Lüge muß ich brechen, der Macht des Spiels darf ich mich
ergeben.

In einer zweiten (nur fragmentarisch überlieferten) Fassung setzt der
Dramatiker seiner Verstellungskomödie die Krone auf, indem er (nach
Pontus Heuterus) eine Rahmenhandlung erfindet, in der der betrun-
kene Kesselflicker Sly als Lord eingekleidet und zum Zuschauer der
»Zähmung« gemacht wird. Sly selbst allerdings ist nicht zu zähmen. Er
bleibt, der er ist, und wird am Ende schlafend vor der Wirtshaustür
abgelegt. (Vgl. das verderbte Bühnenmanuskript *The Taming of A Shrew*,
1594).

Als weiteres Beispiel der Aneignungsoperationen Shakespeares sei eine
Komödie erwähnt, die der ersten Hälfte der achtziger Jahre zuzurechnen ist. *All's Well That Ends Well* – »Ende gut, alles gut« – geht zurück
auf die Novelle *Giletta di Narbona* aus Boccaccios *Decamerone* (Dritter
Tag, neunte Geschichte).[*]

---

[*] Shakespeare kannte und benutzte aber auch, wie Julius Leopold Klein in seiner
Geschichte des italienischen Dramas (Bd. I, S. 548-590) ausgeführt hat, Bernardo Accol-
tis Komödie *La Virginia* von 1513, die ebenfalls Boccaccio folgt.

Boccaccio erzählt von der Arzttochter Giletta de Narbonne, die als Kind zusammen mit Beltramo, dem Sohn des Grafen von Rousillon, erzogen wird und sich in aller Unschuld in ihn verliebt. Nach dem Tod seines Vaters zieht Beltramo an den Hof von Paris, aber Giletta kann ihn nicht vergessen und sucht Mittel und Wege, wieder in seine Nähe zu kommen. Als sie davon erfährt, daß der König an einer schweren Krankheit leidet, die sie, vertraut mit der Kunst ihres verstorbenen Vaters, glaubt heilen zu können, reist sie nach Paris und bietet dem König ihre Hilfe an. Würde er nicht gesunden, so wolle sie sterben, im Fall seiner Heilung aber um einen Gatten ihrer Wahl bitten. Der König gesundet – und Giletta bittet um Beltramo de Rousillon. Der junge Graf, empört über die unstandesgemäße Heirat, zu der er gezwungen wird, verläßt sofort nach der Trauung das Land und stellt sich einem italienischen Fürsten als Heerführer zur Verfügung. Er läßt ihr mitteilen, daß er nicht früher zu ihr zurückkehren werde, als bis sie seinen Ring am Finger und ein Kind von ihm unter dem Herzen tragen werde.

Eine unmögliche Bedingung als Strafe für einen unzeitigen Schritt der weiblichen Emanzipation. Denn wie könnte ein Ritter des vierzehnten (oder sechzehnten) Jahrhunderts es einer Frau verzeihen – sie mag ihn so sehr lieben, wie sie will –, ihn mit *ihrer* Werbung (und Erwerbung) »entmannt« zu haben. Nicht nur, daß sie eine Bürgerliche ist, nein, sie hat ihn errungen mit männlichen Mitteln, sie hat ihn sich erlistet: sie hat ihn zur Frau gemacht.

Aber in Boccaccios Novelle ist Giletta klüger als Beltramo. Sie hält sich an seine Bedingungen, reist nach Florenz, schiebt sich, als er eine andere zu lieben glaubt, ihm unter – ein Leichtes bei der Dunkelheit der damaligen Nächte –, erhält seinen Ring als Liebespfand und kehrt von ihrer vorgeblichen Pilgerschaft mit seinem Kind zu ihm zurück.

Nun, da sie ihn im Netz seiner eigenen Wünsche gefesselt und mit den traditionellen weiblichen Mitteln – Liebesgenuß und Schwangerschaft – errungen hat, muß er sie wohl oder übel als seine rechtmäßige Gemahlin anerkennen. »Und von diesem Tage an ehrte er sie stets als sein eheliches Weib und liebte sie zärtlich.«

Nun begnügt Shakespeare sich in seiner Dramatisierung nicht mit einer psychologischen Begründung im Detail, sondern stellt die Geschichte gewissermaßen auf den Kopf: er entzieht dem jungen Grafen jede

Rechtfertigung für seine übereilte Flucht, läßt seine männlich martialische Taktik jämmerlich scheitern und radikalisiert seine Entmachtung. Aus einem durch Gilettas Rollentausch von Entmannung bedrohten Beltramo wird ein durch wiederholten Liebesverrat sich selbst entmannender Bertram. Und aus einer durch Klugheit sich selbst rechtfertigenden Giletta wird eine heroische Helena, die, nachdem sie die brüske Zurückweisung durch den Mann ihrer Wahl erfahren hat, sich ihrer eigenen Entscheidung opfert: sie empfängt aus seinen Armen die »Liebe«, die einer anderen gilt, und sieht sich – auferstanden aus dem symbolisch gestorbenen Liebestod – »zum guten Ende« weder selbst geliebt noch zur Liebe fähig.

Dies der bittere Nachgeschmack einer höchst ambivalenten Komödie. Die komödiantische Illusionsbildung des Endes vertieft die Desillusion, statt sie aufzuheben.

Für das Versepos *Venus and Adonis* (1593) zieht der Dichter zwei Fabeln zusammen, von denen Ovid in den *Metamorphosen* erzählt: die Geschichte des Adonis, der sich von der liebenden Venus nicht zurückhalten läßt, auf die Jagd zu gehen, und dabei den Tod findet – und die des Hermaphroditus, des Knaben, der, weil er sich der Nymphe Salmacis verweigert, in ihren Armen mit ihr zum Doppelgeschlecht verschmilzt. Ein atemberaubender Kunstgriff, denn plötzlich ist für den Tod des Adonis und die Verwandlung Hermaphrodits ein gemeinsames Motiv entdeckt: das männliche Erschrecken vor der Frau – die Flucht des Mannes vor dem Gefühl. Shakespeare versteht es, den Seelengehalt des Mythos in einem Dialog zu entfalten, der in Selbsterkenntnis mündet. Aber über den Tod und die unselige Verwandlung hinaus holt das weibliche Gefühl die männliche Verdrängung ein, indem es als deren Frucht den ewigen Kummer prophezeit:

> Da du denn tot bist, prophezeie ich,
> ab nun soll alle Liebe Kummer haben,
> sie soll von Eifersucht begleitet sein,
> soll süß beginnen, aber trostlos enden:
> sie paare stets, was nicht zusammenpaßt,
> und ihre Lust erliege ihrer Last.
>
> (*Venus and Adonis*, 1135-1140)

Bei dem Hellenisten Theokrit (*Sixe Idillia, out of the right famous Si-cilian Poet Theocritus*, Oxford 1588) entdeckt der Engländer ein Motiv, dessen geballte Unwahrscheinlichkeit auf den ersten Blick eher abstößt als anzieht. Der Eber, der Adonis getötet hat, spricht zur trauernden Venus:

>»Ich wollte Deinen schönen Liebsten nicht töten,
>sondern ich sah in ihm ein Abbild der Liebe,
>das mich nach vorne stoßen ließ,
>seine nackte Lende, wie ich dachte, zu küssen.«

Shakespeare, von diesem ungewöhnlichen Bild fasziniert, möchte es sinnlich und seelisch begründen. Er verwirft die allegorische Einkleidung der Szene und stellt uns die Realität des Irrationalen schonungslos vor Augen.

Nicht mehr der Eber spricht, sondern die Frau, die dem Tod des Geliebten fassungslos gegenübersteht und nach Worten ringt um eine Erklärung. Zornig klagt sie das wütende Tier an. »Der schlechte, scheußliche, koboldschnauzige Eber«, ruft sie, »dessen gesenktes Auge nur auf Gruben und Gräber schaut, er war blind für Adonis' Schönheit.«

Aber selbst ein Untier, so ihr nächster Gedanke, selbst ein Dämon wäre bezwungen worden vom Anblick der göttlichen Schönheit ihres Geliebten. Was also, wenn der Eber nicht blind war? Wenn er, vielleicht nur für eine Sekunde, zu ihm aufgeblickt hat? – »If he did see his face, why then I know / He thought to kiss him, and hath kill'd him so.«

>Ihn sehend, hätte er ihn lieben müssen!
>Vielleicht – war es ein *Kuß*, der ihn zerrissen.
>'s ist wahr, 's ist wahr, so kam Adonis um:
>er rannte auf das Tier mit seinem Speer,
>das sich mit seinem Hauer nicht gewehrt,
>vielmehr ihn küssend überreden wollte:
>und seine Flanke kosend, bohrt' das Schwein
>sich liebevoll in seine Weiche ein. –
>Ja, hätte ich, wie er, den Zahn getragen,
>so hätt mit Küssen ich zuerst getötet.
>   (*Venus and Adonis*, 1108–1117)

Derart führt Shakespeare die süßliche Fabel auf ihren harten Kern zurück. Die Liebe führt Krieg, auch gegen ihren Willen. Sie kämpft und verwundet. Daß in diesem Bild die Geschlechter sich verkehren, trägt zu seiner tieferen Wahrheit bei.

Vielfach ist der große Abstand zwischen Shakespeare und seinen Zeitgenossen bemerkt worden. Es fällt auf, wie pragmatisch und roh die Stücke Marlowes, Kyds und Greenes gezimmert sind: mit nachlässig verknüpften Handlungsteilen, voll ideologischer Klischees, mit einer prinzipiellen Unempfindlichkeit gegen seelische Motivation. Nun berührt die Geradlinigkeit der dramatischen Zeitgenossen und die Differenziertheit Shakespeares nicht allein die Sache des Denkens, sondern des Gefühls. Marlowe, Kyd und Greene sind uns entrückt, weil sie wertend ausschließen, daß sittliches Verhalten sich vom Gefühl, sei es Liebe oder Haß, bestimmen lassen dürfe. Die Rede von psychischer Bedingtheit erscheint ihnen schlichtweg als Ausrede, weil sie sie in ihrem Festhalten an einer stabilen Tugendordnung beirrt und den Rigorismus ihrer ihnen nützlichen Weltanschauung gefährdet. Ihre Ethik will gelernt und geglaubt, aber nicht empfunden werden.

Aber für die Erfahrung des modernen Menschen wird der alte Ordnungsgedanke durchlässig. Gesellschaftliche Rollen, die ehern festgeschrieben waren, erscheinen – im Leben wie auf der Bühne – verfügbar und relativ. Der Kesselflicker Sly macht die Erfahrung, ein anderer zu sein. Ist er noch betrunken oder wirklich ein Lord? – Ist Lear ein König, ein Narr, ein Clown oder ein Schauspieler? Oder alles das? – Ein Mann spielt eine Frau, die einen Mann spielt. Wer ist wer? Und wer hat Anteil an wem?

Mit der Erfahrung solcher Doppelbödigkeit, die zuerst eine aristokratische Erfahrung war, bevor sie zur bürgerlichen wurde, wächst das Verständnis für die seelische Verfaßtheit des Gegenübers.

Shake-speare, der Speerschwinger, bringt die offenen Horizonte mit, die Freiheit von Ideologemen, nicht zuletzt das androgyne Moment. Seine Lust am Widerspruch, seine fulminanten Umkehrschlüsse sind nicht gewachsen auf dem Boden der Güterknappheit und des sozialen Neids, sondern auf dem Boden der uneingeschränkten Fülle und der idealen Liebes- und Geisteskonkurrenz.

Spiegel des Toskanismus (Gabriel Harvey)

Seit Galatea Einzug hielt und das Toskanertum die Macht erschlich, steht Eitelkeit über allem, Gemeinheit neben ihr, und Prunksucht ist Kaiserin.

Kein Mann, sondern ein Liebling, keine Worte außer kühnen, keine Taten außer weibischen.

Leben eines Magnifico, kein Wink, der nicht erhaben scheint; in seinen Handlungen leichtfertig, kein Blick, der nicht toskanisch wäre.

Sein Den-Hals-zur-Seite-Biegen, sein geziertes Lächeln, mit Zeigefingerkuß und kühner Umarmung des niederen Schützlings. Den geschwollenen Hosenlatz am Wams, Kniehose ohne Latz: straff zum Steiß, wie ein Hemd, und eng am Hintern, wie ein Turmsegler.

Ein affiger kleiner Hut, fest am Schädel anliegend, wie eine Auster; französische Halskrause aus Batist, zweckmäßig gesteift.

Alles eins A, seine Ausdrücke, seine großen Worte, druckreif; gewählt in der Sprache, phantastisch im Aufputz, apart in jeder Hinsicht: In höfischen Formen ein überaus vorzüglich sonderbarer Mann; für Kavaliere ein glänzender Spiegel, eine Schlüsselblume der Ehre; ein Diamant für den Augenblick, ein unvergleichlicher Bursche in England.

Kein ähnlicher Redner, was Sprache und Geist betrifft, ist zu finden: kein ähnlich beherzter Mann, angesichts großer und ernster Geschäfte − kein ähnlicher Luchs, um Vertrauliches und Staatsgeheimnisse auszuspähen.

Augen wie Argus, Ohren wie Midas, die Nase wie Naso, geflügelt wie Merkur, tausendfach verwendungsfähig: dies, mehr als dies, bewirkt ein Jahr Italienerfahrung.

Ich nenne keinen, aber einige kenne ich, die eine Zeit von zwölf Monaten so vervollkommnet hat, äußerlich und innerlich, an Körper und Seele, daß niemand an Sinn und Sinnlichkeit ihnen halb entsprechen würde.

Spürsinn eines Geiers, Genußsinn eines Affen, Sehvermögen eines Adlers − Tastsinn einer Spinne, Gehör eines Hirschs, Stärke eines Löwen.

Ein Ausbund an Weisheit, Witz, Heldenmut, Freigebigkeit und gutem Benehmen, aller galanten Tugenden, aller Qualitäten von Leib und Seele.

O dreifach, zehn-, hundert-, tausendfach gesegnet und glücklich! Gesegnete und glückliche Reise, höchst gesegneter und glücklicher Reisender.

II DIE KUNST DER FALSCHEN BOTSCHAFT

Oxfords alte Sympathie für Frankreich war durch Monsieurs Abstecher nach England wiederbelebt worden, hatte er doch zusammen mit
Philip Howard und Frederick Windsor zu den Gastgebern und Begleitern des französischen Herzogs gehört. Die konziliante Haltung
des Earl in der Frage der französischen Hochzeit brachte einen Mann
gegen ihn auf, der noch nie zu seinen Freunden gehört hatte: Robert
Dudley, Earl of Leicester (1532-1588). In der Zeit von Oxfords Vormundschaft war Dudley von der Königin mit einem Teil der Oxfordschen Güter belehnt worden, und der junge Mann mußte nach Er-
reichung der Volljährigkeit auf ihre Wiederherausgabe drängen. In
Audley End, im August 1578, hatte Leicester seinen Gefolgsmann Gabriel Harvey vorgeschickt, um Oxford in Sachen Frankreich auf den
richtigen Kurs zu bringen. Diesem von Ehrgeiz getriebenen, wenig
humorvollen, wenig toleranten und allseits unbeliebten Grafen mußte
Oxfords provokativer Witz unverständlich, wenn nicht gefährlich erscheinen.
Leicester hatte am Hof Elizabeth' durch seinen virilen Charme alles
erreicht – außer dem Aufstieg zum Prinzgemahl. Warum also sollte ein
anderer Mann die Unberührbare ehelichen? Zwar hatte er sich für das
eigene Ungemach schadlos gehalten und im September 1578 – in aller
Heimlichkeit – seine Geliebte Lettice Knollys, die verwitwete Countess of Essex, geheiratet, sich dadurch aber auch eine verhängnisvolle
Blöße gegeben.

Dem Liebesbotschafter Simier war es vor Monsieurs Ankunft gelungen, dieses bestgehütete Geheimnis zu lüften und es der Königin umgehend zu verraten. Elizabeth ereiferte sich in maßloser Weise über den
Vertrauensbruch Leicesters. Sie wollte ihn in den Tower werfen lassen,
wovon Sussex, Leicesters Feind, sie noblerweise abzuhalten verstand.
Der mächtige Earl hatte sich auf eine seiner Burgen zurückzuziehen
und abzuwarten, ob die Queen den französischen Frosch (wie sie Monsieur zu nennen beliebte) nach Hause schicken oder mit gutem Erfolg
an die Wand werfen würde.

Aber wie war Simier dem großen Geheimnis auf die Spur gekommen? Natürlich hatte er einen Zuträger gefunden. Und wer hatte Interesse daran, ihm diese Nachricht zuzuspielen? Natürlich die profranzösische Partei. Allen voran Lord Henry Howard, Sir Charles Arundell – und der Earl of Oxford.

Anfang des Jahres 1580 schrieb Leicesters Neffe, der fünfundzwanzigjährige Philip Sidney, einen mehrseitigen Brief an die Königin, in dem er sie eindringlich vor der französischen Hochzeit warnte. Alle englischen Protestanten würden beunruhigt werden, wenn sie den französischen Katholiken zum Mann nähme – den Sohn der fremdgläubigen »Isebel« und Bruder des schrecklichen Charles IX –, der, nachdem die Hugenotten ihm zu Freiheit und Besitz verholfen hatten, im Jahr 1577 zwei protestantische Städte einnahm und plünderte. Den englischen Katholiken aber würde sie durch diese Heirat ein heimliches Oberhaupt bescheren. Alençon sei ein Mann von unbeständigem Wesen, der geschwankt habe, ob er Elizabeth oder eine spanische Prinzessin heiraten solle, und der es liebe, Rebellen um sich zu versammeln.

Nach Leicesters Rückkehr an den Hof und der zunehmenden Aufweichung der kontinentalen Fraktion nahm Gabriel Harvey erfreut die Gelegenheit zu einem neuen Auftritt auf der literarpolitischen Bühne wahr. Im sicheren Gefühl, auf der richtigen Seite zu stehen, ergriff er die Gelegenheit zur Verfeindung. (Karl Kraus hätte es eine »Erledigung« genannt.)

Im Sommer 1580 erscheinen des rühmlichen Rhetors *Three Proper and Wittie Familiar Letters*: »Drei geziemende und geistreich vertrauliche Briefe : kürzlich gewechselt zwischen zwei Akademikern : das Erdbeben im letzten April betreffend und die Reform unseres englischen Versemachens«. Darin enthalten ist ein an die Adresse des Earl of Oxford gerichtetes Gedicht mit dem Titel *Speculum Tuscanismi* – »Spiegel des Toskanismus«. (Harvey hat die Zuschreibung an Oxford in seinem privaten *Note-Book* gewissenhaft vermerkt.)

Er muß darangehen, seine Schätze aufzudecken, schreibt Harvey an Edmund Spenser (mit dem er diesen höchst einseitigen Briefwechsel geführt hat) und möchte ihn an dieser Stelle bitten, ja anflehen, »das

Parlament seiner sensiblen und intelligiblen Kräfte« einzuberufen, um ihm zu sagen, was er von dem in der Folge mitgeteilten »kühnen satirischen Spottgedicht« halte, das er kürzlich geschrieben habe. Er widmet den aus englischen Hexametern getüftelten Spiegel »einigen berühmten Anglofrancoitalikern, die sich hier und überall bei uns herumtreiben«.

Der Möchtegern-Gentleman Harvey zeigt unverhüllt seine Haßliebe auf die Aristokratie als solche, auf das eitle Italienertum im besonderen und – vor allem – auf den Mann, den er für die Verkörperung des gewissenlosen Schöngeists hält. Er beschimpft den Earl als einen Mignon, der große Worte schwingt und unmännlich handelt. Nennt ihn leichtfertig, geziert, geschwollen, affig, phantastisch, sonderbar – einen Luchs, einen Geier, einen Adler, eine Spinne, einen Hirsch, einen Löwen – einen argusäugigen Späher, einen eselsohrigen Midas, einen großnasigen Ovid (Publius Ovidius Naso), einen geflügelten Merkur – einen Spiegel der Galanterie, eine »Schlüsselblume der Ehre«. Und da er sich gedeckt glaubt durch einen Mächtigeren, besitzt er die Frechheit, das gallige Pamphlet auch noch drucken zu lassen.

Gabriel Harvey geht wie ein sinistrer Fackelträger durch die Biographie Oxfords: er erleuchtet, indem er anschwärzt.
Allerdings wird dies für zwölf Jahre seine letzte Veröffentlichung bleiben.* Denn zuerst macht John Lyly, der literarische Sekretär des Earl of Oxford, seinen Brotgeber auf die versifizierte Unverschämtheit aufmerksam, worauf Harvey vor den Kronrat zitiert und eingelocht wird. Drei Jahre später bringt Shake-speare den giftigen Wortschaumschläger auf die Bühne – und macht ihn unsterblich.
Lyly war ehrlich empört. Wie konnte man einem Mann ins Gesicht spucken, der in allem ein Vorbild war: als Dichter, als Gelehrter und als Mann von Welt? Wie einem Mann mit Häme begegnen, den er, John Lily, verherrlichte und dem er diente?
(Etwa gleichzeitig mit Harveys Pasquill erschien die Fortsetzung von Lylys gelehrtem Roman: *Euphues and his England*. Darin zeichnet der

---

* Und doch nicht. Unter dem Pseudonym »Gabriel Frende« veröffentlichte Harvey zwischen 1583 und 1623 über zwanzig prognostische Almanache. (Vgl. Thomas Nashes Hinweis in *Have With You To Saffron Walden*, 1596)

Autor ein geschöntes Bild der elisabethanischen Gesellschaft und das Idealbild eines wohlgestalten »Euphues«, den er am Ende als poetischen Einsiedler auf dem Felsensitz von *Silexsedra* zurückläßt.)

Sechzehn Jahre später schreibt der Satiriker Thomas Nashe über seinen Feind Harvey:

> »Als zwei große Peers im Streit lagen und ihre Auseinandersetzung blutig zu werden begann, wollte er durchaus, ungefragt und ohne Not, sich auf die eine Seite schlagen, die tatsächlich die sicherere war (wie der Narr, der listig genug ist, im Pelz zu schlafen), und hieb und schnitt mit seinen Hexametern drauf los; aber gehaun und geschnitten worden wäre *er*, und zwar zu kleinen Scheiben, hätte er nicht Mönch-duck-dich gespielt und sich acht Wochen lang im Haus des Edelmanns versteckt, für den er mit seiner Feder die Klinge zog. Trotzdem trieb Sir James Croft, der alte Revisor, das Frettchen heraus und behielt es eine Weile lang im Fleet-Gefängnis.« (Nashe, *Have With You To Saffron Walden*, 1596)

Der Rhetor selbst erkennt darin eine Harmlosigkeit:

> »Der erlauchte Earl [of Oxford], nicht bereit, seinen jovialen Geist von solch Saturnischen Dürftigkeiten trüben zu lassen, verhielt sich weiterhin seinem herrlichen Selbst entsprechend, und dieses quasi Fleeting war nicht mehr als ein simpler Spuk, ein trauriger Schuß in den Wind, ein Nichts.« (Harvey, *Foure Letters*, 1592)

Auf Vermittlung eines Gönners, sagt Nashe, sei Harvey wieder freigekommen und habe sich auf heißen Socken zurück nach Cambridge begeben.

Während der Glanz der französischen Hochzeit verblaßte und Leicester wieder in der Gunst der Königin stand, ergingen sich Oxfords Freunde Howard und Arundell in lächerlichen Lobreden auf Spanien. Bei den Wahlen zum Hosenbandorden hatte der Earl nur fünf von vierzehn Stimmen erhalten, ein weiterer Renommeeverlust war abzusehen. Die Katastrophe aber drohte für den Zeitpunkt, da Anne Vavasour ihr Kind zur Welt bringen würde.

In dieser für Oxford einigermaßen tückischen Situation scheint Leicester (mit dem Spürsinn des Geiers) einen Schritt auf ihn zugegangen zu sein. Über den Spion William Herle wußte der Graf davon, daß man

Rowland York in Holland als Verleumder vor Gericht gestellt hatte. (Den York, der Oxford im Hafen von Dover empfangen und eingewikkelt hatte.) Leicester dürfte genug gewußt haben, um Oxford über seine guten Freunde die Augen zu öffnen.

Jedenfalls geschah, was sonst nur auf der Bühne geschieht: Am Freitag, dem 16. Dezember 1580, kommt es zu einer dramatischen Auseinandersetzung zwischen Oxford und seinen Freunden Howard und Arundell – und zwei oder drei Tage später wirft der Earl sich seiner Königin zu Füßen und klagt Lord Henry Howard, Sir Charles Arundell und den Mitläufer Francis Southwell der katholischen Verschwörung gegen die Krone an.

Dies – und weiter nichts – können wir Mauvissières langatmigem Bericht an König Henri III vom 11. Januar 1581 entnehmen. Denn Mauvissière, die Singdrossel, war ein Meister der falschen Botschaft:

»Ich werde es nicht versäumen, Eurer Majestät mitzuteilen, daß einige Tage vor Weihnachten Lord Oxford – der vor circa viereinhalb Jahren bei seiner Rückkehr aus Italien zusammen mit einigen Edelmännern aus seiner Verwandtschaft und mit seinen besten Freunden das Bekenntnis zur katholischen Konfession ablegte und (wie er sagte) schwor und sich schriftlich verpflichtete, mit ihnen gemeinsam alles ihnen Mögliche zur Förderung der katholischen Konfession zu tun – daß besagter Lord diese Edelmänner und Freunde bei der Königin von England angeklagt und für seine Person Verzeihung erbeten hat – mit den Worten, er sehe ein, Unrecht getan zu haben – wobei er die Schuld auf die schieben wollte, die ihn am meisten geliebt und verteidigt und bei seinen kürzlichen Zwistigkeiten für ihn Partei ergriffen hatten. Er sagte, daß sie gegen den Staat konspiriert hätten, indem sie sich zur katholischen Religion bekannten, und versuchte, ihnen so gut er konnte zu schaden.«

Um Oxfords Aussagen zu entkräften und seinen Auftritt lächerlich zu machen, denunziert Mauvissère ihn mit Aplomb als einen abgefallenen Katholiken.

Die Behauptung des Botschafters ist absurd. Weder hatte Lord Burghley – trotz großer persönlicher Differenzen – die politische und konfessionelle Haltung des Earl zu irgendeinem Zeitpunkt zu beanstanden, noch fand die höchst kritische und wachsame Königin einen Grund zum Mißtrauen.

Aber Mauvissière, der seine Botschaft mit einer Lüge beginnt, setzt sie mit Lügen fort. Die englische Königin, so schreibt er nach Frankreich, wäre den Herren Howard und Arundell zwar »innigst« zugetan gewesen, aber hätte sie zu ihrem Bedauern unter Arrest stellen müssen. Beide hätten sich bisher allerdings glänzend zu rechtfertigen gewußt. Lord Oxford befinde sich als Zeuge und Ankläger »allein auf weiter Flur« und werde von seinen Freunden geschnitten. Er sei darüber beschämt und von Reue erfüllt.

Um so überraschender, daß Oxford zehn Tage später – Seite an Seite mit Philip Sidney – bei einem der großen höfischen Turniere die Hauptrolle spielt, während Howard, Arundell und Southwell in Untersuchungshaft sitzen.

Die Königin, sagt Mauvissière, habe bedauert, daß gerade *die* Leute in die Schliche des (spanischen) Auslands verwickelt seien, die der französischen Hochzeit gewogen waren. Damit kann sie nur Howard und Arundell gemeint haben. Mauvissière bezieht ihre Aussage aber auf den Earl of Oxford. Dann macht er sich an die Schilderung einer paradoxen Szene, während deren der Earl, um Howard und Arundell zu schaden, sich nochmals des Übertritts zur katholischen Kirche beschuldigt haben soll.

»Lord Oxford hat sich der Königin mehrmals zu Füßen geworfen und sie angefleht, sie solle mich bitten und von mir in Erfahrung bringen, ob ich nicht vor viereinhalb Jahren einen Jesuiten gekannt habe, der für sie [Howard, Arundell und Oxford] die Messe las und sie zur römisch-katholischen Kirche bekehrte und dessen Rettung nach Frankreich ich auf Bitten des Grafen Oxford selbst veranlaßt hätte. Daraufhin hat mich die Königin umgehend gebeten, ihr zu sagen, was es damit auf sich hätte, und zwar nicht so sehr, um ihnen zu schaden, als um von mir die Wahrheit zu erfahren; sie bat mich mit Nachdruck, ihr zu sagen, was ich in dieser Sache wüßte. Ich habe alles abgestritten und beteuert, nicht zu wissen, um wen es sich handle, noch jemals von diesem Jesuiten gehört zu haben.« Ein Unding, sich vorzustellen, der Dichter hätte vor der Königin auf Knien darum gebeten, von Mauvissière einer englandfeindlichen Aktion überführt zu werden.

Nein: Howard, Arundell und der eifrige Katholik Mauvissière haben im Juli 1577 dafür gesorgt, daß der Priester Richard Stevens nach Douai ausreisen konnte. Deshalb leugnet Mauvissière jetzt so hartnäckig. Und um den »Verräter« Oxford unglaubwürdig zu machen, beschuldigt er ihn, zusammen mit den Angeklagten in einem Boot gesessen zu haben. Mauvissières Taktik geht dahin, den Ankläger, Oxford, als Lügner zu denunzieren – und Howard und Arundell auf diese Weise zu stützen. Hätte Elizabeth der französischen Drossel geglaubt bzw. hätte sich die Szene so abgespielt, wie er sie schildert, so wäre der Earl umgehend verhaftet worden. Denn im Juni 1580 hatte die »jesuitische Mission« in England begonnen: in den Augen der Königin eine gefährliche Wühlarbeit, deren Ziel es war, ihren Thron zum Einsturz zu bringen. Elizabeth' Angst, von einer schottisch-spanischen Allianz überwältigt zu werden, war politisch nicht unbegründet. Um so schwerer wog gerade jetzt der Vorwurf, die jesuitische Bewegung unterstützt zu haben.

Graf Castelnau de Mauvissière gibt sich mit seiner bisherigen Schilderung jedoch noch nicht zufrieden.

»Daraufhin warf Lord Oxford sich ihr abermals zu Füßen und flehte die Königin in meiner Gegenwart an, mich zu bitten, ihr die Wahrheit zu sagen. Andererseits bat er mich dringend, ihm die Gnade zu erweisen, mich an jene Sache zu erinnern, an der ihm wie an keiner anderen gelegen sei, wie er mich nämlich ausgesandt hatte mit der inständigen Bitte, für die Rettung des besagten Jesuiten nach Frankreich und Italien zu sorgen, und daß er mir dafür dankte, als er in Sicherheit war. Ich habe ihm und der Königin unmißverständlich gesagt, daß ich davon nicht wüßte und von einer derartigen Sache keinerlei Kenntnis hätte, so daß besagter Lord in Anwesenheit seiner Herrin in große Verlegenheit geriet. Danach hat er sich noch wiederholt an mich gewandt und mich gebeten, ihm die Gunst zu erweisen, mich an das, was ich wüßte, zu erinnern. Ich habe ihm das Heft aus der Hand genommen, indem ich ihm sagte, keinerlei

Kenntnis von der Sache zu haben, und ihn gebeten, mich darauf nicht mehr anzusprechen.«

Dem Botschafter geht es nicht darum, daß der französische König ihm glaubt (denn Henri III kennt den »jungen Herrn« als einen Mann von Geist), sondern darum, eine Strategie für Oxfords öffentliche Diffamierung zu unterbreiten. Man soll ihn für einen abgefallenen Katholiken, einen Dissidenten, kurz: für einen Verräter halten.* Dies ist die Kunst der falschen Botschaft – und niemandem ist sie geläufiger als Henri III.

Mauvissières Propaganda steht in krassem Widerspruch zum Verhalten der Königin. Sie nahm die Beschuldigungen, die Lord Howard und Sir Arundell – im Chor mit Mauvissière – gegen ihren Ankläger erhoben, nicht einen Augenblick ernst. Sie ließ Oxford keinem Verhör unterziehen, sondern empfing ihn zu den Neujahrsfestlichkeiten bei Hof, nahm seine Geschenke entgegen (»ein schönes Juwel aus Gold in Gestalt eines Einhorns aus Opalen mit einem rautenförmigen Diamant, drei großen hängenden Perlen, geschmückt mit kleinen Rubinen, Diamanten und kleinen Perlen«) und rechnete mit seiner Beteiligung bei dem Turnier des Earl of Arundel and Surrey. Der Earl, so war Elizabeth klar, hatte aus guten Gründen die Partei Leicesters ergriffen.

Dagegen war ihr der frauenlose Dunkelmann Lord Henry Howard, der Bruder Norfolks, seit jeher verdächtig. 1571 hatte er seine Beteiligung an Norfolks Plänen geleugnet, aber vier Jahre später wurde er überführt, mit Maria Stuart in brieflicher Verbindung zu stehen. Und unmittelbar nach Oxfords Anklage (*vor* Weihnachten 1580) entzog er sich seiner Verhaftung durch Flucht in die spanische Botschaft.

Der Spanier Bernardino de Mendoza hat über diese Flucht (wohl um eine Gratifikation Howards anzuregen) ein Jahr später – am 25. Dezember 1581 – Philipp II. Bericht erstattet.

---

* Wie gut Mauvissières Strategie funktionierte, beweist eine Meldung aus den Nachrichtenzirkularen der Fugger vom 1. April 1581: »Die Engländer erklären, daß eine Verschwörung von Jesuiten, katholischen Adligen und anderen Personen stattgefunden hat, die die Königin in Haft nahm. Ein wichtiger Gentleman ist abgefallen, schwor dem römischen Glauben ab und wurde in Freiheit gesetzt. Die anderen befinden sich noch im Gefängnis.«

Seit er sich vor ein paar Jahren mit der Heiligen Kirche versöhnt habe, sei Milord Howard ein eifrig praktizierender Katholik. »Aus diesem Grund wünschte er, daß die französische Hochzeit stattfinden solle, da er wie viele andere Katholiken glaubte, daß man auf diesem Weg dazu gelangen würde, die katholische Konfession in Freiheit auszuüben.« Dann aber wurde er von einem Freund gewarnt, die Königin wolle ihn und Arundell auf eine Anklage Oxfords hin verhaften lassen.

»Aus Angst, in den Tower gebracht zu werden und ihr Leben zu verlieren, wagten sie in diesem kritischen Moment nicht, nach Hause zu gehen – statt dessen kamen sie um 12 Uhr mitternachts in mein Haus, obwohl ich nie mit ihnen gesprochen hatte, und sagten, daß sie in Gefahr seien, ihr Leben zu verlieren, wenn ich sie nicht verstecken würde. Da sie Katholiken waren, nahm ich sie auf, und niemand im Haus wußte davon, außer einem meiner Männer, bis ihr Freund, der Ratsherr, ihnen Nachricht zukommen ließ, daß sie nur im Haus eines Gentleman festgehalten werden sollten, woraufhin sie sich sofort in der Öffentlichkeit zeigten.«

Die Festnahme von Henry Howard, Charles Arundell und Francis Southwell erfolgte während der Weihnachtsfeiertage. Sie hatten in jedem Fall genügend Zeit gehabt, ihre Strategie der Verteidigung und ihre Vorgehensweise gegen Oxford miteinander abzusprechen. Lord Howard (sagt Mauvissière) wurde im Haus von Lord Burghley, Arundell bei Sir Christopher Hatton und Southwell bei Sir Francis Walsingham untergebracht.

Arundell gab nach seiner Festnahme zu Protokoll, der Earl of Oxford habe ihm am Sonntag, dem 25. Dezember 1580, tausend Pfund angeboten, um ihn auf seine Seite zu ziehen. (Francis Southwell habe bereits alles verraten, und ein gewisser Stevens liege auf der Streckbank.) Nach dieser Aussage gab es kein Halten mehr. Die Büchse der Pandora war geöffnet. Dem Maul der falschen Freunde entquoll eine Sturzflut der haarsträubendsten und widersprüchlichsten Verleumdungen.

Milord Oxford, schreibt Howard Ende Dezember, habe Graf Leicester, Rowland York, Lord Philip Howard, Walter Raleigh und Philip Sidney ermorden wollen (Sidney sollte im Bett erschossen werden) – er habe einen gewissen William Sankey ermorden lassen und Freund gegen

Freund, Feind gegen Feind aufgehetzt. Oxford habe – als Katholik! –
die Heilige Trinität gelästert, die Heilige Maria des Fehltritts bezichtigt, Joseph einen Hahnrei genannt und mit Bibelstellen die Unzucht
verteidigt. Die königliche Majestät habe er beleidigt und belogen. Er
trage die Maske der Heuchelei, er sei ein faselndes und wüstes Kind,
das zur Vernunft zu bringen ihm, Howard, nicht gelungen sei. Bosheit
und Verschwendungssucht lägen in seiner Natur. Im März 1580 habe
er davon gesprochen, England verlassen und nach Spanien gehen zu
wollen, ins feindliche Ausland. Er sei habgierig, falsch, wortbrüchig,
verrückt und schamlos. Niemand könne sich vorstellen, was er zusam-
menlüge: er habe unter Herzog von Alba eine Stadt in Flandern erobert und hätte eine andere eingenommen, wäre Master Bedingfield
nicht dazwischengekommen, die einfachste Schustersfrau in Mailand
sei besser angezogen als die Königin, die Gräfin von Mirandola sei
fünfzig Meilen gereist, um mit ihm zu schlafen, Don Juan d'Austria
habe ihm fünfzehntausend Soldaten geschickt, um Genua einzunehmen, Sankt Markus in Venedig sei mit Rubinen gepflastert, Charles
Tyrrell, sein Stiefvater, sei ihm nach seinem Tod mit der Peitsche in der
Hand erschienen – und Tyrrells Mutter im Hemd, Weissagungen sprechend. Er liest prophetische Bücher, die den Untergang der Königin
vorausagen. Er behaupte, zaubern zu können und Unterhaltungen mit
dem Teufel zu führen. (In diesem Fall dürfe man ihm sogar glauben,
sagt Howard.)
Auch Arundell holt in hämischer und aberwitziger Weise zum Schlag
gegen das »Monster« aus. Er hat eine Liste mit Beschuldigungen zusammengestellt, die neun Haupt- und siebzig Unterpunkte enthält. Die
Überschriften lauten: »*Erstens* Atheismus, *zweitens* angeberische Lügen
in der schlimmsten Form, *drittens* Zeugenbestechung, *viertens* grausamer Blutdurst, *fünftens* gefährliche Machenschaften, *sechstens* berüchtigte Unehrenhaftigkeit, *siebtens* Trunkenheit, *achtens* Böswilligkeit uns
gegenüber, *neuntens* pflichtwidriges Verhalten gegenüber der Königin.«
Zweifellos enthalten Howards und Arundells Ausführungen einiges biographische Kolorit, wie in jedem Fall der Lüge eine Wahrheit zugrunde liegt, die durch sie verdeckt, überlagert oder geschunden wird. Aber
aus diesen Anschuldigungen eine Biographie destillieren zu wollen (ein

Vorsatz, dem Alan H. Nelson in seiner Dämonographie Oxfords gefolgt ist), kommt dem Versuch gleich, Trotzkis Biographie aus den
Äußerungen Stalins zu rekonstruieren.

Erfreulicherweise überliefert uns Charles Arundell aber auch etwas
vom Charme der Oxfordschen Falstaffiaden.

»Als er in Flandern war, fand der Herzog von Alba, wie er nicht
müde wurde zu versichern, solchen Gefallen an ihm und seinen sel-
tenen Eigenschaften, daß er ihn zum Lieutenant-General der ganzen Armee in den damaligen Niederlanden machte und ihm eine
bemerkenswerte Aufgabe übertrug, infolgedessen er, seinem Rang
entsprechend, Mendoza (den jetzigen spanischen Botschafter),
Mondragon, Sancho d'Avila und den Rest der spanischen Feldherren zu befehligen hatte; aber sie alle, pflegte er zu sagen, waren
glücklich darüber, von ihm kommandiert zu werden, und er be-
nahm sich so kühn, daß er von allen Soldaten geliebt und von allen
Urteilsfähigen bewundert wurde; und während dieser Unternehmung passierte er viele Engpässe und Brücken in Feindeshand, die
er unter Verlust von vielen Menschenleben freikämpfte; er zwang
alle Feinde zurück, bis er zu dem Ort kam, den er belagern wollte;
und ohne Verzug wurde alles Geschütz aufgefahren, und der Kampf
dauerte zehn Tage, wonach er eine solche Bresche geschlagen hatte,
daß er mit Einwilligung aller zum Sturm überging, und um seinen
Soldaten ein Beispiel zu geben, setzte dieser *Prinz* sich kühn an ihre
Spitze, und durch die Kraft seines mörderischen Arms wurden viele
verwundet und noch mehr getötet. Trotzdem, und zwar weil die
deutschen Reiter ihm nicht schnell genug nachkamen, wurde er
zurückgeschlagen, und gerade als er entschieden hatte, den Sturm-
angriff am nächsten Tag zu wiederholen, kam, wie es der Teufel haben wollte, Master Bedingfield auf seinem Postpferd angeritten und
berief ihn durch einen Brief der Königin von seinem Dienst zurück,
was die größte Schmach bedeutete, die ein erfolgreicher General je
erlitt – und nun stellt sich die Frage, ob dieser erlauchte General aufgrund seiner Heimholung so sehr gekränkt oder ob Bedingfield
angesichts der Schlächterei so sehr von Grauen erfaßt oder ob sein
Pferd, als sie über die Brücke mit den Toten kamen, so sehr erschrok-

ken war, jedenfalls preschte der Held in einer Weise davon, daß Bedingfield ihm kaum folgen konnte.«

Am Ende der Geschichte wechselt Arundell gekonnt die Erzählperspektive, um uns das Bild des jämmerlich gebeutelten Flüchtlings vor Augen zu stellen. Dabei ist anzunehmen, daß auch dieses Stilmittel, wie der Erzählduktus überhaupt, auf den Earl zurückgeht, der seine Rodomontaden nicht naiv, sondern in selbstparodistischer Absicht vorgetragen hat.

Howards und Arundells hysterische Denunziationen verfehlten ihren Eindruck auf den Untersuchungsrichter (und Dichter) Sir Thomas Norton, der die beiden Gefangenen umgehend in den Tower überführen ließ.

»Was diese Angelegenheit noch geheimnisvoller macht«, schreibt der spanische Botschafter Mendoza am 9. Januar 1581, »ist ihre Überführung in den Tower – und daß Leicester das Gerücht verbreitet hat, daß sie ein Massaker an den Protestanten geplant hätten und mit der Königin beginnen wollten.«

Während Mauvissière, die Drossel, sich zu behaupten erkühnt: »Es scheint nicht so, daß ihnen wegen der von Lord Oxford erhobenen Anschuldigungen irgendwelche Unannehmlichkeiten erwachsen.«

Wann und wo, fragt Norton die Herren Howard und Arundell, hätten sie sich mit der Kirche von Rom versöhnt? Wie oft, wo und in wessen Gesellschaft hätten sie die katholische Messe gefeiert? Welche Verbindungen hatten sie nach Irland? Wer gab dem Baron Jean de Simier geheime Auskünfte über die Handlungen der Königin? Wer trug Privatbriefe Ihrer Majestät und andere Papiere nach draußen, nachdem sie zu Bett gegangen war? Wer unterrichtete Simier davon, daß angeblich ein Attentat auf ihn geplant sei? Hat Alençon dem Earl of Oxford das Angebot gemacht, ihn, wenn er England verließe, in Frankreich besser zu versorgen, als er in England versorgt wäre? Von welchen Prophezeiungen hätten sie Kenntnis gehabt, die den Sturz der Königin vorhersagten?

Am 18. Januar schreibt Oxford einige zusätzliche Fragen auf, die Howard und Arundell gestellt werden sollen. Anders als seine Gegner versteigt er sich nicht ins Phantastische.

AN ARUNDELL UND HOWARD Von welchem Bündnis, denn das ist ihr Ausdruck, war die Rede bei einigen Abendessen, einmal in der

Fish Street, wo ich anwesend war, und ein andermal bei Lord Northumberland?*

AN HOWARD Ob er nie davon gesprochen hat, daß der schottische König sich jetzt Sporen an den Hacken zulege und daß, sobald die Sache mit Monsieur zu Ende sei, die Königin nach einem halben Jahr die sorgenvollste und unglücklichste Person im ganzen Reich sein werde?

DITO Er sagte, der Herzog von Guise, ein vortrefflicher und braver Gentleman, wäre der geeignete Mann, nach Schottland zu kommen und Ihrer Majestät für ihren Mutwillen eins auf den Hintern zu geben. Aber man sollte ihr diese Grillen lassen, denn sie hätte bald ausgespielt.

AN ARUNDELL Einige Tage vor Weihnachten sagte er in meinem Logis in Westminster, wenn George Gifford** ihm dreitausend Pfund besorgen könne, so würde er ihn in die Lage versetzen, auf England keine Rücksicht mehr nehmen zu müssen, denn anderswo würde er zufriedener und ehrenhafter leben als je vorher oder künftig in England ... Worauf Gifford antwortete: »Und wo, um Gotteswillen, ist das, Charles?« Worauf er meinte, wenn er dreitausend Pfund von ihm bekäme, würde er es sagen.

DITO Ob Charles Arundell sich vor fünf Jahren nicht nach Irland hinübergestohlen habe, ohne Erlaubnis der Königin, und ob er sich damals nicht mit Rom versöhnt habe, oder wie lange danach?

DITO Nicht lange vor Weihnachten, als die Rede auf Monsieur kam, erging er sich in großen Worten gegen ihn – er vermisse an ihm Persönlichkeit, Religion, Geist und Beständigkeit, und deshalb hätte er für seinen Teil den französischen Kurs längst aufgegeben und einen anderen Weg eingeschlagen: den, der nach Spanien führt. Dieser Meinung sei er, seit Sussex den Narren gespielt habe (wie er Milord bezeichnete), der damals, als er seinen Feind [Leicester] unter den Füßen hätte zertreten können, so halsstarrig war und alles

* Henry Percy, 8. Earl of Northumberland (ca. 1532-1585), Bruder des aufständischen Thomas Percy, 7. Earl of Northumberland.
** George Gifford war ein puritanischer Prediger, Opponent von Bischof Whitgift, Verfasser von *A Dialogue Concerning Witches and Witchcrafts* (1593) und anderen Schriften.

zu einem Ausgleich habe bringen wollen, wobei er den kürzeren zog und Simier entmutigte … Davon habe er genug, sagte er, und schloß mit einem großen Loblied auf die Größe, die Frömmigkeit und den Reichtum des von Gott begünstigten spanischen Königs. Ja, er zweifle nicht, daß er [Philipp] Herrscher über die ganze Welt werden könne – und alle Menschen würden zu einem einzigen Glauben kommen.

Howard und Arundell hatten auf das spanische Pferd gesetzt, nachdem die französische Hochzeit in ihren Augen gescheitert war. Vorausgesetzt, Oxford sagte die Wahrheit (und die spätere Entwicklung spricht dafür), so war seine Rache an den Freunden zugleich ein gebotener Akt der Loyalität gegenüber der Krone.

Ist damit sein Verrat an den Freunden zu entschuldigen? Oder soll man, was er getan hat, anders bezeichnen, weil er Verrat an Verrätern beging?

Oxfords politisch-moralische Kehrtwendung im Dezember 1580 war nicht weniger impulsiv als seine Abwendung von Anne Cecil im April 1576, wobei, wie man annehmen darf, das eine mit dem anderen zusammenhing.

Der junge Gilbert Talbot spricht 1573 von Oxfords »fickle head« – von seinem unruhigen, unbeständigen Geist. – »In seinen Handlungen leichtfertig«, nennt ihn der spöttische Gabriel Harvey im »Spiegel des Toskanismus«. – Seine Feinde Howard und Arundell stellen den Grafen als korrupten Triebverbrecher dar.

Wir dürfen uns den Earl demnach als ähnlich sprunghaft, witzig, galant, gefühlig und energisch vorstellen wie seinen Master Fortunatus Infoelix, der durch seine Anwesenheit die kleine Hofgesellschaft bezaubert, in Aufregung versetzt und vexiert hat.

Das Märchen (nach John Lyly)

Zwei Uhr nachmittags vor dem Palast der Königin.

Das Turnierfeld, die glänzenden Reiter, die wimpelübersäten Zelte aus buntem Taft: aufgeschlagen unter dem matten Januarhimmel.

Vor dem größten der Zelte (ocker mit blauen Rändern) ein Lorbeerbaum mit vergoldetem Stamm, übergoldeten Zweigen und goldenen Blättern. Der Platz von wackeligen Tribünen umsäumt, auf denen die Schaulustigen hocken, stehen, trampeln, frieren. Manche haben ein Kännchen Bier, andre Gebratenes mitgebracht.

Auf einer kleinen Empore an der Stirnseite des Felds hat die Königin Platz genommen. Umgeben von Höflingen und alten Männern. Ein seidener Baldachin schwebt über ihr.

Zum Klang der Fanfaren tritt ein prächtig gerüsteter Reiter aus dem ockerfarbenen Zelt, geht hinüber, wo die Königin sitzt, erklimmt die wenigen Stufen und verbeugt sich vor ihr. Auf dem Platz scharren die Pferde. Die Menge hält still.

Er bittet die Hohe Frau, eine Geschichte erzählen zu dürfen.

Sie nickt.

Er strafft sich, sein Handschuh fällt.

Es war einmal ein Ritter, der lebte abgeschieden im Wald. Und da er allein war, unterhielt er sich mit den Bäumen. Die Eiche fand er zu hart, um hinaufzusteigen, das Schilfrohr zu weich, um es zu lieben, den Wacholder lieblich, aber zu spitz, die Zypresse herrlich, aber ohne Frucht, den Walnußbaum zu unbequem, um darunter zu liegen, den Feigenstrauch zu streng im Geruch, die Ulme zu wuchtig; in der Esche hausten Krähen und im Apfelbaum Würmer. So ging er hinaus aufs freie Feld, aber da verfolgten ihn Sonne und Regen, und wo immer er sein Lager aufschlagen wollte, pfiff ihm der Wind ins Gesicht oder plagten ihn die Ameisen. Und er grämte sich.

Endlich, nachdem er lange und lange geritten war, erreichte er eine Lichtung und erblickte in ihrer Mitte einen edlen Baum von wunderbarem Aussehen und Glanz. Und nach vieler Erkundigung fand sich ein weißbärtiger Alter, der ihm Auskunft gab.

›Dieser Baum‹, sagte er, ›wird der Sonnen-Baum genannt, weil er immer allein steht, seinesgleichen nicht kennt und ein Rätsel ist. Je höher er wächst, um so krüppeliger werden die Büsche unter ihm. Und wie die Sterne vor der

Sonne ihr Licht verlieren, so treten vor ihm die andern Pflanzen in den Schatten. Blätter und Rinde sind aus Gold, seine Blüten sind Perlen, sein Stamm Chrysokoll, sein Harz Honig. Wohin sein Schatten fällt, dort verlieren die Ängstlichen ihre Angst und die Übermütigen ihren Mut, den Kalten wird es heiß und den Heißen kalt.

An diesen Baum gelangt kein Gift und kein Stachel. Wer ihn zu beschneiden versucht, schneidet sich selbst. Kein Sturm krümmt ihm ein Haar. Und er kennt kein Alter. Wenn Ihr aber danach fragt‹, endigte der Alte, ›ob es von diesem Baum Ableger gibt, so könntet ihr der Sonne die gleiche Frage stellen oder einen neuen Mond machen wollen.‹

Der Ritter küßte den Boden unter seinen Füßen und blickte auf den Baum, der ihn willkommen zu heißen schien. Er versank in seinem Anblick, bis seine Augen von der Fülle des Lichts zu schmerzen begannen.

Solange er sich zu Füßen dieses Baums aufhielt, war er tagsüber in hohen Gedanken und nachts in hellen Träumen. Und er schwor, als »Ritter vom Sonnen-Baum« für dieses Wunder zu leben oder zu sterben.

So, in höchster Zufriedenheit, fiel er in süßen Schlummer. Aber bald schien es ihm, als sehe er heimliche Räuber am Werk, die den Baum untergraben wollten, und er ahnte, daß – wenn es ihnen leid wäre – sie mit dem Finger auf ihn zeigen und ihn beschuldigen würden, damit er seiner Ehre und Freiheit verlustig ginge. Doch als sie einsahen, daß sie mit jedem ihrer Hiebe nur sich selbst schadeten, ließen sie das Wühlen und drohten ihm Gewalt an.

Er aber hielt, wogegen sie machtlos waren, den Baum mit ganzer Kraft umklammert. Da vermochten sie nicht anzukommen gegen ihn. Endlich entschlossen sie sich, zum offenen Kampf und zu den Waffen rufen. Worauf er freudig aus seinem Traum erwachte.

Und nun, hochmögende tugendhafte Frau, sehe ich mit Erstaunen und Lust die hohen Wogen, die um diesen Baum entstanden sind. Inmitten der hohen Herren und Reiter bekenne ich, Euer Ritter vom Sonnen-Baum zu sein, der seine Widersacher zum Rückzug zwingen will. –

Sie dankt, er lächelt.

Er grüßt mit einem Handkuß und schließt das Visier.

12 FEINDE RINGSUM

Am 6. Januar 1581 ließ *Callophisus*, der »makellose Ritter«, die Aufforderung zu einem Turnier ergehen, das in sechs Runden vor sich gehen solle. Callophisus bezeichnete sich selbst als Gefolgsmann und Gefangener der »größten Vollkommenheit«, der sein Gefängnis so stark befestigt finde, daß er nicht entweichen könne. Er wolle es nur mit Gegnern aufnehmen, die für eine ähnlich überragende Dame kämpften, d. h. für eine Gebieterin, die *erstens* sich rühmen dürfe, die Vollkommenste an Schönheit und Tugend zu sein, *zweitens* so glänzend sei, daß, wer sie schaue, unter ihr vergehe wie die Wolken unter der Sonne, und *drittens* an hervorragenden Eigenschaften so reich sei, daß sie mehr Männer zu Gefangenen mache und mehr Menschen ihrer Herzen beraube als irgendeine andere oder alle anderen Frauen zusammen. Und da er bezweifle, daß jemand ihn zu einem Gefecht im Namen einer Anderen herausfordern könne, so wolle er das Turnier mit nur einem einzigen Helfer bestehen.

The fair-natured Callophisus war niemand anderer als der dreiundzwanzigjährige Philip Howard, Earl of Surrey, der Sohn Norfolks und Neffe Henry Howards, der mit dem kommenden Turnier seine Erhebung zum »Earl of *Arundel* and Surrey« glänzend feiern wollte. Aber mit dem von ihm gewählten Bild seiner »Unfreiheit im Banne der Königin« wurde er zum Propheten. – 1584 tritt er zum katholischen Glauben über, wird 1585 des Hochverrats beschuldigt und schmachtet bis zu seinem Tod im Jahr 1595 im Tower. (1970 erfolgt seine Heiligsprechung durch Paul VI.)

Die schriftliche Herausforderung des Callophisus wird beantwortet von einem gewissen *White Knight*, hinter dessen edler Blässe sich der einundzwanzigjährige Lord Frederick Windsor, ein Neffe des Earl of Oxford, verbirgt. Er gibt vor, den Herausforderer nicht zu kennen, und streicht heraus, daß Callophisus versäumt habe, den Namen der Dame zu nennen, für die er eintrete. Erstaunlicherweise polemisiert der Weiße Ritter nun gegen die »verborgene Dame« oder »unbekannte Heilige« – als könne sie eine andere als die Königin sein. D.h., er mißversteht den Herausforderer mit voller Absicht.

»Empfange deshalb von mir, dem Weißen Ritter, die Antwort, daß ich Dir im Turnier auf das entschiedenste entgegentreten werde, da meine unübertreffliche Gebieterin – die königliche Jungfrau, die unvergleichliche Prinzessin, dieser Phönix und Musterdiamant der Welt, die ich in aller Ergebenheit liebe und der ich diene und gehorche – die verborgene Dame in jeder Hinsicht so weit übertrifft wie der klarste Tag die dunkelste Nacht oder die lieblichste Blume das stinkende Unkraut.«

Falls aber auch Callophisus sich für die Königin schlagen wolle, so müsse er hinter ihm, dem Weißen, zurückbleiben, denn nur der werde von ihr belohnt werden, den sie solcher Auszeichnung für wert halte. Unterschrieben: »Dein Gegner, der Weiße Ritter«.

Auf diese Finte des Weißen, die dazu geschaffen ist, den Gegner herauszufordern, antwortet ein Gefolgsmann von Callophisus: *The Red Knight*. Der Rote Ritter ist Sir William Drury of Hawstead, dreißig Jahre alt, der später als Sheriff von Suffolk Dienst tun wird. Die Antwort des Weißen Ritters nennt er »gegen die Ordnung« und ihn selbst einen unerfahrenen Neuling, der nicht wert sei, sich Gefolgsmann der Königin zu nennen. Als ein erklärter Freund von Callophisus werde er, der Rote, sich an die Seite des Herausforderers stellen. Callophisus und er würden die königliche Hoheit weit besser zu ehren wissen und würden dies durch Taten beweisen. Unterschrieben: »Dein Gegner, der Rote Ritter«.

Damit nicht genug, treffen zwei weitere Schreiben ein: die des *Blue Knight* und des *Knight of the Tree of the Sun*. Es handelt sich um Philip Sidney[*], Leicesters Neffen, und um den Earl of Oxford. Sie ergreifen beide die Partei des Weißen Ritters. D.h., der Mann, der sich Shakespeare nennen wird, stellt sich – Seite an Seite mit Philip Sidney – der Herausforderung Philip Howards. Natürlich erkennt Oxford in Callophisus seinen Verwandten und Freund, streitet dies aber ab, um der Rhetorik der Gegnerschaft Genüge zu leisten.

---

[*] Er will, sagt der »Blaue«, sich gegen die beiden Herausforderer stellen, und zwar zu Lichtmeß um zwei Uhr nachmittags auf dem Turnierfeld vor dem Palast der Königin. Ausdrücklich betont er, daß keines von den Pferden verletzt werden dürfe. (Womit er anspielt auf seinen eignen Namen *Philhippos:* der Pferdefreund.) In der Reihe der Verteidiger wird man ihn an folgendem Emblem erkennen: an einem zweiarmigen Baum, der auf seinem einen Ast ein zerbrochenes Stundenglas, auf dem andern einen Lorbeerkranz trägt.

»Callophisus, offenbar begieriger nach Ruhm als würdig des Verdiensts, hat seine Herausforderung in die Auslage, aber seinen Wert
nicht unter Beweis gestellt und hat sich, um seine Unvollkommenheit zu bemänteln, unter den schützenden Flügeln der größten
Vollkommenheit versteckt, für die jeder eintreten und gegen die
niemand seine Lanze erheben möchte. Aber während er sich brüstet, sie über alles zu verehren und sie mehr zu lieben und ihr besser
zu dienen als alle übrigen, übersteigt dies bei weitem seine Möglichkeiten und ist der Weiße Ritter ihm überlegen an Wert und
Leidenschaft; und obwohl er mir unbekannt ist und obwohl ich
wünschte, er hätte einen besseren Anlaß dafür gewählt, lobe ich seinen Versuch, Callophisus auf seinen Fehler hinzuweisen.«

Der Earl nennt sich »Ritter vom Sonnen-Baum« – eine Erfindung,
die er noch zu weiterer Anwendung bringen wird – und will sich als
Freund des Weißen ebenfalls am Kampf beteiligen. Dabei gelte es, eine
Frau zu ehren, »die von niemandem überredet und verstanden werden
kann als von sich selbst«. Er möchte ihre edle Gegenwart nicht beleidigen, sondern sie durch den Wechsel und die Vielfalt der Waffen
erfreuen.

»Was Callophisus betrifft, könnte es sein, daß der Rote Ritter, indem er seiner Herausforderung wenig hinzugefügt, ihm von seiner
Ehre viel genommen hat. Und da beide ihre Treue, ihre Liebe und
ihren eigenen Wert am allerhöchsten schätzen, muß ich sagen und
bekennen: ich bin der entgegengesetzten Meinung und denke, beide sind so ungeeignet, sich Gefolgsleute der Königin zu nennen,
wie umgekehrt *sie* es verdient, Gebieterin der Welt zu sein. Beide
ermangeln der Treue, des Verdiensts, des Werts und der Liebe so
sehr, wie *sie* vollkommen ist an Weisheit, Liebreiz, Schönheit und
Beredsamkeit – beider Taten gelten weniger als ihre Worte, und ihre
Huldigungen werden dem wahren Wert dieser Königin nicht
gerecht. Also stehe ich dem Weißen Ritter gegen den Roten in allen
Waffengängen bei: wie der Platz es hergibt, die Zeit es gestattet,
Gesellschaft es erlaubt; und was die herausfordernden Worte des
Roten angeht, so ersetzen sie nicht die Tat. Beide bedeuten mir
nichts, der ich nichts für mich selbst will und allein Vertrauen habe

in die Güte und Vortrefflichkeit meiner Herrscherin, auf die die
Augen dieser Männer nicht schauen dürfen.

Der Ritter vom Sonnen-Baum,
der dem Roten Trotz bietet«

Dies war – über das höfische Kampfritual hinaus – nun doch auch eine
politische Demonstration.

Oxford stellt sich hinter Philip Sidney und den Earl of Leicester. Die
Frau, die von niemandem überredet und verstanden werden kann als
von sich selbst, soll auch von Monsieur nicht überredet werden.

Das feierliche Turnier fand statt zu Westminster am 22. Januar 1581. Die
Königin saß in einem prächtigen Pavillon an der Nordseite des Platzes,
an der Südseite waren die kostbaren Zelte der Ritter aufgeschlagen, an
den Längsseiten standen die Tribünen für die Zuschauer. Oxfords Zelt,
so wird berichtet, bestand aus ockerfarbenem Taft (»a statelie Tent of
Orange tawny Taffeta«) und war mit silbernen Stickereien verziert. (Die
Farbe Ockergelb – »tawny« – trugen bereits die Gefolgsleute des 16. Earl
of Oxford.) Den Eingang schmückte ein Lorbeerbaum mit vergoldeten
Blättern. Während Musik erklang und der Earl vor diesem Bäumchen
Platz nahm, trat einer seiner Pagen vor die Königin hin, kniete nieder
und bat darum, ihr eine Erzählung vortragen zu dürfen.

Zufällig hat sich dieser *Sweet Speech* in einem einzigen Exemplar erhalten. Sein stilistischer Formalismus, sein Spiel mit Reihungen, Verdopp-
lungen und Alliterationen, sein Kalkül der Antithesen (mit der bemerkenswerten Vorliebe zum »einerseits andrerseits« und »sowohl als auch«),
aber auch seine Freude an allegorischen Tier- und Pflanzenvergleichen
weisen John Lyly als Verfasser aus.

Oxfords poetischer Sekundant verklärt die Königin im Bild des Son-
nen-Baums. Der Ritter, der diesen Baum nach langer Zeit des Um-
herirrens entdeckt und sich in Liebe und Verehrung unter seinen
Schutz stellt, nennt sich, wie Lyly sagt, »The Knight of the Tree of the
Sun«: der Ritter vom Sonnen-Baum. Von der Aura der königlichen
Vollkommenheit fließt es in süßen Strömen über auf die seine. Aber
der edle Ritter besitzt Feinde. Während er schläft, untergraben sie seinen Baum. Sie drohen Gewalt an, aber der Ritter klammert sich im
Traum an den Sonnen-Baum als den »einzigen Anker seiner Zuver-

sicht«. Jetzt, so weiß er, kann der Streit nur noch mit Waffen entschieden werden.

Und schon ist aus dem Traum Wirklichkeit geworden: seine Feinde stehen vor ihm, und er will sie das Fürchten lehren.

Er – der »Ritter vom Sonnen-Baum« – Edward de Vere, Earl of Oxford.

Mit dieser poetischen Legitimation zieht Oxford in den Kampf »und bricht kühn alle zwölf Lanzen«. Ihm fällt der höchste Preis aus der Hand der Königin zu. Und er erhält, wie William Segar im *Book of Honor and Armes* vermerkt, einen Kuß von ihr auf den Mund.

Oxfords Zelt und der Lorbeerbaum fallen der Gier der Zuschauer zum Opfer. Die Stoffe werden in Fetzen gerissen, der goldene Lorbeerbaum entblättert. Während Oxford neben der Königin auf der Galerie steht, bricht unter dem Menschengewühl ein Teil der Tribüne ein: »Viele Zuschauer, Männer und Frauen, wurden schlimm verletzt oder zu Krüppeln, einige starben.«

Oxfords eigener Absturz erfolgte genau zwei Monate später. Das auslösende Moment war weder ein rein politisches noch ein rein privates. Anne Vavasour gebar am 21. März 1581 einen Sohn und gab ihm den Namen – Edward.

Die Königin reagierte mit fassungslosem Zorn. Sie empfand die verheimlichte Liebschaft Oxfords als Treuebruch und als Anschlag auf ihre eigene Ehre. Nicht nur trug sie, die keusche Königin, die Verantwortung für das Wohl und die Unversehrtheit ihrer jungfräulichen Elite, ihre Pflicht war es auch, Mesalliancen aller Art zu verhindern.

Sie gab Befehl, die beiden Sünder unverzüglich in den Tower zu bringen. Oxford wollte sich dieser Strafaktion durch Flucht entziehen, aber er wurde in einem der Häfen aufgehalten.

(Natürlich hatten die adligen Gefangenen ein mit allem Notwendigen eingerichtetes Zimmer für sich und durften sich einen oder zwei Bediente halten. – Charles Arundell schreibt voll Schadenfreude, man hätte dem Earl das Zimmer von Henry Howard zugewiesen.)

Elizabeth spielte nicht zum ersten Mal die strafende Mutter. 1561 ließ sie Edward Seymour, Earl of Hertford, nach seiner unerlaubten Heirat mit Catherine Grey in den Tower werfen. Sie sah durch diese Ehe den

Anspruch auf Thronnachfolge geltend gemacht. – Im Sommer 1579 verbannte sie (kurzzeitig) ihren Schützling Robert Dudley, Earl of Leicester, und ohrfeigte seine Frau Lettice Knollys. – 1591 wird sie den lange begünstigten Walter Raleigh und seine nicht genehmigte Gattin Elizabeth Throckmorton für zwei Monate in den Tower schicken (und Raleigh fünf Jahre lang in Ungnade halten). – 1598 läßt sie die heimlich geschwängerte und rasch geheiratete Elizabeth Vernon, ebenfalls eine »Maid of Honour«, ins Fleet bringen und beordert den jungen Gatten – Henry Wriothesley, Earl of Southampton – aus Paris zurück, damit er ihr Gesellschaft leiste.

Oxford und Vavasour bleiben bis zum 8. Juni 1581 in Haft. Dem Earl wird nach seiner Entlassung zur Auflage gemacht, des weiteren das Haus zu hüten.

Falls Schwiegervater Burghley keine Zeit gefunden hatte, davon zu berichten, konnte der Ritter vom Sonnen-Baum in einer kleinen Broschüre alles über das triumphale Turnierfest nachlesen, das im Mai abgehalten worden war, während er im Tower einsaß.

Der Titel des Drucks lautet: »Eine kurze Darstellung der Aufführungen, Szenarien, Reden und Erfindungen – *shews, devices, speeches, and inventions* – wie sie vor Ihrer Königlichen Majestät und den französischen Botschaftern gezeigt wurden bei dem höchst eindrucksvollen und würdigen TRIUMPH am Pfingstmontag und Dienstag, anno 1581. Zusammengestellt von Henry Goldwel.«

D. h., die Königin hatte, ihrer noblen Inspiration gehorchend, während der Pfingsttage ein Hochzeitsfest ohne Hochzeit und ohne Bräutigam veranstaltet. Der geladene Gast Hercule-François Duc d'Alençon, genannt Monsieur, war in Dieppe wohlgemut an Bord gegangen, aber ein Sturm raste, er wurde krank, und das Schiff mußte in den Hafen zurückkehren. Vielleicht genoß die Königin ihr Fest um so mehr. Mochten die Staatsräte sich darüber den Kopf zerbrechen oder die Lords sich die Köpfe einschlagen, mochten sie alle miteinander im Nebel tappen, Engländer und Franzosen, Hofleute, Hofnarren und einfaches Volk, sie allein war sich ihrer Entscheidung völlig gewiß: niemals – nie – würde sie den Frosch mit dem zerfurchten Gesicht und der doppelten Nase heiraten. Aber sie würde das Spiel mit ihm zu Ende spielen. Denn noch leistete Monsieur, auch wenn er teuer zu werden versprach, ihr gute Dienste als ein resoluter Schattenfechter im Ausland.

Es waren Vorkehrungen getroffen worden, eine französische Delegation von fünfhundert Adligen zu empfangen. Dazu hatte man an der Südseite des Whitehall Palace einen riesigen Festbau aus Holz mit 250 Fenstern und einer Kuppel aus Leinwand errichtet und mit phantastischem Dekor versehen. Die Decke bildete eine Nachahmung des Himmelsgewölbes mit Sonne, Mond und Sternen. Darunter schwebten Wolken und unter diesen bunte Wappenschilder und zahllose Leuchter, die den Raum in ein Lichtermeer tauchten. Die in Gold gemalten Wände waren mit Gewinden von Efeu, Lorbeer, Stechpalmen, Granatäpfeln, Orangen, Kürbissen, Trauben und Sträußen von Frühlingsblumen geschmückt. In diesem Frühlingspalast hielt die Königin am Pfingstsonntag – dem 14. Mai 1581 – ein rauschendes Bankett für die französische Gesandtschaft ab.

Der festliche »Triumph« fand anderntags auf dem Turnierplatz von Whitehall statt. Wie üblich saß die Königin mit ihrem Hofstaat in einem Pavillon an der Stirnseite des Platzes, die französischen Gäste hatten in ihrer Umgebung Platz genommen.

In kunstvoll vergoldeten und gravierten Rüstungen ritten ein: Philip Howard, Earl of Arundel und Surrey, begleitet von zwei Ausrufern, vier Pagen auf Ersatzpferden und zwanzig Gefolgsleuten in gelb-goldenem Karmesin – Lord Frederick Windsor, dessen Gefolgsschar in Scharlach und Orangebraun (»orange tawny«) gekleidet war, ihre Hüte verziert mit weißen Federn – Philip Sidney, höchst kostbar, mit vier Pagen, dreißig Gefolgsleuten und vier Trompetern in den Farben Gelb und Silber – und als letzter Sidneys Freund Fulke Greville mit nicht weniger prachtvollem Anhang. Sie traten auf als *The Four Foster Children of Desire* – »die vier Pflegesöhne des Verlangens«. Ein Page, in die Farben des Verlangens – rot und weiß – gekleidet, näherte sich, erbleichend und errötend, Ihrer Majestät, der alles überstrahlenden Sonne, um ihr die *Challenge* – die Herausforderung – der vier Herren zu überbringen. (Ein überraschender Einfall.) Das Verlangen der Ritter war es, daß die Queen, als Statthalterin der »Festung der vollkommenen Schönheit«, sich ihnen ergeben möge. Wenn nicht, so würden sie diese Festung erobern wollen. »Da nichts übrigbleibt als kriegerische Gewalt«, sprach der Knabe, »um Eure unbeugsame Weigerung zu überwinden, so sind diese Ritter ins Feld gerückt. Ihr seht sie bereit, Euch mit Herz und Hand zu bekriegen, und voll Hoffnung, zu siegen. Vielleicht blickt Ihr verächtlich auf sie herab, weil Euch ihre Zahl zu gering scheint. Aber ich sage Euch: die Kraft des Verlangens bemißt sich nicht nach der Menge.« Natürlich wies die Königin diese Herausforderung zurück, worauf ein beweglicher Berg sich drohend gegen sie erhob und Hörner und Trompeten das Signal zum Angriff gaben. Zwei Kanonen wurden abgefeuert, die eine mit süßem Pulver geladen, die andere mit wohlriechendem Wasser, es wurden Sturmleitern angesetzt und Süßigkeiten in die Burg der Schönheit geworfen. (Greville als Kanonier des Konfekts.) Angreifer und Verteidiger traten einander im Turnier gegenüber, bei welchem die zweiundzwanzig Verteidiger – natürlich – Sieger blieben.

Die Franzosen waren verwirrt. Hatte Philip Sidney, bekanntermaßen ein Gegner der französischen Hochzeit, sich durch diese Inszenierung selbst schachmatt gesetzt – oder wollte er damit ausdrücken, daß die königliche Festung jedem männlichen Angriff widerstehen würde?

Die Klügeren an Elizabeth' Hof, vielleicht auch die Klügeren unter den Franzosen, hatten die Spielregeln ihrer Liebeskomödie also inzwischen durchschaut. Auch Philip Howard, auch Lord Windsor. (Aber wer ist dieser Henry Goldwel, der als Herausgeber und Kompilator der *Briefe Declaration* zeichnet? Seinem vertrackten Stil nach könnte es der Rhetor sein: Harvey, Gabriel.)

Am 12. Juli 1581 schrieb Walsingham an Burghley: »Ihre Majestät ist entschlossen (trotz einiger auf sie angewandter Überredung), dem Earl of Oxford die volle Freiheit erst wiederzugeben, wenn er mit seiner Frau versöhnt ist.« Lord Burghley kommentierte diesen Hinweis mit der Randbemerkung: »Das ist leichter getan, als Hofleute denken.« Offenbar hatte Oxford von sich aus wieder Fühlung mit Anne Cecil aufgenommen. (Was darauf hinweisen würde, daß er ihr jetzt, nach der Enttarnung seiner falschen Freunde, innerlich Abbitte leistete für den Vorwurf der Untreue.)

Neben Burghley und Walsingham hatte sich auch Sir Christopher Hatton bei der Königin für Oxford und seine Frau verwendet. Burghley dankte Hatton in herzlicher Weise, bat ihn aber, den Earl nicht unter Druck zu setzen, damit er nicht auf den Gedanken käme, es gehe ihm, Burghley, mehr um das Wohl seiner Tochter als um Oxfords Freiheit.

Seinerseits bedankt Oxford sich bei seinem Schwiegervater, kann aber eine bissige Bemerkung nicht unterdrücken: »Wenn Eure Lordschaft Ihre Majestät nicht immer wieder erinnert, so wird sie mich, fürchte ich, vergessen, da ihr, glaube ich, weniger daran liegt, schnell freizulassen, als rasch festzunehmen.«

Oxfords Feinde Howard, Arundell und Southwell waren noch viel weniger frei als er. Sie richteten aus dem Gefängnis zahllose Eingaben an Elizabeth, die dadurch auf den Gedanken kam, Oxford solle in aller Öffentlichkeit seine Anklage noch einmal vortragen bzw. in ihrer Gegenwart seinen Widersachern gegenübertreten. Aber Francis Walsingham (Elizabeth' »Mohr«) wandte sich gegen diesen Vorschlag.

Die mütterliche Strafaktion fand deshalb am Abend des vierzehnten Juli ein Ende. Als Zeichen ihrer Genugtuung über Oxfords versöhnliche Haltung gegenüber A. C. schenkte Elizabeth ihm die Freiheit und – einen Hut aus schwarzem Taft nach holländischer Art »mit einer mit Perlen und Gold bestickten Hutschnur«.

Dennoch bleibt der Earl bis zum Mai 1583 von den königlichen Empfängen ausgeschlossen.

Wollte er sich jetzt, als ein selbst Verratener und Gestürzter, zu der Frau zurückbequemen, die er so töricht beschuldigt hatte? Folgte er seinem Gefühl oder allein dem Ansinnen der Königin? Zeigte er Reue – oder wollte er es sich leichtmachen? Oder sich erneut vor ihr verstecken?

Für Anne Cecil vergingen weitere fünf Monate des Wartens.

Einmal, im September, wird in der Öffentlichkeit von ihm gesprochen: er soll den portugiesischen Thronanwärter Don Antonio auf der Überfahrt nach Frankreich begleiten. Niemand weiß, ob er es getan hat.

Endlich schreibt Anne Cecil einen Brief an Oxford. Erhalten ist nur eine Abschrift (oder ein Entwurf?) aus der Hand ihres Vaters William Cecil, Lord Burghley.

»Mein Lord, in welchem Unglück ich mich doch befinde, ohne daß ich ein Ende davon absehen kann oder es zu verringern weiß. Und doch hatte ich im stillen Hoffnung gefaßt, Ihr würdet auf einen Teil Eures Wohlwollens zurückkommen, das Ihr, Eure gute Absicht bezeugend, mir im letzten Sommer entgegenbrachtet, wenn Ihr auch Befürchtungen zu haben schient, mir in offener Aussprache zu begegnen. Nun, nachdem ich lange nichts von Euch gehört habe, finde ich mich endlich darüber unterrichtet, ohne zu wissen auf welcher Grundlage, und doch in Zweifel gestürzt, daß Ihr Mißfallen an mir bekundet hättet, ohne daß ich Euch in Taten oder Gedanken dazu Grund gab. Und deshalb, mein lieber Lord, bitte ich Euch inständig und im Namen Gottes, der all meine Gedanken und meine Liebe zu Euch kennt, laßt mich erfahren, wie Ihr mir in Wahrheit gegenübersteht, welcher Grund Euch dazu bewegt, mich in diesem Elend zu belassen, und was ich, wenn es in meiner Macht steht, tun kann, um Euer fortwährendes Wohlwollen wiederzuerlangen – damit Ihr nicht veranlaßt sein mögt, mich weiterhin im Unglück einzukerkern ohne zwingenden Grund, woran ich, so wahr mir Gott helfe, gänzlich unschuldig bin. – Von meines Vaters Haus in Westminster, am 7. Dezember 1581.«

Schuld an dem neuen Elend zwischen den beiden Eheleuten, die sich sieben Jahre nicht mehr gesehen hatten, war eine Hofdame Elizabeth', die mißliebige Nachrichten hinterbracht oder erfunden hatte.

Oxford muß auf Annes Brief umgehend geantwortet haben. In der Art des Prinzen Hamlet vielleicht. (*Ob's edler im Gemüt, die Pfeil und Schleudern / des wütenden Geschicks erdulden, oder, / sich waffnend gegen eine See von Plagen, / durch Widerstand sie enden*). Denn in ihrem Brief vom 12. Dezember stellt Anne, die Verlassene, sich tröstend ihm zur Seite.

»Mein sehr guter Lord, ich danke allerherzlichst für Euren Brief, und es tut mir sehr leid wahrzunehmen, wie unzufrieden Ihr seid mit der Unbeständigkeit der Welt, wovon ich selbst nicht ohne einigen Geschmack geblieben bin. Aber da Ihr mir alles gewähren wollt, was ich von Euch als Eure Frau fordern darf, will ich das Widrige um so geduldiger ertragen – und, wenn Gott zugibt, daß es gut für Euch sei, möchte ich Eure Unbill mit Euch teilen und nehme es mit Freude auf mich, Eure Last mitzutragen …

Überzeugt Euch selbst, mein guter Lord, Ihr seid es, den allein ich liebe und verehre, und ich wünsche nichts mehr als Euch zu erfreuen und möchte gerne öfter von Euch hören, bis ein besseres Geschick uns wieder zusammenführt.« Anne Cecil besaß das gute Herz und die Freundlichkeit ihres Vaters. Oxford brauchte das Wiedersehen mit ihr nicht zu fürchten. Um die Weihnachtszeit 1581 durfte die verlassene Countess zusammen mit der sechsjährigen Elizabeth wieder bei ihrem Mann einziehen. Die Familienzusammenführung bedeutete das Ende seiner offensiven Extravaganzen, aber es bewahrte ihn nicht vor weiterem »Gegenglück«.

Am 1. November 1581, über zwei Jahre nach seinem ersten englischen Intermezzo, erschien François Duc d'Alençon erneut auf der Insel seiner Träume. Er war mit Oraniens Hilfe inzwischen zum Generalprotektor und Souverän der Freien Niederlande aufgestiegen. Die Holländer betrachteten Alençon, den Bruder eines Königs und Bräutigam einer Königin, als eine englisch-französische Aktie mit großen Zukunftschancen.

In der Tat brauchten die *Staaten* dringend Unterstützung: Alessandro Farnese, Herzog von Parma, der Generalgouverneur der spanischen Niederlande, hatte als Nachfolger Don Juan d'Austrias mit großem militärischem Geschick Stadt um Stadt in den südlichen Niederlanden zurückerobert. Bald würden ihm Flandern und der Süden Brabants in Gänze zufallen.

Im August hatte Elizabeth ihrem Verehrer Alençon ein Darlehen von 30000 Pfund oder 120000 Kronen gewährt, und er war mit einem Mietheer gegen Cambrai gezogen, um die Stadt von der spanischen Belagerung zu entsetzen. Es blieb ein Scheinsieg, denn Alençon konnte ohne die Rückendeckung seines Bruders Henri III. keine dauerhaften Erfolge erringen. Henri aber verweigerte jede Unterstützung, solange die Hochzeit mit Elizabeth nicht unter Dach und Fach war. Dagegen wandte die Königin (ihren Staatsräten gegenüber) ein, wenn sie Alençon heirate, würde man glauben, sie sei nicht mehr Herrin ihrer selbst, sondern von ihrem Mann zum Krieg genötigt. Deshalb wäre es besser, Monsieur unter der Hand mit Geld zu versorgen.

Zugleich aber war es ihr lieb, den Spaniern weiterhin mit der französischen Hochzeit drohen zu können.

Wieder wurde Alençon festlich empfangen, und wieder begann das so erstaunliche wie schamlose Liebesgeflüster zwischen dem ungleichen Paar. Monsieur drängte auf Hochzeit. Aber wenn sie ihn nicht heiraten wollte, so sollte sie wenigstens zahlen. Die Königin versprach Hilfe unter der Bedingung, daß Monsieur sich jeder Allianz mit den katholischen Guisen enthalte.

Wieder wurden Turniere abgehalten, Bankette gegeben, Theaterstücke und Maskenspiele aufgeführt. Elizabeth fühlte sich durchaus in ihrem Element. Um ihr Spiel zu gewinnen, erging sie sich in Schmeicheleien und Versprechungen, die einer Bühnenkönigin würdig gewesen wären. Je mißtrauischer Monsieur sich gab, um so kühner zeigte sich Madame.

Eines Tages, schreibt der Historiker Edward Spencer Beesly (1892), darf der Franzose, während ein Vorhang ihn verbirgt, ihren eleganten Tanz bewundern – nicht, weil sie glaubt, er sei davon hingerissen, sondern damit er glaubt, sie wünsche, er sei hingerissen. An einem anderen Tag ergeht sie sich mit ihm, dem französischen Gesandten und einigen Niederländern in der Galerie von Whitehall, küßt ihn auf den Mund (*en la boca*) und schenkt ihm einen Ring. Sie stellt ihn ihrem Personal als den zukünftigen Herrn vor. Sie bittet den Bischof von Lincoln, alles für einen Hochzeitsgottesdienst vorzubereiten. Sie spielt so gut, daß sie ihre Zeitgenossen (und die Historiker) nachhaltig in Verwirrung stürzt. Sogar ein offizielles Heiratsversprechen wird gegeben – allerdings unter Bedingungen, von denen man annehmen kann, daß der französische König sie ablehnt.

»Die Königin«, schreibt der Augsburger Handelsherr und Korrespondent Hans Fugger nach Portugal, »streicht dem Franzosen den Halm umbs Maul.«

Alençon allerdings reist immer noch nicht ab. Er wird lästig. Schon längst sind die hunderttausend Kronen vom Sommer aufgebraucht, und er benötigt jetzt, im Dezember, zweihundert- oder vielleicht zweihundertfünfzigtausend Kronen, wäre aber auch zufrieden mit weniger. Elizabeth verspricht ein Darlehen von 60000 Pfund (240000 Kronen), dessen erste Hälfte vierzehn Tage nach seiner Abreise, die zweite fünfzig Tage später fällig werden. Als er im Januar immer noch bleibt, bekommt er 10000 Pfund als Anzahlung auf die Hand. Endlich, nach dreimonatigem Aufenthalt in England, geruht Monsieur abzureisen. Nach Aussage des spanischen Gesandten war Elizabeth über seine

Abreise traurig und erklärte, gern gäbe sie eine Million dafür, wenn ihr Frosch, statt in den Sümpfen Hollands, wieder in der Themse schwämme.

Einen Monat nach Alençons Abreise, am 3. März 1582, hatte der Earl of Oxford sich gegen eine Herausforderung von Master Thomas Knyvet zu verteidigen, der als Vavasours Onkel für die Ehre der ledigen Mutter eintrat. Zu allem Unglück waren die Familien der Howards, Arundells, Vavasours und Knyvets miteinander verwandt. Thomas Knyvet, ein angesehener und beliebter Hofmann, trat demnach als Repräsentant und Stellvertreter einer ganzen Sippschaft von Feinden auf, die Oxford sich durch seinen Freundesabfall geschaffen hatte.

Jedem der beiden feindlichen Edelleute folgten zehn oder fünfzehn bewaffnete Männer. Zwischen den Gruppen begann ein Hauen und Stechen, Zuschauer liefen herbei, Fährleute vom nahe gelegenen Fluß drängten sich mit Hallo unter die Kämpfenden, um mit Stangen und Bootshaken »Frieden zu schaffen«.

Knyvet ging verletzt, Oxford schwer verletzt aus dem Gefecht hervor, einer seiner Gefolgsleute kam ums Leben.*

Lord Burghley, der gerade seine jüngste Tochter verheiratet hatte, wurde aus Besorgnis über die neuen Händel krank. Die Königin zeigte sich indigniert.

Nun war es an der Zeit, für den ins Abseits geratenen Hofmann und Dichter öffentlich eine Lanze zu brechen. John Lyly, der Autor des *Euphues* und Oxfords literarischer Sekretär, hatte als Verfasser des *Sweet Speech* bereits einmal hervorragende Dienste geleistet. Jetzt wollte er seinen Erfolg mit einem auf die Ansprüche des Hofs zugeschnittenen kleinen Theaterstück wiederholen.

Seine Komödie *Endymion. The Man in the Moone* zeigt eine enge motivische Anlehnung an die »Erlesene Rede« vom Januar 1581 – und ist in vielerlei Hinsicht mit den Angelegenheiten und Nöten des Earl befaßt.

---

* »Londons Straßen hallten wider vom Kampfgeschrei dieser neuen Montagues und Capulets«, kommentiert Albert Feuillerat 1909 in seiner Biographie John Lylys.

Endymion, ein junger Mann, ist dem gefährlichen Liebreiz der erdhaft sinnlichen Tellus verfallen, aber seine ideale Liebe gilt der hellen, in ihren Verwandlungen unwandelbaren, in ihrer Vollendung unerreichbaren Cynthia. Tellus, die den Namen der Göttin der Fruchtbarkeit trägt (jährlich opferten ihr die Römer eine trächtige Kuh), fühlt sich von Cynthia, der Mondgöttin, in den Schatten gestellt. Da kocht Eifersucht in ihr hoch, die sich euphuistisch auszudrücken weiß:

TELLUS Nimm dich in acht, Endymion, daß du nicht wie der Wettkämpfer in Olympia, der ein zu schweres Gewicht heben wollte und sich dadurch einen unheilbaren Schaden zuzog, in ein langes Leiden verfällst, weil du deine Gedanken an etwas heftest, was deinen Horizont übersteigt. Aber ich sehe: du liebst nun Cynthia.

ENDYMION Nein, Tellus, du weißt, daß die erhabene Zeder, deren Wipfel an die Wolken reicht, ihr Haupt niemals zu den Büschen beugt, die im Tal wachsen; auch kann der Efeu, der an der Ulme emporwächst, niemals Halt an den Strahlen der Sonne erlangen. Cynthia ehre ich in aller Bescheidenheit, und niemand soll und darf sich erkühnen, sie, deren Empfindungen unsterblich und deren Tugenden unendlich sind, zu lieben. Dulde es also, daß ich auf den Mond schaue. Wenn nicht für dich, so möchte ich in der Bewunderung Cynthias sterben.

Tellus, mit dieser mondsüchtigen Erklärung nicht zufrieden, sinnt auf dunkle Rache. Schlau stiftet sie die Hexe Dipsas dazu an, ihren halbherzigen Freund in den Dornröschenschlaf zu versetzen. Endymion wird so lange nicht mehr erwachen, bis Cynthia ihn durch einen keuschen Kuß erwecken wird. Cynthia ist die jungfräuliche Version der Mondgöttin Selene, die ihren Endymion in tiefen Schlaf fallen läßt, um ihm ewige Jugend zu schenken. Aber Cynthia ist auch eine der allegorischen Masken Elizabeth'.

D. h., aus dem unter dem Sonnen-Baum schlummernden Ritter ist Endymion geworden, der auf den Erlösungskuß seiner Königin wartet. Und wie der Ritter von seinen Feinden träumte, träumt auch Lylys Endymion von den Wölfen der Undankbarkeit, von den blutigen Händen des Verrats und den Pfeilen des lumpigen Neids. Diese wütenden und schmarotzenden Kräfte sind die gleichen, die den Sonnen-Baum unterhöhlen wollten. Aber Cynthias Licht wird sie verdampfen lassen.

Lylys Komödie ist ein allegorisch verkleidetes Zweckstück, überexplizit in seinen Absichten und dürftig in der Handlung, das sich in einem Stil der hemmungslosen Schwarzweißmalerei gefällt. Ohne jeden Zweifel meint John Lyly mit Tellus das unliebsame Weibsstück, das durch seinen Auftritt auf der Bühne des Lebens das Märchen des *Sweet Speech* so empfindlich beschädigt hat: die schwarze Anne Vavasour, die Frau mit dem Stachel. Sie ist schuld an Oxford-Endymions Dilemma. Und nur Elizabeth kann Endymion freisprechen von Schuld und ihn durch einen Kuß (auf den Mund?) aus seiner Trance erlösen. War sein Geplänkel mit Tellus doch kaum mehr als ein Versehen, ein Stolpern, ein Stottern.

Am Rande verliebt sich auch Corsites, ein alter Soldat, in die triebhafte Tellus. Er soll den schlafenden Endymion in einer dunklen Höhle ablegen, aber vermag ihn keinen Millimeter von der Stelle zu bewegen. Dieser Corsites spielt erkennbar an auf die Freundschaft Vavasours mit dem Royal Champion Henry Lee. Aber auch Corsites-Lee hat mit der Dunklen nicht viel Glück: zuerst kommen ihm ein paar neckische Feen in die Quere und pieksen und stechen ihn wie Sir Falstaff (»Pinch him, pinch him, black and blue«) – dann kassiert er die Schelte der göttlichen Cynthia.

Um das Ganze komödiantisch aufzuwerten, improvisiert der Autor eine muntere Nebenhandlung mit dem irrenden Ritter Sir Tophas (nach Geoffrey Chaucers *Sir Thopas*) und seinem Knappen Epiton, die mit militantem Wortgeklingel Unsinn verbreiten. Zur Strafe für seine Verrücktheit verliebt Sir Tophas sich in die alte Hexe Dipsas. Die Bühne dient als Turnierplatz der Gedanken, aber niemand fällt vom Pferd.

Zum guten Ende kommt es zwischen der Mondgöttin Cynthia und dem ins Leben zurückgerufenen Endymion zu einem traumhaft höflichen Wortwechsel, der ein Wunschbild dessen ist, was zwischen Elizabeth und Oxford noch gesprochen werden soll. Sein einziger Wunsch sei es, sagt Endymion, durch Cynthias Gnade das zu erlangen, was er zu fordern sich nicht vermessen dürfe: ihre Zuwendung. Sein Gefühl der Dankbarkeit und Verehrung möchte er in der Tiefe seines Herzens »Liebe« nennen. Und solange er von dieser »süßen Betrachtung« nicht

abgehalten werde, werde er von allen Menschen der zufriedenste
sein.

Worauf Cynthia huldvoll repliziert, daß er seine Ehrfurcht wohl Liebe
nennen dürfe. Sie schätze die Standfestigkeit eines treuen Herzens höher als die einer befestigten Stadt. »Endymion, fahre fort wie du begonnen hast, und du wirst finden, daß Cynthias Glanz nicht vergebens auf
dich fällt.« Mit diesen Worten verleiht sie dem durch die Verzauberung
gealterten Endymion seine jugendlichen Züge zurück.

Nun kam es nur noch darauf an, dieses Stück auf die höfische Bühne
und der Königin vor Augen zu bringen. Aber während der Earl bereits
im Mai 1583 wieder von Elizabeth empfangen wurde, ließ eine Aufführung des *Endymion*, obwohl in den Jahren 1582/83 verfaßt, noch bis
Lichtmeß (Candlemas) 1585 auf sich warten.

Der Earl of Oxford revanchierte sich auf seine Art bei John Lyly. Er
pachtete ab Juni 1583 das Blackfriars Theatre und übertrug Lyly zusammen mit William Hunnis und Henry Evans dessen Leitung. Als der
Pachtvertrag nach einem Jahr abgelaufen war und der Theaterbetrieb
stillstand, schenkte er seinem Sekretär und Koautor mehrere Grundstücke, aus denen Lyly jährliche Einnahmen von 30 Pfund bezog.

Bemerkenswert, daß ein anderes, sehr viel bekannter gewordenes Stück
aus dieser Zeit eine signifikante Figurengruppe mit Lylys Allegorie gemeinsam hat. Die Rede ist von Shakespeares *Love's Labour's Lost* oder:
»Verlorne Liebesmüh«.

Statt Lylys meschuggem Ritter Sir Tophas und seinem Knaben Epiton
treten auf: der Spanier Don Adriano de Armado (»The Braggart«) und
sein Knappe, genannt »The Boy« – und statt der alten Dipsas, in die Sir
Tophas sich verliebt, verwirrt die Magd Jacquenetta dem Spanier die
Sinne.

Aber es existiert noch eine andere Parallele: die zwischen Tellus, der
erdhaften Verdunklerin von Cynthias Licht, und Rosaline, der schwarz-
äugigen und schwarzhaarigen Spötterin, die in den Augen ihres Vereh-
rers Biron heller strahlt als die Prinzessin von Frankreich (»No face is
fair that is not full so black«).

Die Brautwerbung der vier Franzosen in *Love's Labour's Lost*, die ihre

Angebeteten miteinander verwechseln, scheitert ebenso wie Endymions Doppel-Liebe zu Tellus und Cynthia in Lylys *The Man in the Moone*. Beide Male wird der männlichen Verblendung die überlegene Haltung der Frauen gegenübergestellt. Die enge thematische und personale Verflechtung der beiden Stücke und ihre gemeinsame politische Bezüglichkeit lassen darauf schließen, daß sie etwa zur gleichen Zeit entstanden sind.

Love's Labour's Lost karikiert das Schicksal von vier hochadligen Suitors. Ferdinand, »König von Navarra« und seine drei Hofmänner Biron, Longaville und Dumain werben um die »Prinzessin von Frankreich« und ihre Hofdamen Rosaline, Maria und Katharine. Während diese vier Pflegesöhne des Verlangens, die als Gründer einer attisch-mönchischen Akademie Enthaltsamkeit geschworen haben, auf Biegen und Brechen, mit Briefen und Versen, heiligen Schwüren und russischen Maskeraden die bewegliche Festung der Damen bestürmen, verliebt sich, toskanisches Zerrbild ihrer amour fou, der spanische Ritter Don Adriano de Armado in die Magd Jacquenetta, ein einfaches Küchengewächs. Die vier hohen Herren, ohne Ausnahme der Liebestollheit verfallen, sehen sich von den Damen nach allen Regeln der Kunst verspottet und am Ende um ein trauriges Jahr vertröstet. Dafür halten sie sich mit ihren Witzen an Don Armado und seinen herkulischen Helfern schadlos, die als komisches Ensemble eine antik-biblisch-mittelalterliche Posse zum besten geben.

Die Komödie schildert die Entgleisungen des männlichen Eros und die Ökonomie der weiblichen Distanz. Sie bringt mehr Auseinandersetzung als Versöhnung, mehr Debakel als Hoffnung, mehr Wortwitz als Einsicht. Seine Kunst der Selbstpersiflage, seine Sprachlust und Vielsprachigkeit bilden den ironischen Reflex auf die ephuistische Mode von Fünfzehnhundertachtzig. Aber damit nicht genug: die Komödie parodiert die letzten historischen Ereignisse am Hofe Elizabeth'* – und dies

* Nicht nur die vier »Foster Children of Desire« (1581) und die Auftritte Alençons werden parodiert, sondern auch die Werbung Iwans des Schrecklichen um Elizabeth' Nichte Mary Hastings am 17. Mai 1583. Zum Empfang des russischen Botschafters Fedor A. Pisemskij war im York House Park ein Sommerhaus errichtet worden, in dem die Lady inmitten ihres prächtig gekleideten Hofstaats saß. Man nannte Mary Hastings später scherzhaft die »Kaiserin von Moskau«.

zum Vergnügen der königlichen Frau und ihrer Hofdamen, die der poetischen Reinszenierung *ihres* Spiels nun lachend applaudieren dürfen.

Die zeitgeschichtlichen Anspielungen in *Love's Labour's Lost* bilden Legion. Es darf als eine Art negatives Wunder gesehen werden, daß sie bisher nicht wahrgenommen wurden.

Die Komödie, so hat Alfred Harbage argumentiert, sei vor 1589 geschrieben worden, denn nach der Ermordung des Königs und Akademiegründers Henri III – im August 1589 – hätte es eine eklatante Verkennung der Zeitumstände bedeutet, die Namen der französischen Heerführer Biron und Dumain in einer gemeinsamen Freundes-Akademie am Hof des »Königs von Navarra« vorzuführen. Marschall Armand de Gontaut, Seigneur de Biron, war nach dem Tod von Henri III und dem Regierungsantritt von Henri IV (Henri de Navarre) der politische und militärische Antipode des Guisen Duc de Mayenne (*Du Main*). Dieser Einwand wiegt um so schwerer, wenn wir bedenken, daß die Figur des »Ferdinand von Navarra« zwischen den historischen Gestalten von Henri III, Henri de Navarre und Hercule-François d'Alençon gleichsam oszilliert.

Wir wollen einen Schritt weitergehen mit der (kaum überraschenden) Behauptung, daß die erste Fassung von *Love's Labour's Lost* vor 1584 geschrieben sein muß, d.h. vor dem Tod von Alençon am 10. Juni 1584. Denn das Thema dieser Komödie ist die nie zustande gekommene französische Hochzeit – und Elizabeth, die um Monsieur demonstrativ getrauert hat, obwohl sie die Beziehung nach dem Januar 1583 hat einschlafen lassen, wäre wenig erbaut gewesen von einem Stück, das sich an seinem Andenken vergangen hätte.

Shakespeare macht durchaus kein Geheimnis daraus, über wen er spricht. Da ist einmal König Ferdinand von Navarra, der auch als »Duke« angesprochen wird. Seinen Namen hat er zur Hälfte von Henri de Navarre geborgt. Seine hochfliegenden »akademischen« Pläne erinnern an den zwischen Mignons und Mönchen hin- und hergerissenen Henri III. Seiner amourösen Veranlagung nach aber entpuppt er sich als Hercule-François, der Unbeständige.

Ferdinand de Navarre schwört, daß keine Frau sich seinem Hof auf eine

Meile nähern dürfe, aber bei der Ankunft der »Princess of France« wird er sofort schwankend. Schon nach der ersten Begegnung verliebt er sich. Und schon in der zweiten Szene des ersten Akts fällt das Stichwort »Herkules«.

Der skurrile Don Armado hat sich verliebt, und es dünkt ihn, er solle Cupido abschwören.

> BRAGGART Sprich mir Trost zu, Junge: welche großen Männer sind in Liebe gewesen?
>
> BOY Herkules, Herr.
>
> BRAGGART Holdseligster Herkules! Mehr Autoritäten, teurer Knabe, nenne ihrer mehr ...

Most sweet Hercules! Das Attribut »sweet« dürfte wohl eher auf den zierlichen Frosch als auf den unbezwinglichen Griechen zutreffen. Wozu der Wortwechsel der Damen über die Pockennarben paßt. (Die eine: »O that your face were not so full of O's!« Die andere: »A pox of that jest!«)

Noch deutlicher wird Biron in der dritten Szene des vierten Akts, nachdem er die Liebesverrücktheiten des Königs und seiner Akademiker belauscht hat. Biron sieht den hohen Fürsten, Herkules, tanzend im Ringelreihen, zur Mücke geschrumpft – sieht Salomon alias Longaville einen Gassenhauer pfeifen – den weisen Nestor Dumain mit Murmeln spielen – und beobachtet sich selbst, wie er als lästernder Timon über diese Spiele lacht.

Und, unmißverständlich für das höfische Publikum, setzt Biron hinzu: »Ich bin verraten, weil ich mich verband / Menschen so menschlich, so voll Unbestand.« – »I am betrayed by keeping company / With men like you, men of *inconstancy.*«

Ja, die Liebe selbst ist ein *Herkules,* witzelt Biron. Und er nennt Cupido den gesalbten Herrscher aller Seufzer und Klagen: den »Lehnsherren aller Zauderer und Unzufriedenen« – »the liege of all loiterers and *malcontents*«. Wobei wiederum auf Monsieur gezielt wird, der sich 1576 als Anführer der *Malcontents* hervorgetan hat.

Ferdinand, der Unbeständige, so wird angedeutet, diese Liebesmücke, dieser verirrte Schwärmer, dieser Herkules der Liebe, hört in Wirklichkeit auf den Namen Hercule-François.

Hinter den Wolken lugt sein großes Gegenüber, die Sonnen- und Mondkönigin der Engländer hervor, hier zart bemäntelt als die »Prinzessin von Frankreich«.

Bekanntlich strahlten – oder stachen – Elizabeth' Augen wie die Sonne. Und unzählige Gedichte feierten sie als Cynthia, die Mondgöttin. Darum ist es kein Zufall, wenn Ferdinand* sein Gedicht an die französische Prinzessin mit den Worten beginnen läßt:

> So lieblich küßt die goldne Sonne nicht
> den Morgentau auf einer Sommerrose,
> wie deiner Augen himmelvolles Licht
> den Tau erhellt, der meine Wangen netzt.
> Nicht scheint des Mondes Silberglanz so licht
> durch den geheimnisvollen Raum der Nacht,
> wie durch der Tränen Schleier dein Gesicht,
> da du in meine Tränen Tag gebracht. (IV/3)

Aber es fehlt auch der galante Liebesbotschafter nicht, den Elizabeth scherzhaft ihren »Affen« genannt hat. Jean de Simiers Repräsentant in *Love's Labour's Lost* nennt sich Boyet und spielt mit Verve die Rolle der leichtfertigen Intriganz.

---

* Ferdinand, König von »Navarra«, und die Prinzessin von »Frankreich« haben miteinander einen Liebes-Handel auszufechten, der nicht mit dem Austausch von Komplimenten, sondern von nackten Zahlen beginnt. Dabei geht es mit absurder Geschäftsmäßigkeit zu.
Ferdinand tritt gegenüber der Prinzessin als Gläubiger auf. Er hätte ihrem Vater 100000 Kronen geliehen und dafür Aquitanien als Pfand erhalten. Die Prinzessin widerspricht: ihr Vater habe die Summe zurückbezahlt. Da verlegt Ferdinand sich aufs Pokern: von einer Rückzahlung weiß er nichts – und eigentlich schulde Frankreich ihm 200000 Kronen. Wenn die Prinzessin ihm die Hälfte davon bezahle, gäbe er Aquitanien zurück. Sie läßt sich auf diesen Kuhhandel nicht ein und sagt, sie wäre bereit, auf Aquitanien zu verzichten, wenn er ihr statt Aquitanien 100000 Kronen gäbe. – Daraufhin gibt Ferdinand kleinlaut bei: Wenn Frankreich bezahlt hätte und sich darüber eine Quittung fände, so sei er bereit, ihr das Geld wiederzugeben und Aquitanien zu behalten – oder Aquitanien zurückzugeben und das Geld zu behalten.
Dieses merkwürdige Lavieren erinnert an die Darlehensgeschäfte zwischen Elizabeth und Alençon im Juli 1581, als sie ihm für seine Feldzüge in Brabant zuerst 120000 Kronen gewährt, dann im Fall seiner Abreise weitere 240000 Kronen verspricht. »Ferdinand de Navarre«, so will der Autor sagen, ist nicht nur in Liebesdingen, sondern auch in Geldsachen *unbeständig*.

Had he been Adam, he had tempted Eve.

'A can carve too, and lisp; why this is he
That kiss'd his hand away in courtesy;
This is the ape of form, Monsieur the Nice –
That, when he plays at tables, chides the dice
In honourable terms –

* * *

Wär Adam er, hätt Eva er verführt.

Er schneidet vor, er lispelt, tut galant,
er ist's, der fast sich weggeküßt die Hand,
er, aller Moden Affe, Sieur Manierlich:
wenn er beim Brettspiel würfelt, flucht er zierlich –

Die überraschendste Entdeckung aber steht noch aus. Denn in der
Rolle des grotesken Liebhabers Don Adriano de Armado spielt niemand anderer als der unglückliche Spottvogel Gabriel Harvey.*
Der spanische Ritter, umgeben und gespiegelt von seinen Alter egos
oder Flügeladjudanten Sir Nathaniel und Holofernes, dem Kuraten
und dem Schulmeister, agiert im Stück als der unfreiwillige Clown.
Der famose Worthülsendreher und gezierte Liebesschraubstock macht
gleich zu Beginn des Stücks durch eine gezielte Denunziation auf sich
aufmerksam. Er schwärzt seinen Nebenbuhler beim König an, aber
verpackt die böse Absicht in ein schmeichlerisches Parlando. Dabei
geriert sich Don Armado als ein ebenso alberner wie hemmungslo-
ser Renommist: so gebildet wie ignorant, so süß wie falsch, ein über-
zuckerter Hektor, ein kämpferischer Quast – und darum doppelt komisch.
Shakespeare beläßt es nicht bei Andeutungen. Das Trio Armado-
Nathaniel-Holofernes bringt eine Blütenlese aus Harveys Sentenzen
und Kuriosa – wobei der beleidigende »Spiegel des Toskanismus« die
ergiebigsten Fundstücke und Scherben abgibt.

Einen »geziert lächelnden« und »höchst gesegneten, glücklichen Reisenden« hat Gabriel Harvey den Earl im *Speculum Tuscanismi* genannt. –

---

* Vgl. Robert Detobel, Eine Widmung, Kap. 8/9, in: Neues Shake-speare Journal 4,
1999, S. 99-116.

»Sie wissen«, sagt der König von Navarra, »unser Hof wird heimgesucht von einem gezierten Reisenden aus Spanien«. (Elizabeth, wir erinnern uns, hatte Harvey das zweideutige Lob gemacht, er sehe ganz wie ein Italiener aus.)

Gabriel spottet über Oxfords »Zeigefingerkuß«. – »Ich will Ihren königlichen Finger küssen«, sagt Armado zur Prinzessin, »und meinen Abgang nehmen.«

Von Oxfords »kühner Umarmung des niederen Schützlings« spricht Don Gabriel, wörtlich: von der Umarmung des Fußwärtigen (»brave embrace to the footward«). – »Ich adoriere Deiner süßen Herrlichkeit Pantoffel«, ruft Armado vor der Prinzessin aus. »Er liebt sie mit dem Fuß«, kommentiert Boyet. »Weil er es mit der Elle nicht kann«, antwortet Dumain.

Aber auch Holofernes, Armados schulmeisterndes Alter ego, bedient sich aus Harveys Schatzkammer. »Ovidius Naso war der Mann!«, ruft Holofernes aus. »Ja warum, wahrlich, nicht Naso, um die wohlriechenden Blüten der Phantasie zu erschnüffeln?« – »Nos'd like to Naso«, dichtete Harvey über Oxford, ihn mit Ovid vergleichend. Ein Witz, der Shakespeare gefiel.

In der ersten Szene des fünften Akts schwingt der Pedant Holofernes sich auf zu einer Rede über Don Armado, die der Spiegel des Spiegels ist. *Agedum vero, nosti homines, tanquam tuam ipsius cutem*, hat Harvey seinem Gedicht vorausgeschickt: »Wohlan denn, kenne die Menschen wie deine eigene Haut!« Um später ins Detail zu gehen: »Seine Ausdrücke, seine großen Worte, druckreif; gewählt in der Sprache, phantastisch im Aufputz, apart in jeder Hinsicht: in höfischen Formen, ein überaus vorzüglich sonderbarer Mann … Gesegnete und glückliche Reise, höchst gesegneter und glücklicher Reisender.«

Ähnlich bramarbasiert Holofernes über Don Armado:

> *Novi hominem tanquam te.* Ich kenne einen Menschen wie dich! Sein Humor ist luftig, seine Redeweise gebieterisch, seine Zunge gefeilt, sein Auge begierig, seine Haltung majestätisch und sein allgemeines Betragen eitel, lachhaft und prahlerisch. Er ist zu erlesen, zu geputzt, zu affektiert, zu *schräg* sozusagen, zu reisesüchtig, um mich des Ausdrucks zu bedienen.

»Ich nenne keinen, aber einige kenne ich«, sagt der Verfasser der *Drei*

vertraulichen Briefe (und Träger eines Knebelbarts) in seinem Spottgedicht, »die eine Zeit von zwölf Monaten so vervollkommnet hat,
äußerlich und innerlich, an Körper und Seele, daß niemand an Sinn
und Sinnlichkeit ihnen halb entsprechen würde.« – Und Don Armado
gesteht Holofernes im Vertrauen: »Der König ist ein nobler Gentleman
und mir sehr vertraut, *vertraulich* sozusagen … ich muß gestehen, es
gefällt Seiner Gnaden, ach Welt, sich manchmal an meine arme Schulter zu lehnen und mit seinem königlichen Finger so zu tändeln mit
meinem Auswuchs, mit meinem Knebelbart; aber, o Herz, dessen sei
nicht erwähnt.«

Genug der Zitate.

Dieser Shakespeare, der – wahrscheinlich im Herbst 1583 – eine so
blitzgescheite, poetisch funkelnde Parodie auf den männlichen Eros
schreibt und dabei das historische Personal der Alençonschen Werbung
in verwandelter Gestalt zum Zuge kommen läßt, dieser Shakespeare
(»Kein Wort, das nicht ein Scherz ist. Und jeder Scherz nur ein Wort«),
der seinen Gegner Gabriel Harvey mit heiterem Spott abstraft, dieser
Freigeist, dieser erlesene Poet, dieser lachende Dramaturg hat mit dem
damals neunzehnjährigen Handschuhmacherssohn aus Stratford nichts
zu tun.

Love's Labour's Lost ist die Komödie eines Hofmanns, der seine eigene
Liebesverfehlung im Bild des »Meineids« listig in die Handlung einbe-
zieht, um sich en passant und nicht ohne Ironie der verfehlten Gattung
Mann zuzurechnen. Dabei gelingt es dem Autor gleichermaßen, Elizabeth' stoische Liebesinszenierung und seine eigene amour fou zu rechtfertigen. *Love's Labour's Lost* ist ein Werk des Earl of Oxford, der sich –
wie der historische Biron – als Wortführer im »Krieg der Verliebten«
hervorgetan hat.

Am Ende der »Verlornen Liebesmüh« steht eine Bewährungsfrist, an die
niemand mehr glaubt. Ohne Vorwurf taumeln die Figuren in den heiteren Abgrund. Sie haben mit Seufzern und Witzen Krieg geführt –
und lachend verloren.

Exkurs: A companion for a King

Edward de Vere erscheint als das Inbild des empfindsamen Kämpfers: zornig, stolz und illusionslos, aber zugleich großzügig und aufrichtig. Wie sein Freund – und Feind – Charles Arundell eindrucksvoll geschildert hat, war der Earl ein begnadeter Erzähler und Mime. Mit seinen Auftritten als »spanischer Befehlshaber vor Zaltbommel« oder »Anführer der päpstlichen Truppen vor Genua« brachte er es fertig, seine Zuhörer vor Lachen unter den Tisch fallen zu lassen. Er liebte das Spiel als eine Ausdrucksform der Wahrheit – und haßte die Lüge. Niemand ist darin dem Grafen ähnlicher als Shakespeare.

Keiner von Shakespeares Menschen hat die Farbe des anderen, keiner ein gleiches Volumen, eine gleiche Höhe oder Tiefe der Selbsterfahrung und Selbstentäußerung. Wie die Töne in der Musik, so siedeln auch seine Figuren in höheren und tieferen Lagen und Klassen an. Dies mag unserer modernen Überzeugung nicht entsprechen, aber entsprach dem Welt- und Menschenbild der Renaissance. Danach war der Mensch geadelt nicht nur durch seine Geburt, sondern durch die vollkommene Einsicht in die Unvollkommenheit seiner selbst. Der Staat war gedacht als Organismus und Abbild der kosmischen Ordnung. Natürlich fanden die Abstufungen des Seelischen zu keiner Zeit ihre abbildliche Entsprechung in einer sozialen Hierarchie. Immer schon gab es wertlose Könige und edle Bettler. Aber das aristokratisch kosmische Ideal der alten Zeit bestand darin, eine gesellschaftliche Ordnung anzustreben, in der die soziale Hierarchie den »Tonhöhen« menschlicher Selbsterkenntnis und Selbstverwirklichung entspricht. Nicht anders läßt Shakespeare in *Troilus and Cressida* den listenreichen Ulysses sprechen – in einer Zeit allerdings, in der das Ideal bereits dem Verfall preisgegeben scheint.

ULYSSES Der Himmel, die Planeten und dies Zentrum,
sie reihn nach Abstand sich, nach Rang und Status,
nach Umlauf, Jahreszeit, Verhältnis, Form,
nach Amt und Brauch in angestammter Ordnung.
Und darum ward als edelster Planet

den anderen die Sonne vorgesetzt.
Ihr Auge heilt und wandelt hin zum Rechten
den Einfluß unheilvoller Wandelsterne
und spricht mit königlicher Allmacht Recht
nach Gut und Böse. Doch – wenn die Planeten
in schlimmer Wirrnis aus der Ordnung streben,
welch Schrecknis! welche Plag und Meuterei!
Welch Stürmen auf der See! wie bebt die Erde!
Wie rast der Wind! Furcht, Umsturz, Grau'n und Zwiespalt
reißt nieder, wühlt, zerschmettert und entwurzelt
die Eintracht und vermählte Ruh der Staaten
bis auf den Grund! Oh, ist der Rang erschüttert,
die Leiter hin zu allen hohen Taten,
so ist das Unternehmen krank. Wie können
Gemeinden, Schulen, Gilden, Bruderschaften,
friedlicher Handel zwischen fernen Küsten,
das Recht des Erstgeborenen und Erben,
Vorrang des Alters, Kronen, Zepter, Orden,
ihr ewig Recht ohn Abstufung behaupten?
Tilg Abstufung, verstimme diese Saite,
und höre dann den Mißklang.

(Troilus and Cressida, I/3)

Im Blick auf eine überzeitliche Himmels- und Staatssordnung erscheint jede Utopie als vermessen, die die Gegensätze zwischen machtvoll und ohnmächtig, fähig und unfähig, vor- und nachrangig über den Haufen rennen will. Es können die Söhne von Feldherren zu Bettlern, die Söhne von Bettlern zu Feldherren werden, aber die Hierarchie als solche muß den gesellschaftlichen Fortbestand sichern.

Shakespeare ist Repräsentant der alten, als gottgewollt legitimierten Feudalordnung. Aber wir finden in seinen Stücken keine Verherrlichung der Herrschenden, keinen Kniefall, kein geheucheltes Lob. Wir finden im Gegenteil aber auch keine Akklamation der Empörung. Der Dichter schildert den fürstlichen Hof als Reich des Geistes auf Erden, als Olymp und Refugium der Auserwählten – aber auch als Festung der erschlichenenen Macht, als Ort der Lüge und Gewalt, als Fechtsaal der falschen Huldigungen. In jedem seiner Stücke klärt er auf über den

Unterschied zwischen Sein und Schein, Wahrheit und Lüge, Autorität und Anmaßung. Manchmal komisch, nicht selten blutig. Relativ konsistent zu ihrer sozialen Rolle verhalten sich nur die einfachen Leute: Shakespeares Diener, Ammen, Nachtwächter und Büttel. In einer Art kindlicher oder närrischer Behaglichkeit blicken sie nach oben, imitieren die Sprechweise ihrer Herrschaft, verwirren oder verhaspeln sich, reißen Witze, fühlen sich wichtig – und sind es möglicherweise auch. Obwohl (oder weil) er von Herzen über sie lachen kann, gilt ihnen die ungeteilte Sympathie des Autors.

Dienen kann eine Freude, Regieren-Müssen eine Qual sein. König Richard II., umgeben von schlechten Ratgebern, hat als Herrscher versagt. Dennoch betont Shakespeare die Unverletztlichkeit und Unabsetzbarkeit des gesalbten Stellvertreters Gottes. Der fähigere Henry Bolingbroke, ein Menschenkenner und souveräner Politiker, macht sich durch seine gerechte Empörung schuldig. Richard, der Krone und Leben verlieren wird, wünscht für sich selbst Entsagung, Armut und Tod.

> Was muß der König tun? sich unterwerfen?
> Der König wird es tun. Muß er ersetzt sein?
> Der König gibt sich drein. Den Namen König
> verliern? Nun, er vergeh in Gottes Namen.
> Ich gebe mein Geschmeid um Betkorallen,
> den prächtigen Palast für eine Klause,
> das schöne Kleid für eines Bettlers Mantel,
> mein reich Geschirr für einen hölzern Becher,
> mein Szepter für 'nes Pilgers Wanderstab,
> mein Volk für ein paar ausgeschnitzte Heil'ge,
> mein weites Reich für nur ein kleines Grab,
> ein kleines, kleines unbekanntes Grab.
> Ja, auf des Königs Heerweg scharrt mich ein,
> wo viel Verkehr ist, wo des Volkes Füße
> das Haupt des Fürsten stündlich treten können.
> Sie treten ja mein Herz, jetzt, da ich lebe:
> warum nicht auch mein Haupt, wenn ich begraben?
>   (*King Richard II*, III/3)

Bolingbroke ersetzt Richard II. Aber schon Bolingbrokes Enkel, der kindlich fromme Heinrich, wird wieder vom Thron gestürzt. An ihm rächt sich Bolingbrokes Schuld.

Saß wohl ein König je auf ird'schem Thron,
der weniger Glück befehlen konnt als ich?
Kaum kroch ich aus der Wiege noch, als ich,
neun Monde alt, zum König ward ernannt.
Nie sehnt' ein Untertan sich nach dem Thron,
wie ich mich sehn, ein Untertan zu sein.

(2 Henry VI,IV/9)

Zu diesen Manifesten des königlichen Unglücks existieren zwei poetische Entwürfe: beide aus der Feder des Earl of Oxenford.

Das erste (»My mind to me a Kingdom is«) stammt aus den siebziger Jahren und feiert die Abstinenz von Macht und Reichtum als Gewinn.

Mehr als ich brauch', verlang ich nicht,
mein Glück ist die Zufriedenheit,
auf Amt und Macht leist' ich Verzicht,
und was mir fehlt, ersetzt mein Geist.
So lebe ich wie ein *Regent*
mit allem, was das Denken schenkt ...

Sehr viel dunkler gehalten ist das andere Gedicht: »Were I a king, I might command content«. Es besteht aus Frage und Antwort.

Als König könnt ich andrer Glück befehlen,
als Niemand blieb mein Kummer unbekannt,
und wär ich tot, würd' kein Gedank mich quälen,
nicht Haß, nicht Liebe, weder Furcht noch Not.
Schwierige Wahl, die ich zu treffen hab:
ein Königreich, ein Armenhaus, ein Grab.

Du könnt'st als König keinen glücklich machen,
denn deinem Geist wär jedes Reich zu klein,
als Niemand würd' dich dennoch Kummer plagen,
nur tot wärst du von Leid und Sorge frei.
So leicht die Wahl, die sich ergeben hat.
Kein Königreich, kein Armenhaus: ein Grab.

Der Geistesmensch findet sein Reich nicht auf dieser Erde. Aber er besitzt neben Königreich, Hütte oder Grab (»A kingdom, or a cottage, or a grave«) eine weitere Option. Das Spiel.

Denn wer sollte ihm verwehren, auf die Bühne zu treten und für die Dauer einer Vorstellung den König zu *mimen?*

Zwölf Jahre nach Oxfords Tod erinnert sich der Epigrammatiker John Davies of Hereford (1565-1618) an einen ihm unvergeßlichen Bühnen-auftritt eines Unbekannten. Davies bezieht seine Reminiszenz in ein längeres Gedicht ein, das von Macht und Verrat handelt und über-schrieben ist mit: »Speculum Proditori«. Dieser »Spiegel des Verräters« ist Teil seines Werks *A Select Second Husband for Sir Thomas Overburie's Wife* (1616).

»Ich kannte einen Mann, so unwert wie ich,
und doch zu wertvoll, um ihn nachzuahmen,
der einmal einen König gab, und, obwohl's ein Spiel war,
sich dort befand, wo Lords und Ladies sich begegnen,
die, da er ihnen gleich war,
an schuldiger Ehrerbietung es nicht fehlen ließen.
Der lächelte für sich und sagte: ach sieh an,
hier habe ich umsonst, wofür so teuer Könige bezahlen.
– Nichts Ungleiches bestand in diesem Spiel,
nur konnte *er* zwölf lustige Tage herrschen,
wo Kön'ge viele Jahre leidvollen Regierens haben.
Kurz und süß war seine Herrschaft,
lang und kummervoll währt ihre.«

Die erste Zeile »I knew a Man, unworthy as I am« gebraucht die höfi-sche Bescheidenheitsfloskel des *unworthy* – und meint damit das Gegen-teil. Der Mann, den Davies kannte, hat, wie er selbst, dem Adel ange-hört. Er stand zu hoch, als daß man ihn hätte nachahmen, nachäffen oder verfälschen dürfen (»too worthy for a counterfeit«). Er spielte die Rolle eines Königs – gleichzeitig aber bestand sein Publikum aus Lords und Ladies, die ihm als ihresgleichen die Ehre erwiesen (»as he had been the same«). Es gab keine Ungleichheit in der Darstellung (»No odds there was in show«), denn offenbar war der, der den König spielte, mit Königen verwandt. Aber er hatte nur zwölf lustige Tage Zeit, um zu herrschen. Gemeint sind die zwölf mit Festen und Spielen ausgefüllten Nachweihnachtstage am königlichen Hof. (D. h., der Mann war kein Berufsschauspieler, der immer hätte spielen können und müssen.) Und im Gegensatz zu den sorgenvollen Königen konnte der vornehme Spieler seine kurze und süße Regentschaft sorglos genießen.

Der lapidare Einschub des »I knew a Man« bekräftigt das Bild, das Davies of Hereford im »Spiegel des Verrats« von den Schattenseiten der Herrschaft zeichnet. Der Regent, so weiß Davies, leidet unter dem Joch der Krone. Bereit, sein Leben zu geben, wird er seines Lebens beraubt – er verteidigt die, die ihn bedrohen, erweist denen Wohltat, die ihm sein Grab graben. – Der Mann auf der Bühne aber lächelt, denn er bekommt umsonst, wofür Könige mit ihrem Leben bezahlen.

Wer aber war der bevorzugte Spieler im Kreis der Seinen, der sich das kalte Theaterblut vom Degen wischen konnte?

Davies selbst gibt den entscheidenden Wink. Denn sein Gedicht »Speculum Proditori« hält sich an den »Hirtenmonolog« von König Heinrich VI. in *3 Henry VI*, II/5 – und (sogar enger noch) an Oxfords Zeilen »Were I a king, I might command content«.

Die teuflische Sorge, sagt Davies, flieht die *Hütte* des armen Hirten, der sich frei weiß von Furcht und Schuld. Der Hirt kann die Gedanken eines *Königs* denken, aber teilt nicht dessen *Kummer*. Sein Mädchen liebt ihn – und er regiert in Liebe: »and he in love commands«. Zusammen genießen sie das *Königreich der Zufriedenheit*: The Kingdom of Content.

Der Auftritt des Mannes, den John Davies of Hereford kannte, verbindet sich mit Oxfords poetischer Botschaft. Herefords Erinnerung an den Königsdarsteller stellt sich nicht zufällig ein, sondern wird durch einen thematischen Konnex beschworen und durch die Stichworte *kingdom – cottage – grave – command – content* unmißverständlich markiert.

Wem dies zu ahnungsvoll oder fragwürdig klingt, der halte sich Davies' Epigramm 159 vor Augen, das 1611 in *The Scourge of Folly* (»Die Geißel der Torheit«) erschien.

To our English Terence, Mr. Will. Shake-speare.
Some say (good Will) which I, in sport, do sing,
Had'st thou not played some Kingly parts in sport,
Thou hadst bin a companion for a King;
And, been a King among the meaner sort.*
Some others raile; but, raile as they think fit,
Thou hast no rayling, but a raigning Wit:
And honesty thou sow'st which they do reap;
So, to increase their Stock which they do keep.

Unserem englischen Terenz, Master Will. Shake-speare.
Einige sagen (guter Will), was ich zum Spaß wiedergebe:
hättest du nicht zum Spaß königliche Rollen gespielt,
so wärst du einem König Gefährte
und unter Geringeren ein König gewesen.
Andere schmälen, aber mögen sie ruhig schmälen und schmähen,
Du hast keinen harschen, sondern einen herrschenden Geist:
du säst vollkommene Lebensart, deren Früchte sie ernten,
um ihr eigenes Lager damit anzufüllen.

Hier wird der Mann, der königliche Rollen gespielt hat, beim Namen genannt – es ist der Speerschwinger: Shake-speare.

Davies nennt Shakespeare den englischen Terenz, weil Terenz, im Gegensatz zu dem Plebejer Plautus, in den Zirkeln des römischen Patriziats verkehrte.

Dieser Shake-speare, sagt John Davies of Hereford, ist von anderer Geistesart als seine Kritiker. Zu seiner Saat zählen Ehrenhaftigkeit und vollkommene Lebensart. Andere sammeln die Früchte ein, die er gesät hat, und halten sich selbst für Ehrenmänner, wenn sie über ihn lästern.

Damit zieht sich das unsichtbare Netz des Vulkan über den gefangenen Göttern zu. Statt Mars und Venus sehen wir Edward de Vere und Will

---

* Hereford richtet seinen Blick in die Vergangenheit. Der Mann, »den er gekannt hat«, lebte 1611 und 1616 nicht mehr. – In ähnlicher Weise spricht der Schauspieler und Dichter William Barksted († 1630) am Schluß seiner *Mirrha the Mother of Adonis* (1607) von einem Dahingegangenen: »Sein Lied war trefflich wert – ihm, Shake-speare, gebührt Lorbeer: seine Kunst, sein Geist errangen ihn.«

Shake-speare. Einander umschlingend wie Hermaphroditus und die Nymphe, sind sie zuletzt nur Einer. Er, der göttliche Dieb, der königliche Spieler, ein Meister der Menschenerfindung, der verborgene und der enthüllte Autor.

Das Aschermittwochsmahl (nach Giordano Bruno)

Vom Nolaner spreche ich, dem bewunderungswürdigen Mann. Doch da er mir so nahe steht wie ich mir selbst, ziemt es sich nicht, daß ich ihn preise.

Der Nolaner wurde von Herrn Fulke Greville für kommenden Aschermittwoch zu einem gemeinsamen Essen mit anderen vornehmen Rittern und Herren eingeladen. Anschließend, so hieß es, sei ein Disput über das kopernikanische Weltbild geplant.

Er komme mit Freuden, antwortete der Nolaner, da er nicht gern eine Gelegenheit versäume, seinen Bekanntenkreis und seine Kenntnisse zu erweitern.

Als der Tag gekommen war, hatte der Nolaner bis zum Mittagessen gewartet, aber keine Nachricht und keinen Besuch erhalten. Er dachte, der Edelmann habe seine Einladung vergessen oder es werde ihm etwas dazwischengekommen sein, und machte sich deshalb auf den Weg, seine italienischen Freunde zu besuchen – und kam erst gegen Sonnenuntergang wieder nach Haus.

Hier traf er vor seiner Tür die Herren Florio und Gwinne, die bereits überall nach ihm gesucht hatten. »Oh, verzeihen Sie, man wartet auf Sie, man will mit Ihnen disputieren, zahlreiche Gentlemen und Doktoren sind Ihretwegen gekommen!« – »Ich bitte um Nachsicht«, sagte der Nolaner, »aber ich glaubte, das Essen fände mittags statt.« – »Leider konnten einige Herren erst abends kommen.« – »Nun denn, so machen wir uns in Gottes Namen auf den Weg.«

Die Frage war, sollten wir durch die Stadt gehen oder nach einem Boot auf der Themse Ausschau halten? Wir wählten den Weg zum Bridewell Dock, in der Hoffnung, dort einen Kahn zu finden, der uns aufnehmen könnte. Auf der kleinen Brücke hinter Buckhurst House schrien wir uns den Hals aus dem Leib, obwohl wir in der gleichen Zeit den ganzen Weg hätten zu Fuß gehen können. Endlich antworteten uns von weitem zwei Bootsführer, aber kamen so langsam und zögerlich näher, als wollten wir ihnen übel, und legten nach vieler Fragerei – woher, wohin, warum, wieso, wann und wozu – endlich an der untersten Treppenstufe an. Einer, der aussah wie Charon selbst, reichte dem Nolaner die Hand, während der andere, kaum weniger alt, Florio und Gwinne in Empfang nahm. Offenbar waren es Vater und Sohn.

»Und es ächzt der geflickte, rissige Kahn unter der Last, während Sumpf durch seine Spanten sickert.«

Als der Nolaner diese unheimliche Musik vernahm, sagte er: »Bei Gott, dieser

Kahn ist so alt wie das ewige Licht, und bald hat ihm das letzte Stündlein geschlagen. Ich glaube, er stammt aus der Zeit der Sintflut. Jeder seiner Teile stöhnt und ächzt bei der leisesten Bewegung. Hört nur das Plätschern und Gurgeln, mit dem das Wasser durch die Fugen quillt.«

Wir lachten, aber es war mehr ein Lachen der Verzweiflung, ein sardonisches Lachen. Um diese kläglichen Harmonien zu übertönen, stimmten wir Lieder an über die Liebe, die Anmut und die Jahreszeiten. Signor Florio sang »Wohin gehst du, süßer Schatz, ohne mich, ja ohne mich?« Und der Nolaner hielt dagegen mit »O wie so trügerisch« etcetera. Inzwischen schleppte der alte Kahn sich in gemächlichster Eile fort, als wäre er aus Blei, und die Arme der beiden alten Kerle machten, so lang sie auch waren, beim Rudern nur die kürzesten Schläge. Ihre Rücken täuschten Geschäftigkeit vor, während ihre Ruder schliefen, fast so, als wären sie die priapischen Arbeiter im Weingarten des Herrn.

Es war vollends dunkel geworden, und nachdem wir geraume Zeit auf eine winzige Wegstrecke verwandt hatten, näherten sich die Bootsleute auch schon wieder dem Ufer. »Was wollen sie?«, fragte der Nolaner. »Wollen sie sich erholen?« Da wird uns bedeutet, daß jene nicht weiterfahren werden, weil hier ihre Wohnung liegt. Man bittet, vergeblich, man bittet nochmals, um so schlimmer, weil in die Herzen dieser Kerle nur der Liebesschrei der Gosse dringt. Gwinne: »Es ist die Art der Bauern, daß sie aus Liebe zur Tugend nichts und aus Angst vor Strafe kaum etwas tun.« Florio: »Bitte ihn, so schwillt sein Kamm. Drohe ihm, so wird er höflich. Prügle ihn, so wird er dich anbeten.«

Kurz, sie setzten uns aus, wir bezahlten, und nachdem uns nichts anderes übrig blieb, als einen Dank zu stammeln, zeigten sie uns den Weg zur Hauptstraße. Der Weg bestand aus einer stinkenden Rinne, die keinen erkennbaren Ausgang hatte. »Folgt mir« sprach der Nolaner und hatte gleich die Füße im Schlamm stecken. So stapften wir, einer dem andern helfend, durch den schlüpfrigen Kanal, als wäre es die Grotte der Wollust, von dunklen Wänden begrenzt und jeder Beleuchtung ermangelnd, die den Weg hätte zeigen können. »Wohin immer das Schicksal mich Blinden führt, laß mich gehen.« Am Ende, wir hatten weder der Seufzer noch Flüche mehr, fanden wir Hoffnungslosen doch noch einen Ausweg aus dem Gedärm, und eine kleine Seitenpflasterung bot sich den müden, schlammverklebten Schritten an. Denn, wie Aristoteles sagt, jedes Ding hat in Wirklichkeit ein Ende.

Wie Trunkene, nicht ohne Gefahr zu stolpern, erreichten wir menschliche Gefilde. Uns schienen es elysische zu sein, als wir endlich auf eine gewöhnliche

Straße kamen und feststellten, daß wir uns ungefähr an derselben Stelle befan-
den, wo wir zu Anfang in das schmale Gäßchen abgebogen waren, um die Ru-
derer zu finden – einige Schritte entfernt von der Wohnung des Nolaners.
O ihr dunklen Rätsel, ihr verwickelten Labyrinthe, ihr verteufelten Sphinxe der
Philosophie! Löst euch oder erlöst uns.
Aus einer Entfernung von wenigen Schritten winkte mein Logis uns zu. Und
die in Nebel verhüllten Sterne rieten zur Einkehr.
Aber sollten so viele Strapazen umsonst überstanden sein? Andererseits, wenn
der bisherige Weg uns schon so viel gekostet hatte, wie würden wir dann den Rest
bewältigen? Besser sich mit einem Verlust abfinden, als noch mehr zu verlieren.
Aber es wartete eine vornehme Gesellschaft auf uns, deren Erwartungen wir nicht
enttäuschen durften! Die Ritter würden uns der Unhöflichkeit beschuldigen,
Menschen, die die Dinge nach Rang und Verdienst beurteilen und das Ansehen
höher stellen als die Vernunft. Auch hatte der Nolaner sein Wort gegeben.
Wie also? Was hatte uns das Fatum zu sagen, das mittels des Verstandes der
Einsicht Tür und Tor öffnet, die ihrerseits unsere freie Wahl lenkt?
»Widerstand leisten bis zum letzten Atemzug! Alle Dinge sind schwierig, ehe
sie leicht sind! Beharrlichkeit überwindet alles!«
Aber die Unsterblichkeit ist nicht jedermanns Sache.
Obwohl, andere haben Schlimmeres erduldet. »Darum erhebe Deine Fittiche,
Teofilou!«
Doch leider sehr ungelegen kommt mir hier das dumme Volk in den Weg, das
eine Art Hefe bildet, deren übler Geruch den ganzen Teig in Mitleidenschaft
ziehen müßte, würde er nicht vom feineren Mehl unterdrückt. Denn leider
rühmt England sich eines Mobs, der an Respektlosigkeit, Roheit und Wildheit
keinem anderen Pöbel etwas nachgibt.
Allen Sorten gemeinen Volks, ob Handwerker, Krämer oder Diener, ist gemein-
sam, daß sie, sobald sie einen als Ausländer erkennen, ihm eine Nase drehen,
ihn auslachen, ihm die Zunge zeigen, ihn in ihrer Sprache einen Hund, einen
Verräter, einen Fremden schimpfen – und gerade letzteres scheint ihnen das
schlimmste Schimpfwort zu sein. Will es das Unglück, daß man einen von ih-
nen berührt, so wird im nächsten Augenblick die Straße voll sein von einem Heer
von Raufbolden. Fast scheint es, sie kämen aus der Erde, in Wirklichkeit kom-
men sie aus den Kneipen und Kramläden, ausgerüstet mit Knüppeln, Lanzen
und zinkigen Forken, und reihen sich im Nu zu einem höchst ehrenvollen Spa-
lier vor einem auf.

Nachdem der Nolaner unterwegs gut zwanzig Püffe und Rempler eingefangen
hatte, erhielt er zuletzt noch einen gewaltigen letzten, der ihn gegen eine Mauer
warf. Der Nolaner sagte »Thank you master!«, weil er noch lebte.

Dann waren wir endlich am Tor von Grevilles Haus angelangt. Wir traten ein
und trafen auf dem Korridor zahlreiche Diener an, die unter deutlicher Bezeu-
gung ihrer Geringschätzung sich endlich dazu herabließen, uns die Tür zum
großen Saal zu öffnen. Wir fanden, daß man man sich bereits zu Tisch gesetzt
hatte. Nach gegenseitigen Vorstellungen und anderen Zeremonien – unter denen
eine besonderes Gelächter hervorrief, da einer von uns, Master Gwinne, dem der
unterste Platz zugewiesen wurde, in der falschen Annahme, es sei der oberste,
sich weigerte, diesen anzunehmen und unbedingt am oberen Ende der Tafel
Platz nehmen wollte, und so eine Zeitlang eine gegenseitige Komplimentierung
stattfand zwischen dem einen, der mit ausgesuchter Höflichkeit bat, zuunterst
Platz zu nehmen, und dem anderen, der aus allzugroßer Bescheidenheit obenan
sitzen wollte – nahm schließlich Signor Florio einem Ritter gegenüber Platz,
der am oberen Ende der Tafel saß, während rechts von Signor Florio Herr Fulke
zu sitzen kam. Am anderen Ende hatten der Nolaner und der mit zwei goldenen Halsketten behangene Doktor Torquatus Platz genommen – ihnen gegenüber der mit nicht weniger als zwölf Ringen prunkende Doktor Nundinius und
der immer freundliche Master Gwinne.*

---

* Matthew Gwinne (1558-1627) war Arzt und Verfasser der lateinischen Tragödie
Nero (1603).

13 NEUE ALLIANZEN

Der Earl of Oxford, seine Frau Anne Cecil und die Tochter Elizabeth bildeten seit Anfang 1582 erstmals eine Familie.

Sie bewohnten ein schönes großes Anwesen in der Bishopsgate Street mit angrenzenden Gärten, Springbrunnen, Treibhäusern und einer Kegelbahn. Seinen Namen »Fisher's Folly« verdankte das Haus seinem Erbauer, dem Friedensrichter Jasper Fisher, der weit über seine Verhältnisse gebaut hatte. Auch dem Earl sollte »Fisher's Folly« auf Dauer zu kostspielig werden.

Über Glück oder Unglück dieser Ehe wissen wir nichts. In ihrer Jugend waren Edward de Vere und Anne Cecil gemeinsam unter dem Dach von Cecil House aufgewachsen. Das Mädchen mag den sechs Jahre älteren Jüngling angehimmelt haben – analog zu »Ende gut, alles gut«, wo die Arzttochter Helena den jungen Grafen Bertram begehrt. Und möglicherweise hatte der eheliche Neuanfang von 1581/82 Einfluß auf die Stoffwahl und Entstehung von *All's Well That Ends Well*.

Neben der Arzttochter Helena in »Ende gut, alles gut« hat Shakespeare noch eine andere Heroine der weiblichen Beständigkeit geschaffen, deren Charakter freilich unscheinbarer und demütiger angelegt ist: die junge Hero in *Much Ado About Nothing** oder »Viel Lärm um Nichts«. Hero wird von einem bösartiger Neider und Intriganten fälschlich der Untreue bezichtigt und am Ende glücklich rehabilitiert. Auch in diesem Fall könnte die Wahl des Stoffes (nach Bandello und Ariost) von Oxfords eigenen schmerzlichen Erfahrungen beeinflußt worden sein.

Man darf sich das Familienleben der de Veres in Fisher's Folly nicht allzu traut vorstellen. Anne Cecil hatte ausgedehnte Verpflichtungen bei Hof, denn sie gehörte zu Elizabeth' geschätztesten Begleiterinnen. Die

---

* *Much Ado About Nothing* dürfte, zumindest in einer ersten Fassung, Mitte bis Ende 1582 entstanden sein: im Stück wird angespielt auf das Erdbeben vom April 1580, ferner findet sich ein Zitat aus Thomas Watsons *Hekatompathia* von 1582 – »In time the savage bull doth bear the yoke« –, und die Hofannalen bezeugen am 12. Februar 1583 die Aufführung eines Stücks mit dem Titel »Ariodante and Genevora«. So aber heißen die beiden Figuren im fünften Gesang des Ariostschen *Orlando Furioso*, nach deren Vorbild Graf Claudio und Hero gearbeitet sind.

inzwischen sieben Jahre alte Tochter Elizabeth betrachtete den Vater als einen Fremden und war viel bei ihrer Großmutter, Oxfords Antagonistin, der gelehrten und strengen Mildred Cooke, Lady Burghley. Der Hausherr verbrachte seine Zeit schreibend und reisend oder zusammen mit aristokratischen und literarischen Freunden. Ihm dürfte der feinsinnige Philip Howard, Earl of Surrey and Arundel, noch immer nahegestanden haben, daneben sein Schwager Peregrine Bertie, Baron Willoughby of Eresby, doch verkehrte er wahrscheinlich auch mit Philip Sidney, seinem Kontrahenten vom Tennisplatz. (Sidney wurde im Frühjahr 1583 zum Ritter geschlagen und heiratete im Herbst des gleichen Jahres Frances Walsingham, die Tochter des Staatssekretärs und Geheimdienstchefs Sir Francis Walsingham.)

Zu den befreundeten Literaten zählten neben dem regsamen John Lyly der vielsprachige Thomas Watson (1557-1592), der Sprachlehrer und Übersetzer John Florio (1553-1625) und der überaus produktive Novellist und Dramatiker Robert Greene (ca. 1559-1592).

Wir wissen nichts über Oxfords Tagesablauf: wann er aufstand, wann er seine Mahlzeiten nahm, ausritt oder Gäste empfing, wann er schrieb, Briefe diktierte oder seinen äußeren Verpflichtungen nachging. Die Gesellschaften, die er gab, waren durchsetzt von Komödie und Affront. Nirgendwo ging es lachlustiger zu als an seiner reich gedeckten Tafel. Er glänzte mit seinem Witz, seinem Spott, seinen Provokationen – als ein Biron, ein Benedikt, ein Orlando, ein Droll in einem. Dieser »madcap Lord« war ein hellwach Trunkener: einer, der seinen Schmerz, sein Scheitern, seine Verluste und Abstürze virtuos überspielte, der, so selbstgewiß wie unangepaßt, nicht minder gern unter Menschen sich aufhielt als an seinem Schreibtisch.

Auch im Jahr 1583 waren die blutigen Händel zwischen den Gefolgsleuten Sir Knyvets und Oxfords noch nicht ausgestanden. Oxford hatte zwei, Knyvet einen Toten zu beklagen. Die dem Dichter nach der Affäre mit Anne Vavasour aufgezwungene Fehde schadete seinem Ruf und verzögerte seine Rehabilitierung bei Hof.

Am 12. März 1583 schrieb Lord Burghley einen langen Brief an den Vice Chamberlain Sir Christopher Hatton, in dem die private Misere des Earl zur Sprache kommt. Burghley dankt Hatton dafür, daß dieser

sich in der leidigen Streitsache Oxford-Knyvet der Königin gegenüber
für Oxford eingesetzt hat, wenn auch ohne den gewünschten Erfolg.
Denn Elizabeth überging Oxford und ließ sich einseitig von Sir Knyvet
über die Geschichte des Streits aufklären. Knyvets Darstellung brachte
die Königin verständlicherweise gegen den Earl auf, woraufhin sie den
Earl of Leicester mit der Untersuchung des Falls beauftragte. Leicester
führte, wie Burghley sagt, die Untersuchung sehr ausführlich durch:
»Und ich bin sicher, Milord Leicester wird Ihrer Majestät verläßlich
berichten, daß von den Anschuldigungen Master Knyvets, wie wir sie
gestern gehört haben, kein Schatten auf Milord Oxford fällt.«
Burghley verweist auf die offizielle Untersuchung des Kronbeamten,
die auf einen Freispruch von Oxfords Männern hinausläuft. Die Königin, so hofft der Schatzmeister, werde aufgrund von Leicesters Bericht
ihre Meinung über Oxford ändern. Aber die Dinge seien festgefahren,
sagt Burghley, und ein jeder habe Gelegenheit, was auch immer gegen
Oxford vorzutragen, denn der Earl werde nicht gehört und könne sich
nicht verteidigen.

»Und solange er bei Ihrer Majestät in Ungnade steht (wovon Gott
ihn erlösen möge), so lange sind seine Gegner ihm überlegen, so
unschuldig er auch sein mag, und ganz in diesem Sinn sehe ich sie
ihre Pläne schmieden. Man hat Ihrer Majestät auch berichtet, er
habe fünfzehn oder sechzehn livrierte Pagen, die ihm durch die
Cheapside vorangingen; aber wenn ihre Zungen um das verkürzt
würden, um was sie diese Zahl gedehnt haben, so würden sie nie
mehr lügen. Tatsächlich wollte ich, er hätte weniger, als er hat, und
doch befinden sich in seinem ganzen Haus nur vier: einer wartet
seiner Frau auf – ein anderer (bei mir im Haus) seiner Tochter Bess –
der dritte ist eine Art Spring-ins-Feld – der vierte, der erst vor kurzem zu ihm kam, ein Neffe von Sir John Cutts.«

Burghley zeigt großes Mitgefühl für seinen Schwiegersohn, der zwar,
wie er eingesteht, durch seinen Fehltritt Schuld auf sich geladen habe,
aber dafür nun schon seit zwei Jahren bestraft werde, und zwar schlimmer, als wenn er ein Verbrechen begangen hätte: zuerst von Ihrer Majestät – und dann vom »Freund dieser Schlampe« in Form einer vernichtenden Attacke. Daneben sieht der Minister sich selbst in Mitleidenschaft gezogen.

»Und wenn weder die Strafe, die er erlitten hat, noch seine demütige Bitte um Verzeihung ihm die Gunst Ihrer Majestät zurückgewinnen können, so möchten einige – oder viele – vielleicht annehmen, daß meine so lange und eindringlich fortgesetzte Fürsprache (oder die meiner armen Frau) einen Hauch von Gunst bewirkt haben könnte … Ach, wenn ich mich nur nicht grämen müßte über die Bedrückung meiner Frau, die im Herzen fortgesetzt ihr eigenes Unglück bedenkt. Und so leiden wir endlich beide, sie und ich, weil unser Schwiegersohn, als es ihm wohlerging, durch sein liebloses Verhalten uns und den Unseren gegenüber der Grund unserer Trübsal war, und weil wir nun, da er ruiniert und der Trübsal ausgesetzt ist, die mit Leidtragenden sind und auf keine Weise, auch nicht durch die bitteren Tränen meiner Frau, auch nur die kleinste Gunst für ihn erwirken können – sondern weil im Gegenteil, während wir um Gunst flehen, Hindernis um Hindernis vor ihm aufgerichtet wird und man ihn durch Unwahrheiten in der Ungnade festhalten will.«

Natürlich kann der redliche Christopher Hatton dem Gefühlssturm des verehrten Schatzmeisters nicht widerstehen. Er antwortet am 19. März, daß Oxfords Sache zwar nur langsam vorankomme, aber doch nicht hoffnungslos sei. Als er, Hatton, Ihrer Majestät Bericht erstattete über einen Brief Oxfords an ihn (»a very wise letter«), habe die Königin verständnisvoll und gnädig reagiert.

Doch die Familie kam nicht zur Ruhe.
Im April 1583 starb neunzehnjährig Anne Cecils Schwester Elizabeth, Countess of Wentworth. Die junge Frau folgte ihrem Mann ins Grab, der Ende 1582, sechsundzwanzig Jahre alt, der Pest erlegen war. Lord Burghley litt maßlos unter diesem Schicksalsschlag.
Anfang Mai wurde dem Ehepaar Edward de Vere und Anne Cecil ein Sohn geboren – der ersehnte Sohn –, der nach zwei Tagen starb.
Stellvertretend für Anne erhob ein gewisser »John Soowthern« die Stimme, offenbar ein Dienstmann des Earl of Oxford, der Zugang zur Familie besaß. Seine in unenglischem Englisch geschriebenen, von Gallizismen durchsetzten, frei psalmodierenden Verse, vor allem aber seine bedenkenlosen Adaptionen von Desportes und Ronsard verraten den

gebürtigen Franzosen. So kommt als Verfasser der *Pandora, The Musyque of the beauty of his Mistresse Diana* (1584) eigentlich nur Oxfords langjähriger Gefolgsmann und begleitender Wegelagerer Maurice Dennis alias »Dennys the Frenchman« in Frage.

Sechs seiner Gedichte, es handelt sich in der Hauptsache um Übersetzungen der *Épitaphes* von Philippe Desportes, gibt er als Hervorbringungen der Countess of Oxford aus. Besser gesagt: er bringt das Idealbild (oder die Statue) der trauernden Mutter A. C. zum Sprechen. Der Autor läßt die imaginierte Countess sich mit Niobe vergleichen, die im Schmerz um ihre toten Kinder zu Stein erstarrte.

»Amphions Weib wurde in einen Felsen verwandelt.

Wie gut ginge es mir, wäre solches an mir geschehn,

denn dann wäre ich die Gruft dessen geworden,

den ich vordem in mir trug.«

In der griechischen Mythologie ist Amphion – Niobes Gemahl – der Sänger und Dichter, der so vortrefflich die Lyra spielt, daß sich nach ihrem Klang die Steine bewegen.

Dem Franzosen John Soowthern – Captain Dennis –, der »die englische Sprache zu den Himmeln heben« wollte, kommt das unbestreitbare Verdienst zu, als erster Elisabethaner einen leidenschaftlichen Hymnus auf den Earl gedichtet zu haben. Auch wenn der belesene Reimer sich gerne selbst in den Vordergrund stellt, spricht er doch mit ehrlicher Bewunderung von dem Mann, dem er seine *Pandora* zugeeignet hat. Soowtherns Sprache erinnert in manchem an die exzentrisch komische Sprechweise von Falstaffs Kumpan Pistol.

»Nur der wohlgeborene Poet gelangt zum Parnaß«, heißt es in der ersten *Antistrophe* seiner Ode auf Edward de Vere, »nicht der Trupp von Eseln, der die Verse in Verruf bringt.« Erst in der zweiten *Antistrophe* kommt die Huldigung endlich zur Sache.

»Wer kennt besser als er die sieben Wandelfeuer des Himmels? Oder hat mehr über die Vergangenheit gelesen? Wer besitzt ein größeres Wissen in den Sprachen oder hat ein besseres Gehör für Musik? Wer besitzt größere Eleganz in der kentaurischen Reitkunst, halb Pferd, halb Mann, und bringt mit weniger Mühe das wilde Jagdroß zum Stehen? Gerne sage ich es, und voller Bewunderung: wir haben in

England keinen wie *De Vere*. Er kann nur sich selbst gleichen, so viel Treffliches kommt in ihm zusammen. – *Epode*. Und nichts geht mir in dieser Ode von der Hand, was nicht wahr wäre. Und ich schwöre: De Vere, du bist die Zier Englands. Und ich rühme mich, daß ich nie wieder einen besingen werde, der von den Musen – und mir – mehr geehrt wird. – Nimm diese Kleinigkeit an, so gering sie ist. *De Vere* zeigt uns, daß bis jetzt niemand in England Pindars Laute gekannt hat.« (»*De Vere* / [a]vaunt us that never man before, / now in England, knewe Pindars string.«)

D. h., niemand in England habe vor Edward de Vere Pindars Niveau erreicht. Eine erstaunliche Aussage für das Jahr 1584.

Wieder und wieder bat Lord Burghley die Königin darum, seinen Schwiegersohn zu den Empfängen bei Hof zuzulassen. Elizabeth, beunruhigt durch die ständigen Eingaben Lord Howards und durch die blutige Fehde zwischen Oxford und Sir Knyvet, schlug dagegen nochmals eine persönliche Konfrontation zwischen dem Earl und seinen katholischen Feinden vor. Burghley zeigte sich über die ungünstige Antwort betrübt, aber blieb in der Sache nicht untätig. Er wandte sich an den »upstart Jack« Walter Raleigh, der inzwischen zu Elizabeth' Favoriten avanciert war. Gerade hatte sie dem ehrgeizigen Mann Durham House (einen ehemaligen Bischofspalast am »Strande«) zum Geschenk gemacht und plante seine Erhebung in den Ritterstand.

Der alte Lord High Treasurer William Cecil also wandte sich an den arrivierten Dreißigjährigen und bat ihn um Fürsprache bei der Queen in Oxfords Sache. Raleigh, nicht wenig geschmeichelt, ging geradewegs auf sein Ziel zu und packte den Stier bei den Hörnern. Er sprach mit Elizabeth und gab anderntags, am 12. Mai 1583, mit wohlgesetzten Worten Bericht an Burghley.

»Am Abend, nachdem ich den Brief Eurer Lordschaft erhielt, sprach ich mit Ihrer Majestät, und nachdem ich eine Gelegenheit ergriffen hatte, über den Earl of Oxford zu sprechen, erzählte ich ihr, mit welch tiefem Bedauern Eure Lordschaft die letzte abschlägige Antwort aufgenommen haben. Ihre Majestät, die, wie Ihr geschrieben habt, vor nicht langer Zeit auf ungute Weise beredet worden war (ich weiß allerdings nicht, von wem), strebte erneut eine Gegenüberstellung von Lord Howard, Arundell und anderen mit dem Earl an und sagte, das sei keine Sache, über die man ohne weiteres hinweggehen könne. Ich antwortete, ich sei mir sicher, daß Ihre Majestät keinerlei Maßnahmen dulden werde, die (falls derlei Möglichkeit bestehe) dem Earl gefährlich werden könnten, und daher sei es wenig sinnvoll, seine Ehre und seinen Namen nach so langer Abwesenheit und so vieler Schmach erneut in Zweifel zu ziehen, zumal ihn dies noch weniger ihrer Gunst oder ihrer Anwesenheit würdig erscheinen lasse. Ihre Majestät erklärte abschließend dazu, daß sie mit allem nur beabsichtigt habe, dem Earl einen Denkzettel zu verpassen und daß – in Ansehung seiner Missetaten – ihre Gnade um so größer erscheinen werde, wenn sie ihm die Vergeltung oder Bestrafung derselben erspare.«

Weiter schreibt Raleigh, er habe der Königin Burghleys Brief überreicht und sich bei ihr für sein Wohl und seinen Seelenfrieden verwendet. Gott sei sein Zeuge, wie sehr ihm an Burghleys Gunst und Wohlwollen gelegen sei.

»Euretwegen freue ich mich, soweit es an mir liegt, die Schlange vors Feuer zu legen, die, wenn sie erst ihre Stärke wiedergewonnen hat, mich durch ihr Gift und ihren Stachel zuallererst in Gefahr bringt. Als Antwort auf Euer Schreiben sagte Ihre Majestät mir nur, daß Eure Lordschaft, der ihre ganze Hochachtung gilt, volle Genugtuung erhalten werde.«

Mit der Schlange ist natürlich Oxford gemeint. Raleigh bezieht sich auf Aesops Fabel, in der ein braver Mann eine steifgefrorene Schlange findet und sie aus Mitleid vor den häuslichen Herd legt, worauf sie wieder rege wird – und ihn beißt. (Im Anhang zu den *Adventures* von 1573 hat Oxford – als »Meritum petere grave« – selbst diese Schlange bedichtet.) Seinem eigenen Bericht nach hat Raleigh die ihm überantwortete Aufgabe glänzend gelöst: er hat im Namen von Burghley, und im Hinblick auf dessen Wohlergehen, die Königin milde gestimmt. Oxfords Name soll »nach so vieler Schmach« nicht weiter dem Zweifel ausgesetzt werden. Mit dem »Denkzettel« in Form eines zehnwöchigen Aufenthalts im Tower und einer zweijährigen Verbannung vom Hof sollte es sein Bewenden haben.

Elizabeth verbringt die letzte Maiwoche in Schloß Theobalds bei Lord Burghley, wo sie den erotischen Missetäter huldvoll wieder aufnimmt. »Gestern, am Tag ihrer Abreise«, schreibt Sir Roger Manners an seinen Neffen, den Earl of Rutland, »wurde der Earl of Oxford von ihr empfangen, und nach einigen bitteren Worten und Ermahnungen sind nun alle Sünden vergeben, und er kann nach Belieben an den Hof zurückkehren. Master Raleigh hat sich in dieser Sache groß gezeigt, während es Pondus verdrießt, daß er nicht so viel ausrichten konnte.« Mit »Pondus« (dem Gewichtigen, Beständigen) kann, nach dem Ablauf der Ereignisse zu schließen, allein Lord Burghley gemeint sein.

Noch einmal hatte Oxford über »Lord Harry« triumphiert. (Sicher ein Grund, warum Howard den diplomatischen Raleigh tödlich zu hassen begann.) Der spanische Agent Howard war seit seiner Freilassung (im September 1581) äußerst vorsichtig zu Werke gegangen. Am 25. Dezember 1581 hatte Botschafter Mendoza lobend über ihn an Philipp II. geschrieben: »Milord Harry, aus Dankbarkeit für das Entgegenkommen, das ich ihm erwies, und mit einer Sorgfalt, wie ich sie kaum beschreiben kann, informierte und informiert mich über alles, was er hört und was Eurer Majestät nützt, und erkennt die Gunst an, die ich ihm erweise, was für einen Engländer durchaus ungewöhnlich ist. Er besitzt außerordentliche Fähigkeiten und eine hohe Intelligenz und ist befreundet mit den Hofdamen aus der nächsten Umgebung der Königin, die ihn regelmäßig mit Nachrichten versorgen. Mit dem Earl of Sussex ist er so vertraut wie der Nagel mit der Kuppe. Nicht zu reden davon, mit welcher Leidenschaft und Verläßlichkeit er sich in den Dienst Eurer Majestät stellt. Er könnte mir in keiner Weise behilflicher sein, als er ist.« Und am 6. März 1582 beteuerte der Spanier, daß Lord Howard mit allen katholischen Adligen des Königreichs korrespondiere und daß er ihm, Mendoza, weiterhin mit Informationen behilflich sei. Vier Monate später versprach er ihm eine jährliche Pension von 1000 Kronen aus der spanischen Staatskasse.

Doch sollte Lord Harry seinen Meister finden. Im Frühjahr 1583 hatte Sir Francis Walsingham einen genialen »reporter« angeheuert, der seit kurzem im Haus des französischen Botschafters Mauvissière lebte, Messen las, Beichten abnahm – und kleine effiziente Berichte schrieb, die er mit »Henry Fagot« zeichnete. So heißt es am 19. April: »Heute speiste Master Throckmorton im Haus des Botschafters. Er hat kürzlich der schottischen Königin 1500 écus sol geschickt, die auf die Rechnung des Botschafters gehen. Am selben Tag kam Milord Henry, ein Katholik und Papist, als es gerade Mitternacht schlug. Er teilte dem Botschafter mit, von einem Schotten gehört zu haben, der hier im Haus beherbergt sei und wegen seiner Religion ins Gefängnis solle.«

Und Ende Mai schreibt »Fagot« (*frz.* das Reisigbündel): »Die wichtigsten Agenten der schottischen Königin sind Master Throckmorton und Lord Henry Howard. Sie kommen nur bei Nacht, um Dinge von ihr oder zu ihr zu bringen.«

Fagot lag nicht falsch: Francis Throckmorton arbeitete für das »Unternehmen« einer Landung der katholischen Streitkräfte in England, stellte ein Verzeichnis der Häfen auf, die dafür geeignet wären, führte Buch über die katholischen Sympathisanten in England und organisierte den geheimen Briefverkehr zwischen Maria Stuart und der französischen Botschaft. Zwar war der französische König an der geplanten Unternehmung nicht interessiert, aber Mauvissière stellte sich als Mittler zwischen der Schottin und dem spanischen Botschafter Mendoza zur Verfügung. Nach Throckmortons Verhaftung im November 1583 und seinem Geständnis auf der Streckbank fiel die Verschwörung in sich zusammen. Der spanische Botschafter wurde nach Hause geschickt, Francis Throckmorton hingerichtet und Lord Howard mit gewohnter Konzilianz behandelt: er saß ein halbes Jahr im Fleet-Gefängnis und durfte dann – als ein Gebrandmarkter – wieder nach Hause gehen.

Hinter dem als Katholik getarnten Spion »Henry Fagot«, der in der Zeit vom 19. April 1583 bis Januar 1586 für Walsingham Berichte schrieb, verbarg sich, wie der Historiker John Bossy minuziös dargestellt hat, kein Geringerer als der »Märtyrer der wissenschaftlichen Wahrheit«: der monistische Philosoph Giordano Bruno.

Die Indizien sprechen für sich. Am 18./28. März 1583 (nach der gregorianischen Kalenderreform vom Oktober 1582 waren Italien, Frankreich und Spanien den Engländern um 10 Tage voraus) kündigte der englische Botschafter in Paris, Sir Henry Cobham, dem argusäugigen Sir Walsingham den Englandbesuch des »Dr. Jordano Bruno Nolano« schriftlich an. Spätestens Anfang April 1583 (englischer Zeitrechnung) traf der Nolaner in London ein und fand in der französischen Botschaft Unterkunft. Henri III hatte ihm ein Empfehlungsschreiben an Mauvissière mitgegeben, vielleicht in der Hoffnung, der freisinnige Philosoph könne die französisch-englische Freundschaft befördern helfen. Mit Ausnahme einiger Monate, die er in Oxford mit Vorlesungen und Disputationen beschäftigt war, blieb Bruno bis Ende 1585 bei Mauvissière, in dessen Haus er fünf philosophische Dialoge in italienischer Sprache schrieb: »Das Aschermittwochsmahl«, »Über die Ursache, das Prinzip und das Eine«, »Vom unendlichen All und den Welten«, »Die Vertreibung der triumphierenden Bestie« und »Die Kabbala des Pegasus«. Zusammen mit Castelnau de Mauvissière, dessen Zeit in England abgelaufen war, kehrte er im Oktober 1585 nach Paris zurück, wo er seine Vorlesungen wiederaufnahm.

Die insgesamt acht erhaltenen Berichte Henry Fagots setzen vierzehn Tage nach Brunos Ankunft in der Botschaft ein und sind in einem Französisch geschrieben, das den Italiener verrät. Niemand anderer als Giordano Bruno, der entlaufene Dominikaner, kann in den Jahren 1583 bis 1585 in der französischen Botschaft Messen gelesen haben: von einem anderen Priester ist in keinem Dokument die Rede (auch hätte kein anderer Priester Beichtgeheimnisse preisgegeben, um der katholischen Seite zu schaden). Das letzte Schreiben Fagots an Walsingham stammt von Anfang 1586 und wurde in Paris verfaßt. Vor April 1583 und nach Januar 1586 existiert keine Spur und keine Zeile eines *Henry Fagot*.

Der Nolaner, wie er sich gerne selbst nannte, propagierte das Weltbild des Kopernikus und die Vision eines unendlichen Alls mit zahllosen Welten. Heilig sei das Lebendige in seiner ihm innewohnenden Dynamik, Sterne und Planeten seien göttliche Organismen und möglicherweise bewohnbar wie unsere Erde. Als Hermetiker und Anhänger des »ägyptischen Kultus« verabscheute er die christlichen Kirchen und ihre Verehrung der Sakramente. Sein Verdikt gegen die »unsinnigen Götzendiener«, die die Gottheit in den »Auswürfen toter und seelenloser Dinge zu finden glauben«, ist sowohl gegen Rom wie gegen die »Häretiker« gemünzt. Wenn er zusammen mit Zeus »die triumphierende Bestie« vom Himmel reißen will, so meint er damit die christliche Kirche. Christus verspottet er als einen Gaukler und Wundernarren, vergleicht die Dreifaltigkeit mit der Monstrosität des Kentauren und läßt die antiken Götter das Sternbild des Fischs als Abendmahl verspeisen. (Ein Umstand, der genügt haben dürfte, den Propheten der Moderne brennen zu lassen.)

In der englischen Königin sah Bruno einen machtvollen Schutzschild gegen die Katholiken, gleichzeitig aber waren ihm die protestantischen Eiferer verhaßt aufgrund ihrer Lehre von der Prädestination: »Genügen würde es, dieser schurkischen Sekte von Pedanten ein Ende zu bereiten, die, ohne nach dem göttlichen und natürlichen Gesetz gut zu handeln, gleichwohl sich selber für allein gut hält und behauptet, daß niemand wegen des Guten, das er tut, oder des Bösen, das er unterläßt, den Göttern wohlgefällig sei – sondern bloß, wenn er seinen Glauben genau der Vorschrift des Katechismus anpaßt.«

Hätten Castelnau de Mauvissière und Philip Sidney, denen er seine (italienischen) Dialoge widmete, den Nolaner auch nur ansatzweise gelesen, so hätten sie den Hohn seiner Widmungen sehr wohl begriffen.

Giordano Bruno ersetzt den christlichen Gott durch das rationale Konstrukt der zahllosen Welten im unendlichen All. Von einem Gott der Liebe, der das Universum – und den Menschen – denkt und schafft, kann bei ihm keine Rede sein. Brunos »Götter« sind leer, d. h., sie tragen das vielgestalte Gesicht der menschlichen Projektionen und überlassen die postulierte Unendlichkeit sich selbst.

Bruno schreibt in der »Vertreibung der triumphierenden Bestie«: »Oft sieht die Einfalt oder Wahrheit sich von der Göttin Notwendigkeit dazu veranlaßt, zur Verstellung Zuflucht zu nehmen, um nicht unter Füßen zertreten zu werden. Sofern die Einfalt solches nicht ohne Grund und Maß tut, wird es auch ruhig geschehen können, ohne daß sie sich einer Sünde schuldig macht.«

Und doch läßt die perfide Maßlosigkeit seiner Verstellungskünste den Nolaner als einen Ausbund an Niedertracht erscheinen. Verstellung wird zum Verrat, wenn er Sakramente spendet, über die er innerlich hohnlacht, und in der Rolle des Beichtigers seine Feinde aushorcht. Der geistreich selbstgefällige Philosoph hat nicht nur seinen Gastgeber

Mauvissière von der ersten Stunde an getäuscht, sondern auch seine späteren Interpreten – allen voran Frances Yates –, die ihm eine religionspolitische Tätigkeit im Sinn des katholischen Königs Henri III zuschrieben. Brunos zweiter Dialog aus dem »Aschermittwochsmahl«, in dem er in satirischer Weise sein Herumirren durch das nächtliche London schildert, ist vor allem auch im allegorischen Sinn zu verstehen: der morsche Kahn auf der Themse, in den das schlammige Wasser dringt, versinnbildlicht das Schifflein Petri, die schlammige Rinne, durch die er zusammen mit seinen Begleitern watet, den Hohlweg (und die Vulva) der Orthodoxie.

Bezeichnenderweise machte sich der Nolaner in den Jahren 1583/84 mit einem Kreis von Leuten vertraut, die auch der Earl of Oxford bestens kannte. Mit Staatssekretär Sir Francis Walsingham stand der Great Chamberlain in einem Arbeits- und Vertrauensverhältnis, mit Fulke Greville, dem Gastgeber des Philosophen, hatte er das Feuerwerk von Warwick inszeniert, mit Brunos Begleiter und Freund John Florio – dem Lehrer der italienischen Sprache und Montaigne-Übersetzer – war der Dichter befreundet. Denn »Phaetons« bekanntes Prologgedicht zu Florios *Second Fruits, to be gathered of Twelve Trees* (1591) stammt seinen Stilmerkmalen nach vom Speerschwinger: »Ein blühnder Name, Freund, ist dir zu eigen, / wie auch dein Wesen ganz dem Frühling gleich!«
Obwohl der Ritter neben Fulke Greville – am oberen Ende der Aschermittwochstafel – nicht Edward de Vere, sondern Philip Sidney gewesen sein dürfte, so hat der Dramatiker den Philosophen mit großer Wahrscheinlichkeit doch bereits im Juni 1583 kennengelernt, als Bruno den Disputationen zu Ehren des Wojwoden Albert a Laski (»in presenza del prencipe Alasco polacco«) in Oxford beiwohnte.
Shakespeare kannte Giordano Brunos Komödie *Il Candelaio* (1582) und wohl auch die Schrift *De la Causa, Principio et Uno* (1584). – *Il Candelaio* (»Der Kerzenzieher«) ist ein intelligentes, gehässiges und obszönes Stück, das an weitschweifiger Rhetorik seinesgleichen sucht. Seine Figuren sind betrogene Betrüger und hochmütige Spötter, zwanghaft sich verstellend, dabei korrupt, dumm und eitel. Aber die Sprachspiellust des Neapolitaners hat den Engländer nicht unbeeindruckt gelassen.
Die Karikatur des Holofernes in *Love's Labour's Lost* (IV/2) besitzt ein

Vorbild im Dialog zwischen Octavio und Manfurio im *Candelaio* (II/1). Während der Pedant Manfurio mit einem üblen Gedicht auf ein geschlachtetes Schwein renommiert, brüstet sich Holofernes mit einem Nonsensgedicht auf den von der Prinzessin jüngst geschossenen Bock. Beiden Herren sind ihre Kunststücke mühelos zugefallen, und beide berufen sich auf Ovid.

Octavio fragt den Pedanten Manfurio: »Was ist der Inhalt Eurer Verse?«, worauf die Antwort erfolgt: »Buchstaben, Silben, Ausdruck und rhetorische Färbung« – was die weitere Frage veranlaßt: »Ich frage, was ist das Thema und der Gegenstand?« – In *Hamlet* fragt Polonius den Prinzen, was er da lese, und erhält zur Antwort: »Worte, Worte – Worte!«, worauf Polonius schüchtern nachsetzt: »Ich meine den Inhalt dessen, was Ihr lest.«

Des Polonius krittelnde Art, wenn er Hamlets Brief an Ophelia oder die Deklamation der Schauspieler kommentiert (»eine gemeine Redensart«, »mit gutem Ton und gutem Anstande«, »das ist zu lang«, »*die eingemummte Königin* ist gut«), läßt Anklänge erkennen an »Die Ursache, das Prinzip und das Eine«, wo Bruno im ersten Dialog über den »gottvergessnen Pedanten« Poliinnio herzieht: »Du kennst die Art dieser Leute, sie diskutieren über Phrasen: das ist würdevoll, das niedrig, das erhaben; dieses Wendung ist rauh, sie würde zart sein, wenn sie so gestaltet wäre … Man schreibt nicht honore, sondern onore, nicht Polihimnio, sondern Poliinnio. Darüber triumphiert er, darüber ist er mit sich zufrieden.«

Der Earl of Oxford alias Shakespeare dürfte aber auch gewußt haben, auf wen Giordano Bruno alias Fagot mit Polihimnio anspielte. Dieser Ausbund eines Pedanten, dieses Inbild des Nachdenklichen, ein Freund der gelehrten Dichtung und der Kirchenmusik (wie die Muse Polyhymnia, von der er seinen Namen hat), nennt sich einen geschworenen Feind des weiblichen Geschlechts, besitzt ein Pallium, das Amtsabzeichen der Lateinischen Kirche – und wird von Bruno sarkastisch als »Emissär des Pontifex Aaron« bezeichnet. Kein Zweifel: mit Poliinnio oder Polihimnio meint der Nolaner seinen (und Oxfords) Erzfeind Lord Henry Howard, den er, Bruno, siegreich zur Strecke gebracht hat. Der listige Philosoph besitzt viele Gründe, diesen Mann zu hassen: als Agenten der schottischen Königin, als Gegner der hermetischen Philo-

Lord Henry Howard
(1540-1614)

Giordano Bruno,
Der Nolaner (1548-1600)

sophie, als Feind des Alchimisten John Dee und – vor allem – als geschworenen Katholiken.*

Wir beobachten den Philosophen und Spion Giordano Bruno also dabei, wie er Henry Howard mit einem Fingerzeig kaltstellt, dabei dem Earl of Oxford einen unschätzbaren Dienst erweist und mit seiner Satire auf den ausgebooteten Dunkelmann Poliinnio dem Dramatiker Shakespeare Formulierungshilfe leistet.

Wie Bruno zeigt sich auch Shakespeare fasziniert von der Koinzidenz der Widersprüche: von der Durchmischung von Hell und Dunkel, Gut und Böse, Vergänglichkeit und Dauer –, aber seine Sicht der existentiellen Paradoxa ist keine philosophische, sondern eine poetische. Niemals würde der Dramatiker, wie der Philosoph, die Lüge in den Dienst der Wahrheit stellen, und niemals – jedenfalls nicht in seinen Stücken – verwechselt er, wie Bruno, die übermenschliche Perspektive mit der unmenschlichen.

Nach der Großtat von Master Raleigh im Mai 1583 war Oxford wieder gesellschaftsfähig. Er verkehrte am Hof, pachtete Blackfriars Theatre für John Lyly, nahm teil an der Grablegung seines im Juni gestorbenen Mentors und Freundes Thomas Radcliffe, Earl of Sussex – und stand unversehens wieder in ausgeglichenem, freundlichem Verhältnis zu sei-

---

* Verrat und Schreiben bildeten in dieser turbulenten Zeit eine eigentümliche Einheit. Die Schriftsteller George Gascoigne, Anthony Munday und Christoper Marlowe übten nebenberuflich Agentendienste aus. John Lyly, Robert Greene und Thomas Nashe ließen sich von der Krone anheuern zum publizistischen Kampf gegen Martin Marprelate, den aufsässigen Puritaner (vgl. Kapitel 16).
Die Erfahrung des Verrats durch seine Freunde Howard, Arundell und York hat in Oxford eine schmerzliche Wunde hinterlassen, die nicht mehr heilen sollte. Nicht zufällig wimmelt es in Shakespeares Stücken von großem und kleinem Verrat. In *Much Ado About Nothing* denunziert der Neider Don Juan die unschuldige Hero. *All's Well That Ends Well* zeigt den geschwätzigen Verräter Parolles, der sich mit seinen Lügen lachhafterweise selbst demaskiert. *Measure for Measure* führt Angelo, einen großen Heuchler, und Lucio, einen kleinen Verleumder, vor. Hamlets »gute Freunde« Rosencrantz und Guildenstern lassen sich als Spitzel und Verräter auf den Prinzen ansetzen – und büßen damit, daß Hamlet sich an ihnen rächt. Von da ist es nur noch ein kleiner Schritt zu Jago, dem Verräter aus Prinzip, der bei einem Henry Fagot in die Lehre gegangen sein könnte. Oder zu Tarquinius, der im Versepos *The Rape of Lucrece* die Rolle des klassischen Verräters Sinon spielt.

nem Schwiegervater William Cecil. Der Ton seines Briefs vom 20. Juni 1583 verrät Erleichterung und Dankbarkeit. Allerdings steht bereits die nächste Bitte ins Haus. Der Earl setzt sich bei seinem Schwiegervater für den gelehrten Baron John Lumley (1533-1609) ein, High Court Judge und High Stewart der Universität Oxford.

>Ich hoffe, daß Eure Lordschaft mich als jemanden ansieht, der sich Euch so sehr verpflichtet weiß, daß er – vor allen anderen – der Eure sein muß: Ihr habt mich Euch verpflichtet sowohl durch Heirat, worin ich meinen größten Halt sehe, wie auch durch Euer Eintreten für mich und Eurer Festhalten an mir in einer Zeit, in der ich mich von so vielen Feinden umringt sehe –, und ich hoffe im übrigen, daß Ihr auch all diejenigen zu Euern Anhängern und dienstbaren Geistern zählt, die mir zugeneigt und wohlgesonnen sind. Weshalb ich noch einmal so kühn sein und Euch bitten möchte, in der Angelegenheit von Milord Lumleys Schulden gegenüber der Krone für ihn einzutreten. Ihr erweist mir damit die gleiche Ehre und den gleichen Dienst, als würdet Ihr Euch für mich einsetzen, da ich durch die Erwirkung Eurer Gunst meinem Freund einen Gefallen erweisen kann und nicht auf die Hilfe anderer angewiesen bin, die sich von mir abgewandt haben. Hiermit, da Eure Lordschaft mit vielen wichtigen Dingen beschäftigt ist, bitte ich um Verzeihung, Euch gestört zu haben. Zu Euren Diensten, Edward Oxenford.<

Baron John Lumley, ein großer Förderer der Musik, der Literatur und bildenden Künste, war in erster Ehe mit der Euripides-Übersetzerin Jane Lumley († 1578) verheiratet. Vier Jahre nach Janes Tod heiratete er Elizabeth Darcy, eine Enkelin von Oxfords Tante Elizabeth de Vere. John Lumley zählte zu den katholischen Unterstützern der Ridolfi-Verschwörung von 1571 und büßte dafür mit zwei Jahren Haft. Offenbar spielte die Konfession in den Beziehungen zwischen Lumley und Oxford keine Rolle, sonst wäre Lumley nach dem Dezember 1580 von Oxford abgerückt, und der Earl hätte sich nicht unmittelbar nach seiner Rehabilitierung für den Baron eingesetzt. John Lumley bewohnte den riesigen Nonsuch Palace in Surrey, ein Meisterwerk der Architektur, wo er neben der Gemäldesammlung mit vielen Werken Holbeins eine der bedeutendsten Bibliotheken Englands untergebracht hatte.

Was Lumleys »Zahlungen an Ihre Majestät« betrifft, so weisen sie ein weiteres Mal auf die Mängel eines Systems, das den sozialen Status von ostentativem Konsum abhängig machte. Der hochgeschätzte Robert Dudley, Earl of Leicester, schuldete der Königin bei seinem Ableben im Jahr 1588 rund £25000, der unentbehrliche Staatssekretär Francis Walsingham starb 1590 mit ähnlich hohen Schulden, Lord Chancellor Sir Christopher Hatton hinterließ 1591 einen Schuldenberg von über £40000. John Lumley mußte im gleichen Jahr Nonsuch Palace der Krone überlassen.

Der Earl of Oxford mit seinen vier Dienern hatte bis Mitte der achtziger Jahre den Großteil seiner Ländereien und Besitztümer eingebüßt – und saß weiterhin in der Schuldenfalle.

Dieser Umstand trug nicht zu einem auf Dauer entspannten Verhältnis zwischen Oxford und seinem Schwiegervater bei. Der umsichtig wirtschaftende Schatzkanzler des Reichs hatte kein Verständnis für die sorglose Art, mit der sein Schwiegersohn auf den finanziellen Ruin zuging.

Wie Lord Burghley selbst in dieser Sache dachte, hat er am eindrucksvollsten in den »zehn Verhaltensregeln« niedergelegt, die er seinem Sohn Robert zu dessen einundzwanzigstem Geburtstag mit auf den Lebensweg gab.

Robert Cecil (1563-1612), der hochbegabte Nachkömmling des Schatzmeisters, strebte nach dem Vorbild des Vaters eine staatspolitische Laufbahn an. Burghley hatte sich sehr für das schmächtige, körperlich behinderte Kind eingesetzt und ihm die besten Lehrer zur Seite gestellt. Der Sohn besuchte das St. John's College in Cambridge und studierte, nachdem er volljährig geworden war, kurzzeitig an der Sorbonne in Paris.

Burghleys Katalog der Verhaltensregeln, der im Mai 1584 entstanden sein dürfte, enthält unausgesprochen eine massive Kritik am Lebensstil des Schwiegersohns. Unter anderem heißt es da:

> (aus N° 1) »Verbrauche nicht mehr als Dreiviertel Deines Einkommens, und davon gib nur ein Drittel für Deinen Haushalt aus, denn mit den übrigen zwei Dritteln mußt Du unvorhergesehene Ausgaben bestreiten, die die regelmäßigen Ausgaben bei weitem übersei-

gen. Sonst lebst Du wie ein reicher Bettler in ständiger Knappheit, und ein Mann ohne Geld kann nicht in Glück und Zufriedenheit leben, denn der kleinste finanzielle Einbruch zwingt ihn dazu, zu verpfänden oder zu verkaufen. Der Gentleman, der unter diesen Umständen einen Acker Land verkauft, verliert einen Teil seines Kredits, denn Vornehmheit beruht auf althergebrachten Reichtümern.«

(aus N° 2) »Dulde es nicht, daß Deine Söhne die Alpen überqueren, denn sie werden nichts lernen als Stolz, Gotteslästerung und Atheismus. Und wenn sie dabei zu einigen Brocken fremder Sprachen gelangen, so haben sie davon nicht mehr Nutzen als von ein und demselben Gericht in verschiedenen Schüsseln.«

(aus N° 3) »Laß Dir nicht von Verwandten, Freunden oder Bekannten aufwarten, denn sie erwarten viel und tun wenig – auch nicht von Verliebten, denn sie haben meist keinen klaren Kopf; halte Dir eher zu wenige als zu viele Diener.«

(aus N° 10) »Scherze, die zu sehr nach Wahrheit schmecken, lassen eine Bitterkeit bei dem zurück, der davon getroffen ist. Ich gebe Dir dies als Warnung mit, denn ich habe viele gesehn, die mit ihren Sticheleien und ihrem Spott so hitzig waren, als wollten sie lieber ihren Freund verlieren als einen Scherz auslassen.«

Zweifellos sind dem Earl diese »precepts« zu Gesicht gekommen, denn er stand mit seinem jungen Schwager in freundschaftlichem Verhältnis. Und als prominentester Überquerer der Alpen, als reicher Bettler und Komödiant sollte er auf Burghleys Maximen bei passender Gelegenheit noch zurückkommen.

Am 30. Oktober 1584 trug er seinem Schwiegervater in recht kühlem Ton eine Bitte in eigener Sache vor:

»Es ist Eurer Lordschaft nicht unbekannt, daß ich gegenüber den Käufern meiner Ländereien zahlreiche Verpflichtungen eingegangen bin, um sie von allen dinglichen Belastungen durch die Krone zu befreien. Da ich, wie Ihr wißt, bei Ihrer Majestät Schulden habe, sind viele der besagten Käufer sehr besorgt, es könnten ihnen Unannehmlichkeiten aufgrund dieser Schuld entstehen, vor allem wenn zur Schuldeneintreibung die von Lord Darcy und William Waldegrave erworbenen Länder herangezogen werden sollten, die mit verschiedenen Summen belastet sind. Nun haben viele der besagten Käufer mich gebeten, den [erneut geltend gemachten] Beschlagnahmeanspruch der Krone aufzuheben, wobei sie durchaus gewillt sind, die daraus entstehenden Kosten zu übernehmen, wenn die Schuld aus meinen Mitteln in Raten abgetragen werden kann. Ich wollte Eure Lordschaft deshalb mit dieser ihrer Bitte vertraut machen, wobei ich Euch in dieser Sache aufrichtig um Hilfestellung ersuche, die mich einer großen Sorge um die Wahrung meiner Ehre entheben und das Wittum meiner Frau vor dieser Bürde bewahren wird, falls Gott Euch und mich vor ihr abberufen sollte. – Euer Lordschaft Edward Oxenford.

[*Nachschrift*] Milord, heute sagte mir Euer Mann Stainner, daß Ihr nach Amyce, meinem Mann, geschickt habt, und falls er abwesend wäre, Lyly zu Euch befahlt. Ich schickte Amyce, da er gerade Zeit hatte. Ich halte es für sehr seltsam, daß Eure Lordschaft auf diese Weise mit mir verfährt, wobei mir manches aufgeht, was ich noch nicht wußte, in puncto Wohlwollen und guter Meinung, die Ihr von mir hegt. Aber ich bitte, Milord, verlaßt diesen Kurs, da ich nicht Euer Mündel oder Euer Kind bin. Ich diene Ihrer Majestät – und ich bin, der ich bin, durch Heirat Euch nahestehend, aber frei, und will nicht dem Verdacht ausgesetzt sein, ich wäre so schwach, nicht befehlen zu können, und müßte von Dienern Befehle entgegennehmen oder wäre nicht fähig, mich selbst zu lenken. Wenn Eure Lordschaft diesen Kurs wählt, täuscht Ihr Euch selbst und zwingt mich zu einem Verhalten, an das ich bisher nicht gedacht habe. Falls ich mit Eurer Freundschaft rechnen darf, sei Eure Lordschaft gebeten, diesen Weg aufzugeben, der für uns beide schädlich ist.«

Ein anderer hätte Zahlen genannt, Oxford spricht über die finanziellen Belange nur im allgemeinen und in verächtlicher Leidenschaftslosigkeit. Von den »vielen Käufern« belasteter Güter nennt er namentlich Lord Thomas Darcy und Sir William Waldegrave. Alle Käufer befürchten, daß ihr Land durch die darauf eingetragenen Sicherheiten wertlos werden könnte, und verlangen von ihm, daß Oxford sie von den Forderungen der Krone freistellt. Sie würden – gegen entsprechende Garan-

tien des Earl – sogar bereit sein, die Ländereien von der Krone loszu-
kaufen. Das Ende vom Lied wird sein, daß Oxford von seinen zahllosen
Gütern nichts übrigbleibt als die darauf eingetragenen Belastungen.
Aber Burghley soll wissen, daß die Schuldensache nicht nur den Earl,
sondern auch Anne Cecil trifft.

Auch hätte ein anderer, im Begriff, den Großschatzmeister des Landes
um einen Dienst zu bitten, es im eigenen Interesse unterlassen, ihm
eine Nachschrift von so schonungsloser Offenheit zukommen zu lassen. In diesen wenigen Sätzen, so lapidar wie unerschrocken, erkennen
wir die Handschrift des Speerschwingers.

»I serve her Majesty, and I am that I am, and by alliance near to your
Lordship, but free –«

Mit diesem *I am that I am* stellt sich sonst nur Gottvater selbst vor – oder
William Shakespeare im Sonett 121:

> Was sollen Andrer kalte Fälscheraugen
> mich richten wollen, der sie kühl verneint?
> Was sollen Schwächre meine Schwächen schauen,
> um das zu lästern, was mir gut erscheint?
> Nein: *ich* bin, der ich bin, und diese fade
> Meute soll die eigne Blöße decken.

Die Signatur Shakespeares: das ist der rasche Wechsel der Farbgebung,
das Umschwenken von dunkel zu hell, von leise zu laut, von süß zu bitter – die Falltür, durch die die ertappten Verräter Rosencrantz und
Guildenstern verschwinden.

Am 17. November 1584 ritt der Earl of Oxenford sein letztes Turnier.
Offenbar war er von seiner Verletzung durch Sir Knyvet soweit genesen, daß er die Strapazen dieses königlichen Sports erneut auf sich
nehmen konnte. Mit der Teilnahme am Turnier zu Whitehall (am sechs-
undzwanzigsten Jahrestag der Thronbesteigung Elizabeth') signalisierte
er sein öffentliches Comeback.

Von den »ansentlich geputzten Reuters«, schreibt der deutsche Beobachter Lupold von Wedel, »hat das Rennen einen jeden etlich tausend
Kronen gekost, er habe sich aufgemacht, wie er gewullt«. – Ein enor-
mer Aufwand auch für Oxford, der auf den finanziellen Bankrott zuging.

Von Wedel zeigt sich von der prächtigen Veranstaltung sehr beeindruckt. »Wie nun der 17. November kummen, hat sich die Königin etwan umb 12 Ure mit ihren Frauen in ein lank Zimmer, so gegen der Bahn auf dem Hause Whitehall in die Fenster gestellet, zu dem Zimmer von der Bahn eine breite Treppen gangen ist. Auch ist die Bahn runt herumb mit Ständen und Brettern bebauet, daß ein jeder, welcher zusehn wollt und einen Platz haben, mußte 18 Silber-Pfenning geben. Und sein auf den Ständen viele tausent Leute von Mannen, Weibern und Mädlin gestanden.«

Der Reisende schildert den feierlichen Einzug unter dem Getön der Trompeten und »anderer Musika«, die reichen Kleider und Verkleidungen – und die besondere Ausstaffierung der Wagen.

Sobald ein Ritter auf die Bahn geritten oder gefahren war, hielt er vor der Treppe an, die zum Fenster der Königin führte. »Dann ist einer von seinen Dienern die Stiegen zu der Königin aufgegangen, gar wol geputzt und angetan, und hat (darauf ein jeder studieret) reimenweis lange geredt und unterweilen seltsame Poßen kurzweilig doch zierlich und hoflich an Tag geben, daß oft die Königin nicht alleine, sundern der Umstant lachen mußten.«

Jeder Page überbrachte die Huldigung seines Herrn an Elizabeth, worauf sie dem Ritter die Erlaubnis zur Teilnahme gab. Nun stürmten immer »zwei und zwei« aufeinander zu und brachen ihre Lanzen. »Dieses hat gewäret bis nach 5 Uren, da hat der Milurt Leicester ihnen aufzuhoren geboten und hat die Königin den Graven van Arundel und den Graven van Ocsenfort vor die Stiegen foderen lassen, ihnen den Preiß zugedeilet, wiewol des Herzogen van Norfolk Sohn wegen seines Vatern so lang in Ungenaden gewesen.«

Der Champion »Ocsenfort« war, obwohl angeschlagen, mit großem Pomp in die höfische Arena zurückgekehrt. Weniger glücklich sah die Zukunft aus für Philip Howard Earl of Arundel, der unter dem Einfluß seiner Frau zum katholischen Glauben konvertiert war. Nach der Enthüllung des Throckmorton Plots im Dezember 1583 und Charles Arundells Flucht nach Frankreich hatte man Philip Howard und seine Frau Anne monatelang unter Arrest gestellt. Der Preis aus der Hand der Königin im Turnier von 1584 war eine Geste der Versöhnung. Als Elizabeth Anfang 1585 die Freilassung Maria Stuarts erwog und den schottischen König James VI, den Sohn der Stuart, zu sich einlud, sollten die Earls of Bedford, Arundel und Oxford als Bürgen nach Edinburgh gehen, um den Schotten die Sicherheit zu geben, daß James nicht in England festgehalten werden würde. Auch dies ein Vertrauensbeweis von seiten der Königin. Der Plan wurde fallengelassen, weil James gar nicht daran dachte, sich die Krone mit seiner Mutter zu teilen. Arundel, der als katholischer Peer im protestantischen England in beständigem Gewissenskonflikt lebte, beschloß, nach Frankreich zu fliehen. Er schrieb einen sehr vornehmen, sehr loyalen Abschiedsbrief an die Königin, der ihr nach seiner Ankunft in Frankreich zugestellt werden sollte. Aber seine Flucht im April 1585 wurde verraten – und der Achtundzwanzigjährige in den Tower überführt. In den knapp elf Jahren, die er noch zu leben hatte, sollte er seine Frau und seine beiden Kinder nicht wiedersehen. Nach dem spanischen Überfall auf England wurde er, obwohl seit vier Jahren in Haft, als Hochverräter angeklagt und zum Tod verurteilt. Zwar ließ Elizabeth das Urteil nicht vollstrecken, aber Arundel erlag Ende 1595 seinen körperlichen Leiden. Man schließt nicht aus, daß er vergiftet wurde.

Das Jahr 1584 hat die politische Landschaft Europas einschneidend verändert. Nach Alençons Tod im Juni 1584 wurde Henri de Navarre, der Führer der Hugenotten, zum offiziellen französischen Thronfolger. Zum Schutz gegen diese Gefahr erneuerte Henri de Lorraine, Duc de Guise die Katholische Liga, die Anfang 1585 einen Bund mit Spanien schloß. Dann war im Juli 1584 der protestantische Prinz Wilhelm von Oranien von einem Katholiken erschossen worden. Die Spanier unter Alessandro Farnese von Parma gewannen in den Niederlanden zunehmend an Boden, während der französische König Henri III jedes niederländische Abenteuer scheute. So blieb Elizabeth, der großen Feindin der Kriegführung, endlich keine andere Wahl mehr als die »Aufständischen« mit englischen Truppen zu unterstützen – wodurch England faktisch in den Krieg gegen Spanien eintrat.
Und das Wunder geschah: die Königin schickte zusammen mit dem erprobten Heerführer Sir John Norris den Hofmann Edward de Vere, Earl of Oxford, in das Bürgerkriegsland. Oxford sollte an der Spitze der Kavallerie stehen.

Am 27. August 1585 (kontinentaler Zeitrechnung) landete Oxfords Kompanie, 2000 Mann stark, in Vlissingen. Antwerpen hatte sich 10 Tage vorher, nach einjähriger Belagerung, den Spaniern ergeben müssen. Im September folgten weitere 4000 englische Soldaten. Sie brachten allerdings auch die Nachricht mit, daß Sir Philip Sidney als Kämpfer nachfolgen werde – und zwar zusammen mit seinem Onkel, dem Earl of Leicester, der den politischen und militärischen Oberbefehl in den Niederlanden erhalten solle. Die Berufung Leicesters wurde bestätigt, dann wieder zurückgenommen und wieder bestätigt. »Vollmacht für den Earl of Leicester«, notiert Burghley im Oktober, »für das Amt des Generals der Streitkräfte in den Niederlanden, mit dem Auftrag, fünfhundert seiner eigenen Dienstleute und Pächter auszuheben.«

Am 21. Oktober 1585 kehrte Oxford nach England zurück, da ihm sein Stolz verbat, sich dem Autokraten Leicester unterzuordnen. Ausschlaggebend für Oxfords Entscheidung dürfte gewesen sein, daß auch Rowland York, der professionelle Verräter, zu Leicesters Gefolge zählte. (York hatte sich Leicester mit schönen Worten angedient, nachdem er aus Parmas Dienst geflohen war.) Verständlicherweise sah der Earl unter Leicester *und* York keinen Platz für sich in den Niederlanden. Wie sehr ihn die erlittene Zurücksetzung getroffen hat, wissen wir nicht.*

Leicesters Neffe Sir Philip Sidney, der tugendhafte Ritter, erlag im Herbst 1586 den Folgen einer Schußverletzung.

Rowland York blieb seiner Natur treu: er verkaufte im Januar 1587 die Stadt Zutphen an die Spanier.

---

* *The Famous Victories of Henry The Fifth*, das um 1587 anonym verfaßte Vorläuferstück zu Shakespeares *Henry IV* und *Henry V*, reagiert auf diesen Umstand mit der »Erinnerung« an einen älteren Earl of Oxford, der unter Henry V (1388-1422) die militärische Führung im Kampf gegen Frankreich übernehmen möchte, aber von seinem König beschieden wird mit den Worten: »Im Vertrauen, Milord of Oxford, es ist unmöglich, ich habe sie bereits meinem Onkel, dem Herzog von York, übergeben.« *Famous Victories*, Scene 12.

Prinz Amleth (nach François de Belleforest)

Während die Einfältigen nichts auf Amleths Worte gaben, machten sich Leute von Verstand einen Reim darauf und argwöhnten, es möchte sich hinter seiner Verrücktheit eine Absicht verbergen. Also sannen sie auf ein Mittel, ihm auf die Schliche zu kommen. Am ehesten, dachten sie, würde es einer Frau gelingen, ihm eine Falle zu stellen, denn alle jungen Leute erliegen der Macht der Sinne. Zu diesem Behuf führten einige Hofleute den Prinzen an einen verschwiegnen Platz im Wald, wo sie wie zufällig der jungen Dame begegneten, und ließen ihn mit ihr allein.

Prinz Amleth aber hatte von einem Freund den Wink erhalten, wie gefährlich es für ihn wäre, auch nur das geringste Anzeichen gesunden Verstands erkennen zu lassen. Ein Hinweis, der ihn in große Verlegenheit brachte, denn er liebte die Dame. Doch gab sie ihm ihrerseits zu verstehen, daß Verrat im Spiel sei, denn sie verehrte ihn seit langem und hätte sich über sein Unglück gegrämt. So wurden sie miteinander eins und genossen ihr Zusammensein. Zurückgekehrt an den Hof, enttäuschte der Prinz sowohl die Erwartung der Hofleute als auch die der Dame, die glühend versicherte, er habe sich ihr verweigert, während er in seiner Schlauheit das Gegenteil behauptete, worauf jedermann überzeugt war, er sei wahrhaft unsinnig geworden.

Und doch befand sich unter König Fengons Anhängern einer, der, anders als der große Haufen, Amleths Verstellungskünsten noch immer mißtraute. Er schlug vor, der König solle so tun, als würde er sich auf eine Reise begeben, und in der Zwischenzeit möge man Amleth zu seiner Mutter aufs Zimmer schicken, zugleich aber solle sich jemand hinter der Tapete verstecken, um die Gespräche der beiden zu belauschen. Denn seiner eigenen Mutter gegenüber werde sich der Prinz nicht verstellen. Dann bot besagter Ratgeber an, selbst hinter dem Vorhang zu lauschen. Dieser Vorschlag gefiel dem König gut, da er darin das beste Mittel sah, den Prinzen von seiner Mondsucht zu heilen, und unter dem Vorwand, eine Reise zu tun, brach er auf in den Wald zur Jagd.

Inzwischen versteckte der Mann sich hinter einem Wandbehang im Zimmer der Königin. Amleth aber, der immer Verrat befürchtete, griff zum bewährten Mittel der Verstellung. Kaum war er ins Zimmer eingetreten, schlug er mit den Armen wie ein Hahn mit den Flügeln und streifte dabei die Behänge, und schrie, als er einer Bewegung inne ward: eine Ratte, eine Ratte! zog sein Schwert und durch-

bohrte den Vorhang. Dann packte er den Ratsherrn bei den Hacken, zog ihn hervor und gab ihm den Rest. Er schnitt den Leichnam in Stücke, die er kochte und den Schweinen zum Fraß vorwarf.

Danach kehrte er zu seiner Mutter zurück, die in Tränen aufgelöst war. Sie sah in Amleths Verrücktheit die Strafe dafür, daß sie den Mörder ihres Mannes geehelicht hatte, und beschuldigte sich selbst aufs bitterste. Der Sohn durchstöberte gründlich alle Ecken, weil er seiner Mutter so wenig traute wie dem Rest. Dann sprach er zu ihr: »O welcher Verrat, schändlichste aller Frauen, sich dem Willen dieses Hurentreibers zu beugen! Seine Heuchelei bemäntelt das entsetzlichste aller Verbrechen. Wie soll ich Euch vertrauen, da Ihr Euch gleich einer schamlosen Ehebrecherin dem Mörder meines Vaters hingegeben habt? Euch, die Ihr den Schurken im Bett meines Vaters empfingt und Euern Sohn dem Elend überlassen habt. Geziemt es einer Königin, wie ein stumpfsinniges Tier zu leben, wie eine Stute, die sich dem Hengst hingibt, der ihren Gefährten verbiß? Ich meinesteils zähle ihn nicht zu meinen Verwandten und werde ihn nie meinen Onkel nennen. Und Ihr seid nicht meine liebe Mutter, da ihr dem, was uns verbindet, zuwidergehandelt habt. O Königin Geruth, einer Hure kommt es zu, sich mit ihrem eigenen Feind zu vereinen! Habt Ihr meinen Vater, Euren guten Gemahl und König, denn so völlig aus dem Gedächtnis verloren?«

Obwohl sie die Angegriffene war, freute sich die Königin, Ihren Sohn bei Verstand zu wissen. Sie erkannte als unrecht, was sie getan, und schwor bei Gott, über Amleths Geheimnis Schweigen zu bewahren.

Bald danach kam Fengon zurück an den Hof und fragte nach dem Mann, der den Prinzen belauschen wollte, aber niemand wußte Antwort. Endlich fragte er Amleth, ob er von ihm gehört habe. Und da der Prinz nie log, antwortete er, der Ratsherr wäre im Abtritt gelandet, wo ihn die Schweine gefunden und gefressen hätten.

14 SEIN UND SCHEIN

Königin Elizabeth von England besaß Temperament und einen sehr eigenen Willen. Ihre Männer, die Peers, die hohen Räte, die Botschafter, Kanzler, Kämmerer, Hof- und Rittmeister, stürzte sie in Verwirrung durch ihre provokante Friedfertigkeit, ihre Verweigerung der Hochzeit, ihre Konzilianz gegenüber der Feindin Mary Stuart und ihre enervierende Bedenklichkeit bei großen politischen Entscheidungen. Ihre Frauen, die Countesses und Duchesses, die Hofdamen, Hofjungfrauen, Schatzbewahrerinnen und Dienerinnen, bezauberte sie durch ihre majestätische Erscheinung, ihre unangreifbare Hoheit, Würde und Huld, aber sie wußten, daß ihr Witz die Neigung zur Satire besaß und ihre Menschenliebe umschlagen konnte in eifersüchtigen Groll. Auch wer die Königin liebte, hatte sich vor ihrem Zorn zu hüten. Elizabeth war einsichtig genug, jede Schmeichelei zu durchschauen, und selbstverliebt genug, sie dennoch zu dulden. Wollte ein Staatsmann oder eine ihrer Damen ihr widersprechen, so hatte es durch die Blume, d. h. mit hohem Aufwand an rhetorischem Takt zu geschehen, und es konnte sein, daß der Mann oder die Frau erst nach Tagen oder, wenn die Queen sich hatte umstimmen lassen, erst nach Wochen und Monaten Antwort von ihr erhielt. Elizabeth genoß die Macht, auch wenn sie an ihr litt, und ihre geistvolle Art der Herrschaft widerstand fast immer der Grausamkeit. Und vor allem genoß die Königin das erlesene Schauspiel, in dem sie unangefochten die Hauptrolle spielte. Zwar war dies ein Spiel auf Leben und Tod, denn der Papst hatte das politische Attentat auf sie gutgeheißen, und zugleich höchst anstrengend, da von ihren Entscheidungen Wohl und Wehe des Staates abhingen. Aber der Tochter Heinrichs VIII. gelang es, ihrer Rolle lebenslang zu entsprechen: als die strenge und milde Frau, tugendhaft scherzend, unnahbar oder ausgelassen, herzlich in ihrer Zuwendung, angsterregend in ihrer Wut. Als Christin übte sie das Verzeihen, als Protestantin verzieh sie mit Vorliebe den Protestanten. Gott hatte sie auf diesen Platz gestellt, und ihre Ehre war Gottes Ehre. Die Rolle, die Elizabeth − in allem Ernst und unter Aufbietung aller Kräfte − Tag für Tag spielen mußte, hatte ihre Aufmerksamkeit für das Wesen der Schauspielkunst geschärft.

»*Die ganze Welt treibt Schauspielerei*«, zitiert Michel de Montaigne (1533–1592) einen Klassiker. Und fährt fort: »Wir müssen unsere Rollen darin gebührend übernehmen, aber eben als Theaterfigur. Aus Maske und Aufmachung soll man nicht ein wirkliches Wesen machen, und aus Fremdem nichts Eignes. Wir wissen oft Haut und Hemd nicht auseinanderzuhalten. Es reicht, sich das Gesicht zu schminken, das Herz bedarf dessen nicht.« (*Essais III,10*)

Die Königin liebte es, sich aus der Sphäre der Hof- und Weltinszenierung in die Welt des Theaters versetzen zu lassen. Die Bühne enthält Gegenwart auf Vorrat: alle Entscheidungen sind schon getroffen, obwohl die Handlung sich gerade erst abzuspielen scheint. Anders als das Leben schenkt uns die Bühne Einsichten, ohne uns zum Handeln zu nötigen. Man versteht, wie entlastend dies für einen tätigen Menschen sein muß – und wie überaus erfreulich für eine Königin. Welch gute Gelegenheit, nicht selbst mehr im Zentrum der Aufmerksamkeit zu stehen, sondern – lachend oder weinend – sich selbst und den anderen zuzusehen.

Das Jahr für Jahr sich wiederholende Ritual einer Hofhaltung auf Rädern, Ausdruck der königlichen Wanderlust, die üppigen Sommerfeste, verbunden mit Musik und theatralischen Darbietungen im Freien, die zahllosen höfischen Prozessionen (vom Schloß zur Kirche, von der Kirche zum Schloß, vom Parlament zur Kirche …), die ungemein prunkvollen Turniere (zur Feier der Thronbesteigung und zu großen höfischen Anlässen), die jährlichen Nachweihnachts- und Fastnachtslustbarkeiten mit Tanz, Maskenspiel, mythologischen Szenen, Komödien und Dramen – all das zusammen bildete eine einzige große Aufführung, der beizuwohnen und an der mitzuwirken endlich miteinander verschmolz.

Tatsächlich hat die Theaterlust der Königin ein ganzes Volk angesteckt. Nicht, daß die einfachen Leute nun nach Whitehall und Hampton Court geströmt wären oder hätten strömen dürfen, um dort den Bühnenzauberer Shake-speare zu erleben, aber doch kamen ihnen die liegengelassenen Brocken vom großen Tisch zugute.

Die aristokratischen Häuser waren die ursprünglichen Brot- und Namensgeber aller englischen Schauspielgruppen und, neben den Uni-

versitäten, die Wiege der Schauspielkunst. Von 1572 an mußte jede
Truppe unter der Obhut einer gräflichen Haushaltung stehen, wenn
sie sich nicht der Landstreicherei verdächtig machen wollte. Die Leicester's, Sussex's, Howard's, Warwick's, Arundel's und Oxford's Men
spielten nach Bedarf am königlichen Hof und in den Häusern ihrer
Patrone. In ihrer freien Zeit, und das war die längste des Jahres, traten sie
landauf, landab in Gasthäusern und Schenken auf – dann, ab 1576, auch
in öffentlichen Theatern: im »Theatre« und im »Curtain«, später im
»Swan«, im »Globe« und im »Fortune«. Konkurrenz entstand den Truppen durch die Chorknaben von St. Paul und The Chapel Royal, die sich
anfangs sporadisch, später dauerhaft zu eigenen Theaterensembles oder
»Children's Companies« zusammenschlossen. (Schauspielerinnen gab
es in England erst ab 1680.)

Die Earl of Oxford's Men gingen 1580 aus den Warwick's Men hervor.
Hauptdarsteller waren die Brüder John und Laurence Dutton, auf die
ein unbekannter Zeitgenosse anläßlich ihres »Überlaufens« zu einem
neuen Patron ein deftiges Spottgedicht verfaßte. Das Pamphlet hat sich
als ein Irrläufer in Humphrey Coningsbys Sammlung höfischer Lyrik
erhalten. Es illustriert, wie man zu dieser Zeit über die Kaste der Schauspieler gedacht hat, »die«, wie Montaigne schreibt, »nachdem sie auf dem
Schaugerüst die Miene eines Herzogs oder Kaisers aufsetzen, gleich
danach wieder zu armseligen Stallknechten und Lastträgern werden
(was sie ja ihrer Herkunft nach immer waren)«.

*Die Duttons und ihre Schauspielerkollegen verließen ihren Schirmherrn,
den Earl of Warwick, und nannten sich COMEDIANS, was einige Leute
in CAMOELIONS abänderten. Die Duttons, darüber erbost, nannten sich
Gentlemen; deshalb wurden diese* Insignien *für sie ausgedacht.*

Der Acker, ein stinkender Furz, ein kreuzbändiger Galgenarm,
das Tanzmädchen Flurty, das abscheuliche,
ein liederlicher Lump, ein Räuber, ein lumpiger Schuft,
eine Hure auf freiem Fuß, die die Beine breitmacht,
eine einfältige Schnepfe, ein Kalb und ein Schaf,
eine faule Hündin, ein eingenickter Siebenschläfer,
eine beißlustige Viper, *la part de la drut:*
lies es rückwärts und knack dir die Nuß ...
Ihr Lorbeer ist eine Kette aus schillerndem Rot,

um zu zeigen, daß sie eitel und unbeständig sind,
der Helmschmuck ein Turmfalke mit blauen Federn,
zum Zeichen, daß diese Fiedler niemals ehrlich sind,
worauf das Horn einer Ziege prangt,
weil sie geschaßt werden, das ist ihr Schicksal,
für ihre Kühnheit zerhackt und geviertelt
und für ihre Schufterei in Rauch aufgelöst.

Diese Insignien, empfiehlt der Zeitgenosse, sollen die »Chamäleons«
(die von Warwicks Farben Rot und Blau zu Oxfords Ockergelb gewechselt haben) als Stickerei auf ihren Kleidern tragen. – *La part de la drut*,
rückwärts gelesen, ergibt in etwa: *turd of the trap* – »der Dreck vom
Hosenlatz«.

Die Oxford's Men, sicher keine der schlechteren Truppen, spielten (ver-
mischt mit den Oxford's Boys) im Blackfriars und Boar's Head Stücke
von John Lyly (*Campaspe, Sappho and Phao*), Anthony Munday (*Fedele
and Fortunio*) und anderen. Mit einiger Wahrscheinlichkeit stieß 1585 der
junge Edward Alleyn zu ihnen, der später – neben Richard Burbage – als
Schauspieler und Theaterunternehmer Berühmtheit erlangte.

Die vermehrten Theateraktivitäten seit Mitte der siebziger Jahre (in
Shoreditch wurden 1575 »The Bull Inn«, 1576 »The Theatre« und 1577
»The Curtain« gegründet) standen mit der gesteigerten Nachfrage bei
Hof in direktem Zusammenhang. Nicht nur die Schauspieltruppen pro-
fitierten von ihren Engagements in Whitehall, Greenwich und Hampton Court, auch Elizabeth zog Nutzen aus der neuen Vielfalt der Thea-
terlandschaft. Aber das Theater hatte auch seine Feinde: die puritanischen Prediger – und die Londoner Stadtverwaltung. Wie heute die
Autos, so sollten damals die Schauspieler als Störenfriede aus dem Zentrum verbannt werden. Den Aufführungen gingen meist lästige Um-
züge voraus, die (wie es hieß) den Verkehr behinderten. Die Zuschauer
würden ihrem Alltag entfremdet, die Schauspieler durch »Nichtswür-
digkeiten« reich. Natürlich waren das Erdbeben von 1580 oder der Einsturz einer hölzernen Tribüne die unverkennbaren Zeichen Gottes, die
die Notwendigkeit weiterer Einschränkungen begründeten. Der Bürgermeister von London engagierte sogar einen Theaterautor, man ver-
mutet Anthony Munday, um ein Pamphlet gegen die Schauspieler zu
schreiben.

»Wenn ich unter ihnen ganz junge Burschen sehe, die von sich aus schon dazu neigen, sich gehenzulassen, und sehe, wie sie schmutzige Redensarten lernen, unnatürliche und unziemliche Gebärden, wie sie von diesen Schulmeistern der Zote und des Müßiggangs unterrichtet werden, kann ich nicht anders reagieren als mit Tränen und wehem Herzen. Und diese Bühnentrampler selbst, sind sie im Leben nicht das, was sie auf der Bühne sind: Zecher, Zotenreißer, Falschspieler, Aufschneider, Aufreißer, Bummler, Raufbolde? Sind sie im Herzen nicht genauso unbeständig wie in ihren Rollen?« (*A Second and Third Blast of Retrait from Plaies and Theaters*, 1580).

Diese Schrift des tolldreisten Überläufers nimmt sich noch recht harmlos aus gegen Stephen Gossons zwei Jahre später erschienene Kampfschrift *Playes confuted in five Actions* (»Stücke, widerlegt in fünf Akten«), in der er ohne Sinn und Verstand mit den Teufelswerken der Dramatiker abrechnet.

Zugegeben, von einer »Theaterkultur« der Londoner Bühnen konnte man noch nicht sprechen. Die aufgeführten Werke waren in der Mehrzahl roh gezimmerte Schauer- und Rührstücke. Manches stand der Bärenhatz näher als den Hervorbringungen der höfischen Kunst – und »Historie of Error« oder »The Jew« konnte man nur in höchst abgemagerter Form unters Volk bringen: auf Handlung reduziert und aller Poesie entkleidet.

Vor diesem Hintergrund hat Shakespeare in zwei seiner Komödien und einem seiner Dramen das Schauspiel – als Spiel im Spiel – zum Thema gemacht. In *Love's Labour's Lost* bilden die Aufführenden der »Nine Worthies« eine erste, radebrechende Laienspielgruppe. Anders verhält es sich im »Sommernachtstraum« (*A Midsummer Night's Dream*), seinem transparentesten, mutwilligsten und musikalischsten Werk, in dem die sonst getrennten Sphären der Hofwelt, der Feenwelt und der mit komischer Mühsal beladenen Welt der kleinen Handwerker sich vermischen, verwirren und verwandeln. Tragikomische Liebesverwirrung spielt auf allen Ebenen: von höheren Kräften gelenkt, tappen die Liebenden als reizende Illusionisten im Nebel – seien es die durch Cupidos Gift entzweiten Paare Lysander-Hermia und Demetrius-Helena oder die Elfenkönigin Titania und ihr eselsohriger Webermeister Zettel. Die kleine Handwerkerbühne mit ihrer grotesken Aufführung von Pyramus und Thisbe, obwohl ausgiebig belacht, erscheint hier als Teil einer Wirklichkeit, in der alle Agierenden, Theseus und Oberon ausgenommen, den Göttern als Spielball dienen, und, während nur das Wünschen sich selbst gleich bleibt, die Objekte der Begierde wundersam wechseln.

Eine vergnügtere Satire auf mißratene Schauspielkunst läßt sich nicht denken, da sie ja endlich alle – die Fürstenkinder, Amazonen, Trolle, Feen *und* Kesselflicker – nur ihre ungelenken Possen auf der Bühne des Lebens spielen. »Euer Stück bedarf keiner Entschuldigung«, sagt Herzog Theseus zu Meister Zettel. »Entschuldigt nur nicht: wenn alle Schauspieler tot sind, braucht man keinen zu tadeln.«

Die Handlung des Sommernachtstraums ist Shakespeares eigene Erfindung, auch wenn er verschiedene Figuren und Motive seinen Lieblingsschriftstellern entlehnt: Plutarch, Chaucer, Apuleius und Ariost. (Damit nicht genug: der Feenkönig Oberon ist dem altfranzösischen Epos *Huon de Bordeaux* entnommen – und das Vorbild für eine bei Hof reüssierende Laienspielgruppe findet sich in William Pattens launischer Schilderung von »Captain Cox« und seinen Männern in den *Princely Pleasures at the Court of Kenelworth, 1575.*)

A Midsummer Night's Dream ist auf die Zeit zwischen 1584 und 1587 zu datieren: erstens, da der Vergleich von Theseus und Hippolyta mit dem bukolischen Pärchen Phyllida und Corin auf die Hofaufführung einer gleichnamigen Pastorale im Dezember 1584 anspielt – und zweitens aufgrund Oberons neckischer Rede über Cupidos Liebespfeil, der, auf eine holde Vestalin zielend, »im keuschen Strahl des Mondes« erlosch und nur eine unschuldige Blume traf: »Die königliche Priesterin ging weiter, / In sittsamer Betrachtung, liebefrei« (*A Midsummer Night's Dream* II/1). Natürlich betrifft diese Rede den für immer verschossenen Liebespfeil Alençons, weshalb sie in eine Zeit fallen dürfte, in der man sich des Ereignisses noch lebhaft erinnerte. In Anthony Mundays *John a Kent and John a Cumber* (1587/88)* sind unüberhörbare Anklänge an die Laienspielszenen aus dem Sommernachtstraum enthalten.

---

* Die Datierung von *John a Kent and John a Cumber* vor Juli 1589 ist gesichert durch eine Anspielung Martin Marprelates (in *The Just Censure and Reproof of Martin Junior*) auf »John a Cant« – gemeint ist John Whitgift – als Arbeitgeber Anthony Mundays.

Seine tiefste Bedeutung gewinnt das »Spiel im Spiel« in *Hamlet, Prince of Denmark*. Die Dopplung der Bühne fungiert hier als Mittel der Aufklärung. Wie ja das Werk als ganzes angelegt ist auf Selbsterforschung, Wahrheitssuche und Entillusionierung. Um handeln zu können, muß Hamlet wissen – um zu wissen (und sich zu schützen), setzt er eine überlegene Inszenierung in Gang: das Schauspiel seines Wahnsinns – und die Bühne als Spiegel des Wirklichen. In diesem Spiegel soll der mörderische König sich selbst erkennen: seine Schuld soll darin Feuer fangen – ähnlich dem Drachen, der stirbt, als ihm sein Spiegelbild vorgehalten wird. Darum nennt Hamlet sein Stück »Die Mausefalle«. Wenn diese Falle leer bleibt, so war der GEIST seines Vaters nur ein Spuk, eine Täuschung, ein irrer, boshafter Strudel der jenseitigen Mächte. Aber der Drache fängt sich, auch wenn er nicht größer ist als eine Ratte. Also besitzt die Bühne, wie das Publikum erkennt, nicht nur Erbauungswert, nein, sie verbürgt einen praktischen und geistigen Nutzen, nämlich: Wahrheitsfindung und Selbsterkenntnis.

»Paßt die Gebärde dem Wort, das Wort der Gebärde an«, instruiert Hamlet die Schauspieler, »wobei ihr darauf achten müßt, niemals die Bescheidenheit der Natur zu überschreiten. Denn alles, was so übertrieben wird, ist dem Vorhaben des Schauspiels entgegen, dessen Zweck sowohl anfangs als jetzt war und ist, der Natur gleichsam den Spiegel vorzuhalten: der Tugend ihre eignen Züge, der Schmach ihr eignes Bild, und dem Jahrhundert und Körper der Zeit den Abdruck seiner Gestalt zu zeigen.« (*Hamlet*, III/2)

Obwohl Däne, beobachtet Prinz Hamlet aufs genaueste auch die Situation der Londoner Bühnen in den Jahren 1583/84.

HAMLET Was für eine Gesellschaft ist es?

ROSENCRANTZ Dieselbe, an der Ihr soviel Vergnügen zu finden pflegtet: die Schauspieler aus der Stadt.

HAMLET Wie kommt es, daß sie umherstreifen? Ein fester Aufenthalt war vorteilhafter, sowohl für ihren Ruf als ihre Einnahme.

ROSENCRANTZ Ich glaube, diese Unterbrechung rührt von der *kürzlich* aufgekommenen Neuerung her.

Wie gesagt waren die Theater der Stadtverwaltung ein Dorn im Auge. Auf die königliche Verfügung vom 24. Dezember 1581, die dem Master of Revels, dem Leiter der Hoflustbarkeiten, weitgehende Vollmachten über die Londoner Schauspielszene einräumte, hatten die Stadtväter trotzig mit einem Verbot aller Theater im Stadtkern geantwortet. Der Geheime Staatsrat (Privy Council) widersprach dieser Verfügung, konnte sich aber nicht durchsetzen, da eine erneute Pestwelle im Jahr 1582 größere Menschenansammlungen selbstredend verbot. Im Herbst 1583 machte die Hofverwaltung einen erneuten Vorstoß, indem sie der im März gegründeten Truppe »Queen Elizabeth's Men« die Erlaubnis gab, bis zur Fastenzeit 1584 innerhalb der Stadt zu spielen. (Zu den »Queen's Men« fanden die besten Spieler aus Leicester's und Oxford's Men, darunter auch die Duttons.)

Die Londoner Stadtväter und ihr Bürgermeister warteten die Gelegenheit ab, um den Theatern den entscheidenden Schlag zu versetzen. Nachdem es zu einem Menschenauflauf vor dem Theatre gekommen war (es hatte Streit gegeben oder ein Gaul war gestürzt), eilten sie stracks zum Privy Council. Und am 18. Juni 1584 schreibt William Fleetwood, der Syndikus der Stadt, an Lord Burghley: »Am Sonntag schickte der Bürgermeister zwei Stadträte zum Hof, um das Theatre und das Curtain abreißen zu lassen, und alle Lords, außer dem Lord Chamberlain [Howard of Effingham] und dem Vice Chamberlain [Sir Hatton], stimmten dem Begehren zu. Schließlich erhielten wir die Vollmacht, alle Theater zu *schließen*. Noch in derselben Nacht schickte ich nach den Queen's Men und den Arundel's Men, und beinahe alle gehorchten der Verfügung des Bürgermeisters.«

Aufgrund dieser »Neuerung« folgte die »Unterbrechung« oder Einschränkung (*inhibition*), von der Rosencrantz spricht. (»I think their inhibition comes by the means of the late innovation«.) Die Theater wurden nicht abgerissen, aber die Schauspieler zum Tingeln aufs Land geschickt. Und unter der Obhut von Rosencrantz und Guildenstern kreuzen sie bald darauf am Hof von »Dänemark« auf.

HAMLET Genießen sie noch dieselbe Achtung wie damals, da ich in der Stadt war? Besucht man sie ebensosehr?

ROSENCRANTZ Nein, freilich nicht.

HAMLET Wie kommt das? Werden sie rostig?

ROSENCRANTZ Nein, ihre Bemühungen halten den gewohnten Schritt; aber es hat sich da eine Brut von Kindern angefunden, kleine Nestlinge, die immer über das Gespräch hinausschreien und höchst grausamlich dafür beklatscht werden. Diese sind jetzt Mode und beschnattern die gemeinen Theater – so nennen sie's – dergestalt, daß viele, die Degen tragen, sich vor Gänsekielen fürchten und kaum wagen hinzugehn.

Diese »Brut von Kindern« waren die neu belebten Children's Companies – die Merchant Taylor's Boys mit »Ariodante and Genevora« (*Much Ado About Nothing*), die Oxford's Boys mit Lylys »Campaspe« und »Sappho and Phao«, die Paul's Children mit Lylys »Gallathea« –, die in den Jahren 83 und 84 ihre großen Erfolge feierten.

HAMLET Wie, sind es Kinder? Wer unterhält sie? Wie werden sie besoldet? Wollen sie nicht länger bei der Kunst bleiben, als sie den Diskant singen können? Werden sie nicht nachher sagen, wenn sie zu gemeinen Schauspielern heranwachsen – wie sehr zu vermuten ist, wenn sie sich auf nichts Bessers stützen –, daß ihre Komödienschreiber unrecht tun, sie gegen ihre eigne Zukunft deklamieren zu lassen?

ROSENCRANTZ Wahrhaftig, es hat auf beiden Seiten viel zu tun gegeben, und das Volk macht sich kein Gewissen daraus, sie zum Streit aufzuhetzen. Eine Zeitlang war kein Geld mit einem Stück zu gewinnen, wenn Dichter und Schauspieler sich nicht darin mit ihren Gegnern herumzausten.

HAMLET Ist es möglich?

GUILDENSTERN Oh, sie haben sich gewaltig die Köpfe eingeschlagen.

Wer unterhält, wer besoldet die »Kinder«? – Die Antwort lautet, und Elizabeth dürfte darüber gelacht haben: Nicht zuletzt der Earl of Oxford.

Es haben sich, sagt Rosencrantz, Dichter und Schauspieler in ihren Stücken wild mit den Gegnern herumgezaust. Sehr wahr: nach Stephen Gossons Invektive von 1579 (*The Schoole of Abuse*) antwortete der junge Thomas Lodge (ca. 1558-1625), damals noch kein Dramatiker, mit einer »Verteidigung der Poesie, Musik und Schauspielerei« – Anthony Munday, der Autor des »Zweiten und dritten Signals zum Rückzug von den Spielen und Theatern« (*Second and Third Blast of Retrait*, 1580), schrieb im Sold der Stadtväter – Philip Sidney trug zur Debatte bei mit einer »Verteidigung der Poesie« (*Defense of Poesie*, Manuskript 1580/81) – Dick Tarleton, der König der Londoner Clowns, machte auf der Bühne seine Scherze über die puritanischen Herausforderer – worauf Gosson nachlegte mit der Streitschrift »Stücke, widerlegt in fünf Akten« und der puritanische Biedermann Philip Stubbes mit seiner »Anatomie der Verirrung« (1583) den Schlußstrich zog.

HAMLET Tragen die Kinder den Sieg davon?

ROSENCRANTZ Allerdings, gnädiger Herr, den Herkules und seine Last obendrein.

Könnte es sein, daß Rosencrantz mit seiner Bemerkung anspielt auf den findigen Knaben (»The Boy«), der in *Love's Labour's Lost* den Herkules gegeben hat?

Die Schauspieler treten ein, und Prinz Hamlet begrüßt einen von ihnen als alten Bekannten.

HAMLET Ich hörte dich einmal eine Rede vortragen – aber sie ist niemals aufgeführt, oder wenn es geschah, nicht mehr als einmal; denn ich erinnre mich, das Stück gefiel dem großen Haufen nicht, es war Kaviar für das Volk. Aber es war, wie ich es nahm, und andere, deren Urteil in solchen Dingen den Rang über dem meinigen behauptete, ein vortreffliches Stück, in seinen Szenen wohlgeordnet und mit ebensoviel Mäßigung als Verstand abgefaßt. Ich erinnre mich, daß jemand sagte, es sei kein Salz und Pfeffer in den Zeilen, um den Gehalt zu würzen, und kein Gehalt in dem Ausdruck, der den Verfasser der Leidenschaft überführen könnte, sondern er nannte es eine schlichte Manier, so gesund als angenehm, und ungleich mehr schön als geschmückt. Eine Rede darin liebte ich vorzüglich: es war des Aeneas Erzählung für Dido –

Warum diese Ausführlichkeit? Ist Hamlet schon ein wenig wunderlich geworden? Hat der Wahnsinn, den er spielt, bereits auf ihn abgefärbt? Oder sollte der Autor daran Interesse haben, das Stück eines Zeitgenossen mit gewollt mehrdeutigen Worten vorzustellen? (Wobei ihm Hamlets vermeintliche Konfusion gerade recht kommt?)

Tatsächlich ist ein solches Stück, *Dido* betitelt, im Jahr 1583 – einmalig – aufgeführt worden. Geschrieben hat es William Gager, Doktor des bürgerlichen Rechts, mit Schützenhilfe des Dramatikers George Peele.

Bei seiner Aufführung am 12. Juni 1583 in der Christ Church zu Oxford – zu Ehren des polnischen Wojwoden Albert a Laski – waren die englische Königin und ihre Peers anwesend: darunter auch der Earl of Oxford, der zwei Wochen vorher rehabilitiert worden war und anläßlich dieses großen Ereignisses seine Rückkehr an den Hof feierte. Die Tragödie konnte dem »großen Haufen« schon darum nicht gefallen, weil sie lateinisch geschrieben war. Gagers *Dido* kommt so würdevoll und gemäßigt einher, wie Hamlet sagt: als ein Stück ohne »Salz und Pfeffer«, gelehrt und schmucklos – und darum nicht zu verwechseln mit Marlowes ekstatischer *Dido*, die 1585 entstand, aber erst um 1590 uraufgeführt wurde.

Aeneas, den letzten trojanischen Helden, hat es nach Trojas Zerstörung an die libysche Küste gespült, wo die Königin Dido ihn gastlich aufnimmt. Venus möchte Aeneas an Dido binden und bittet ihren Sohn Cupido, seine Künste spielen zu lassen. Bald rast Dido vor Liebe. Aber Jupiter hat anderes mit Aeneas vor. Als künftiger Gründer Roms muß der Trojaner die arme Königin verlassen. Wie vier Monate zuvor François-Hercule Duc d'Alençon seine Eliza.

Arme Dido. Arme Eliza.

William Gager hat sich geflissentlich an Vergils *Aeneis* gehalten, aber des Aeneas an Dido gerichtete Erzählung, die Schilderung von Trojas Untergang, heroisch zusammengekürzt. Sein Aeneas hält der Königin eine Suppenschüssel vor die Augen: »Stell dir vor, diese Schale, die du vor dir siehst, sei Troja. Dort fließt der Simois, hier liegt der dichtbewaldete Ida ... Hier liegt inmitten des Lagers das Schlachtfeld. Halte dies für die großen Mauern Pergamons ... hier stand der Palast des Priamus, hier der des Vaters, dort das Haus des Anchises. Hier öffnet sich nach dem teilweisen Einreißen der Mauer der unheilvolle Weg für das tückische Pferd mitten in die Stadt. Hier fand das Morden statt. Was soll ich mehr noch sagen?«

Erst im Vergleich mit dieser Dürftigkeit tritt der parodistische Effekt zutage, wenn Prinz Hamlet, an den Ersten Schauspieler gewendet, fortfährt:

HAMLET Eine Rede darin liebte ich vorzüglich: es war des Aeneas
Erzählung an Dido; besonders da herum, wo er von der Ermordung
Priams spricht. Wenn Ihr sie im Gedächtnisse habt, so fangt bei dieser Zeile an. – Laßt sehn, laßt sehn –
›Der rauhe Pyrrhus, gleich Hyrkaniens Leun –‹
nein, ich irre mich; aber es fängt mit Pyrrhus an.
›Der rauhe Pyrrhus, er, des düstre Waffen,
schwarz wie sein Vorsatz, glichen jener Nacht,
wo er sich barg im unglückschwangern Roß,
hat jetzt die furchtbare Gestalt beschmiert
mit grauserer Heraldik; rote Farbe
ist er von Haupt bis Fuß; scheußlich geschmückt
mit Blut der Väter, Mütter, Töchter, Söhne,
gedörrt und klebend durch der Straßen Glut,
die grausames, verfluchtes Licht verleihn
zu ihr's Herrn Mord. Heiß von Zorn und Feuer,
bestrichen mit verdicktem Blut, mit Augen,
Karfunkeln gleichend, sucht der höllische Pyrrhus
Altvater Priamus –‹
Fahrt nun so fort.   (II/2)
Shakespeare trägt vor, was William Gager vermissen ließ: ein dramatisches Inferno – den Amoklauf des Pyrrhus – Blut, Wahnsinn, Zerstörung, Untergang. Und weil er es im Namen des sprachlosen Doktors
der Rechte tut, ist das Schreckliche zugleich komisch. Aber der Spott
nur die dünne Eierschale, die Hamlets Tragik schützt.
Shakespeare erweist William Gager auf höchst eigene Weise seine Reverenz. Denn der Akademiker hinterließ eine Geisterszene, frei nach
Seneca, und plazierte sie (eine Neuigkeit) mitten im Stück. Sichaeus,
der verstorbene Gatte der Dido, trat auf, kommentierte mit dünnen
Worten das Drama der Lebenden und verschwand. – Shakespeare nährt
diesen Schatten mit seinem Blut, verleiht ihm Aura und Macht, schafft
den Getriebenen um zum Beweger und Verfolger der Handlung.

Also entstand *Prince Hamlet* nach Gagers *Dido* und *nach* der Zeit des großen Theaterstreits. Da der junge Dramatiker Thomas Kyd (1558-1594) aber bereits 1586 oder 1587 mit der *Spanish Tragedy** auf *Hamlet* reagiert hat, muß Shakespeares Stück 1585 oder 1586 geschrieben worden sein.

Kyds Tragödie besitzt vom Aufbau und Duktus her größere Ähnlichkeit mit *Titus Andronicus* als mit *Hamlet*, aber der Auftritt des Geists und die Verwendung des Spiels im Spiel machen *Hamlets* Einfluß wahrscheinlich. (In Verkennung von Ursache und Wirkung hat man Thomas Kyd einen verschollenen »Urhamlet« unterschieben wollen.)

1588, im Jahr der Spanischen Armada, brachte der »Atheist« Christopher Marlowe in *Doctor Faustus* die nächsten Geister auf die Bühne: Luzifer, Mephistophilis, Beelzebub und den Guten und den Bösen Engel.**

Worauf der junge Thomas Nashe (1567-1601) im Vorwort zu Robert Greenes *Menaphon* – 1589 – von aufgeblasenen Tragödienschreibern spricht (womit er an erster Stelle wohl Greenes Feinde Kyd und Marlowe meint), die als Nacheiferer Senecas »weniger bestrebt sind, sich durch Handlung hervorzutun, als durch bildreiche Rede die Wolken auszuschlachten«.

»Bei gewissen unsicheren Existenzen«, sagt Nashe, »ist es heutzutage üblich, sich in allen Künsten herumzutreiben und in keiner zu gedeihen. Dabei können sie, wenn es darauf ankommt, ihre eignen

---

* *The Spanish Tragedy* ist ein geschickt gearbeitetes, aktions- und wendungsreiches Schauerdrama, das von der Rache des spanischen Marschalls Hieronimo an den Mördern seines Sohns Horatio handelt. Der kastilische Herzogssohn Lorenzo hat Horatio, den Geliebten seiner Schwester, ermorden lassen, um für den Prinzen Balthasar den Weg zur Schwester freizumachen. Um sich zu rächen, inszenieren der unglückliche Hieronimo und die betrogene Bellimperia ein höfisches Schauspiel, in dem sie zusammen mit Lorenzo und Balthasar auftreten. Gemäß ihrer Bühnenrolle bringen sie die beiden Schurken und sich selbst – wirklich – ums Leben. Das Stück wartet auch mit einigen Geist-Erscheinungen auf – der im Kampf gegen Balthasar gefallene Andrea spricht den Prolog; ein »Geist der Rache« kommt und geht.

** Christopher Marlowe (1564-1593) war der begabteste und wildeste unter den jungen Nachwuchsdramatikern, ein Schuhmacherssohn, der mit einem Stipendium am Christ College in Cambridge studieren konnte und 1587 seinen Magister machte. Seit etwa 1586 lebte er in London, schrieb Verse und Schauspiele und gehörte als Freund von Thomas Kyd zum Kreis der »university wits«.

halsbrecherischen Verse kaum ins Lateinische bringen. Der englische Seneca, bei Kerzenlicht gelesen, wirft viele gute Sätze ab, *Blut ist ein Bettler* und so weiter, und wenn du eines kalten Morgens ihn darum angehst, wird er dich mit ganzen Hamlets, will sagen ganzen Handvolls an tragischen Reden versorgen. Aber o Jammer! *Zeit, die alle Dinge frißt!* Was könnte ewig halten? Das Meer, tropfenweise verdunstet, wird einmal ausgetrocknet sein, und auch Seneca, der Zeile um Zeile und Seite um Seite Blut läßt, kann nicht ewig als Vorbild für unsere Bühne herhalten.«

(Mit dem »englischen Seneca« meint Nashe keinen englischen Adepten Senecas, sondern den 1559-1561 von Jasper Heywood, 1566 von John Studley und 1581 von Alexander Neville ins Englische übersetzten Seneca.)

In Literatenkreisen also kannte man *Prinz Hamlet*, auch wenn das Stück vielleicht nur eine einzige Aufführung bei Hof erlebt hatte. Es war, wie der Prinz so schön sagt, »Kaviar für das Volk«.

Übrigens hat Oxford sich dem Stück durch einen besonderen Umstand als Verfasser eingeschrieben: er revanchiert sich für die verschiedentlichen Seitenhiebe in Burghleys »precepts« (an den Sohn Robert Cecil) mit zehn Lebensregeln, die er dem Hofmann Polonius in den Mund legt. Die Instruktionen des dänischen Hofmanns an seinen Sohn Laertes sind ungleich bündiger, weltmännischer und philosophischer als William Cecils haushälterisch besorgte Formeln, aber sie fallen nicht ganz aus dem Rahmen. Auch Polonius spricht von der Gefahr des Borgens und Verleihens und setzt mit dem Gedanken ein, mit dem Lord Burghley (»Scherze, die zu sehr nach Wahrheit schmecken, lassen eine Bitterkeit bei dem zurück, der davon getroffen ist«) sein Regelwerk beendet hat.

[1] Gib den Gedanken, die du hegst, nicht Zunge,
Noch einem ungebührlichen die Tat.
[2] Leutselig sei, doch mach dich nicht gemein.
[3] Den Freund, der dein, und dessen Wahl erprobt,
Mit ehrnen Haken klammr ihn an dein Herz.
[4] Doch schwäche deine Hand nicht durch Begrüßung
Von jedem neugeheckten Bruder. [5] Hüte dich,

In Händel zu geraten; bist du drin,
Führ sie, daß sich dein Feind vor dir mag hüten.
[6] Dein Ohr leih jedem, wenigen deine Stimme;
[7] Nimm Rat von allen, aber spar dein Urteil.
[8] Die Kleidung kostbar, wie's dein Beutel kann,
Doch nicht ins Grillenhafte: reich, nicht bunt;
Denn es verkündigt oft die Tracht den Mann,
Und die vom ersten Rang und Stand in Frankreich
Sind darin ausgesucht und edler Sitte.
[9] Kein Borger sei und auch Verleiher nicht;
Sich und den Freund verliert das Darlehn oft,
Und Borgen stumpft der Wirtschaft Spitze ab.
Dies über alles: [10] Sei dir selber treu,
Und daraus folgt, so wie die Nacht dem Tage,
Du kannst nicht falsch sein gegen irgendwen.
Leb wohl! Mein Segen fördre dies an dir!   (I/3)

(Nebenbei nennt Hamlet Polonius einen »Fischhändler«. Denn der
Schatzkanzler hatte während des Parlaments im Dezember 1584 einen
Gesetzentwurf eingebracht, womit er den Mittwoch neben dem Frei-
tag zum zweiten obligaten Fischtag der Woche machen wollte. Diese
Verfügung sollte den englischen Fischmarkt beleben.)

Hamlet ist der Ausnahmefall unter Shakespeares Helden. In seiner
Selbstbedenklichkeit wird er sich zum Rätsel, Pessimismus überschattet seine Tatkraft – er zieht die Frau, die er liebt, mit in seinen Untergang hinein. Sie verfällt dem Wahnsinn, den er spielt – und begeht den
Selbstmord, den er denkt.
Und doch ist der Prinz nicht der Melancholierer und Zögerer, als den
man ihn verkennt – er, der zielsicher und kaltblütig Rosencrantz
und Guildenstern in den Tod schickt und Polonius, die höfliche Ratte,
durch den Vorhang ersticht.

Shakespeares literarische Quelle, François de Belleforests Bearbeitung
von Saxo Grammaticus' Amlethus (*Histoires Tragiques*, Lyon 1576), kennt
keinen drängenden Vater-Geist, keinen Gedanken an Selbstmord, kei-

ne Abwendung von der Geliebten, keine Aufklärung durch die Macht
der Bühne, keinen Sprung in das Grab einer Ophelia – aber wohl den
gespielten Wahnsinn, die Ermordung des Lauschers, das Zur-Rede-
Stellen der Mutter, die Fahrt nach England, die Vertauschung der Briefe und die gelingende Rache.

Saxo, der dänische Chronist des 12. Jahrhunderts, liefert den kühnen
Aktionismus – Shakespeare die seelische Grenzerfahrung, die Refle-
xion, die Zerrissenheit, und damit, im modernen Sinne, die Dimension der Freiheit.

Der Amlethus des Dänen ist ein blutjunger Mensch und eher eine Till-
Eulenspiegel-Figur als ein zum Handeln genötigter Denker.

Und Shakespeares Hamlet? Besitzt er neben der Tragik nicht auch den
Schalk? Den Oxfordschen élan vital? Und, eine nicht nebensächliche
Frage: wie alt ist der Prinz eigentlich?

Komplizierter Sachverhalt: Die schlechte Quarto-Ausgabe von 1603
(Q1) überliefert einen etwa neunzehnjährigen, die gute Quarto von
1604 (Q2) einen dreißigjährigen Helden. Man möchte der Ausgabe
von 1603 begeistert folgen, wenn sie nicht die »bad Quarto« wäre:
ein reines Theatermanuskript, ein zusammengestrichenes Etwas. Allerdings besitzt dieses Etwas den Vorteil, sich auf eine ältere Fassung des
Texts zu beziehen.

Ein dreißigjähriger Hamlet scheint eher den Vorstellungen der Romantik als den Voraussetzungen des 16. Jahrhunderts zu entsprechen.
Claudius wäre nicht zum Brudermörder geworden, wenn er die Nachfolge eines mündigen Erben hätte voraussetzen müssen. (Aber einen
unmündigen Sohn kann er ersetzen und gelegentlich beiseite schaffen.)
Ein dreißigjähriger Prinz hatte nichts auf der Hohen Schule von Wit-
tenberg zu suchen (es sei denn, er hätte dort eine Professur bekleidet).
Und noch viel weniger schrieb er in diesem Alter Liebesbriefe an ein
Kind wie die reizende Ophelia.

Die schlechte Quarto von 1603 scheint demnach recht zu haben. Daß
sie (trotz verheerender Kürzungen und Vereinfachungen) sich von einem älteren Textstand ableitet als Q2, zeigt sich u. a. an den Namens-
gebungen »Corambis« und »Montano«, die später zu »Polonius« und
»Reynaldo« werden.

In Q1 heißt es, Yorick habe mit Hamlet gescherzt, als er ein Kind war, und ihn wohl zwanzigmal auf dem Rücken getragen. Inzwischen liege Yoricks Schädel gute zwölf Jahre unter der Erde (»heres a scull hath bin here this dozen yeare«).

Aus Q2 erfahren wir, daß der Totengräber seit dreißig Jahren auf dem Friedhof arbeitet, »seit dem Tag, an dem der junge Hamlet geboren ward«. Und Yoricks Schädel liegt nun schon seit dreiundzwanzig Jahren im Grab. Danach war Prinz Hamlet sieben, als Yorick das Zeitliche segnete. (Edward de Vere war zehn, als der berühmte Hofnarr Will Sommers starb.)

Im Rückschluß auf Q1 dürfen wir annehmen, daß Prinz Hamlet in der älteren Fassung ein Jüngling von neunzehn Jahren war.

Aber warum macht die *gute* Quarto von 1604 den Jüngling elf Jahre älter? Weil er wie ein Dreißigjähriger spricht? Oder weil Shakespeare sein Manuskript nach elf Jahren für den Druck neu überarbeitet hat? Und in der Zwischenzeit etwas entscheidend anders geworden ist?

Zeit, die alle Dinge frißt! Der Schauspieler Richard Burbage, der gefeierte Interpret des Prinzen Hamlet, ging im Jahr 1597 auf seinen dreißigsten Geburtstag zu. Eine guter Grund, die Rolle von »young Hamlet« für ihn umzuschreiben.

Wieder einmal nur die Kritik der Winzigkeiten? Nein, denn es ist keine kleine Sache, zu erfahren, wie Hamlet und Ophelia gemeint sind.

Zu Hamlets Tragik gehört seine Jugend. Er ist ein Mensch, der am Anfang steht, am Anfang des Liebens, Erkennens und Handelns, die Welt ist für ihn neu und entdeckenswert – aber wenn er sich umschaut in seinem engsten Kreis, erlebt er die Menschen als verderbt und fade. Dem Vater Gehorsam leistend, bereitet er, der für den Anfang gemacht ist, sein Ende vor.

Und wäre Ophelia kein fünfzehn- oder sechzehnjähriges Mädchen, sondern eine erwachsene Frau, um die ein dreißigjähriger Hamlet wirbt oder geworben hat, so wäre sie nicht »reizend«, sondern – ungut naiv. Denn eine erwachsene Frau nimmt nicht die Benimmregeln des älteren Bruders entgegen, läßt sich von ihrem Vater nicht gängeln und gibt, wenn sie nicht will, keine Liebesbriefe zurück. Aber weil Ophelia ein junges Mädchen ist (nach dem Geschmack der elisabethanischen Zeit ein Mädchen in heiratsfähigem Alter), verharrt sie in schüchternem Gehorsam und fällt damit, gegen ihren Willen, dem Geliebten zur Last. Denn einer Geschobenen kann Prinz Hamlet nicht vertrauen.

Anders als in Saxos oder François de Belleforests blutiger Schelmengeschichte stößt der Prinz die Geliebte zurück, um den Auftrag des Vaters zu schützen. Ophelias innige Kinderseele ist der Wucht dieser Zurückweisung nicht gewachsen. In ihrer Ahnungslosigkeit wird das Mädchen zum Opfer: sie verliert ihre Freiheit, damit Hamlet agieren kann. Aber ihr Tod kündigt den seinen an.

Denn der Mord an seinem Vater, der väterliche Fluch und Ophelias Wahnsinn haben Hamlet jeder Aussicht auf eine menschliche Zukunft beraubt. So muß er, gegen sein besseres Wissen, die Rolle des Rächers zu Ende spielen – um eine Welt ins Lot zu bringen, die längst in Trümmer gegangen ist.

Hamlet durchlebt die Geschichte einer tragischen Desillusion, die er als Aufklärer selbst befördert. D. h., er tritt an nach dem Gesetz der Freiheit, nicht nach dem Gesetz der Götter – auch wenn es die Freiheit zum Tode ist, die er wählt. Hamlets menschlichster Zug ist das Zögern, die verborgene Strömung von Melancholie, die den Kämpfer vom Täter unterscheidet.

In einer aus den Fugen gegangenen Welt, erschüttert durch die Tragödie des Brudermords, wird der Gedanke an Selbstmord zum Indiz von Menschlichkeit. Und doch ist der Selbstmord für den Prinzen nur ein Gedanke, keine Option. Er wählt den Weg des Kriegers, der die Welt von einem Geschwür und sich selbst vom Vorwurf der Tatenlosigkeit befreien will.

Hamlet ist ein Stück über den Schmerz der Erkenntnis und über das Paradox des Handelns. »Die Erkenntnis tötet das Handeln«, wie Nietzsche sagt, »zum Handeln gehört das Umschleiertsein durch die Illusion.« Stillehalten in einer Welt des Falschen aber tötet die Seele. Deshalb kehrt Hamlet nach Dänemark zurück und schickt den Tyrannen zur Hölle.

Der Tod ist Hamlets wirkliche, vielleicht seine einzige Legitimation als Mensch, der kämpft, obwohl er gedacht hat. Die von ihm vollzogene Rache offenbart Claudius' Schuld – nicht obwohl, sondern weil Hamlet zugleich mit ihm stirbt.

Freund Horatio aber muß leben, um die Redlichkeit und Rechtlichkeit des Toten zu bezeugen.

HAMLET Verbanne noch dich von der Seligkeit
und atm in dieser herben Welt mit Müh,
um mein Geschick zu melden.

(Dem Earl of Oxford scheint der Racheimpuls seines Helden nicht fremd gewesen zu sein. Eines seiner Gedichte – »Fain would I sing« – beginnt mit den »Hamletschen« Zeilen:

»Ich sänge gern, doch an mir frißt die Wut,
und Zorn will Rache an dem Unrecht nehmen.
Mich schlägt das Böse so in seinen Bann,
daß nur der Tod die tödlich Qualen lindert.
Erzwungene Geduld ist solche Pein,
daß ich gern sterbe, um mich zu befrein.«[*])

Hamlet ist auch ein Stück über die Wahrheit. Die Wahrheit seiner Intuition macht Hamlet frei. Die Freiheit seines Denkens macht ihn wahr. Aber sich der Wahrheit auf dem Weg der Verstellung zu nähern fordert das Opfer der Liebe. Ophelia.
Sich der Wahrheit auf dem Weg des Handelns zu nähern, fordert das Opfer des eigenen Lebens.

Nicht, daß wir Hamlet für einen Pessimisten hielten. Es überwiegen Idealismus und Neugier. Im Energiefeld zwischen Chaos und Ordnung vertritt er, auf spielerisch improvisierende Art, die Seite der Ordnung.
Hamlet diagnostiziert die Gesellschaft als krank, und seine Melancholie rührt aus der Erkenntnis des allgemeinen Werteverfalls. Statt den Tugenden der Wahrheitsliebe, Uneigennützigkeit und Treue regieren am dänischen Hof Lüge, Willkür, Schmeichelei und Blindheit.

---

[*] Fain would I sing, but fury makes me fret,
And rage hath sworn to seek revenge of wrong;
My mazed mind in malice so is set,
As death shall daunt my deadly dolours long;
    Patience perforce is such a pinching pain,
    As die I will, or suffer wrong again.

Einer solchen »See von Plagen« ausgeliefert, möchte der Tugendhafte seine Weltliebe aufkündigen – aber er überließe damit die Welt den Falschspielern, Feiglingen und Zynikern.

Entschlossen, die väterliche Ordnung zu verteidigen, ermutigt Hamlet sich selbst zum Aufstand gegen den Pessimismus. Er immunisiert sich gegen den Gedanken, daß der Mensch von Natur aus hinfällig, erbärmlich, nichtig, schwach und vergeßlich sei. Der Prinz argumentiert mit Girolamo Cardanos *De Consolatione*, nicht mit den *Essais* von Michel de Montaigne.

Aber Shakespeare hat Montaigne gelesen.

Der französische Philosoph beschrieb aus intimer Kenntnis die inneren Voraussetzungen einer Hamletschen Natur – und suchte ihren Verirrungen zu begegnen:

> »Wahr ist eben auch, daß unser Geist sich dem Lebensalltag und dem gesellschaftlichen Verkehr mit einem Übermaß an unbestechlichem Klarblick zuwenden kann: diese durchdringende Klarheit besitzt zu viel Feinheit und Genauigkeit. Wir müssen den Geist etwas entschärfen und abstumpfen, damit er sich eher den Gegebenheiten und der Praxis fügt, wir müssen ihn zur Anpassung an die Finsternis unseres irdischen Daseins etwas dämpfen und dunkeln.« (*Essais* II,20; Paris 1582)

Kaum etwas charakterisiert Hamlet mehr als die Fähigkeit des »unbestechlichen Klarblicks«. Er leidet darunter, ohne ein anderer sein zu wollen. Auch wenn Freund Horatio – wie Montaigne – zur Mäßigung rät.

> HAMLET Zu was für schnöden Bestimmungen wir kommen, Horatio! Warum sollte die Einbildungskraft nicht den edlen Staub Alexanders verfolgen können, bis sie ihn findet, wo er ein Spundloch verstopft?
>
> HORATIO Die Dinge so betrachten hieße sie allzu genau betrachten. (V/I)

Einen der Montaigneschen Grundgedanken, daß in dieser Welt sich nichts unvermischt Reines erhalten könne, ja der Natur des Menschen unzuträglich sei, legt Shakespeare dem Mörder und Zyniker Claudius in den Mund.

»Schon die Elemente, die wir in Gebrauch nehmen, sind verfälscht«, sagt Montaigne, »zum Beispiel die Metalle. Selbst das Gold muß man, um es dienstbar zu machen, mit irgendeinem mindren Stoff versehen.« (*Essais* II,20)

Der Brudermörder zieht diesen Gedanken listig an sich:

KÖNIG Im Innersten der Liebesflamme lebt
eine Art Docht und Schnuppe, die sie dämpft;
und nichts beharrt in gleicher Güte stets,
denn Güte, die sich überschlägt, erstirbt
im eignen Allzuviel.   (IV/7)

»Sobald ich mir selber gewissenhaft beichte, finde ich, daß auch das Beste in mir manch lasterhafte Einfärbung hat«, sagt Montaigne (*Essais* II,20). Hamlet, der leidenschaftliche Idealist, kontert: »Der Gran von Schlechtem zieht des edlen Wertes / Gehalt herab in seine eigne Schmach.« (I/4)

Dennoch ist die menschliche Natur ihm nicht fremd: »Behandelt jeden Menschen nach seinem Verdienst, und wer ist vor Schlägen sicher?« sagt er zu Polonius. Um ernsthafter fortzufahren: »Behandelt sie nach Eurer eignen Ehre und Würdigkeit; je weniger sie verdienen, desto mehr Verdienst hat Eure Güte.« (II/2)

Montaigne und Shakespeare blicken auf dieselben Väter: Heraklit, Demokrit und Platon, Sophokles und Euripides, Ovid, Vergil, Horaz und Seneca, Augustinus und Bernhard von Clairvaux. Beide gehen sie der Natur des Menschen auf den Grund, beide sind Meister einer illusionslosen Weltbetrachtung. Montaigne hält die menschliche Schwäche für eine im Bauplan des Menschen vorgesehene Eigenschaft, die mit ironischer Nachsicht zu behandeln ist, während Shakespeare sie als einen Makel ansieht, dem er den Spiegel der Bühne entgegenhält. Gemäß der Logik des Widerspruchs besitzt der Pessimist Montaigne eine Neigung zur Pädagogik, der Komödiant Shakespeare einen Hang zum Abgrund.

Im 31. Kapitel des ersten Buchs der *Essais* (1580) hat Montaigne seiner Begeisterung für die Kultur der Primitiven Ausdruck gegeben:

»Da haben wir ein Volk, in dem es keinerlei Handel gibt, keine Kenntnis von Buchstaben, keine Rechenlehre, keine Bezeichnung für Behörde und Obrigkeit, keine Dienstbarkeiten, keinen Reichtum und keine Armut; keine Verträge und keine Erbfolge und keine Güterteilung; keine beschwerlichen Tätigkeiten und keine Berücksichtigung einer anderen als der zwischen allen Menschen bestehenden Verwandtschaft; keine Bekleidung, keinen Ackerbau und kein Metall; keine Verwendung von Getreide und Wein. Selbst Wörter wie *Lüge*, wie *Verstellung* und *Verrat*, wie *Habsucht* und *Neid*, wie *Verleumdung* und *Verzeihen*: unbekannt.«

In *The Tempest* zitiert Shakespeare den französischen Philosophen wörtlich und, wie es scheint, nicht ohne Wohlwollen. Gonzalo, »ein ehrlicher alter Rat« des Königs Alonso, formuliert (mit Montaigne) seine gesellschaftliche Utopie:

»Hätt ich, mein Fürst, die Pflanzung dieser Insel …
und wäre König hier …
Ich ordnete in meinem Staate alles
durchs Gegenteil: denn keine Art von Handel
erlaubt ich, keinen Namen eines Amts;
Gelehrtheit sollte man nicht kennen; Reichtum,
Dienst, Armut gäb's nicht; von Vertrag und Erbschaft,
Verzäunung, Landmark, Feld- und Weinbau nichts;
Auch kein Gebrauch von Korn, Wein, Öl, Metall,
kein Handwerk; alle Männer müßig, alle;
die Weiber auch; doch völlig rein und schuldlos;
kein Regiment …
Allen gemeinsam sollte die Natur
Frucht bringen ohne Müh und Schweiß; Verrat, Betrug,
Schwert, Speer, Geschütz, Notwendigkeit der Waffen
gäb's nicht bei mir; es schaffte die Natur
aus freien Stücken alle Hüll und Fülle,
mein schuldlos Volk zu nähren.«   (*The Tempest*, II/1)

Der ehrliche Rat möchte – in einem Aufwasch mit der Kultur – alle Unehrlichkeit aus der Welt schaffen. In einer solchen Gesellschaft aber hätte Gonzalo sein eigenes Amt mit abgeschafft, denn die Primitiven brauchen keinen König. Und keinen Philosophen und keinen Dramatiker. Darum antwortet Alonso unwirsch: »Du spricht von *nichts* zu mir.«

Shakespeare geht nicht so weit wie Montaigne, der eine »Schule der Dummheit« gründen wollte, um den Menschen die Eitelkeit der Ämter und die Angst vor dem Tod zu ersparen. Seine Zeitgenossen sind dem Dramatiker dumm genug. Er spottet gern, aber will nicht recht bekommen als Spötter. Weil er weiß, daß der Mensch eine Gleichung ist, »die niemals aufgeht«.

Der Earl (alias Shakespeare) liebt die Komplexität und Kompliziertheit einer Kultur, die sich selbst nicht aufzugeben bereit ist. Die nicht durch Schein, sondern durch Sein zur Wirkung kommt. Denn es genügt (wie Montaigne sagt), das Gesicht zu schminken: das Herz bedarf dessen nicht.

Epitaph auf Anne Cecil

Er hat keine Zeit, ins Ungefähre zu denken. Das sollen andere tun. Er hat zu arbeiten. Aber er muß den Verfassern der Gedichte danken, den zwanzig jungen Leuten aus Cambridge und Oxford, die die Nachrufe geschrieben haben auf Anne. Als könnten ihre Gedichte ihn trösten.

Master Samond muß er vor allem danken – und Hoskyns.

> *»An Sittsamkeit eine reine Penelope,*
> *an Geduld eine zweite Griseldis,*
> *so geduldig, wie es wenigen gegeben ist.«*

Er kennt diesen Samond nicht, ein Mann der Universität, ein guter Mann.

> *»Ihre christliche Liebe zum höchsten Gott,*
> *ihr ergebner Gehorsam gegenüber ihrer edlen Königin,*
> *ihre Verehrung für ihren alten Vater,*
> *ihre aufrichtige Liebe zu ihrem edlen Lord,*
> *ihre Freundlichkeit gegenüber den Gleichgestellten,*
> *ihre Hilfsbereitschaft gegenüber den Bedürftigen*
> *haben den Weltenkreis mit dem Lobpreis unserer Anne erfüllt,*
> *die auf Erden als Engel lebte*
> *und im Himmel als Engel thront*
> *zur Rechten dessen, der ihr die Gestalt des Engels gab.*
> *Dreifach glücklich der Leib, in dem diese Saat gedieh,*
> *glücklich der Vater eines solchen Kindes,*
> *glücklich der Gatte einer so treuen Frau,*
> *glücklich die Erde, die ein so tugendhaftes Wesen empfing,*
> *und glücklich auch sie, die als Glückliche starb.*
> *Und nun, zarte Damen, legt eure Trauergewänder ab,*
> *führt nicht länger Klage, als wäre sie tot,*
> *da sie als Stern am Himmel scheint*
> *und euch den Weg zeigt, ihr im Leben zu folgen.«*

Unter zwanzig heidnischen ein christliches Gedicht. Englisch so würdig wie lateinisch, wobei die englische Fassung ihm noch besser gefällt. Wilfred Samond – ein Name, den er sich merken will.

Und Hoskyns der andere. Ein geistreicher, etwas allzu lustiger junger Mann am New College. Das Trauern ist seine Sache nicht. Aber er schreibt ein gutes Latein. Jagt durch die Mythologie mit fliegenden Fahnen.

Den Vergleich mit Anna Perenna mußte er, der Alte, sich erst erklären lassen, da er von der Dame – oder vergöttlichten Dame – nie gehört hatte, die eine Schwester der phönizischen Königin Dido gewesen sein soll und, der Sage nach, dem Aeneas von Didos Tod erzählte. Aber darauf will Hoskyns nicht hinaus. Sondern darauf, daß Anna Didos Schwester war. Hoskyns vergleicht die Phönizierin mit Elizabeth und Anna Perenna mit Anne. Ein wenig umständlich, aber doch von Interesse.

Das Gedicht beginnt:

> *Anna soror soror Anna suae charissima Elisae –*
> *»Anna Schwester, liebste Schwester ihrer Eliza«.*

Dann die Begründung durch den gelehrten Vergleich:

> *»Nachdem sie vor ihrem Bruder über das Meer geflohen war«*
> *– hier hinkt der Vergleich bereits –*
> *»erreichte Anna nach glücklichem Schiffbruch die Küste Latiums«.*

Das mag für Didos Schwester gelten, denkt der Alte. Aber Anne und ihre Brüder waren sich immer gut. Und unsere Königin hat sich nie in einen Aeneas verliebt. Zum Glück für England. Und keines Aeneas wegen Selbstmord begangen. Gottlob.

> *»Anna gelangte nach Rom. Und während das Volk auf dem heiligen Berg zögerte, ob es Tribunen oder Lebensmittel fordern sollte, hat Anna, die Freigebige, Brot unter den Plebejern verteilt. Dafür wurde sie – neben Dido – in den römischen Vorstädten als zweite Göttin verehrt.«*

Meine Tochter als Göttin der Plebejer, denkt Burghley. Was für ein Witz.

> *»Sie war Vera, die Wahre. Unrecht wäre es, dem etwas hinzufügen zu wollen, denn falsch wird sein, was man dem Wahren hinzufügt. Und dennoch birgt ihr Name einen sichtbaren Glanz und leuchtet heller als die Treue der Penelope.«*

Nochmal Penelope. Die siebenjährige Abwesenheit des Gatten.

Neuer Abschnitt: Die Gattin.

> *»Der Earl gab dir den Namen, den du teilst mit unserem Athen.«*

Der Mann Oxford und Oxford, das gelehrte Athen der Neuzeit.

> *»Du fügtest das Salz des attischen Geistes hinzu.«*

Das ist schön gesagt.

> *»Die Tochter William Burghleys, dem Gott dieses Land als Schatz anvertraut hat und dem dieses Land seine Schätze anvertraut hat. Ach, wie kommt es, Schatzmeister, daß du dieses Juwel fahren ließest? – Eine Frau*

*von Pflichtgefühl, Klugheit, Geduld, Sittsamkeit und einzigartiger Liebe
zum Gatten – der Königin, den Eltern, den Brüdern und dem ganzen
Königshaus überaus teuer. – Sie, die den Freunden wissentlich nie geschadet
hat und keinen einzigen Feind hatte. Sie, die durch ihren Tod ihre Freunde
wissentlich und willentlich verletzt hat, denn sie ist wissend und wollend
gestorben.«*

Wissend und wollend. Und das Ungeborene mit ihr.

*»Sie starb am Hof zu Greenwich. Der Ort, wo die Königin geboren und wo
Vera gestorben ist. Könnte ein Ort größere Berühmtheit erlangen?«*

Die Königin geboren – und die Wahrheit gestorben. Ein böser Scherz, John
Hoskyns. Und noch ein Vergleich.

*»Anna ist Merope, eine Tochter des Atlas, die Fernste unter den Plejaden.
Zusammen mit ihr gelangte die Botschaft von Spaniens Katastrophe hinauf
zu den Himmelssitzen. Als Tochter des Atlas ist sie des Himmels würdig.
Der Alte aber trägt die große Last des Königreichs auf starken Schultern.
Die Tage, die Jupiter Anna auf Erden verweigert hat, wird er dem Leben
ihres Vaters hinzufügen.«*

Das, denkt Burghley, überträfe an Entsetzlichkeit noch ihren Tod. Und abwesend gleitet sein Blick über die Schrift.

15 DIE WENDE

Das Jahr 1586 brachte keinen englischen Sieg in den Niederlanden, sondern eine dramatische Wendung im Duell der Königinnen. Es war Maria Stuart gelungen, ihre Geheimkorrespondenz mit dem In- und Ausland wieder einzurichten. Aber Walsingham hatte den Übermittler der Botschaften, einen gewissen Gilbert Gifford, abgefangen und in seine Dienste gestellt. Die im Innern von Bierfässern transportierten Briefe machten den Umweg über den Schreibtisch des kleinen, gelbhaarigen und pockennarbigen Thomas Phelippes, der ein Meister war in der Kunst des Dechiffrierens.

Nachdem eine Gruppe junger Verschwörer unter dem Edelmann Anthony Babington mit dem erklärten Ziel zusammengekommen war, Königin Elizabeth zu ermorden, begrüßte die Stuart den Plan mit warmen Worten, kargte auch nicht mit guten Ratschlägen. Phelippes entzifferte den Brief und schickte Walsingham eine Abschrift. Die Rückseite des Briefes trug das Zeichen für Eilbestellung: den Galgen!

Das englische Volk feierte die Verhaftung der Verschwörer und die Enttarnung der »katholischen Hure«. Man hatte im Land das Gefühl, einer zweiten Bartholomäusnacht entgangen zu sein. Nach der Hinrichtung und Zerstückelung der Verräter drängte das Parlament auf ein Todesurteil gegen Maria Stuart.

Im gleichen Jahr erreichten die Finanzen des Earl of Oxford ihren Tiefstand – was vor allem seine Angehörigen beunruhigt haben muß. Am 21. Juni 1586 schrieb Lord Burghley an Sir Walsingham nach Hampton Court:

> »Gebt mir doch bitte Bescheid, ob Ihr Gelegenheit hattet, mit Ihrer Majestät in der Sache von Milord Oxford zu sprechen, und welche Hoffnung hierin besteht – und ob, wenn Hoffnung besteht, Ihr dies Robert Cecil wissen lassen könnt, damit er seine Schwester beruhigen kann, die sich über die Lage ihres Mannes mehr aufregt als er selbst.«

Oxford war in eigner Person nach Hampton Court gezogen, um seine

Sache zu befördern: d. h. seinem Gesuch um finanzielle Unterstützung durch die Krone Nachdruck zu verleihen. Da er als erblicher Lordkämmerer kein offizielles Amt besaß, verfügte er auch über keine Einnahmen aus öffentlicher Hand. Seine Dienste, die er der Königin leistete, waren anderer Art: er schrieb unvergängliche Stücke, die an ihrem Hof zur Aufführung kamen. Unentgeltlich, wie sich das für einen Aristokraten versteht. Aber jetzt, da das ererbte Vermögen verbraucht war, mußte die Königin in höflicher Form daran erinnert werden, daß auch Kunst honoriert zu werden verdient.

Am 25. Juni 1586 meldet sich der Dichter von Hampton Court aus brieflich bei seinem Schwiegervater. Der nächste Progress steht bevor, und die Königin möchte ihren »Eber« mit auf die Wanderschaft nehmen.

»Mein sehr guter Lord, so sehr ich Euch aus verschiedenen Gründen bereits verpflichtet bin (und ebenso meinem Schwager Robert Cecil, der mir geholfen hat, mein Anliegen vorzutragen, worin Sekretär Walsingham mich zur Zeit unterstützt), so möchte ich Eure Lordschaft doch gegenwärtig nochmals um Hilfe bitten. Auch wenn ich jetzt schon fast mit Händen greifen kann, was Ihre Majestät mir zuzuwenden gedenkt, sehe ich mich gleichzeitig als einen, der lange eine Festung belagert hat und nun – ohne sein Ziel erreicht zu haben oder die Früchte seiner Anstrengung ernten zu können – gezwungen ist, seine Belagerung mangels Munition aufzugeben. Da ich mich aller Mittel entblößt sehe, Ihrer Majestät zu folgen, wie sie das augenscheinlich erwartet, bitte ich Eure Lordschaft dringend, mir 200 Pfund zu leihen, bis Ihre Majestät das gegebene Versprechen erfüllt. Daraus werde ich, wenn es Euch recht ist, meine Zahlung begleichen, einschließlich der übrigen Gelder, die Ihr mir verschiedentlich durch Euren Diener und Verwalter Billet habt zukommen lassen. Es wäre mir nicht in den Sinn gekommen, Euch mit einer solchen Bitte zu belästigen, hätte nicht das beschwerliche Gesuch mich hier fest- und von London ferngehalten, wo ich leichter über die Runden gekommen wäre, bis Ihre Majestät mich abgefunden hat. Aber da die Sache hier zum Abschluß zu kommen scheint, wage ich nicht, mich zu entfernen. Ich bitte Eure Lordschaft: haltet zu mir in einem Augenblick, der mich in Nöte bringt, während ich dabei bin, mein Gleichgewicht wiederzufinden. Vom Hof, diesen Morgen.

Eurer Lordschaft immer verbunden –
Edward Oxenford«

Dies der Pumpbrief eines »reichen Bettlers«. Der Dichter benötigt ein Vermögen, um mit seiner Königin auf Reisen zu gehn, aber er wird es dem Schwiegervater aus ihrer Schatulle demnächst zurückzahlen. *Meritum petere grave.*

Und doch entschied die große Elizabeth diesmal schneller als erwartet: schon am nächsten Tag, am 26. Juni, bedachte sie ihren Hofdichter mit einer jährlichen Pension in Höhe von 1000 Pfund Sterling, zahlbar in vier Raten. Die Zahlungsanweisung für »Unseren sehr getreuen und werten Cousin Earl of Oxford« enthielt keine Angabe von Gründen. Die jährliche Pension sei aufrechtzuerhalten, so hieß es, bis Oxford in anderer Weise durch die Krone versorgt werden würde – also durch Zuteilung eines Handelsmonopols o. ä. Alle späteren Gesuche um eine solche, noch lukrativere Abgeltung aber liefen ins Leere – es blieb bei den 1000 Pfund bis zu Oxfords Tod.

Natürlich gab die Königin einen so stattlichen Betrag nicht für nichts. Gabriel Harveys satirisches Lob von 1593 liefert den deutlichsten Hinweis darauf, welches »Amt« der Earl in den folgenden Jahren bekleidet hat: Harvey nannte seinen bewunderten Feind den »Taufpaten der Schriftsteller, Oberaufseher der Drucker und Musterungs-Meister unzähliger Schauspielgruppen« (»the godfather of writers, the superintendent of the press, the muster-master of innumerable bands«).

Wundersamerweise existiert eine Shakespeare-Anekdote, die, obwohl sie unter anderem Vorzeichen steht, den Vorgang exakt beleuchtet. – Im Jahr 1662 war Dr. John Ward Pfarrer von Stratford geworden. Als ein historisch interessierter Mann vertraute er seinem Tagebuch an, was er über den verstorbenen William Shakspere noch in Erfahrung bringen konnte. »Ich habe gehört«, schreibt er, »Mr Shakspeare versorgte die Bühne mit zwei Stücken pro Jahr, und bekam dafür eine so hohe jährliche Zuwendung, daß er einen Betrag von 1000 Pfund pro Jahr ausgeben konnte.«

Hatte die haushälterische Queen mit »Shakespeare« einen Handel abgeschlossen? Elizabeth, so könnte man spekulieren, übernimmt die Rolle der höfischen Intendantin und gibt in der Folge das große Thema vor, dem Shakespeare sich bis zu seinem Tod widmen wird – die Geschichte Englands und seiner Könige.

Diese Vorgabe der Königin hätte ganz den Vorstellungen des jungen Edmund Spenser entsprochen, der in der Oktober-Ekloge von 1579 den Hirten *Cuddie* ermahnte: »So gib den niedrigen und nichtsnutzigen Clown auf und erhebe dich selbst aus dem Staub. Singe vom blutigen Mars, von Kriegen und Tjosten, wende dich denen zu, die die hehre Krone tragen.«

Ist es ein Zufall, daß in den nächsten Jahren die beiden großen Königsdramen *2+3 Henry VI* und *1+2 Henry IV* entstanden, die zur historischen Legitimation des Hauses Tudor beitrugen?

Nach mündlicher Überlieferung, die von John Dennis im Jahr 1702 (und von Nicholas Rowe im Jahr 1709) schriftlich fixiert wurde, hat Königin Elizabeth auf die Arbeit Shakespeares in einem Fall sogar sehr energisch Einfluß genommen. Seine erste und einzige postitalienische Komödie – *The Merry Wives of Windsor* – wurde, wie Dennis versichert, »von der Königin in Auftrag gegeben und nach ihrer Vorstellung ausgeführt«. »Ihr gefiel die Figur des Falstaff so gut«, fügt Rowe hinzu, »daß sie eine Fortsetzung in einem weiteren Stück wünschte, in dem Falstaff sich verliebt.« Auf diese Weise durfte der prächtige alte Säufer und Flunkerer noch einmal die Bühne bereichern, bevor er in *Henry V* ins Grab sank.

Im August 1586 flog die Verschwörung Babingtons auf. Elizabeth ließ die Stuart auf die Festung Fotheringhay Castle bringen und achtete darauf, daß der Prozeß gegen sie mit der peinlichsten Sorgfalt vorbereitet wurde. Am 12. Oktober tagte auf Fotheringhay das Hohe Gericht der Lords über die verräterische Schottin. Unter den 42 Mitgliedern des Gerichts befanden sich der Großschatzmeister Lord Burghley, der Lordkanzler Christopher Hatton, die Earls of Oxford, Shrewsbury, Kent, Worcester, Viscount Montague, Lord Zouche, Lord Lumley, Sir Amias Paulet und die beiden höchsten Richter von England.

Auch wenn wir uns verwundert die Augen reiben: Edward de Vere, Earl of Oxford, der sich Shakespeare nennen sollte, saß über Maria Stuart zu Gericht.

Schillers tragische Heldin wurde der Unterstützung des Mordanschlags auf Königin Elizabeth für schuldig befunden und zum Tod verurteilt. Der Staatsrat berief das Parlament ein, das sich ausschließlich mit der Sache der Stuart befaßte. Unter- und Oberhaus waren, wie John E. Neale schreibt, einstimmig dafür, die sofortige Hinrichtung Marias zu verlangen. Elizabeth empfing die Deputierten des Parlaments, ließ sie ihr Anliegen vortragen – und schickte sie mit begütigenden Worten wieder nach Hause. Sie schreckte davor zurück, das Blut einer Verwandten – und einer gekrönten Königin – zu vergießen, aber sie konnte sich dem Willen ihrer Räte und ihres Volks auf Dauer nicht widersetzen. Am 1. Februar 1587 unterschrieb sie das Todesurteil, und eine Woche später wurde Maria Stuart geköpft. Als die Nachricht London erreichte, wurden alle Glocken geläutet und Kanonenschüsse abgefeuert. Elizabeth aber konnte weder essen noch schlafen.

Der poetische Earl zeigte sich weniger gefühlvoll. Da sein eigener Grundbesitz sich in Luft aufgelöst hatte, griff er nach den an die Krone zurückgefallenen Ländereien des Stuartanhängers Sir Edward Jones. Und um seinem Antrag Erfolg zu sichern, setzte er wie üblich seinen Schwiegervater unter Druck. Er beschwerte sich über ihn bei Anne Cecil, die mit ihrem fünften Kind schwanger ging.
Der geplagte Burghley schreibt am 5. Mai 1587 an Sekretär Francis Walsingham:
>»Sir, obwohl ich sicher bin, daß Ihr keine Gelegenheit versäumen werdet, Ihre Majestät zur Zustimmung des Gesuchs von Milord Oxford zu bewegen, so hat es mich gestern nacht doch sehr gequält, die Betrübnis meiner armen Tochter zu erleben, deren Mann ihr den Nachmittag zuvor großen Kummer machte, indem er sich laut in Vorwürfen an meine Adresse erging: als trüge ich keine Sorge um ihn und würde statt dessen anderen gefällig sein – namentlich Sir Walter Raleigh und Milord of Cumberland –, deren Grundbucheintragungen ich befördert hätte. So verbrachte sie den ganzen Abend weinend und in Kummer. Und obwohl ich alles tat, sie zu trösten und mit Hoffnung zu erfüllen, ist sie, als Hochschwangere, in ständiger Betrübnis, da sie die Not ihres Mannes sieht und die ihrer Kinder, denen er nicht ein Fitzelchen Land hinterlassen wird –

weshalb ich nicht anders kann, als diesen bedauernswerten Fall nochmals aufzurollen und Euch zu bitten, Ihre Majestät um Antwort zu ersuchen.«

Burghley zählt auf, was er in der Sache des Earl schon an eigenen Geldern verausgabt hat, um den Brief mit einem ausgedehnten Seufzer zu schließen.

»Kein Feind kann mich um diese Heirat beneiden, durch die weder Ehre noch Land noch Geld auf die Kinder kommen wird (es sind ihrer drei, und eines wird folgen) – wobei es allein mir obliegt, für sie aufzukommen. Wäre ihr Vater nur so gut, dafür dankbar zu sein, würde ich die Last ohne Murren auf mich nehmen. Doch damit will ich den unliebsamen Gegenstand verlassen.«

Oxfords älteste Tochter Elizabeth stand 1587 im zwölften Lebensjahr, der im Frühjahr 1583 geborene Sohn war einen Tag nach der Geburt gestorben, dann folgten im April 1584, im Februar 1586 und Ende Mai 1587 die Töchter Bridget, Frances und Susan. Die kleine Frances starb im Herbst 1587. – Trotz der stattlichen Jahreseinnahme ihres Mannes lebte Anne Cecil in der Sorge, ihre Töchter nicht standesgemäß verheiraten zu können.

Nachdem die Schenkung von Sir Jones' Ländereien an Oxford bewilligt worden war, versuchte Burghley eine Unverkäuflichkeitsklausel einzubauen, um das Erbe für seine Enkelinnen zu sichern. Doch damit seine Einmischung nicht deutlich würde, sollte Walsingham die Abwicklung der Formalien besorgen. »Ich bitte Euch«, schreibt Burghley am 13. Mai 1587, »Milord of Oxford wissen zu lassen, daß die Grundbucheintragungen unter Eurer Direktive stehen, denn über alles, was von mir kommt, zerreißen seine üblen Diener sich das Maul – dieselben, die ihn mit ihren Schmeicheleien umgarnen.«

Im übrigen war die Aufregung über Oxfords Diener oder Freunde notorisch. Nachdem der Earl sich in einem (verlorengegangenen) Brief an Burghley wieder einmal darüber beklagt hatte, daß er ihn, Oxford, vernachlässigen würde, konterte der Alte am 15. Dezember 1587: der Schwiegersohn halte ihn für allmächtig, was er nicht sei – zwar liege die Mühe der Verwaltung auf ihm, aber er besitze nicht die Macht, Entscheidungen herbeizurufen, habe aber trotzdem immer alles darange-

setzt, um Oxfords Sache zu fördern und sehe sich deshalb einem unge-
rechten Vorwurf ausgesetzt. »Da ich Euch, Milord, derart gereizt sehe,
will ich über diesen Gegenstand nicht weiter schriftlich verhandeln,
sondern wünsche Euch andere Freunde, von denen Ihr eine bessere
Meinung habt als von mir.«

Und abschließend räumt er auf mit den Reden eines Untergebenen
von Oxford, der behauptete, Burghley habe in einer Ratsversammlung
abträglich über Oxford gesprochen. Dieser Mann, ein gewisser John
Wotton, habe gelogen, schreibt Burghley, was jeder bezeugen könne,
der seine Rede gehört hat. Und wenn Oxford ohne Rücksprache mit
ihm, Burghley, diesem Mann Glauben schenke, so tue es ihm leid.

Wir erinnern uns, daß ein Untergebener des Earl – namens John Wotton – sich vor Jahren unerlaubt aus dessen Dienst entfernt hatte und
bei Gadshill (zwischen Rochester und Gravesend) von Oxfords Leuten »überfallen« worden war. So geschehen an einem Mittwoch, dem
20. Mai 1573. Wotton hatte bei Burghley Klage eingereicht und behauptet, er sei gerade noch einmal mit dem Leben davongekommen.
Jetzt finden wir ihn zurück an Oxfords Seite – und im Streit mit Burghley. Kein Wunder, daß der Alte gründlich verstimmt war.

Dabei gab es Wichtigeres. England stand vor seiner größten politischen
und militärischen Herausforderung seit Elizabeth' Regierungsantritt.

Papst Sixtus V. hatte nach dem Tod der Stuart den Kirchenbann über
Elizabeth erneuert, sie ihres Thrones für verlustig erklärt und Philipp II.
mit der Vollstreckung des Urteils beauftragt. Auch wollte der spanische
König Elizabeth' Vorstoß in die Niederlande nicht hinnehmen.

Da mit einem spanischen Angriff auf England gerechnet werden mußte, war Sir Francis Drake, Englands erfolgreichster Kaperkapitän, im
April 1587 zu einer Aufklärungsfahrt an die spanische Küste aufgebrochen. Der geadelte Freibeuter drang mit einer Flotte von 24 Schiffen in
den Hafen von Cadiz ein, zerstörte die Hafenanlagen, setzte über dreißig Kriegsschiffe in Brand, nahm sechs Galeeren in Schlepp und kehrte
ungehindert nach England zurück.

Nach fast einjährigem Wettrüsten lagen im Januar 1588 die spanische
Armada und die englische Flotte auslaufbereit in ihren Häfen, aber Elizabeth wollte den Krieg noch immer vermeiden.

Mitte Januar brachen vier greise Politiker und Rechtsgelehrte in Begleitung des vierundzwanzigjährigen Robert Cecil nach Ostende auf, um mit den Spaniern zu verhandeln. Am 27. Februar 1588 schreibt Robert Cecil an seinen Vater:

>»Wenn Mylady of Oxford hier wären, würde ihre Schönheit schnell Schaden nehmen, denn wenn wir in unserer armseligen Unterkunft beim rauchenden Torffeuer sitzen, schauen wir alle so bleich und düster aus wie Asche, was mich auf Euren Türhüter neidisch werden läßt, der den ganzen Tag bei einem netten Kohlenfeuer im Haus sitzt.«

Anfang März wurden in Bourbourg bei Gravelingen die Friedensgespräche fortgesetzt, aber nach zehn Wochen von den Spaniern abgebrochen. Am 19. Mai lief die Armada unter dem Befehl des Kommandeurs Alonso Pérez de Guzmán, Herzog von Medina Sidonia, aus dem Hafen von Lissabon aus. (Nach kontinentaler Zeitrechnung zählte man bereits den 29. Mai. Wir beziehen uns der Übersichtlichkeit halber jedoch weiterhin auf die englische Zeitrechnung, auch wenn die alles entscheidende Schlacht dann auf den 29. Juli statt – nach moderner Zeitrechnung – auf den 8. August fällt.) Die Flotte bestand aus rund 130 Schiffen, darunter insgesamt 64 schwere Galeonen, mit einer Besatzung von 30 000 Mann.

Am 9. Juni gerieten die Schiffe bei Kap Finisterre (*Cabo de Finisterre*) in einen schweren Nordweststurm, in dessen Verlauf vier Galeonen sanken und andere beschädigt wurden. Medina Sidonia ließ den Hafen La Coruña anlaufen, um die Flotte instand setzen und neu verproviantieren zu lassen.

Bereits am 23. Mai 1588 (vier Tage nach dem Auslaufen der Armada) hatte sich die englische Kriegsflotte im Hafen von Plymouth versammelt. Die Zeit seit dem Sommer 1587 war intensiv genutzt worden, um sich auf die Abwehr der Invasion vorzubereiten: ein Aufgebot von insgesamt rund 100 000 Mann stand zur Verteidigung der Küste bereit. Doch wollten die Engländer die Spanier gar nicht erst anlanden lassen. Ihre Flottenführer – Männer wie Francis Drake, John Hawkins und Martin Frobisher – waren überzeugt, die Entscheidung auf See durch offensiv geführte Artillerieangriffe herbeiführen zu können. Zum Oberbefehlshaber der Flotte hatte Elizabeth Lord Charles Howard, Earl of Nottingham berufen. Vizeadmiral war der berühmt berüchtigte Sir Francis Drake. Die englische Flotte bestand aus 34 neuerbauten, wendigen Kriegsschiffen zwischen 600 und 800 Tonnen und 106 zu Kampfschiffen umgebauten Kaper- und Handelsschiffen. Die Versorgung der über 15 000 Mann starken Flotte sollten 50 kleinere Küstensegler übernehmen.

Die zeitgenössischen Chronisten John Stowe (1525-1605) und William Camden (1551-1623) haben in ihren Annalen die Beteiligung Oxfords am Abwehrkampf gegen die Armada bezeugt, ebenso der Historiograph der englischen Seefahrt Richard Hakluyt (1553-1616) in *The Principall Navigations, Voiages and Discoveries of the English Nation* (1589).

Camden nennt den Earl an erster Stelle in der Reihe derer, die sich mit einem auf eigene Kosten angeheuerten Schiff der Kampfflotte angeschlossen hätten. Das heißt der Lord Great Chamberlain gehörte zu den Verteidigern des Landes, die seit dem 23. Mai vor Plymouth auf das Heranrücken des Feinds warteten. Endlich schien Oxfords alter Traum in Erfüllung zu gehen: eine Heldenrolle nicht nur zu schreiben oder zu spielen, sondern sich real für seine Königin zu schlagen.

Aber es kam anders.

Während die englische Flotte den Feind erwartete, war die spanische Flotte ins Unwetter geraten. Erst zwei Wochen später, am 23. Juni 1588, erfuhren die Engländer von der Havarie.

In diese Zeit des nervenaufreibenden Wartens fiel eine für Oxford bestürzende Nachricht: am 5. Juni 1588 war seine Frau Anne Cecil, einunddreißig Jahre alt, in Queen's Court einem Fieber erlegen.

In den lateinischen und englischen Nachrufen, die ihr unglücklicher Vater zu den Akten gelegt hat, wird sie verglichen mit der tugendhaften Penelope und der geduldigen Griseldis. Es entsteht das Bild einer vornehmen und stillen Frau, die, vom Leben vielfach auf die Probe gestellt, den Tod nicht fürchtete.

Anne Cecil, Countess of Oxford, wurde am 25. Juni 1588 in Westminster Abbey feierlich zu Grabe getragen. An dem Begräbnis scheinen hauptsächlich Frauen teilgenommen zu haben. Weder Edward de Vere, Earl of Oxford, noch William Cecil, Lord Burghley, noch die Brüder der Verstorbenen werden in dem Bericht William Dethicks als Leidtragende aufgeführt, während die sechzigjährige Countess of Lincoln, eine Freundin der Königin, als »chief mourner« figuriert. Möglicherweise war Lord Burghley der Feier krankheitsbedingt ferngeblieben, während der Earl of Oxford und seine Schwager Thomas und Robert Cecil in Plymouth ausharrten.

Nachdem das Desaster der Spanier bekannt geworden war, drängten Charles Howard und Francis Drake darauf, die Armada in ihrem eigenen Hafen zu überfallen und zu schlagen. Am 24. Juni 1588 liefen 90 englische Schiffe Richtung Spanien aus, aber die ungünstigen Wetterverhältnisse zwangen zur Umkehr. Der Versuch wurde Anfang Juli wiederholt, aber bereits nach fünf Tagen – am 12. Juli 1588 – waren alle Schiffe zurück in Plymouth.

Offenbar hat sich der Earl an diesen kämpferischen Vorstößen beteiligt, denn in einer der späteren Siegeshymnen wird er mit den blumigen Worten besungen:

> »De Vere, dessen Ruhm und Treue bis an die toskanischen Grenzen drang und über dessen Verdienst man sich in den belgischen Landen erzählt: er stand wie der kampfbereite Mars an Deck.
> Auf seinem Schild schäumte vor Zorn der zahnbewehrte Eber, und Pallas füllte seine Brust mit dem Feuer der Kampflust.«

Am 12. Juli 1588 setzten die Spanier ihre Fahrt von La Coruña aus fort, und eine Woche später wurden ihre Schiffe vor den Scilly Islands gesichtet. Aber in ebendieser Woche kehrte »De Vere«, wohl auf Burghleys Wunsch hin, nach London zurück.

Als die Armada am 20. Juli vor Plymouth erschien, hatte die englischen Geschwader Mühe, gegen einen widrigen Südwestwind aus dem Hafen zu kommen. Damit bot sich eine unerwartete Möglichkeit für die Spanier, den angestrebten Enterkampf zu beginnen. Jedoch hatte Kommandeur Medina Sidonia von Philipp II. die strikte Direktive erhalten, die Flotte bis Dünkirchen zu führen und dabei jeden Kampf mit den Engländern zu vermeiden. Vor Dünkirchen sollte er eine Auffanglinie für die aus den flandrischen Häfen auslaufenden Landungsabteilungen des Herzogs von Parma bilden. Danach war die Themsemündung anzusteuern und die Invasionsarmee anzulanden.

Während der nächsten sechs Tage folgten die Engländer der Armada auf ihrem Weg nach Calais, griffen sie dabei verschiedentlich an und brachten zwei Schiffe in ihre Gewalt. Erst am 27. Juli ankerten die Spanier zwischen Calais und Gravelingen. Man konnte die riesigen Galeonen und Galeassen von der englischen Küste aus sehen.

Nachdem die Armada gesichtet worden war, zog es Oxford zurück auf den Kampfplatz. In der Zeit zwischen dem 21. und 25. Juli segelte er – über Tilbury – die Themse abwärts bis zur englischen Flotte, wo er, spätestens am 27. Juli, mit Lord Admiral Howard sprach. Anschließend kehrte er nach London zurück. Am 28. Juli schreibt der Earl of Leicester, Oberbefehlshaber der in Tilbury stationierten englischen Landtruppen, an Sir Francis Walsingham. Dieser Brief ist unser einziges Zeugnis für die Aktivitäten des Earl ab Mitte Juli:

»Milord of Oxford war bei mir, nachdem er [von London aus] aufgebrochen war, und kam gestern in Begleitung von Captain Huntley wieder zu mir zurück. Er meinte, er wäre nur bei Milord Admiral gewesen und sagte, bei seiner nächsten Rückkehr aus London (wohin er gestern ging, um sich zu bewaffnen und auszurüsten) würde er wieder hier vorbeikommen. Wenn er kommt, möchte ich von Euch wissen, was ich tun soll. Ich denke, es sollte ihm überlassen sein, sich dem Feind zu stellen, da er durchaus gewillt ist, in diesem Kampf sein Leben aufs Spiel zu setzen.«

Weder wissen wir, wann genau Oxford seine Fahrt zu Lord Howard antrat, noch wo und wann er ihn traf – und warum er in der Nacht des 27. Juli sofort wieder nach London zurückkehrte. Der Grund, den Leicester nennt, scheint aberwitzig: er sei gefahren, um sich »zu bewaffnen und auszurüsten«. Spielte der Earl den Boten? Und wenn, warum gerade er? Warum fragt Leicester bei Walsingham an, was er mit Oxford machen soll, wenn er wieder zurückkommt?

Wir wissen nur, daß der Earl kämpfen wollte, aber daß die Umstände sich gegen ihn verschworen. Leicester beschreibt Oxfords Verhalten in Kontrast zu den Possen eines gewissen Sir John Smyth, der sich (wie Sir John Falstaff) mit allen möglichen Ausreden und Schlichen vor dem Kampf zu drücken wußte. »Gestern, am Tag unserer Musterung [27. Juli], kam Sir John zum Abendessen zu mir, aber erging sich ohne jeden Grund in so närrischen und ruhmredigen Übertreibungen, daß

alle, die Bescheid wußten, dazu nur lächelten und wenig sagten – dabei
redete er den Anwesenden mehr nach dem Munde als mit ihnen zu
streiten.«

Oxford, wenn er nicht schon auf dem Weg zurück nach London war,
gehörte zu denen, die lächelten. (Zwanzig Jahre später wird der Dramatiker George Chapman den ruhmredigen John Smyth als den Antagonisten Oxfords bezeichnen. »Solch knechtische Floskeln«, sagt Chapman, »hielt der Earl für das Ende der Noblesse.«)

Die entscheidende Schlacht am frühen Morgen des 29. Juli hat er jedenfalls verpaßt. Kurz nach Mitternacht, in einer aufkommenden Brise,
hatten die Engländer ihre tödlichen »Vulkanos« mit der Flut gegen die
dicht zusammenliegenden Schiffe der Armada losgelassen. Die mit Teer
und Pulver gefüllten und in Brand gesetzten Schiffe lösten bei den spanischen Besatzungen Panik aus. Auf vielen Schiffen wurden die Anker-
taue gekappt, bevor die Schiffe unter Segel waren und dem Ruder
gehorchten. Es kam zu Kollisionen und Bränden, ein Teil der Schiffe
trieb mit der Flut auf die Sandbänke – andere kreuzten einzeln auf See.
Nachdem die Schiffe sich wieder gesammelt hatten, begann im Mor-
gengrauen die Schlacht. Die Engländer waren durch ihre Position, die
Windverhältnisse und ihre gelenkigeren Fahrzeuge im Vorteil. Und da
die Spanier kaum noch Munition besaßen, segelten Engländer und Holländer mit zwei oder mehr Schiffen an einzelne abgesprengte Galeonen
heran und jagten ihnen in rascher Schußfolge Kugeln in die Wasserlinie.
Bald gab es keine Armada mehr, sondern nur noch Einzelschiffe.

Als der Wind von Nordwest auf Südwest umsprang, ließ Medina Sidonia den Kampf abbrechen und segelte Richtung Norden, immer
gefolgt von den englischen Schiffen, auf dem langen Weg um Schottland nach Spanien zurück.

Am 29. oder 30. Juli war Oxford nach Tilbury zurückgekommen, und
Leicester wollte ihm den Oberbefehl über den kleinen Hafen von Harwich anvertrauen, der als letzter Tiefwasserhafen nordöstlich von London den Spaniern Zugang bot. Oxford lehnte das Angebot ab, nachdem er vom angeschlagenen Zustand der Armada erfahren hatte.

Am 1. August 1588 schreibt Leicester von Tilbury aus an Sir Walsingham:

»Dem Willen Ihrer Majestät gemäß sagte ich Milord of Oxford, daß sie seinem Wunsch, ihr zu dienen, gnädig zustimme. Und da er der Königin, wie er sagte, in vorderster Reihe dienen wollte, war sie damit einverstanden, daß er das Kommando von Harwich übernähme, d. h. den Oberbefehl über die zweitausend Mann, die dorthin abgestellt werden sollten. Ein Vertrauensposten und ein Platz, der große Gefahr bedeutet. Zuerst sagte ihm die Sache zu, nachher kam er zu mir und teilte mir mit, seines Erachtens sei dieser Platz weder von Nutzen noch Bedeutung, und deshalb wolle er zurück an den Hof und die weiteren Wünsche Ihrer Majestät in Erfahrung bringen, wogegen ich keinen Einspruch erhob – aber ich lege Euch ans Herz, ihm zu sagen, wie auch Ihre Majestät es ihn wird wissen lassen, daß es großem Wohlwollen entsprang, ihm – der nicht mehr Erfahrung hat, als er hat – diesen Platz anzuweisen. Im übrigen mögt Ihr die Sache behandeln, wie Ihr wollt. Was mich anbetrifft, so ist es mir lieber, ihn los zu sein, als ihn hier zu haben und zufriedenstellen zu müssen. Was, wie ich es jetzt sehe, schwieriger ist, als ich dachte, denn entgegen seinen früheren Angeboten nimmt er jetzt von jeder Beschäftigung Abstand. Ich bitte Euch, Ihre Majestät darüber zu instruieren, damit sie ihm die gehörige Antwort erteilt.«

Der verärgerte Schreiber läßt seinen Brief mit dem Postskript enden: »Nun, da er abgelehnt hat, bin ich froh, Milord of Oxford los zu sein, und ich bitte Euch, laßt nicht zu, daß ich seinetwegen jemals wieder unter Druck gesetzt werde, welche Bitte auch immer er vorträgt.«

Leicester und Oxford waren einander so unverträglich wie Bär und Eber, Fuchs und Falke. Bei den Siegesfeiern im November allerdings war aller Zwist Vergangenheit, denn Robert Dudley, Earl of Leicester, war zum Leidwesen der Königin am 4. September 1588 einem Magenleiden erlegen.

Die Nation feierte ihren Sieg über Spanien. Oxford aber hatte seinen Einsatz verpaßt. Widrige Winde, wenn nicht seine eigene Umtriebigkeit und Unrast, hatten ihn in den Hafen zurückgetrieben. Während ringsum die Glocken klangen, zog der Dichter Bilanz: er hatte seine Frau verloren, besaß keinen männlichen Erben[*], war ein reicher Bett-

---

[*] Oxfords unehelicher Sohn, der spätere Heerführer Sir Edward Vere (1581-1629), hätte ihn nicht beerben können.

ler, angewiesen auf die Pension aus den Händen der Königin, ein Mann ohne Einfluß, ein Held nur der Bühne – und als solcher der Menge unbekannt.

Im April 1589 folgte Mildred Cooke, Baroness Burghley, ihrer Tochter ins Grab. Der verwaiste William Cecil errichtete ein Denkmal für beide. An seine Tochter erinnern die Worte:
»Diese Anna lebte immer als bescheidenes Mädchen und keusche Ehefrau, treu in ihrer Liebe, eine ihren Eltern in allen Belangen höchst ergebene Tochter, äußerst gewissenhaft und aufopfernd in ihrer Gottergebenheit. Von einem brennenden Fieber aufgezehrt, in der Hoffnung auf die Macht des Himmels, gab sie ihre Seele und ihren Geist auf im ernsten Gebet zu Gott, ihrem Schöpfer und Erlöser, am 5. Juni 1588 im Palast von Königin Elizabeth zu Greenwich.«
Burghley führt Annes drei Töchter als Leidtragende auf:
»Es trauern – Lady Elizabeth Vere, Tochter des höchst vornehmen Edward Earl of Oxford und seiner Frau Anne, geboren den zweiten Juli 1575. Sie ist 14 Jahre alt und grämt sich bitterlich und nicht ohne Grund über den Verlust ihrer Großmutter und Mutter, aber sie fühlt sich getröstet, weil Ihre höchst gnädige Majestät sie als Ehrenjungfrau in ihren Dienst genommen hat. – Lady Bridget, geboren den 6. April 1584, beim Tod der Mutter kaum mehr als vier Jahre alt. Doch es ging nicht ohne Tränen ab, als sie erkannte, daß ihre Mutter und danach ihre Großmutter von ihr genommen worden waren. Nicht, daß sie als eine Waise zurückgeblieben wäre, denn ihr Vater lebt und ebenso ihr sehr zärtlicher Großvater, der sie unverdrossen beschützt. – Lady Susan, geboren am 26. Mai 1587, die zu jung war, als daß sie ihre Mutter oder Großmutter hätte erkennen können. Aber sie beginnt ihren sehr liebevollen Großvater zu erkennen, der für all diese Kinder sorgt, so daß es ihnen nicht an einer gottesfürchtigen und standesgemäßen Erziehung fehlt.«

Burghley, der über die väterliche Fürsorge kein Wort verliert, hat Hamlets Degenstoß durch den Vorhang, wenn er ihn denn auf sich bezogen haben sollte, mit einer moralischen Ohrfeige vergolten.
Vielleicht hing es auch an dem Alten, daß der Earl in den Jahren nach

1588 keine Stimmen mehr bei der Wahl zur Mitgliedschaft in den Hosenbandorden erhielt. Erst im April 1604, ein Jahr nach dem Tod der
Königin, wagte Thomas Cecil nochmals für ihn zu votieren.

Im Vertrauen darauf (Julyan Penne)

Milord of Oxford:

So großen Kummer und Sorge habt Ihr mir durch Euer unfreundliches Verhalten bereitet, was mir kein Mensch glauben möchte, bis ich das ganze Ausmaß sah, sondern nur das Gegenteil, Ehre und Tugend, um in Eurer Sprache zu sprechen. Ihr wißt, ich habe keine Sicherheit von Eurer Lordschaft begehrt außer Mr. Churchyards Schuldschein (wofür ich ihm ungern Ärger machen würde um Euretwillen). Ihr wißt, Milord, Ihr hattet alles in meinem Haus, was immer Ihr oder Eure Männer wolltet, soweit es im Haus war; und auch wenn es tausendmal mehr gewesen wäre, wäre ich glücklich gewesen, Eurer Lordschaft in allem entgegenzukommen. Deshalb, guter Milord, handelt als Hofmann mit mir, auf daß Ihr heil zum Jüngsten Tag kommt, an dem ich und Ihr Rechenschaft ablegen müßt für all Euer Tun. Milord, ich wollte in dieser Sache schon die vortreffliche Mrs. Trentham angehen, aber dachte, es wäre nicht gut so zu tun, weil ich nicht weiß, wie Eure Lordschaft dazu stehn, und möchte nicht im geringsten Eure Ehre beleidigen. Im Vertrauen darauf, daß ich Euer Ehren nicht zur Last gefallen bin, da ich Euch doch in etwa kenne. Doch, Milord, wenn es Eurer Lordschaft gefällt, meine Bitte gunstvoll zu gewähren, werde ich Euer Ehren sehr verbunden sein und Ihr sollt ganz über mich und mein Haus und alles darin verfügen, wann immer es Euch gefällt. Von einer, die für ein langes Leben Eurer Lordschaft hier und in einer künftigen Zeit betet. JULYAN PENNE

16 SIR JOHN ODER DIE PARODIE DER VERFEINDUNG

Zwei Monate nach dem Überfall der spanischen Armada auf England kam es zu einem Angriff auf die Autorität der anglikanischen Kirche. Unter dem Decknamen »Martin Marprelate« (Martin, der Prälatenbeißer) veröffentlichte ein puritanischer Autor eine *Epistle* gegen die Alleinherrschaft der anglikanischen Bischöfe. Vor allem setzte sich Marprelate zur Wehr gegen die Zensurmaßnahmen des machtvollen Erzbischofs von Canterbury, John Whitgift (1530-1604).

Eine puritanische Opposition gegen die Staatskirche existierte bereits seit den sechziger Jahren, aber sie war anfangs schwach und bezog sich auf Äußerlichkeiten des protestantischen Ritus – auf die Ornamentik des Meßgewands, das Knien während der Kommunion, das Verbeugen bei dem Namen Jesu etc. Den Puritanern ging die anglikanische Reformation nicht weit genug: sie forderten »Reinigung« von allen katholischen Rudimenten, Einführung von Laienpriestern, Wahl der Geistlichen, Ältesten und anderen Beamten durch das Kirchenvolk – bzw. die Bildung einer Volkskirche, in der für die Bischöfe kein Platz mehr war.

Ein klassischer Puritaner wie Philip Stubbes (»Die Anatomie der Verirrung«, 1583) forderte die Abwendung von aller weltlichen Unmäßigkeit, Unbotmäßigkeit und Festlichkeit. So waren Kirmes, Fastnacht, Kirchweih und Maienspiele, Ballspiel, Musik und Theater, schöne Kleidung, öffentlicher Tanz und Umtrunk eines guten Christen unwürdig, wenn nicht ein Ding des Teufels. In seiner »Anatomie der Absurdität« antwortete der zwanzigjährige Thomas Nashe auf Stubbes: »Er dehnt seine Angriffe gegen den Mißbrauch so weit aus, daß nichts mehr übrigbleibt, wovon man guten Gewissens Gebrauch machen dürfte.«

Der Puritaner bekämpft das Böse, indem er das Leben selbst unter Verdacht stellt. Angesichts der Fehlbarkeit des Menschen nimmt seine Ideologie der Reinheit, wenn sie nicht heuchelt, notwendig skurrile Züge an.

Martin Marprelate aber war kein professioneller Verhinderer – und weniger ein Puritaner als ein Rebell. Sein rabaukenhaftes Auftreten und sein selbstsicherer Tonfall erinnern mehr an Thomas Müntzer als an Calvin. Und gerade deshalb schlug die *Epistle* wie eine Bombe ein – nicht weil sie moralisierte, sondern weil sie Beispiele anführte und in Bildern redete, weil sie zeterte, schrie und beleidigte, weil sie vorgetragen war im furiosen und zornigen Stil des Pamphlets. Noch nie war ein englischer Bischof als »monströser Anti-Christ«, »blutiger Tyrann«, »Beelzebub von Canterbury« oder »Canterbury Caiphas« angesprochen worden. Den Theologen Dr. Bridges nennt Martin einen »Doktor der Teufelei«, einen Dummkopf, Narren und Esel. Whitgift, Aylmer und Bancroft werden als kleine Pöbelpäpste, Esel und Einfaltspinsel beschimpft. Der Sprachschatz des Antiautoritären reicht vom Himmlischen bis zur Gosse. Martin scheut sich nicht, als Geschichtenerzähler aufzutreten, seine Polemik mit derben Anekdoten zu würzen und seine Gegner dem Gelächter preiszugeben.

Auf eine förmliche Erwiderung des Episkopats aus der Feder des Bischofs Thomas Cooper antwortet Marprelate im März 1589 mit der Satire *Hay any Work for Cooper* (»Haste Arbeit für den Küfer?«).

Nun waren die Bischöfe mit ihrer Weisheit am Ende, denn die illegale Presse, mit der Martin von Ort zu Ort wanderte, konnten sie nicht finden, und mit ihren theologischen Erwiderungen gossen sie Öl ins Feuer des Prälatenbeißers. Deshalb entschloß sich Whitgift, den Teufel mit dem Beelzebub auszutreiben, und heuerte das Volk der Literaten und Schauspieler an, um den Kampf gegen Marprelate mit deren Waffen zu führen. Whitgifts Kombattanten hießen: Anthony Munday, John Lyly alias Pap Hatchet, Robert Greene und Thomas Nashe alias Cutbert Curryknave. Der Gegner Marprelate sollte öffentlich totgelacht werden.

Das »Curtain« und das »Theatre« brachten Martin als Moriskentänzer in einem Maienspektakel auf die Bühne. Da die heidnischen »Maygames« mit der Krönung der Frühlingskönigin den Puritanern ganz besonders verhaßt waren, nahm sich ein wildgewordener Martin im Tanz um die »Maid Marian« sicher sehr komisch aus.

Ein anonymes Spottgedicht von Mai/Juni 1589, überschrieben »Peitsche für einen Affen« (*A Whip for an Ape*), referiert boshaft den Auftritt des Schauspielers John Laneham (oder Lanam) als Prälatenbeißer auf den Brettern des »Theatre«.

»Jüngst hüpft' ein Trottel über unsre Bühne,
in einen Sack gehüllt, auf daß man ihn nicht säh:
und kannten wir den lumpigen Wicht auch nicht,
so nannte er sich selbst doch *Martin* …
Jetzt rennt er raus mit Kuckuck Maienkönig,
und springt zurück in wildem Morris-Dance,
stimmt Dame Lawsons lustig Liedchen an …
Laßt einen Hund den Affen beißen, gebt seinen Balg den Krähen,
und laßt vom alten Lanam ihn mit Reimen geißeln.«

Der Autor des Gedichts, vermutlich Anthony Munday, droht dem »Affengesicht« Martin, ihn am Ende totzureimen.

Marprelate antwortet Ende Juli mit *The just censure and reproof of Martin Junior* – »Gerechter Tadel und Widerspruch von Martin dem Jüngeren«. Er läßt darin John Whitgift alias John of Canterbury alias John a Cant eine Schimpfrede halten. »Ich danke dir, Master Munday«, sagt John a Cant, »du hältst als guter Gentleman Wort. Ah, du Judas, du hast schon die Katholiken betrogen und findest einen Weg, uns ebenfalls zu betrügen. Hast du nicht versprochen, du würdest Penry, Newman, Waldegrave und die Druckerei noch vor letztem Dezember ausheben und an mich ausliefern? Und jetzt sind wir, wie du siehst, nicht weiter als zuvor.« (Martins Verballhornung von »John Whitgift of Canterbury« zu »John a Cant« spielt an auf Mundays Komödie *John a Kent and John a Cumber* von 1587/88.)

Im August 1589 tritt ein neuer Autor im Kampf gegen Marprelate auf. Der Verfasser des *Countercuffe given to Martin Junior* (»Gegenschlag gegen Martin den Jüngeren«) nennt sich »Pasquil« – in Anspielung auf den ewigen Spötter, dessen Statue auf Roms Marktplatz stand. Da ein »Martin Junior« aufgetreten war, angeblich ein Sohn des alten Martin, spielt Pasquil mit der Annahme, das Ungeheuer »Martin Senior« hätte bereits das Zeitliche gesegnet:

»Die an dem Untier vorgenommene Anatomie: das Blut und die Säfte, die man ihm abgezwackt hat, als man es in London auf der öffentlichen Bühne spießte und entwurmte, und die kapitalen Schläge, die man ihm in jeder Ecke des Reichs versetzt hat, sind augenscheinlich Zeichen dafür, daß es, durchnäßt von so vielen Güssen, keine andere Zuflucht finden konnte als ein Loch, wo es starb, wie es lebte: speiend.«

Pasquils Stil verrät den versierten Erzähler. Da John Lyly und Thomas Nashe unverkennbar anders, manieristischer und fremdwortreicher schreiben als Pasquil, und da Pasquil in seinen Traktaten mehrere »Lebensgeschichten der Heiligen« angekündigt hat, die in Greenes ironischer *Defence of Cony-Catching* (1592) zumindest teilweise vorkommen, darf man auf Robert Greene (1559-1592) als Autor des *Countercuffe* schließen.*

Robert Greene lebte als einer der ersten bürgerlichen Schriftsteller in England ausschließlich vom Schreiben. Der Sohn eines Sattlermeisters wurde um das Jahr 1559 in Norwich geboren, besuchte als Stipendiat das Kolleg von St. John's in Cambridge und schloß 1583 mit einem Master of Arts ab. Er verließ sein Elternhaus und schrieb 1580 seine erste Novelle. 1584 widmete er dem Earl of Oxford seine Erzählung *Gwydonius,* »worin die Narrheit der untätigen Ritter beschrieben wird, die ihren Weg nach dem Kompaß Amors bestimmen und dabei ihr Schiff an den Felsen steuern oder nur mit Müh und Not den Himmel erlangen«. Greene, der in den nächsten acht Jahren vierundzwanzig Bücher mit Erzählungen, Gedichten und Abhandlungen veröffentlichte, fünf oder sechs Stücke schrieb und mit seiner Novelle *Pandosto* (1588) eine Vorlage zu Shakespeares *Winter's Tale* lieferte, gehört zu den bestverleumdeten Autoren der Literaturgeschichte. Schuld daran sind seine Reuetraktate oder *Repentances*, die er zur Warnung der Jugend schrieb, aber vor allem die schamlosen Verleumdungen seines Feindes Gabriel Harvey.

In seinem *Countercuffe given to Martin Junior* droht Pasquil dem ungebärdigen Puritaner mit Enthüllungen über seine Glaubensbrüder, die nichts anderes seien als Schurken, Diebe, Ignoranten und Freßsäcke.

»Ich denke an einen deiner Predigerbrüder in Northamptonshire, der, wenn's darum geht, einen Festtagsbraten zu schnuppern, die

---

* 1593 wird Thomas Nashe in der Wir-Form von einer Gruppe von Londoner Schriftstellern sprechen – »Pap Hatchet, Pasquil und andre« –, die sich dem »Atheisten« Martin öffentlich entgegenstellten, und er wird Robert Greene in diesem Zusammenhang als »Hauptvertreter der Gruppe« bezeichnen: *the chief agent of the company.*

Nase eines Jagdhunds hat. Pasquil traf ihn zwischen Byfield und Fawsley, den kleinen Hut wie eine Untertasse auf den Schopf gestülpt, einen Knüppel in der Hand, einen ungeheuern Bierhausdolch auf dem Rücken, wovon Griff und Scheide auf schätzungsweise zwei bis drei Pfund Eisen kamen – mit einen Kettenhund an der Seite, damit kein Bettler kommen und ihn um Almosen angehn konnte ... Einen ganzen Haufen solcher Leute wirst du in der Sammlung der Heiligen finden.«

Ende Oktober 1589 läßt Pasquil seinem ersten Pamphlet ein zweites folgen mit dem Titel »Die Rückkehr des bekannten Cavaliero Pasquil von England aus den Ländern jenseits des Meers«. Darin unterhält sich der aus Rom ausgewanderte Spötter mit seinem Freund Marforius über die Martinschen Umtriebe. Cavaliero Pasquil zeigt sich bestens informiert über die Verfolgungsmaßnahmen gegen Marprelate und kündigt weitere Schritte an. Rückblickend erinnert er sich an die grandiose Wirkung des Maienspektakels: »Die Alte Komödie (»Vetus Comedia«) in London stach ihn in die richtige Ader, als sie Divinitas mit zerkratztem Gesicht auf die Bühne brachte, ihre kraftlose Hand auf dem Herzen, als hätte Martin sie bedrängt, aber, sein Ziel verfehlend, nur den Abdruck seiner Nägel auf ihren Wangen zurückgelassen.«
Der Cavaliero plant, die Praktiken der häßlichen Sektierer in einem »Eulenalmanach« und einem »Leben der Heiligen« umfassend zu beschreiben. Außerdem hat er ein *May-game of Martinism* in Arbeit, dessen »Aufzüge, Possen, Puppen, Embleme, Impresas, Verwandlungen und Wortwechsel zwischen Affe und Eule« die Vetus Comedia fortsetzen sollen:
»Penry der Waliser[*] ist der Vortänzer der Morisca, mit schrillen

---

[*] John *Penry* (1563-1593) reiste in den Jahren 1586 und 1587 als Prediger durch Wales und wurde seiner Redegabe wegen als »the Welsh Harp« bekannt. 1587 forderte er im Namen der Grafschaft von Wales, daß das Evangelium in keltischer Sprache zelebriert werden dürfe, worauf er für einen Monat inhaftiert wurde. Bischof Whitgift und Thomas Nashe hielten ihn für den Autor der Marprelate-Traktate. Nach seiner Flucht und einem Aufenthalt von etwa drei Jahren in Schottland entschloß er sich 1592 zur Rückkehr nach England, um das Evangelium in keltischer Sprache zu lesen. Nach seiner Verhaftung im März 1593 konstruierte man eine Anklage wegen »Verführung« und richtete ihn zwei Monate später hin.

Glocken in der Hand und einem Schnepfenschnabel im Gesicht …
Martin selbst ist Maid Marian, sauber aufgeputzt mit einem Übermantel und einem Kopftuch von Dame Lawson*, Gesicht und Bart
artig umhüllt von einem gestickten Mundtuch, mit einem großen
Strauß in der Hand voll der eigenartigsten Blüten aus seinen Werken. Wiggington** tanzt in seinem Baumwollzeug um ihn herum
und wartet ihm auf mit einer ledernen Wurst und einem Holzlöffel.
Paget*** bahnt ihm den Weg mit einem Paar schwerer Knüttel und
schreit mit lauter Stimme den Leuten zu: *Hütet euch vor denen, die
Gott gezeichnet hat!*«

Der geplante Ulk aber kam nicht mehr auf die Bühne, da John Whitgift
mit Entsetzen erkannte, daß die Grotesken auf der Bühne den Martinis-
mus, statt ihn zu unterwandern, nur noch populärer machten.

John Lyly, der mutmaßliche Verfasser des ersten Maienspektakels
(Gabriel Harvey nennt Lyly später den »Obernarren des Theatre«– »the
fool-master of the Theatre«), veröffentlichte Anfang November 1589
seine Streitschrift *Pappe with an hatchet Alias A Figge for my God son*
(»Hackebrei alias Eine Ohrfeige für meinen Patensohn«). Er spricht
darin von neu geschriebenen Komödien und bedauert das vom Bischof
verhängte Theaterverbot: »Ich bin sicher, wenn die schon geschriebnen
Komödien gespielt werden dürften, würde Martin entlarvt und endlich
entmutigt werden. Er soll nicht wieder dargestellt werden wie schon
einmal (obwohl sehr gut) mit einer Narrenkappe, einem Affengesicht,
einem Wolfsschädel, mit Katzenkrallen etc., sondern in einem Kragen-
mantel und im besten Feiertagsanzug.«

Gegen Ende des Jahres publizierte Marforius, das Alter ego Pasquils, die
gallige Satire *Martin's Month's Mind* – »Martins Totenandacht« –, in der
Sterben, Tod und Begräbnis des alten Marprelate geschildert werden.
Wie sich aus den zahlreichen Querverweisen zwischen *The Return of
Cavaliero Pasquil* und *Martin's Month's Mind* ergibt, gehen Pasquil und
Marforius auf denselben Autor – Robert Greene – zurück. Marforius

---

* Margaret *Lawson*, streitbare Puritanerin, die dem anglikanischen Doktor Andrew
Perne, Vizekanzler der Universität Cambridge, öffentlich widersprach.
** Giles *Wiggington* († 1597), der als puritanischer Prediger und Verweigerer des
Amtseids der anglikanischen Kirche mehrfach inhaftiert wurde.
*** Eusebius *Paget* († 1617), als Prediger wegen Nonkonformismus mehrmals zu-
rechtgewiesen und relegiert.

überliefert uns auch Martins letzten Willen: einen fruchtlosen Akt der Reue im Stil von Robert Coplands *Jyl of Breyntford's Testament*. (Gyllian of Brainford hinterläßt jedem ihrer Verwandten einen Furz – der Martin des Marforius dagegen, listiger als die alte Hexe, bedenkt seinen Freund Penry mit dem verhurten Sprengel von Brainford.)

Als letzter im Bund der bezahlten Schreiber lieferte der junge Thomas Nashe seine Arbeit ab. Sie ist im Frühjahr 1590 erschienen und trägt den Titel »Eine Mandel für einen Papagei« (*An Almond for a Parrot*). Da Marprelates Presse bereits im Oktober von den Bischöfen ausgehoben worden war, durfte Nashe jetzt ungestraft über den »Atheisten« Martin lästern: »Ich sage euch, der biedere gute alte Marprelate ist nicht zu Scherzen aufgelegt; er sitzt unter einer Eiche oder im Grund eines Heuschobers und zerbricht sich den Kopf, wessen Blut bei der Reformation der Kirche zuerst vergossen werden wird. Und das nicht ohne Grund, denn er ist ja schon einmal gespießt und ausgeweidet worden und kann jetzt nur Angst haben vor den Messern des Henkers. Oh, er ist ein hasenhirniger Lump … ein guter affengesichtiger Machiavell.« Nashe wundert sich, warum Pasquil mit seinen »Lives of the Saints«, seinen Heiligengeschichten, noch nicht auf den Markt gekommen ist: »Wahrscheinlich wartet er auf einige Heilige, die das Leiden noch vor sich haben. Es fehlt ihm noch Martin, um das Buch der Märtyrer voll zu machen.«

Zwar suchten die Behörden fieberhaft nach John Penry, den sie für den Verfasser der Marprelate-Traktate hielten – aber der hatte sich vorläufig nach Schottland abgesetzt.

Im Sommer 1590 erschien noch ein verspäteter dritter »Pasquil« (*Pasquils Apology*) aus der Hand eines Theologen, möglicherweise des streitbaren Richard Bancroft, später Bischof von London. Danach gebot John Whitgift Ruhe. Da Martin sich nicht hatte totlachen lassen, sollte er totgeschwiegen werden. Statt über die falschen Heiligen schrieb Robert Greene nun über Trickspieler, Diebe und Bauernfänger.

Ein einziger Mann hielt sich *nicht* an Whitgifts Direktive des Schweigens. William Shakespeare. Der Dramatiker schrieb in den Jahren 1590 bis 1592 die beiden Teile von *King Henry The Fourth** und die Komödie

---

* Eine frühe Anspielung auf Sir John Falstaff alias Oldcastle in *1 + 2 Henry IV* findet

The Merry Wives of Windsor – und ließ darin den dicken Sir John Falstaff zur Welt kommen, der als ein Naturkind des Lachens Unsterblichkeit erlangte. Und dieser »Sir John Sack and Sugar«, dieses portweinvertilgende Ungetüm von einem Ritter, ist niemand anderer als ein verwandelter Martin, ein kapitaler Ketzer und Vorläufer aller Antiautoritären.

Ihm gilt Shakespeares wilde Liebe – auch wenn er ihn am Ende verkommen läßt. Ja, über seiner Begeisterung für Falstaff scheint er fast zu vergessen, wozu Elizabeth ihn, wie wir annehmen, berufen hat: eine respektable Historie zu schreiben.

Auf erfrischende Weise konkurriert in *Henry IV* das heroische Moment mit dem komischen – verschränken sich Sinn und Unsinn, Wahrheit und Lüge, Eifer und Gelassenheit, die Tugend des Lachens und die Untugend der falschen Versprechen zu einer dramatischen Polyphonie.

Dem alternden, von Schuld gebeugten Heinrich IV. will die Einigung Englands nicht gelingen: er muß sich gegen den Aufstand seiner ehemaligen Parteigänger zur Wehr setzen. Obwohl selbst ein Usurpator, tritt er der Rebellion als ein Verteidiger von Recht und Ordnung entgegen. Mit brennender Sorge beobachtet der König das Treiben seines eignen Sohns, Prinz Hal, der den Müßiggang liebt und zusammen mit seinen zwielichtigen Freunden – Falstaff, Poins, Peto und Bardolph – die tollsten und unsinnigsten Abenteuer ausheckt. Und doch ist königliches Erbe im Prinzen wirksam. Der vermeintliche Bohemien rettet seinen Vater aus dem Getümmel der Schlacht und besiegt »Hotspur« (»Heißsporn«), den Sohn des rebellischen Northumberland. Am Ende legt Prinz Hal mit den Sünden seiner Jugend auch seine alten Freunde ab: den feisten Narren Sir John und die ihn lustig umkreisenden Planeten.

Ursprünglich hieß Sir John Falstaff nicht Falstaff, sondern Sir John Oldcastle. Daran erinnern eine stehengebliebene Sprechanweisung »Old.«

sich bei Gabriel Harvey in den *Foure Letters* vom September 1592. Dort rechnet Harvey seinen Gegner John Lyly zu den alten Schloßburschen (»some old lads of the castle«), die hochentzückt seien »über das Narrenszepter, mit dem sie fuchteln« (vgl. Oldcastle S. 367). Anfang 1593 spielt Thomas Nashe in den *Strange Newes* mit »gezuckertem Rheinwein« (»Rhenish wine & sugar«), »Vier-Nössel-Kanne« (»pottlepot«) und »Dünnbier« (»small beer«) ebenfalls auf Falstaff in *Henry IV* an.

in der Quartoausgabe von *2 Henry IV,* Prinz Hal's Anrede »my old lad of the castle« im ersten Akt von *1 Henry IV* – und der entschuldigende Epilog in der Quartoausgabe von *2 Henry IV* im Jahr 1598: »Der Verfasser wird die Geschichte fortsetzen … soviel ich weiß, wird Falstaff an einem Fieber sterben, wenn er nicht schon durch euern Unwillen getötet ist; denn Oldcastle starb als ein Märtyrer, und dieser hier ist nicht jener Mann.«

Das heißt: es hatte Ärger gegeben mit dem ersten Sir John.

Kein Wunder, denn der historische Ritter Sir John Oldcastle (1378-1417), der Weggefährte des jungen Prince Henry, war ein vorreformatorischer Sektierer gewesen, ein Beschützer der lollardischen Priester*, ein Gegner der Beichte und des Episkopats – dessen Andenken die Puritaner in hohen Ehren hielten. Die Degradierung des Märtyrers Sir John Oldcastle zum Straßenräuber, Galan, Säufer und Fuchs dürfte in weiten Kreisen für Aufruhr gesorgt haben.

Oldcastle aber war nicht nur seiner Ketzereien wegen verbrannt worden. Der rebellische Ritter hatte sich zum Kopf einer weitreichenden lollardischen Verschwörung gemacht, deren Ziel es war, König Henry V und seine Brüder während eines Mummenschanzes zu entführen, um eine Art Commonwealth ohne König, Fürsten und Prälaten zu errichten. Als die Lollarden sich am 10. Januar 1414 zum Kampf stellten, wurden sie vernichtend geschlagen.

Insofern *ist* Falstaff nicht Oldcastle, sondern nur dessen spaßiger Abklatsch: kein Rebell, sondern ein Wortfechter, kein Eiferer, sondern ein grandioser Witzbold, kein Märtyrer, sondern ein Opfer der Völlerei. Anders gesagt: in Sir John Sack and Sugar leben ein gutmütiger Sir John Oldcastle und ein komödiantischer Martin Marprelate fort.

Was aber ist das Puritanische an Sir John? Ist er nicht im Gegenteil das Inbild des lebenssatten Genießers? Vertritt er einen anderen Himmel als den irdischen?

Seltsamerweise spricht Falstaff gern von Berufung, Geist, Gottes Engeln, Licht und Dunkel, von den Gerechten und den Verruchten. Und das alles mit scheinbarem Ernst. Sir John parodiert die Puritaner nicht,

---

* Als Lollarden bezeichnet man die Anhänger des Reformers John Wyclif (ca. 1330-1384), der die kirchliche Hierarchie angriff und den Einzug des Kirchenvermögens forderte.

sondern (wie Kristen Poole in einem wegweisenden Aufsatz bemerkt) er selbst ist die Parodie eines Puritaners. Falstaff ist der Prophet, der sich durch sein Lachen selbst entmachtet. Er ist der unsterbliche Anarchist, der durch seinen Witz jede Ideologie vereitelt. Nicht nur ein komischer Kerl, ein Bruder des Sir Toby Belch, sondern auch der Schatten von Prinz Hal. Solange der Prinz diesen – seinen – gefräßigen Schatten nicht abwirft, kann er kein respektabler König werden. Darum geht Sir John am Ende unbedankt unter. Und Heinrichs Humor mit ihm.

Shakespeare übernimmt die Figur des Bühnen-Martin aus dem May-game von 1589 und hängt ihr – ohne jede Abneigung gegen den lusti-gen Schwadroneur – den Namen des »heiligen« Oldcastle an. Seine Vorlagen für den »false stuff« des Falstaff sind: die Chronik aus der Feder des Bischofs und Dramatikers John Bale von 1544 (*A brefe chronycle con-cernynge the Examinacyon and death of the blesseed martyr of Christ Syr Johan Oldcastell, the lorde Cobham*), die Tarletonsche Posse *The Famous Victo-ries of Henry the Fifth** – und der öffentlich geführte Kampf von und um Martin Marprelate.

»Sollte mein Vater verwundet worden sein«, hatte »Martin Junior« Ende Juli 1589 geschrieben, »entweder in The Groyne [La Coruña] oder in den Vororten von Lissabon, wäre dies dann die Art, ihn zu kurieren

---

* *The Famous Victories* entstanden um das Jahr 1587 – und gehen auf einen Autor zurück, der den Earl gut gekannt haben muß. Der Posse kommt das einzige Ver-dienst zu, den jungen Prinz Hal (und späteren Henry V) – historisch falsch, aber künstlerisch folgenreich – als einen Luftikus gezeichnet zu haben, der dem obersten Richter Englands eine Ohrfeige verpaßt und die Einnehmer seines Vaters auf der Landstraße überfällt. Die Geschichte von der Ohrfeige stammt aus Sir Thomas Ely-ots »The Governour« (1531), die Legende von Prinz Hals Überfall auf die Renten-einnehmer aus John Stowes *Chronicles* (1580), während Ort und Zeit des Überfalls sich ableiten vom Landstraßenspektakel der Oxfordschen Crew am 20. Mai 1573. – Bei Shakespeare, dem diese kuriose Vorlage gefiel, schlüpft aus der zu engen Haut des Sir John Oldcastle der trunken dreiste Sir John Falstaff. Und die »knavish friends of Prince Henry« aus den *Famous Victories* feiern in *Henry the Fourth* ihre komische Auferstehung als Peto, Gadshill und Bardolph. So erzählt uns der Meister – auf dem Umweg über die Posse – in *Henry the Fourth* endlich selbst von der abenteuerlichen Episode auf der Landstraße zwischen Gravesend und Rochester.

oder zu stärken, wenn ich hier seine Papiere veröffentliche, die, rasch geschrieben, noch die Spuren des Unwetters tragen?«

Da Marprelate seit März 1589 nichts mehr veröffentlicht hatte, munkelte man, er wäre auf der Drake-Norris-Unternehmung gegen La Coruña und Lissabon (18. April bis 1. Juli 1589) ums Leben gekommen. »Martin Junior« tritt diesem Gerücht entgegen und formuliert: »If my father should be hurt, either at the Groyne or at the suburbs of Lisbon ...«. Damit löste er unfreiwillig großes Gelächter aus, denn »to be hurt at the groin« heißt: in der Leistengegend verletzt werden. John Lyly alias Pap Hatchet kontert: »Nun, gute Martins, starb euer Vater in *The Groyne*? Es war gut getroffen, denn wie ich weiß, hatte er ein Leiden in der Leiste.«

Auch Shakespeare läßt sich diesen Scherz nicht entgehen. Die Wirtin Quickly vom Boar's Head (Eberkopf) fragt Sir John, der gerade den besoffenen Pistol verjagt hat, mitleidig und ohne allen Grund: »Are you not hurt i' th' groin?« – »Seid Ihr nicht in der Weiche verletzt?« (*2 Henry IV*, II/4). Und gleich darauf tröstet Doll (Dortchen) den runden Helden: »Alas, poor ape, how thou sweat'st! Come, let me wipe thy face. Come on, you whoreson chops.« – »Ach armer Affe, wie du schwitzst! Komm laß mich dein Gesicht abwischen. Komm doch her, du gemeine Hängebacke.«

Wobei in ihrem »wipe« das Echo der Peitsche nachklingt – »A whip for an ape« (vgl. Seite 360).

Während Martin in der »Alten Komödie« Frau Divinitas das Gesicht zerkratzt, spricht Sir John, ganz im gespreizten Tonfall der Puristen, über die Vanitas: »But, Hal, I prithee trouble me no more with vanity.«

FALSTAFF Aber Heinz, ich bitte dich, suche micht nicht mehr mit Eitelkeiten heim ...

Du bist wahrhaftig imstande, einen Heiligen zu verführen. Du hast viel an mir verschuldet, Heinz, Gott vergebe es dir! Eh ich dich kannte, Heinz, wußte ich von gar nichts, und nun bin ich, die rechte Wahrheit zu sagen, nicht viel besser als einer von den Gottlosen. Ich muß dies Leben aufgeben, und ich will's auch aufgeben. Bei Gott, ich bin ein Schuft, wenn ich's nicht tue; ich will für keinen Königssohn in der Christenheit zur Hölle fahren.

PRINZ HEINRICH Wo sollen wir morgen einen Beutel erschnappen, Hans?

FALSTAFF Wo du willst, Junge, ich bin dabei; wo ich's nicht tue, so nenn mich einen Schuft und fopp mich nach Herzenslust.

PRINZ HEINRICH Ich werde eine schöne Bekehrung an dir gewahr; vom Beten fällst du aufs Beutelschneiden.

FALSTAFF Heinz, warum, es ist meine Berufung. Heinz, es ist keine Sünde für einen Mann, nach seiner Berufung zu wirken.

(*1 Henry IV,* I/2)

Aus Pasquils gefräßigem Reiter, der mit der Keule nach Bettlern schlägt, ist bei Shakespeare ein Ausbund von Witz geworden: ein geistreiches Faß, so wendig wie ein Aal, so grob wie ein Prälatenbeißer und so witzig wie kein anderer. »Ich bin nicht nur selbst witzig«, sagt er zu Recht von sich selbst, »sondern der Grund von Witz in den anderen.« Der sinistre Clown der Anti-Martin-Propaganda hat sich in einen Menschen von Fleisch und Blut verwandelt, der dem engen Freund-Feind-Schema nicht unterliegt. Allerdings redet Sir John hemmungslos schlecht von seinen Freunden, wirbt Krüppel an für den Krieg und läßt gegen Geld die Gesunden laufen, stellt sich tot und spielt nachher den Helden – aber in seiner dreisten Art liegt etwas Treuherziges. Auch wenn ringsum blutige Schlachten geschlagen werden: man fängt sich gerne in seinen Fallen – und lacht.

Später, nach seiner Trennung von Freund Heinrich, fristet der Held in den *Merry Wives of Windsor* ein so vergnügtes wie törichtes Zweitleben. Der geniale Spötter erlebt seine Erniedrigung zum bloßen Scharlatan. Sein Witz beginnt, wie der des Martin Marprelate, gewaltig zu hinken.

Friedensrichter Schaal und der junge Schmächtig begehren gegen Falstaffs Schelmereien auf, doch der Dicke zieht alles ins Lächerliche. Und da er pleite ist, umwirbt er die verheirateten Damen Frau Ford und Frau Page und schickt ihnen Briefe gleichen Wortlauts. Schmächtig, Dr. Caius und der hübsche Master Fenton versuchen inzwischen, sich an Fräulein Anne Page heranzumachen. Wirtin Hurtig soll die Mittlerin sein. – Als Frau Ford und Frau Page einander Falstaffs Briefe vorlesen, kommen sie dem Fuchs auf die Schliche und beschließen, ihn gründlich zum Narren zu halten. Über Wirtin Hurtig lassen sie ausrichten, sie wären in ihn verliebt – beide. Herr Ford wittert den Handel, wird eifersüchtig, nimmt Bart und Hut zu Hilfe und spielt einen Mann, der in Frau Ford – seine Frau – verliebt ist. Als Master Brook kommt er zu Falstaff und bittet ihn, Frau Ford auf ihn, »Brook«, aufmerksam zu machen. Worauf Sir John großzügig seine Hilfe zusagt. Als es zum Date kommt zwischen Falstaff und Frau Ford, schleicht der Eifersüchtige ihm nach, doch seine Ankunft wird vorzeitig verraten. Die beiden Frauen verstecken den armen Ritter in einem Korb mit schmutziger Wäsche. Das ganze Spiel wiederholt sich, aber diesmal wird Falstaff in der Not als alte Frau verkleidet – und von Herrn Ford aus dem Haus geprügelt. Als er immer noch nicht genug hat, bestellen die Lustigen Weiber ihn zu einem nächtlichen tête-à-tête bei Herne's Oak. Falstaff, im Gewand des sagenhaften Jägers Herne, trägt ein Riesengeweih.

FALSTAFF Teilt mich, wie einen gewilderten Hirsch, jede ein Viertel: meine Seiten will ich für mich behalten, meine Schultern für den Wärter dieses Parks, und meine Hörner vermach ich euern Männern.

Doch da stürzt das muntere Völkchen der Feen und Elfen sich auf den sündigen Ritter, der, erschrocken über den Spuk, das Gesicht in die Erde vergraben, von allen Seiten her Püffe und Schläge einstecken muß.

Zwickt ihn, Feen, nach der Reih,
zwickt ihn für die Büberei,
zwickt ihn und brennt ihn, und laßt ihn sich drehn,
bis Kerzen und Sternlicht und Mondschein vergehn.

Jung und Alt spielen mit, die lustigen Weiber und die ganze Gemeinde von Windsor, und Anne Paget – die Feenkönigin – wird am Ende glücklich entführt und verheiratet.

»Die lustigen Weiber von Windsor« sind Shakespeares einziges »Volksstück«. Es verwendet den Blankvers mit ungewohnter Zurückhaltung und ergeht sich lustvoll in der Parodie der Mittelschichtssprache. In der Schlußszene verbeugt sich der Autor vor der Institution des Hosenbandordens, der in Schloß Windsor seine Heimstatt besitzt. (»Und nächtens, Wiesenelfen, singt im Kreis, / wie es die Ritter tun vom Hosenband / ... und *Honi soit qui mal y pense* schreibt / mit Blütenlettern:

Purpur und Smaragd; / wie Perl und Saphir hell in Stickerein / dem Knie der tapfern Ritter Zierde leihn.«)
Zentrale Spielmotive sind der italienischen Novellistik entnommen. Und wieder, wie in *1 + 2 Henry IV,* macht sich der Einfluß der »Maienspiele« von 1589 bemerkbar.

Ist es nicht verwunderlich, wenn Pasquil (oder Robert Greene) ein *May-game of Martinism* ankündigt, das nie publiziert wurde – und Shakespeare von den darin enthaltenen Motiven Gebrauch macht?
Wie wir noch sehen werden, gehörten nicht nur John Lyly und Anthony Munday, sondern auch Robert Greene und Thomas Nashe zu den engen literarischen Freunden des Earl of Oxford – und bildeten mithin eine erste »Shakespeare Company«.

»Penry the Welshman«, sagt Pasquil, »ist der Vortänzer der Morisca, mit schrillen Glocken in der Hand und einem Schnepfenschnabel im Gesicht.«
In den *Merry Wives* führt Sir Hugh Evans – im Satyrskostüm – den Reigen der Feen an: »Trip trap, ihr Feen, kommt, und vergääßt euern Part nicht. Seid küühn, ich bitt euch! Folgt mir ins Parterre, und wenn ich Stichwort geb, fallt ein. Kommt, kommt, trip! trap!« Und der geknechtete Falstaff stöhnt: »O Himmel! schütz mich vor dem welschen Kobold, / daß er mich nicht verhext in ein Stück Käse.«
»Martin selbst ist Maid Marian«, heißt es bei Pasquil, »sauber aufgeputzt mit einem Übermantel und einem Kopftuch von Dame Lawson, Gesicht und Bart artig umhüllt von einem gestickten Mundtuch ...«
Nun verkleidet sich Falstaff zwar nicht als die Feenkönigin, aber, um seine Haut zu retten, als die alte Hexe von Brainford:

FRAU PAGE Kein Frauenmantel wird weit genug für ihn sein, sonst könnte er einen Hut aufsetzen, ein Backentuch umtun, ein Kopftuch überziehen und so entkommen.

FALSTAFF Liebste Engel, denkt euch etwas aus; lieber alles versucht, als ein Unglück.

FRAU FORD Wenn ich's bedenke, Muhme Gillian of Brainford hat einen Mantel oben.

FRAU PAGE Auf mein Wort, der wird ihm passen. Sie ist so dick als er.

(*The Merry Wives of Windsor, Quarto 1602, Sc. 13*)

Shakespeare kannte also nicht nur das Pamphlet von Pasquil (bzw. Pasquils *May-game of Martinism*), sondern auch Marforius' Satire *Martin's Month's Mind*, in der auf das Testament der alten Gyl of Brainford angespielt wird.

In der Quartoausgabe der *Merry Wives* von 1602 heißt es am Schluß, als Reverenz an das *May-game of Martinism*:

SIR HUGH Auch ich war eine Fee, Sir John, die Euch kniff.

FALSTAFF Nun, ich bin wohl Euer Maibaum.

(*The Merry Wives, Quarto 1602, Sc. 18*)

In jedem Fall also hat Shakespeare mit Sir John Falstaff auf den Martin der politischen Schaubühne reagiert und Elemente der Anti-Martin-Kampagne in sein Drama integriert.* Auch wenn seine Absicht keine politische war, sollte sich das Publikum doch ergötzen dürfen an der fröhlichen Schein-Heiligkeit des Helden. Ein Ritter, der stiehlt, säuft, lügt und predigt, ist doppelt komisch.

---

* Wie angelegentlich Shakespeare die Arbeiten der »Company« Lyly-Greene-Nashe verfolgte, geht aus einem weiteren Umstand hervor. In *The Merry Wives* brüstet sich Falstaff als »Cony-Catcher« oder Kaninchenfänger (ein Begriff, der in *1+2 Henry IV* noch nicht vorkommt) und rekurriert damit auf Robert Greenes einschlägige Darstellung über Trickspieler, Bauernfänger und Pferdediebe – *A Notable Discovery of Coosnage, Now daily practised by sundry lewd persons called Conniecatchers and Crossebiters* –, die Ende 1591 erschien. – Womit die Entstehungszeit der Komödie in die Jahre 1592/93 fällt.

Vgl. dazu die Anspielungen in *Merry Wives* auf den Besuch eines deutschen Herzogs und seiner betrügerischen »Faustusse« in Reading, Maidenhead, und Windsor. – Eine genaue Beschreibung der Umstände liefert Jacob Rathgebs *Warhaffte Beschreibung Zweyer Raisen : welcher Erste (die Badenfahrt genannt) der Herr Friderich Hertzog zu Württemberg unnd Teckh im Jahr 1592 in das weiterühmbte Königreich Engellandt verrichtet* (1602): »Darumb dann ihre Fürstliche Gnaden den 16. Augusti [1592] mit gedachtem Hoffjuncker vom Adel auffgebrochen mit solcher Kutschen und ettlichen Postkleppern ... Auf die Nacht gen Maidenhaide einen schönen grossen Flecken oder Statt ... Morgens den 17. Augusti umb Mittag zu Reiding / an welchem Ort die Königliche Majestät ihr Hofläger hat ... Demnach nun Kön. Mayestät den 19. Augusti zu Reiding mit ihrem Hofstaat aufgebrochen / haben ihre Fürstl. Gnaden ihren Weg auch wieder nach London genommen / als zu Winsort 12 Meiln von Reiding auff den Abend ankommen. Es haben aber Kön. May. ihren Fürstl. Gnaden ein Alten Englischen Vornehmen Herrn zugeben / und demselbigen aufferlegt und befohlen / ihren Fürstl. Gnaden die herrliche / schöne und Königliche Burg Winsort nicht allein zu zeigen / sondern auch derselbigen unterwegens mit Pürschen und Jagen ein Lust und Kurtzweil zu machen.« (Herzog Friedrich und seine Leute durften sich auf ihrer Reise kostenlos Postpferde nehmen, was den Unwillen der Kutscher erregte.)

Noch eine kleine Nebenepisode ist anzuführen. Im Dezember 1590 hatte der alte Dichter Thomas Churchyard (ca. 1520-1604) in einem Haus von Julyan Penne nahe »St. Peter's Hill« Quartier bezogen. Für die Kosten wolle, wie er versichert, der Earl aufkommen. – Oxford kannte den Poetaster schon seit den sechziger Jahren, ließ ihn Anfang der siebziger ein Widmungsgedicht zu *Cardanus Comforte* beisteuern und schenkte ihm das Gedicht »The Shepheards slumber«, das der elend reimende Visionär in *Churchyards Chance* (1581) als sein eigenes veröffentlichte. – Die Miete für die Etage in Julyan Pennes Haus (prominent zwischen Blackfriars und St. Paul's Church gelegen) sollte 100 Pfund Sterling im Jahr betragen. Churchyard ging die Verpflichtung ein, die erste Rate von £25 am 25. März 1591 zu begleichen. Am vereinbarten Stichtag aber hatte Churchyard noch immer kein Geld in Händen. Er ergriff die Flucht, und hinterließ der aufgebrachten Hauswirtin ein paar nette Zeilen:

> »Gute Misses Penne, niemals verdiente ich Euern Unmut, auch habe ich Ihrer Majestät Mitteilung gemacht von meiner den Earl betreffenden Schuld, und ich habe mir aus Angst vor Verhaftung ein Asyl gesucht; ja, wenn Ihr mich auch verschontet, so weiß ich doch, was mir von Euch blühen könnte. Ich bin in allem ehrenhaft und wahr, habe Grund, den Hof zu verlassen (und auch das Reich), aber bevor ich gehe, würde ich Euch und alle meine Freunde gern zufriedengestellt sehen – wie Gott weiß, der Euch schützen und segnen möge.«

Die um ihr Geld bangende Witwe wandte sich deshalb umgehend an den Earl, wobei sie nicht mit der Königin, sondern mit dem Jünsten Tag und mit Lady Trentham drohte, der neuen Geliebten Oxfords, dabei aber von ihren Schmeicheleien nicht abließ:

> »Ihr wißt, Milord, Ihr hattet alles in meinem Haus, was immer Ihr oder Eure Männer wolltet, soweit es im Haus war; und auch wenn es tausendmal mehr gewesen wäre, wäre ich glücklich gewesen, Eurer Lordschaft in allem entgegenzukommen ... Im Vertrauen darauf, daß ich Euern Ehren nicht zur Last gefallen bin, da ich Euch doch in etwa kenne.«

Julyan Pennes bedrohlich-komischer Auftritt scheint Oxford alias Shakespeare zu der ersten Szene im zweiten Aufzug von *2 Henry IV* inspiriert zu haben. Sir John hat 100 Mark Schulden bei der Wirtin Quickly, zu deren Eintreibung sie die Büttel Klaue und Schlinge ruft:

> Hundert Mark borgen, wenn man sich selbst kaum zu bergen weiß, ist viel für eine arme alleinstehende Frau, und ich habe geborgt und geborgt und geborgt und bin gefoppt und gefoppt und gefoppt von einem Tag zum andern Tag, daß es eine Schande ist, wenn man daran denkt. Da ist keine Ehre in einem solchen Verhalten ... Er hat mich mit Haus und Hof aufgefressen, und mein ganzes Vermögen in seinen fetten Bauch da gesteckt – aber ich will wieder was davon heraushaben.   (*2 Henry IV,* II/1)

»Sie ist im Wohlstande gewesen«, kommentiert Sir John, »und die Wahrheit ist, Armut hat sie verrückt gemacht.«

Sonett I (W. S.)

From fairest creatures we desire increase,
That thereby beauty's rose might never die,
But as the riper should by time decease,
His tender heir might bear his memory:
But thou contracted to thine own bright eyes,
Feed'st thy light's flame with self-substantial fuel,
Making a famine where abundance lies,
Thy self thy foe, to thy sweet self too cruel:
Thou that art now the world's fresh ornament,
And only herald to the gaudy spring,
Within thine own bud buriest thy content,
And tender churl mak'st waste in niggarding:
 Pity the world, or else this glutton be,
 To eat the world's due, by the grave and thee.

Die schöne Kreatur soll sich vermehren,
damit der Schönheit Rose niemals sterbe.
Dann wird, was reif ist, seinen Tod begehren,
damit ein Nachfahr seine Züge erbe.

Doch du, in deiner Augen Glanz verloren,
brennst gerne aus dem Öl des Eigensinns,
schaffst Hungersnot, wo volle Tische waren,
und forderst grausam von dir selber Zins.

Du bist der Erden blühndes Ornament,
des bunten Frühlings reizender Verkünder,
doch stellst dich in der Knospe blind
und wirst aus Geiz an dir zum Sünder.

Erbarme dich, weil, was der Welt gehört,
dein Grab sonst mit dir auffrißt und zerstört.

17 JÜNGLING UND DARK LADY

Im Frühjahr 1590 ließ der Dichterkollege Edmund Spenser (1552-1599) die ersten drei Bücher seiner epischen Heldendichtung *Faerie Queene* erscheinen. Spenser hatte sich vorgenommen, in zwölf Büchern die Abenteuer der Artusrunde zu schildern. Dem Werk, von Spenser als großes Nationalepos konzipiert, eignet eine anschauliche und melodische Sprache, aber es verwirrt sich in einer Fülle von allegorischem Beiwerk, gelehrten Anspielungen und vornehmen Idealismen. Die ursprüngliche Hoffnung des Autors, in seinem Werk die Verbindung des Earl of Leicester mit der »Feenkönigin« Elizabeth verherrlichen zu dürfen, wurde von der schnöden Realität durchkreuzt.

Um nichts zu versäumen, widmete Spenser die *Faerie Queene* nicht nur der Königin, sondern auch dem Lordkanzler Sir Christopher Hatton, den Earls of Essex, Oxenford, Northumberland und Ormond, dem Lord Admiral Howard, Sir Walter Raleigh, Lady Carew, Lord High Treasurer Burghley und anderen.

Spenser wendet sich an Oxford mit einer recht umständlichen Huldigung:

»Empfangt, erlauchter Graf, mit edler Nachsicht
das halbgedieh'ne Werk unfert'gen Geistes,
das sehr danach verlangt, durch Euer Ansehn
vorm gift'gen Biß des Feinds geschützt zu werden.
So Ihr dies tut, mag's Euch zur Ehre reichen,
da Eures Hauses altehrwürd'ger Ruhm
in diesem Buch verhüllt beschrieben wird,
wie gleichermaßen es auch Euch verewigt,
der Ihr so vornehm wie die Ahnen seid.
Und um der Liebe zu den Musen wegen,
die, Sprößlinge des Helikon, Euch lieben,
drum, weil ihr gegenseitig Euch so lieb,
so liebt (wie Ihr Euch selber schätzt) auch den,
der, wie es sich geziemt, Euch liebt und ehrt.«

Unter den sieben Widmungsgedichten *an* Edmund Spenser befinden sich zwei von Walter Raleigh, eines von Gabriel Harvey (Hobbinol), drei von »R. S.«, »H. B.« und »W. L.« und ein recht glanzvolles (»*To looke upon a worke of rare devise*«), das mit »Ignoto« – Unbekannt – gezeichnet ist. Der leichte, heitere Ton dieser Verse, ihre geistreiche Musikalität und Spielfreude lassen auf den eigentlichen Urheber schließen.

> Ein Werk von seltner Bildung zu betrachten,
> das uns der Künstler stolz vor Augen führt,
> und das verdiente Lob ihm zu versagen,
> wie es so hoher Könnerschaft gebührt,
> bedeutet, daß das Urteil ohne Wert
> und Neid es in sein Gegenteil verkehrt.

> Darangehn und die Kunst des Werks erheben,
> das auch der Kenner für vollkommen hält,
> ließ' glauben, es könn' einen Fehler geben,
> auf den das große Lob verschwiegen zielt.
> Denn: wissen Leute, wie begehrt der Wein,
> so läßt der kluge Wirt das Loben sein.

> Darum, um richterlich mich zu verbreiten,
> wie Farbe Schwarz von Weiß sich unterscheidet,
> und jeden Neidgedanken zu bestreiten,
> an dem das Recht und das Gewissen leidet,
> sag ich: das Werk verdient so hohen Preis,
> daß keine Feder ihn zu schreiben weiß.

> So hänge ich den Lorbeer an die Tür:
> nicht um zu zeigen, wie gesund die Ware,
> nur weil es so die Sitte war bisher,
> und ich, was Sitte ist, vergnügt bewahre.
> Und wenn ihr am Geschmack die Wahrheit spürt,
> so gebt dem Wirt, was ihm zu Recht gebührt.

Keine Feder, so lautet »Ignotos« elegant lobendes Nichtlob, kann Spensers Werk genug preisen. Darum überläßt der Unbekannte es den Gästen, im Wein die Wahrheit zu finden.
(Wir erinnern uns der Zeilen, die »N. R.« seinem Freund Gascoigne

gezollt hat: »Gleich so soll meine Feder Gascoigne ehren / und ohne Anmut, seiner Anmut willen, / sie in den Flor verschwiegner Verse hüllen«.)

Im gleichen Jahr 1590 schaut Edmund Spenser sich kritisch in der Literatur- und Theaterszene um und kommt zu vernichtenden Urteilen. Nach den Kämpfen um Marprelate blüht kein Arkadien auf Londons Bühnen. In seinen »Tränen der Musen« (*The Teares of the Muses*, 1591) läßt Spenser die (sonst heitere) Thalia über den Niedergang der Komödie Klage führen. Das Volk suche nur noch billige Unterhaltung, und die besseren Dichter, die die Bühne mit Witz und Geist bereicherten, würden nicht mehr gehört.

»Und er, der Mann, den die Natur geschaffen,
wahrer zu sein, als sie es selbst vermag,
der, wo er imitierte, widersprach,
der heit're *Willy*, er ist tot seit kurzem:
und alle Freude, alles Fröhlichsein
ist mit ihm hin und ist in Schmerz verwandelt.«

Statt dessen, so ereifert sich die Muse, herrschten Zoten und Narretei auf der Bühne, es würden Stücke gespielt ohne Schicklichkeit, und Laien maßten sich die Aufgabe des gelehrten Dichters an.

»Doch er, der edle Geist, von dessen Feder
in Strömen Milch und süßer Honig fließt
(die Kühnheit dieses niedern Volks verachtend,
das sich mit Narrenstreichen übereilt),
er zieht es vor, in müß'ger Klaus' zu sitzen
statt sich den dummen Spöttern zu verkaufen.«

Fazit: der eine Dichter ist tot, der andere übt sich in vornehmer Zurückhaltung. Der eine: wohl Sir Philip Sidney – Spensers »Willie« aus dem *Shepheardes Calender* von 1580 –, gestorben 1586, der sich mit poetischen Maskenspielen wie *The Lady of May* und hübschen Szenarien wie *The Four Foster Children of Desire* dem höfischen Publikum empfohlen hat – der andere: ein »gentle Spirit«, der, wie Spenser jetzt bedauert, seit geraumer Zeit keine Komödie mehr geschrieben hat und in seiner »idle Cell«, seiner müßigen Zelle, sitzt.[*]

* Der Schäfername »Willy« für Philip Sidney wird bezeugt durch eine »Eclogue made long since upon the death of Sir Philip Sidney« – in Davisons *Poetical Rhapsody*

Deshalb dürfte Edmund Spensers »gentle Spirit«, dessen Feder »large streames of honnie and sweete Nectar« entfließen, niemand anderer sein als der poetische Earl.** Und im Gegensatz zu seinem Verdikt vom »nichtsnutzigen Clown«, das er zwölf Jahre vorher auf »Cuddie« münzte, wünscht Spenser sich den Mann der Komödie jetzt wieder auf die Bühne zurück.

Demnach fehlte es nicht an gegenseitigen Komplimenten der beiden Großdichter, die einander nicht unähnlicher sein könnten.

Der Earl of Oxford lebte nun als Witwer. Fast möchte man sagen »wieder einmal«. Um seine wirtschaftlichen Verhältnisse stand es – wie immer – nicht zum besten, aber er konnte Lord Burghley mit seinen Bitten nicht mehr wie vorher unter Druck setzen.

Da dem Schwiegersohn sowieso nicht mehr zu helfen war, machte sich Burghley daran, seine älteste Enkelin gewinnbringend zu verheiraten. Im Sommer 1590, rechtzeitig zu Elizabeth de Veres fünfzehntem Geburtstag, glaubte er den richtigen Mann für sie gefunden zu haben: sein reiches Mündel Henry Wriothesley, Earl of Southampton, der im Begriff stand, das sechzehnte Lebensjahr zu vollenden.

Wriothesley wurde am 6. Oktober 1573 als Sohn des 2nd Earl of Southampton (1545-1581) geboren, eines eifrigen Katholiken, und seiner Gattin Mary Browne, Tochter des First Viscount Montague. Seine Kindheit verlebte er in Sussex, unweit der südenglischen Küste. Die Ehe der Eltern zerbrach, als der Knabe sechs Jahre alt war. Der launisch eigenwillige, zugleich schwache Vater verwies die Mutter des Hauses, weil er sie des Ehebruchs verdächtigte. Das Kind übernahm die Vorbehalte des Vaters gegen die Mutter. 1581 starb der Vater – und Henry kam zu Lord Burghley in das Cecil House. Der Zwölfjährige wurde Student des St John's College in Cambridge, wo er den sechs Jahre älteren Thomas

---

von 1602. – Mit der »idle Cell« spielt Spenser möglicherweise an auf Robert Greenes Schäferroman *Menaphon* von 1589: *Camillas alarum to slumbering Euphues in his Melancholy Cell at Silexedra* – »Menaphon oder Camillas Weckruf an den schlummernden Euphues in seiner traurigen Zelle zu Silexedra«.

** Vgl. Richard Barnfields *Remembrance* von 1598: »And Shakespeare thou, whose honey-flowing vein / Pleasing the World, thy praises doth obtain« und John Weevers *Epigramme* von 1599 an den »Honey-tongued Shakespeare«.

Nashe kennenlernte. 1589 schloß Southampton die Universität mit dem Magister ab und schrieb sich anschließend bei der prominenten Londoner Rechtsschule Gray's Inn ein.

Mit neuer Besetzung sollte die Heiratspolitik von 1571 zur Anwendung kommen. Nun waren nicht mehr das Mündel Edward de Vere und Anne Cecil das Paar, sondern das Mündel Henry Wriothesley und Elizabeth de Vere.

Aber, quel malheur, der junge Southampton wollte nicht heiraten, noch nicht – oder jedenfalls nicht Lady de Vere. Er rettete sich in Ausflüchte, sagte, er sei zu jung, bat um ein Jahr Aufschub, ließ seine Mutter einen Brief schreiben, versteckte sich hinter ihr.

Da auch der Earl für seine Tochter eine reiche Heirat mit einem schönen jungen Mann wünschte, hatte er allen Grund, Southampton die Hochzeit schmackhaft zu machen.

Es existiert ein Porträt des Jünglings, das 300 Jahre lang für das Bildnis einer Frau gehalten wurde. Ein fein gezeichnetes schmales Gesicht in vornehmer Blässe, der Mund zierlich, die Nase von betonter Schlankheit – zwei träumend wache, graublaue Augen, die den Betrachter verwundert prüfen –, darüber ein Paar hochgewölbter, ebenmäßiger Brauen, die (zusammen mit dem langen, welligen, in eine kostbare Frisur gelegten Haar) dem Gesicht den femininen Charakter verleihen. Die rechte, zartgliedrige und langfingrige Hand liegt schützend auf der Brust und berührt die über die Schulter wallende Flechte des rotblonden Haars. Die schwarze Jacke ist mit einem Schulter- und Ärmelbesatz aus feinster Spitze geziert. Ein filigran geschwungener Ohrring verleiht dem Porträt einen Hauch von Unwirklichkeit und Dekadenz.

Das Bild hing als »Porträt von Lady Norton« unbeachtet im dunklen Flur eines irischen Familienanwesens, bis der Kunsthistoriker Alastair Laing es 2002 als Jugendbildnis Southamptons identifizierte.

Der Jüngling habe das Gesicht einer Frau, »gemalt von der Hand der Natur«, schreibt Shakespeare in Sonett 20 – und bezeichnet ihn als »master mistress of my passion«: als »Herr-Herrin« seiner Leidenschaft.

Es ist lange darüber gerätselt worden, welchem »Master W. H.« Shakespeares Sonettzyklus denn nun zugeeignet war. Dem jungen Henry Wriothesley, Earl of Southampton, dem Shakespeare auch seine Vers- epen *Venus and Adonis* und *The Rape of Lucrece* widmete – oder William Herbert, Earl of Pembroke (1580-1630), dem Sohn von Mary Herbert, Countess of Pembroke?

Inzwischen herrscht weitgehend Einigkeit – und zwar aus folgenden Gründen:

1. Der Jüngling der Sonette gleicht aufs Haar dem Adonis aus Shake- speares Versepos von 1593. Beidesmal wird ein strahlend selbstverspon- nener Knabe gezeichnet, das Inbild androgyner Schönheit, eine Mi- schung von Narziß, Hermaphrodit und Adonis, der (noch) abweisend auf den Reiz und Anspruch weiblicher Neigung reagiert. Wie der Jüngling in den ersten siebzehn Sonetten wird auch Adonis im Versepos dringend und mit ähnlichen Worten ermahnt, sich durch liebende Ver- einigung fortzuzeugen, um die angeborene Schönheit nicht der Ver- gänglichkeit anheimfallen zu lassen.

Du bist der Erden blühndes Ornament,
des bunten Frühlings reizender Verkünder,
und stellst dich in der Knospe blind
und wirst aus Geiz an dir zum Sünder.
Erbarme dich, weil, was der Welt gehört,
dein Grab mit dir sonst auffrißt und zerstört

heißt es in Sonett 1. Und Venus, die Liebesgöttin, spricht den sich sträu- benden Adonis vorwurfsvoll zärtlich an:

Wie darfst du dich an allem Wachstum freuen,
wenn du der Erde keine Früchte trägst?
Nach der Natur bist du bestimmt zu zeugen,
damit das Deine lebt, nachdem du gehst.
So wirst du, wenn du tot bist, überleben,
weil du der Welt dein Bild zurückgegeben.

(*Venus und Adonis*, 169-174)

2. Zwei Jahre vor *Venus and Adonis* erschien eine lateinische Dichtung aus der Feder von John Clapham, betitelt *Narcissus* (1591), die South- ampton gewidmet war. Claphams Narziß gelangt aus dem Mythos unversehens in ein märchenhaftes England, wo Venus ihn herzlich empfängt und Amor ihn in der Liebeskunst unterweist. Mit dem Wasser

der Lethe besprengt, vergißt Narcissus sich selbst, besteigt das unzähmbare Pferd »Begierde«, das ihn weit davonträgt und ihn neben dem Quell der Selbstliebe abwirft. Nachdem er daraus getrunken hat, verliebt er sich in sein Spiegelbild – und ertrinkt.

Nun war John Clapham kein ehrgeiziger Laie, sondern Mitglied von Lord Burghleys Haushalt und wahrscheinlich einer von Southamptons Lehrern. D. h., der junge Mann sollte neben der poetischen auch eine lebenspraktische Lektion erhalten, da er – in Mißachtung seines Ziehvaters Burghley – sich gegen die vorgeschlagene Heirat mit Elizabeth de Vere sträubte.

3. Ein literarischer Zeitgenosse, der Satiriker Nashe, äußerte sich in der Vorrede zu seinem *Unfortunate Traveller* (1594) einigermaßen deutlich über Southamptons erotischen Magnetismus: »Ein wertvoller Liebhaber und Tröster seid Ihr, sowohl derer, die die Dichter lieben, *als auch der Dichter selbst*. Ich darf mich nicht zu ihrer geheiligten Schar rechnen, obwohl ich dann und wann Englisch spreche.«

Nashe ging noch einen Schritt weiter und widmete »Lord S.« ein unzüchtiges Gedicht mit dem Titel »The Choosing of Valentines«. In Anspielung auf Wriothesley = Rosely spricht er seinen Gönner mit den Worten an: »Ihr schönste Knospe, die die Rose trug, / Ihr süße Blume seiner Poesie, / verzeiht, wenn meine unbedachte Muse / Euch eine ausgelassne Dichtung schenkt.« In seiner Ausgelassenheit schildert Nashe eine sexuelle Begegnung im Bordell, bei der der Mann in seiner Aufregung versagt, und die Art und Weise, wie das Mädchen sich daraufhin selbst behilft. – Es ist nicht auszumachen, ob Nashe den Earl damit amüsieren oder provozieren wollte.

4. Wie Martin Green in *Wriothesley's Roses* (1993) gezeigt hat, spielt Shakespeare mehrfach auf Wriothesleys – oder Roselys – blühenden Namen an. Bereits im ersten Sonett des gesamten Zyklus heißt es programmatisch:

From fairest creatures we desire increase,
That thereby beauty's rose might never die,
But as the riper should by time decease,
His tender heir might bear his memory:

Die schöne Kreatur soll sich vermehren,
damit der Schönheit Rose niemals sterbe.
Dann wird, was reif ist, seinen Tod begehren,
damit ein Nachfahr seine Züge erbe.

Sonett 54 vergleicht die Tugend des Jünglings mit dem süßen Duft der Rose:

Ach, wie bleibt Schönheit doch an Schönem leer,
wenn nicht die Treue sich ihr beigesellt.
Die schöne Rose lieben wir noch mehr,
wenn ihre Schönheit sich durch Duft erhellt.

In Sonett 95 rügt der Dichter den Jüngling und spricht dabei von der Schönheit seines »knospenden Namens« – »the beauty of thy budding name«:

Wie lieblich sogar deine Schande ist,
die wie ein Wurm in duftbetauter Rose
die Schönheit deiner Namens-Blüte frißt!
Ach, noch in Anmut kleidest du das Lose!

Shakespeare wird nicht müde, den jungen Mann in seiner Blumenhaftigkeit zu preisen: »Was sucht die arme Schönheit Schattenrosen, / da seine Rose ohne Mangel ist?« (67). – »Viel Blumen sah ich, keine war vollkommen, / die ihre Farbe nicht von dir genommen« (99). – »Du meine Rose, bist mein All im All« (109).

Es existiert ein weiteres Bindeglied zwischen Edward de Vere und Henry Wriothesley, denn einer der Freunde des Earl, John Florio, gehörte zu den Lehrern des Jünglings.

Der Autor und Übersetzer John Florio (1553–1625) bewegte sich zeitlebens in höfischen Kreisen. Sein Vater war in der Zeit Edwards VI. als protestantischer Flüchtling aus Italien nach England emigriert und gehörte schon in den fünfziger Jahren zum Haushalt von William Cecil. Prinzessin Elizabeth hatte bei ihm Italienischstunden genommen.

John Florio sah seine vornehme Aufgabe darin, den Engländern die aristokratischen Manieren und sprachlichen Fertigkeiten Italiens zu vermitteln. 1578 ließ er seine *First Frutes* erscheinen, eine italienisch-englische Sammlung von Redewendungen, Sprichwörtern, Bonmots und Geflügelten Worten.

Der hochgebildete Euphuist war gut bekannt mit Philip Sidney, Fulke Greville und Giordano Bruno. Mit letzterem hatte er in der französischen Botschaft gewohnt. Florio unterrichtete Graf Mauvissières Tochter in Literatur und Italienisch und behielt dabei die Aktivitäten des Botschafters im Blick. Nach Mauvissières Abschied im Jahr 1585 vermittelte er dessen Grüße an Lord Burghley, Sir Francis Walsingham (!), Sir Walter Raleigh und Anne Cecil Countess of Oxford. Florio scheint damals in den Häusern Burghleys und Oxfords ein- und ausgegangen zu sein und hat zusammen mit Mauvissières Tochter wohl auch die kleine Elizabeth de Vere unterrichtet. (Weshalb die zehnjährige Tochter Mauvissières über Florio Grüße an Anne Cecil bestellen ließ.)

In diesem Zusammenhang erscheint das bekannte Widmungsgedicht eines Unbekannten in neuem Licht: *Phaeton an seinen Freund Florio*. Es erschien 1591 im Vorspann zu John Florios italienisch-englischen Dialogen *Second Frutes* und ist ganz im Stil des Earl gehalten, bilderreich und tiefsinnig verspielt.

> Ein blühnder Name, Freund, ist dir zu eigen,
> wie auch dein Wesen ganz dem Frühling gleich!
> Denn wenn die Zweige all betaut mit Reif,
> und Sommers grüne Schattenspiele schweigen,
> läßt Frühlings Kommen es nicht Winter bleiben,
> und alles Lebende wird durch ihn reich.
> Das Veilchen sprießt, der kleine Vogel schreit,
> und Kraut und Blume müssen sich befreien.
> So, wenn sich Englands Köpfe auch verstecken
> (und nur der immergrüne Lorbeer grün),
> kommst du mit Früchten unsre Tafel decken
> und stellst ein blühendes Gebinde hin.
> Solch Früchte, solche Blumen und Moralien:
> sie kamen nie zuvor noch aus Italien.*

John Florio, der italienische Engländer, gehörte zu den Lehrern, die Lord Burghley, der »Master of Wards«, für die neue Generation seiner Mündel bestellt hatte. Aus dem Lehrer-Schüler-Verhältnis zwischen

---

* Florios Titel – *First Frutes, 1578* – erinnert an Oxfords und Gascoignes *A Hundreth sundrie Flowres* von 1573. Und Phaetons Empfehlungsgedicht besitzt einen Vorläufer

Florio und Southampton entwickelte sich ein freundschaftlicher Umgang, an den der Lehrer in *A Worlde of Words* (1598) bescheiden erinnert. »Wie Euer huldvoller Sonnenstrahl mich mit Licht und Leben erfüllt hat, so mag mein geringeres Licht auf andere fallen. Von einem solchen Magneten angezogen und gehalten, will ich offen gestehen: was Ihr in Liebe aufnahmt, das wurde weithin sichtbar.«

Wir haben zu konstatieren: Der verwitwete Dichter Edward de Vere, vierzig Jahre alt, verarmter Great Chamberlain, ließ dem siebzehnjährigen Henry Wriothesley siebzehn Sonette mit der Aufforderung zur Hochzeit zukommen.

Eine Kette des Lebens, der Liebe und der Schönheit sollte gebildet werden. Der ältere Mann, der sich im Jüngling gespiegelt sieht, will ihn dazu verpflichten, das Inbild des Schönen durch Zeugung fortzusetzen – und zwar nicht mit irgendeiner Frau, sondern mit seiner leiblichen Tochter.

in den *Posies* von 1576, womit ein gewisser »E. C.« die Gedichte George Gascoignes empfiehlt: »Nun, guter Leser, schau welch schönen Frühling / dies Buch hervorbringt samt der feinsten Früchte.« Damals hatte der Earl zusammen mit Gascoignes Versen auch die eigenen angekündigt.

John Florio beklagt sich im Vorwort zu einer späteren Veröffentlichung (*A Worlde of Words*, 1598) über die See-Hunde und Land-Kritiker unter den Schreibern, die als eifersüchtige und schamlose Piraten im Papiermeer segeln. Dabei erwähnt er das gute Gedicht eines mit ihm befreundeten Gentleman, das auf unberechtigte Kritik gestoßen sei. Es existiert aber nur ein einziges Gedicht, das die Öffentlichkeit als »Freundesgedicht« in Verbindung mit John Florio bringen konnte: das Sonett Phaetons. – »Eine andre Sorte schielender Köter«, sagt Florio, »knurrt mehr, als sie beißt, wovon ich einen als Beispiel anführen kann, der, als er auf das gute Sonett eines Gentleman stieß (und zwar eines Freundes von mir, dem es lieber war, ein Dichter zu sein als für einen gehalten zu werden), den Autor einen Reimer nannte, ungeachtet dessen, daß er mehr poetische Fertigkeit besitzt als mein schlauer Kritiker menschlichen Anstand.« – Ob Florio mit dem schielenden Köter Thomas Nashe und dessen Vorwort zu den *Strange Newes* meint, bleibt offen – aber »a friend of mine, that loved better to be a Poet than to be counted so« paßt auf den Earl. Und nicht ohne Grund haben William Minto (1885), T. S. Baynes (1894) und Sidney Lee (1931) das Phaeton-Sonett dem Dichter William Shakespeare zugeschrieben. –

Der Früchtekorb, mit dem John Florio die Tafel der englischen Literatur geschmückt hat, enthält als größte Kostbarkeit die Übersetzung aller *Essais* von Michel de Montaigne, die 1603 in einer dreibändigen Folioausgabe erschien. Florio, der Mittler zwischen den Kulturen und Sympathisant der kopernikanischen Wende, teilte demnach mit »Phaeton« die Liebe zur Philosophie des französischen Skeptikers.

John Florio (1553-1625) *Edmund Spenser (1552-1599)*

Königin Elizabeth, »Procession to Blackfriars«, anläßlich der Hochzeit von Henry Somerset, 1st Marquess of Worcester und Anne Russell am 16. Juni 1600.
(Vgl. Shakespeares Sonett 135: »Sollte ich den Baldachin tragen / und mit meinem Äußeren Äußeres ehren / oder Fundamente für die Ewigkeit legen?«)

Und als diese Sonette nicht die erwünschte Wirkung zeitigen, »verliebt« sich der Dichter, von Jugend an ein glühender, *unglücklich-beglückter* Verehrer des weiblichen Geschlechts, Vater eines unehelichen Sohns und dreier Töchter, in seinen idealen und überaus schönen Fast-Schwiegersohn.*

Erstaunlicher Umstand. Nachdem der Jüngling die Tochter des Dichters zurückgewiesen hat, schreibt Shakespeare, statt die Beziehung abzubrechen, das verklärende achtzehnte Sonett.

Soll ich dich einem Sommertag vergleichen,

der du noch lieblicher und milder bist?

da durch die Blüten kalte Winde streichen

und jeder Sommer bald zu Ende ist.

Nie soll der Tod sich rühmen können, den jungen Mann in seinen Schatten gezogen zu haben. Denn des Dichters Vers wird ihn unsterblich machen.

Solange Menschen atmen, Herzen beben,

so lange lebt mein Vers und schenkt dir Leben.

Shakespeare will nichts anderes als in diesem Jüngling sich selbst erkennen, wiederfinden, bewundern, verewigen – lieben.

Er sieht den Anderen als eine Spiegelung seiner selbst, betrachtet ihn als ein Abbild seiner eigenen Hoffnungen, Regungen und leidenschaftlichen Wünsche. Der alte steht dem jungen Narziß gegenüber – er will in ihm ertrinken, um sich neu zu gebären. Aber er liebt nicht nur sich selbst, sondern *auch* den Anderen: als einen, der sich selbst gehört, der von ihm abweicht, ihn prüfend erkennt, ihn mit seinem Licht erwärmt, mit seinen Worten entzückt – oder der fortgeht und ihn kränkt. Der Dichter, der sich in all seinen Figuren gedoppelt hat, im Narren, im

---

* »Die Schwierigkeit, die uns begegnet, wenn wir die Gedichtfolge wie eine Erzählung lesen, liegt darin, daß die Art Liebe, die der Dichter für den Mann hegt, im Dunkeln bleibt. Für eine gewöhnliche Männerfreundschaft ist seine Sprache zu sehr die des Liebhabers ... Doch andererseits sieht es nicht nach der Dichtung eines Homosexuellen aus ... Die unablässige Bitte, der Mann solle heiraten und eine Familie gründen, steht im Widerspruch (denke ich zumindest) zu einer homosexuellen Leidenschaft. Sie ist nicht einmal recht vereinbar mit einer normalen Freundschaft. Man kann sich schwer eine reale Situation vostellen, in der sie natürlich wäre. Welcher Mann in der ganzen Welt, außer einem Vater oder potentiellen Schwiegervater, sorgt sich darum, ob ein anderer Mann heiraten wird?« (C. S. Lewis: *English Literature in the Sixteenth Century Excluding Drama*, 1954.)

Schurken, im Edelfräulein und im tragischen Helden, erlebt eine körperliche Dopplung, die ihm den Atem verschlägt. Hier, angesichts seines idealischen Spiegels, ist er gezwungen, zu lieben, auch wenn die Umarmung ausgeschlossen bleibt: den Anderen, der ihm gleicht – den, der er selbst ist – den, der ihn ersetzt. Er selbst möchte sterben können, damit dieser bleibt, er möchte bleiben, weil dieser ist, möchte den Klang des Anderen aufnehmen als seinen und das eigene Wort aufhören lassen im fremden Nächsten.

Wir wissen: die Sonette kreisen um die widersprüchlichen Erfahrungen von Schönheit und Tod, Liebe und Eifersucht, Sein und Schein, Zeit und Zeitlosigkeit.

Wir wissen auch: für dieses Stundenbuch der Liebe und des Todes haben die 365 Sonette Petrarcas Pate gestanden. Was Laura für den italienischen Dichterfürsten war, eine irdisch-himmlische Ikone der Schmerzlust, das soll – in seiner Unerreichbarkeit – der Jüngling für Shakespeare sein. Sein Konzept der Poetisierung des Lebens ist petrarkistisch, aber die analytische Schärfe seines Blicks und die subjektive Kraft der Selbstentäußerung gehen über das Vorbild der Frührenaissance hinaus. In fast provokativer Weise zielt der Dichter ab auf die gezielte »Verwechslung seines Selbst mit dem Wesen des Nebenmenschen« (so Schillers Definition der Liebe).

Ein Frauenantlitz, von Natur entworfen,
hast du, Herr-Herrin meiner Leidenschaft,
und auch das Herz der Frau, doch nicht verdorben
durch Wankelmut, wie bei der Frau so oft:
ein Aug, noch leuchtender, und nie in Nöten,
den Gegenstand vergoldend, den's erblickt.
Ein Mann bist du, beherrschend im Erröten,
der einen Mann betört, die Frau entzückt.
Du bist zuerst als Frau geschaffen worden,
dann hat Natur sich in ihr Werk verschaut
und die geringe Zutat dir erkoren,
durch die sie deines Körpers mich beraubt.
Doch da sie dich zur Lust der Frau bestückt',
so *liebe* mich und sei von ihr beglückt.

Die ideale Liebe hat sich von Körperlichkeit befreit. Ihr Medium ist – wie bei Petrarca – das poetische Wort. Aber der Dichter wäre nicht er selbst, würde er den biographischen Anlaß hinter sich lassen und in die reine Ideenwelt flüchten. Er tritt auf als Visionär mit leidenschaftlichem Sinn für Wirklichkeit, als poetischer Mittler zwischen Kosmos und Seele, als ein Idealist, der die eigenen Beschönigungen überholt, als ein von Liebe, Haßliebe, Zärtlichkeit, Widerwillen und Staunen erfüllter Mensch.

Dagegen wissen wir wenig – oder nichts – über die Seelenlage des verherrlichten Jünglings. Die 126 Bildnisse, die Shakespeare von ihm malt, bringen ihn nicht zum Sprechen.

Deutlich wird immerhin: Southampton, herausgefordert durch die Liebe des Dichters, beginnt dessen Gefühle mit Gefühlen für die Freundin (oder Frau) des Dichters zu erwidern. Denn der Earl of Oxford war seit Anfang 1591 nicht mehr allein. Seine Geliebte heißt Lady Elizabeth Trentham, ist etwa achtundzwanzig Jahre alt, Tochter eines vermögenden Landadligen aus Staffordshire – und eine der sehr geschätzten Hofdamen von Königin Elizabeth.

Als Oxfords Freundin wurde sie das erste Mal im März 1591 von Miss Julyan Penne brieflich erwähnt, ein Vierteljahr später, Anfang Juli, übereignete Oxford ihrem Bruder Francis Trentham (1565-1626) treuhänderisch das große Baugrundstück Christ's Church Garden mit der Auflage, daß das Treuhandverhältnis bei Oxfords Tod auf seine »Witwe« übergehen sollte. Und Ende des Jahres, im November oder Dezember 1591, wurde geheiratet.

Elizabeth Trentham, intelligent, ehrgeizig und sprachgewandt, stand seit vierzehn oder fünfzehn Jahren im persönlichen Dienst der Königin. Als eine Jüngerin der keuschen Diana durfte sie nur mit königlicher Erlaubnis heiraten – und Elizabeth ließ sich mit einer solchen Erlaubnis in der Regel Zeit. Jetzt aber sollte die junge (oder nicht mehr junge) Mistress Trentham für ihre heroische Treue belohnt werden: durch Verheiratung mit dem verarmten ersten Hofmann Englands. Und der Earl, so lautete die Rechnung, sollte durch diese Verbindung finanziell saniert werden. Daß die Rechnung aufging, ist Francis Trentham zu verdanken, der die Verwaltung der Oxfordschen Güter übernahm und in dieses bedenkliche Unternehmen aus eigenen Mitteln insgesamt 10 000 Pfund Sterling investierte. Dafür traf man die Abmachung, daß nach Oxfords Tod, falls er ohne männliche Erben bliebe, seine Güter an die Trenthams fallen würden.

»Soll ich dich einem Sommertag vergleichen?« schrieb Oxford in Sonett 18. In Sonett 20 betonte er den Unterschied zwischen geistiger und körperlicher Liebe und erhob Anspruch nicht auf das Geschlecht, sondern auf das Herz des jungen Mannes. Die folgenden elf Sonette thematisieren die Wahl der Liebesmetaphern – den Altersunterschied – die dichterische Sprache – die Rolle des liebenden Auges – die Vergänglichkeit des Ruhms im Gegensatz zur unvergänglichen Liebe – die Liebe als Lehensverhältnis – die Rolle der liebenden Gedanken – die verschwimmende Erfahrung von Tag und Nacht – die Tröstung des Glücklosen – die Tröstung nach Verlusten – die Tröstung des Liebenden, der Tote zu beweinen hat – den Trost der Liebe über den Tod hinaus. Doch plötzlich, mit Sonett 33, wird das Gesetz der harmonisch-idealischen Reihung durchbrochen: die »Erdensonne« der Liebe verschattet sich – und Sonett 34 erhebt Anklage. »Warum hast gutes Wetter du versprochen, / und schickst mich ohne Mantel in den Regen?« Es ist von einem Diebstahl die Rede, bei dem der Dichter sich zum Helfershelfer gemacht hat. Bis in den Sonetten 40-42 die Wahrheit unverhüllt zutage tritt.

> Statt meiner Liebe raubtest du mein Lieb.
> Kann dich nicht schelten, da du Lieb empfingst –
> doch sei beschämt als meiner Liebe Dieb,
> wenn du dir nahmst, was du aus dir nicht willst. (40)

> Ach, möchtest du mir doch das Meine lassen
> und deiner eignen Schönheit treulos sein,
> die dich, um Treue doppelt zu enttäuschen,
> zu Aufruhr zwingt und Ausgelassensein:
> Du täuschst die Frau, weil du durch Schönheit siegst,
> und dich enttäuschst du, weil du mich belügst. (41)

Das Schlimmste ist nicht, daß du sie besitzt,
obwohl ich sie von Herzen lieb gehabt,
mein größrer Kummer: daß sie dich genießt
und mich mit ihrer Liebe zu dir plagt.
Ich will die Liebesmissetat entschuld'gen:
du liebst sie, weil du weißt, wie ich sie liebe,
und sie betrügt mich nur um meinetwillen –
weil es mein Freund ist, tut sie ihm Genüge. (42)

Zu dieser lyrischen Dokumentation finden sich prägnante Entspre-
chungen in den Sonetten 127-152, die an die Geliebte des Dichters, die
»Dark Lady«, gerichtet sind. (Natürlich besitzt die »dunkle Dame« zar-
teste und weißeste Haut, ja sie grämt sich sogar darüber, daß das alte
Schönheitsideal der hellen Haut widerrufen wird, aber ihre Augen, ihre
Haare und ihre Seele sind schwarz.) Sonett 133:

Verwünscht dies Herz, das meines leiden macht
und Pein mir ist und meines Freundes Pein!
Ist's nicht genug, daß es mir Qual gebracht,
muß auch mein süßer Freund ihm Sklave sein?
Dein grausam Aug hat mich mir selbst entzogen,
und nun reißt es mein ander Selbst an sich;
ich bin von ihm, mir selbst und dir betrogen.
Dreifache Folter, dreifach Kreuz für mich.
Verschließ mein Herz in deiner Brust Gefängnis:
mein armes Herz kauf das des Freundes frei!
Doch löse des Gefangenen Bedrängnis,
gib, daß ich seines Herzens Wächter sei.
Und so du willst, das spreche ich aus dir,
gehör ich dir mit allem, was an mir.

Es folgt Sonett 134, eine der erstaunlichsten lyrischen Äußerungen in
der Geschichte der Literatur.

Nun, da ich anerkenne, daß er dein,
und da ich deinem Willen alles schulde,
zahl ich mit mir, damit ich, was noch mein,
mein besser Selbst von dir zurückerhalte.
Doch du verweigerst, und er wird nicht frei,

da du gefräßig bist und er geblendet;
er zeichnet für mich, dir zur Sicherheit,
den Wechsel, der so stark wie mich ihn bindet.
Du streichst die Zinsen deiner Schönheit ein,
du Wucherer, der du die Schuld eintreibst
von einem Freund, der kam, mein Bürg' zu sein –
so bin ich durch mein eignes Tun verwaist.
Hab ihn verlor'n, doch du hast ihn und mich,
er zahlt die Schuld, die nicht verringert sich.

In diesem Gedicht, in dem der betrogene Liebhaber seinen Freund von der Freundin zurückerbittet, sind nicht weniger als zehn schuld- bzw. handelsrechtliche Begriffe enthalten:
Ich stehe dir zur Verfügung wie ein Pfand – du kannst von mir Gebrauch machen wie von einem verfallenen Gut – der Jüngling aber hat als Bürge für mich gezeichnet. – Du nimmst das Pfandrecht deiner Schönheit wahr – du Wucherer, der du alles einforderst – und einen Freund belangst, der meinetwegen zum Schuldner wurde.

Das ist Shakespearesche, sprich Oxfordsche Autobiographik.
Der Earl schreibt ein Liebesgedicht in der Sprache der Schuldverschreibungen, die ihn gegenwärtig zu ersticken drohen. (Seine Briefe an Lord Burghley aus den Jahren 1590/91 handeln von nichts anderem als von verpfändeten Pachten und abgelaufenen Schuldverschreibungen. 5. August 1590: »da ich das Platzrecht von Aveley an Mr. Herdson verpfändet und noch nicht zurückgekauft habe …« – 18. Mai 1591: »die Verwirkung meiner Pacht von Skinners Ländereien« – 30. Juni 1591: »um mich von den Schuldverschreibungen und Pfandrechten in Höhe von 20000 Pfund zu entlasten …«) Er will den Freund freikaufen, aber hat nicht die Macht und das Recht dazu, denn er selbst spielt nur noch die Rolle des aufgegebenen Pfands. Warum, so wirft er sich selbst vor, hat er den Jüngling mit seiner Geliebten bekannt gemacht? Konnte er sich nicht vorstellen, daß Amor seinen Freund lehren würde, als Bürge für eine fremde Schuld zu zeichnen? Und jetzt, da Adonis ihr »verfallen« ist, steht er, der Ältere, als Verlierer da, während sie, die Dunkle, von beiden Männern »Gebrauch« machen kann.
Das verblüffende Resümee: der Jüngling zahlt die Schuld, von der er,

der Dichter, nicht frei wird. Und nicht allein deshalb, weil er selbstquälerisch in die Dunkle verliebt ist, sondern vor allem deshalb, weil sie ihn
finanziell in der Hand hat.

Oxford schuldet der Krone, wie Lord Burghley am 30. Juni 1591 gewissenhaft festhält, insgesamt 11 000 Pfund Sterling (es handelt sich immer
noch um die offene Rechnung des »Court of Wards«*, die sich durch
Strafgelder und Zinsen inzwischen verdreifacht hat) – die durch Trenthams Investition in Höhe von £ 10 000 aufgewogen werden sollen.

Kein Wunder, daß Oxford seine unsichere Geliebte (oder Frau) in dunklen Farben malt. Ein Wunder nur, daß er in dieser prekären Lage, die
jeden anderen hätte verstummen lassen, noch die zärtlich nackten
Worte zu Gedichten findet. Sonett 136:

> Glaubt deine Seele, ich käm' ihr zu nah,
>
> so sag der Blinden, daß ich, *Will*, es bin,
>
> und Wille, weiß sie, ist willkommen da;
>
> drum nimm für Liebe meine Dienste an.
>
> *Will* will den Reichtum deiner Liebe mehren.
>
> Nimm zu den Willen vieler auch den meinen,
>
> doch sieh, was uns die Rechnungsbücher lehren:
>
> in großer Zahl wird eins als nichts erscheinen.
>
> Laß in der Menge unbemerkt mich stehen,
>
> in deinem Haushalt zähl mich als die Eins.
>
> Sieh mich für Nichts, wenn's dir beliebt zu sehen,
>
> und sieh das Nichts für mich und mich für deins.
>
> Hab meinen Namen lieb: in Lieb ihn hüll,
>
> dann liebst du mich, sonst hieße ich nicht *Will*.

Vermutlich gebrauchte Elizabeth Trentham den Kosenamen Will für ihren Geliebten. Demnach dürfte Oxford das Pseudonym *William Shakespeare* bereits Anfang der neunziger Jahre erfunden haben.**

---

* Finanzbehörde zur Verwaltung von Kronlehen.
** Unter dem Dichternamen WILLIAM SHAKESPEARE ist der Earl erstmals im
Sommer 1593 aufgetreten, als er sein Versepos »Venus und Adonis« publizierte. Für
diese Veröffentlichung war der Gebrauch eines Pseudonyms zwingend. Noch eine
Generation später erklärte der englische Gelehrte John Selden (1584-1654) in seinem berühmten *Table-Talk*: »Für einen Lord wäre es lächerlich, Verse drucken zu lassen; es genügt, wenn er sie zu seinem eigenen Vergnügen macht, aber sie zu veröffentlichen ist närrisch.«

Will ist der willfährige Liebste: ein Nichts, das im Haushaltbuch der Liebe als die Eins gerechnet wird. *Will* ist der Liebhaber aus Sonett 143, der der Frau hinterherläuft wie ein schreiendes Kind seiner Mutter – während die Mutter ihr Huhn einfangen will. Aber er ist auch der beleidigte, eifersüchtige Mann, der seine Geliebte schmäht und seinem Freund verzeiht. – Sonett 144:

> Zwei Lieben, hell und dunkel, ziehn mich an,
> zwei rege Geister, lenken sie mich ganz;
> der gute Engel ist ein Mann – und schön,
> der andre Geist ein Weib von düsterm Glanz.

Ob der beklagte Treubruch sich vor oder nach der Hochzeit abspielte, wird nicht verraten. – Sonett 152:

> In loving thee thou know'st I am forsworn,
> But thou art twice forsworn to me love swearing,
> In act thy bed-vow broke and new faith torn,
> In vowing new hate after new love bearing.

Mit Oxfords pen-name hat es seine eigene Bewandtnis. Das Motiv des »shakespeare«, des Speerschwingers, bezieht sich auf die in voller Rüstung dem Kopf des Zeus entsprungene, griechische Göttin des Wissens und der Strategie: Pallas Athene. Ihr gezückter Speer symbolisiert nicht Aggression, sondern Wachsamkeit, denn Pallas wurde als wehrhafte Schutzgöttin der Paläste und als Schirmherrin der Künste und Wissenschaften angesehen. Für einen Turniere fechtenden Dichter, einen Mann des Schwerts und der Feder (der, wie Freund Gascoigne, »mit der Feder ficht und mit dem Schwerte schreibt«), für den ersten Hofmann der Königin erscheint »Shake-speare« ein treffend gewähltes Pseudonym. (Vgl. Ben Jonson: »true-filed lines / in each of which he seems to shake a lance«.) »William« seinerseits verweist, wie Gabriel Harvey richtig angemerkt hat, auf den ruhmreichen Eroberer – und vielleicht auch auf die hochgespannte Formel »Will-I-am«: ich bin Wille – ich bin Verlangen, Wunsch, Neigung.
Oxfords im Ton selbstbewußter Bescheidenheit vorgetragenes Spiel mit dem Namen »Will« in Sonett 135 (»More than enough am I that vex thee still, / To thy sweet will making addition thus«) läßt denken, daß der Dichter gleichermaßen mit dem pen-name Shakespeare gespielt hat: die erotische Konnotation dürfte ihm vertraut gewesen sein. Sicher kannte er das oft zitierte Epithalamium des Neulateiners Giovanni Giovano Pontano (1429–1503), der den Bräutigam anspricht mit den Worten: »Wenn die Braut sich deinen eifrigen Umarmungen hingibt in gleichzeitiger Furcht und Begierde, dann wage den Angriff, mein Freund, dann ist der Augenblick gekommen, während du deinen Speer aus nächster Nähe schwingst, ihr die geliebte Wunde hitzig beizubringen« – »Telum cominus, hinc et inde vibrans, / Dum vulnus ferus interferas amatum«. (Pontani Carmina, Florenz 1902, Bd.2, S. 262)

»Bed-vow« bedeutet: »das Versprechen, dem Ehebett treu zu bleiben«.

> Aus Liebe zu dir hab ich falsch geschworen,
> doch du schworst, Liebe schwörend, doppelt falsch:
> betrogst mein Bett – und den, den du erkoren,
> trugst neue Liebe und schworst neuen Haß.

Der »bed-vow« spricht eine deutliche Sprache. Wir ziehen daraus den
Schluß, daß Shakespeare die »Dark Lady« zur Frau genommen hat. Und
die Schöne hat es verstanden, ihr Geheimnis – das Geheimnis ihres
Namens und ihrer erotischen Verfehlung – gut vierhundert Jahre lang
zu bewahren. Ihr hochgesinnter Freund und Mann aber flicht ungeachtet unliebsamer Konkretisierungen den Sonettenkranz an »W. H.«
kunstvoll zu Ende.

Am 24. Februar 1593 wurde dem Ehepaar Edward de Vere und Elizabeth Trentham der ersehnte männliche Nachkomme und Erbe geboren: Henry de Vere, der zukünftige 18. Earl of Oxford.
Da in der Genealogie der de Veres kein anderer Henry vorkommt,
könnte das Kind nach dem jetzt neunzehnjährigen Henry Wriothesley
benannt worden sein.

Im Sommer 1593 widmete Oxford dem Jüngling sein großes Gedicht
Venus and Adonis: ein Werk, in dem ein narzißtischer Adonis allen Lie-
besanfechtungen der göttlichen Venus zu seinem Unglück widersteht.
Die in höfischer Manier verfaßte Widmung lautet:

> »Sehr Ehrenwerter, ich weiß nicht, inwiefern ich Anstoß errrege,
> indem ich Eurer Lordschaft meine ungeglätteten Verse zueigne,
> noch, wie die Welt mich beurteilen wird, wenn ich eine so starke
> Stütze wähle, um eine so schwache Last zu tragen: allein, falls Euer
> Ehren daran Gefallen finden sollten, werde ich mich höchst glück-
> lich schätzen und gelobe, aus allen Muße-Stunden Vorteil zu zie-
> hen, bis ich Euch mit einer gewichtigeren Arbeit ehren kann. Wenn
> sich der erste Erbe meiner Erfindung jedoch mißgestaltet zeigen
> sollte, bedaure ich es, daß er einen so edlen Paten hatte, und werde,
> aus Furcht, es könnte mir nochmals schlechte Ernte liefern, nie wie-
> der so unfruchtbares Land bestellen. Ich überlasse das Werk Eurer

ehrenwerten Einschätzung und Euch selbst Eurer Herzenszufrie-
denheit – die, so wünsche ich, immer Eurem eigenen Wunsch und
der hoffnungsvollen Erwartung der Welt entsprechen möge. Der
Eure in aller Ehrerbietung, WILLIAM SHAKESPEARE.«

Das Versepos *Venus and Adonis* ist »William Shakespeares« erstes ge-
drucktes Werk. Aber auch das Werk, das den Namen SHAKESPEARE
erstmals öffentlich bekanntmacht. Wenn der Autor sein Gedicht als
»ersten Erben seiner Erfindung« bezeichnet – »the first heir of my
invention« –, so dürfte er damit auf die Erfindung des Pseudonyms
anspielen. (Denn *Venus and Adonis*, darüber sind sich die Gelehrten
einig, war nicht Shakespeares erstes Werk.)

Der Widmung geht als Motto ein Zitat aus Ovids Liebeselegien voraus:
»Preise der Pöbel Gemeines! Mir reiche der goldne Apollo / schäumend den Becher, gefüllt aus dem kastalischen Quell«.

Die moderne Shakespeare-Philologie hat die tiefere Bedeutung dieses
Zitats völlig übersehen. Nicht nur erhebt der Dichter damit den Anspruch, ein poetischer *Seher* zu sein (der kastalische Quell war die nach
der Nymphe Kastalia benannte, am Fuß des Parnaß entsprungene heilige Quelle in Delphi), nicht nur betont er den apollinischen Geist seiner Dichtung und setzt sich fast provokativ ab von »Volkes Art« (vgl.
»public manners« in Sonett 111) – sondern macht zusätzlich einen
Anspruch auf die Unvergänglichkeit seines Werks geltend. Denn der
15. Gesang des ersten Buchs der *Amores*, aus dem er zitiert, handelt vom
Nachruhm des Dichters. Ovid verlangt nach einem »unsterblichen
Namen«, stellt sich in eine Reihe mit Homer, Hesiod, Kallimachos und
Vergil und schließt seine Elegie:

»Preise der Pöbel Gemeines! Mir reiche der goldne Apollo
schäumend den Becher, gefüllt aus dem kastalischen Quell.
Flechten will ich ins Haar mir die kältescheuende Myrte,
und wer in Liebe sich quält, lese mich immer aufs neu.
Nur an den Lebenden nährt sich der Neid; er ruht nach dem Tode,
wenn der gebührende Ruhm Jeglichen schmückt nach Verdienst.
So auch werd ich dereinst, wenn die Flamme den Leib mir verzehrt
hat, leben, mein besserer Teil dauern für ewige Zeit.«

Das in unserer Zeit wenig beachtete Versepos *Venus and Adonis*, ein-hundertneunundneunzig sechszeilige Strophen umfassend, steht in sei-ner Kunst den Sonetten nicht nach: ein formvollendetes Werk im Geist der Antike, dessen Autor sich durch ein subtiles Gespür für Psychologie auszeichnet.

Als Kinder des 20.Jahrhunderts betrachten wir diese Dichtung wie ein altes Gemälde, das seinem Gegenstand, dem Tête-à-tête zwischen Liebe und Schönheit, zuviel poetische Rhetorik hat angedeihen las-sen. – Adonis:

Ich kenne Liebe nicht, will sie nicht kennen.
Wär sie ein Eber, würde ich sie jagen.
Sie leiht viel aus. Ich will nichts schuldig werden.
Nicht lieb ich's, Liebes ihr, der Lieb, zu sagen.
Ich hört', sie ist ein Leben voller Tod:
ihr Lachen Weinen, ihre Fülle Not.

(*Venus and Adonis*, 409-414)

In der Gestalt der Venus wirbt die Liebe um die Schönheit. Aber die Schönheit ist ein widerspenstiger, ein nicht zur Reife gekommener, ein ungarer Gott. Adonis, mehr Knabe als Mann, entzieht sich dem Verlan-gen der Göttin, ihren Zuflüsterungen und Küssen. Er weist sie zurück in ihrem Sich-verströmen-Wollen, denn alles Weibliche wird ihm zur Mutter. Er ist Narziß im Spiegel seiner seelischen Panzerung, er ist der Krieger im Kettenhemd der Schönheit. Kaltblütig geht er in den Tod, wie Venus es ihm vorausgesagt hat. Der Eber, den er jagt, reißt ihm den Leib auf. Verzweifelt beugt die Göttin sich über den Sterbenden. Viel-leicht wollte das wilde Tier den schönen Jüngling nur küssen. Und roh in ihrer Zartheit, liebevoll in ihrer Härte spricht die Göttin:

»Wär ich bewehrt gleich ihm mit Eberzähnen,
hätt ich mit Küssen ihn zuerst zerfleischt.«

Nie mehr, so weissagt sie, soll die Liebe unter Menschen ungestraft blei-ben. Niemals werden sich Schönheit und Liebe dauerhaft vermählen – außer im Tod. Der liebende Eber, so die psychologische Pointe, ist der Earl selbst, der den Eber im Wappen führt: the Boar.

Das kleine Werk, auch editions- und drucktechnisch ein Juwel, wurde von den Zeitgenossen mit großer Bewunderung aufgenommen.

Ein Jahr später folgte die in der Widmung an Southampton bereits angekündigte »gewichtigere Arbeit«: *The Rape of Lucrece*, ein Versepos in 265 siebenzeiligen Strophen, nach dem Schema a/b/a/b/b/c/c kunstvoll gereimt.

Die neue Themenwahl muß erstaunen. Statt eines schönen, unschuldig selbstverliebten Knaben, der durch seine Reize die Liebesgöttin betört, fällt der Blick nun auf einen obsessiven Vergewaltiger, der, zur Rede gestellt, seine Untat rhetorisch begründet und inszeniert. Das personifizierte Böse tritt auf: geschmeidig, feurig und seiner selbst bewußt. Der Königssohn Tarquin verleumdet nicht wie Jago, heuchelt nicht wie Edmund, sondern verhöhnt – wie Richard III. – sein Opfer durch Aufklärung. Erschreckender, dämonischer, liebloser kann »Liebe« nicht sein als im Fall des zynisch berechnenden und beredten Triebtäters. Statt sie zu meucheln, läßt Tarquin die Frau als Überlebende ihrer moralischen Vernichtung zurück. Die schuldlos schuldige Lukrezia, einer anderen Rechtfertigung nicht mächtig, gibt sich daraufhin selbst den Tod. Ihr Selbstmord aber ist nicht Flucht, sondern Angriff – denn jetzt, nach ihrer grausam erwiesenen Unschuld, muß sie von ihren Angehörigen gerächt werden.

Ein höfisches Thema, bezogen aus Ovids *Fasti* II und Livius' *Ab urbe condita* I. Ein strindbergsches Kammerstück, untauglich für die Bühne.

Am 9. Mai 1594 wurde *The Rape of Lucrece* ins Stationers' Register eingetragen. Der Dichter widmet dem jungen Southampton das Versepos mit den empfindsamen Worten:

> »Die Liebe, die ich Eurer Lordschaft zusage, ist ohne Ende; wovon diese Schrift ohne Anfang nur einen überflüssigen Teil bildet. Die Bürgschaft Eurer ehrenwerten Gesinnung, nicht der Wert meiner ungelehrten Verse, versichert mich ihrer Annahme. Was ich getan habe, liegt bei Euch; was ich zu tun habe, liegt bei Euch – als ein Teil des Meinen, das ich Euch darbringe. Wäre mein Wert größer, würde auch meine Ehrerbietung größer erscheinen; doch auch so, wie sie ist, eignet sie Euer Lordschaft, der ich, verlängert um alles Glück, ein langes Leben wünsche. – Der Eure in aller Ehrerbietung, WILLIAM SHAKESPEARE.«

Nach Southamptons Volljährigkeit am 6. Oktober 1594 hatte Lord Burghley in seiner Eigenschaft als Master of Wards dem jungen Earl – nach dem Gesetz – ein Bußgeld in Höhe von 5 000 Pfund Sterling aufzuerlegen – dafür, daß Henry die Heirat mit Elizabeth de Vere ausgeschlagen hatte. Damit stand Southampton vor dem wirtschaftlichen Ruin. In der Folgezeit schloß sich der junge Mann dem burghleyfeindlichen Zirkel um Essex an. Und entfremdete sich auf diese Weise mehr und mehr seinem poetischen Freund, Mentor, Verehrer: dem Mann, der ihn liebte wie sich selbst.

Exkurs: The Sonneteer. Eine biographische Spurenlese

Kaum ein Werk der Weltliteratur dürfte, bei größter Hochschätzung, so rätselhaft geblieben sein wie Shakespeares Sonette.

Ihre Abfassung beginnt offenbar mit Burghleys Heiratsdiktat (»Wenn vierzig Winter deine Stirn belagern«, heißt es im zweiten Sonett, was im Jahr 1590 auf den Schreiber zutrifft) – und endet spätestens mit Southamptons Volljährigkeit im Oktober 1594. Einen konkreten Anhaltspunkt für die Datierung gibt Sonett 107:

> Die Frist, die meiner Liebe eingeräumt,
> wird nicht von Angst, noch Prophetie bestimmt:
> denn Liebe ist kein Unterpfand der Zeit,
> das das Verhängnis uns aus Händen nimmt.
> Der Mond, der sterbliche, steht unverhüllt,
> die traur'gen Seher spotten ihrer Sagen.
> Was scheu erhofft war, hat sich reich erfüllt,
> und Friede schreitet fort zu schön'ren Tagen.
> Erfrischt vom Balsam der verjüngten Zeit
> ist meine Lieb zu dir. Und mir gewährt
> der Tod im armen Reim Unsterblichkeit:
> der Tod, der nur, was sprachlos bleibt, zerstört.
> Du wirst in meinem Vers dein Denkmal finden,
> wenn Gräber bröckeln, Monumente schwinden.*

---

* Not mine own fears, nor the prophetic soul,
Of the wide world, dreaming on things to come,
Can yet the lease of my true love control,
Supposed as forfeit to a confined doom.
The mortal moon hath her eclipse endured,
And the sad augurs mock their own presage,
Incertainties now crown themselves assured,
And peace proclaims olives of endless age.
Now with the drops of this most balmy time,
My love looks fresh, and death to me subscribes,
Since spite of him I'll live in this poor rhyme,
While he insults o'er dull and speechless tribes.
And thou in this shalt find thy monument,
When tyrants' crests and tombs of brass are spent.

Mit der »balsamische Zeit« nach der überstandenen Verfinsterung des »sterblichen Monds« [Elizabeth] können nur die frühen neunziger Jahre gemeint sein. Nach dem Scheitern des spanischen Angriffs auf England mußten die Propheten ihre Weissagungen zurücknehmen (Regiomontanus hatte den Weltuntergang für 1588 vorausgesagt) – im Jahr 1593 war der Herzog von Parma, der Generalgouverneur der spanischen Niederlande, gestorben – der Katholik Charles de Lorraine (Duc Dumain) scheiterte mit seinem Versuch, sich zum König wählen zu lassen – und Henri IV schloß Frieden mit der Katholischen Liga. In keinem anderen Jahr schien sich die Verheißung ewigwährenden Friedens ähnlich zu erfüllen wie in diesem: »and peace proclaims olives of endless age«.

Wir können nicht wissen, ob die Ausgabe des Druckers Thomas Thorpe von 1609 die ursprüngliche Reihenfolge der Gedichte bewahrt hat. In jedem Fall liegen innerhalb des Werks mehrere Gedichtsequenzen vor, die eine klare motivische Entwicklung durchlaufen, und wie die ersten Sonette einen Beginn der Freundschaft markieren, so deuten die letzten einen Abschied an. Klar zu trennen sind die Sonette an den Jüngling (1-126) von denen an die Geliebte (127-152). Jedoch verlaufen beide Sequenzen in zeitlicher Parallelität.

Der Dichter, so glauben wir, folgt weniger einer erotischen Obsession als einem poetischen Plan. Vielleicht aber auch beidem. Er hebt den Jüngling in den Himmel, den er auf Erden begehrt, aber nicht genießen kann, um Liebe und Schönheit in ihrer gestaltgewordenen Absolutheit zu beschreiben. Wie, so fragt Shakespeare, kann der Liebende dem Gegenstand seiner Verehrung gerecht werden? Unterliegen Liebe und Schönheit der Vergänglichkeit oder töten sie den Tod? Wie sehr wird das Ideal gefährdet durch Realität?

Aber als sich gegen seinen Willen die Statue des Jünglings belebt und in seine sexuelle Domäne einbricht, zögert er nicht, dieser Extravaganz als poetischer Chronist Rechnung zu tragen. Auf das Tête-à-tête seiner beiden Liebsten reagiert er – planlos – mit Schrecken. Und er wird eifersüchtig, als der junge Mann von einem Dichterrivalen besungen wird!

Der Dramatiker thematisiert neben den idealen Motiven – Liebe,

Schönheit, Hoffnung und Sterblichkeit – auch die konkreten Erfahrungen von Nähe und Ferne, Traum und Wachen, Freude und Trauer, Selbstliebe und Selbstzerwürfnis. – Sonett 50:

> Wie ungern nehm ich diesen Weg auf mich,
> da mich der Ort, wohin die Reise geht,
> am Ende lehren wird, daß ohne *dich*,
> mein Freund, die Strecke ich zurückgelegt.
> Das Tier, das seines Reiters müde ist,
> trabt vor sich hin, von meiner Last benommen,
> als ob aus einem dunklen Grund es wüßt,
> daß ich nicht Eile hab voranzukommen.
> Nicht schneller wird es durch den blut'gen Sporn,
> den ihm die Ungeduld zu spüren gibt –
> doch trifft sein grausam Stöhnen mich so hart
> wie dieses Tier der unverdiente Tritt;
> denn dieses Stöhnen bringt mich mir zurück:
> vor mir der Schmerz und hinter mir das Glück.

Höchst selten finden sich in den Sonetten Momente des gelassenen Einverständnisses. Dieser Liebende rüttelt auf, schreibt an gegen die eigene Gefährdung, Not und Erschütterung, thematisiert das Mißlingen, die Spannung, die Zerrissenheit als Kondition seines Jasagens. – Sonett 66:

> Des allen müde, zög ich's vor zu sterben.
> Ich seh Rechtschaffenheit, die betteln geht,
> und Tölpeleien, die Applaus erwerben,
> und reinen Glauben, der sich überhebt.
> Ich sehe Großes schamlos eingemeindet
> und Mädchenblüte in den Schmutz gezogen
> und, was vollendet, boshaft angefeindet
> und Kraft von lahmem Ungeschick betrogen.
> Ich sehe, wie man Kunst verstummen macht,
> und sehe Narrheit das Talent regieren,
> ich sehe schlichte Wahrheit schlicht verlacht
> und gute Knechte bösen Herren dienen.
> Des allen müd, ließ gern ich alles sein –
> bliebst du nicht, wenn ich gehe, hier allein.

Der Dichter verehrt den jungen Mann als die Ikone seines besseren Selbst. Die Existenz dieses idealen Selbst verleiht, wie die eines Gottes, seinem Leben erst Sinn und Berechtigung.

>Du bist's, mein Selbst, mit dem ich mich beglücke,
wenn ich mit deinem Glanz mein Alter schmücke.< (62)

Er radikalisiert diese Haltung bis zum Eingeständnis der eigenen Wertlosigkeit:

>Wie's mich beschämt, was immer ich betrieben,
beschämt es dich, Nichtwürdiges zu lieben.< (72)

Und doch ist es dem Liebenden gegeben, das Bild des Geliebten unsterblich zu machen:

>Du wirst in meinem Vers dein Denkmal finden,
wenn Gräber bröckeln, Monumente schwinden.< (107)

Bezeichnenderweise setzt sich der Dichter selbst gegen den möglichen Einwand zur Wehr, er würde Götzendienst betreiben.

>Nennt meine Liebe nicht Abgötterei,
sagt nicht, daß ich ein Götzenbild errichtet,
weil meiner Lobgesänge Einerlei
nur einen preist, an einen nur gerichtet.< (105)

Aber sein einziges Argument gegen diesen Vorwurf lautet:

>*Schön, gut und treu* ist alles, was ich sage —<

Zwar weiß der Ältere sehr wohl, daß der Blütennamige zwar schön, doch weder gut noch treu ist, aber ungeachtet konkreter Enttäuschungen und Widerstände erhält er seinen idealpoetischen Vorsatz aufrecht. Die Sonette sind immer beides: Zeugnisse der Verherrlichung und der Zurechtweisung, der Selbsterniedrigung und Selbsterhöhung, der Gelassenheit und der Erregung, der Idealisierung und der Konkretion.

Wir bemerken zahlreiche Ähnlichkeiten zwischen Oxfords Sicht auf die Geliebte als wankelmütige Feindin und Shakespeares Darstellung der Dark Lady als gefeiertes Objekt seiner Schmerzlust. Der Earl of Oxford dichtete 1572:

Mir schenkt dein holder Anblick Lust und Leben,
mit solchem Leben kommt der Tod entgegen:
für solchen Tod kann es kein Mittel geben

als weiterhin dein Antlitz anzublicken,
dem Mitgefühl und Milde angelegen.
Und sollt' an deinem Anblick ich vergehen,
muß ich doch blicken, um im Blick zu leben.
(*Divers excellent devises of sundry gentlemen*, 15)
Zwanzig Jahre später erfährt und beschreibt der Speerschwinger die
Grausamkeit des schönen Blicks sehr viel konkreter. In Sonett 139 entschuldigt er die Geliebte, die ihre Blicke nur deshalb einem anderen
zuwende, um ihn zu schonen.

Soll ich, von dir gekränkt, zustimmend nicken,
wenn du dich meinem Herzen so verschließt?
Verwunde mich mit Reden, nicht mit Blicken,
üb deine Macht mit Macht und nicht mit List.
Sag, Herz, du hättest eines andern acht,
doch schaue dabei wenigstens mich an.

Die Liebesambivalenzen des jungen Oxford erscheinen noch anakre-
ontisch stilisiert:

Sie ist mein Glück und läßt mich täglich sterben,
sie ist mein Schmerz und hilft, daß ich gesunde,
sie ist mein Tod nicht minder als mein Leben,
sie ist mein Arzt und meine tiefe Wunde,
sie ist die Klinge, und sie ist die Hand,
die mich erretten oder töten kann.
(*A Lover Rejected, Complaineth*; 1576)
Und weisen doch bereits in die Richtung der Shakespeareschen
»Altersliebe«:

Und warum muß ich um so mehr dich lieben,
je mehr ich sehe, was zu hassen wäre?
Obwohl ich liebe, wovor andre fliehen,
darfst du nicht spotten, daß ich dich begehre.
(Sonett 150)
In den Sonetten 78 bis 86 kommt es zur Auseinandersetzung mit einem
rivalisierenden Dichter, der sich des schönen Jünglings bemächtigen
will. »The rival poet«, so insinuiert Shakespeare, ist nicht mehr als ein
bloßer Nachahmer. Die Augen des Knaben würden auch Stumme zum

Singen verleiten und dem Unverstand Flügel verleihen. »Doch was
der Sänger je von dir gesungen, / nahm er von dir und zahlt es nur zurück. / Er will dir Tugend leihn und stiehlt dies Wort / aus deinem Wesen, will dir Schönheit geben, / und nimmt sie erst von deiner Wange
fort; / was er auch preist, es hat in dir sein Leben.« (Sonett 79, übersetzt
von Therese Robinson.)

Aber der den Jüngling lobpreisende Andere gebraucht sein hohes Ansehen, um Shakespeare zu übertrumpfen. Während das bescheidene
»Boot« des Dichters auch über den Untiefen des Knaben Fahrt gewinnt,
segelt das stolze »Schiff« des Rivalen über die unergründlichen Tiefen des
Liebsten hinweg: »Und liege ich zerschellt, ein wertloser Kahn, so bleiben *ihm* sein hoher Bau und sein beträchtlicher Stolz.« (Sonett 80).

Die überzeugendste Interpretation der Rival-Poet-Sonette hat Peter
R. Moore gegeben. Der Dichterrivale, versiert in der Kunst, große
Worte zu machen, offenbar ein erfahrener Seemann oder Komman-
dant, jedenfalls ein Mächtiger und seine Macht Gebrauchender, aber
auch ein Herr, der falsche Töne liebt (vgl. Sonette 80 bis 85) – ist, wie
Moore sagt, niemand anderer als Robert Devereux, Earl of Essex
(1566-1601).

Essex – ein Liebling der Königin, der Erbe des Earl of Leicester, Ehemann von Sidneys Witwe – war erstaunlich groß gewachsen, von krank-
haftem Stolz und Verfasser von technisch gekonnten, nicht unansehn-
lichen Versen.* Als ebenso mutiger wie kopfloser Dreiundzwanzigjäh-
riger hatte er sich an der unglücklichen Expedition nach Lissabon
(1589) beteiligt. 1591 stand er an der Spitze eines erfolglosen Feldzugs in
die Normandie, der zur Unterstützung des französischen Königs Henri
IV (Henri de Navarre) gedacht war. Essex wird beschrieben als ein Aristokrat von unwiderstehlichem Reiz, impulsiv und geschmeidig, dem
es jedoch an Urteil, Ausgeglichenheit und Bescheidenheit mangelte. Er
war das große Vorbild des sieben Jahre jüngeren Earl of Southampton
und wurde zu seinem guten – vielleicht besten – Freund. Den Schlüssel
zur Identifizierung Essex' als Shakespeares »Poet Rival« bildet das Sonett 86.

* Vgl. Poems of Robert Devereux, Earl of Essex, in: Grosart, A.B., Miscellanies of
the Fuller Worthies' Library. The Poems of Thomas, Lord Vaux, Edward, Earl of
Oxford, and Robert, Earl of Essex. 1872.

War es das stolze Segel seiner Worte,
das ausfuhr (allzu kostbar) dich zu preisen
und die Gedanken mir verfinstern wollte,
um sie, wo sie entstanden, auszureißen?
War es sein Geist, den Geister schreiben lehrten,
des übermenschlich Maß mich niederwarf?
Nein, *er* nicht noch die nächtlichen Gefährten,
die heimlich halfen, lähmten meinen Vers.
Nicht *er* noch der verschwornen Bande einer,
der nächtens ihn mit guter Auskunft plagt,
ist meines Schweigens Herr und stolzer Sieger:
von ihnen hat mir keiner Angst gemacht.
    Doch weil *du* halfst ihm seinen Vers zu füllen,
    begann, ohn dich, der meine abzukühlen.*

Shakespeare meint keine nächtliche Geisterbeschwörung, wenn er von »spirits«, von »compeers« und von einem »affable familiar ghost« spricht, sondern er spielt an auf Essex' privaten intelligence-service. Der junge Francis Bacon (1561-1626), ein Wunder an Vernunft und Gefühlskälte, hatte Anfang 1592 Thomas Phelippes, den Meister der Entzifferung, in Essex' Dienste geschleust. Im selben Jahr begann auch Francis' Bruder Anthony Bacon (1558-1601) für Essex zu arbeiten. Anthony, der zwölf Jahre als »Auslandskorrespondent« in Frankreich verbracht hatte, zahlreiche Sprachen sprach und diplomatisches Geschick besaß, zog im April 1594 als »familiar ghost« bei Essex ein. »Auf

---

* Was it the proud full sail of his great verse,
Bound for the prize of (all too precious) you,
That did my ripe thoughts in my brain inhearse,
Making their tomb the womb wherein they grew?
Was it his spirit, by spirits taught to write,
Above a mortal pitch, that struck me dead?
No, neither he, nor his compeers by night
Giving him aid, my verse astonished.
He nor that affable familiar ghost
Which nightly gulls him with intelligence,
As victors of my silence cannot boast,
I was not sick of any fear from thence.
But when your countenance filled up his line,
Then lacked I matter, that enfeebled mine.

diese Weise wurde Essex in den Stand gesetzt«, wie der Elizabeth-Bio-
graph John E. Neale schreibt, »den Cecils in der Versorgung der Königin mit Nachrichten Konkurrenz zu machen und zu beweisen, daß er
ein ernstzunehmender, gut unterrichteter Staatsmann mit wertvollen
politischen Beziehungen ins Ausland war.«*

Für Oxfords gespanntes Verhältnis zu Essex existiert ein brieflicher
Beleg vom 20. Oktober 1595. Der Earl hat seinen Schwager Robert
Cecil in Sachen Waltham Forest und Havering Park um Unterstützung
gebeten und fügt folgendes Postskript an:

> »Eben, als ich diesen Brief zusammenfaltete, erhielt ich eine sehr
> ehrenwerte Antwort vom Schatzmeister ... Er scheint mit seinem
> baldigen Tod zu rechnen und rät mir, den Earl of Essex zu ersuchen,
> sich für mich einzusetzen, wovon ich absehen muß, da ich schon
> verschiedentlich Unbill und Unrecht durch ihn erlitten habe. Ein
> solcher Weg der Selbsterniedrigung verbietet sich. Wenn die Ge-
> fühlslage Ihrer Majestät über den Verlust unserer Güter entscheidet,
> so müssen wir das ertragen.«

Überraschenderweise sagt Shakespeare in den Sonetten 37 und 89, er
habe sich durch ein böses Geschick eine Lähmung zugezogen. Gleichlautend nennt sich der Earl in einem Brief vom 23. März 1595 einen
»lahmen Mann« – und beklagt Robert Cecil gegenüber im November
1601 und Januar 1602 das Versagen seiner »lahmen Hand«. (Vermutlich
hat die schwere Verletzung, die Oxford sich während seines Duells mit
Thomas Knyvet zuzog, zu dieser Behinderung geführt.) Wenn sich der
Dichter in Sonett 37 darüber hinaus »arm« und »verachtet« nennt, so
trifft das am ehesten auf »Phaetons« (des gestürzten Wagenlenkers) Situation im Jahr 1591 zu.

---

* Insbesondere die Zeilen »He nor that affable familiar ghost / Which nightly gulls
him with intelligence« deuten, wie Moore sagt, auf Anthony Bacon – der den Earl
of Essex »schreiben lehrte«, indem er ihn mit *intelligence* versorgte. Die »spirits« und
der »familiar ghost« spielen an auf die *Laren*, die römischen Hausgötter, aber auch auf
larva oder *larua*, das Gespenst. Das Verb »gull« bedeutet »betrügen, prellen« – das
Substantiv »gull« die betrügerische Möwe – lateinisch: *larus*. Der Familienname
Bacon wird mit *lardum* übersetzt. – Mit der Assoziationskette *Lares-larua-larus-lardum*
schafft, wie Moore glaubt, der Dichter ein spielerisches Palimpsest als Gegengift zur
nächtlichen »intelligence« in Essex House. – Vgl. Peter R. Moore, The Rival Poet of
Shakespeare's Sonnets. Shakespeare Oxford Society Newsletter, Autumn 1989

Autobiographische Spuren sind auch in den Sonetten 110-112 enthalten:

> Ach es ist wahr: Ich rannte kreuz und quer
> und spielt' den Narren, den man gern begafft,
> verriet mich selbst, warf Teures billig fort,
> schuf altes Leid aus neuer Leidenschaft. (110)

»Um meinetwegen rechte du mit Fortuna,
der schuldigen Göttin meiner nachteiligen Handlungen,
durch die ich für mein Leben nicht besser Sorge trug,
als es öffentliche Mittel tun, die Anpassung erzwingen.
Daher kommt es, daß mein Name Schaden nahm,
und von daher ist meine Natur, wie die Hand des Färbers,
dem unterworfen, woran sie arbeitet.
Bedaure mich also, und hoffe auf meine Genesung ...« (111)

> Durch deine Lieb und Güte glättet sich
> das Mal, das niedrer Schimpf mir eingeprägt – (112)

Daß Oxford vor aller Augen den bunten Hund gespielt hat (»a motley to the view«), ist hinreichend belegt. Auch, daß er Teures billig fortgab und in seinem Leben leidenschaftlich irrte.

Durch seine »harmful deeds«, seine nachteiligen Handlungen, hat er sich von »public means«, öffentlichen Mitteln, abhängig gemacht und damit seinem Namen Schaden zugefügt. (Der Spötter Thomas Nashe karikiert den Earl im Oktober 1592 als den »verschwenderischen Frühling«.)

Obwohl Shakespeare den Zyklus der Sonette in Idealkonkurrenz zu Petrarca begonnen haben mag, beendet er ihn, unfähig zur Selbsttäuschung, als Realist. Als ein Liebender, der in der Offensive gegen sich selbst das taugliche Mittel der Wahrheitsfindung erkennt.

> Wenn ich dich liebe, weil du es wert bist,
> bin ich es wert, daß du mich noch
> mehr liebst.   (Sonett 150)

Gentle Master William *(Thomas Nashe)*

An den ergiebigsten Liederdichter unserer Zeit und die denkwürdige Geißel der Grammatik, seinen wahren Freund Master Apis lapis: Thomas Nashe wünscht ihm neue Kordeln an seiner alten gelbbraunen Geldbörse und jede ehrbare Vermehrung von Bekannten im Weinkeller.

Der vornehme Master William, der gelehrte Schriftsteller Rheinwein & Zucker, sagt im ersten Buch seines Kommentars über Rote Nasen folgendermaßen: Wer begangenes Unrecht duldet, fordert neues heraus, *was auf englisch so viel heißt wie: ein Glas schweren Weins fordert das nächste heraus.*

In feuchter Erwägung dessen sowie in in eifriger Betrachtung Eures großzügigen Verhaltens gegenüber Akademikern, erlaube ich mir, Euch statt mit neuem Wein mit einem Schoppen Neuigkeiten zuzuprosten. Sollten Euer Gnaden (gemäß Eurem gewohnten Chaucerismus) dies anzunehmen geruhen, will ich Euer täglicher Vorbeter sein und darum bitten, daß es Eurem sanguinisch vollblütigen Wesen niemals an Fleischtöpfen fehle und Ihr bis zum letzten Atemzug ein Genießer bleiben und so lange leben möget, bis Ihr den Untergang Eurer beiden Intimfeinde erlebt: Dünnbier und Grammtikregeln.

Es hat sich herumgesprochen, was für ein großartiger Vier-Nössel-Kannen-Patron für alte Dichter Ihr Euer Leben lang gewesen seid und wie viele Pfunde Ihr ausgegeben und gleichsam ins Feuer geworfen habt für diesen Lehm der Weisheit, auch Alchimie genannt. Ja, als ein solch grenzenloser Mäzen habt Ihr Euch gelehrten Männern gegenüber erwiesen, daß keiner, der dazu gezählt werden kann (wie Vorladungsbeamte oder sonstwer) auf den Genuß der kühlenden Ströme Eurer Freigebigkeit hat verzichten müssen.

Gerne würde ich Eure Gastfreundschaft gleichermaßen preisen, aber die ist ja schon beim Archidiakonat registriert, und die Früchte, die sie hervorbrachte, sind (wie ich glaube) schon im Alter, in dem sie für sich selbst sprechen können. Warum sollte Tugend von blinden Umständen erstickt werden? – Ein ehrlicher Mann aus Saffron Walden unterhielt lange Zeit drei Söhne gleichzeitig an der Universität; und Ihr unterhieltet lange Zeit drei Mädchen gleichzeitig in Euerm Haus. Eine gütige Tat, die wert ist, in roten Lettern vermerkt zu werden.

Darf ich mir anmaßen, mich über die Würde Eures runden Hutes und Eures Stiletts zu verbreiten? Es wird erzählt, daß man Euch in Kürze zum Ratsherren vom Steelyard machen möchte.

»Lang lebet in Liebe und Scherz«, *und was immer Ihr tut, hütet Euch davor, Diät zu halten. Trägheit ist eine Sünde, und eine Sünde muß (wie Gift) mit einer andern ausgetrieben werden. Was kann der, der nichts zu tun hat, Bessers tun, als einen zu heben, um sich vor Müßiggang zu bewahren?*

Doch im Ernst: Da ist ein Doktor und sein Furz, die in Paul's Churchyard einen bösartig stinkenden Aufruhr verursacht haben; ich schreie ihm meine Entschuldigung zu, wenn ich ihn verleumde – denn er ist kaum ein Doktor, solang er seine Disputation nicht abgehalten. Dieser Seichtbold, diese Trockenbachstelze, dieser abgefeimte listige Aufschneider hat mich ohne Geist und Verstand beschimpft in gewissen vier-Penny-werten Briefen und drei-Heller-werten Sonetten; nun will ich ihn dem Narrenfänger der Königin als Karossenpferd vorschlagen.

Was sagt Ihr, Meister Apis lapis, wollt Ihr mich mit Eurer Eloquenz und Euerm Ansehen vor diesem Krittler schützen? Habt ihr ein paar ungrade Brocken Latein über, um diesen Brief-Krämer zum Kikeriki zu machen?

Es steht in Eurer Hand, Euch gegen ihn zu bewaffnen, denn er redet gegen Kaninchenfänger oder Fopper, und Ihr seid ein Kaninchenfänger, da das Kaninchenfangen aus Dreien besteht: aus dem Reimer, dem Setzer und der Zange. Schon Master Vaux von Lambeth brachte die schmerzliche Wahrheit ans Licht, daß Ihr eines Morgens beim ungesetzlichen Spiel des Reimens ihm ein Frühstück abgewannet. Wenn Ihr Euch nicht bessern könnt, so spielt den Doktor und verteidigt Euch.

Er ist ein Bursche, mit dem ich noch ein Wort zu reden haben werde. Einer, der, als man ihn drauf ansprach, daß sein Vater Seilmacher sei, sich damit entschuldigte: »Hatte nie ein Heiliger einen Frevler zum Vater?« *Das sind seine eignen Worte, davon kommt er nicht runter.*

Geht hin, wascht Dreck mit Tinte aus, und steigt bis zu den Knien hinein in den Matsch, wenn Ihr gut gestiefelt seid. Ihr haltet Euch gemeinhin unter würdigen Doktoren auf und unter Männern, die in beiden Rechten bewandert sind: bitte fragt sie in meiner Abwesenheit, ob ein Mann, so wie ich diesen Epistler beschrieben habe – als einen, der seinerzeit manchen schicklichen Vers nach alter Fasson geschneidert und sich unendlich um das Wohl des Staates verdient gemacht hat dadurch, daß er in jedem seiner Bücher sich selbst und seine beiden Brüder über den grünen Klee lobte – ob (sage ich) eine solche famose Säule der Presse, nun im vierzehnten oder fünfzehnten Jahr seiner Rhetorikregierung, der Geld zahlt, um seine illiteraten Brief-Pamphlete gedruckt zu sehn: ob so einer sich nicht des reinsten Ämterkaufs schuldig macht und mit gleicher Strafe zu verfolgen ist?

Ich sag Euch, ich will ein Kämpfchen mit ihm ausfechten und ihn zu zwanzig aufs Hundert stutzen. Wenn dabei etwas für ihn herausspringt, so soll, was immer ich schreibe, als Packpapier dienen.

Bei allem, was dir das Wertvollste ist, bei John Davies' Seele und beim blauen Eber in The Spittle bitte ich dich, flehe ich dich an, zieh deine Börse heraus und gib mir für diese Widmung: nichts.

Du bist ein guter Kamerad, ich weiß, und hast eher Späße auszugeben als Geld.

Laß es dir angelegen sein, deine besten Ausdrücke zu finden, um diesem Buch sicheres Geleit durch Feindesland zu geben.

Schöpfe (wie du es tust) deine überragende Liedkunst des Gedächtnisses *weiterhin aus vollen Bechern. Nimm dir Chaucer noch einmal vor für den Tag der Schlacht, auch Terenz mag dann und wann reinkommen, aber nur mit einem kurzen Aufschnauben, und – so sei es gesagt – wir werden ihn plattmachen wie einen Türnagel.*

Wenn ich auch Scherze mache: ich liebe und bewundere deinen wohltuend geistreichen Humor, den weder Sorge noch Querschläge zum Erliegen bringen. Sei weiterhin mit dir zufrieden, liebe die Poesie, hasse die Pedanten.

Ganz der Deine
Tho. Nashe

18 DER ALTE ESEL. EIN KAPITEL FÜR PEDANTEN

Auf die engen Verbindungen zwischen Shakespeare und der Anti-Marprelate-Company – Lyly, Munday, Greene und Nashe – sind wir bereits
aufmerksam geworden. Wir müssen als nächstes fragen: Was verband
die »Company« mit dem Earl of Oxford?

Anthony Munday und John Lyly zählten seit 1579 zu Oxfords engsten
Adepten und Dichter-Vasallen.

1584 widmete Robert Greene (ca. 1559-1592) dem Earl seine euphuisti-
sche Novelle *Gwydonius* mit den Worten:

»Wo immer Maecenas zu Hause ist, dort werden sich Gelehrte um
ihn scharen. Und Ihr habt als ein großer Gönner und Beförderer der
Gelehrsamkeit viele dazu gebracht, ihre Erstlingsarbeiten auf den
Schrein Eurer Courtoisie zu legen. Und obwohl sie sich gemüht haben und auf Gold gestoßen sind, während ich nur geschlendert bin,
um ein paar Groschen zu finden, bin ich mir doch sicher, daß sie
Euch ihren Schatz nicht williger zugeeignet haben als ich Euch meinen Plunder, von dem ich hoffe, daß Ihr ihn dergestalt annehmt.«

Der ungemein biegsame junge Autor schwankte zeitlebens zwischen
Feuilletonismus und zierlicher Fiktionalität. Mit seiner 1588 veröffentlichten Romanze *Pandosto, The Triumph of Time* schuf er, frei von rhetorischem Ballast, eine stimmungsvolle ritterliche Pastorale: die Vorlage
zu Shakespeares »Wintermärchen«. 1589 erschien *The Spanish Masque-
rado*, ein Büchlein mit zeitgemäßen Beobachtungen im Jahr der Armada, und im gleichen Jahr – mit einem programmatischen Vorwort
von Thomas Nashe – der Schäferroman *Menaphon*.[*]

---

[*] Greenes *Menaphon* läßt eine Prinzessin Sephestia vor Arkadiens Küste schiffbrüchig werden und als Samela an Land gehen. Der Schäfer Menaphon verliebt sich in
sie, und am Ende findet sie glücklich zurück zu ihrem Gatten Melicertus, den sie in
seiner Verkleidung als Schäfer partout nicht erkannt hat. Interessanterweise trägt der
Poet Melicertus Züge des Earl: er wird geschildert als der große Verfeinerer seiner
Muttersprache – und sein Name spielt auf Simonides an, den Plato für den größten
griechischen Dichter hielt. Nach Elizabeth' Tod wird Henry Chettle von William
Shakespeare als Melicertus sprechen. (Vgl. Robert Detobel, *Neue Spuren zu Shakespeare* in: Neues Shake-speare Journal 3.)

1590 ließ Greene unter dem Titel *The Royal Exchange* (»Der königliche Tausch«) eine Sammlung mit moralischen Maximen, Denksprüchen und Kurzgeschichten folgen, um sich danach Geschichten von Bauernfängern und Trickspielern zuzuwenden.

Ende der achtziger Jahre stieß auch der junge Thomas Nashe zur Company. Ein geborenes Spitzmaul, ein magerer Bursche, Spottvogel par excellence, trat er zuerst mit seiner *Anatomie der Absurdität* (1588) und dem Vorwort zu *Menaphon* (1589) an die Öffentlichkeit. Darin nahm der Zweiundzwanzigjährige in einem kritischen Rundumschlag die literarische Szene durch, unterschied Langweiler von Talenten, schlechte Vorbilder von mäßigen Nachahmern – und machte sich mit einem Schlag bei vielen Leuten unbeliebt. 1591 überraschte er das Publikum mit einem Raubdruck des bis dahin unveröffentlicht gebliebenen Gedichtzyklus *Astrophil and Stella* aus der Feder Sir Philip Sidneys (1554-1586), wobei er im Vorwort einen gekonnt leichtfertigen Ton anschlug:

> »Hier findet ihr eine Papierbühne, bestreut mit Perlen, einen künstlichen Himmel, die schöne Erfindung zu bedecken, und kristallene Wände, eure neugierigen Augen daran zu stoßen, während die Tragikomödie der Liebe bei Sternenschein aufgeführt wird. Die Hauptrolle spielt die tragische Melpomene, deren düsteres Kleid, in die Tinte der Tränen getaucht, noch zu tropfen scheint, wenn ich's von nah betrachte. Der Inhalt: grausame Keuschheit; der Prolog: Hoffnung, der Epilog: Verzweiflung.«

Dieser leichte, Heinesche Ton löste bei Sidneys Bewunderern und Verwandten Empörung aus, weshalb das Büchlein bald unterdrückt wurde. Mit ihm allerdings auch der Anhang, der fünf Hirtengesänge eines gewissen »CONTENT«, ein schönes Lied von »E. O.« – »Faction that ever dwells« – und das Gedicht »If fluds of teares could cleanse my follies past« versammelt.

Thomas Nashe, so ist zu schließen, besaß einen privilegierten Zugang zum Earl und eine versteckte Liebe zu ihm – die bei der nächsten Gelegenheit allerdings wieder umschlug – in Spott.
Nachdem der Satiriker sich durch seine Anti-Martin-Propaganda bei

Bischof John Whitgift beliebt gemacht hatte, durfte er ein burleskes Szenario verfertigen, das im Oktober 1592 in der Great Hall of Croydon Palace vor Whitgift und dessen Gästen zur Aufführung kam.

In *Summer's Last Will and Testament* treten die Jahreszeiten Frühling, Sommer, Herbst und Winter als Hauptakteure auf, wobei der alte Hofnarr Will Summer (= Will Sommers) mit seinen Späßen assistiert. Nashe kann es nicht unterlassen, den Frühling – »the lusty Ver« – mit Zügen des bankrottierenden Earl of Oxford zu versehen. Der »heitere Ver« erinnert an Oxfords Frühlingsgedicht von 1572 (aus *A Hundreth sundrie Flowres*), das Zitat der Trauerfarben »black and yellow« an E. O.s »The Complaint of a Lover Wearing Black and Tawny« aus dem *Paradise* von 1576. »Wenn Ihr eine Gaillarde tanzen wollt«, neckt Nashes Ver den sterbenden Sommer, »so ist es mir recht. Wenn nicht, Falangtadó, Falangtadó, um Gelb und Schwarz zu tragen, Falangtadó, Falangtadó, meine Leute sind schon fort, und ich will folgen.«* – Endlich darf Ver, mit dem Moriscatänzer des Maienspiels im Gefolge, seine Philosophie der Verschwendung explizieren: »Was ich hatte, habe ich ausgegeben an gute Kameraden.« Und: »Die Welt ist vergänglich; sie wurde aus Nichts geschaffen und muß zu Nichts werden; weshalb, wenn wir den Willen unseres Schöpfers befolgen wollen (der will, daß sie zu Nichts vergeht), wir sie bis zur Neige aufbrauchen müssen ... Die Erde überläßt uns all ihre Früchte, warum sollen wir sie nicht zusammen verzehren? Ich danke dem Himmel auf Knien, der mich zum Verschwender gemacht hat.«

Im Grunde also ist es die antipuritanische Haltung, die den Earl mit den Schriftstellern, Theatermachern und Obernarren John Lyly, Robert Greene und Thomas Nashe verbindet.

Denn Shakespeares Leben steht unter dem Zeichen des Sturms und des beglückten Unglücks – nicht unter dem Zeichen der Vorsicht und der Selbstrepression. Und nicht, um die Puritaner zu denunzieren, dichtet er ihnen Falstaffsches Temperament an – sondern um sie zu vermenschlichen.

---

* »For black and tawny will I wear, / Which mourning colours be«, heißt es in Oxfords berühmter Liebesklage – und: »Ah a lalalántidá, my dear dame / Hath thus tormented me«.

Unversehens trug die Kontroverse um Martin Marprelate dazu bei, einen alten Streit, der seit Jahren eingeschlafen schien, neu zu entfachen. Es ging um Gabriel Harvey, der 1580 den Earl beleidigt hatte. John Lyly stellte in *Pappe with an Hatchet* (1589) die witzige Überlegung an, ob man den Rhetor nicht in die Wortschlacht miteinbeziehen solle, um Martin zur Strecke zu bringen:

»Ja, *einen* wollen wir herbeizaubern, der in seinen ›Vertraulichen Briefen über die natürlichen Ursachen eines Erdbebens‹ ins dunkle Lästern verfiel, was seine Ohren vor Furcht erbeben ließ, daß sie ihm abgeschnitten würden – *der* soll dich, Martin, mit seinem Spott kitzeln ... Wenn er dir einen Stoß gibt und es auch kein Blut kostet, du kannst sicher sein: es ist ein Schlag mit dem Narrenszepter. Wenn *er* sich uns anschließt – hoffnungsloser Martin, hab acht! –, wird dein Geist massakriert werden; doch auch wenn er sich mit dir verbündet, geht es nach meinem Wunsch, denn in diesen zehn Jahren hab ich nur auf eine Gelegenheit gewartet, ihn kräftig zurückzuvermöbeln. Nun, er ist ein verrückter Bursche, der so gut ohne Verstand schreibt wie Martin ohne Anstand.«

John Lyly alias »Hackebrei« bohrt in der alten Wunde, die Harveys beleidigender »Spiegel des Toskanismus« in ihm, Oxfords Gefolgsmann, zurückließ.

Und natürlich schießt Harvey sofort zurück. Auch wenn Martin Marprelate den Bogen überspannt habe, sei er doch nicht ganz zu verurteilen. »Es ist nicht das erstemal«, sagt Harvey, »daß ich einen Mann der Tat einem Lord der Worte vorgezogen habe.«

Der Hieb geht gegen Oxford.

Dann zieht der Rhetor gegen den »good fellow« Pap Hatchet, also John Lyly, vom Leder.

»Er hat nicht umsonst den Vizemeister von St. Paul's und den Obernarren des Theatre gespielt. Verrückter Bursche, der er ist – zu keiner Zeit heimgesucht von einem Quentchen Geist oder Ehre, ehedem der Fiedelbogen von Oxford, jetzt der wahre Narr von London –, hätte er wahrlich gern, andere wären das, wofür man ihn selbst hält.«

Der geärgerte Engel Gabriel ließ seine Stellungnahme aber erst drei Jahre später drucken, weil er sich auf dem Höhepunkt der Marprelate-Kontroverse nicht öffentlich die Finger verbrennen wollte.

Statt Gabriel antwortete sein theologischer Bruder Richard Harvey (1560–1623) in *The Lamb of God* (1590). Richard wendet sich pauschal gegen die Anti-Marprelate-Company: den »eitlen Pap Hatchet«, den »tollköpfigen Scogan« (er meint damit Robert Greene, wie Gabriel Harvey uns später aufklärt) und Thomas Nashe, der auf seine Art den mannhaften Martin spielen würde. (Nashes Vorwort zu *Menaphon* war den Harveys ein Dorn im Auge.)

Durch keinen dieser »bekannt obskuren Männer oder trunkenen Spielmacher und Störenfriede« will sich der Theologe aus der Ruhe bringen lassen –

Ein ganzes Jahr verging ohne Streit, bis Robert Greene (mit Nashes Schützenhilfe) sich für die Tiraden der Gebrüder Harvey revanchierte. In seiner geistreichen Satire *Quip for an Upstart Courtier*, 1592 (»Hieb gegen einen Emporkömmling bei Hof«) findet sich, relativ abgelöst vom Kontext, eine komische Auslassung über die drei Söhne eines Seilmachers. Der eine Sohn sei Theologe, ein aufgeblasener Esel, und küsse die Frauen seiner Pfarrkinder mit heiligen Küssen – der zweite Sohn sei Mediziner und hätte sich mit seinen astrologischen Vorhersagen zum Narren gemacht – der dritte und älteste aber ein ganz wunderlicher Geselle. Er sei der stolze Erfinder des englischen Hexameters und habe für seine *Vertraulichen Briefe* und schönen Traktate einsitzen müssen im Fleet.

Gabriel Harvey, im höchsten Maße aufgebracht, eilte sogleich nach London, um Greene zur Rede stellen, erfuhr aber, daß dieser einen Tag vor seiner Ankunft, am 3. September 1592, an Wassersucht gestorben war.

Sofort verfaßte Harvey einen Brandbrief, den er zum Drucker gab: sein *Butterfly Pamphlet*. Der Schuft Robert Greene, »der Feldherr der Betrüger und der wahre Kaiser der Schieber«, sei keiner Seuche erlegen, sondern am übermäßigen Genuß von Rheinwein und gepökeltem Hering krepiert.

»Ich war mit dem Mann gänzlich unbekannt und grüßte ihn nie

mit Namen, aber wer in London hätte nicht gehört von seinem
ausschweifenden und lasterhaften Leben, von seinem törichten
Gebaren eines Magisters mit zerrauftem Haar und unziemlicher
Kleidung und noch unziemlicherer Gesellschaft, von seiner aufgeblasenen Prahlerei, von seinem trunkenen Extemporieren und
Improvisieren, von seiner äffischen Nachahmerei, von seinem Betrug der Trickspieler und Trickspiel mit Betrügern, von seinen
falschen Schwüren, seiner Profanierung heiliger Texte, seinem
blasphemischen Gefasel, seinem zügellosen Prassen – und all den
anderen Künsten wie: dauerndes die Wohnung Wechseln, Zechen
mit Krakeelern, Ausbüchsen vor Gläubigern, Besuchemachen in
der Bankside, in Shoreditch, Southwark und andern verrufenen
Schlupflöchern, Verpfänden von Degen und Mantel, wenn das
Geld knapp wurde, Schreiben schamloser Streitschriften, verzwei-
feltes Schmähen, wenn die Betrügerei nicht half, Anheuern von
Ball (genannt Ball mit dem Messer), um eine Crew zusammenzu-
bringen, die ihn vor Verhaftung schützen sollte – wer wüßte nicht
von seinem Verhältnis mit der Schwester des vorgenannten Ball,
einer zerlumpten Dirne, wüßte nicht von seinem Balg mit ihr und
davon, daß er seine eigene Frau sitzenließ, die zu gut war für einen
solchen Gatten.«

Die Gelehrtenwelt möchte in Gabriel Harvey den »Pedanten« sehen,
aber Harveys Furor hat nichts Kleinliches, sondern etwas Hyänenhaf-
tes.
Fast auf den Tag zur gleichen Zeit mit Gabriel Harveys *Butterfly Pamphlet* brachte Thomas Nashe ein publizistisches Meisterstück auf den
Markt: die Zeitsatire *Pierce Pennilesse his Supplication to the Divell* (»Pierces, des Abgebrannten, Bittschreiben an den Teufel«) – eine Kanzelrede
wider die sieben Todsünden in grimmig humoristischem Stil. Als Post-
boten seines moralistischen Pamphlets ging Nashe alias Pierce den Teufel persönlich an. Und rächte sich bei dieser Gelegenheit persönlich,
wenn auch eher beiläufig, an den Gebrüdern Harvey.
Zunächst polemisiert er gegen den Engel Gabriel.
»Als Bakkalaureus hast du dir die Kappe aufgesetzt, um Aristoteles
zu schmähen. Ist es deshalb eine Schande für mich, du großer Pa-

vian, du Aufschneider-Winzling (»Pygmy braggart«)*, du Kampf-
lied-Verfasser, von dir kritisiert zu werden, der du dich über den
König der Philosophen lustig gemacht hast – du, der du in deinen
Dialogen Honig für einen Halfpenny verkauft hast? ... Komm, ich
bin mir sicher, dein Bruder stand Pate für einen deiner Bastarde (für
einen deiner Ergüsse, meine ich). Was du gezeugt hast, hat er unter
seinem Namen herausgebracht.«

Anschließend geht es gegen den Theologenbruder Richard: »Das
Lamm Gottes mache aus dir einen besseren Glockenhammel, als du
bist, sonst, fürchte ich, mußt du alles im Stich lassen und der Beschäftigung deines Vaters nachgehen und ein Seil machen und dich damit
aufhängen.«**

* In der Erstfassung von *Love's Labour's Lost* hieß der Spanier Don Armado de Adriano schlicht: The Braggart. Der Prahlhans, der Aufschneider.

** Um die Sache noch komplizierter zu machen, erscheint im Oktober 1592 ein
verklausulierter Angriff gegen die Stückeschreiber Christopher Marlowe, Thomas
Nashe und George Peele aus der Feder – nun, des toten Robert Greene, wie bis
heute geglaubt wird. Aber Greene war ein Freund von Thomas Nashe.
Einer von Greenes Bekannten, der Drucker und Autor Henry Chettle (ca. 1560-
1607), hatte die Gunst der Stunde genutzt und ein Manuskript aus Greenes Nachlaß
(eine der kleinen reuigen Romanzen) an sich gerissen und mit einer eigenen
Abhandlung ergänzt, die gegen Christopher Marlowe gerichtet war. Zuletzt nannte
er das Ganze: *Greene's Groatsworth Of Wit. Bought with a million of repentance*: »Greenes
Geistesgroschen, erkauft durch tausendfache Reue«.
Christopher Marlowe wird von Chettle – alias Greene – als Atheist gebrandmarkt.
Ein schlimmer Vorwurf, der dazu beigetragen haben könnte, das Leben des Dramatikers zu verkürzen. (Marlowe wurde am 30. Mai 1593 von zwei Geheimdienst-
freunden ermordet.) Thomas Nashe, »der junge Juvenal«, wird davor gewarnt, die
Frechheit auf die Spitze zu treiben, weil er sich sonst bedeutende Gegner zuziehen
könne. Und der notleidende George Peele (»ich möchte bei St. George schwören«)
soll sich nicht auf das Stückeschreiben als einzige finanzielle Stütze verlegen.
Schließlich wendet sich Chettle alias Greene gegen die Kaste der Schauspieler – und
im besonderen gegen einen notorischen Kulissenreißer, einen »shake-scene«, der
den Text der Dramatiker nach eigenem Gusto verunstaltet.
»Eine emporgekommene Krähe« (»an upstart crow«), ruft Chettle, »geschmückt mit
unseren Federn! Einer, der glaubt, er könne mit seinem *Tigerherzen, gehüllt in Schau-
spielerhaut*, einen Blankvers genauso gut ausfüllen wie der Beste der Dramatiker (»he
is as well able to bombast out a blank verse as the best of you«). Einer, der sich als
Hans Dampf in allen Gassen für den einzigen Bühnen-Erschütterer des Landes
hält.«
Diese Bemerkung hat unter Wissenschaftlern großes Aufsehen erregt, da Chettle –
in einer Zeit, als das Pseudonym »William Shakespeare« noch nicht im Druck

Da Harveys *Butterfly Pamphlet* nur geringe Verbreitung gefunden hatte, schob der Beleidigte eine weitere Publikation nach. Im Dezember 1592 erschienen seine *Foure Letters, and Certaine Sonnets* (»Vier Briefe und gewisse Gedichte«). Gabriel setzt darin die Schmähungen gegen den toten Greene fort, um im selben Atemzug zu betonen, wie wenig ihm an diesem Kampf gelegen sei. (»Ich lächle nur, wenn sich die törichte Motte in meine Kerze stürzt.«) Seinen Herausforderer John Lyly vergleicht er mit den »alten Schloßburschen«, die ihr Narrenszepter schwingen – d.h. mit den Oldcastles und Falstaffs. (»Es wäre eine zu unbedeutende Sache, auf die Herausforderung einer solchen Waffe zu antworten; ich hab diese Leute schon lange auf die grüne Heide geschickt.«)

Nichtsdestoweniger bemüht er sich, die alte Geschichte mit dem »Toskanischen Spiegel« als ein Mißverständnis abzutun.

»Eine Gesellschaft von *guten Kameraden* (die tapfer *Einen* heraufzubeschwören gedachten, der mit zehn Jahren Verspätung wiedervermöbelt werden sollte) wollte unbedingt und wahrlich den Earl of Oxford davon überzeugen, daß etwas in meinen Briefen, namentlich der »Spiegel des Toskanismus«, augenfällig gegen ihn gerichtet gewesen sei – was ich Ihrer hohen Lordschaft abstreite, da ich sie nie mit einem auch nur im geringsten nachteiligen Wort meiner Zunge oder Feder schimpflich behandeln wollte, sondern immer die sorgsame Aufzählung meiner Pflicht und Schuldigkeit ihr gegenüber im Kopf behielt, seit der Earl im Frühling seiner galantesten Jugend Engelstaler für mich in Christ's College spendete und mir außerdem in huldvoller Weise so manche Gunst gewährte ... Aber der erlauchte Earl, nicht bereit, seinen Jovialen Geist von solch

erschienen war – mit dem ersten veritablen Shakespearezitat aufwarten kann, oder besser gesagt mit der ersten Parodie eines Shakespearezitats. (Angespielt wird auf: »*O tiger's heart wrapp'd in a woman's hide!* aus *3 Henry VI,* I/4.)

Zwei seiner Zeitgenossen haben auf Henry Chettles Manipulation reagiert: Christopher Marlowe beschwerte sich umgehend bei Chettle und drohte ihm für das Pamphlet mit Vergeltung. Thomas Nashe nannte die Schrift »ausgekocht, trivial und lügnerisch«. Die Philologen aber halten »Greenes« Attacke gegen einen der elisabethanischen Großschauspieler – wahrscheinlich Edward Alleyn – für einen Angriff auf Shakespeare. (Vgl. John Jowett, Johannes Factotum: Henry Chettle and *Greene's Groatsworth of Wit,* in: The Papers of the Bibliographical Society of America, Vol. 87, Dec. 1993)

Saturnischen Dürftigkeiten trüben zu lassen, verhielt sich weiterhin seinem herrlichen Selbst entsprechend, und diese quasi Einbuchtung [ins Fleet] erwies sich also als simpler Spuk, ein trauriger Schuß in den Wind, ein Nichts.«

Nach dieser Selbstrechtfertigung versäumt Harvey nicht, auch dem jüngsten »good-fellow« der Company einen Schuß vor den Bug zu setzen. Belustigt reagiert er auf Thomas Nashes Anfeindungen in *Pierce Pennilesse*:

»Der blühende Master Greene ist bedauerlicherweise abgegangen, und während ich sein mehr als jämmerliches Dahinscheiden beklage und den Nutzen solcher Unruhegeister erörtere, siehe, da veröffentlicht sein geschworener Freund, Master Pierce Pennilesse (von noch größerer Dürftigkeit, aber was soll man machen? wir sind überkreuz und müssen da durch), da exhibitioniert sein intimster Gefährte, der ebenfalls vom fatalen Hering naschte (grausam vom Mangel gezeichnet, in Mißkredit gebracht, von andrer Leute Glück gequält, vom eigenen Pech überwältigt), in einer wahnsinnigen und tollen Laune sein ›Bittgesuch an den Teufel‹. Ein seltsamer Titel, ein schräger Vogel und ein verrückter Lump, das kann ich sagen.«

Gabriel Harvey, der einen Lord Oxford und John Lyly längst auf die grüne Heide geschickt hat und jetzt, wie er sagt, deren vielversprechendste Schüler auffordert, sich an die »ruhmreichen Eroberungen ihrer geistreichen Meister« zu erinnern – Gabriel Harvey, der Meister der Selbstgefälligkeit, wird bekommen, was er sich wünscht.

Thomas Nashe, fünfundzwanzig Jahre alt, der Verfasser von *Pierce Pennilesse* und *Summer's Last Will and Testament* (»Des Sommers Testament«), Mitglied der Anti-Martin-Company und Robert Greenes bester Freund, war Ende 1592 von Croydon Palace nach London zurückgekehrt – gerade rechtzeitig, um Harveys Schmähschrift parieren zu können. Seine Entgegnung erschien im Februar oder März 1593 unter dem Titel *Strange Newes* – »Seltsame Neuigkeiten oder Wie gewisse Briefe und ein Konvoi von Versen aufgefangen wurden, die zur Versorgung der Niedern Lande gedacht waren«.

Nach einem Vorwort an seinen wahren Freund »Master Apis lapis«

und einer allgemeinen Vorbemerkung an die Adresse Harveys (»Wisset, christliche Leser, dieser Mann ist ein Spekulant auf dem Markt des Gerüchts, ein Hochstapler des Ruhms, ein Marktschreier des Unsinns, ein Lieferant für Unbedarfte«) geht Nashe zum Frontalangriff über.

> »Gabriel! nicht allein Gabriel, Gabrielissime Gabriel! nicht Engel, vielmehr Angelus, sprich Nuntius, kriecherischer Bote zwischen Herrn Bird und Herrn Demetrius – schau, hier steht Er, der es an deinem Vier-Briefe-Leib abgelten wird, daß du ein filziger eitler Narr bist. Ja, ich empfehle dein Buch als sehr gut, als erstaunlich gut, weil alle Welt es verabscheuen muß.«

Greene hätte Harvey das Fürchten gelehrt:

> »Wäre er am Leben gewesen, Gabriel, und du hättest ihn derart grob und gehässig geschmäht, er hätte dich den kommenden Zeitaltern als Inbild der Gemeinheit überliefert und dich gezwungen, dein eignes Buch gebuttert hinunterzuwürgen.
>
> Schande auf dich, du abgefeimter Hundsmörder: auf einen Mann einstechen, wenn er tot ist? So zerrt ein Hase den toten Löwen am Bart.«

Gabriel Harvey, sagt Nashe, sei nichts anderes als ein eitler Denunziant und gerissener Aufschneider. Einen »braggadocio glorioso« nennt er ihn und einen »professed political braggart«.

> »Greene hatte seine Fehler wie du deine Verrücktheiten. Wer ist der Sünde nicht unterworfen? Aber eines wirklichen Vergehens hat er sich nie schuldig gemacht. Er war ein *guter Kamerad* und hätte mit dir für mehr *Engelstaler* getrunken, als dir der Lord, gegen den du gelästert hast, in Christ's College schenkte ... Was Greenes lausige Armut vor seinem Tod betrifft, so kann es nicht anders sein, gelehrter Gabriel, als daß du lügst. Ich und einer meiner Gefährten, *Will. Monox* (hast du nie was von ihm und seinem großen Stilett gehört?), waren einen Monat vor Greenes Tod mit ihm zusammen: bei diesem fatalen Essen mit Rheinwein und gepökeltem Hering (wenn du es so sagst, wird es wahr scin) – und damals war seine Garderobe allerdings mehr als »drei Schillinge« wert. Ich weiß, ein Pfandleiher gibt dir allein für die Jacke 30 Schillinge. Hör genau zu: er hatte einen sehr schönen Mantel in dunklem Gänsedreck-Grün; der würde dir gute Dienste tun.«

Bei dem Gefährten »Will. Monox« scheint es sich um den geheimnisvollen »Master William« zu handeln, den Nashe im Vorwort zu den *Strange Newes* als den Mann mit dem runden Hut und dem Stilett (»dudgeon-dagger«) anspricht. (Und es sieht so aus, als würde Nashe seinem Gegner Harvey mit diesem Stilett eine besondere Freude machen wollen.)

Nashe kann es sich auch nicht verkneifen, die alte Geschichte mit Lord Oxford nochmal aufs Tapet zu bringen.

> »G. H. mußte unbedingt einige gallige Säfte, die ihm den Magen beschwerten, in Form englischer Hexameter von sich geben; ein Adliger stand ihm im Weg, als er spie – und so verzierte er ihn vom Scheitel bis zur Sohle mit *Toskanismus*.«

Und da Harvey in den *Foure Letters* die Unvorsichtigkeit begangen hatte, Nashe einen »mächtig krittelnden Gentleman« zu nennen, der »in den Heldentaten der Treulosigkeit wohlbewandert und nach Tarletons Begriffen eins A« sei, greift der Satiriker die Wendung *eins A* (»A per se A«) genußvoll auf, um dem Rhetor eine schallende Ohrfeige zu versetzen:

> »*Eins A?* Bei Gott, wie komme ich zu dem Namen? Mein Pate Gabriel gab ihn mir, und ich darf ihn nicht zurückweisen. Doch wenn ihr wißt, woher der Wind weht, werdet ihr euch vorsehen, denn das alte Prädikat ist an mir hängengeblieben. Er verlieh es ursprünglich einem Adligen, dessen neumodische Kleidung und dessen *Toskanische Gebärden, den-Hals-zur-Seite-Biegen und geziertes Lächeln* er bis zum geht-nicht-mehr beschrieben hat, um mit der Bemerkung zu schließen: *Jeder Zoll eins A, seine Ausdrücke, seine Prahlereien druckreif.*«

Warum aber legt der junge Streiter solchen Wert darauf, Harveys unrühmliche Spottverse auf den Earl of Oxford in Erinnerung zu bringen?

Nashe, lautet die Antwort, bringt den »Toskanischen Spiegel« wieder ins Spiel, um den Rhetor als Wiederholungstäter zu brandmarken – und um die Unterstützung des Mannes zu gewinnen, der vor zwölf Jahren von Harvey beleidigt wurde: die Unterstützung des Earl of Oxford, den er, Nashe, in seinem Vorwort zu *Strange Newes* anspricht als »Master Apis lapis« und »Master William« bzw. als den Eigner des Stiletts.

Karikaturen von Gabriel Harvey
und Thomas Nashe

Nashes Vorrede zu den »Seltsamen Neuigkeiten« gab den Shakespearianern schier unlösbare Rätsel auf. Bis heute vermuten sie hinter dem Adressaten »Master Apis lapis« einen obskuren »Master Beestone«, obwohl kein solcher Bienenstein aus Nashes Bekanntenkreis eruiert werden konnte – und schon gar keiner, der ein »höchst ergiebiger Liedcrdichter«, eine »Geißel der Grammatik«, ein »gelehrter Schriftsteller«, ein »Chaucerianer«, ein »grenzenloser Mäzen«, ein Mann von »Ansehen und Eloquenz« (gesegnet mit »wohltuend geistreichem Humor«) und ein Feind der Pedanten gewesen wäre.

Dabei verweist die Vorgeschichte des Harvey-Nashe-Streits mit aller Deutlichkeit auf den Einen und Einzigen, den Nashe um Rückendekkung angegangen haben kann – auf den Mann, den Harvey zwölf Jahre zuvor aus heiterem Himmel mit seinem Spott überfiel – auf den Mann mit dem Stilett, der »tawny purse« (der gelbbraunen Geldbörse) und dem »blew boar« – dem Blauen Eber – als Stammlokal, sprich: auf den Earl of Oxford, der als gelehrter Chaucerianer und Komödiant Don Adriano Harvey (»The Braggart«) bereits einmal auf die Bühne gezaubert hatte.

Es half auch nichts, daß Charles Wisner Barrell bereits 1944 eine andere Lesart für »Master Apis lapis« vorschlug, nämlich: der ägyptische Stier-Gott Apis oder »Steinerne Stier« – was mühelos korrespondiert mit »Will. Monox« als Anagramm von Will(iam) *M*(aster)*oxon*. (*Oxon.* steht als gebräuchliche Abkürzung für das lateinische *Oxoniensia* = Oxford.)

Übrigens bestätigt Harveys Reaktion in *Pierce's Supererogation* (1593) diese Interpretation: der Rhetor tituliert Nashe als *assyrischen* König »Phul Assar« (Vollesel) – und führt ihn zurück auf den berühmten »Phul Bullochus« (Vollochse).

Nashe beschränkt sich nicht auf die emblematischen Anspielungen »tawny« und »blue boar«, sondern führt Charakteristika an, die Edward de Vere steckbrieflich beschreiben: die umfangreiche literarische Produktion – die mäzenatische Freigebigkeit oder Verschwendung – die Gastfreundschaft, die zu einem unehelichen Kind geführt hat (»registriert beim Archidiakonat«) – die Sorge für drei Töchter im eigenen Haus – die große Beredtheit – der hohe Rang (»your Worship«) – der gepflegte gesellschaftliche Umgang – die Zugehörigkeit zur »company of good-fellows« – und die Nähe zu dem Poeten John Davies (1569-1626) und seinem philosophischen Gedicht *Nosce Teipsum* (»Of the Soule of Man«).

(In seiner Antwort auf Nashe signalisiert der Rhetor, daß er über die Identität von Master Apis sehr wohl im Bilde ist: »[Nashe], der auf schändliche und abscheuliche Weise jeden Freund oder Bekannten mißbraucht – wie er auch seine Förderer zum Narren hält, ich will sie rücksichtsvollerweise nicht nennen – Master Apis lapis, Greene, Marlowe, Chettle und wen nicht?«)

Und doch geht ein »Master William« oder »Will. Monox« nicht völlig auf in Edward de Vere. Warum nennt Nashe ihn »Will« oder »William«? Warum »gelehrter Schriftsteller Zuckerwein« (»learned writer Rhenish wine & sugar«)? – »Vier-Nössel-Kannen-Patron«? – »Intimfeind von Dünnbier«? – Ratsherren vom Steelyard (eine Niederlassung der Hansa)? – Kaninchenfänger (»cony-catcher«)? Und wo schreibt Master William einen Kommentar über Rote Nasen?

Die Lösung des Rätsels liegt auf der Hand. Nashe spricht Oxford als den Schöpfer Falstaffs an. Wie »Sir John Sack & sugar« (Sir John Zuckersekt) und seine Freunde trinkt »Master William« – der »gelehrte Schreiber Rheinwein und Zucker« – gerne aus dem »pottle-pot« und verschmäht »small beer« und »thin potations«. »Wenn ich tausend Söhne hätte«, philosophiert Falstaff, »der erste menschliche Grundsatz, den ich sie lehren wollte, sollte sein, dünnem Getränk abzuschwören und sich dem Süßwein zu ergeben« (*2 Henry IV,* IV/3). »Nimmt es sich nicht gemein an mir aus, Verlangen nach Dünnbier zu haben?« fragt Prinz Hal in *2 Henry IV,* II/2 – und Bardolph herrscht den Pagen an: »Ist es eine so große Sache, die Jungfernschaft eines Vier-Nössel-Krugs zu erobern?« Im Steelyard und im Blue Boar sitzt das Parlament der Roten Nasen ebenso vergnügt zusammen wie im »Boar's Head« der Wirtin Hurtig. Das Parlament der Roten Nasen stammt aus William Eldertons Ballade *New merry Newes.* Dort hocken die Götter mit den rötesten Nasen auf Ehrenplätzen und können sich im Dunkel selber leuchten.

Master Williams »erstes Buch des Kommentars über Rote Nasen« ist also schlichtweg der Erste Teil von *King Henry the Fourth* mit den erleuchtenden Ausführungen Sir Johns in 1 III/3:

BARDOLPH Ei, Ihr seid so fett, Sir John, daß Ihr wohl außer allen Schranken sein müßt, außer allen erdenklichen Schranken, Sir John.

FALSTAFF Beßre du dein Gesicht, so will ich mein Leben bessern. Du bist unser Admiralsschiff: du trägst die Laterne am Steuerverdeck; aber sie steckt dir in der Nase, du bist der Ritter von der brennenden Lampe.

BARDOLPH Ei, Sir John, mein Gesicht tut Euch nichts zuleide.

FALSTAFF Nein, darauf will ich schwören. Ich mache so guten Gebrauch davon wie mancher von einem Totenkopf oder einem *memento mori.* Ich sehe dein Gesicht niemals, ohne an das höllische Feuer zu denken … Wenn's nicht das Licht in deinem Gesicht gäbe, wärst du gänzlich ein Kind der Finsternis … Oh, du bist ein beständiger Fackelzug, ein unauslöschliches Freudenfeuer! Du hast mir an die tausend Mark für Kerzen und Fackeln erspart, wenn ich mit dir nachts von Schenke zu Schenke wanderte; aber für den Sekt, den du mir weggetrunken hast, hätte ich bei dem teuersten Lichtzieher in Europa ebenso wohlfeil Lichter haben können. Seit zweiunddreißig Jahren nunmehr habe ich diesen euren Salamander mit Feuer unterhalten; der Himmel lohne es mir!

BARDOLPH Blitz! ich wollte, mein Gesicht säße Euch im Bauch.

FALSTAFF Gott steh mir bei! da müßte ich vor Sodbrennen umkommen.

Master William führt (laut Thomas Nashe) das Sprichwort im Munde: »Wer begangenes Unrecht duldet, fordert neues heraus« oder »Wer den andern auf der Achsel sitzen läßt, dem sitzt man zuletzt auf dem Kopf«. Womit Falstaffs praktische Philosophie scharf umrissen ist.

Aber auch, was Master Williams Fähigkeiten als »cony-catcher« oder »rimer« angeht, bringt das Licht der Roten Nasen rasche Erhellung. Das Conycatchen oder Kaninchenfangen war ein Ganovenstück, bei dem ahnungslose Stadtbesucher – die Kaninchen – vom »Setzer« ausgehorcht und schließlich weitergereicht wurden an den »Reimer«, der, was er über das Kaninchen wußte, mit einer tollen Lügengeschichte verband, das Kaninchen damit begeisterte, in eine Kneipe lockte und zum Glücksspiel mit einem dritten Gauner verführte, genannt »Barnard« oder »die Zange«. – »Da führt kein Weg dran vorbei«, sagt Sir John in den *Merry Wives of Windsor*, »ich muß Kaninchen fangen, ich muß ein Ding drehn«. (»I must cony-catch; I must shift«.)

Und gleich zu Anfang des Stücks machen er und seine Freunde sich über Schaal und Schmächtig lustig:

FALSTAFF Schmächtig, ich habe Euch den Kopf zerschlagen? Was kam dabei heraus?

SCHMÄCHTIG Dabei kam genug heraus, meiner Seel, und das trage ich Euch auch noch nach, Euch und Euern cony-catchenden Schuften Bardolph, Nym und Pistol. Sie schleppten mich in die Schenke und machten mich besoffen und mausten mir die Taschen leer.

BARDOLPH Ihr schmaler Ziegenkäse.

Damit dürfte auch die letzte – oder erste – Frage beantwortet sein, warum der Vorwortschreiber den Earl of Oxford als »Master William« anspricht. Denn Thomas Nashe kannte das Pseudonym, unter dem der Dichter seine erste große Veröffentlichung seit 1573 vorbereitete. Das Pseudonym WILLIAM SHAKESPEARE.

Venus and Adonis, das erste Werk, das unter dem pen-name »William Shakespeare« zum Druck kam, wurde am 18. April 1593 in das Register der Buchhändlergilde eingetragen – drei Monate nach dem Erscheinen der *Strange Newes*.

Und offenbar kannte Nashe im Dezember 1592 nicht nur Oxfords Pseudonym, sondern auch den Inhalt des Versepos und sein fürstliches

Motto. Denn am Ende seines Vorworts wendet er sich an den Dichter mit dem Wunsch:

»Schöpfe, wie du es tust, deine überragende Liedkunst des Gedächtnisses («»thy surpassing carminical art of memory«) weiterhin aus vollen Bechern.«

Die »Liedkunst des Gedächtnisses«: ein eleganter und treffender Terminus für Shakespeares Kunst der erinnernden Verwandlung in »Venus und Adonis«.

Thomas Nashes leidenschaftliches Pamphlet blieb nicht unbeantwortet. Sein Gegner Gabriel Harvey schrieb bis Anfang 1593 an einer Erwiderung, die sich ebenso trickreich wie pompös gestaltete. Nun interessieren uns die Winkelzüge des englischen Cicero nicht im einzelnen. Wir wollen wissen, was der Verfasser von *Pierce's Supererogation, or A New Praise of the Old Ass* (»Pierces Überhebung oder Ein neues Lob des Alten Esels«) über »Master William« alias »Master Apis lapis« zu sagen hat.

»Pierce«, das ist Nashe oder *Pierce Pennilesse*. Aber wie soll man das »neue Lob des Alten Esels« verstehen?

»Sehr viel Bessere als ich«, sagt der Rhetor in Anspielung auf einen gewissen *unschlagbaren, großen A*, »haben sich schwach genug gezeigt, den Paten des *jungen Apulejus* zu spielen.«

Der *unschlagbare, große A*, von dem Harvey spricht, tritt auf als »Ochse«, der dem Esel Versteck gewährt, oder als »Vollochse«, der Vater des »Vollesels« – oder als »guter Kamerad« des Esels: »the ox and the ass are *good-fellows*«. (Man erinnere sich an Nashes Adresse an Master William: »Thou art a good-fellow, I know«.)

Gleichzeitig räumt Harvey ein, er komme gar nicht dazu, den »Alten Esel« zu loben, denn Nashe, der »junge Apulejus«, nähre sich von dessen Ruhm.

Das »Lob des *Alten* Esels« also gilt unverschämterweise dem, der sich (Harveys Ansicht nach) zum Paten des *jungen* Esels gemacht hat: dem Earl of Oxford.*

---

* Da der Earl (in der Rolle von Master F. I.) sich in seiner Jugend selbst mit Lucius Apuleius verglich und in einem Gedicht seine geliebte Photys um Achtsamkeit im Gebrauch ihrer Zaubertränke bat, kann sich Harvey darauf hinausreden, er gebrau-

In den Augen des Rhetors erweist sich Nashe als überheblicher Feigling, der es nötig hat, einen »Mater Apis lapis« um Rückendeckung zu bitten. Und mit großem Geschick, denn er möchte nicht wieder »eingebuchtet« werden, formuliert Hexenmeister Harvey seine Parodie auf Nashe und seinen Beschützer:

> »Ja, würde die Presse [die Druckergilde] es dulden, daß dieser kritzelnde Esel mit Gedrucktem Druck macht, wenn sie nicht die Presse wäre, das heißt: ein Esel? Gefällt es Seiner besserwisserischen Eselschaft, einen andern zum Schweigen zu bringen, so mag er, mit meiner freundlichen Zustimmung, der große General aller Esel sein: ganz wie der mächtige assyrische König Phul Assar, der berühmte Sohn des ruhmreichen Phul Bullochus.«

König Phul Assar, der Vollesel, Sohn des Assyrers Phul Bullochus, des Vollochsen, möchte einen anderen, Harvey, zum Schweigen bringen, indem er sich mit dem Pressemächtigen verbündet, der der Esel schlechthin ist. Und im Schutz seines Verstecks holt der aufsässige Streiter aus zu einer gewaltigen Erörtung.

> »Ja, hätte er [Nashe] sich nicht diplomatisch abgesichert oder sich zumindest einen mächtigen Beschützer verschafft, er wäre zweifelsohne erledigt gewesen … Wo Euryalus war, war Nisus – wo Damon war, war Pythias – wo Scipio war, war Laelius – wo Nashe ist, da ist sein Nisus, sein Pythias, sein Laelius: sein unzertrennlicher Gefährte, mit dessen machtvoller Hilfe er erobert, wo immer er auftritt. Nein, wichtiger noch als Homer für Alexander, wichtiger als Xenophon für Scipio, Vergil für Augustus … ist *dieser Autor* für ihn – der alleinige Autor des ruhmreichen Siegs.

Man sei nicht darüber erstaunt, daß Erasmus die Lobrede auf die Torheit geschrieben hat – oder daß so viele einzigartig gelehrte Männer den Esel gelobt haben. Er also ist es: der Pate der Schriftsteller, der Oberaufseher der Presse, der Musterungs-Meister von unzähligen Schauspielgruppen, der General des weiten Feldes: Er und Nashe werden der Welt Paroli bieten.

Wo ist die Adlerfeder, die die ersten Verwüstungen ihrer neuen Er-

---

che die Kennzeichnung »Alter Esel« nur im literarischen Sinn. – Vgl. »This *Apuleius* was in Affricke borne« im Gedichtanhang zu *The Adventures of Master F. I.*

oberungen* hinreichend hervorheben könnte? Still, traurige Feder, und sei bedächtig, wenn du dich über die Grenzen des dir Möglichen hinaus erkühnst.

Er, der so viele angesehene Schriftsteller getauft, so viele eloquente Federn beurteilt, so viele achtbare Garnisonen angeworben und so vielen edlen und würdigen Lords Quartier geboten hat, mag mich immerhin anrempeln.«

Gehen die Titel des Paten, Oberaufsehers, Musterungs-Meisters und Generals (»the godfather of writers, the superintendent of the press, the muster-master of innumerable bands, the general of the great field«), mit denen er *The Old Ass* bedenkt, vielleicht nur auf das Konto der Harveyschen Ironie?

Offenbar nicht, denn »Phul Bullochus« ist ein Mann, der ehrwürdige Lords bei sich (oder auf der Bühne) unterbringt, der, wie wir gehört haben, als mächtiger *good-fellow* über der Presse steht, und der, wenn es ihm gefällt, zusammen mit Nashe das weite Feld verwüsten kann. Weshalb Harvey seine traurige Feder zur Vorsicht mahnt.

Und doch erfrecht er sich zehn Seiten später, auf »das große A« (»the great A«) – bzw. das fatale »A per se A« oder »eins A« aus dem *Speculum Tuscanismi* – zu sprechen zu kommen:

»Er«, Harvey spricht von sich in der dritten Person, »hat alles in einer kurzen, aber gehaltvollen Aussage zusammengefaßt, als er sagte, der Alte Esel wäre das *große A* und das *Ja und Amen* der neuen Überheblichkeit.« – Er fährt fort:

»Sollte ich meine Aufgabe vielleicht noch nicht zur Genüge bewältigt und das berühmte Geschöpf nicht ausreichend gerühmt haben, zu dessen Lob sich der Titel meiner Schrift [*A New Praise of the Old Ass*] öffentlich bekennt?

Was für ein kühner und unvergleichlicher Alexander ist doch dieses große A, das zugleich das *Ja und Amen* der Überheblichkeit ist. Soll sagen: gesegnet der junge Apuleius, der von den Wickeltüchern seiner schriftstellerischen Kindheit an von den lieblichsten Ammen ge-

---

* Einmal nennt Harvey seinen Gegner Nashe einen angemaßten Eroberer, der William the Conqueror seines Beinamens beraubt habe. Im Hinblick auf Nashes Adressaten »Master William« ergibt sich dabei auch die Gleichung: Master William [Shakespeare] the Conqueror.

nährt wurde, von den freundlichsten Kammerherren eingelullt …
und mehr als sorgsam umsorgt wurde von den anmutigsten Musen,
lieblichsten Grazien und machtvollsten Tugenden des oben benannten unschlagbaren großen A, des Groß-Stifters der Überhebung und des einzigartigen Patrons solch verdienstlicher Kun-
den.«

Keine Sorge, Gabriel Harvey hat seine Aufgabe glanzvoll bewältigt. Er
hat erneut den Fortunatus Infoelix aus seinen *Gratulationes Valdinenses*
herbeizitiert, den glücklich unglücklichen »Alexander« – der der frechen
Überheblichkeit seines verhätschelten Zöglings Nashe beipflichtet.
So geheimnisvoll Thomas Nashe seine Herausforderung beginnen läßt,
so rätselhaft beschließt Gabriel Harvey seine Entgegnung.
»Ich schrieb allein in Mußestunden, die ich allein den *Muße-Stunden*
widme, oder ich hätte nicht etwas so unvernünftig Kühnes gemacht
(denn keine Abhandlung ist nötiger) als da ist: *das Lob oder die Überhebung eines Esels.*«
    I writ only at idle hours that I dedicate only to *Idle Hours*, or would
    not have made so unreasonably bold, in no needfuller discourse,
    than *The Praise, or Supererogation, of an Ass.*
Warum widmet Harvey das in seinen Mußestunden geschriebene Lob
des Alten Esels – sprich des Earl of Oxford – den *Idle Hours*? Den
»Muße-Stunden«?
Weil im Juni 1593, wie auch ihm nicht entgangen sein dürfte, Shakespeares »carminical art of memory« – das Versepos *Venus and Adonis* –
erschienen war, dessen Widmung an den Earl of Southampton nicht
ohne Hintersinn von den »Muße-Stunden« spricht:
    »Falls Euer Ehren an meinen Versen Gefallen finden sollten, werde
    ich mich höchst glücklich schätzen, und gelobe, aus allen *Muße-
    Stunden* Vorteil zu ziehen, bis ich Euch mit einer gewichtigeren
    Arbeit ehren kann.«[*]

---

[*] Ein Lord, so will es der höfische Ehrenkodex, schreibt nur in seinen Muße-
stunden. Zugleich spielt dabei Castigliones Gedanke der »Lässigkeit« oder Anstrengungslosigkeit eine Rolle. Vgl. »Das Buch vom Hofmann«, *Il Libro del Cortegiano*
I,XXVI: »Man achte darauf, die Künstelei [affettazione] als eine rauhe und gefährliche Klippe zu vermeiden und bei allem, um ein neues Wort zu gebrauchen, eine
gewisse Art von Lässigkeit [sprezzatura] anzuwenden, die die Kunst verbirgt und

Auf diese »idle hours« bezieht Gabriel Harvey sich mit seiner seltsamen Widmung an die *Idle Hours*. D. h., er gebraucht den Ausdruck »Muße-Stunden« im Sinn einer Metonymie – und spricht damit den »Alten Esel« William Shakespeare an, der diesen Ausdruck eben an prominenter Stelle gebraucht hat. Kurz: Harvey beantwortet Nashes Vorwort an »Master William« in seinem *last word* mit einer ironischen Widmung an ebendiesen William. Womit er dem Eroberer ein Schnippchen geschlagen hat.

Den kühleren Kopf aber behält Thomas Nashe, der Heinrich Heine unter den Elisabethanern. In seiner letzten, erbarmungslos definitiven Kampfschrift gegen Gabriel Harvey (*Have with You to Saffron Walden*, 1596 – »Schert Euch weg nach Saffron Walden«) erinnert Nashe noch einmal an Harveys eitle Schlammschlacht in Audley End (1578) und kommt dabei auf einen »honourable knight« zu sprechen, der von den Umständen her niemand anderer sein kann als der Earl.

»Ihm [Harvey] gefiel es, bei der Aufwartung zu Hof sich vor Sir Philip Sidney und einem andern ehrenwerten Ritter (einem Gefährten Sidneys) vorzudrängen. *Diesem* Ritter wünsche ich soviel Glück, wie es ihn in seiner Jugend umschmeichelte, und soviel Ruhm, wie er ihn sich durch seine Feder selbst erworben hat, da er der erste ist, der (in unserer Sprache) die Dichtung von Pedanterie befreit hat und sie lehrte, höfisch zu sprechen.

Er ist unser Lehrmeister, unser Phoebus, unser erster Orpheus oder die Quintessenz der Erfindung, weshalb wir uns eine Würdigung ausdenken sollten, um ihn zu verewigen, wenn wir es nicht dem Krieg überlassen wollen, die Barbarei der Dänen, Pikten und Angelsachsen wiedereinzuführen und unsere fröhlichen Geister zu unterdrücken – und wenn wir es nicht darauf anlegen, daß der letzte Funke eines gehobeneren Gefühls erstickt wird, ehe wir Ehrensäulen für unsere großen Namen errichtet haben, um sie vor der Flut der Ignoranz zu retten.«

bezeigt, daß das, was man tut oder sagt, anscheinend mühelos und fast ohne Nachdenken zustande gekommen ist. Davon rührt, glaube ich, großenteils die Anmut [grazia] her.«

The Gentlewoman (Gabriel Harvey)

Dank sei der Singularität dieses Zeitalters, *Dank sei deinem leidenschaftlichen Selbst für so viele kostbare Werke der göttlichen Begeisterung und
herrlichen Folgerichtigkeit, vergleichbar mit den reichsten Schätzen des Altertums!*

*Dreimal glücklich oder eher tausendmal glücklich das Geschöpf, das auf der
glücklichsten Grundlage aller besten Möglichkeiten und mit der herrlichsten
Anlage seiner eigenen Kräfte die größten Vorzüge der menschlichen oder göttlichen Natur gebraucht!*

Du großes Mirakel, du höchst kraftvolle Vollkommenheit, *die du — wie Musidorus — auf der Pilgerschaft zu Dametas zu sein scheinst.* Man mag lachen über
den Gegensatz zwischen Musidorus und Dametas: ein verkleideter Prinz der
eine, ein streitbarer Widerling der andere. Dametas, das wäre ein guter Name für
meinen Gegner Nashe.*

*Was soll ich tun? Pierce Penniless auf die Grundfesten zu schleifen wäre ein
kläglicher Raubzug, und Thomas Nashe zur Ergebenheit zu zwingen (auf das
Wohlwollen der DAME bauend) wäre ein ebenso trauriger Sieg.*

*Nashe, Nashe, Nashe! Loser, grober, krähender, saufender, schuftiger Nashe,
wie ehrliche Leute dich nennen, Wetterglocke der Schmierfinken, rasselnder Ra-
bauke des Drucks, Steiß der Unverschämtheit, Sumpfeule von London, Gift-
pilz des Reichs, Zielscheibe des Spotts in aller Welt — und schrecklicher Erlediger
meiner* Vier Briefe. *Einen solchen Gegenspieler hat Fortuna mir zuerteilt, um
die Melancholie auszutreiben und mich auf die Bühne zu drängen, die ich nun
befrachten muß — wie es der Alte Esel getan hat, der Gegenstand meiner erneuten Preissagung.*

*Was den Wert von Nashes Arbeiten betrifft, so sollen darüber meine vor der Ver-
öffentlichung stehenden Abhandlungen Auskunft geben — aber vor allem auch
die* Supplements *der oben erwähnten DAME, die (nach einigen Anmahnun-
gen) sich bereit erklärt hat, die »Seltsamen Neuigkeiten« des gemeinen Spötters
zum Nadelkissen ihrer Spitzen und Pfeile zu machen. Selbst wenn meine eigenen Kritzeleien sich eine Weile am Leben erhalten könnten, um danach der Vergessenheit anheimzufallen, so bin ich mir doch gewiß, daß, was immer sie*

---

* In Sir Philip Sidneys *Arcadia* wird Prinz Musidorus von einem Wicht namens
Dametas festgehalten.

schreibt, notwendig unsterblich bleiben muß und in der veränderlichen Welt ein ewiges Andenken hinterlassen wird.

Die DAME hat meines Wissens die bemerkenswertesten Geschichten der ein- zigartigsten Frauen aller Zeitalter in der Bibel, bei Homer und Vergil gelesen – sie kennt Plutarch, Polyen, Petrarca, Agrippa, Tiraquellus und wen nicht.* Sie kommt allen entgegen, die guten Gebrauch von ihr und dem Ihrigen machen. Sie ist weder die adligste noch die schönste noch die zarteste, noch die reichste Frau, aber die vornehmste, die geistvollste, die kühnste und unbesiegbarste DAME, die ich kenne. Ein unvergleichliches Wesen, das es nicht versäumt, ein schönes Kind zu wickeln, und es verabscheut, ein häßliches Hündchen zu liebkosen.

Manche von euch würden gern Schlüsse ziehen auf ihre Person, und nicht das erste Mal nenne ich ihren Stil den Brokat der zierlichsten Musen – aber ich darf (gemäß meiner Einschätzung ihrer Verdienste) ihre Beschreibung nicht präzisie- ren ohne ihre ausdrückliche Erlaubnis. Und diese Erlaubnis hat mit den Krite- rien von männlich und weiblich nichts zu tun, und vor allem kann man damit keinen Handel treiben – im Hinblick auf ihre Beherztheit und ihr Ansehen.

Und was sagt ihr, wenn sie in einem Monat mehr Werke publizieren kann als jeder unserer gewichtigsten Dichter – oder als Nashe in seinem ganzen Leben?

Zeiht mich für immer der Parteilichkeit und Einfalt, wenn es der DAME nicht gelingen sollte, in der Kunst mehr zu erreichen (nun, da sie sich herabgelassen hat, ihr seidenes Tagewerk aufzuspinnen), als ich gegenwärtig anzudeuten ver- mag.

Als Frau darf sie für manche Heftigkeit das generelle Privileg ihres Geschlechts in Anspruch nehmen und insbesondere mit Verzeihung rechnen im Fall eines ergebenen Freundes, der nicht weniger und nicht mehr sein wollte als ein Haus- mädchen der Künste, eine Hausdame der wirklichen Vornehmheit und eine Hofdame der echten Tugend. Indessen hat die DAME ihre Gewaltsamkeit so geistvoll gemäßigt, daß ihr heißer Zorn dem schnellen Lauf eines Pegasus vergli- chen werden mag – gezügelt vom Zaum der Minerva. Tatsächlich ist ihre Feder ein wahrer Pegasus und rennt wie ein geflügeltes Pferd, von einer außerordentlich geschickten Hand regiert.

Dieser DAME obliegt es, das so überaus berühmte Werk der Überheblichkeit mit beschwörenden Formeln und Fürbitten zur Umkehr zu zwingen. Das Beste

---

* Plutarch, *Vitae parallelae*; Polyaenus, *Strategemata* (VIII); Francesco Petrarca, *Can- zoniere*; Agrippa von Nettesheim, *Declamatio de nobilitate et praecellentia foeminei sexus* (1529); Andreas Tiraquellus, *De legibus connubialibus et iure maritali* (1569).

wäre, daß, wo meine Antwort nicht hinreicht, die Dame ihm, wie der Anatom beim Sezieren, seine Kunst ins Wams und seinen Witz ins Hemd stopft.

Ist meine eigene Feder eine faule Schnecke, so schaut euch um nach einer Feder flink wie Quecksilber und bedauert den armen Burschen, der ihren Unwillen auf sich gezogen hat und damit für immer ein warnendes Beispiel abgeben wird für ähnliche Schufte und Verleumder.

Der Aufschub ihrer Publikation beruht allein auf meinem Ersuchen, der ich wenig Hoffnung hätte, Aufmerksamkeit für meine eigenen Abhandlungen zu finden, wäre der hehre Leib der lieblichsten Venus *– in achtunggebietender Weise angetan mit der vollständigen Rüstung der unerschrockenen* Minerva *– bereits gedruckt.*

Ihre seltene Vollkommenheit kann sich am besten selbst ins Licht stellen, und sie weiß, ich schmeichle weder ihr noch ihrem Rang. Doch wenn ich die Vortrefflichkeit der DAME ehre, deren ausgemachte Bescheidenheit sich von jeher jedes gleisnerische Lob verbat, wer kann mich für das Abtragen einer Dankesschuld schelten? Sie hat ihrem geneigten Diener in gänzlicher Selbstlosigkeit Beträchtliches zugewendet, was dieser ihrer grenzenlosen Gütigkeit zuschreibt und nicht sich selbst – aber um so kleiner mein Verdienst, desto größer ihre Freigebigkeit, und ich bleibe ihr dafür in Ergebenheit und Dankbarkeit verbunden. Ihr bei Gelegenheit eine öffentliche Lobpreisung zuzudenken erscheint als eine Aufgabe der Höflichkeit – sobald ihre eigenen Traktate den Wert ihrer Vortrefflichkeit öffentlich machen und den unschätzbaren Autor enthüllen.

Ihre Feder ist der Schuß der Muskete, oder eher der Pfeil des Himmels, schneller als jeder Wurfspieß und kraftvoller als jede Handwaffe – im Fall, wenn Feindschaft die Freundschaft erzwingen muß –, aber sonst von vollendeter Freundlichkeit und göttlicher Schönheit.

Und damit höre ich auf, eure geschätzte Anteilnahme in Anspruch zu nehmen. Eure Geduld habe ich, mit Verlaub, manchmal ungehörig, und doch mit besten Absichten, oft vertraulich und doch aufrichtig, im einzelnen verständlich, aber im ganzen etwas ermüdend auf die Probe gestellt.

Ich schrieb allein in Mußestunden, die ich allein den Muße-Stunden widme, oder ich hätte nicht etwas so unvernünftig Kühnes gemacht (denn keine Abhandlung ist nötiger) als da ist: das Lob oder die Überhebung eines Esels.

19 DAS RÄTSEL DER VENUS.
EIN KAPITEL FÜR ZWEIFLER

Überraschenderweise spielt William Shakespeare in *Love's Labour's Lost* explizit auf den Harvey-Nashe-Streit an. Zu dem redseligen Ritter Don Armado, der Karikatur Gabriel Harveys, gesellt sich als sein Boy der »zarte Juvenil« MOTH, ein auf den Kopf gestellter THOM Nashe.

Aber sagten wir nicht, die Komödie sei im Jahr 1583 entstanden? Wohl – aber Shakespeare hat, wie die Forschung einräumt, die Komödie Mitte der neunziger Jahre überarbeitet: es handelt sich um *Love's Labour's Lost II* – im Unterschied zur Erstfassung *Love's Labour's Lost I*.

Der Verfasser hat die Namensgebung seiner Figuren nur unvollständig revidiert, so daß ein und dieselben Leute einmal als King, Braggart, Boy, Clown, Constable, Pedant und Curate, ein andermal als Navarre, Armado, Moth, Costard, Dull, Holofernes und Nathaniel auftreten. Streichungen, die der Autor im Manuskript vorgenommen hat, wurden vom Drucker nicht als solche erkannt, woraus sich Dopplungen und falsche Bezüge ergeben. Und vor allem: die im Stück enthaltenen zeitgeschichtlichen Bezüge stammen aus unterschiedlichen Zeiten.

»Das Navarra-Setting«, schreibt Richard David, der Kommentator der vorbildlichen Arden Edition (1955), »muß früher als 1594 entstanden sein, denn zu dieser Zeit hörte der wirkliche König von Navarra [Henri IV] auf, ein Verbündeter Englands zu sein, und die Geschehnisse am Hof von Navarra konnten in England nicht mehr mit freundlicher Anteilnahme rechnen.* Die Jagdszene scheint sich auf eine Publikation über Elizabeth' Entertainment in Cowdray aus dem Jahr 1591 zu beziehen.« Gleichzeitig führt David Gründe dafür an, daß die Bearbeitung der Komödie in das Jahr 1595 fallen dürfte.

Shakespeare hatte bereits in der Erstfassung von *Love's Labour's Lost* (1583) den Beleidiger und Aufschneider Gabriel Harvey aufs Korn ge-

---

* Allerdings wäre es, wie Alfred Harbage bemerkt hat, bereits nach der Ermordung von Henri III (im August 1589) tollkühn oder ignorant gewesen, die französischen Heerführer Biron und Dumain in einer Freundesallianz vorzuführen.

nommen und als übergeschnappten Spanier karikiert. Zwölf Jahre später stattet er den spanischen Ritter mit einigen neuen Verrücktheiten aus dem Munde des Rhetors aus. Und steigert den redseligen Toren zur Höchstform, indem er ihm einen MOTH, einen spitzzüngigen THOM Nashe als Knappen zur Seite stellt.*

Durch den Wortwechsel zwischen Ritter und Knappe geistert ein lustiges Echo auf den häßlichen Streit über Robert Greene: »Greene in deede is the colour of Lovers«, muß Don Armado zugeben. »Grün, in der Tat, ist die Farbe der Liebenden.«
Wiederholt hat Harvey seinen Feind einen »greene wit« genannt und ihm attestiert, sein Witz habe die »Greenesickness«: die grüne oder Greenesche Pest. »Nashe«, sagt Harvey, »muß sich entweder selbst mit gefühlloser Perversität blenden oder seine eigene gewohnheitsmäßige Narrheit schamvoll erkennen. Dann wird man wie in einem Uringlas sehen, wessen Witz die Grüne Krankheit hat«. Darauf Shakespeare in *Love's Labour's Lost*:

ARMADO Auch ich bin in Liebe. Wer war Samsons Geliebte, mein teurer Moth?

MOTH Ein Weib, Herr.

ARMADO Von welcher Komplexion?**

MOTH Von allen vieren, oder dreien, oder zweien; oder von einer unter den vieren.

ARMADO Sage mir ausdrücklich, von welcher Komplexion? –

MOTH Von der *meergrünen*, Herr. [»Of the sea-water Greene sir«]

ARMADO Ist das eine der vier Komplexionen? –

MOTH So wie ich gelesen habe, Herr, und noch dazu die beste.

ARMADO *Grün*, in der Tat, ist die Farbe der Liebenden; aber eine Geliebte von der Farbe zu haben, dazu, dünkt mich, hatte Samson nur wenig Ursache. Ohne Zweifel hegte er wegen ihres Verstands Zärtlichkeit für sie?

---

* Eine Zusammenstellung der Shakespeareschen Anspielungen auf den Harvey-Nashe-Quarrel bringt (ohne daraus die notwendigen Schlußfolgerungen zu ziehen) Rupert Taylor, The Date of Love's Labour's Lost, 1966, pp. 91–112.
** Die aus der Mischung der verschiedenen Elemente hervorgehende und den Gesundheitszustand bedingende Leibesbeschaffenheit eines Menschen.

MOTH So ist es, Herr, denn sie hatte einen *grünen Witz.*

(Love's Labour's Lost, I/2)

Mit der Rede von den »vier, zwei oder drei Komplexionen« kommen beiläufig die vertraulichen Publikationen des Brief-Krämers ins Spiel – Three *Proper and Wittie familiar Letters* (1580), Two *Other very commendable Letters* (1580) und Foure *Letters and Certaine Sonnets* (1592). So manchen berühmten »Geschichtenerzähler in Folio«, sagt Harvey, müsse man für einen Lügner im Großformat halten. – Don Armado führt diesen Gedanken fort: »Erfinde, Witz; schreibe, Feder; denn ich bin gestimmt für ganze Bände in Folio« (*LLL* I/2).

Shakespeare verwandelt Gabriel Harvey und Thomas Nashe in ein Pärchen aus dem Bilderbuch. Von erhabener Begriffsstutzigkeit der eine, von treulicher Häme der andere. Gegen den Gecken und Bramarbaseur Armado wirkt der zarte Juvenil wie eine gewitzte Sprungfeder: ein Teufelskerl, ein schmächtiger Geistesriese.
Spricht Nashe von Harveys »gewissen vier-Penny-werten Briefen und drei-Heller-werten Sonetten«, so sinniert Schädel über die magere Belohnung, die er aus Armados Händen empfangen hat: »Remuneration? Ach, das ist das lateinische Wort für drei Heller: drei-Heller-Remuneration. Was kostet der Bindfaden? Ein Penny. Nein, ich will Euch eine Remuneration geben; das klingt besser.« (*LLL* III/1)
Oder Schädel sagt zu Moth, dem kleinen Herkules:
> Und hätte ich nur einen Penny im Sack, du solltest ihn haben, um dir Pfefferkuchen zu kaufen; halt, da ist noch dieselbe Remuneration, die ich von deinem Herrn bekam, du Halfpennybörse von Witz, du Taubenei von Verschwiegenheit. Oh, wenn's der Himmel doch so gefügt hätte, daß du nur mein Bastard wärst! Zu welch freudigem Vater würdest du mich machen! – Kleiner, du triffst es auf den Fingernagel, wie man zu sagen pflegt.   (*LLL* V/1)

Hier sehen wir Shakespeare, den Speerschwinger, bei der Lektüre von Nashes Preface an »Master William« mit der »gelbbraunen Geldbörse«. Hatte der bissige Satiriker den »ergiebigsten Liederdichter« doch beschworen:
»Bei John Davies' Seele und beim blauen Eber in The Spittle bitte ich

dich, flehe ich dich an, zieh deine Börse heraus und gib mir für diese Widmung: nichts!«

Jetzt rückt der poetische Earl – via Schädel – mit einer ansehnlichen Remuneration für den jungen Spund heraus. Eine »halfpenny purse of wit« nennt er ihn und »du Gegenteil von Verschwiegenheit«: *thou pigeon-egg of discretion.*

Wie hatte Thomas Nashe am Ende seines Vorworts an »Master William« ausgerufen?

> »Nehmt Euch Chaucer noch einmal vor für den Tag der Schlacht, und Terenz mag dann und wann reinkommen, aber nur mit einem kurzen Aufschnauben, und *Dictum puta*, so sei es gesagt, wir werden ihn plattmachen wie einen Türnagel.«

Worauf Shakespeare antwortet:

»Du triffst es *ad dungil**, auf den Fingernagel genau, wie man zu sagen pflegt.«

Eine erstaunliche Geschichte. Auf Nashes Kampfruf hin nimmt Shakespeare sich seine alte Komödie noch einmal vor und läßt die von Chaucer inspirierte, auf den Rhetor Gabriel Harvey zugeschnittene Gestalt des »Braggart« in neuem Glanz erstehen. Auch dies, anders als von Harvey erwartet: *A New Praise of the Old Ass.*

Doch war es allein Nashes Kampfruf, der Shakespeare zu einer Zweitfassung animierte? Fühlte sich der Earl von Harveys satirischem »Lob des Alten Esels« herausgefordert? Oder provozierte ihn noch eine andere Merkwürdigkeit, die wir vielleicht gestreift, aber in ihrer Bedeutung nicht entschlüsselt haben?

Oxford alias Shakespeare, so finden wir bei näherem Zusehen, parodiert mit Vorliebe solche Stellen aus Harveys Pamphleten (*Pierce's Supererogation*, 1593 und *A New Letter of Notable Contents*, 1593), die im Zusammenhang stehen mit der bislang unerwähnt gebliebenen, großen Gönnerin des Rhetors: *The excellent Gentlewoman.*

Seitenlang hat sich Harvey über die nahezu überirdischen Fähigkeiten dieser poetischen *Dame* verbreitet, die er (nach bewährtem Muster) in den Kampf gegen Thomas Nashe einspannen möchte.

---

* Holofernes antwortet: »Ich rieche falsches Latein. *Dunghill* für *unguem* (unguis: Fingernagel).«

In seinem Prolog zu *Pierce's Supererogation* läßt Harvey die DAME als Dichterin auftreten und über den »Drachenlöwen« Thomas Nashe seufzen: »Oh Musen! kann ein armes Frauenzimmer / den Drachenlöwen oder Ochsbärn binden? / Vermag, oh weh, ein schwaches Weib es wohl, / den tollen Held' des Ruhms zu schinden?«

Don Armado, der Gabriel der Bühne, spuckt ähnlich schlechte Verse. In seinem Liebesbrief an Jacquenetta stilisiert sich der komische Ritter als Löwe, der mit dem Lämmlein Jacquenetta zu spielen geruht.

Lautstark brüllt des Nemäerlöwen Schlund
nach dir, du Lamm, das seiner Willkür Ziel.
Vor seinem stolzen Fuß sink auf den Grund!
Dann neigt der Löwe sich zu dir zum Spiel.
Doch sträubst du dich, was wird aus dir, o Seele?
Fraß seiner Wut, Proviant für seine Höhle. (III/1)

Ferner, so will es der Streiter Gabriel Harvey, soll die exzellente DAME den »Scheuerlappen« Nashe einweichen in der »Lauge ihres Mutterwitzes« – und ihm »wie der Anatom beim Sezieren, seine Kunst ins Wams und seinen Witz ins Hemd stopfen«.

Shakespeare kommt auf diese Aufforderung zurück, aber hält sich nicht an Harveys Rezept. Statt dem Knappen Moth (oder Thomas Nashe) wird dem Ritter Armado (Gabriel Harvey) »der Witz ins Hemd gestopft«:

ARMADO Edle Herrn und Kriegsfürsten, haltet mir zu gut, ich will nicht im *Hemde* fechten … Die nackte Wahrheit ist, ich habe kein Hemd; ich gehe im Wollhemd des Büßers.

BOYET 's ist wahr, das ward ihm in Rom auferlegt, weil er kein Leinzeug hatte: seit der Zeit, ich will's beschwören, trägt er nichts außer einen von Jacquenettens *Scheuerlappen*; und den trägt er zunächst am Herzen; es ist ein Andenken.   *Love's Labour's Lost* (V/3)

Was bedeutet es, wenn Shakespeare, statt Moth »seine Kunst ins Wams zu stopfen«, Armado im »Wollhemd der Pönitenz« vorführt?

Hat Shakespeare Harveys Aufforderung an die DAME auf *sich* bezogen? Beziehungsweise: zielte Gabriel Harvey mit seiner Gentlewoman auf den Earl?

Unsere Antwort lautet *ja*. Und zwar aus folgenden Gründen:

1. Bei Harveys *Gentlewoman* kann es sich um keine literarische Fiktion handeln, dazu behandelte der Pamphletist die DAME viel zu ausführlich. Auch besaß er ein konkretes Anliegen an sie.

2. Harvey machte deutlich, daß es sich bei der Gentlewoman nicht um die gelehrte Mary Herbert, die Schwester Sir Philip Sidneys handelt. Man beachte seine sarkastische Bemerkung, es möchten sich doch bitte alle großen Poeten, darunter auch Mary Herbert, zusammentun, um Thomas Nashe zu huldigen – *mit Ausnahme der Gentlewoman*: »Kommt nur herbei, ihr göttlichen Poeten und großen Redner, kommt, ihr Quellgrund des Geistes und der Künste, kommt, Chaucer und Spenser, Morus und Cheke, Ascham und Astley, Sidney und Dyer, komm, werteste Schwester des wertesten Bruders [Mary Herbert] – mit einer Ausnahme: du strahlendster Diamant der Beredsamkeit und hellster Spiegel fraulichen Werts, du Beschützerin der Tugend, Gräfin der Vortrefflichkeit und Frau von unsterblichem Verdienst ...«

Eine andere zeitgenössische Schriftstellerin, auf die Harveys Epitheta auch nur von ferne zutreffen könnten, existiert nicht.

3. Im Prologgedicht zu *Pierce's Supererogation,* 1593, ließ Harvey die DAME von einem »prachtvoll trotzigen Ritter« sprechen, den sie als »rechten Wildfang« auf die Bühne gestellt habe. Sein Name: »Sir Bombarduccio«. – In *1 Henry IV,* II/4, nennt Shakespeare seinen unsterblichen Sir John: »that huge bombard of sack« – »diesen aufgedunsenen Ballen von Portwein«.

4. In seinem Pamphlet gab Harvey den Hinweis, die DAME habe Thomas Nashe zu einem zweiten »Almanus Hercules oder Captain der Jungs« gemacht (»her favour that hath pleasurably made him ... another Almanus Hercules, the great captain of the boys«).

Der ursprüngliche »Captain der Jungs« entstamme, so Harvey, ihrem »Euböischen Krieg« oder ihrer »Hauptschlacht des Zanks«.

Dazu ergibt sich folgende Deutung:

Mit dem »Euböischen Krieg« der DAME (eine Anspielung auf den Bruderkrieg der altgriechischen Stadtstaaten Chalkis und Eretria) meint Harvey das Drama *Henry the Fourth,* in dem auch »Sir Bombarduccio« auftritt. (Shakespeare behandelt in *1 Henry IV* den Bruderkrieg zwischen Henry IV und Henry Percy, genannt Hotspur.) In einem der

komödiantischen Intermezzi (bzw. in einer Haupschlacht des Zanks)
tritt Falstaffs Gefährte Pistol landsknechtmäßig als »Captain der Jungs«
auf:

> PISTOL Dann zu Euch, Jungfer Dorothee, ich will Euch die Ladung
> geben.
>
> DORTCHEN Mir die Ladung geben? Ja, kommt mir, Lausekerl! Was,
> so 'n armer Schelm von Betrüger, der kein heiles Hemd auf dem
> Leibe hat! Packt Euch, Ihr abgestandener Schuft!, fort! Ich bin ein
> Bissen für Euren Herrn.
>
> PISTOL Ich kenne Euch, Jungfer Dorothee …
>
> FALSTAFF Nicht weiter, Pistol, ich möchte nicht, daß du hier losgin-
> gest. Drücke dich aus unsrer Gesellschaft ab, Pistol!
>
> WIRTIN Nein, bester Captain Pistol! Nicht hier, schönster Captain!
>
> DORTCHEN Captain! Du abscheulicher, verdammter Betrüger,
> schämst du dich nicht, Captain zu heißen? Wenn Captains so ge-
> sinnt wären wie ich, so prügelten sie dich hinaus, weil du ihren
> Namen annimmst, eh' du ihn verdient hast. Ihr ein Captain, Ihr
> Lump? Wofür? Weil Ihr einer armen Hure in einem Bordell den
> Kragen zerrissen habt? Er ein Captain? An den Galgen mit ihm! …
>
> BARDOLPH Ich bitte dich, geh hinunter, bester Fähndrich!
>
> PISTOL Sie sei verdammt erst – zu Plutos grausem See, zur höll'schen
> Tiefe, mit Erebus und schnöden Qualen auch. Halt' Lein' und An-
> gel, sag' ich. Fort, Hunde! Fort, Gesindel! Haben wir nicht Hiram
> hier?
>
> WIRTIN Lieber Captain Pisel, seid ruhig! Es ist wahrhaftig schon
> sehr spät: ich bitte Euch, forciert Euren Zorn!   (2 Henry IV, II/4)

Pistol – oder Captain Pisel – ist ein Maulheld und Säufer, ein Räuber-
hauptmann und Hurentreiber. Sir John stellt sich in dieser Szene schützend vor Dortchen und schmeißt den Aufschneider die Treppe hinunter.

Die DAME habe Thomas Nashe zu einem zweiten Captain Pistol gemacht (oder erniedrigt), so Gabriel Harveys Interpretation im August
1593, weil Oxford – alias Shakespeare – den Juvenil nach Erscheinen der
Strange Newes in seine Grenzen verwies. (Harvey feiert dies in seinem
New Letter of Notable Contents als das große Wunder von 1593.) Erstens
mußte Nashe in der zweiten Auflage der *Strange Newes* eine Passage

umschreiben, die den Earl kompromittiert hatte*, zweitens war der
Satiriker angehalten worden, seinem Gegner Harvey die Hand zur Versöhnung zu reichen. Deshalb entschuldigte sich Nashe im September
1593 (zu einem Zeitpunkt, als Harveys Haßtiraden gerade beim Setzer
waren) im Sinn der christlichen Selbstbesinnung bei seinem Feind:
»Einzig aus dem Bedürfnis nach Frieden bitte ich all diejenigen um Versöhnung und Vergebung, als deren Feind ich mich bekannte. Ein Gleiches erbitte ich von Doktor Harvey, dessen Ruhm und Ansehen ich
vorschnell angegriffen habe. Eines Besseren belehrt und von seinen
Fähigkeiten überzeugt, gelobe ich vor aller Welt, seine Verdienste nicht
mehr anzuzweifeln zu wollen.« (*Christs Teares Over Jerusalem*, 1593).
Natürlich wurde nichts aus der Versöhnung zwischen Harvey und
Nashe, denn der häßliche Gabriel hielt seine Polemik nicht zurück und
ließ ihr mit dem *New Letter of Notable Contents* noch eine zweite folgen.

Nehmen wir uns Harveys Adoration an die DAME dehalb etwas genauer vor.

»Dank sei der Singularität dieses Zeitalters, Dank sei deinem leidenschaftlichen Selbst für so viele kostbare Werke der göttlichen
Begeisterung und herrlichen Folgerichtigkeit, vergleichbar mit den
reichsten Schätzen des Altertums!«

Der Rhetor führt das »leidenschaftliche Selbst« als ein Numinosum ein,
das zum Weiblichen inkliniert: er nennt es das Mirakel, die Singularität,
die Entelecheia – oder Vollkommenheit.

* Im Februar 1593 hieß es in Anspielung auf Oxfords unehelichen Sohn:
»Ja, als ein solch grenzenloser Mäzen habt Ihr Euch gelehrten Männern gegenüber erwiesen, daß keiner, der dazu gezählt werden kann (wie Vorladungsbeamte oder sonstwer) auf den Genuß der kühlenden Ströme Eurer Freigebigkeit
hat verzichten müssen. Gerne würde ich Eure Gastfreundschaft gleichermaßen
preisen, aber die ist ja schon beim Archidiakonat registriert, und die Früchte, die
sie hervorbrachte, sind (wie ich glaube) schon im Alter, in dem sie für sich selbst
sprechen können.«
Daraus wird in der zweiten Auflage vom Sommer 1593:
»Ja, Ihr seid ein solch grenzenloser Mäzen gegenüber gelehrten Männern, daß sie
Euch keinen Bissen Fleisch vorschneiden können, den ihr ihnen zuliebe nicht
essen und dankbar annehmen würdet. Denkt nicht, obwohl ich in Eurer guten
Gesellschaft ein wenig zum Scherzen aufgelegt bin, daß ich Euch irgendeiner
Unmäßigkeit im Essen oder Trinken bezichtige, denn ich weiß, daß Eure Selbst-
beherrschung und Euer Benehmen in jeder Hinsicht kanonisch sind.«

Wie im »Spiegel des Toskanismus«, aber diesmal nicht mehr in rein spöttischer Absicht, wird die DAME mit dreifachen oder »eher tausendfachen« Glückwünschen überhäuft. Sie habe versprochen, munkelt Harvey, in »gewissen Supplements« die *Strange Newes* von Thomas Nashe zum Nadelkissen ihrer Spitzen und Pfeile zu machen. Ja, die entsprechenden »discourses« der DAME seien bereits abgeschlossen. Eine Behauptung, die Harveys Wunschdenken entspringt. – Sollten seine eigenen Kritzeleien auch der Vergessenheit anheimfallen, so blieben *ihre* Schriften doch notwendig unsterblich. Manche der Leser, sagt Harvey, würde gerne Schlüsse ziehen auf ihre Person, aber:

> »Ich darf ihre Beschreibung nicht präzisieren ohne ihre ausdrückliche Erlaubnis. Und diese Erlaubnis hat mit den Kriterien von männlich und weiblich nichts zu tun, und vor allem kann man damit keinen Handel treiben – im Hinblick auf ihre Beherztheit und ihr Ansehen.«

Es geht darum, ein Inkognito zu wahren. Fast so etwas wie ein Staatsgeheimnis. Die DAME, weiß Harvey, kann in einem Monat mehr Werke publizieren als jeder andere englische Dichter – allerdings, da Master William in der Schublade mehr als zwanzig ungedruckte Stücke bereithält – und hat sich doch gerade *jetzt* herabgelassen, »ihr seidenes Tagewerk aufzuspinnen«. Hier wird angespielt auf das Erscheinen von *Venus and Adonis* im Juni 1593.

> »Dieser DAME obliegt es, das so überaus berühmte Werk der Überheblichkeit [*Strange Newes*] mit beschwörenden Formeln und Fürbitten zur Umkehr zu zwingen. Der Aufschub ihrer Publikation beruht allein auf meinem Ersuchen, der ich wenig Hoffnung hätte, Aufmerksamkeit für meine eigenen Abhandlungen zu finden, wäre der hehre Leib der lieblichsten Venus – in achtunggebietender Weise angetan mit der vollständigen Rüstung der unerschrockenen Minerva – bereits gedruckt.«

Man hat sich über diesem Schnörkel lange und vergeblich den Kopf zerbrochen. Jetzt, im Kontext unserer Entschlüsselung, läßt er sich entziffern wie eine ägyptische Hieroglyphe nach Champollion.

Die DAME Venus, »Verfasserin« von *Venus and Adonis*, hätte ihren – von Harvey geforderten, erhofften, erträumten – Text-Korpus (die bedeutsamen *Supplements* zum Fall Thomas Nashe) schon in Druck gegeben, wäre er, Harvey, ihr nicht in den Arm gefallen: befürchtend, seine Arbeit (*Pierce's Superergation*) werde keine Beachtung mehr finden, wenn sie *nach* der ihren erschiene.

Man staunt über den Rhetor, der bei Shakespeare eine Arbeit in Auftrag gibt und im gleichen Augenblick – und völlig aus der Luft gegriffen – behauptet, sie wäre schon fertig und gäbe ihm in jeder Hinsicht recht.

Kein Wunder, daß der Dramatiker dieser so kapriziösen wie dreisten Herausforderung zum Lachen nicht widerstehen konnte.

»What vane? What weathercock? Did you ever hear better?«

Und doch hat der Rhetor mit einem einzigen Satz alles oder fast alles wiedergutgemacht.

»Ihre Feder ist der Schuß der Muskete, oder eher der Pfeil des Himmels, schneller als jeder Wurfspieß und kraftvoller als jede Handwaffe – im Fall, wenn Feindschaft die Freundschaft erzwingen muß –, aber sonst von vollendeter Freundlichkeit und göttlicher Schönheit.«

Auch hinterließ er der Nachwelt, allerdings gut versteckt, die erste zeitgenössische Würdigung Shakespeares.

Seine Apologie stammt aus dem *New Letter,* dem »Neuen Brief bemerkenswerten Inhalts, An den Verleger John Wolfe« vom 16. September 1593. Harvey wiederholt darin seine Aufforderung an die DAME, ihm mit ihrem Manifest gegen Nashe unter die Arme zu greifen. Aber er geht diesmal für Augenblicke von seiner bellizistischen Taktik ab.

»Was besäße der vortrefflichste Mann, was die DAME nicht besitzt? (Mit Ausnahme des Löwen im Schlachtfeld, denn ihr Löwe tummelt sich im Feld der Minerva.)

Für einen feinsinnigen Geist und eine göttliche Humanität ist sie ein Vorbild, das sich mit den ausgezeichnetsten Frauen Homers messen kann und sich der würdigsten seiner Göttinnen [Pallas Athene] verpflichtet. Sie ist ein Vogel von Merkurs geflügeltem Wagen – und lehrt die lebhaftesten Hähne des Spiels, sich rechtzeitig in Bewegung zu setzen, ritterlich zu krähen, anmutig zu marschieren, tapfer zu kämpfen, sich freundlich zu gesellen und in jeder Hinsicht ehrenwert zu leben. Keine schönere Blume als ihr Geist, keine reifere Frucht als ihr Urteil. Alle ihre Gedanken sind erleuchtet vom Licht der Vernunft, alle ihre Reden verschönt durch den Glanz der Güte, alle ihre Schriften verfeinert mit dem Salz des Taktgefühls, alle ihre Sentenzen gewürzt mit Witz, angereichert mit Freude, durchmischt mit Nutzen.

Sie erregt sich nicht leicht – aber was sie in der Begeisterung an Bildern entwirft, kann ich nicht annähernd so ausdrücken wie sie. Ja, ich stünde höher als Cicero, könnte ich von ihrer vollendeten Kunst Zeugnis ablegen, die so voll reicher Geschenke und kostbarer Juwelen ist wie der Neujahrstag. Ihr schönster Schmuck und das größte Wunder aber ist – bei aller Beherztheit – ihre große Bescheidenheit.

Wie in der Harmonie ihres Geistes entdecke ich auch in der Melodie ihrer *Verse* selten oder nie eine unstimmige Note, und nicht zum ersten Mal nenne ich ihre *Prosa* den Brokat der höchsten Kunst und schönsten Natur.

Humanität ist immer mehr gewillt zu lieben, als zu hassen – und so ist sie. *Höflichkeit* immer mehr geneigt zu empfehlen, als zu kritisieren – und so ist sie. *Milde* unendlich mehr bereit zu vergeben, als zu verurteilen – und so ist sie.

Denn sie ist die personifizierte Humanität, die vollendete Höflichkeit und die leibhaftige Milde.

Aber als sie Nashes stinkendes Maul so weit aufgerissen sah – ohne allen Respekt gegenüber Sitte, Ehre und Wahrheit – da sagte sie: ›Gentlemen, obwohl mir fehlt, was ihr habt, die Kunst des Widerlegens, habe ich doch die Lauge meines Mutterwitzes, um einen solchen Scheuerlappen einzuweichen ...«

Wir fassen zusammen. Zwei Schriftsteller, der junge Thomas Nashe und der in den Vierzigern stehende Gabriel Harvey, verfeinden sich im Jahr 1592 anläßlich einer bösartigen Attacke Harveys gegen den toten Dichter Robert Greene. Im Verlauf des Streits erinnert Greenes Freund Nashe den Gegner Harvey an einen ähnlichen Vorfall aus dem Jahr 1580, als Harvey dem Earl of Oxford mit einer drastischen Polemik in den Rücken fiel. Nashe macht sich diesen Umstand zunutze und bittet Oxford, den er verhüllt mit »Master William« anspricht und mit Sir

John Falstaff assoziiert, um Schützenhilfe im Kampf gegen Harvey. Dieser verhüllten Aufforderung stellt Harvey sein eigenes Liebeswerben um Oxford entgegen, *wobei er so tut*, als hätte der Autor ihn bereits erhört. Er apostrophiert den Earl einerseits als »prächtigen alten Esel«, den möglichen Beschützer Nashes –, und andererseits als »the excellent Gentlewoman«, die Singularität des Zeitalters, bzw. die Instanz, die sich publikumswirksam *gegen* Nashe erklären soll. Das Versöhnungsangebot des Feindes schlägt Harvey aus.

Daraufhin schreibt William Shakespeare, der Speerschwinger, seine alte Komödie *Love's Labour's Lost* in Teilen um und parodiert in der neuen Fassung die Stimmen von Harvey und Nashe. Daß er die stadtbekannten Feinde als albernen Ritter und frechen Knappen auf die Bühne stellt, dürfte im Publikum große Heiterkeit hervorgerufen haben.

Exkurs: Shakespeare, der Kopist

Fälschlich hat man Thomas Nashe zum Kronzeugen für den »Abschreiber« William Shakespeare erklärt, um auf diese Weise die mehr als zweifelhafte Chronologie der Shakespeareschen Stücke zu stützen. Es wurde nicht bedacht, daß in jedem Fall die Satire auf die Bühne, die Bühne aber nicht immer auf die Satire reagieren muß.

Der Literaturhistoriker C. S. Lewis rühmte Nashe zu Recht als den großen Sprachspielartisten, Pamphletisten, Brandredner, Schauergeschichtenerzähler und Witzbold der elisabethanischen Zeit. Dieser phantastische Spötter komprimiert hundert Stile in einem, spricht über jeden Gegenstand, aber über keinen wirklich ernst, besitzt ein joyceanisches Vergnügen an Zitatcollagen, hypertrophen Verballhornungen und kuriosen Wortkaskaden. Er redet wie Falstaff, sagt Lewis – und zugleich wie Bardolph, Poins und Pistol. Ihm springt der Schabernack von den Lippen – und seinem Gegner zwischen die Zähne. Seinen Erzfeind Gabriel spricht er an mit »his Gabrielship« oder »Gabrielissime«, nennt ihn einen Gilgilis Hobberdehoy, einen Braggadaccio Glorioso und Timothy Tiptoes, einen Gamaliel Hobgoblin, Gabriel Hangtelow, Gregory Habberdine, Gorboduck Huddleduddle, Gabriel Howliglasse und anderes. In jeder seiner Erfindungen steckt eine listige Anspielung.

Ein einziges Mal – in *Love's Labour's Lost II* – hat Shakespeare sich bei Thomas Nashe »bedient« – in der Absicht, ihn als MOTH auf die Bühne zu stellen. In allen anderen Fällen ist es der Satiriker, der bei dem Dramatiker Anleihen macht.

Dafür zwei Beispiele. Gabriel Harvey hat Nashe einen Schuft genannt, »der eher einem stinkenden Iltis gleicht als einer wohlduftenden Zibetkatze«.

Um diese Beleidigung zurückzuweisen, improvisiert Nashe in *Have with You* folgenden Wortwechsel zwischen seinen (fiktiven) Freunden Bentívole und Carneades:

BENTIVOLE Ich rieche ihn, ich rieche ihn; die Unbill, die du ihm zugefügt hast, ist so unerträglich, daß sie eine Katze zum Reden bringen würde; drum warte ab, Nashe, mit welchem Hurenparfüm von welcher Katze er dich vergiften wird, wenn er dir keine Antwort weiß.

CARNEADES »Iltis« und »Zibetkatze«? Da fehlt nur noch eine Tiger-katze, dann gäb es ein tolles Gekratze.

BENTIVOLE Ja, und nicht nur eine gewöhnliche Katze, sondern eine Zibetkatze, und nicht nur eine Zibetkatze, sondern eine »wohlrie-chende Zibetkatze«. Nicht Tibault oder Isegrim, Prinz der Katzen, wurden je mit einem solchen Titel geschmückt.« (»Not Tibault or Isegrim, Prince of Cats, were ever endowed with the like title.«)

Sinnvoll ist Nashes »Prince of Cats« nur, wenn man einen Wiedererken-nungseffekt unterstellt – und sich erinnert, wie Romeos Freunde Ben-volio und Mercutio über den rauflustigen Tybalt gesprochen haben.

MERCUTIO Alas, poor Romeo … is he a man to encounter Tybalt?

BENVOLIO Why, what is Tybalt?

MERCUTIO More than Prince of Cats, I can tell you. O, he's the cou-rageous captain of compliments.

* * *

MERCUTIO Ach, armer Romeo! … Ist er der Mann, es mit Tybalt aufzunehmen?

BENVOLIO Warum, wer ist schon Tybalt?

MERCUTIO Mehr als ein Katzenprinz, das kann ich dir sagen. Oh, er ist ein beherzter Verfechter von Artigkeiten.

(Romeo und Julia, II/4)

Nicht einmal Shakespeares famoser Tybalt, will Nashe sagen, der mehr war als ein Katzenprinz, nämlich ein Eisenfresser, wurde »wohlrie-chende Zibetkatze« genannt.

Es ist völlig undenkbar, daß Nashe *vor* Shakespeare von »Tibault oder Isegrim« als Katzenprinz gesprochen haben könnte, denn für die Katze Isegrim existiert eine literarische Quelle, William Baldwins *Beware the Cat* (1570) – für die Katze »Tibault« dagegen nicht. Natürlich kannte auch Shakespeare Baldwins Vorlage, aber es oblag seiner dichterischen Freiheit, Tybalt mit dem Katzenprinz zu vergleichen. Wogegen Nashe, Shakespeare zitierend, dieses Zitat »verbessert«, um seine Belesenheit unter Beweis zu stellen.

In den *Strange Newes* nennt Nashe seinen Gegner Harvey einen »Jack vom Falken in Cambridge«, der grundlose Behauptungen aufstellt. »Jack of the Falcon in Cambridge can say as much, and give no reason for it.«

Der Witz liegt in der Anspielung auf den jungen Baron Falconbridge, der in *The Merchant of Venice* als unbedarfter, in Pumphosen gekleideter Bewerber um die Hand Portias auftritt. Die Anspielung auf die Pumphosen wird in *Have with You* taktisch fortgesetzt:

> Laßt uns sein Bild, sein lebhaftes Zerrbild und Abbild betrachten, nicht wie er in den Pantoffeln seines Wohlgedeihens steckt, wenn er gegen Milord of Oxford stänkert, sondern in den singulär besohlten Stiefeln seiner erbitterten Gegnerschaft.

> Wenn ihr mich fragt, warum ich ihn in Pumphosen gesetzt habe, die gewöhnlich von Venezianern getragen werden: deshalb, weil ich ihn schmuck und drall und rundlich ausschauen lassen wollte, während er sonst wie eine Zahnstocherbüchse oder ein Lautenwirbel im Kleidersack aussieht.

Die Pumphosen des »Jack of the Falcon in Cambridge« stammen aus *The Merchant of Venice*, seine »singulär besohlten Stiefel« (»singlesoled pumps«) aus *Romeo and Juliet* – in Anspielung auf das scherzhafte Geplänkel zwischen Mercutio und Romeo (II/4):

MERCUTIO Ich bin kein Stiefkind der Höflichkeit.

ROMEO Eine höfische Blume.

MERCUTIO Richtig.

ROMEO Na, dann ist mein Stiefel auch blumig.

MERCUTIO Sehr wohl! Dein Witz geh mir nach, bis du den Stiefel abgelaufen hast, daß, wenn die Sohlität durch ist, der Witz zu hinken beginnt.

ROMEO Oh, einfältiger Witz, zu einzigartig für seine solitäre Sohlidität.

[MERCUTIO Follow me this jest, now till thou hast worn out thy *pump*, that, when the *single sole* of it is worn, the jest may remain, after the wearing, solely singular.

ROMEO O *single-sold* jest, solely singular for the singleness!]

Häufig dann, wenn Nashe auf den Earl zu sprechen kommt, wartet er mit einem Shakespearezitat auf. Zum Beispiel sagt er über Harveys Zusammentreffen mit dem »first Orpheus« Englands: »He would make no bones *to take the wall* of Sir Philip Sidney and another honourable knight« – »er machte keine Umstände, sich vor Sir Philip Sidney und einem anderen ehrenwerten Ritter vorzudrängen«. In *Romeo and Juliet* beteuert Romeos Diener: »I will *take the wall* of any man or maid of Montague's.«

Weitere Anleihen von Nashe aus den Jahren 1592 bis 1594 beziehen sich auf die Stücke *Titus Andronicus*, *Hamlet* und *Othello*. Demnach ist jedes dieser Stücke mit Sicherheit *vor* Nashe zu datieren.

Eine freundliche Empfehlung (Henry Willobie)

H. W., beim Anblick von Avisa von einer schwärmerischen Anwandlung ergriffen, plagt sich eine Zeit lang im geheimen. Auf Dauer nicht fähig, das tief in ihm
brennende Feuer zu ertragen, vertraut er das Geheimnis seiner Leiden dem vertrauten Freund W. S. an, der vor nicht allzu langer Zeit in den Genuß der gleichen Erregung gekommen ist, aber sich inzwischen genesen weiß.

W. S., der seinen Freund Blut schwitzen sieht, findet Gefallen daran, ihn bluten
zu lassen – und vergrößert, anstatt das Unheil aufzuhalten, die Wunde mit dem
scharfen Messer willfähriger Zustimmung. Dergestalt tröstet der elende Tröster
den Freund mit einer Unmöglichkeit: vielleicht um im stillen über seine Torheit
zu lachen – oder weil er wissen will, ob ein anderer seine Rolle besser spielen
würde.

Die Liebeskomödie aus sicherem Abstand verfolgend, wartet der alte Spieler ab,
ob sie für den neuen Akteur glücklicher ausgeht.

H. W.   Ich fröstle am Feuer, ich fiebere, ich bin meiner selbst nicht mehr mächtig,
ich komme um.

Niemals werde ich vergessen, wann und wo ich sie zuerst sah: ihre feenhafte
Gestalt, ihr schönes Antlitz, ihr betörendes Lächeln. Welches Glück, wenn
sie mich ansieht, welcher Verrat, wenn sie vorbeigeht! Ich liebe den Stuhl,
auf dem sie sitzt, ich küsse das Gras, auf das sie tritt – und bin neidisch auf
beides.

Aber da kommt ja mein lieber Freund, der reichlich Erfahrung hat in diesen
Dingen. Er kann mir sagen, was ich zu erwarten habe. Seinem Rat will ich
folgen, auf Gedeih und Verderb.

W. S.   Gott zum Gruß, Harry, was schaust du so blaß drein, was bist du so abge-
magert? Deine spitze Nase verrät, daß dir was über die Leber gelaufen ist.
Sag mir, was los ist, und ich werde sehn, was sich tun läßt.

Hm, welche Frau ist es, die dich leiden läßt und dir Grillen in den Kopf
setzt? So wie du aussiehst, bist du liebeskrank. Also, wer hat dich behext?
Geteiltes Leid ist halbes Leid. Ein unterdrücktes Feuer kann gefährlich werden. Und zurückgehaltene Gefühle bringen dich zur Raserei. So wahr ich
ein Freund bin, werde ich dir helfen. Also erzähl, erzähl mir alles. Erzähl's
mir jetzt.

H. W.   Siehst du das Haus da drüben, wo das Zeichen von Engelands Engel

hängt? Wo andre Angreifer Sieg rufen und entern, da hoffe ich ohne Hoff-
nung. Da wohnt mein Freund, der Feind mir ist.

w. s. *Schon gut, mehr muß ich nicht wissen. Diesen Schmerz kenn' ich zur*
Genüge – und auch das Gesicht, von dem die Flammen ausgehn. Ich ver-
spreche dir Genesung, wenn du meinem Rat folgst. Denn weder ist sie ein
Engel noch eine Nonne. Mit Geduld, mein Freund, wirst du das Spiel
gewinnen.

Also werd' nicht weich in den Knien und lauf nicht davon, auch wenn sie
dich zwei- oder dreimal zurückweist. Halte männlich stand und greife,
wenn du nicht zu Wort kommst, flink zur Feder. Überhäufe sie mit Ge-
schenken, damit läßt sich der Weiseste herumkriegen. Laß keine Gelegen-
heit aus, schenk ihr mal Gold und mal Ringe, und wenn sie zunächst auch
spröd tut, wird sie zuletzt dahinschmelzen. Was sie gern hat, das liebe – was
sie haßt, das verabscheue. Du wirst herausbekommen, welche Worte und
Kniffe am besten wirken. Ist sie in Gebetslaune, so sag, du hättest Angst, zu
sündigen. Lobe ihr Gesicht, denn Frauen werden gern für schön gehalten –
bewundere ihre stille Anmut, ihr Wissen und ihre Tugend – sag, daß dich
ihr Geist und ihre Ehrbarkeit unendlich angezogen haben.

Laß sie von deinen verborgenen Tränen und Seufzern wissen. Ergreif ihre
Hand wie einer, der sich davor fürchtet, zu sprechen – dann sag, du wünschst
sie zur Frau – und dann fleh sie an, sie möge dich retten. Beschwöre, daß
du sie liebst. Und mit der Zeit wird sie nachgeben.

h.w. *Die Gesunden können dem Kranken gut raten, aber der Kranke wird*
davon nicht gesund.

Und doch: während ich noch in Gedanken bin über mein Mißgeschick und
mir die Tränen übers Gesicht laufen, glaube ich plötzlich, daß aus dem Tod
Leben erstehen könnte – und schöpfe erneut Hoffnung.

In Anbetracht des kränklichen und schwachen Zustands von H. W. scheint die
Komödie zur Tragödie auszuarten. Es zeigt sich die Raserei einer zügellosen
Phantasie, die nach Freiheit giert, zusammen mit mannigfachen Stimmungs-
wechseln, welche das Verlangen, abgetrennt von Vernunft, bewirken kann – etc.

20 SEINE BEHEXENDE FEDER

Ende 1593 beschloß die Königin das fünfunddreißigste Jahr ihrer Regierung. Mehrere ihrer altvertrauten Freunde und Mitstreiter waren in den letzten Jahren verstorben, darunter Robert Dudley, Earl of Leicester (1588), Sekretär Sir Francis Walsingham (1590) und Lordkanzler Sir Christopher Hatton (1591). Aber die Sechzigjährige wirkte ungebrochen, ging nach wie vor auf Reisen, tanzte, las und übersetzte, blieb zögernd und konsequent in ihren politischen Entscheidungen und brachte durch ihre Sparsamkeit die Hofgesellschaft zur Verzweiflung. Zusammen mit Lord Burghley und einem Stab von Beamten meisterte sie die schwierigen Regierungsgeschäfte.

Jederzeit war mit einem neuen spanischen Angriff zu rechnen, die Verhältnisse in den Niederlanden und in Frankreich blieben chaotisch und verschlangen gutes englisches Geld.

Der Protestant Henri IV, Nachfolger des ermordeten Henri III, hatte mit leeren Kassen einen Bürgerkrieg auszufechten und forderte beredt und nachdrücklich englische Unterstützung.

Auf der Insel selbst bedrohten Pest und Mißernten, katholische Feinde und puritanische Sektierer das geregelte Leben. Dennoch und gerade deshalb hielt das Volk treu zur Queen.

Ihr Lord Great Chamberlain war durch seine reiche Hochzeit finanziell saniert. Er zog mit Elizabeth Trentham und seinen Büchern in ein bequemes Anwesen in der Nähe von Shoreditch, genannt Stoke Newington. Die neue Bequemlichkeit aber forderte als Preis einen größeren ökonomischen Realismus. Der Eifer seiner Petitionen und Briefe, mit denen er Lord Burghley und Sir Robert Cecil bedrängte, dürfte auf die Ermahnungen seiner Frau zurückzuführen sein, die ihren Sohn für die Zukunft standesgemäß versorgt wissen wollte.

Aber all die geduldig und ungeduldig bohrenden Gesuche Oxfords waren in den Wind geschrieben. Weder gewährte die Königin ihrem Earl eines der begehrten Handelsmonopole, noch gab sie seiner Bitte statt, ihm den von der Krone eingezogenen väterlichen Landbesitz

Waltham Forest* zurückzuerstatten. Oxford, davon war Elizabeth überzeugt, würde nie mit Geld umgehen lernen. Und nicht verschenken
konnte er nur, was ihm nicht gehörte.
Der Dichter reicht bei der Königin eine Petition ein, ihm das Mono-
pol für Zinnabbau und -transport zu gewähren. Zwischen März und
August 1595 bestürmt er den uralten Lord Burghley (»My very good
Lord«) mit einem Dutzend Schreiben, legt darin seine Geschäftsbezie-
hungen offen, läßt sich über die Ränke seiner Gegner und Konkurrenten aus, und begründet, warum und wie er der Königin zu größeren
Einnahmen verhelfen könne: seine Partner, schreibt er, wollen 40 000
Pfund Sterling investieren und erhoffen große Gewinne. Ein Zollein-
nehmer gibt Hilfestellung, aber springt wieder ab. Oxfords Gewißheit
und die Zweifel der Königin liegen miteinander im Kampf. Zuletzt gilt
ihm die »schmeichelhafte Hoffnung auf Worte« keinen Deut mehr. Von
Burghley nach seiner Gesundheit befragt, antwortet der Earl: »Ich finde
Erholung im Freien, aber kein Glück bei Hof.«

Zu den Gefolgsleuten des Earl in den neunziger Jahren zählte der junge
Philosoph Nicholas Hill (1570-1610), ein Anhänger der Lehre Giordano Brunos. Hill emigrierte später nach Frankreich und schrieb 1601
eine *Philosophia epicurea democritiana theophrastica*.
Eine Anekdote, die der schwatzhafte John Aubrey (1626-1697) überliefert hat, sei des Kolorits wegen mitgeteilt.
»Auf einer Reise bettelte ein armer Mann Master Hill um einen Penny
an. Einen Penny? sagte Hill, was würdest du zu zehn Pfund sagen? Ah!
Zehn Pfund! sagte der Bettler, das würde einen Menschen glücklich
machen. Hill gab ihm umstandslos zehn Pfund und schrieb sie ins Rech-
nungsbuch: item, einem Bettler zehn Pfund, ihn glücklich zu machen.
Was seiner Lordschaft sehr gefiel.« (*Aubrey's Brief lives, chiefly of Contemporaries set down John Aubrey between the Years 1669 and 1696*, ed. 1898.)

Zur selben Zeit, als Oxford sich mehr und mehr vom Hof zurückzuziehen beginnt, erobern seine Stücke das nichthöfische Publikum. Noch
ist der Name »William Shakespeare« nicht allgemein geläufig. Aber je-

* Waltham Forest liegt im Nordosten des heutigen Großraums London, unweit des
River Lea.

dermann in London möchte *Titus Andronicus, Hamlet, The Taming of A Shrew* und *Henry the Fourth* mit dem dicken Falstaff sehen.

In den Jahren 1590 bis 1594 sind die beiden führenden Schauspieltruppen unter Philip Henslowe organisatorisch miteinander verbunden: die *Lord Strange's Men* (William Kempe, Thomas Pope, Richard Burbage, William Sly, Augustine Phillips) mit den *Admiral's Men* (Edward Alleyn, George Attewell, Richard Jones u. a.).

Laut Henslowes Aufzeichnungen wurden in dieser Zeit mindestens vier Shakespearesche bzw. pseudo-Shakespearesche Stücke im »Rose« und in »Newington Butts« aufgeführt:

- am 3. März 1592 »harey vi« (*1 Henry VI*)*
- am 23. Januar 1594 »titus & ondronicus«
- am 9. Juni 1594 »hamlet«
- am 11. Juni 1594 »the tamynge of A shrowe«.

Im April 1594 verloren die Strange's Men mit Ferdinando Stanley – Baron of Strange und 5th Earl of Derby – ihren Patron. Im Juli 1594 trennten sich William Kempe, Thomas Pope, Augustine Phillips, George Bryan und Richard Cowley von John Henslowe und bildeten gemeinsam mit Richard Burbage (1568-1619) eine neue Truppe unter dem Patronat des Lord Chamberlain Henry Carey, 1st Baron Hunsdon (1526-1596): genannt die *Chamberlain's Men*. – Der Impresario der Chamberlain's Men war bis 1597 der alte James Burbage, der Gründer des »Theatre« von 1576.

Während Theaterleiter Henslowe und sein Schwiegersohn Edward Alleyn (»the upstart crow«) die Shakespeareschen Stücke nach Gutdünken verfälscht oder umgeschrieben hatten, gingen die *Chamberlain's Men* gewissenhafter vor – und waren in der Folge die einzige Truppe, die Shakespeares Stücke aufführten – bzw. aufführen durften.

---

* Mit Ausnahme von Sir Edmund K. Chambers und Walter Wilson Greg haben die Shakespearephilologen den sogenannten »Ersten Teil« von *Henry VI* irrtümlicherweise Shakespeare zugerechnet. Eine Annahme, die blind der überlieferten Etikettierung folgt. Denn *1 Henry VI* ist ein sprachlich und inhaltlich inferiores Stück, das ein cleverer Plagiator den erfolgreichen Aufführungen der beiden ersten Teile von *Henry VI* nachgeschoben hat – weshalb *2 Henry VI* und *3 Henry VI* auf den Inhalt des vermeintlichen ersten Teils so gar nicht eingehen. (Einem Earl of Oxford sind die ideologisch plumpen Angriffe auf Jeanne d'Arc in *1 Henry VI* jedenfalls nicht in die Schuhe zu schieben.)

William Kempe,
Chamberlain's Men († 1603)

Richard Burbage,
Chamberlain's Men (1568-1619)

Edward Alleyn,
Admiral's Men (1566-1626)

William Shakspere,
Chamberlain's Men (1564-1616)

Die Chamberlain's (als deren Angehöriger im Dezember 1594 erstmals ein gewisser William Shakspere erwähnt wird) spielten in den Jahren 1594 bis 1603: *Titus Andronicus, The Two Gentlemen of Verona, The Taming of the Shrew, The Comedy of Errors, Love's Labour's Lost, Romeo and Juliet, King John**, *King Richard II, King Richard III, 2/3 Henry VI, 1/2 Henry IV, Henry V, A Midsummer Night's Dream, Much Ado About Nothing, The Merchant of Venice* und *The Merry Wives of Windsor*.

Dem literarisch gebildeten Publikum der Zeit aber schienen die beiden Versepen – *Venus and Adonis* und *The Rape of Lucrece* – bedeutsamer als die nachmals so berühmten Stücke.

Allerdings äußern sich Shakespeares erste »Rezensenten« in einer für die Forschung völlig unverständlichen Weise.

Der hochmanierierte, im übrigen völlig unbekannte Thomas Edwards hatte seine Gesänge *Cephalus and Procris* und *Narcissus* im Oktober 1593 (ein halbes Jahr nach dem Erscheinen von *Venus and Adonis*) ins Register der Druckergilde eintragen lassen. Als Epilog zu seinen obskuren Reimen verfaßte er zwölf Strophen, in deren vier ersten er das Ungeschick seiner »schwerfälligen Muse« entschuldigt. Dann wendet er sich bewundernd seinen literarischen Zeitgenossen zu. Die Strophen 5 und 6 sind dem ruhmreichen Schäfer »Colin« – Edmund Spenser – und seiner *Faerie Queene* (1590) gewidmet. Strophe 7 rühmt »Rosamonde«, nämlich Samuel Daniel als Verfasser der Romanze *The Complaint of Rosamond* (1592), sowie die 1592 und 1593 verstorbenen Dichter »Amintas« (Thomas Watson) und »Leander« (Christopher Marlowe). Es fol-

---

* Die Historie von King John, dem königlichen Usurpator, existiert doppelt. *King John* von William Shakespeare, erstmals erwähnt 1598 (in *Palladis Tamia* von Francis Meres) – und *The Troublesome Reign of King John* von einem Anonymus, im Druck erschienen 1591. Der Knochenbau – Dramaturgie, Szenenfolge, Ablauf der Handlung – ist jedesmal gleich: mit nur geringen Abweichungen folgt hier wie da Sprecher auf Sprecher. Der Körper jedoch, das Fleisch, der Sprachleib, ist im einen Fall von höchster Schönheit und Spannkraft – im andren Fall aber zäh und banal.

Wer hat wen benutzt? – In allen Teilen, in denen der Verfasser von *The Troublesome Reign* von Shakespeare abweicht, verrät er sich als gewalttätiger Spießer. Verfehlt, zu denken, der Anonymus könne das subtile Handlungsgeflecht von *King John* erfunden und vorgegeben haben. Es liegt eine Bearbeitung vor, die früher als das Shakespearesche Stück zum Druck kam.

gen drei Strophen, die sich im Lobpreis des Adon ergehen: des Adonis
als literarischer Figur (8) – und des »Adon« als Autors (9-10).

8

Es zeigte Adon, geschickt sich verhüllend
mit prächtigen und reich gezierten Tropen,
daß er der Liebe entzückte Blicke
gar wohl verdiente,
und hätte nicht Venus selbst ihn angefleht,
hätten andre Nymphen ihm ihre Lorbeern geschenkt.

9

In purpurfarbnen Gewändern sogar,
in der Mitte seines Kreises,
(wie ich sagen hörte) ist Einer,
dessen Kraft weithin reicht,
und der verdient, unserer ehrenden Reime
einziger Gegenstand und Stern zu sein.

10

Wohl konnte seine behexende Feder
uns den Ertrag der Musen schenken.
Auch wenn er sich sehr von denen unterscheidet,
die unter Klöstern turnieren,
mag seine goldene Kunst uns dafür gewinnen,
ihn mit dem Lorbeer zu ehren.

Die Dichterehrung beginnt mit dem Auftritt des jungen Adonis und
der ihn vergötternden Venus. Dann wird der Verfasser des »Adon« als
der Eine gerühmt, dessen behexende Feder den Eingebungen der Musen folgt – und der in der Mitte einer in Glanz und Purpur getauchten
Sphäre sich aufhält:
»Eke in purple robes distain'd, / Amid'st the Center of this clime, / I
have heard saie doth remaine / One whose power floweth far, / That
should have bene of our rime / The only object and the star.«
In diesem »Himmelskreis« also hat der schreibende Adonis sein Zu-

hause. Auch unterscheidet er sich sehr von denen, die »unter Klöstern turnieren«. Mit den »Friaries« dürften die 1583/84 zum Theater umgewidmeten Klostergebäude von Blackfriars gemeint sein, unter deren Dach die Schauspieler ihre »Turniere« ausfochten. (Erstaunlicherweise wurde das einzig erhaltene Exemplar von Edwards' Poem erst 1878 in einer englischen Klosterbibliothek entdeckt.)

Nicht minder aufregend erscheint, was ein gewisser Henry Willobie im Jahr 1594 über und mit »Shake-speare« zu sagen hat. Zwar vermerkt die Forschung dankbar die erste Erwähnung von Shakespeares Namen (seltsamerweise mit Bindestrich geschrieben), verbunden mit dem Hinweis auf *The Rape of Lucrece* (»Und hat auch Collatin sich Ruhm / und wohlverdientes Glück erworben / und war es ihm allein gegönnt, / ein schönes treues Weib zu haben, / so stahl Tarquin doch seinen Schatz / und Shake-speare malt das Bild der Schändung«) – aber verwirrend und eher peinlich erscheint der Auftritt des alten Spielers (the old player) »W. S.«, der sich erkennbar in der Art Shakespeares äußert.
Aber immer der Reihe nach.
Wer ist Henry Willobie? Was ist Inhalt, Sinn und Zweck seines Werks *Willobie his AVISA Or The True Picture of a modest Maid, and a chast an constant wife* (»Willobies AVISA oder das wahre Bild einer ehrbaren Jungfrau und keuschen und treuen Ehefrau«)? Und in welchem Kontext erscheint darin der »alte Spieler«?
»Henry Willobie« ist ein fingierter Autorname. Hinter dem Pseudonym tarnt sich ein versierter, manchmal witziger, insgesamt etwas umständlicher Dichter, der über die Angelegenheiten des Hofs bestens orientiert ist und die politische Geschichte Englands über dreißig Jahre zurückverfolgen kann. Bei seinem Werk, das gegen den Willen der Behörden mehrere Nachauflagen erlebte, handelt es sich um eine politische Satire, die, wie man seit Barbara de Lunas bahnbrechender Edition von 1970 mit Gewißheit sagen kann, sich in verklausulierter Form über Elizabeth' methodische Heiratsverweigerung lustig macht. Hinter Avisa, der Wirklichkeit gewordenen Diana, der »keuschen Jungfrau« und *zugleich* »treuen Gattin«, und ihrem Motto »Alwaies the same« verbirgt sich Eliza, die sich öffentlich mit ihrem Land vermählt hat und mit »Semper Eadem« unterschreibt.

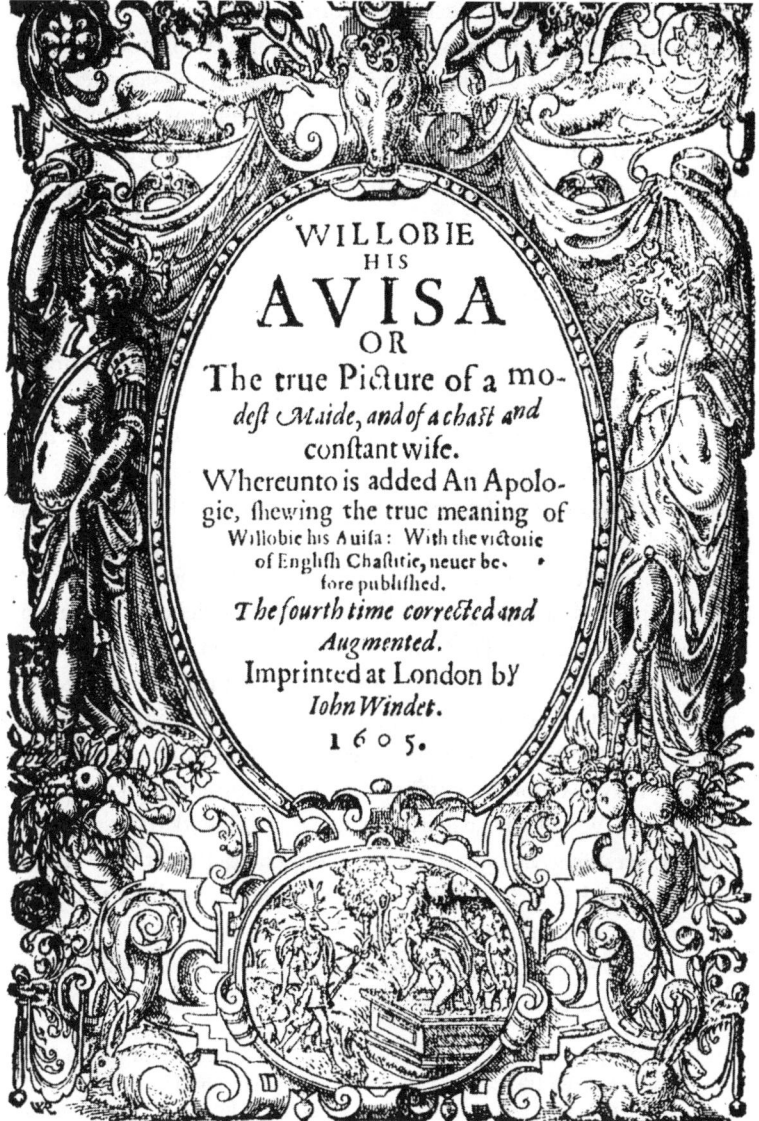

Titelblatt von »Willobie his AVISA« (3. Auflage, 1605)

Der Reihe nach werden die zahlreichen Bewerber um Elizabeth' Hand vorgeführt, ihre suitors: wie sie sich auf die Gunst der Dame Hoffnungen machen, in welche rhetorische Auseinandersetzung sie treten, welche Versprechungen und Schwüre sie gebrauchen, um am Ende (wie im Märchen) von der wort- und geistüberlegenen Königin sang- und klanglos abgeschmettert zu werden. (Das Ganze erinnert, freilich in bescheidenerer Machart, an die Bewerbungen um Portias Hand in *The Merchant of Venice*.)

Als die fünf suitors treten auf: 1. »The Nobleman«, 2. »Cavaleiro«, 3. »D. B. A Frenchman«, 4. »D. H. Anglo-Germanus« und 5. »H. W. Italo-Hispalensis«. Hinter diesen Masken verbergen sich 1. Baron Thomas Seymour of Sudely, 2. König Philipp II. von Spanien, 3. Hercule-François Duc d'Alençon, 4. das Janusgesicht von Erzherzog Karl von Habsburg und Sir Christopher Hatton – und 5. die Doppelgestalt von Robert Dudley, Earl of Leicester und seinem Stiefsohn Robert Devereux, Earl of Essex.[*]

Die Dialoge oder Liebes-Turniere zwischen Avisa und ihren »suitors« sind in Vers-Rede abgefaßt: ein mehrstrophiges Gedicht des Bewerbers wird jeweils von einem Gedicht Avisas beantwortet – und am Schluß darf der Gefoppte sich mit einigen Versen verabschieden. Während die ersten vier Abteilungen nur durchschnittlich zehn Gesänge umfassen, werden dem fünften suitor und seiner Avisa achtundzwanzig »Canti« gegönnt. D. h., Willobie richtet seine größte Aufmerksamkeit auf die Figur des »H. W. Italo-Hispalensis«, wobei er weniger den verstorbenen Grafen Leicester als den jungen – und politisch höchst aktiven – Earl of Essex im Auge hat. Erst dadurch erhält die Satire ihre politische Brisanz (und wird zum Skandalon).

Der Auftritt des »old player« – W. S. – erfolgt denn auch im Rahmen der

---

[*] Wenn H. W. (Italo-Hispalensis) in Canto 70 sagt: »Im Vorübergehn sah ich Euren Garten mit lieblichen Blumen geschmückt, mit Primeln und Heckenrosen, während das arme Geißblatt verschmäht wird und zwischen Unkraut und Dornen liegt, obwohl es doch so süß duftet«, so meint er mit dem Geißblatt – »woodbine« – offenkundig sich selbst. Warum? – Weil er Geißblatt und Rehbock – »caprifolio« und »caprivolo« – als Synonyme benutzt. Essex' Wappentier aber ist der Rehbock. – Auf der Titelseite von *Willobie* erscheint der Kopf des Rehbocks und die Szene von Aktäons Verwandlung in einen Hirsch nach der Begegnung mit Diana.

Werbung von »H. W. Italo-Hispalensis«: als ein überraschend auftau-
chender Dritter berät er den verzweifelten Essex in Liebesdingen. Er ist
der alte Spieler auf der Lebensbühne, der den neuen Akteur (»the new
actor«) noch tiefer ins Unglück reitet und mit professioneller Neugier,
oder um über ihn zu lachen, das »Messer der willfährigen Zustimmung«
ansetzt.

Während Willobie für die anderen Namenskürzel Deutungen anbietet,
bleibt *W. S.* unkommentiert. Da das zweite Commendatory Poem aber
(scheinbar unmotiviert) von »Shake-speare« und »Lucrece« gesprochen
hat, ist ein Fingerzeig zur Deutung bereits gegeben. Die Art, wie
Master *W. S.* seinen Freund H. W. begrüßt, erinnert schon einigermaßen an Falstaffs Umgang mit seinem Schmuseprinz Harry: »Well met,
friend Harry, what's the cause / You look so pale with Lented cheeks?«
Und gleich darauf macht Willobie sich einer veritablen Shakespeare-
Anleihe schuldig – vorgetragen von *W. S.*:

»She is no Saint, She is no Nonne, / I think in time she may be won-
ne.« – »Sie ist nicht heilig, ist nicht von den Nonnen, / bald, denke ich,
ist sie gewonnen«.

In *Titus Andronicus* (II/1) sagt Demetrius:

»She is a woman, therefore may be woo'd, / She is a woman, therefore
may be won.« (»Sie ist ein Weib, drum darf man um sie werben, / sie ist
ein Weib, drum kann man sie gewinnen«.)

Demnach spricht einiges dafür, den alten Lebens- und Liebesspieler
»W. S.« mit »William Shake-speare« gleichzusetzen.

Ein anderer, bisher noch nie bemerkter Umstand kommt hinzu: Der
geheimnisvolle, so lapidar wie wortreiche Master »W. S.« spricht und
handelt wie Master Fortunatus Infoelix aus den *Adventures of Master F. I.*
Und das ist noch nicht alles.

Willobie his AVISA imitiert stilistisch, inhaltlich und in der Technik seiner Verschlüsselung die *Hundreth sundrie Flowres* von 1573, insbesondere
die darin enthaltenen *Divers excellent devises of sundry Gentlemen*. Der
Parodist von 1594 übernimmt signifikante Kürzel und Posies, ja sogar
Formulierungen aus Oxfords Jugendwerk.

Könnte es sein, daß »Henry Willobie« sich selbst und seinen Helden
Henrico Willobego – beidesmal H. W. – in Anlehnung an den Heraus-

geber der *Adventures of Master F. I.* benannt hat: an Master H. W. »near the Strande«?

Dafür spricht, daß Willobie am Ende seines Buchs mit dem Posie »Ever or Never« unterzeichnet, von dem auch George Gascoigne in den *Flowres* Gebrauch gemacht hat. Willobie scheint damit andeuten zu wollen, daß er (nach dem Modell der *Flowres*) als Mitstreiter oder Zuarbeiter eines gewissen E. Ver auftritt – ohne selbst E. Ver zu sein. In jedem Fall aber will er auf Handlungs- oder Situationsparallelen zwischen seinem Werk und den *Flowres* aufmerksam machen.

Willobie greift noch auf eine andere Oxfordsche Arbeit zurück: auf das Gedicht *When that thine eye hath chose the dame*, das für seine Zwecke Modellcharakter besitzt. Die enge Anlehnung in Form und Inhalt erlaubt dem kundigen Leser ein Wiedererkennen.

Das Gedicht aus den späten siebziger Jahren ist in den handschriftlichen Lyriksammlungen von Humphrey Coningsby (BL, Harl. Ms. 7392) und Anne Cornwallis (Folger Library, V. a. 89) enthalten. Verschiedene Stilmerkmale und charakteristische Bildelemente kennzeichnen es als eine Schöpfung Oxfords: der Rollenwechsel innerhalb des Gedichts, die komödiantische Zuspitzung, die Rede vom Krüppel, der sich nicht durch einen Hinkenden täuschen läßt, der Vergleich der Geliebten mit dem gejagten Wild, die Kennzeichnung des Liebesverhältnisses als eines »match« etc.

> Hat erst dein Aug die Frau erwählt,
> das scheue Wild, auf das du zielst,
> so denk, daß nun Verstand auch zählt,
> wenn du dich nicht blamieren willst.
>> Nimm Rat von einem andern an,
>> nicht ledig und erfahrn als Mann.
>
> So, wenn du von dir selber sprichst,
> verzicht auf Glätte und auf Finten,
> sie könnte merken, daß du lügst,
> der Krüppel sieht, wie echt dein Hinken,
>> doch sag ihr frei, daß du sie liebst,
>> und dich in ihren Augen siehst …

Die Frauen woll'n mit Männern ringen,
auch wenn ihr Heiligtum verfällt,
kein Himmel wird den Himmel bringen,
wenn sie das Alter überfällt.
Würden im Bett nur Küsse zählen,
so würden Frauen Frauen mählen.

Willobies ›W. S.‹, the old player, steht dem nicht nach:
»Wenn Sorgen, in der Brust versteckt, / das eigne Herz zu sehr belasten, / sei aller Gram dem Freund entdeckt, / denn dessen Trost kann wohl entlasten: / Bin ich ein Freund, in Treu erprobt, / so sprich dich aus in deiner Not.« – Und: »Sie ist keine von den Nonnen, / ich denke, bald ist sie gewonnen.«

Oxford ließ sich als Ratgeber vernehmen:

Richt' all dein Tun nach ihren Launen,
vergiß nicht, kräftig auszugeben,
kauf dir das öffentliche Staunen
und säum nicht, *ihres* zu erregen:
    die goldne Kugel übermannt
    die stärkste Burg in Stadt und Land.

Und dien ihr mit Verläßlichkeit,
sei mild und wahrhaft ihr zuliebe,
und wenn sie sich nicht unrecht zeigt,
so denk an keine neue Liebe.
    Und kommt die Zeit, halt um sie an,
    auch wenn sie nichts versprechen kann.

›W. S.‹ bleibt seinem Vorbild treu: »Schau, was sie liebt, und lieb es auch, / und was sie haßt, das achte nicht. / Versorg sie mit verschiednen Dingen, / (Geschenke narren auch den Weisen) / einmal mit Gold, einmal mit Ringen, / versäum nicht die Gelegenheiten. / Scheint sie auch schüchtern erst und hart, / verwandelt sich bald ihre Art.«

Kein Zweifel, der geheimnisvolle »Henry Willobie« möchte uns sagen, daß es sich bei seinem ›W. S.‹ oder William Shakespeare um niemand anderen handelt als um Edward de Vere, Earl of Oxford: den ewigen Spieler.

Und noch ein anderer Zeitgenosse sagt es uns: der Raubdrucker William Jaggard, der fünf Jahre später Oxfords Gedicht *When that thine eye hath chose the dame* in seine Sammlung Shakespearescher Lyrik − *The Passionate Pilgrim*, 1599 − als Nummer XIX einreiht.

Kehren wir nach diesem Ausflug in die Hermeneutik zurück zur Geschichte.

Am 26. Januar 1595 heirateten Elizabeth de Vere, Oxfords älteste Tochter, und William Stanley, 6th Earl of Derby (1561-1642) am Hof von Greenwich (wo sechs Jahre vorher Anne Cecil gestorben war).[*]

Derby war ein Schwiegersohn nach Oxfords Geschmack. Der junge Mann hatte drei Jahre in Frankreich gelebt, wo er Turniere ritt, hatte Italien im Gewand eines Bettelmönchs durchquert und sich in Ägypten mit dem Messer gegen einen Tiger verteidigt. Nachdem sein älterer Bruder gestorben war, kehrte der Totgesagte zurück nach England und kämpfte um sein Erbe.

Der von Lord Oxford hochgeschätzte John Davies dichtete ein Epithalamion auf das Brautpaar[**] − und die Chamberlain's Men erfreuten die fürstliche Hochzeitsgesellschaft mit einem ihrer Stücke. (Möglicherweise durfte der Earl bei dieser Gelegenheit seinen Namensvetter Shakspere in einer kleinen Rolle bewundern.) Was könnte gespielt worden sein in Greenwich Palace? *The Winter's Tale* vielleicht? Oder *As You Like It*?

Uns erstaunt, daß der Autor in den neunziger Jahren gegen seine Gewohnheit zweimal auf literarische Vorlagen von Zeitgenossen zurückgriff: für *The Winter's Tale* auf Robert Greenes Erzählung *Pando-*

---

[*] Eine geplante Heirat zwischen Elizabeth de Vere und William Herbert, dem späteren Earl of Pembroke, hatte sich zerschlagen.
[**] In diesem Epithalamion merkt Calliope, die Muse der epischen Dichtung, dunkel an: »Er, der Eure Namen oftmals singt, / schmückt seinen Gesang mit den Namen von Königen«.

sto von 1588, für *As You Like It* auf Thomas Lodges Novelle *Rosalynde* von 1590.

Greenes »Pandosto« und Shakespeares »Wintermärchen« könnten nicht unterschiedlicher sein: die Erzählung (nach Motiven aus *Palmerin d'Oliva* und *Primaleon de Grèce*) eine redselige Phantasie, aufgemischt mit Grausamkeiten – das Drama eine von Lyrismen durchleuchtete Tragödie mit versöhnlichem Ausgang.

Ohne eine einzige Formulierung Greenes zu übernehmen, seziert Shakespeare die Fabel – und belebt sie mit seinen eigenen Stimmen, Impulsen und Abgründen.

Der sizilische König Pandosto – so lesen wir bei Greene – hat den böhmischen König Egistus, seinen Jugendfreund, zu sich als Gast geladen und über einen geraumen Zeitraum hin herzlich bewirtet. »Nach und nach aber begann der unglückliche Pandosto, entweder weil er sich der überlegenen Vorzüge des Egistus bewußt war, oder aus einem angeborenen Hang seines Gemüts, den vertraulichen Umgang zwischen seiner Gemahlin und dem Gast mit eifersüchtigen Augen zu betrachten.« Von Eifersucht überwältigt, plant Pandosto einen Giftanschlag auf den Freund und die eigene Frau. Der mit dem Mord beauftragte Mundschenk offenbart dem Gast die ruchlose Absicht, Egistus flieht, Pandosto will Königin Bellaria und ihr neugeborenes Töchterchen verbrennen lassen, wird von den Hofbeamten zurückgehalten, schickt eine Gesandtschaft nach Delphi, um den Spruch des Orakels zu erfahren, worauf das Orakel ihn über die Unschuld Bellarias belehrt. Zu spät: der König hat die neugeborene Tochter in einem kleinen Boot den Wellen des Meers überantwortet – und jetzt erlebt er den Tod seines Sohnes, dann den Bellarias. Das kleine Mädchen aber wird in Sizilien an Land gespült, dort von einem Schäfer gefunden und aufgezogen. – Sechzehn Jahre später verliebt sich Prinz Dorastus, der Sohn des Egistus, in die hübsche Schäferin und verläßt zusammen mit ihr die Insel, um dem Machtbereich seines Vaters zu entfliehen. Ungünstige Winde treiben das Paar nach Böhmen, wo der alte Pandosto sich in die schöne Faunia, seine Tochter, verliebt – und Dorastus in den Kerker werfen läßt. Faunia weist den geilen Alten zurück, aber schon dringt Nachricht von der Flucht des Prinzen aus Sizilien nach Böhmen. Und sofort ist der Böhme bereit, die »unwürdige« Schäferin hinrichten zu lassen. Jedoch enthüllt sich rechtzeitig ihre wahre Identität – und Dorastus und Faunia dürfen Hochzeit feiern. Zur Strafe für seine Torheiten verfällt Pandosto dem Irrsinn und ersticht sich, worauf, so des Märchens Ende, Prinz und Prinzessin den Thron besteigen.

Aus dieser grausam süßen Romanze fertigt Shakespeare ein hoch dramatisches, psychologisch begründetes, atemlos schnelles Stück – *The Winter's Tale* –, worin dem Schelm Autólykus die vornehme Aufgabe zufällt, schwarz in weiß zu verwandeln. Ein überaus anziehender ländlicher Dieb, ist Autolycus eine Art Faun, der durch die Felder streift und nach Mädchen Ausschau hält: sein mit gestohlenen Börsen vollgestopftes Gewand dient dem Prinzen als passende Verkleidung, seine Lügnerei befördert die Flucht.

Aus dem böhmischen König Pandosto wird ein sizilischer König Leontes, aus dem Siziler Egistus ein Böhme Polýxenes. Der törichte Leontes verliebt sich nicht in seine Tochter, die an der Seite von Prinz Florizel zu ihm zurückkehrt, weil eine resolute Hofdame ihm die Leviten liest. Und weil es ein Märchen ist, überlebt die Königin im Versteck, löst sich aus dem Bild ihrer seelischen Versteinerung – und darf am Ende ihre Tochter und ihren Mann in die Arme schließen.

Das »Winter-Märchen« ergreift durch seinen furiosen Wechsel von Licht und Schatten. Die aus dem Nichts sich selbst erschaffende, zur Verblendung gesteigerte Eifersucht des Leontes kontrastiert mit dem Freundes- und Familienidyll, die Todeszone Siziliens mit der Schäferwelt Böhmens, das Glück der Liebenden mit dem närrischen Drama ihrer Flucht. Autolykus, der mythische Schelm, wird zur Symbolfigur in einer Welt, die von Täuschungen lebt und sich durch Enttäuschungen heilt.

Shakespeares Namenswahl für den Prinzen – Florizel statt Dorastus – verweist auf das neunte Buch des Epos *Amadis de Gaule* (Paris, 1540-1574) als zusätzliche literarische Quelle. Der Dramatiker ließ sich durch die Lektüre des spanisch-französischen Endlosromans zur Idee der lebenden Bildsäule inspirieren (»Julio Romano ... hat die Hermione so der Hermione gleich gemacht, daß, wie man sagt, man mit ihr sprechen und Antwort erwarten möchte«).

Bei Shakespeare bedeutet die Verkehrung der Rollen immer auch eine Richtigstellung. Wie im Wintermärchen unversehens die Ehrlichkeit des Lumpen und die Anmaßung des Hofmanns vorgeführt werden, so in *As You Like It* die Wahrheit des Narren, der Witz des Melancholikers und das Kämpferische der Frau. Man könnte das schwermütig heitere Werk eine komödiantische Romanze nennen, deren Wunder sich ganz natürlich geben.

Wie Rosalinde sich in einem Fächer der Verwandlungen durch alle Tonarten des weiblich-Männlich-männlich-Weiblichen bewegt, das grenzt in seiner schönen Leichtigkeit an Zauberei. Rosalinde, die Tochter des verbannten Herzogs, verkleidet sich zu ihrem Schutz als Hirte namens Ganymed – und umtanzt, verwirrt, neckt und bezaubert den jungen Orlando, der auf der Suche nach ihr, Rosalinde, im tiefen Ardennerwald mit Ganymed Freundschaft schließt. Die Liebenden erfahren die Verwandlung zu sich selbst.

Zu suchen, was man schon gefunden hat – sich in das zu verwandeln, das man entbehrt – in der Rolle des Anderen sich selbst zu spielen: niemals hat das Spiel des Spiels solche Anmut gewonnen wie in *As You Like It*.

Die Welt der Liebenden aber ist umstellt von Feinden. Nicht nur, weil die Komödie des Trauerflors bedarf, sondern weil an der Bösartigkeit der Welt das Gute zu sich kommt.

»Nichts macht uns bei den Menschen so verhaßt wie unsere Tugenden«, sagt Montaigne. Orlando wurde von seinem älteren Bruder vertrieben, der ihm das Erbteil nicht gönnt, Rosalinde von ihrem Onkel, dem unrechtmäßigen Herzog, der in ihrer Schönheit Verrat wittert.

Auch die kleine Hofgesellschaft des guten Herzogs lebt ein Idyll am Abgrund. Der melancholische Jacques, der Montaigne gelesen zu haben scheint, besitzt gute Gründe für seinen stolzen Pessimismus. Jedenfalls lebt man weitab von einem »richtigen Leben im falschen«, das es bekanntlich nicht gibt, als eine Schar gesitteter Rebellen und Emigranten.

1591, ein Jahr nach Thomas Lodges *Rosalynde*, erschien (aufgrund der lobenswerten Indiskretion des Herausgebers Thomas Nashe) ein mit

»E. O.« gezeichnetes Gedicht*, das das Motto zu »Wie es euch gefällt«
abgeben könnte.

Bei Hof, wo Witz erglüht, wird Hader stets bemüht
    und tut nun kund:
daß *Glück* und *Liebe* schworen, sie wären nie geboren
    aus einem Bund.

Gott Amor will allein der Herr der Triebe sein:
    daß, wo sein Pfeil
verwundet und verbindet, zerstört oder erfindet –
    Fortuna schweigt.

Fortuna winkt den Schwachen, Gott Amor zu verlachen,
    und dreht ihr Rad.
Soll'n doch die Sinne sagen, ob sie Glück in der Liebe haben,
    frag sie um Rat.

Ein solcher Zwiespalt zeugt: den, der an nichts mehr glaubt.
    Entschieden ward:
daß Glück den Hof regiere und Liebe heimwärts ziehe
    in den Wald.

Der Wald ist mein Zufluchtsort, mit der Liebe lebe ich dort,
    Fortunas enthoben.
Weil mich Erfahrung gelehrt, daß man Wahrheit nur ehrt
    auf nacktem Boden.

Mein Engel kommt mit mir, ich sage Joan zu ihr,
    die rein wie Schnee
und meine Wunde stillt, Lieb mir mit Lieb vergilt.
    Fortuna ade!

---

* »Faction that ever dwells« – veröffentlicht im Anhang zu der von Th. Nashe einge-
leiteten Ausgabe von Philip Sydneys *Astrophil and Stella*, 1591.

Durch den »Witz« des Hofes wurde der Streit zwischen Amor und Fortuna so lange geschürt, bis Amor auszog in den Wald und die Glücksgöttin die Geschicke des Hofs allein regieren ließ. Deshalb zieht der wahrhaft Liebende dem kleinen Gott nach – und trifft, weitab vom Hof, den weiblichen Engel, der ihm Liebe mit Liebe vergilt.

Mit einer Friedens- und Liebesutopie endet auch *As You Like It*. Dazu eilen die Wunder der Romanze dem Lustspiel zu Hilfe: Orlando rettet seinen Bruder, den notorischen Neider und Feind, vor der hungrigen Löwin – worüber es zur Versöhnung kommt. Der unrechtmäßige Herzog, im Begriff, die kleine Wald-Gesellschaft auszutilgen, wird von einem heiligen Mann angehalten und bekehrt. So dürfen am Ende alle Beteiligten ihre Masken fallen lassen und sich im Licht der Wahrheit selbst erkennen.

Über das Verhältnis Shakespeares zu Lodges *Rosalynde* gilt dasselbe, was wir über sein Verhältnis zu Greenes *Pandosto* bemerkt haben: er reduziert die Fabel auf ihren Kern, dichtet um, erfindet neu, spricht seine eigene Sprache, ironisiert vorgefundene Muster. Und nachweislich kennt er die Quellen, aus denen Greene und Lodge für ihre Arbeiten geschöpft haben.

In *The Cokes's Tale of Gamelyn*, einer Verserzählung des 14. Jahrhunderts, stammt der junge Held (das Vorbild zu Orlando) von einem Sir John Boundis ab. Lodge nennt ihn bloß Sir John, Shakespeare dagegen Roland de Bois. In der Verserzählung kommt der alte Landmann vor, der den Tod seiner drei Söhne gleichmütig erträgt. Bei Lodge sind es nur zwei Söhne, bei Shakespeare wieder drei. Da *The Cokes's Tale of Gamelyn* (früher für ein Werk Chaucers gehalten) erst 1721 gedruckt

---

* In einem ähnlichen literarischen Dienstverhältnis entstand Anthony Mundays Übersetzung der »Histoire du Primaleon de Grèce« (Lyon, 1577-1583), deren dritter (französischer) Band Shakespeare als Quelle für *The Tempest* gedient hat. Munday ließ seine Übersetzung der beiden ersten Bände in den Jahren 1595 und 1596 erscheinen – und eine komplette dreibändige Ausgabe im Jahr 1619 (*The famous and renowned historie of Primaleon of Greece, sonne to the great and mighty Prince Palmerin d'Oliva, Emperour of Constantinople . . . Translated out of French and Italian, into English, by A. M.*). Er widmet die drei Bücher Oxfords Sohn Henry de Vere, dem 18. Earl of Oxford, mit den Worten: »Sir, ehemals diente ich dem sehr edlen Earl ruhmreichen Angedenkens, Euerem Vater; und übersetzte verschiedene angesehene Historien

wurde, müssen Shakespeare und Lodge Zugang zu einer der Handschriften gehabt haben. Was daran denken läßt, daß Lodge durch Vermittlung Shakespeares – d. h. Oxfords – an das Manuskript gelangte.*

aus dem Französischen, Italienischen und aus anderen Sprachen ins Englische, wozu
er mich durch seinen Beifall ermutigte. Unter den Hervorbringungen meines
damals noch frischeren Geistes befanden sich als mein Tribut an ihn diese drei Teile
von *Primaleon of Greece*.« – Statt sich eingehend mit Prinz Primaleon und dem zau-
berkundigen »Knight of the Enclosed Isle« zu beschäftigen, hält die Forschung an
der Behauptung fest, Shakespeare habe seine Darstellung des Schiffbruchs in *The
Tempest* einer Schilderung von William Strachey aus dem Jahr 1609 zu verdanken,
und dies, obwohl kein wörtliches Zitat nachweisbar ist und der Dichter – zu Lebzeiten – Anregung bei Ovid, Erasmus und Ariost finden konnte (vgl. Nachwort,
S. 535).

Orpheus

Noch immer liegt sein Brief vom Sonntag unfertig da.
Dabei darf er sich jetzt kein Versäumnis leisten.
Morgen der Trauerzug. Seine körperliche Schwäche entschuldigt ihn.
Ein kurzes Postskript nur. Nicht ungesagt zu lassen, was zu sagen ist. Oder
gehört werden will. Nein, gesagt werden muß. Er spürt es. Spürt, daß ihr Tod
ihn streift. Mit der ihr eigenen Zärtlichkeit.
Und niemand, der Federn geschnitten hätte. Nur dieser stumpfe Kiel noch, die-
ser (in welcher Lethe?) sich abgeschrieben habende Kiel.
Wohin treibt es ihn? Und wohin Sir Robert?
Nicht anders —

Nicht anders als mit großem Kummer erinnere ich mich der
Frau, die wir verloren haben, und unter der wir beide von unsern
jüngsten Jahren an groß geworden sind.

Robert Cecil, der nie jung war. Obwohl dreizehn Jahre jünger.

Auch wenn es Gott gefiel, sie nach einem irdischen Königtum in ein
dauerhafteres himmlisches Reich zu versetzen (in dem sie, wie ich
nicht bezweifle, die Krone der Seligkeit trägt) und uns einen einsichtsvollen, gelehrten und tugendhaften Prinzen zu schenken, so
bleiben uns nach der langen Zeit, die wir in ihrem Dienst verbracht
haben, doch nicht mehr so viel Tage, sie einem anderen zu widmen —

Er weiß nichts über James, nur daß der Mann sich für das Schoßkind des Him-
mels hält und Howard seit Jahren mit ihm konspiriert. Ein Prinz mit traurigen
Hundeaugen, sagt Sir Robert, im Ruf des Knabenschänders. Aber Gloriana hat
ihn mit einem Nicken gekrönt — auf ihrem Totenbett — Heinrichs Tochter, la
Blanche des Blanches — ›so bleiben uns nach der langen Zeit‹ — er wärmt seine
linke, ganz erfrorene Hand unter der rechten Achsel — ›nicht mehr so viel Tage,
sie einem anderen zu widmen‹

und die lange Vertrautheit und freundliche Vertraulichkeit im Umgang mit uns dürfen wir nicht von einem anderen Fürsten erwarten,
da die Schwäche des Alters und das Gebot der Vernunft dem entgegenstehen.

Da ohne Hoffnung zu scheitern weniger grausam ist.

Inmitten dieses allgemeinen Schiffbruchs –
Dieses Schiffbruchs der Hoffnungen –
übersteigt der meine jedes Maß, da sie mich – als den so oft vertrö-
steteten und am wenigsten begünstigten unter all ihren Gefolgsleu-
ten – in einer Lage zurückgelassen hat, in der ich, den Wechselfällen
der Zeit ausgesetzt, mein Glück selbst versuchen muß:
Wie soll er sein Glück versuchen, da Fortuna tot ist?
SIE seine Glücksgöttin, ER der Versucher.
Nach der Sache mit Anne Vavasour, nach zwei Jahren der Verbannung, Anne
Cecil zurück bei ihm, empfing SIE ihn auf Theobalds. Die Stirn in Falten.
Nannte ihn eine Schlange, die Eurydice den tödlichen Biß versetzte. Hob an:
»Die junge Vermählte, die von der Schar der Najaden begleitet die Auen durch-
streifte, sank – in den Knöchel vom Zahn der Viper tödlich getroffen.«
Worauf er ohne Auslassung fortfuhr:
»Als sie der Sänger genugsam beklagt den Lüften der Lichtwelt, wagt er, um
unversucht auch nicht die Toten zu lassen, nieder durch Taenarons Tor zum sty-
gischen Flusse zu steigen; und durch die leichten Völker der Schemen Bestatteter
tritt er hin vor Persephone –«
Sie lächelt. Er, ohne sich zu bedenken, fährt fort:
»Die Herrin und Er, der Herr der Tiefe, vermochten es nicht, zu versagen die
Bitte. Und sie rufen Eurydicen her.«
SIE: Ihr also wart es, Sir, der seine Frau zurück in die Lichtwelt führte?
ER: Ja, Majestät.
SIE spöttisch: Ohne einen Blick zurück?
ER wohlgemut: Ohne einen Blick zurück.
Da spitzt SIE die Lippen:
»Und sie steigen hinan durch stummes Schweigen auf steilem, dicht von schatten-
den Dünsten umwobenem, düsterem Pfade, sind schon ferne nicht mehr den
äußersten Marken der Erde, da, in Sorg', sie ermüde, sie endlich zu sehen verlan-
gend, blickte der Liebende um – *und sogleich entglitt sie ihm wieder. Streckend*
die Hände, bemüht, gefaßt zu werden, zu fassen, greift die Ärmste nichts als
flüchtige Lüfte, und zum zweiten Mal sterbend, klagt sie dennoch gegen den Gat-
ten nichts – denn was sollte sie klagen, als daß sie zu sehr sich geliebt sah?«
Sprach's und errötete.
Als habe ER nie geliebt. Habe Eurydice im Leben getötet. Und im Tod verlas-
sen.

Aber kein Blick zurück jetzt.

›– in der ich, den Wechselfällen der Zeit ausgesetzt, mein Glück selbst versuchen muß:‹
versehen weder mit einem Segel, um eine vorteilhafte Brise zu nutzen, noch mit einem Anker, der mir Halt gäbe, bis der Sturm sich gelegt hat.

Die abscheuliche Feder. Der Kranke windet sich aus dem Stuhl.

Wirft den nutzlosen Kiel auf den Boden.

21 DIE UNERBITTLICHE ZEIT

Der Earl hatte seine älteste Tochter glanzvoll verheiratet, aber die Freude darüber sollte nicht ungetrübt bleiben. Schon im Herbst 1596, anderthalb Jahre nach der Hochzeit, bedrohten Intrige und Eifersucht das Gleichgewicht zwischen den Häusern Derby und Oxford. Böse Zungen sagten der jungen Lady Derby nach, sie sei mit dem Earl of Essex ein Verhältnis eingegangen.

Am 17. September 1596 schreibt der Earl of Oxford an seinen Schwager Robert Cecil:

»Außerdem möchte ich Euch dringend bitten – da Ihr ihr Onkel seid und ihr nahesteht –, daß Ihr mit Euerm guten Rat ihr freundlich beisteht. Ihr kennt ihre Jugend und den Platz, den sie einnimmt, und wieviel es für unsere beiden Häuser bedeutet, daß sie sich ihrem Ansehen entsprechend verhält. Feinde vermögen aus allem das Schlechteste zu machen, Schmeichler leisten böse Dienste, und ein aufrichtiger und guter Rat klingt schrill in zarten Ohren. Aber da mich die Umstände anderswo festhalten und ich ihr in ihrer mißlichen Lage nicht beistehen kann, hoffe ich, Ihr nehmt Euer gutes Amt als Onkel wahr – und bevollmächtige Euch während meiner Abwesenheit mit der Autorität eines Vaters.«

Am 1. Dezember 1596 hat das Gerücht Lady Ann Bacon erreicht, die Schwester der verstorbenen Lady Burghley, Mutter von Francis und Anthony Bacon – und Sittenwächterin über den englischen Hof. In einem Brief, den ihr Sohn Anthony dem Earl of Essex weiterleiten soll, beschuldigt sie Essex der Unzucht.

»Aus jüngster Zeit ist eine Verfehlung ruchbar geworden, es handelt sich um die Frau eines Adligen, in nächster Nähe Ihrer Majestät. Sie wird aufs bestimmteste als schlecht, unkeusch und schamlos verurteilt ... und es ist eine große Schande, daß der Hof nicht gereinigt wird von einer so unkeuschen Erscheinung und einem solchen Gegenstand des Spotts. Aber Ihr, mein guter Milord, kennt die Worte der Heiligen Schrift: ›Nach dem Willen Gottes sollt ihr rein bleiben und euch des Ehebruchs enthalten.‹«

Ein gewisser Thomas Audeley schreibt von London aus nach Paris an

einen gewissen Edward Smythe (in einem von Peter R. Moore aufge-
fundenen Brief): »Milord of Essex erfreut sich weder der Huld der
Königin noch des Unterhauses: die Königin zürnt, weil er, wie seine
Feinde sagen, bei Lady Derby lag, bevor er in See stach.«
In seiner Antwort an Lady Ann Bacon rechtfertigt sich Essex auf die
ihm eigene Art.

»Madam, daß Ihr so offen mit mir spracht und mich das Schlimmste
wissen ließt, was über mich gesprochen wird, deute ich als ein Zeichen der Gnade Gottes, der mir einen so guten Engel der Ermahnung schickte. Aber ich beteuere, daß diese neulich aufgebrachte
Beschuldigung falsch und ungerecht ist – und daß ich seit meiner
Abfahrt von England nach Spanien [1. Juni 1596] mich in keiner
Weise unkeusch verhalten habe: mit welcher Frau auch immer. Ich
begegnete der Lady, die Ihr meint, nie anders als an öffentlichen
Plätzen. Aber ich lebe an einem Ort, wo man man täglich Ränke
schmiedet und gegen mich konspiriert ... Werte Lady, mag ich auch
ein Mann mit Schwächen sein, so seid doch versichert, daß ich mich
um das Gute bemühe und eher bestrebt bin, meine Fehler zu bessern als sie zu verbergen ... Bitte verbrennt diese Zeilen.«
Für Lady Elizabeth' Unschuld spricht das Verhalten von Lord Derbys
Gefolgschaft im Sommer 1597. Nachdem sich die Gemüter beruhigt
hatten, war nochmals ein aufstachelnder Brief eingegangen – diesmal
von Sir Walter Raleigh, dem unversöhnlichen Feind des Earl of Essex.
Als Lord Derby aufbrauste und Konsequenzen forderte, stellten sich
seine Gefolgsleute und Diener einhellig hinter ihre Lady. Am Ende kam
es zur Versöhnung.
Essex' Verhalten als Privatmann entzieht sich heutiger Beurteilung.
Davon abgesehen, zeichnet sich ein recht negatives Bild seiner politischen und militärischen Fähigkeiten ab.
Der »Eroberer von Cadiz« machte ungeniert von seinem zweifelhaften
militärischen Ruhm Gebrauch, um die Königin unter Druck zu setzen.
1597 ernannte Elizabeth ihn zum Feldzeugmeister, dann – sehr zum
Mißfallen von Lord Burghley und Robert Cecil – zum Großmarschall
Englands. Der Unbelehrbare bohrte weiter – und überwarf sich im
Juli 1598 mit seiner Gönnerin. Nachdem er in Gnaden wiederaufge-
nommen worden war, folgte seine Ernennung zum Vizekönig von Ir-

land, verbunden mit dem Auftrag, die irischen Rebellen unter Hugh
O'Neill, Earl of Tyrone niederzuschlagen. Im März 1599 brach Devereux – an der Seite seines Freundes Wriothesley – mit 16000 Mann zu
Fuß und 1300 Mann zu Pferd nach Irland auf. Es war das größte und
kostspieligste Heer, das unter Elizabeth' Regierung England je verließ.
Seine militärischen Erfolge waren von Anfang an gleich null – er versäumte es, den Feind zu stellen, vergeudete die Sommermonate durch
nutzlose Expeditionen innerhalb des Landes, führte mit Tyrone halb-
konspirative Gespräche, erwog es, mit Teilen seines Heers in England
zu landen und seine politischen Gegner auszuschalten, wovor er dann
doch zurückschreckte – und kehrte Ende September mit leeren Händen zurück.

Um den poetischen Earl wurde es zunehmend stiller. Mit seinen sie-
benundvierzig Jahren fühlt er sich als ein alter Mann.

Im September 1597 bewilligte Königin Elizabeth den Verkauf von
King's Place in Hackney an »unsere sehr liebe Cousine Elizabeth,
Countess of Oxenford, Frau von Edward, Earl of Oxenford, und unse-
ren lieben Francis Trentham«.

King's Place war ein ansehnliches Herrenhaus im Nordosten Londons
mit 110 Hektar Grund, bestehend aus Weideland, Park und Gärten. Das
kleine Schloß war Ende des 15. Jahrhunderts erbaut worden, hatte unter
Heinrich VIII. dessen Staatssekretär Thomas Cromwell gehört, wurde
in den achtziger Jahren um einen zweiten Innenhof und eine »Lange
Galerie« erweitert und besaß neben Kapelle, Bibliothek, Wohn- und
und Arbeitsräumen eine eindrucksvolle »Great Hall«. Eine zeitgenössische Beschreibung erwähnt darüber hinaus die große Küche, eine
luftige Speisekammer, die Butterei, Schäferei, Haushofmeisterei, die
Bedientenzimmer, das Waschhaus, den Wäschehof, Brunnenhof, Stall,
das Hühnerhaus und Vorratsgebäude, die große Kornkammer und die
Brennerei. Außerhalb des Grabens befand sich ein schöner großer Garten.

(Der Besitz ging 1609 über an den Hofmann und Dichter Sir Fulke
Greville [1554-1628], nannte sich fortan Brooke House, wurde Mitte
des 18. Jahrhunderts in ein Irrenhaus umgewandelt, im Zweiten Welt-
krieg von deutschen Bomben getroffen und 1954 abgerissen.)

Ende des 16. Jahrhunderts bildete King's Place ein ländliches Refugium außerhalb der Mauern Londons, einen Ort der lebhaften Stille, dessen Annehmlichkeiten es dem Earl erlaubten, sich ganz auf seine Arbeit zurückzuziehen – nahe genug an der Stadt, um auf die Nachrichten vom Hof reagieren zu können, und doch weit genug von ihr entfernt, um von den Zeitgenossen schnell vergessen zu werden. Es mag der Inszenierung des Speerschwingers entsprochen haben, wenn sein Dichtername nun den eigenen Namen abzulösen und zu ersetzen begann.

Edward de Vere, so stellen wir uns vor, lebte im Haus seiner Frau – unter seinen Büchern und seinen wenigen Freunden, unter den Dienern und dem Gesinde, ein Kind zu seinen Füßen – in einer Art bevorzugter und vorzüglicher Besitzlosigkeit. Erholung fand er in seinen Gärten, von seinem Arbeitszimmer aus blickte er auf Schafweiden und alte Bäume. Wie zur Zeit seiner Kindheit in Hedingham umgaben ihn die Stimmen eines friedvoll ländlichen Wirbels. Gelegentlich spielte er mit Henry, seinem Sohn. Der Dichter arbeitete, indem er schrieb, an seinem Verschwinden aus der Welt. Ein Prometheus, ein Phoebus, ein Phaeton.

William Cecil, Lord Burghley starb achtundsiebzigjährig am 4. August 1598. »Lange war er leidend gewesen«, schreibt John E. Neale, »und doch hatte er seinen heiteren Geist und den verbrauchten Körper bis zum Ende ganz in den Dienst der Königin gestellt.« Elizabeth wollte ihren langvertrauten Freund nicht gehen lassen – weder aus dem Amt, noch aus dieser Welt. Sie hatte einmal zu ihm gesagt, sie wolle nicht länger leben als er. Auf dem Krankenlager führte sie ihm mit eigener Hand die Speisen zum Mund. In seinem letzten Brief an Robert Cecil ermahnte der Sterbende den Sohn: »Diene Gott, indem du der Königin dienst.«

Seinen Enkelinnen Bridget und Susan de Vere hinterließ der Alte Geld, Juwelen und Silber im Wert von insgesamt über 14 000 Pfund Sterling, dazu den Hausrat seiner Schlösser und 500 Pfund jährliche Rendite aus seinen Ländereien. Elizabeth de Vere, Countess of Derby, war zu ihrer Hochzeit ähnlich reich bedacht worden. Auf diese Weise kehrte das Geld, das Oxford an die Krone verloren hatte, zu seinen Töchtern zurück.

Wenige Monate nach Burghleys Tod veröffentlichte der Schulmeister und Kirchenmann Francis Meres (1565-1647) seine *Palladis Tamia, Wits Treasury*, ein »Schatzkästlein des Geistes«, mit diversen literarischen und philosophischen Zitaten und einer »Vergleichenden Darstellung unserer englischen in Gegenüberstellung mit den griechischen, lateinischen und italienischen Dichtern«. Meres ist ein Buchhalter der Literaturgeschichte ohne eigenes Urteil. Er wägt ohne Sinn und Verstand Altes und Neues gegeneinander ab, wobei er sein einziges Augenmerk darauf richtet, die Waage im Gleichgewicht zu halten. Wie hier, so da.

»Wie Italien Dante, Boccaccio, Petrarca, Tasso, Celiano und Ariosto besitzt, so besitzt England Matthew Roydon, Thomas Atchelow, Thomas Watson, Thomas Kyd, Robert Greene und George Peele. Wie es acht Hauptsprachen gibt, Hebräisch, Griechisch, Latein, Syrisch, Arabisch, Italienisch, Spanisch und Französisch, so gibt es acht Dichtungsarten, die heroische, lyrische, tragische, komische, satirische, jambische, elegische und pastorale Dichtung. Wie Homer und Vergil unter den Griechen und Lateinern die größten heroischen Dichter sind, so sind Spenser und Warner unsere hauptsächlichen heroischen Poeten.« Undsoweiter undsofort.

Immerhin sieht der Literaturapotheker sich gezwungen, auch »Shakespeare« auf die Giftwaage zu legen. »Wie Pindar, Anakreon und Kallimachus unter den Griechen und Horaz und Catull unter den Lateinern die besten lyrischen Dichter sind, so sind es bei uns Spenser, Daniel, Drayton, Shakespeare und Breton.«

Dennoch ist an Meres' Liste zweierlei bemerkenswert. Erstens: Bei der Gegenüberstellung der Komödiendichter rechnet der akribische Meres sechzehn klassische gegen siebzehn moderne Autoren auf. Die Namen der Engländer sind: [1] Edward Earle of Oxforde, [2] Doctor Gager of Oxforde, [3] Maister Rowley, [4] Maister Edwardes, [5], John Lilly [6], Lodge [7], Gascoyne, [8] Greene, [9] Shakespeare, [10] Thomas Nashe, [11] Thomas Heywood, [12] Anthony Munday, [13] Chapman, [14] Porter, [15] Wilson, [16] Hathway, [17] Henry Chettle. Zählt man, wie nicht anders möglich, den Earl of Oxford und Shakespeare als eine Person, so stimmt die Buchhaltung wieder. (Vgl. Robert Detobel, *Wie aus William Shaxsper William Shakespeare wurde*. Neues Shake-speare Journal 10, Kap. IV)

Wie hätte Francis Meres (in Kenntnis des seit 1593 in Umlauf befindlichen Pseudonyms) Master Shakespeare unter den Tisch fallen
lassen können? Beziehungsweise wie hätte er den Namen Oxfords
unterdrücken sollen, dessen Komödien bei Hof seit zwanzig Jahren
reüssierten und den George Puttenham im Jahr 1589 als den »Besten im
Fach Komödie« gerühmt hatte? – Hier wird das Dilemma Oxfords für
einen Augenblick lang auch als das seines literarischen Sekundanten
sichtbar. Wie soll er das Ganze beim Namen nennen, ohne das entscheidende Geheimnis preiszugeben? Antwort: Indem er zwei als einen
zählt.

Zweitens: Meres ist dem Earl behilflich, das Pseudonym »Shakespeare«
öffentlich zu befestigen. Während »William Shakespeare« bis dahin nur
als Verfasser der beiden Versepen bekannt war, wird er nun erstmals
auch als Autor der Komödien und Tragödien genannt. (Denn alle zwischen 1594 und 1597 veröffentlichten Stücke erschienen anonym.) Meres bleibt in der Aufzählung der Stücke, die er Shakespeare zuordnet,
seinem üblichen Tick treu.

»Wie man dachte, die Seele des Euphorbus würde in Pythagoras
weiterleben, so lebt die erlesene, geistreiche Seele des Ovid in dem
honigzüngigen Shakespeare weiter: dies bezeugen seine *Venus and
Adonis*, seine *Lucrece*, seine erlesenen, den nächsten Freunden
bekannten Gedichte etc. Wie Plautus und Seneca unter den Lateinern im Fach Komödie und Tragödie als die Besten gelten, so ist
Shakespeare unter den Engländern in beiden Bühnenfächern der
Beste: für die Komödie bezeugen dies seine *Gentlemen of Verona*,
seine *Errors*, sein *Love Labours Lost*, sein *Love Labours Won* [*The Taming of the Shrew* oder *Much Ado About Nothing*], sein *Midsummer's
Night Dream* und sein *Merchant of Venice*; für die Tragödie sein *Richard II*, *Richard III*, *Henry IV*, *King John*, *Titus Andronicus* und sein
Romeo and Juliet. Wie Epius Stolo sagte, die Musen würden in Plautus' Art reden, wenn sie lateinisch sprächen, so sage ich, die Musen
sprächen in Shakespeares kunstvoller Art, wenn sie englisch sprächen.«

Neben Dekker, Chettle und Drayton rechnet Meres auch den jungen Ben Jonson (1573-1637) zu den Verfassern von Tragödien, obwohl

Jonsons erste uns bekannte Tragödie – *Sejanus* – aus dem Jahr 1603 datiert.*

Ben Jonson, der uns noch intensiver beschäftigen wird, stammte aus einem bürgerlichen Haushalt, verlor früh seinen Vater, wurde von dem Historiker William Camden gefördert, schlug sich als Maurergehilfe durch, kämpfte als Soldat in den Niederlanden und avancierte zum Schauspieler und Bühnendichter. Zusammen mit Thomas Nashe verfaßte er 1597 eine dramatische Satire, betitelt *The Isle of Dogs*, »Die Hundeinsel«, die nach wenigen Aufführungen verboten wurde und Jonson ins Gefängnis brachte. Ein Jahr später wurde seine erste Komödie – *Every Man in His Humour* (»Jedermann nach seiner Art«) – von den Chamberlain's Men mit großem Erfolg aufgeführt. Im Jahr 1616, innerhalb der Folioausgabe seiner gesammelten Werke, wird Ben Jonson hervorheben, daß »Will Shakespeare« als Mitglied der Chamberlain's Men in seiner Komödie von 1598 mitgespielt hat.

Ben Jonson ist trotz mancher Umständlichkeit ein kluger Dramaturg, ein nüchterner Beobachter, ein auf die moralische Ergötzung des Publikums zielender Handwerker der Bühne. Seine Sprache besitzt etwas Frisches, Temperamentvolles. Man könnte ihn den ersten bürgerlichen Realisten unter den Elisabethanern nennen.

Im Sommer 1599 wurde Oxfords Tochter Bridget fünfzehnjährig mit dem jungen Baron Francis Norris of Rycote (1579-1622) verheiratet, von dem sie sich nach fünf oder sechs Jahren wieder trennte. Norris, ein Mann von solidem Reichtum, ging in die Politik, wurde 1601 ins Parlament berufen und durfte nach dem Tod Königin Elizabeth' James I als Thronfolger verkünden.

Nachdem seine Töchter wohlhabender geworden waren als er selbst, unternahm Oxford eine letzte Anstrengung, von der Königin das begehrte Zinnmonopol zu erlangen. Im Juni 1599 verfaßte er darüber einen galligen Bericht an seinen Schwager Robert Cecil.

Die Königin habe ihn durch den Hofmann Sir John Fortescue und den

---

* Was Jonson, Drayton, Chapman und Dekker vor 1598 schrieben, waren meist dramaturgische Bearbeitungen oder Koproduktionen im Auftrag des Theaterunternehmers Philip Henslowe. Im Druck erschienen war von diesen Autoren damals noch nichts.

Oberrichter Sir John Popham dafür in Anspruch genommen, Geld für den Zinnabbau in Cornwall und Devonshire aufzutreiben. Nachdem er Kaufleute fand, die bereit waren, Ihrer Majestät zu diesem Zweck jährlich £10000 zu leihen, habe er dem Oberrichter Bescheid erteilt, aber erst nach geraumer Zeit einen Brief von Sir John Fortescue erhalten, der ihn anderntags an den Hof zu einem Gespräch mit der Königin bestellte. Am nächsten Morgen sagte Fortescue den Termin ab, weil er sich nicht wohl fühlte. Aber soweit er, Oxford, erfahren habe, sei die Königin zu keiner Zeit davon benachrichtigt worden, daß ihr die £10000 zur Verfügung stünden, im Gegenteil, der Lord Mayor habe in der Zwischenzeit den Kaufleuten zu verstehen gegeben, die Königin könne in dieser Sache keine Mittel verausgaben. Dabei ginge es, schreibt Oxford, nicht darum, Geld auszugeben, sondern darum, es zu verdienen. Jährlich würden schätzungsweise 500 Tonnen Zinn abgebaut – die Königin kaufe die Tonne für £53 und verkaufe sie für £84, d. h., sie werde über £15000 im Jahr gewinnen. Warum also bitte man ihn zuerst darum, Geld zu beschaffen, und halte ihn am Ende zum Narren?

Und an die Königin schrieb er in seinem Mißmut:

»Ich wage nicht zu sagen, wie sehr man Eure Majestät hintergangen hat, aber es beleidigt mich persönlich, zur Geldbeschaffung aufgefordert worden zu sein, um später, nachdem die Arbeit getan, mit Hohn und Spott entlassen zu werden. Ich will Eure Majestät, in deren Dienst ich mich gestellt habe, nicht darum bitten, es zu ertragen, wenn man Euch hintergeht – sondern darum, es nicht zu dulden, wenn man mich verspottet, verachtet und verhöhnt.«

Was der Earl nicht einsehen konnte: daß es bei diesem Geschäft nicht um Ehre, sondern um die lukrativsten Angebote ging. Und daß Mittelsmänner wie Sir Fortescue und Sir Popham einen Bieter bevorzugten, der ihnen ein angemessenes Taschengeld versprach. Am Sonntag, den 31. Oktober 1599 schrieb Oberrichter John Popham an Staatssekretär Robert Cecil: »Sonntag vor einer Woche erörterte Ihre Majestät die Frage des Zinngeschäfts und gab Order, Milord of Oxford mit Bulmers Angebot bekannt zu machen. Könnten Sie Seine Lordschaft darüber benachrichtigen und Seine Stellungnahme einholen, da Ihre Majestät in dieser Sache morgen eine weitere Unterredung haben wird.« – Der

Ingenieur und Bergbauspezialist Bevis Bulmer, der seit den siebziger Jahren erfolgreich in den Abbau von Silber und Gold investierte, war aufgrund seiner Erfahrungen und seiner Kapitalkraft dem poetischen Earl weit überlegen. Keine Frage, daß er den Zuschlag erhielt.

Oxford aber, von seinen Dämonen oder seiner Frau getrieben, bohrt unerbittlich nach anderen Goldadern.

Im Juli 1600 wendet er sich brieflich nochmals an seinen Schwager Robert Cecil:

>»Auch wenn der Mißerfolg meiner früheren Gesuche mir eher Grund gibt, meine Hoffnungen im Rachen und Abgrund der Verzweiflung zu begraben, als jetzt, nach so vielen vergeblichen Versuchen und so vielen entgangenen Gelegenheiten, noch einmal auf die Wirkung schöner Worte oder die Frucht goldener Versprechen zu bauen, so kann ich doch nicht anders als glauben, daß zwischen den Worten und Absichten Ihrer Majestät immer eine getreue Verbindung bestanden hat, und schließe daraus, daß mit ein wenig Nachhelfen das, was von sich aus so schöne Blüten hervorgebracht hat, auch Frucht tragen wird.

Nach einer Anfrage bei Ihrer Majestät bezüglich der Gouverneurschaft der Insel Jersey, die nach dem Tod Sir Anthony Paulets neu zu vergeben ist, möchte ich Euch deshalb ganz herzlich um Eure Freundschaft und Förderung angehen – einmal, da ich weiß, daß Ihr ein geneigtes Ohr bei Ihrer Majestät findet, dann, weil unsere Häuser miteinander eng verbunden sind, endlich, weil die Angelegenheit Ihre Majestät nicht belastet, da sie das Amt in jedem Fall an den einen oder anderen vergeben muß. Ich weiß, Ihre Majestät hat schon Bewerber dafür, und doch sollte sie sich in Erinnerung rufen, daß deren Ansprüche weniger schwer wiegen als meine. Und ich weiß nicht, wie und wann sonst Ihre Majestät leichter Gelegenheit fände, die Schuld so vieler Hoffnungen abzutragen, die sie durch ihre Versprechungen in mir erweckt hat, als jetzt, da sie in jedem Fall geben muß – und ihre Gabe ihr deshalb nichts nimmt. Wenn sie meinem Gesuch zu einem passenden Zeitpunkt nicht nachkommt, auf welche Zeit (die allen Menschen verschieden zugemessen ist) soll ich dann noch warten – es sei denn, man wollte einem Menschen die Wohltaten und Zuwendungen eines Fürsten für das Grab

aufsparen. Nun, ich will nicht mehr Worte gebrauchen, denn sie könnten eher Argwohn als Vertrauen erwecken. Ich möchte Eure Hilfestellung nicht in Zweifel ziehen, sondern mich ihrer versichern, und darf Euch mit gutem Grund als Träger des Amts und als Freund in Anspruch nehmen.
Euer liebevoller und beständiger Freund und Bruder
Edward Oxenford«

Aber auch dieses Mal werden seine Hoffnungen auf weltliche Beförderung enttäuscht. Elizabeth, die Königin, glaubt ihren Dichter genügend versorgt.

Zu Weihnachten 1599 hatte der Earl in Hackney von Robert Armin Besuch erhalten, einem der beliebtesten Komiker jener Zeit, der gerade den Chamberlain's Men beigetreten war. (Armin werden unter anderem die Rollen von Touchstone in *As You Like It*, Autolykus in *Winter's Tale*, Lavache in *All's Well That Ends Well* und Thersites in *Troilus and Cressida* zugeschrieben.) In der Einleitung zu seinem Jokebook *Quips Upon Questions*, 1600 (»Dumme Antworten auf dumme Fragen«) schreibt Armin: »Dann am Dienstag [25. Dezember 1599] fahre ich nach Hackney, um meinem Meister, dem Sehr Ehrenwerten guten Milord aufzuwarten, dem ich diene.« Der Zweck des Besuchs ist klar, denn am 26. Dezember 1599 spielten die Chamberlain's vor Königin Elizabeth. Offensichtlich wollte sich der Komiker Rat bei dem Autor holen. (Lord Chamberlain George Carey, 2nd Baron Hunsdon (1547-1603) wohnte nicht in Hackney, sondern im Blackfriars-Viertel, d. h., Armin ging nicht zum Lord Chamberlain, der dem Ensemble den Namen gab, sondern zum Lord Great Chamberlain in Hackney.)
Aber warum nennt Robert Armin als Mitglied der Chamberlain's Men den Earl of Oxford seinen »Meister«, dem er dient? Man darf daraus folgern, daß der Lord Great Chamberlain die Führung der Theatergruppe kommissarisch übernommen hatte, um den gesundheitlich angeschlagenen George Carey zu entlasten.

Oxford alias Shakespeare sah jetzt auch die Zeit gekommen, die Herausgabe seiner Werke selbst in die Hand zu nehmen.

Bereits in den Jahren 1594 bis 1597 waren Raubdrucke (»bad quartos«) von *Titus Andronicus*, *2 + 3 Henry VI*, *The Taming of A Shrew*, und *Romeo and Juliet* (nach der Vorlage korrupter Bühnenmanuskripte) auf den Markt gekommen. Bei all diesen Drucken fehlt der Name des Autors. Die ersten guten Quartos erschienen 1597, aber auch sie noch anonym: *King Richard II* und *King Richard III*. Erst nach Burghleys Tod (August 1598) und Francis Meres' Liste (Oktober 1598) erschienen Zweitauflagen beider Stücke mit dem Autornamen: »William Shake-speare«.

Jetzt, um die Jahrhundertwende, läßt der Autor Band um Band seiner Werke in ausgezeichneten Textfassungen folgen: *Henrie the Fourth* 1598 und *Loves Labours Lost* im Jahr 1598 – *Romeo and Juliet*, 1599 – *The second part of Henrie the fourth*, *The merchant of Venice*, *Much adoe about nothing* und *A midsommer nights dreame* – alle im Jahr 1600, und alle unter »William Shakespeare« bzw. William Shake-speare«.

Aber die Reihe der guten Quartos bricht mit *Hamlet* nach 1604 ab, bzw. wird im Jahr 1609 mit einem einzigen Band – *Troilus und Cressida* – fortgesetzt, der bereits 1603 seinen Eintrag ins Stationers' Register fand.

Daß Oxford selbst Einfluß auf die Edition seiner Werke nahm, zeigt folgendes Beispiel. Am 22. Juli 1598 wurde *The Merchant of Venice* von dem Drucker James Roberts in das Stationers' Register eingetragen. Damit sicherte er sich das Recht zum Druck des Werks, das keinen Zensurmaßnahmen unterworfen war. Dennoch enthielt der Eintrag einen Sperrvermerk: »Provided that yt bee not printed by the said James Robertes, or anye other whatsoever wthout lycence first had from the Right honorable the lord Chamberlen« – »Unter der Voraussetzung, daß besagter James Roberts (oder wer auch immer) es nicht drucke, ohne zuerst die Erlaubnis des Sehr Ehrenwerten Lord Chamberlain eingeholt zu haben.« Der Vergleich mit ähnlichen Einträgen zeigt, daß die Sperrung nicht auf die Zensur, sondern auf den Autor des Werks zurückgeht. Der Lordkämmerer hätte keine Möglichkeit (und kein Interesse) gehabt, kraft seines Amts in die Geschäfte der Druckergilde einzugreifen. Mit dem »Lord Chamberlen« ist an dieser Stelle also der Verfasser, d. h. der Lord Great Chamberlain Edward de Vere, Earl of Oxford gemeint. (Wie Charles W. Barrell dokumentarisch belegen konnte, war es zu dieser Zeit nicht ungewöhnlich, den Lord Great

Chamberlain als »Lord Chamberlain« anzusprechen. Vgl. Robert Detobel: Ein Tag in der Geschichte der Stationers' Company, in: Neues
Shake-speare Journal 6, 2001.)

Unter dem verkaufsträchtigen Namen Shakespeare aber wird in den
folgenden Jahren auch Trödelware abgesetzt. William Jaggard, ein junger Raubritter unter den Druckern (und 24 Jahre später der Verleger
der großen »First Folio«), brachte 1599 eine Sammlung von zwanzig
Gedichten heraus, die er *The Passionate Pilgrim* betitelte und als ganze
dem Autor William Shakespeare zuschrieb. Tatsächlich handelt es sich
bei den Eingangsgedichten um Shakespeares Sonette 138 und 144,
gefolgt von drei Gedichten (No. 3, 5 und 16) aus *Love's Labour's Lost*.
Von den restlichen fünfzehn Gedichten geht die Mehrzahl auf die
Shakespeare-Adepten Richard Barnfield, Bartholomew Griffin und
Barnbabe Barnes zurück. Die schönen Hirtengedichte No. 17 (»My
flocks feed not, my ewes breed not«), No. 19 (»Come live with mee, and
be my love«) und No. 20 (»As it fell upon a day«) sind Oxford zuzu-
schreiben.* Ebenso weist No. 18 (»When as thine eye hath chose the
dame«), das bereits in zwei Handschriften der frühen achtziger Jahre erschienen war, alle Merkmale eines Oxfordschen Gedichts auf.

Zu den im Namen William Shakespeares abgelieferten Nieten zählt das
berühmte philosophische Gedicht »Phoenix and Turtle« – zu deutsch:

---

* Die drei Gedichte finden sich (in unverdorbener Textgestalt) abgedruckt in der
Anthologie *England's Helicon* (1600), wo sie überschrieben werden: »The unknown
Shepherd's complaint« (17), »The passionate Sheepheard to his love« (19) und »Another of the same [unknown] Shepherd's« (20) – und gezeichnet sind mit: »Ignoto«
(17), »Chr. Marlow« (19) und »Ignoto« (20). In allen drei Fällen handelt es sich um
bukolische Lyrik der frühen achtziger Jahre, die im Tonfall von Shakespeares »On a
day, alack the day!« (= Passionate Pilgrim, No. 16) geschrieben ist.
Richard Barnfields Usurpation von No. 20 (»As it fell upon a day«) ist grotesk. Nur
der dümmlich angeflickte Schluß (»Whilst as fickle Fortune smiled, / Thou and I
were both beguiled ...«) stammt von dem eitlen Adepten. – Die Zuschreibung von
No. 19 an Christopher Marlowe dürfte sich so wenig aufrechterhalten lassen wie die
der Handschrift der ›Pierpont Morgan Library‹ an Philip Sidney. Marlowe und Sidney besitzen nicht den leichten, heiteren Ton, der »Come live with me and be my
love« auszeichnet. Im übrigen finden sich drei Zeilen des Gedichts (»Melodious
birds sings madrigals; / There will we make our peds of roses, / And a thousand fra-
grant posies«) als Selbstzitat in *The Merry Wives of Windsor* (III/1) wieder.

»Phönix und Tauber« aus Robert Chesters obskurem Machwerk »Love's Martyr«: »Opfer der Liebe«.

Möge der lauteste Vogel
auf dem verwaisten Palmbaum
Trauerkünder und Trompeter sein,
auf dessen Töne die keuschen Vögel hören.

Doch du, schreiender Quartiermacher,
übler Prophet des Bösen,
der das Ende des Fiebers weissagte,
bleib dieser Truppe fern ...

Robert Chester, ein verrückter Reimeschmied, der Vergnügen daran fand, seinen Freund Sir John Salusbury of Llewenni, Mitglied der königlichen Leibgarde und Vater von zehn Kindern, mit weinerlicher Liebesmetaphorik zu überschütten, schob als gewitzter Kuckuck einen Teil seiner Sachen den in Mode befindlichen Zeitgenossen unter: John Marston, George Chapman, Ben Jonson – und William Shake-speare. Mit deren Namen zierte er seine hohlen Eier, die bis heute von den philologischen Exegeten getreulich bebrütet werden.

Chesters (und niemals Shakespeares) »Phoenix and Turtle« ist gedanklich und formal unscharf, ungelenk, redundant, ohne Eleganz – die Metaphern bleiben blaß und vordergründig – der gedankliche Ertrag bewegt sich auf dem Niveau einer Moritat, der poetische geht gegen null. (»Eigentum war so enterbt, / da das Selbst nicht eines war, / eines Wesens Doppelname / wurd' nicht zwei noch eins genannt.«) Die hämmernden Trochäen haben nichts von Oxfords schwebenden Jamben und erinnern eher an Bannsprüche. Statt Gestalten treten Prinzipien auf: Frau Phönix hat zu verbrennen, damit auch Herr Tauber verbrennen kann.

Der Tod ist nun des Phönix Nest
und das treue Herz des Taubers
ruht dort für alle Ewigkeit.

Daß sie ohne Nachkommen blieben,
geschah nicht aus Schwäche,
sondern aus geteilter Keuschheit.

Treue mag es geben, aber sie hat keinen Bestand;
Schönheit wähnt sich schön, aber ist es nicht;
Treue *und* Schönheit liegen begraben.

Zu dieser Urne mögen jene pilgern,
die entweder treu oder schön sind,
um für diese toten Vögel ein Gebet zu hauchen.

Was bleibt, sind tote Vögel.

In den letzten Regierungsjahren Elizabeth' überschlugen sich die politischen Ereignisse.

Essex' irische Expedition war im Herbst 1599 gescheitert. Er hatte sich
um die Befehle seiner Königin wenig gekümmert, Tyrone geschont,
seine treuesten Gefolgsleute zu Rittern geschlagen – und war Ende
September 1599 auf eigene Faust nach England zurückgekehrt, um
unangemeldet, in schmutzigen Stiefeln, die Königin während ihrer
Morgentoilette zu überfallen. Er auf den Knien vor ihr, Verzeihung
heischend, sie mit aufgelöstem Haar, bestürzt, aber Haltung wahrend.
Zuerst schickte sie den Unbotmäßigen nach Hause, später, als er sich in
Sicherheit wog, ließ sie ihn verhaften. Essex wurde krank und erregte allgemeines Mitleid – auch das Mitleid Elizabeth'. Dem Rat ihres
Rechtsberaters Francis Bacon folgend, verzichtete sie darauf, ihre Politik vor dem Obersten Gericht öffentlich zu rechtfertigen. Essex, so
argumentierte der Philosoph, besitze eine zu starke politische Position.
Im März 1600 erhielt der Graf die Erlaubnis, unter Bewachung in sein
eigenes Haus überzusiedeln, obwohl Raleigh ausdrücklich vor ihm
warnte. »Wenn Sie es für richtig halten, gegen diesen Tyrannen scho-
nend vorzugehen«, schrieb Raleigh an den Staatssekretär Robert Cecil,
»so wird die unvermeidliche Reue zu spät kommen. Seine Bosheit
wurzelt tief in seinem Wesen und wird durch keine Milde Ihrerseits
geringer. Er wird jeden Wechsel in seiner Behandlung dem Kleinmut

der Königin und nicht etwa Ihrer Güte zuschreiben.« Am 5. Juni wurde
Essex vor eine besondere Kommission von hohen Staatsräten geladen,
die ihm Unterwerfung abverlangen, aber auch die Möglichkeit eröff-
nen sollte, in den Dienst der Krone zurückzukehren. Der Hochmütige
unterwarf sich mit den pathetischen Worten: »Die Tränen meines Herzens haben alle Funken des Stolzes, der in mir brannte, ausgelöscht.«
Ende August durfte sich der Gestürzte wieder frei bewegen – außer an
den Hof der Königin. Und wie um sich selbst (oder Henry Willobie) zu
parodieren, begann er von neuem, eine Reihe werbender Briefe an die
Königin zu richten: »Eile, Papier, zu der, aus deren Nähe ich Unglücklicher allein verbannt bin. Küsse die schöne, die strafende Hand, die
jetzt wohl Pflaster legt auf meine leichten Wunden, aber meine schwer-
ste Wunde nicht verbindet.«

Zum Jahrestag des Herrschaftsantritts der Königin, am 17. November
1600, soll zum ersten Mal das berühmte Bild der »Mysterious Lady«
ausgestellt worden sein – ein kostbar gearbeitetes Gemälde, das, wie der
Kunsthistoriker Roy Strong zeigen konnte, die schwangere Frances
Walsingham, Countess of Essex zeigt, die, vor einem Nußbaum stehend, ihre Hand tröstend auf den Kopf eines weinenden Hirschs legt.
(Eines von Essex' Wappentieren war der Rehbock.) Dem Gemälde ist
ein Sonett beigegeben (d. h. innerhalb eines Dekors mitaufgemalt), das
– selbstverständlich – aus der Feder des sentimentalen Grafen stammt
und ein gutes Beispiel abgibt für die Kunst des »Dichterrivalen«. In den
Mund gelegt ist es der Schwangeren im persischen Kostüm.

Mein Geist ist ruhlos wie der Schwalbe Flug
in stets erneuten, immergleichen Bahnen.
Es klingt ihr Klagen, da man sie betrog,
als einzige Musik in meinen Ohren.
Mit Schwermut kröne ich das Wappentier
mir zeigen seine Tränen meinen Schmerz,
sein stummes Weinen, meine stille Klage
sind die Arznei für mein bedrücktes Herz.
Mein Hoffen setzte ich in diesen Baum,
den ich mit Lieb gepflanzt, geschützt mit Sorge,
und sah, zu spät, verraten meinen Traum:

die Frucht blieb anderen, mir nur die Schale.
Das Weinen tröste, Seufzen sei Musik:
da anderes von meinem Baum nicht blieb.

Die klagende Schwalbe, mit der Frances sich im Rollengedicht vergleichen darf, erinnert an Prokne, die Schwester der mißhandelten Philomela, und der weinende Hirsch an Aktäon, der von Diana verwandelt
wurde. Ähnlich sieht Essex sich jetzt von Elizabeth mißhandelt. (Vgl.
das prophetische Titelblatt von *Willobie his AVISA*.) Und auch im Nußbaum erkennt der Graf sich selbst: für seine Frau fallen nur die Schalen
ab. (Wer auch immer die Nüsse gegessen haben mag.)
Gemälde und Gedicht sollten die hartherzige Königin umstimmen und
dem Verbannten wieder Zugang zum Hof verschaffen.

»Seine Liebe war falsch«, betont Sir John Neale. »All die Monate hin-
durch befaßte sich Essex wieder mit den hochverräterischen Gedanken, die ihn schon in Irland nicht losgelassen hatten.«
Über seinen Freund Charles Blount, Baron Mountjoy, der in seiner
Nachfolge Oberbefehlshaber der englischen Truppen in Irland geworden war, hatte er im April militärische Hilfe zu seiner »Befreiung« ange-
fordert – allerdings vergeblich. Er versuchte über Mittelsmänner mit
dem schottischen König zu paktieren und ihm Englands Thron anzubieten. »Wenn Elizabeth auch wußte, was vorging, so sagte sie doch
nichts; sie seufzte nur bei der Lektüre all der süßen Phrasen, die aus der
Feder der Liebe träufelten.«
Anfang Februar 1601 wurden Essex' Anhänger durch ein geheimes
Losungswort aus allen Grafschaften nach London gerufen: die bewaffnete Aktion gegen den Hof sollte in die Tat umgesetzt werden. Mehrere Rädelsführer versammelten sich am 3. Februar im Hause seines
Freundes Henry Wriothesley, Earl of Southampton, um die Palastre-
volte zu organisieren.
John E. Neale: »Die Pläne für die Besetzung des Palastes in Whitehall
waren bis ins kleinste ausgearbeitet: ein Teil der Verschwörer sollte sich
im Audienzzimmer versammeln, ein anderer im Wachtzimmer, eine
Gruppe sollte in der Halle bleiben, der Rest draußen am Tor; auf ein
gegebenes Zeichen würden sie zwischen die Wächter und ihre Hel-
lebarden treten und sich so der Herrschaft über den ganzen Palast

»The Persian Lady«, Frances Walshingham, Countess of Essex (1569-1631)

bemächtigen. Zur selben Zeit wollten Essex und seine Freunde versuchen, von Elizabeth die Veränderungen zu erpressen, nach denen sie trachteten.«

Der Staatsrat bekam Wind von der Sache und reagierte am Morgen des 7. Februar mit einer Vorladung des Grafen. Unter dem Vorwand, er sei krank, weigerte sich Essex zu erscheinen.

Um einander Mut zu machen, mieteten Essex' Anhänger am Nachmittag desselben Tages Burbages »Globe« und bestellten eine Aufführung von Shakespeares *King Richard II.* Das Stück behandelt bekanntermaßen die Entthronung eines unfähigen Königs. Diese propagandistische Einlage setzte der Dummheit die Krone auf, denn bis dato hatten politische Verschwörer es vermieden, ihre Absichten über die Bühne im voraus publik zu machen.

Man schmiedete über Nacht den wahnwitzigen Plan, Londons City für Essex' Pläne zu mobilisieren. Als am Morgen des 8. Februar vier Gesandte der Königin in Essex House erschienen – die Herren Edward Somerset, Earl of Worcester, Lord Keeper Sir Thomas Egerton, Chief Justice Sir John Popham und Sir William Knollys –, wurden sie von den Rebellen bedroht und als Geiseln genommen. Danach ritt Essex mit seiner zweihundert Mann starken Gefolgschaft aus und rief laut in die Menge, seine Feinde hätten England an die Spanier verkauft und wollten ihn ermorden. In der Zwischenzeit war Robert Cecil nicht untätig geblieben. Er schickte den Aufrührern einen Herold nach, der Essex als Hochverräter brandmarkte. Und sofort wichen die Menschen entsetzt zurück. Der Empörer mußte umkehren, fand das westliche Tor versperrt, kämpfte sich bis zur Themse durch und versuchte auf dem Wasserweg in sein Schloß zurückzukehren, fiel dabei in den Fluß und wäre fast ertrunken.

Das war das Ende seiner glanzlosen Rebellion.

Eine Woche später standen er und Southampton unter der Anklage des Hochverrats vor ihren Peers, unter ihnen der Earl of Oxford.

Ein ungeheuerlicher Vorgang: Shakespeares Adonis hatte sich zum Kumpan eines machtbesessenen Schönredners, eines (wie Elizabeth ihn nannte) »Sinnlosen und Undankbaren« erniedrigt. Und der Dichter, der ihn als den Schönen, Einzigartigen und Treuen verherrlicht hatte, saß über ihn, den lebendig Toten, mit zu Gericht.

Essex schritt am Morgen des 25. Februar 1601 zum Schafott. Er erkenne
an, hatte er gesagt, daß er zu Recht aus dem Reich ausgespieen werde.
Southampton aber – »in keiner Chronik hat man je von etwas Ähnli-
chem gelesen« – wurde von der Königin zur Haft im Tower begnadigt.
(Zwei Jahre später wird James I sich beeilen, den Freund des armen
Essex in die Freiheit zu entlassen.)
Auf einem Porträt von 1603 sieht man den schmalgesichtigen, langhaa-
rigen Southampton in seiner Stube posieren. Er und seine schwarz-
weiße Katze schauen den Betrachter mit gleich vergeisterten Augen
an.

Zusammen mit Essex wurden fünf Verschwörer hingerichtet, darunter
sein Stiefvater Sir Christopher Blount, sein Sekretär Henry Cuffe, ein
Captain Thomas Lea, der nach dem mißglückten Aufstand Essex befreien wollte, sein Verwalter Sir Gilly Merrick, der die Aufführung von
King Richard II bestellt hatte, und Sir Charles Danvers, ein enger Freund
von Southampton, der die Aufgabe übernommen hatte, das Audienzzimmer von Whitehall zu besetzen und sich der Leibwache zu bemächtigen.
Nach der Hinrichtung von Danvers schlug Robert Cecil der Königin
vor, Oxford mit Danvers' Gütern zu belehnen. Der Earl eilte auf die
Nachricht hin nach Greenwich, wo ihn die Königin sehr gnädig aufnahm und ihn mit den Worten entließ: Sie zweifle nicht daran, daß,
trotz allem, was man dagegen einwenden würde, die Entscheidung in
seinem Sinn getroffen werden könne, und sie selbst wünsche dies von
Herzen.
Ende 1601 aber war die Sache noch immer nicht entschieden, weil
Danvers' Bruder Einspruch erhoben hatte. Oxford drängte Cecil, ihn
weiterhin zu unterstützen und sich von der Gegenseite nicht irre machen zu lassen.
Am 22. November 1601 schreibt der Earl an seinen Schwager:
> »Ich will dem Gedanken nicht Raum geben, eine nichtige Fabel
> könne die Klarheit Eures unschuldigen Bewußtseins trüben, da
> doch alle Welt weiß, daß die Verbrechen von Sir Charles Danvers so
> mannigfach waren, daß das Gericht keinen weiteren Dispens geben
> konnte.«

Oxfords Stellungnahme ist unmißverständlich: er verurteilt den Verrat und scheut sich nicht, den Besitz eines Geächteten zu beanspruchen. Im Januar 1602 läßt er einen weiteren Brief folgen.

Fast ein Jahr sei vergangen, schreibt er, seit er begonnen habe, sich um Danvers' Besitz zu bemühen. Die endgültige Entscheidung vor Gericht stehe unmittelbar bevor, aber er zweifle daran, daß es zu einem gerechten Urteil komme. »Die von den Freunden der Gegner mißhandelte Wahrheit ist im Begriff, wenn nicht völlig entstellt, so doch so weit verdünnt zu werden, daß sie sich nicht mehr durchsetzen kann.« Er halte seine Position für gefährdet und bedauere, »im steten Vertrauen auf Ihre Majestät«, nicht rechtzeitig andere um Hilfe gebeten zu haben.

»Ich setzte auch in Euch Vertrauen, aber sah mich (faßt dies nicht als Angriff auf) in Zweifel gestürzt, nachdem ich Euern letzten Briefen ein gewisses Schwanken anmerkte, das sehr von Euren früheren Beteuerungen abstach, und nun fürchte ich *in medio rerum omnium certamine et discrimine* [mitten im Getümmel] verlassen zu werden – was ich, wenn es denn so ist, mit Gottes Hilfe gleichmütig ertragen werde, da Zeit und Erfahrung mich die Schwachheit der Welt zur Genüge gelehrt haben. Und dennoch hoffe ich (auch wenn ich auf das Schlimmste gefaßt bin) auf ein *finis coronat opus*: darauf, daß alles offengelegt werden wird und alle Zweifel der Klarheit weichen. Doch da es soweit noch nicht ist, erbitte ich jetzt (mindestens jetzt, denn jetzt ist die Zeit) als brüderlichen Freundesdienst: das, was Ihr in großer Freundlichkeit für mich begonnen habt, in der gleichen Haltung zu Ende zu führen. Und damit will ich schließen. Ich rufe Euch diese Dinge nur deshalb in Erinnerung, damit Ihr nicht glaubt, ich hätte vergessen, wie ehrenhaft Ihr Ihrer Majestät begegnet seid, als Ihr ihr den ersten Anstoß gabt – wobei Ihr gezeigt habt, daß sie mir aus dem Nichts, das es für sie bedeutete (denn so stellte es sich dar), eine Stütze und einen Halt für mein Haus schaffen könnte, falls es mir nur gelänge, aus dem Nichts ein Etwas zu machen.«

Welch Lavieren zwischen Skepsis und Hoffnung, Argwohn und Vertrauen, Abkehr und Zuwendung – welch geschicktes Hineinlocken in die Falle der Freundschaft.

Zwei Monate später wartet Oxford noch immer auf Antwort. In seinem nächsten Brief an Cecil spricht er von seinem »lästigen Antrag«, der die Zeit nicht wert sei, die er darauf verwendet habe: »thinking my time lost more precious than the suit itself«. Tatsächlich sind Oxfords Kämpfe am Ende umsonst. Danvers' Besitz wird ihm nicht zugesprochen.

Sollte, so fragen wir uns, Oxfords augenscheinlicher Haß auf den Hochverrat – und den Verrat Southamptons – in keiner Weise eingegangen sein in das dramatische Werk? Die Antwort besteht in Shakespeares Tragigroteske *Troilus and Cressida*. Denn dies in jeder Hinsicht außergewöhnliche, irreguläre, nicht einzuordnende Stück handelt von nichts anderem als von Verrat, Untreue und Werteverfall in den Zeiten des Krieges.

Den szenischen Rahmen bildet der Kampf um Troja: eine Schar von desperaten, lauen und listigen Griechen steht den ehrsüchtigen Trojanern gegenüber. Am Ende bringt griechische Tücke den übersteigerten Ehrbegriff der Trojaner zu Fall. (England identifizierte sich traditionell mit Troja, denn Stammvater der ersten englischen Könige, so sagt die Legende, war Aeneas.)

Dem verderbten Helden Achilles, der mit den Trojanern in Briefverkehr steht, verleiht Shakespeare erkennbar Züge des Grafen Essex. Dieser Achill, »das Idol der Idiotenanbeter«, sonnt sich im Ruhm vergangener Tage, er ist stolz, schläfrig, frech und mißgünstig, vereinbart auf eigene Faust einen Waffenstillstand mit den Trojanern und hält sich den jungen Spötter Patroklus als Liebchen. Nachdem Hektor ihm den Freund erschlagen hat, will er sich rächen, aber unterliegt im Zweikampf. Später überrascht er Hektor, der die Waffen abgelegt hat, und läßt ihn von seinem ameisenhaften Gefolge meucheln.

Freund Patroklus wiederum ist ein Mann ohne Eigenschaften, ein zweiter Southampton: ein begabter Nachäffer, ein Gimpel und offenbar, wie der zynische Thersites bemerkt, eine männliche Hure. »Ach, wie die arme Welt verpestet wird durch solche Wasserfliegen! solchen Wegwurf der Natur!«

Nur für eine Nacht sind Troilus und Cressida ein Liebespaar: sie die Tochter des zu den Griechen übergelaufenen Priesters Calchas, er ein trojanischer Prinz. Cressidas kupplerischer Onkel Pandarus hat die junge Frau dem verliebten Prinzen zugeschoben, und aus der Liebesberührung ihrer gemeinsamen Nacht erwachsen beidseitige Treueschwüre. Aber das junge Glück zerbricht, als Cressida gegen einen gefangenen Trojaner ausgetauscht und zu ihrem Vater ins griechische Lager verschubt wird. Cressidas Treue, o Wunder, währt kaum einen Tag. Sie wirft sich Diomedes, ihrem griechischen Begleiter oder Befreier, an den Hals – und verschenkt an ihn das Treuepfand des Troilus, seine Ärmelkrause. Da die Mauer zwischen den feindlichen Lagern nicht dicht hält, ertappt Prinz Troilus sie in flagranti – als stummer Zeuge im dunklen Zelt des Diomedes –, und der Krüppel Thersites gibt dazu seine penetranten Kommentare ab.

Man könnte das Stück eine tragische Satire nennen, den sarkastischen Reflex auf eine zerstörte oder in Zerstörung begriffene Ordnung. Die burlesken Momente stimmen nicht heiter, die tragische Situation findet keine Auflösung. Das Antikriegsstück endet mit Achills schändlichem Sieg über Hektor. D.h. der Verrat hat gesiegt, die endgültige Zerstörung Trojas steht bevor.

Die Entstehungszeit von *Troilus and Cressida* liegt zwischen Mitte 1601 und Mitte 1602, denn das Stück enthält Anspielungen auf den im Jahr 1601 ausgetragenen »Dichterkrieg« zwischen Ben Jonson, John Marston und Thomas Dekker.

Nicht nur, daß Jonson sich in seinen Satiren *Cynthia's Revels* (1600) und *The Poetaster* (1601) ausgiebig über seine beiden Dichterkollegen lustig gemacht hatte, er flocht in seine Streitereien auch einige Aperçus zu Shakespeares Stücken ein. Im *Poetaster* brachte er mit Captain Tucca einen zweiten, vollends verschrobenen Falstaff auf die Bühne, parodierte den Empfang der Schauspieler aus *Hamlet* und die Balkonszene aus *Romeo and Juliet*.*

Dafür erteilt Shakespeare dem notorisch selbstgefälligen Ben Jonson die

---

* Einen Seitenhieb auf Shakespeare hatte Jonson schon in *Every Man in His Humour* (1599) untergebracht. Der Stoff zu seiner eigenen Komödie, so läßt er in III/1 sagen, sei von anderer Natur als: »ein Herzog liebt eine Gräfin, die Gräfin liebt den Sohn des Herzogs und der Sohn die Zofe der Gräfin, und als Diener haben sie einen Clown«.

verdiente Ohrfeige, indem er den griechischen Pseudohelden Ajax, den Prototyp der Tumbheit, sich im Stile Jonsons gerieren läßt.

»Dieser Mann«, wird über Ajax gewitzelt, »hat sich die Eigentümlichkeit von allerlei Tieren zugeeignet; er ist so kühn wie ein Löwe, so täppisch wie ein Bär, so langsam wie ein Elefant; ein Mann, in dem die Natur so viele Launen [humours] gehäuft hat, daß seine Tüchtigkeit in Torheit untergeht, seine Torheit durch Verstand gewürzt ist: niemand besitzt eine Tugend, von der er nicht einen Anflug abbekommen hätte, noch irgend jemand eine Unart, von der ihm nicht etwas anklebte.« (*Troilus and Cressida*, I/2)

Zu dieser Persiflage, die der empfindliche Ben Jonson dem Autor Shakespeare so schnell nicht vergessen haben dürfte, existiert ein höchst aufschlußreicher zeitgenössischer Kommentar. Die Studenten von Cambridge führten Weihnachten 1602 eine vielbelachte Satire auf, betitelt *The Return from Parnassus* (Die Rückkehr vom Parnaß), in der die beiden Altstudenten Philomusus und Studioso sich auf den Weg machen, ihre Berufung und ihren Beruf zu finden. Nach vielen gescheiterten Versuchen wollen sie Schauspieler werden und stellen sich den beiden Bühnengrößen ihrer Zeit vor: Richard Burbage und William Kempe, d. h. dem Tragöden und dem Clown der *Lord Chamberlain's Men*. Anschließend beraten Burbage und Kempe sich miteinander.

KEMPE Ein bißchen hochnäsig die Kerle, und, zum Donner, sie reden beim Gehen kein Wort, sondern quasseln immer nur am Rand der Bühne.

BURBAGE Mit ein bißchen Übung kommen sie schon noch drauf. Außerdem, vielleicht können sie mal eine Rolle schreiben.

KEMPE Von den Universitätsleuten spielen wenige gut, sie riechen zu sehr nach diesem Schreiber Ovid und nach diesem Herrn Metamorphosis und quatschen zuviel von Proserpina und Jupiter. Drum sticht unser Kollege Shakespeare sie alle aus, ja, den Ben Jonson auch. Oh, dieser Jonson ist ein verteufelter Bursche, mit seinem Horaz [im *Poetaster*] gab er den Dichtern eine Pille zu schlucken, aber unser Kollege Shakespeare hat ihm eine Abfuhr erteilt, die ihm die Hosen auszog.

(*The Return of Parnassus,* IV/3)

»Kollege Shakespeare«? Von welchem »fellow Shakespeare« spricht der Clown? In seiner Borniertheit hält Kempe die Metamorphosen für einen Autor – und seinen Kollegen, den Schauspieler Shakspere, für SHAKESPEARE.

Der Scherz, den sich die Studenten auf Kosten Kempes erlauben, bezieht sich auf die Möglichkeit einer so unwahrscheinlichen wie grandiosen Verwechslung: auf die Verwechslung William Shaksperes aus Stratford mit dem Pseudonym des Dramatikers Edward de Vere, Earl of Oxford. Wie ignorant diese Verwechslung auch sein mag: sie liegt in der Luft. Und das studentische Publikum von Cambridge kann darüber lachen.

Während der Earl an einer tragischen Satire schrieb über die Allgegenwart des Verrats, zog Unfrieden ein im stillen Hackney. Ende 1601 oder Anfang 1602 richtete Oxfords langjähriger Gefolgsmann und Diener Arthur Milles ein Memorandum (besser gesagt einen verzweifelten Hilferuf) an den Staatssekretär Robert Cecil. Was Milles schreibt, klingt ungeheuerlich.

Als Elizabeth Trentham, Countess of Oxford, eines Tages ihr Schmuckkästchen vermißte, fiel der Verdacht auf ihren Schneider Edward Motam. Auch der Lord, als Augenzeuge, beschuldigte Motam. Aber statt Motam zu belangen, ließ Lady de Vere den Gehilfen von Arthur Milles in der Portiersloge einsperren und ihm Geld anbieten, wenn er Milles des Diebstahls bezichtige. Der Bursche weigerte sich. – Die Countess machte einen weiteren Schritt nach vorne und klagte aus freien Stükken Arthur Milles des Diebstahls an, mit der Begründung, er sei an besagtem Tag zweimal beim Lord gewesen, aber nicht so lange wie sonst, und sei mit einem Mantel über der Schulter an ihrer Tür vorbeigekommen. Oxford stand Milles gegen die Beschuldigungen seiner Frau bei, wurde von ihr aber so lange bearbeitet, bis er zugab, Milles könne bei dem Diebstahl beteiligt gewesen sein. Oxfords Männer Atkinson und Cawley nahmen Milles in Gewahrsam, zogen mit ihm vor das Geschworenengericht in Kent und vertraten die Anklägerin. In Kent sprach man Milles frei. – Nun ließ die Lady durch Cawley ausrichten, Milles schulde dem Lord 60 000 Pfund, die sie von ihm eintreiben wolle. (Während Milles sagt, er habe Land mit einem jährlichen

Ertrag von 200 Pfund verkaufen müssen, um im Dienst Oxfords bleiben zu können.) Ferner habe Milles vor 25 Jahren Wandgehänge und einen gestickten Pferdemantel gestohlen. (Milles beteuert und kann bezeugen, daß dies Geschenke waren.) Der alte Gefolgsmann, der sich hilflos den Nachstellungen der Countess ausgesetzt sieht, bittet Staatssekretär Cecil um Schutz vor ihrer Bösartigkeit.

Auch wenn die Rechtslage nach vierhundert Jahren nicht mehr zu klären ist, fällt von diesem Memorandum doch ein bezeichnendes Licht (oder ein dunkler Schatten) auf das Gebaren der Dark Lady. Und man sucht verzweifelt nach Gründen für das Stillschweigen des Earl.

Am 17. November 1602 beging die Königin den vierundvierzigsten Jahrestag ihrer Thronbesteigung. »Der Beifall der Menge war derart«, schreibt ein Zeitgenosse, »als hätte man sie noch nie gesehen.«

Ein strenger Winter folgte. Die fast Siebzigjährige verlegte ihren Hofstaat aus dem kalten Whitehall in das wärmere Richmond. Umsonst. Zunehmend von Schwermut und Krankheit geplagt, begann ihr das Rad der Fortuna aus den Händen zu gleiten. Als ihr Patensohn John Harington, der Übersetzer Ariosts, sie einmal besuchte und ihr aus seinen Versen vorlas, lächelte Elizabeth und sagte: »Wenn du einmal spürst, wie die unerbittliche Zeit an deine Tür schleicht, wirst auch du keine Freude mehr haben an diesen Torheiten.«

Während einer Theateraufführung Anfang März sank sie in sich zusammen, wurde in ihre Räume geführt, aber mied das Bett. Eine Woche lang saß und lag sie auf ihren Kissen am Boden, den Finger an die Lippen gelegt, und verweigerte die Nahrung. Endlich zu Bett gebracht, versammelte sich der Staatsrat um sie und sprach die Frage der Thronfolge an. Mit einem Kopfnicken erkannte sie James VI, den Urenkel von Margaret Tudor, als ihren Nachfolger an. Während Bischof Whitgift aus dem Evangelium vortrug, verlor sie das Bewußtsein und starb am 24. März gegen Morgen – »wie auch die strahlendste Sonne zuletzt in einer westlichen Wolke untergeht«.

Die Proklamation des Lord Mayor und des Privy Council vom 24. März 1603, durch die James zum englischen König ausgerufen wurde, trug auch Oxfords Unterschrift.

Der Schotte James, protestantisch und humanistisch erzogen, ein tugendhaft bemühter, aber leicht beeinflußbarer und nicht immer weiser
Regent, hatte früh nach englischen Bündnisgenossen Ausschau gehalten und, nachdem Essex gescheitert war, heimlich mit Staatssekretär
Robert Cecil korrespondiert.

Nach Elizabeth' Tod konnte es am englischen Hof nur um eines gehen:
sich günstig in Stellung zu bringen, um von dem neuen Gott, der von
Edinburgh auf dem Weg nach London war, rechtzeitig bemerkt zu
werden. Auch dem Lord Great Chamberlain lag daran, in den allgemeinen Wirren des Umbruchs nicht vergessen zu werden. Vielleicht, wer weiß,
ginge mit dem neuen Monarchen noch einmal die eigene Sonne auf.
Jedenfalls wollte Oxford ihn am Tag seiner Ankunft geziemend begrüßen. Am 25. April 1603 schreibt er an Cecil:

»Sir Robert Cecil: immer war ich Euch sehr zugetan für die vielen
Freundlichkeiten und Dienste von Eurer Seite, und so bitte ich
heute, zu einem Zeitpunkt, der zu mannigfachen Betrachtungen
Anlaß gibt, mir als mein sehr guter Freund und Schwager Mitteil-
lung zu machen, an welches Vorgehen von den Herren des Council
(und den anderen Lords) betreffs unserer Aufgaben Seiner Majestät
gegenüber gedacht ist. Erwartet Ihr eine Botschaft von seiner Seite,
mit der er uns vor seiner Ankunft seine Wünsche zu verstehen gibt,
oder rechnet Ihr mit seinem persönlichen Erscheinen in nächster
oder allernächster Zeit? Und welche Anordnung habt Ihr für diesen Fall getroffen? In welcher Form soll dem König aufgewartet,
wie ihm begegnet werden? Denn aufgrund meiner körperlichen
Schwäche kann ich nicht so oft unter Euch sein, wie ich wünschte.
Dazu kommt, daß mein Haus nicht so nahe liegt, daß ich (wie es
passend wäre) zu jeder Gelegenheit anreisen könnte.«

Der Earl läßt den Brief zwei Tage liegen und setzt ihn am 27. April,
einen Tag vor der feierlichen Bestattung Elizabeth', mit einer wehmüti-
gen Überlegung fort:

»Nicht anders als mit großem Kummer erinnere ich mich der Frau,
die wir verloren haben und unter der wir beide von unsern jüngsten
Jahren an groß geworden sind. Auch wenn es Gott gefiel, sie nach
einem irdischen Königtum in ein dauerhafteres himmlisches Reich

zu versetzen (in dem sie, wie ich nicht bezweifle, die Krone der Seligkeit trägt) und uns einen einsichtsvollen, gelehrten und tugendhaften Prinzen zu schenken, so bleiben uns nach der langen Zeit, die wir in ihrem Dienst verbracht haben, doch nicht mehr soviel Tage, sie einem anderen zu widmen, und die lange Vertrautheit und freundliche Vertraulichkeit im Umgang mit uns dürfen wir nicht von einem anderen Fürsten erwarten, da die Schwäche des Alters und das Gebot der Vernunft dem entgegenstehen. Inmitten dieses allgemeinen Schiffbruchs übersteigt der meine jedes Maß, da sie mich – als den so oft vertrösteten und am wenigsten begünstigten unter all ihren Gefolgsleuten – in einer Lage zurückgelassen hat, in der ich, den Wechselfällen der Zeit ausgesetzt, mein Glück selbst versuchen muß: versehen weder mit einem Segel, um eine vorteilhafte Brise zu nutzen, noch mit einem Anker, der mir Halt gäbe, bis der Sturm sich gelegt hat. Ich finde in nichts anderem Trost als in der vorzüglichen Tugend und großen Verständigkeit, mit der Gott unseren neuen Herrn und Souverän begabt hat, der nicht als Fremder zu uns kommt, sondern als echter Prinz, als Thronfolger dem Blut und der ererbten Anlage nach, nicht als Eroberer, sondern als treuer Hirte der christlichen Herde, um sie zu hegen und zu trösten.

Deshalb bitte ich Euch sehr dringend um den Gefallen, mir, wie ich schrieb, Auskunft über die besagten Punkte zu geben, und damit nehme ich, mich Euch empfehlend, meinen Abschied.

Euer beständiger Freund und vom Glück nicht begünstigter Schwager, E. Oxenford«

Ein letztes Gedenken an die große Frau, der Oxford keine materiellen Reichtümer verdankt, sondern weitaus mehr: die Förderung seines Genies. Ihrem Theaterenthusiasmus hat er zugearbeitet. Sie bot ihm die kultivierteste Bühne Europas.
Er schenkte ihr seine Werke.

Eingermaßen grotesk berührt die Denunziation eines weitläufig Verwandten, des zweiten Earl of Lincoln (1539-1616), der schriftlich angibt, drei Tage vor Elizabeth' Tod mit dem Lord gesprochen zu haben.

Bei diesem Treffen habe Oxford gesagt, man solle jemanden von kö-
niglichem Blut, so gering sein Anspruch auch sei, nach Frankreich
schicken, damit er dort Parteigänger sammle und als englischer König
zurückkehre. Oxford habe mit seinen Reden auf Lord Henry Hastings
gezielt.

Später, gibt Lincoln zu, habe er sich gewundert, daß der Earl zu den
Mitunterzeichnern der Proklamation gehörte, mit der James zum englischen König ausgerufen wurde.

Sir John Peyton, der Hauptmann der Tower-Wache, dem Lincoln Bericht erstattet hatte, befürchtete keine Gefahr. »Als er mir zu verstehen
gab, wer die hohe Persönlichkeit sei, auf die er anspielte, so war mir klar,
daß ihre Kräfte, Freunde und Möglichkeiten viel zu gering seien, um
einen Aufruhr im Staat anzuzetteln.«

Offenbar war Lincoln nicht aufgefallen, daß der Dramatiker ihn mit
einem seiner überzogenen Scherze provozieren wollte.

Und noch einmal zieht der »Schiffbrüchige« in den Kampf. Nachdem
James in London eingetroffen ist, reicht Oxford das Gesuch ein, ihm die
erblichen Rechte auf Waltham Forest und Havering Park zurückzuerstatten. Ein Anliegen, für das er seit 1579 vergeblich gekämpft hat. Und
Robert Cecil soll helfen.

»Nichts schmückt einen König mehr als Gerechtigkeit«, schreibt der
Earl am 7. Mai 1603, »noch kann sich ein König Gott ähnlicher machen
als durch Gerechtigkeit, die die Krone der Tugenden ist. Und der, der
sie ausübt, besitzt auch alle anderen.«

Und das Wunder geschieht. Am 18. Juli 1603 gewährt James I dem Earl
das Anrecht auf Waltham Forest und Havering Park. Eine Woche später, am Tag der Thronbesteigung, wird Oxford dem König die silberne
Schüssel und Kanne zur zeremoniellen Waschung reichen.

Anfang August verfügt James, daß dem Earl sein jährliches Gehalt in
Höhe von 1000 Pfund Sterling bis zum Lebensende auszuzahlen sei.

Wie kam es zu diesem unerhörten Gunstbeweis? Wieso nannte James
den Earl »the Great Oxford« – den »großen Oxford«?

Weder hatte der Great Chamberlain mit dem Schotten in brieflicher
Verbindung gestanden wie Robert Cecil (zusammen mit Lord Henry

Howard, dem notorischen Intriganten), noch konnte er sich dem König durch eine politische Großtat empfehlen. Der Grund dürfte ein anderer gewesen sein. James besaß literarischen Ehrgeiz. Er hatte eine Abhandlung über »Dämonologie« und zwei politische Traktate verfaßt: »Über die wahren Rechte des freien Monarchen« (1598) und »Basilikon Doron« (1599) – über die Pflichten und Aufgaben des Königs. Als historisch und philosophisch interessierter Mann schätzte er den glänzenden Francis Bacon, Oxfords Cousin, und schlug ihn zum Ritter. Der neue König kannte die Dichtungen William Shakespeares: *Venus and Adonis, The Rape of Lucrece* und Abschriften der Stücke. (So meint man in *Basilikon Doron* den Herzog Vincentio aus *Measure for Measure* sprechen zu hören.)

Dem Autor Edward de Vere, Earl of Oxford, gab der König Waltham Forest zurück. Von ihm ließ er sich in Westminster Kanne und Schüssel zur Waschung reichen. Ihm verlängerte er sein Jahresgeld.

Shakespeares letzte Tragödie – *The Tragedy of King Lear* – entstand wahrscheinlich im Sommer oder Herbst 1603.

Der Autor ließ sich von einem zeitgenössischen Bericht über Teufelsaustreibung zu seiner Figur des »Poor Tom« inspirieren. Dieser Bericht des Kaplans und späteren Bischofs Dr. Samuel Harsnett – *A Declaration of Egregious Popish Impostures* (»Eine Darstellung papistischer Betrügereien«) – war am 16. März 1603 zum Druck angemeldet worden und ein bis zwei Monate später erschienen. In seiner Schrift polemisiert Harsnett gegen die Praktiken des jesuitischen Exorzismus und nennt dabei auch die Namen der Teufelchen, die in den »chambermaids« und »waiting-women« angeblich ihr Unwesen treiben: Smolkin (Smulkin), Haberdicut (Obidicut), Maho (Mahu), Modu (Modo), Flibberdigibbet, Frateretto und Hoberdidance. In *King Lear* spielt Edgar den Besessenen, in dessen Haut sich der Flibberdigibbet mit tausend Nägeln bohrt.

(Es ist denkbar, daß Shakespeare bereits vor der Drucklegung der *Declaration* Einblick in das Manuskript nehmen konnte, denn Dr. Harsnett hatte als kirchlicher Zensor mit der Theaterwelt zu tun und besaß originellerweise denselben Verleger wie Shakespeare.)

Als historische Quellen benützte der Dramatiker die *Historia Regum Bri-*

tanniae von Geoffrey of Monmouth (um 1100-1150) und Raphael Holinsheds bewährte *Chronicles of England, Scotland and Ireland* (1587).
Der alte King Leir, erzählt Monmouth, gedachte sein Reich unter seinen drei Töchtern Gonoril, Reagan und Cordeilla aufzuteilen. Um zu erfahren, wer von ihnen den größten Anteil verdiene, fragte er sie, wer ihn am meisten liebe. Gonoril sprach, sie liebe ihn mehr als ihre Seele, Reagan sagte, sie liebe ihn mehr als die ganze Welt, aber Cordeilla gab zur Antwort: »Es wäre eine Vermessenheit, einen Vater mehr als einen Vater lieben zu wollen.« Und fügte scherzend hinzu: »Soviel du hast, soviel bist du wert, und soviel lieb ich dich.« King Leir, über diese Antwort erzürnt, verheiratete seine beiden älteren Töchter an die Herzöge von Albania und Cornwall und versprach, sein Reich an sie zu vererben. Cordeilla ging ihres Erbes verlustig und wurde die Frau des Frankenkönigs. Alsbald erhoben sich Albania und Cornwall gegen Leir und entrissen ihm die Herrschaft. Zwar durfte der Alte bei den Töchtern wohnen, aber sie entließen seine Ritter bis auf einen einzigen Gefolgsmann. Der Gedemütigte zog nach Frankreich, wo seine jüngste Tochter ihn aufnahm und ein Heer gegen England rüstete. Mit Frankreichs Hilfe gewann Leir den Thron zurück, aber starb drei Jahre später. Nach ihm regierte Cordeilla in England, bis Albanias und Cornwalls Söhne sich gegen sie erhoben.
Weder bei Monmouth und Holinshed noch in dem braven Volksstück *The True Chronicle History of King Leir* (1594) ist von des Königs Wahnsinn die Rede. Einen Herzog Gloster und seine Söhne gibt es dort nicht. Auch keine Blendung, keinen Poor Tom und keinen Sprung von der Klippe, die keine Klippe ist.

Shakespeare schmiedet die historische Fabel um in ein Stück über Liebe und Haß, Schrecken und Wahnsinn, Verrat und Treue. In ein Drama des Nacht-Werdens, der Verirrungen und verlorenen Siege, durchgeistert von honigsüßen Liedern und grellen Späßen.
Wie immer liebt der Dramatiker die Dopplung: die Wirkungen des Spiegels und des Echos. Den schuldlos schuldigen Lear, der die Wahrheit nach Frankreich schickt, verdoppelt er um den wortgläubigen Gloster, der den Lügen seines Bastardsohns willig das Herz öffnet. Die drei Töchter Lears finden ihre Spiegelung in den beiden Söhnen Glosters.

Und in dreifacher Gestalt erscheint der Narr. Den Anfang macht Lears Clown, der närrische Kyniker. Außer seiner Hellsicht des Kopfstehens erleben wir Edgars Verwandlung in den verrückten Tom – und als dritten, wirklichen Narren den greisen King Lear, den tragischen Titan des Irrtums, dessen Geist zu »schwärmen« begonnen hat. Lear tritt auf als sein eigener Geist: betritt sein Grab als Lebender und geht singend daraus hervor. Er und Gloster sind die »Spione Gottes«, die sich wieder und wieder am Tod vergiften müssen, ohne sterben zu können. Das Ende ist schauerlich. Die boshaften Schwestern haben einander und sich selbst gemordet. King Lear, sterbend, hält den Leichnam Cordelias in Armen. Edmund, der Bastard, erliegt dem Degen seines Bruders Edgar, aber sein höhnisches Lachen klingt lange nach.

Von Shakespeares erstem Drama wölbt sich der Bogen bis zu seinem letzten. Unverändert stark ist die Kraft, mit der er, wie Schlegel sagt, die schneidendsten Gegensätze des Weltlaufs in ihrer ganzen Härte darstellt. Aber Shakespeares zentrales Thema ist nicht mehr die Gefährdung der Liebe durch die Macht des Hasses, sondern, tragischer und sublimer, der Überlebenskampf des Guten in einer Welt des selbstbewußt gewordenen Bösen: die Konfrontation mit dem Nichts, die Kündigung der Macht und des Lebens. *King Lear* war Oxfords Endspiel.

Des Dramatikers jüngste Tochter, Susan de Vere, war im Mai 1603 sechzehn Jahre alt geworden: ein so freundliches wie anmutiges Geschöpf und – als das reiche Kind eines armen Earl – eine der begehrtesten Partien im Lande.

Der Dichter und Philosoph John Davies hatte ihr 1602 während einer poetischen Lotterie auf Sir Egertons Landsitz Harefield ein Los mit einem »Nichts« zukommen lassen:
»Was Ihr bekamt, ist mehr als Ihr gewollt,
denn dieses Nichts ist wertvoller als Gold.«

* * *

»Nothing's your lot, that's more then can be told
For nothing is more precious then gold.«
Fraglos wollte John Davies mit dieser Sentenz anspielen auf das de

Vere'sche Motto: *VERO NIHIL VERIUS*: »Nichts ist wahrer als die Wahrheit«. Das NIHIL in *VERO NIHIL VERIUS* ist wertvoller als Gold, da es, wörtlich genommen, das Wahrere als die Wahrheit ist.

In *King Lear* berührt Prinzessin Cordelia, die jüngste seiner drei Töchter, eben dieses »Nichts«.

> LEAR – Was bringst du vor, ein reichers Drittel als deine Schwestern zu erlangen? Sprich!
>
> CORDELIA Nichts, Milord.
>
> LEAR Nichts?
>
> CORDELIA Nichts.
>
> LEAR Aus nichts kann nichts entstehn. Sprich noch einmal.
>
> CORDELIA Zu meinem Unglück kann ich nicht mein Herz auf meine Lippen heben. Ich liebe Euch, wie's meine Pflicht verlangt. Nicht mehr, nicht minder.
>
> LEAR Wie? Wie? Cordelia! Beßre deine Rede, sonst tötest du dein Glück!

Mit Cordelias »nichts« verbeugt sich SHAKESPEARE vor der Sentenz seines Freundes John Davies.

Er scheint nebenbei Ausschau gehalten zu haben nach einem Bräutigam für *seine* Jüngste. Denn am 27. Dezember 1604 – ein halbes Jahr nach Oxfords Tod – heiratete Susan de Vere den jungen Philip Herbert, Earl of Montgomery (1584-1650), Sohn von Mary Herbert, Countess of Pembroke (1561-1621). (Mary Herbert war, wie man sich erinnern wird, die ob ihrer Schönheit und Gelehrsamkeit berühmte Schwester Sir Philip Sidneys.)

In den Jahren 1604 bis 1610 trat Susan de Vere bei Hof in den Maskenspielen Ben Jonsons auf. Ihr Mann Philip Herbert, Earl of Montgomery, wurde – zusammen mit seinem Bruder William, Earl of Pembroke – zum Mentor und Finanzier der Folioausgabe von Shakespeares Werken.

Folgt man einer mündlichen Überlieferung aus dem Haus Pembroke, so sollen sich König James I und *Shakespeare* im Dezember 1603 in Wilton House (near Salisbury) bei Mary Herbert getroffen haben, um die – für den 2. Dezember 1603 verbürgte – Aufführung von *As You Like It* zu sehen. King James sollte durch den »Mann Shakespeare«, den man

Susan de Vere, Countess of Montgomery, in der Maske der »Thomaris« in
Ben Jonsons »Masque of Queens«, 1609. Zeichnung von Inigo Jones

bei sich habe! – für die Begnadigung Sir Walter Raleighs gewonnen werden.*

Es ist bekannt, daß James' Hofstaat im Herbst 1603 vor der Pest nach Wilton House auswich – und daß Mary Herbert die *King's Men* zu sich bestellte, um den König mit einer Aufführung zu erheitern. (James hatte die *Chamberlain's Men* nach seinem Regierungsantritt umgehend zu *King's Men* erhoben und ihnen damit seine Wertschätzung bezeugt.) Eine Begegnung zwischen King James und »The Great Oxford« erscheint von daher nicht ausgeschlossen.

Den Dokumenten ist wenig Greifbares über Oxfords letztes Jahr zu entnehmen. Ein einziger Brief aus dem Jahr 1604 hat sich erhalten. Er datiert vom 30. Januar, ist an King James gerichtet und behandelt die Übernahme von Waltham Forest und Havering Park.
Die gestochen klare Schrift verrät keine Ermüdung.
Wir wissen nichts über die Krankheit, unter der Oxford litt und die ihn lähmte. Hauptmann Peyton beschrieb ihn im Herbst 1603 als »schwach an Kräften«. Wir wissen nichts über seinen Gemütszustand der letzten Zeit, nichts über seinen letzten Ärger, seinen letzten Witz, seine letzte Zärtlichkeit.

An einem Sommertag des Jahres 1604, eine Woche vor seinem Tod, überschrieb der Kranke sein weltliches Gut an Francis Trentham und Radulph Snead: den Bruder und den Onkel seiner Frau. Indem er seinen Treuhändern ein zeitlich begrenztes Pachtverhältnis einräumte,

---

* Im Sommer 1865 war der Gelehrte und Poet William Johnson Cory (1823-1892) in Wilton zu Gast bei Lady Elizabeth Herbert, Baroness of Lea (1822-1911). Folgende Tagebucheintragung legt Zeugnis ab von einem abendlichen Gespräch mit der Baroness:
»5. August [1865]. Das Haus, sagte Lady [Elizabeth] Herbert, steckt voll interessanter Zeugnisse. Über uns, in *Wolsey's Room*, haben wir einen nie gedruckten Brief von Lady Pembroke [Mary Herbert] an ihren Sohn, in dem sie ihn bittet, James I von Salisbury mit herüberzubringen, um *As You Like It* anzuschauen. Sie schreibt: ›Wir haben den Mann Shakespeare bei uns.‹ Sie wollte den König zugunsten von Raleigh beschwatzen. Und der König kam. Zum Andenken an das Ereignis baute man im Park einen kleinen Tempel, der als *Shakespeare's House* bekannt ist.« (Raleigh war von Lord Henry Howard denunziert worden und wurde am 17. November 1603 des Hochverrats schuldig gesprochen.)

verwandelte er durch juristische Alchimie seinen »unbeweglichen« in
»beweglichen Besitz« – wodurch er ihn dem Zugriff der Krone entzog.
Er wollte seinem elfjährigen Sohn das Fiasko der Enteignung ersparen,
das er als Mündel der Königin selbst erlebt hatte.
Am 24. Juni 1604 starb Edward de Vere, 17. Earl of Oxford, im Geviert
der alten Backsteinmauern von »King's Place«. Zwei Wochen später
wurde er (laut Kirchenbucheintrag) in der St John's Church von Hackney beigesetzt.

Du meine Seele, Mitte meines Leibes,
die du gefangen bist auf schlechtem Grund:
du grämst dich meiner, deines liebsten Feindes,
und malst die Wände deines Kerkers bunt?
Warum verlierst, für kurzen Aufenthalt,
du hohe Pacht an ein vergänglich Haus?
Dein Schützling wird trotz deines Amts nicht alt –
am Ende fressen ihn die Würmer auf.
Erlebe, Seele, deines Knechts Verlust
und gib es auf, dein Boot zu überfrachten;
tausch Ewigkeiten gegen Zeit und Lust;
sei ruhig in dir, ohn' auf das Kleid zu achten.
So tötest du den Tod, der Menschen frißt –
daß nach des Todes Tod kein Sterben ist.

(Sonett 146)

A never Writer to an ever Reader (Anonymus)

Ein Nie-Schreiber an einen Immer-Leser. Neuigkeiten.

Ewiger Leser, hier hast du ein neues Stück, noch nicht abgenutzt durch die Bühne, nicht zerklatscht von den Hand-Palmen der Gewöhnlichkeit*, und doch geschmückt mit dem Palmzweig des Komödiantischen; denn es ist ein Kind des Mannes, dem nie etwas Komisches mißlang. Hätten Theaterstücke Anspruch auf den Titel von Gütern oder Rechtssachen, so würden die Kritiker, die jetzt die Nase rümpfen, sich in Lobpreisungen ihrer Tiefgründigkeit ergehen; vor allem würde sich ihr Lob auf die Komödien dieses Autors beziehen, die so sehr aus dem Leben gegriffen sind, daß sie einen treffenden Kommentar zu unseren eigenen Handlungen bilden – ja, sie zeigen solche Fertigkeit und Geisteskraft, daß auch die Gegner des Theaters von ihnen begeistert sind. Und unter allen gibt es keine geistreichere Komödie als diese: Troilus und Cressida. Hätte ich Zeit, würde ich das Stück kommentieren, obwohl ich weiß, daß es das nicht nötig hat (schon gar nicht, um euch glauben zu machen, euern Sixpence gut investiert zu haben), denn es ist so verdienstvoll, daß sogar ich Armer mich darin untergebracht weiß. Dieses Werk verdient eine so gewissenhafte Aufmerksamkeit wie die beste Komödie von Terenz oder Plautus. Und glaubt mir, wenn der Autor nicht mehr unter den Lebenden ist und seine Komödien nicht mehr im Handel sind, werdet ihr euch um sie reißen und ihretwegen eine neue englische Inquisition** ausrufen lassen.

Nehmt dies als Warnung und weist das Stück nicht zurück, wenn euch eure Unterhaltung und euer Geschmack etwas wert sind, und schätzt es nicht deshalb minder, weil es nicht vom Geifer der Menge besudelt ist, sondern dankt dem Glück dafür, daß es zu euch durchgerutscht ist, denn nach dem Willen der großen Besitzer solltet ihr, glaube ich, eher um die Komödien bitten als zu ihnen gebeten werden. Und so verabschiede ich mich von all denen, für deren geistige Gesundheit man beten muß, weil sie das Stück nicht loben wollen. Vale.

---

* »never clapper-clawed with the palms of the vulgar«. *palm*: 1. Handteller; 2. Palm-baum.
** »a new English Inquisition«. *inquisition*: 1. Nachforschung; 2. Glaubensgericht.

22 SHAKESPEARE UND SHAKSPERE

Wie es scheint, wurde vom Tod des Lord Great Chamberlain kaum Notiz genommen. Über den Hergang der Trauerfeiern ist nichts bekannt. Nachrufe, wenn sie je existierten, haben sich nicht erhalten. Die meisten seiner adligen Freunde waren tot – Thomas Radcliffe, Earl of Sussex († 1583), Frederick Baron Windsor, († 1585), Sir Philip Sidney († 1586), Edward Manners, Earl of Rutland († 1587), Sir Francis Walsingham († 1590), Philip Howard, Earl of Surrey († 1595), Peregrine Bertie, Baron Willoughby († 1601) und natürlich auch William Cecil und die Königin. – Kein George Gascoigne († 1578), Thomas Watson († 1592), Robert Greene († 1592), George Peele († 1598), Edmund Spenser († 1599) oder Thomas Nashe († 1601) konnte mehr das Wort für ihn ergreifen. Erstaunlicherweise aber schwiegen auch die Lebenden: John Lyly, Anthony Munday, George Chapman, Thomas Lodge, John Florio und Sir John Harington. Sie alle standen vor einem Dilemma, über das sich Literaturapotheker Meres bereits den Kopf zerbrochen hatte. Gestorben war Lord Oxford, der Mensch aus Fleisch und Blut, der verborgene Dichter. Nicht gestorben war sein Mythos und seine Rüstung, William Shakespeare.

Erklärt sich so die gänzliche Echolosigkeit seines Todes? Scheuten seine literarischen Zeitgenossen davor zurück, das Pseudonym des Meisters zu lüften? Oder war das Schweigen gar kein Schweigen? Landeten die Nachrufe, die es gab, im Feuer? Wie die Handschriften auch?

Im Jahr 1606 schrieb der Theologe Nathaniel Baxter (ca. 1550–1611) ein ellenlanges allegorisches Verwirrgedicht, betitelt *Sir Philip Sydneys Ouránia*, in dem Sir Philip sich von den Wolken herabläßt und ihn, Nathaniel, als seinen früheren Griechischtutor begrüßt. Mit diesem poetischen Sermon wollte Baxter sich bei Mary Herbert, Countess of Pembroke einschmeicheln und sie auf seine finanzielle Notlage aufmerksam machen. Sicherheitshalber widmete er sein Gedicht nicht nur der Countess of Pembroke, sondern auch ihrer Schwiegertochter Susan de Vere, Countess of Montgomery – und gab sich nicht allein als Weggefährte Sidneys, sondern auch des Earl of Oxford zu erkennen. (Der Wahrheitsgehalt beider Behauptungen läßt sich nicht mehr überprüfen.) Es ist aufschlußreich, welches Bild Baxter von Susan de Veres Vater – zwei Jahre nach seinem Tod – zeichnet. Ein »kraftvolles und mächtiges Vorbild« sei der Earl ehedem gewesen, und man habe ihn Englands Perle genannt: seiner Freigebigkeit und seiner Kampfesfreude wegen. Nie habe er sich einer Unehre schuldig gemacht, nur glaubten einige, er habe zuviel Geld ausgegeben. »Er war gelehrt, gerecht, umgänglich und geradeheraus; kein Verräter, immer gütig und ehrlich.« Im begleitenden Widmungsgedicht an Susan de Vere versucht sich Baxter an einer empfindsamen Kurzbiographie des Earl. (Die Anfangsbuchstaben der Zeilen bilden das Akrostichon VERA NIHIL VERIUS SUSANNA NIHIL CASTIUS: »Nichts wahrer als die Wahre, nichts reiner als Susanna«.) Baxter wendet sich an Susan:

Kühn war der Fürst, der dieses Motto [VERA NIHIL VERIUS]
auf seinem goldenen Ring eingraviert trug
und, ehe du geboren warst, durch Venedig streifte
mitten unter den galanten Männern des italischen Frühlings,
nichts auslassend, was Kurzweil versprach:
italiensche Unterhaltung und den Sang der Sirenen.
Die tanzende Helena mit ihrem tönenden Stachel
überfiel den englischen Adel,
wie sie ganz Italien vergiftete.
Aber Ihre verewigte Majestät, die darüber wachte,
bestrickte Seelen aus der Schmach zu befreien,
und an deine heilige Jungfräulichkeit dachte,
veranlaßte uns zur schleunigen Rückkehr
zu deiner überaus schönen Mutter.
So zeugte dich der Fürst mit Freundlichkeit,
so warst du, reine und herrliche Nymphe geboren.

Zur Verführungskunst der venezianischen Kurtisanen gehörten, wie der Puritaner sich erinnert, auch Tanz und Fiedelbogen. (Signora Virginia läßt grüßen.)
Ein gewinnenderes Bild des Earls zeichnet 1609 der Dramatiker George

Chapman (1559-1634) in *The Revenge of Bussy d'Ambois* (»Rache für Bussy d'Ambois«). Seinem tragischen Helden Clermont D'Ambois, einem französischen Edelmann in der Zeit von Henri III, legt Chapman die Worte in den Mund:

Ich traf in Deutschland, aus Italien kommend
einen vortrefflichen, berühmten Earl
aus England, wohlgestaltet wie kein andrer,
von Kopf bis Fuß vollkommen und höchst selten;
er hatte das Gesicht der alten Römer,
von denen seine edlen Ahnen stammten;
er wirkte groß von Geist und von Gestalt,
kühn und gelehrt, freigebig wie die Sonne,
er sprach und schrieb poetisch, oder von gelehrten Dingen
und Gegenständen öffentlichen Wohls.

Chapman – via Clermont – rühmt weiterhin Oxfords unangepaßte und wahrhaft aristokratische Haltung. »Er schwor, eher seinen ganzen Besitz aufzugeben, als in aristokratischen Riten zu verharren; die knechtischen Floskeln hielt er für das Ende der Noblesse.«

Die Laudatoren Baxter und Chapman aber berühren nur Oxfords frühes Mannesalter, fast als wollten sie vermeiden, dem »Mann Shakespeare« zu nahe zu treten.

Als Poet wird Oxford von seinen Zeitgenossen nur noch einmal, im Jahr vor dem Erscheinen der FIRST FOLIO, erwähnt: in Henry Peachams *The Compleat Gentleman* (1622). Der Schriftsteller und Erzieher Henry Peacham (1576-1643) war der Sohn des alten Kuraten Peacham, der das Albumblatt zu *Titus Andronicus* mit dem geheimnisvollen Kürzel **m° q° g q^{to}** versah. Peacham II übergeht William Shakespeare mit Stillschweigen und erinnert unter den elisabethanischen Dichtern vorrangig den Earl of Oxford:

»In der Zeit unserer verstorbenen Königin Elizabeth, einem wahrhaft goldenen Zeitalter (da es eine Welt erlesener Geister hervorbrachte, wie es für eine spätere Zeit kaum zu hoffen ist), gehörten zu denen, die die Dichtkunst ehrten und pflegten (und darin das Geschick Ihrer Majestät zu übertreffen suchten) Edward Earle of Oxford, Lord Buckhurst, Henry Lord Paget; unser Phoenix, der edle

Sir Philip Sidney, Mr. Edward Dyer, Mr. Edmund Spenser, Mr. Samuel Daniel und einige andere, die ich (zusammen mit den noch lebenden, bewundernswerten und bekannten Männern) nicht aus Ennui übergehe, sondern um nicht zu weitschweifig zu werden.«

Und wie war es nach Oxfords Tod um die Veröffentlichungen der Shakespeareschen Stücke bestellt? Wir sprachen davon, daß die Reihe der »guten Quartos« nach dem Erscheinen von *The tragicall historie of Hamlet* im Jahr 1604 abbrach.

Fünf Jahre später erschienen zwei Stücke unter Shakespeares Namen: *Pericles, Prince of Tyre* und *The historie of Troylus and Cresseida.* Bei »Perikles, Prinz von Tyrus« handelt es sich um ein Plagiat, das dem Toten gefahrlos untergeschoben werden konnte. Thomas Creede, der Drucker dieser faulen Romanze, war ein Spezialist für Fakes. 1594 hatte er (zusammen mit dem Buchhändler Thomas Millington) die unautorisierte Bühnenfassung von *2 Henry VI*** auf den Markt gebracht, 1595 das Drama *Locrine* »By W. S.« folgen lassen und in den Jahren 1600 und 1602 mit den Bühnenmanuskripten (»bad quartos«) von *Henry the Fifth* und *The Merry Wives of Windsor* seine Erfolge zu wiederholen gewußt.

Pericles, Prince of Tyre, wider die Autorität der Folio-Ausgabe von 1623 stillschweigend in den Shakespeare-Kanon eingemeindet, ist ein reichlich dummes und fades Stück. Sein heroisch humorloses Schwadronieren besitzt weder die Kühnheit, Eleganz, Schärfe, Knappheit, Dichte, Radikalität noch die poetische Bildhaftigkeit und philosophische Tiefenschärfe der Shakespeareschen Dramen. (Auch die Handlung ist abgeschmackt: Weil Perikles nicht die Tochter des Antiochus heiraten will, die mit ihrem Vater im Inzest lebt, muß er fliehen, erlebt einen Schiffbruch, wird an Land gespült, tritt auf im Turnier, verliebt sich in Thaisa, die Königstochter von Pantapolis, gewinnt sie zur Frau und reist mit ihr in die Heimat zurück. Nach der Geburt einer Tochter in den Wirren eines Sturms wird Thaisa für tot gehalten und im Meer bestattet, treibt

---

* *2 + 3 Henry VI* erschienen erstmals 1594 und 1595 in Form von »bad quartos«, d. h. nicht autorisierten Bühnenmanuskripten, mit spezifischen Veränderungen, die die Handschrift Christopher Marlowes tragen. (*The First Part of the Contention Betwixt the Two Famous Houses of Yorke and Lancaster, 1594,* und *The True Tragedie of Richard Duke of York, and the Death of Good King Henrie the Sixt, 1595*).

aber in ihrem Sarg ans Ufer von Ephesus, lebend. Töchterchen Marina
wächst auf bei unguten Leuten, die auf sie eifersüchtig sind, soll umgebracht werden, fällt jedoch in die Hände von Piraten und wird ans Bordell von Mytilene verkauft. Dort bewahrt sie ihre Jungfräulichkeit für
den Gouverneur Lysimachus, der sie freikauft. Am Ende treffen sich die
Versprengten und Verirrten alle glücklich wieder.)

Ins selbe Jahr 1609 fällt die Veröffentlichung von *The historie of Troylus
and Cresseida. As it was acted by the Kings Maiesties servants at the Globe.
Written by William Shakespeare.* Diese Ausgabe wurde binnen kurzem
ersetzt durch eine zweite, der ein neues Titelblatt (*The famous historie of
Troylus and Cresseid. Excellently expressing the beginning of their loves, with
the conceited wooing of Pandarus Prince of Licia. Written by William Shakespeare*) und ein Vorwort beigegeben waren. Der anonyme Verfasser des
Vorworts betont, das Stück sei noch nie vor der großen Menge gezeigt
worden: »ein neues Stück, noch nicht abgenutzt durch die Bühne, nicht
zerklatscht von den Hand-Palmen der Gewöhnlichkeit«.

Als erstes fällt auf, daß ein Vorwortschreiber den Autor »vertritt«. Zugleich überrascht die ungewöhnliche Formulierung, mit der das Vorwort überschrieben ist: »A never Writer, to an ever Reader.«
Ein Nie-Schreiber an einen Immer-Leser.

In diesem Wortspiel klingt das bekannte »Ever or Never« an, mit dem
George Gascoigne 1573 und Henry Willobie 1594 in Abgrenzung zu
Master »E.VER« aufgetreten sind. Auch der »never Writer« scheint
Ähnliches im Sinn zu haben, denn er macht schon mit seinem ersten
Satz klar, daß er alles andere ist als ein »Nie-Schreiber«. Der Anonymus,
ein Meister der Formulierungs- und Verschlüsselungskunst, gibt sich
dem »ewigen Leser« anhand eines signifikanten Details zu erkennen.
»Hätte ich Zeit«, sagt er, »würde ich das Stück kommentieren, obwohl
ich denke, daß es das nicht nötig hat, denn es ist so verdienstvoll, daß
sogar ich Armer mich darin untergebracht weiß.« D.h., er spielt an auf
die unrühmliche Rolle, die ihm, dem »Never Writer«, in *Troilus and
Cressida* zugedacht war.

Der Vorwortschreiber ist allein deshalb niemand anderer als Shakespeares tumber »Ajax«: der Autor Ben Jonson.

(Man erinnere sich an die Bemerkung des Clowns in *The Return of Parnassus*: »Oh, dieser Jonson ist ein verteufelter Bursche; er gab den Dich-

tern eine Pille zu schlucken, aber unser Kollege Shakespeare hat ihm eine Abfuhr erteilt, die ihm die Hosen auszog.«)

Troilus und Cressida sei dem »vulgären Beifall« und »Geifer der Menge« noch nie ausgesetzt gewesen, schreibt Jonson.

Man fragt sich, warum ein Käufer vis à vis von St Paul's das angebotene Buch aufgrund dieser Bemerkung besonders anziehend finden sollte. Offenbar handelt es sich um ein besonders edles Schauspiel – so edel, daß es den Weg ins Globe noch nicht gefunden hatte oder nicht finden sollte. (Die Studenten von Cambridge, die 1602 in *Return from Parnassus* auf das Stück reagierten, müssen es in ihrem College gesehen haben.) Also ein Stück nicht für die Masse, sondern für den Hof oder die Inns of Court. Vergleichbar mit Plautus und Terenz.

»Wenn der Autor nicht mehr unter den Lebenden ist«, sagt Jonson mehr als geheimnisvoll, »und seine Komödien nicht mehr im Handel sind, werdet ihr euch um sie reißen und ihretwegen eine neue englische Inquisition ausrufen lassen.«

Tatsächlich zählt der Autor bereits zu den Toten, und man wird noch dreizehn bzw. vierzehn Jahre warten müssen, bis 1622 *Othello* und 1623 die Folio-Ausgabe der Werke erscheint.

Ben Jonson kennt auch die Begründung. »Nehmt dies als Warnung«, sagt er, »und dankt dem Glück dafür, daß dieses Stück zu euch durchgerutscht ist, denn nach dem Willen der *edlen Besitzer* solltet ihr, glaube ich, eher um die Komödien bitten als zu ihnen gebeten werden.«

Wer aber sind die »grand possessors«?

Die Schauspieler nicht, denn sie muß man nicht um Komödien bitten. Auch nicht die Buchhändler, denn dank ihrer Bemühungen ist gerade noch *ein* Schauspiel zu den Lesern »durchgerutscht«. (»The historie of Troylus and Cresseida« war seit 7. Februar 1603 im Register der Buchdruckergilde eingetragen.)

Nein, die »grand possessors« sind die ehrwürdigen und edlen Besitzer der Manuskripte und Rechte des Speerschwingers: Elizabeth Trentham, Countess of Oxford (ca. 1563-1612), und deren sechzehnjähriger Sohn Henry de Vere, 18. Earl of Oxford (1593-1625). Möglicherweise besaßen auch die drei Töchter Oxfords ein Mitspracherecht bei Fragen der

Veröffentlichung: Elizabeth de Vere, Countess of Derby (1575-1627), Bridget de Vere, Baroness Norris of Rycote (1584-1631), und Susan de Vere, Countess of Montgomery (1587-1628).

Sollte die Familie des verstorbenen Dichters nach *King Lear* und *Troilus and Cressida* noch weitere Quartos geplant haben (es standen noch neunzehn ungedruckte Schauspiele zur Veröffentlichung an), so bereitete ein unvorhergesehener Zwischenfall diesen und ähnlichen guten Absichten ein abruptes Ende.

Das Entsetzen der de Veres, Derbys und Herberts galt der Leistung des unsterblichen Verlegers Thomas Thorpe, der am 20. Mai 1609 Shakespeares Sonette ins Stationers' Register eintragen ließ. Als *SHAKE-SPEARES SONNETS* haben sie, auffällig genug, im Sommer 1609 das Licht der Öffentlichkeit erblickt: als definitiv letzte Neuveröffentlichung eines Shakespeareschen Werks vor 1622.

Diese einhundertvierundfünfzig Gedichte, deren Vorsatz der universalen Poetisierung des Lebens umschlägt in die Dokumentation einer vorsätzlichen amour fou, bildeten in den Augen der Familie einen unerhörten Skandal.

Am Hof war nicht unbekannt, wer sich hinter dem Namen SHAKE-SPEARE verbarg. Bis hinein in die studentischen Kreise konnte man lachen über die Verwechslung von Shakespeare, dem Dramatiker, und Shakspere, dem »Kollegen« des Clowns.

Und nun besaß der Buchhändler Thomas Thorpe die Chuzpe, SHAKE-SPEARES kompromittierendes Werk ungekürzt zu drucken und, Gipfel der Unverschämtheit, mit einem eulenspiegelhaften Hinweis auf ihren »Erzeuger« – *begetter* – zu versehen:

»Dem einzigen Erzeuger dieser Sonette – Mr. W. H. – alles Glück und die von unserem unsterblichen Dichter ihm versprochene Ewigkeit wünscht der wohl-wünschende Unternehmer, der sie herausgibt.« Jetzt würden die Sonette jedermann die Augen öffnen über die seltsamen Beziehungen des Earl of Oxford zu einem gewissen »Master W. H.« und einer dunkelhaarigen Lady.

Diese Lady aber ging als Hofdame von Queen Anne in Whitehall ein und aus – und »Master W. H.«, der junge Earl, dem William Shakespeare seine Versepen gewidmet hatte (»Die Liebe, die ich Eurer Lordschaft zusage, ist ohne Ende«), war 1603 zum Gouverneur der Isle of Wight und stolzen Träger des Hosenbandordens geworden.

Kaum anzunehmen, daß der kriegerisch auftretende Henry Wriothesley, Earl of Southampton, der Öffentlichkeit als holder Jüngling vorgeführt werden wollte. Der befürchtete Gesichtsverlust aber war nicht das Schlimmste. Aufgrund einer sorgfältigen Lektüre von SHAKE-SPEARES SONNETS konnten die Zeitgenossen das Dreiecksverhältnis Oxford, Southampton, Trentham rekonstruieren. Und somit war, logisch geurteilt, die Legitimität des Sohnes Henry de Vere, 18. Earl of Oxford in Frage gestellt. Denn dieser Henry konnte auch ein Bastardsohn von Henry Wriothesley sein.

Folglich mußte die Countess of Oxford nicht nur die Ausgabe mit den Sonetten unterdrücken, sondern zugleich sicherstellen, daß der Dichtername Shakespeare in Zukunft nicht und nirgends mehr mit ihrem Mann in Zusammenhang gebracht würde. Die SONNETS verschwanden umgehend vom Markt und wurden erst 1640 in gekürzter und verschleierter Form neu gedruckt.

Thomas Thorpe war allerdings kein Engel. SHAKE-SPEARES SONNETS sind einigermaßen nachlässig gedruckt, mit vielen Fehlern behaftet und einem Anhang versehen, der den Nachgeborenen Kopfzerbrechen bereitete. Thorpe hat den poetischen Appendix, betitelt *A Lover's Complaint* (»Klage einer Liebenden«), unbesehen dem Meister zugeschrieben. Und die Shakespearologen wollten ihm gerne glauben. Erst 395 Jahre später kommt Professor Brian Vickers in seiner historisch-philologischen Analyse zu dem einleuchtenden Schluß, die rührselig belehrende Klage stamme von John Davies of Hereford. (Möglicherweise erhielt Thomas Thorpe das Manuskript der Shakespeareschen Sonette aus Herefords Hand. Als Gegenleistung rückte der Verleger *A Lover's Complaint* in das Werk Shakespeares ein.)

Anfang 1611 erschien John Davies of Herefords *The Scourge of Folly* – und darin das Epigramm 159: *To our English Terence, Mr. Will. Shakespeare.* »Einige sagen, ... hättest du nicht zum Spaß einige königliche Rollen gespielt, so wärst Du einem König Gefährte und unter Geringeren ein König gewesen.«
1616 ließ Hereford *A Select Second Husband* folgen mit der bedeutsamen Erinnerung:

Henry de Vere,
18. Earl of Oxford
(1593-1625)

»The Two Henries«.
Henry de Vere,
18. Earl of Oxford und
Henry Wriothesley,
3. Earl of Southampton
(1573-1624)

»Ich kannte einen Mann, so unwert wie ich,
und doch zu wertvoll, um ihn nachzuahmen,
der einmal einen König gab, und, obwohl's ein Spiel war,
sich dort befand, wo Lords und Ladies sich begegnen,
die, da er ihnen gleich war,
an schuldiger Ehrerbietung es nicht fehlen ließen.«
(Vgl. S. 280 ff. den Exkurs *A companion for a King*)

Im gleichen Jahr 1616 starb in Stratford William Shakspere, der Teilhaber des »Globe« – und ehemalige Kollege von Burbage und Kempe. Sein Tod machte den Weg frei für einen gerissenen Etikettenschwindel oder, wie Henry James es nannte, für den »größten und erfolgreichsten Betrug, der je an der geduldigen Menschheit begangen wurde«.

Mehr als dreihundert Jahre lang hat man nach Dokumenten geforscht, die über Shaksperes irdisches Dasein Auskunft geben, und dabei tatsächlich einiges gefunden: die Taufbescheinigung und Heiratserlaubnis im Kirchenregister, die Taufdaten seiner Kinder – die Vermerke über seine Steuerschulden in London und eine gegen ihn eingeklagte Friedensgarantie – zwei ihn erwähnende Zahlungsbelege und ein Royal Patent für die Chamberlain's bzw. King's Men – die Beurkundung seiner Teilhaberschaft am Globe und Blackfriars – Beurkundungen seiner Grundstücks- und Häuserkäufe in Stratford – seine Zeugenaussage in einem Zivilprozeß – seine Klagen gegen Schuldner – sein Testament und die Einträge über Tod und Begräbnis.
Unter Berücksichtigung aller bekannten Dokumente und einiger im 17. Jahrhundert eingeholter Erinnerungen sieht William Shaksperes Biographie so aus:

»Guliemus filius Johannes Shakspere« – William, der Sohn von John Shakspere – wurde am 26. April 1564 in Stratford-upon-Avon, einem 1500 Einwohner zählenden Städtchen in Warwickshire, getauft.
Der Handschuhmacher John Shakspere (1530-1601), seit 1557 verheiratet mit Mary Arden, der Tochter seines Pachtherrn, machte in der Stadtverwaltung Karriere als Konstabler, Stadtkämmerer, Gerichtsvollzieher und Schultheiß. Von seinen acht Kindern überlebten fünf. Im

Jahr 1570 wurde John Shakspere des Wuchers angeklagt, weil er verbotenerweise 220 Pfund Sterling an Master Walter Mussum verliehen hatte. 1571 beschuldigte man ihn des Handels mit 4000 Kilogramm Wolle, womit er gegen die geltenden Monopolbestimmungen verstoßen hatte. 1576 zog er sich aus allen öffentlichen Ämtern zurück. Wenn der kleine William die Stratford Free School besuchte, was sich nicht belegen läßt, so wird man ihn, wie es üblich war, mit dreizehn Jahren aus der Schule genommen haben.

Viele Jahre später wird William Beeston (ca. 1605-1682), der Sohn des Chamberlain's actor Christopher Beeston, im Gespräch mit John Aubrey bezeugen:»aufgefordert zu schreiben, geriet er in Not« – »if invited to writ: he was in paine« (*Aubrey's Brief lives*, ed. 1898).

Am 27. November 1582 wurde in das Register des Bischofs von Worcester für den achtzehnjährigen»Wm Shaxpere« eine Heiratserlaubnis eingetragen. Einen Tag später gingen zwei Stratforder Bürger, Fulk Sandells und John Richardson, eine Verpflichtung in Höhe von £40 ein, falls gegen die Ehe von»willm Shagspere« und»Anne hathwey« Rechtsbedenken entstehen würden. Die Braut war im dritten Monat schwanger.

Am 26. Mai 1583 verzeichnet das Kirchenbuch von Stratford die Taufe von»Susanna, daughter of William Shakspere«.

Am 2. Februar 1585 wurden die Zwillinge Hamnet und Judith, Sohn und Tochter von»William Shakspere« getauft.

(In einer Klage John Shakspares aus dem Jahr 1588 kommt William als »Willielmo Shackespere filio« vor.)

Irgendwann Anfang der neunziger Jahre – in der Zeit seiner»dunklen Jahre« – muß der junge Mann Frau und Kinder verlassen haben, um sein Glück in der Großstadt zu versuchen. Möglicherweise hat er den aus Stratford gebürtigen, in London ansässigen Drucker Richard Field (1561-1624) aufgesucht, einen Freund seines Vaters – aber nicht, um ihm ein ausgefeiltes höfisches Epos zum Druck anzubieten, sondern weil er Arbeit suchte.

Ende 1594 taucht Will Shakspere überraschend als Mitglied der Chamberlain's Men auf. Er hat offenbar am 26. und 29. Dezember 1594 während zweier Aufführungen bei Hof mitgewirkt, da er am 15. März 1595 zusammen mit William Kempe und Richard Burbage eine Zahlung für

die Gruppe entgegennimmt. Und wundersamerweise sieht sich der
unbekannte Schauspieler durch die Hofbuchhaltung mit einem Feder-
strich zum königlichen Hof-Autor geadelt, denn der Treasurer of the
Chamber vermerkt großzügig:»To William Kempe, William Shakespeare & Richard Burbage, servaunts to the Lord Chamberleyne, upon
the Councelle's warrant dated at Whitehall xv. to Marcij 1594[5], for
twoe severall comedies or enterludes shewed by them before her majes-
tie in Christmas tyme ...«
Die Eintragung des Treasurers beruht auf einer simplen Verwechslung
zwischen dem Schauspieler William Shakspere-Shaxpere-Shackespere
und dem seit 1593 unter dem Pseudonym»William Shakespeare« publi-
zierenden Autor, von dem die Chamberlain's Men zu dieser Zeit zwölf
Stücke aktiv oder passiv im Repertoire hatten:
- *Titus Andronicus* (Henslowe 1594, Quarto 1594)
- *The Taming of A Shrew* (Quarto 1594, erwähnt werden die Mitspieler
  Sly & Sincklo)
- *The Comedy of Errors* (aufgeführt am 28. Dezember 1594 in Gray's
  Inn)
- *2 Henry VI* (Quarto 1594)
- *3 Henry VI* (Quarto 1595)
- *King Richard II* (am 9. Dezember 1595 aufgeführt im Haus von Sir
  Edward Hoby)
- *Hamlet* (erwähnt bei Nashe 1589/92 und bei Henslowe 1594)
- *The Two Gentlemen of Verona* (Zitate bei Nashe, 1596)
- *Othello* (Zitate bei Nashe, 1592)
- *The Merry Wives of Windsor* (Zitate bei Nashe, 1593)
- *The Merchant of Venice* (Zitate bei Nashe, 1593/96)
- *Romeo and Juliet* (Zitate bei Nashe, 1596)

Es sieht fast so aus, als hätte der Speerschwinger auf diese Verwechslungskomödie mit einer kleinen Rolle für William II reagiert. Ähnlich wie der Kesselflicker»Sly« und der Schauspieler»Sincklo« in *The
Taming of the Shrew* den Schauspielern Will Sly und John Sincler auf
den Leib geschrieben sind, erscheint in *As You Like It* ein gewisser
»country fellow« namens William, geboren im»forest of Arden« – im
Arden(n)er Wald. Probstein, des Herzogs Spaßmacher, spannt ihm die

Freundin aus und schickt William zurück, wo er hergekommen ist: in den Wald.

PROBSTEIN   Aber, Käthchen, da ist ein junger Mensch hier im Walde, der Anspruch auf dich macht.

KÄTHCHEN   Ja, ich weiß, wer es ist: er hat in der Welt nichts von mir zu fordern. Da kommt der Mensch, den Ihr meint.

PROBSTEIN   Es ist mir ein rechtes Labsal, so einen Tölpel zu sehen ...

Ist dein Name William?

WILLIAM   William, Herr.

PROBSTEIN   Ein schöner Name. Bist hier im Walde geboren?

WILLIAM   Ja, Herr. Gott sei Dank.

PROBSTEIN   »Gott sei Dank« – eine gute Antwort. Bist reich?

WILLIAM   Nun, Herr, so, so.

PROBSTEIN   »So so« ist gut, sehr gut, ganz ungemein gut – nein doch nicht, es ist nur so so ... Ihr liebt dieses Mädchen?

WILLIAM   Das tu' ich, Herr.

PROBSTEIN   Gib mir deine Hand. Bist du gelehrt?

WILLIAM   Nein, Herr.

PROBSTEIN   So lerne dies von mir: Haben ist haben – denn es ist eine Figur in der Rhetorik, daß Getränk, wenn es aus einem Becher in ein Glas geschüttet wird, das eine leert, indem es das andere füllt, denn alle Eure Schriftsteller geben zu: ipse [er selbst] ist er. Nun, Ihr seid nicht ipse, denn *ich* bin er.

WILLIAM   Was für ein Er, Herr?

PROBSTEIN   Der Er, Herr, der dieses Mädchen heiraten muß. Also, Ihr Tölpel, meidet die Vertrautheit – plump gesagt: das Zusammensein – mit diesem weiblichen Wesen – oder auf bäurisch: laßt die Finger von der Frau.   (*As You Like It*, V/1)

William ist nicht, der er ist, weil Probstein Er ist. Ein Becher, zu Unrecht gefüllt, wird zur leeren Anmaßung.

Sollte der Hilfsschauspieler William Shakspere, der bäurische Enkel des Landherren Robert Arden of Wilmecote, den Part des »country fellow« gespielt haben, so dürfte das höfische Publikum aus vollem Halse gelacht haben.

(Im Hinblick auf Shaksperes Rollen schrieb Nicholas Rowe im Jahr

1709: »Obwohl ich nachgeforscht habe, bin ich auf keinen anderen Hinweis gestoßen, als daß der Geist in *Hamlet* der Gipfel seiner Darstellungskunst gewesen sei.«)

Halten wir uns an die Dokumente. Schon Ende der sechziger Jahre, nachdem er »bailiff« (Ratsherr oder Schultheiß) von Stratford geworden war, hatte John Shakspere ein eigenes Wappen beantragt. Aus der Sache war nichts geworden, weil verbotener Geldverleih und Wollhandel in die Quere kamen. Im Jahr 1596 brachte Johns erfolgreicher Sohn, inzwischen selbst Geldverleiher in London, den alten Antrag wieder ins Rollen. Der Heraldiker Sir William Dethick zeichnete einen Entwurf mit Falke und Speer und dem Motto: »Non Sanz Droict« – »Nicht ohne Recht«. Obgleich 30 Guineen (31 £, 10 Sh) bezahlt wurden, durfte John Shakspere sein Wappen nicht führen.

Ebenfalls im Jahr 1596 gerieten sich zwei feindliche Parteien von Geldverleihern in die Haare, nämlich »William Shakspere« und Francis Langley auf der einen, William Wayte und William Gardiner auf der anderen Seite. Der Stoffhändler und Pfandleiher Francis Langley hatte gerade ein neues Theater erbaut – The Swan. William Shakspere dürfte sein Teilhaber gewesen sein. William Wayte und sein Stiefvater Gardiner waren durch Geldverleih und finanzielle Manipulationen zu zweifelhaftem Vermögen gelangt. Gardiner versuchte, Langleys Theater lahmzulegen, Langley schimpfte Gardiner und Wayte meineidige Schurken. Die feindlichen Parteien erwirkten im September 1596 sogenannte »Friedensgarantien« gegeneinander, um tätlichen Angriffen vorzubeugen. (D. h., beide Seiten mußten bei Gericht als Bürgschaft für ihre Friedlichkeit eine gewisse Summe hinterlegen.)

Am 4. Mai 1597 kaufte der Theaterfinanzier William Shakspere »New Place«, das zweitgrößte Haus in Stratford – für die Summe von £ 60. Zugleich blieb er in seinem Londoner Domizil Bishopsgate die Steuern in Höhe von 5 Shilling schuldig (Eintrag vom 15. 11. 1597).

1598, so bezeugt Ben Jonson achtzehn Jahre später, soll er eine Rolle in *Every Man in His Humour* gespielt haben.

Im gleichen Jahr belegen vier Briefe der Familie Quiney-Sturley Shaksperes Tätigkeit als Geldverleiher. Der »countriman« Master »Shaksper« bzw. »Shackespre« wird um eine Summe von £ 30 gegen entsprechende Sicherheiten angegangen.

Offenbar pendelt Shakspere zwischen London und Stratford, denn in seinem Heimatort hortet er, wie am 4. Februar 1598 beurkundet, ungesetzlicherweise drei Tonnen Malz in »New Place«.

Inzwischen waren die Chamberlain's Men in eine manifeste Krise geraten. Im Jahr 1596 hatte der alte James Burbage in die Räumlichkeiten des Blackfriars investiert, weil sein Pachtvertrag mit dem »Theatre« auslief. Aber die vornehmen Anwohner des Blackfriars waren mit einer Petition gegen das Theaterprojekt aufgetreten und hatten es vereitelt. Nach dem Tod seines Vaters im Januar 1597 übernahm Richard Burbage die Leitung. Ende des Jahres mußte die Truppe ins Curtain umziehen, während das »Theatre« verwaist zurückblieb. Da der arrogante Pachtherr einen neuen Vertrag verweigerte, verhalfen sich die Chamberlain's auf Schauspielerart zu ihrem Recht: in einer Nacht- und Nebelaktion brachen sie Ende 1598 ihr altes Spielhaus ab und verwendeten das Bauholz zur Errichtung einer neuen Spielstätte am anderen Ufer der Themse. Dies war die Geburt des »Globe«.

Der am 21. Februar 1599 unterzeichnete Vertrag war ein »Pachtvertrag zu drei Teilen« – die drei beteiligten Parteien waren der Pachtherr Nicholas Brend, die Brüder Richard und Cuthbert Burbage, sowie fünf (finanzkräftige) Mitglieder der Chamberlain's Men: William Shakspere, John Heminge(s), Augustine Phillips, Thomas Pope und William Kempe. Brend und die Burbages waren zur einen, die fünf Akteure zur anderen Hälfte beteiligt. Demnach besaß Shakspere einen 10%igen Anteil an den Einnahmen des Globe, was ihm jährlich rund 200 Pfund Sterling Verdienst einbringen sollte. Da seine Schauspielkunst nicht erheblich war, konnte er seine Haupttätigkeit nach und nach gen Stratford zurückverlagern.

In den kommenden Jahren sind Shaksperes Steuerschulden, Käufe und Verkäufe in Stratford bezeugt. Im Theaterbereich halten sich seine Aktivitäten in Grenzen: der frisch inthronisierte James I übernimmt das Patronat der Chamberlain's Men, verleiht der Truppe den Titel »King's Men« und erteilt am 17. Mai 1603 den Herren »Fletcher, Shakespeare und dem Rest der Gesellschafter« die Lizenz zur Ausübung des Theaterspiels bei Hof und in der Öffentlichkeit.

Im gleichen Jahr 1603 soll Shakspere eine Rolle in Ben Jonsons *Sejanus* gespielt haben. Die entsprechende Besetzungsliste veröffentlicht Jonson aber erst 1616.

Den letzten seiner Auftritte hatte William Shakspere alias »William Shakespeare« während der königlichen »procession« am 15. März 1604, bei der er – zusammen mit Augustine Phillips, Lawrence Fletcher, John Heminge und Richard Burbage – in der Reihe der Servants mitgehen durfte.

Im Juli 1604 verklagte »Willielmus Shexpere« den Apotheker Philip Rogers wegen einer Schuld in Höhe von 1 Pfund 15 Shilling 10 Pence. Im August 1608 klagte »Willielmo Shackspeare« gegen John Addenbrooke um 6 Pfund Sterling plus 24 Shilling Auslagen.

Im Mai oder Juni 1612 hatte der »Gentleman aus Stratford« als Zeuge in einem Zivilprozeß in London auszusagen. Shakspere ehemaliger Hauswirt Mountjoy wurde von dessen Schwiegersohn Belott auf Herausgabe der versprochenen Mitgift verklagt. William Shakspere bekundet, daß er bei den Hochzeitsvorbereitungen im Jahr 1604 geholfen habe, sich an die Höhe der Mitgiftsumme aber nicht mehr erinnern könne. Seine Aussage unterschrieb er mit »Willm Shakp«.

Schließlich, im Jahr 1613, Shaksperes letztes pekuniäres Engagement: er kaufte zusammen mit William Johnson, John Jackson und John Heminge das Torhaus von Blackfriars für £140. (In diesem Haus wurde nicht Theater gespielt.)

Am 25. März 1616 verfaßt der begüterte Mann seinen letzten Willen, und am 25. April 1616 verzeichnet das Kirchenbuch von Stratford sein Begräbnis.

Tochter Susanna und ihr Mann, der Arzt Dr. John Hall, erben das Anwesen »New Place« zusammen mit allen Grundstücken und Wertsachen, Tochter Judith erhält £300 und eine große versilberte Schale, Frau Anne das »second best bed« und das Bettzeug. Seine Kollegen John Heminge, Richard Burbage und Henry Condell hat Shakspere (in der zweiten Fassung seines Testaments) mit je einem Pfund, 15 Shilling und 8 Pence bedacht, »um sich einen Gedenkring zu kaufen«. Von Büchern oder Manuskripten ist nicht die Rede.[*]

---

[*] »Er führte bis in die kleinsten Einzelheiten auf«, kommentiert Mark Twain, »was er in der Welt besaß – Häuser, Grundstücke, einen Degen, eine versilberte Schale

Shakespeare und Shakspere verkörpern zwei inkommensurable Formen menschlicher Existenz. Dennoch kam es zu einer historischen Verwechslung. Die aber nur möglich wurde, weil sie gewollt war. Elizabeth Trentham, Countess of Oxford war im Dezember 1612 verstorben. Die »grand possessors« der Shakespeareschen Manuskripte – Henry de Vere und, möglicherweise, seine Halbschwestern Elizabeth, Bridget und Susan – wollten die Werke ihres Vaters herausgeben, ohne seinen Familiennamen preisgeben zu müssen. Mehr noch, sie wollten jede Assoziation des Pseudonyms SHAKE-SPEARE mit dem Namen De Vere ausschließen – ohne vor denen, die die Wahrheit kannten, als Fälscher zu erscheinen. Offenbar sah sich Henry de Vere zu einem solchen Vorgehen gezwungen – aus Angst, von den Lesern der SONNETS für einen Bastard gehalten zu werden.

Zur Lösung des Problems bemühte man einen Dramatiker: den »Kollegen« Shakespeares und Vorwortschreiber zu *Troilus and Cressida* – den »never Writer« Ben Jonson.

Wir schreiben das Jahr 1616. Das erste Mal in der Geschichte der englischen Literatur wird einem lebenden Autor das Glück zuteil, seine gesammelten Werke in einer kostbaren, großformatigen Folioausgabe präsentieren zu dürfen. Eine solche Edition ist ohne mäzenatische Unterstützung nicht denkbar.

(Jonson bezog von William Herbert, Earl of Pembroke, eine jährliche Zuwendung von zwanzig Pfund, »um Bücher zu kaufen«. Ab Februar 1616 erhielt er auf Fürsprache Pembrokes jährlich 66 Pfund aus der Kasse des Königs, ein Betrag, der 1621 verdoppelt wurde. Einen Teil der Werkausgabe – sein Drama *Catiline* und seine *Epigrammes* – widmete er dem Grafen.)

und so weiter, bis hinunter zu seinem ›zweitbesten Bett‹ samt zugehörigem Bettzeug. Sorgfältig und mit Bedacht verteilte er seine Reichtümer unter die Angehörigen seiner Familie und überging dabei nicht einen. Nicht einmal seine Frau … Er hinterließ ihr jenes ›zweitbeste Bett‹. Und sonst nichts; nicht einmal einen Penny, um ihren Witwenstand zu segnen. Es war eben und vor allem das Testament eines Geschäftsmannes, nicht das eines Dichters. … Hätte Shakspere einen Hund sein eigen genannt: wir wissen, er hätte ihn in seinem Testament erwähnt. Wär's ein guter Hund gewesen, hätte Susanna ihn bekommen; wär's ein weniger guter gewesen, wäre er seiner Frau zugeschlagen worden.«

Die einbändige Folioausgabe von Ben Jonsons *Workes* (mit neun Stükken, dreizehn Maskenspielen, sechs Entertainments und Gedichten)
wartet mit einer Neuerung auf, die den Boden für ein neues Shakespearebild bereitet. Der Nieschreiber stellt seinen Stücken nicht nur das
Personenverzeichnis, sondern auch eine Besetzungsliste voran. Danach
haben 1598 in *Every Man in His Humour* folgende »Hauptdarsteller« mitgewirkt:

WILL SHAKESPEARE	–	RIC. BURBADGE
AUG. PHILIPS	–	JOH. HEMINGS
HEN. CONDEL	–	THO. POPE
WILL. SLYE	–	CHR. BEESTON
WILL. KEMPE	–	JOH. DUKE

Als Besetzung für *Sejanus* im Jahr 1603 führt Jonson an:

RIC. BURBADGE	–	WILL. SHAKE-SPEARE
AUG. PHILIPS	–	JOH. HEMINGS
WILL. SLY	–	HEN. CONDEL
JOH. LOWIN	–	ALEX. COOKE

Die Fälschung beginnt mit dem Bindestrich.

Denn durch die prominente Plazierung »Will Shakespeares« in der ersten und durch die Bindestrichschreibung »Will. Shake-speares« in der
zweiten Liste entsteht der Eindruck, William Shakspere, der Schatten-
schauspieler, sei nicht nur ein sehr wichtiger Mann, nein, er sei identisch gewesen mit SHAKE-SPEARE, dem Verfasser der Dramen.

(Mit der Bindestrichschreibung in den frühen Ausgaben von *King
Richard II*, *King Richard III*, *1 Henry IV* und *King Lear* hatten die Drucker
einen Hinweis auf den Speerschwinger gegeben.)

Im Todesjahr von Will Shakspere widmet Ben Jonson den kleinen
Schauspieler zum Dichter um. Er handelt dabei vermutlich in Absprache mit Oxfords Familie, die nun ihrerseits Schritte unternimmt, den
unbekannten Mann aus Stratford posthum zu verewigen.

Jonsons Manipulation könnte aber auch schon früher begonnen haben.
Denn Shakspteres Testament, das in einer ersten Fassung im Januar 1616
entstand, wurde vier Wochen vor seinem Tod – am 25. März 1616 –
geändert. Die erste Fassung des Testaments enthielt, wie Robert Detobel gezeigt hat, keine Schenkung an seine Teilhaber John Heminge,

Richard Burbage und Henry Condell – und keinen Hinweis darauf, daß William Shakspere die Absicht hatte, handschriftlich zu unterzeichnen. Die Beglaubigungsformel des Testaments vom Januar lautete wie in allen anderen Fällen der Schreibunkundigkeit: »I have thereunto put my Seale« – »worunter ich mein Siegel gesetzt habe«. Erst die zweite Fassung des Testaments änderte die Beglaubigungsformel in: »I have hereunto put my *hand*«. Worauf die krakelige Unterschrift eines Menschen folgt, der in seinem Leben kaum mehr geschrieben zu haben scheint als eben: »Shakspere«. (Der flüssige Namenszug »William« geht auf die Hand des Schreibers zurück.)

Was war geschehen? Fünfundvierzig Jahre nach Shaksperes Tod erkundigt sich Vikar Dr. John Ward in Stratford nach den Lebensumständen des Dichters. Und bekommt zu hören: »Shakespear, Drayton und Ben Jonson hatten ein fröhliches Treffen und tranken offenbar übermäßig, denn Shakespear starb an einem Fieber, das ihn dabei befiel.«[*]

Sollten Ben Jonson und sein Dramatikerkollege Michael Drayton bei der Korrektur des Testaments (und dem beschleunigten Ableben des guten Will Shakspere) mit Alkohol nachgeholfen haben?

Man begrub den Kaufmann William Shakspere zwei Tage nach seinem Tod vor dem Altarraum der Hl. Dreifaltigkeitskirche von Stratford. In die Steinplatte über seinem Grab wurde nicht sein Name, sondern ein »christlicher« Bannfluch gemeißelt:

> Um Jesu willn verzichte drauf,
> gut Freund, nach meinem Staub zu graben.
> Heil dem, der dieses Grab verschont,
> verflucht, wer mein Gebein bewegt.[**]

[*] Sir E. K. Chambers bemerkt dazu: »Es gibt keinen Grund, diesen Bericht zurückzuweisen. Ward war Student der Medizin und wurde 1662 Vikar in Stratford. Drayton verbrachte seine Ferien gewöhnlich in Clifford Chambers in der Nähe von Stratford.« (E. K. Chambers, William Shakespeare, A Study of Facts and Problems, Oxford 1930, Vol. I, p.89)

[**] Good friend, for Jesus' sake forbear
To dig the dust enclosed here.
Blessed be the man that spares these stones
And cursed be he that moves my bones.
Nach einem Bericht aus dem Jahr 1796 war das Grab in der Kirche von Stratford leer. (Vgl. Shakespeare's Bones, in: *Notes and Queries* 1908, pp.195-196)

Das an der Kirchenwand angebrachte Grabdenkmal mit Büste, Wappen, Putten und Marmortafel wurde zwischen 1616 und 1623 bei der bekannten anglo-flämischen Bildhauerfamilie Janssen – oder Johnson – in Auftrag gegeben.* Aus Janssens Werkstatt gingen auch die Grabdenkmäler für Henry Wriothesley, zweiter Earl of Southampton, und für den dritten, vierten und fünften Earl of Rutland hervor. Da William Shakspere in seinem Testament keine Verfügung bezüglich eines Denkmals traf, wird sich die Familie gehütet haben, 50 bis 60 Pfund Sterling (der Wert eines Hauses) für ein aus London herbeizuschaffendes Grabmal zu investieren. Demnach muß ein unbekannter Gönner eingesprungen sein.
(Die heutige Büste besitzt kaum Ähnlichkeit mit der ursprünglich aufgestellten. Die um das Jahr 1640 von Dugdale gezeichnete Büste zeigt einen etwas grimmig blickenden Mann, der seine angewinkelten Arme untätig auf einem Kissen oder Wollsack ruhen läßt – die im Jahr 1748 »reparierte und verschönerte« Skulptur einen häßlichen Glatzkopf, der Feder und Papier in Händen hält.)
Eine schwarze Marmortafel unter der Büste enthält die Zeilen:

IVDICIO PYLIUM, GENIO SOCRATEM, ARTE MARONEM,
TERRA TEGIT, POPULUS MAERET, OLYMPUS HABET

STAY, PASSENGER, WHY GOEST THOU BY SO FAST?
READ, IF YOU CANST, WHOM ENVIOUS DEATH HATH
PLAST
WITHIN THIS MONUMENT. SHAKSPEARE: WITH WHOM
QUICK NATURE DIED; WHOSE NAME DOTH DECK THIS
TOMB
FAR MORE THAN COST: SITH ALL THAT HE HAS WRIT
LEAVES LIVING ART, BUT PAGE, TO SERVE HIS WIT.
OBIIT ANO. DOI 1616.
AETATIS 53, DIE. 23 AP.

* * *

* Vgl. William Dugdale, *Antiquities of Warwickshire Illustrated*, 1656.

Den, der an Urteilskraft ein Nestor, an Begabung ein Sokrates, an
Kunst ein Vergil,
bedeckt die Erde, betrauert die Menge, beheimatet der Olymp.

Wandrer, bleib stehn, warum gehst du so rasch vorbei?
Lies, wenn du kannst, wen der neidische Tod
in dieses Denkmal gesetzt. Shakspeare: mit dem
die lebhafte Natur starb, dessen Name dieses Grab
mehr schmückt als teurer Zierat. Weil alles, was er schrieb,
uns lebende Kunst hinterläßt: seinem Geist Tribut zu zollen.

Gestorben anno Domini 1616
53 Jahre alt, am 23. April

Die lebende Kunst, die Shakespeare hinterlassen hat, ist die Bühnen-
kunst der Nachgeborenen, die sich ihm verpflichtet weiß.
Der Bevölkerung von Stratford dürfte dieser Grabspruch verschlossen
geblieben sein. Es genügte, daß man in dem Mann mit den angewinkelten Armen den eigenen Mitbürger wiedererkannte und seinen Namen
lesen konnte: SHAKSPEARE. Und was er geschrieben haben sollte, der
zeit seines Lebens ein zögerlicher Schreiber war, das wußten die Herren
aus London besser. Außerdem ging es niemanden etwas an.
Nach erfolgreichem Abschluß dieses Manövers konnten Henry de Vere
Earl of Oxford, William Herbert Earl of Pembroke und Philip Herbert

Shakspere-Büste von Stratford, 1709
(nach der Zeichnung von William
Dugdale, 1656)

Earl of Montgomery sich beruhigt an die Arbeit der Shakespeareschen
FIRST FOLIO machen. Das heißt, sie beschäftigten als sachkundigen
Herausgeber den Dramatiker Ben Jonson, der für diese Arbeit ein groß-
zügiges Honorar bezog. Alle hinterlassenen Manuskripte Oxfords muß-
ten gesichtet und mit den (guten) Quartos verglichen werden. In jedem
Fall wurden die Fassungen letzter Hand bevorzugt.

Daß Jonson in die Herausgebertätigkeit involviert war, geht nicht zuletzt aus einer seiner Bemerkungen gegenüber dem Schriftsteller
Drummond of Hawthornden (1585-1649) im Januar 1619 hervor. Über
The Winter's Tale (»Ein Wintermärchen«), das damals noch ungedruckt
war, witzelte er, es fehle Shakespeare an Kunstfertigkeit und manchmal
an Sinn (»Shakspeare wanted art and sometimes sense«), da er in einem
seiner Stücke einige Leute auftreten lasse, die behaupteten Schiffbruch in
Böhmen erlitten zu haben, wo es doch auf hundert Meilen Entfernung
kein Meer gäbe.

Bereits im Oktober 1621 gingen die ersten Bogen der Folio in Druck,
aber schon nach wenigen Tagen wurde der Druck für etwa ein Jahr ausgesetzt. Wahrscheinlich stand diese Unterbrechung in Zusammenhang
mit der politischen Rolle, die die »grand possessors« zu dieser Zeit spielten.

Der stets labile und sich selbst überschätzende James I hatte unter dem
Einfluß seines neuen Favoriten George Villiers, Earl of Buckingham
(1592-1628) die Verheiratung seines Sohns Charles mit der spanischen
Infantin erwogen. Daraufhin hatten sich Henry Wriothesley, Earl of
Southampton, und der ihm befreundete junge Henry de Vere, Earl of
Oxford, an die Spitze der protestantischen Opposition gesetzt. Beide waren im Sommer 1621 kurzzeitig inhaftiert worden. De Veres
Name hatte fortan einen schlechten Klang in den Ohren des Königs.
Statt Ruhe zu geben, legte sich der junge Mann mit dem Favoriten
des Königs an und wurde im April 1622 erneut in den Tower geworfen, wo er anderthalb Jahre auszuharren hatte. Nachdem Buckingham und Prinz Charles auf Brautschau nach Spanien gereist waren,
kehrten sie im September 1623 als Spanienfeinde zurück. Zwei Monate
später versöhnte sich Southampton öffentlich mit Buckingham und
erwirkte Henry de Veres Freilassung aus dem Tower. »The Two Noble

Henries« – Wriothesley und de Vere – galten als unzertrennliche Freunde.

Am 8. November 1623 wurde die FIRST FOLIO im Stationers' Register angemeldet und gegen Anfang des folgenden Jahres ausgeliefert. Gewidmet ist sie dem »höchst edlen und unvergleichlichen Brüderpaar« William und Philip Herbert – während zwei Schauspieler der King's Men als Herausgeber fungieren: John Heminge und Henry Condell.

Zwei Männer, die nie in ihrem Leben geschrieben haben, formulieren eine geistreiche Widmung an Pembroke und Montgomery und scherzen in gehobener Laune mit dem Leser – nur, um Shakespeare ihren würdigen Freund und Kollegen zu nennen (»so worthy a Friend & Fellow«). Denkwürdigerweise waren beide von William Shakspere in der Zweitfassung seines Testaments mit kleinen Geldsummen bedacht worden. (Wäre Richard Burbage, Shakspere prominentester Kollege, nicht bereits 1619 gestorben, hätte zweifellos auch *sein* Name die Folio geschmückt.)

Freilich haben Heminge und Condell nicht selbst zur Feder gegriffen, sondern ein anderer »Nieschreiber« behilft sich mit ihren Namen: der Komödiant Ben Jonson. Im Tonfall heiterer Servilität stellt er die Dinge auf den Kopf: aus den größten Dramen der Weltliteratur werden »trifles«: Geringfügigkeiten – und aus dem verstorbenen Lord Great Chamberlain der Diener Pembrokes und Montgomerys: »your servant Shakespeare«.

»Im Bemühen, unseren ganz besonderen Dank auszudrücken für die mannigfachen Gunstbezeigungen von seiten Eurer Lordschaften, sind wir der Not erlegen, zwei höchst gegensätzliche Dinge miteinander zu verbinden: Furcht und Tollkühnheit – Tollkühnheit in der Unternehmung, und Furcht im Hinblick auf das Gelingen. Wenn wir in Betracht ziehen, welch hohen Rang Eure Ehren einnehmen, können wir uns nichts Glanzvolleres vorstellen, als wenn Ihr Euch von solcher Höhe zur Lektüre dieser Geringfügigkeiten herablaßt – und zugleich sind wir, wenn wir sie Geringfügigkeiten nennen, der Rechtfertigung unserer Zueignung enthoben. Aber da Eure Lordschaften diese Geringfügigkeiten vormals als ein Etwas geschätzt und sowohl sie als auch ihren Autor zu Lebzeiten mit

Gunst überhäuft habt, so hoffen wir, daß Ihr sie jetzt (nachdem sie ihn überdauert haben und es ihm nicht vergönnt war, das Geschriebene selbst zu verwalten) mit der gleichen Milde behandelt wie ihren Hervorbringer. Es besteht ein großer Unterschied darin, ob ein Werk seinen Patron sucht oder ob es ihn findet: dies Werk hat beides getan. Da Ihr es so sehr schätztet, als es in Teilen zur Aufführung kam (also noch vor seiner Veröffentlichung), so verlangte diese Ausgabe danach, die Eure zu werden. Wir haben lediglich die Teile des Werks zusammengestellt und dem Toten dadurch einen Dienst erwiesen, indem wir seinen verwaisten Kindern edle Beschützer verschafften – dies ohne Streben nach Geld oder Ruhm. Wenn wir seine Stücke Eurer Obhut empfahlen, wollten wir vor allem die Erinnerung an einen so würdigen Freund und Kollegen wachhalten, wie unser SHAKESPEARE es war.«

Daß es den Lords zur Ehre gereichen kann, von ihren hohen Plätzen sich zur Lektüre Shakespeares herabzulassen, erscheint verständlich aufgrund ihrer Verwandtschaftsbeziehung zum Autor. Aber warum schreibt Jonson (alias Heminge & Condell), er enthebe sich der »Rechtfertigung seiner Zueignung«, wenn er Shakespeares Dichtungen »trifles« nenne? Deshalb, weil nur die literarischen Arbeiten eines *Hofmanns* mit diesem Terminus bezeichnet werden. »Trifles« (im Sinn der gehobenen Untertreibung) sind das Produkt der »idle hours«, der müßigen Stunden – oder geben vor, es zu sein: ein Ausdruck des Ingeniums, eine Hervorbringung im Geiste der sprezzatura, der Anstrengungslosigkeit. Und als höfische Arbeiten, so will Jonson sagen, muß er sie vor den Lords nicht rechtfertigen.

»In diesem Sinn«, schreibt Jonson alias H & C, »widmen wir Euern Ehren die Hinterlassenschaft Eures Dieners Shakespeare. Was daran erfreut, mag Euer sein. Die Ehre komme *ihm* zu. Die Fehler, wenn welche begangen wurden, gehen auf unsere Rechnung.«

Nach der Zueignung an die Herberts folgt ein »Vorwort an die Leser«, ebenfalls – nicht – von H & C. Das Schicksal der Bücher, heißt es da, hänge vom Vermögen der Leser ab – von ihrem Grips und ihrem Geldbeutel.

»Das Buch ist nun öffentlich und ihr dürft euer Vorrecht wahrnehmen: zu lesen und zu urteilen. Tut dies, aber kauft erst. Der Kauf eines Buchs ist seine beste Empfehlung, wie die Buchhändler sagen. Also, wie auch immer es um euern Verstand oder eure Weisheit bestellt ist, macht von eurer Freiheit Gebrauch und spart nicht. Ihr mögt denken, was ihr wollt – aber kauft!«
Alle Stücke seien durch einen Erlaß des Hofes genehmigt worden.

»Sicher, es wäre wünschenswert gewesen, daß der Autor selbst seine Schriften hätte an den Tag bringen und für den Druck durchsehen können. Aber da das Schicksal es anders wollte und der Tod ihm dieses Recht versagte, bitten wir euch, uns, seine Freunde, nicht um ihr Werk der Fürsorge und um ihre Mühe zu beneiden, sie in dieser Form gesammelt und veröffentlicht zu haben. Denn vorher wurdet ihr mit verschiedenen gestohlenen und erschlichenen Abschriften getäuscht, die verstümmelt und entstellt waren durch die Machenschaften schimpflicher Betrüger. Diese Werke werden euch nun in heiler Form übergeben, ohne Beschneidungen – und all die anderen, vollzählig, so wie *er* sie geschrieben hat. Er, der ein so glücklicher Nachahmer wie ein höchst edler Darsteller der Natur war. Sein Geist und seine Hand stimmten überein: und was er dachte, äußerte er mit solcher Mühelosigkeit, daß wir in seinen Manuskripten kaum eine Streichung finden.«

Im Anschluß an »Heminge & Condell« tritt Ben Jonson unter eigenem Namen auf.

»Um deinen Namen, Shakespeare, vor übler Nachrede zu schützen, / breite ich mich aus über dein Werk und deinen Ruhm: / und bekenne, daß niemand, Mann oder Muse, / dich über Gebühr preisen kann.«

Der Laudator will nicht der Menge nachsprechen, die urteilslos ist, er will nicht heucheln, nicht schmeicheln – und sich nicht blinder Anhänglichkeit schuldig machen, wenn er den Dramatiker mit den Worten anspricht:

»Soule of the Age! – the wonder of our Stage!«

»Seele unsrer Zeit! – das Wunder unsrer Bühne!«

Er möchte Shakespeare nicht in einem Grab neben Chaucer, Spenser oder Beaumont (in Westminster Abbey) beigesetzt wissen, denn: »Du bist ein Denkmal ohne Grab und lebst in deinem Werk.«

Jonson betont, wie weit Shakespeare seine Zeitgenossen Lyly, Kyd und Marlowe überstrahlt – und läßt die schillernden Zeilen folgen:

»Und obwohl du wenig Latein und noch weniger Griechisch hattest, / für das du zu loben wärst, würde ich nicht lange nach Namen suchen, / sondern den donnernden Aischylos herbeirufen, / würde Euripides und Sophokles, / Pacuvius, Accius und Seneca ins Leben zurückholen, / auf daß sie dich auf tragischem Kothurn / die Bühne erschüttern hören: oder dich, wenn du ein Lustspiel gibst / den Alleinigen nennen im Vergleich mit den anderen, / die aus dem anmaßenden Griechenland oder hochmütigen Rom / – oder aus deren Asche – hervorgegangen sind. / Triumphiere, mein Britannien, denn du hast einen vorzuweisen, / vor dem sich alle Bühnen Europas verneigen. / Er gehört nicht einer Zeit, sondern allen Zeiten an! / Und unsere Dichtkunst war noch jung, / als er wie Apollo kam, unsere Herzen zu erwärmen / oder wie Merkur uns zu bezaubern! / Die Natur selbst war stolz auf seine Entwürfe / und trug mit Freude das Gewand seiner Zeilen, / das so reich gesponnen und fein gewoben war, / wie sie es seither keinem anderen Geist mehr gewähren will.«

Die Wahrheit wird weder verdrängt noch beleidigt, sondern geschickt verhüllt:

»Wie des Vaters Züge / in seinen Kindern fortleben, so sprechen sich / Shakespeares Geist und Formen in seinen / scharfgemeißelten, wohlgesetzten Versen aus: / mit jedem scheint er eine Lanze zu schwingen / und zu schwenken vor den Augen der Ignoranz. / Holder Schwan von Avon! Welchen Anblick gönntest du uns, / kehrtest du je an unsere Wasser zurück / und zögest über dem Ufer der Themse deine Kreise, / die Elizabeth und unseren James bezauberten.«

Jonson sagt über den realen Autor so gut wie nichts. Und doch zielen einige seiner Andeutungen darauf ab, die Phantasie des Lesers in die falsche Richtung zu lenken:

»Da Eure Lordschaften diese Geringfügigkeiten vormals als ein Etwas geschätzt und ihren Autor zu Lebzeiten mit Gunst überhäuft habt … die Erinnerung an einen so würdigen Freund und Kollegen … widmen wir Euern Ehren die Hinterlassenschaft Eures Dieners Shakespeare … ein Denkmal ohne Grab … Und obwohl du wenig Latein und noch weniger Griechisch hattest, für das du zu loben wärst … Holder Schwan von Avon!«*

In Ben Jonsons listiger Inszenierung gehen »Tollkühnheit und Furcht«, Verehrung und Verrat, Wahrheit und Lüge eine ungeheuerliche Verbindung ein. Jonson belacht Kempes Witz über die ungleichen Namensvetter – und baut darauf seine Verwechslungskomödie auf. Den Erben Oxfords zuliebe hat er einen posthumen Strohmann eingesetzt, den Schatten eines Schattens, der die Hände auf den steinernen Wollsack legt.

Vielleicht übernahm Jonson seine Aufgabe sogar mit einem gewissen Behagen, weil er sich auf diese Weise – und wie er sich einreden konnte: schuldlos – an dem geliebhaßten Wundermann rächen konnte. Und doch ist seine Inszenierung vor allem eines: ein komödiantischer Coup.

Das neugeschaffene Shakespearebild wurde durch drei weitere Details befestigt.

– Der Übersetzer Leonard Digges (1588-1635), Stiefsohn eines alten Freundes von William Shakspere, durfte für die Folio einen Wink mit dem Zaunpfahl beisteuern:

»Shake-speare, endlich geben deine liebevollen Kollegen
der Welt deine Werke: deine Werke, durch die dein Name
dein Grab überleben muß, wenn der Stein zerfallen ist
und die Zeit dein Denkmal in Stratford zerstört hat.«

* In dem Sonettzyklus *Delia* (1592) verherrlicht Samuel Daniel seine Gönnerin Mary Herbert, Countess of Pembroke, als »sweet maide« of Avon, denn durch den Pembrokeschen Besitz von Wilton House fließt ein Flüßchen namens Avon: »But Avon rich in fame, though poore in waters, / Shall have my song, where Delia hath her seate. / Avon shall be my Thames, and she my Song; / Ile sound her name the Ryver all along.« – Möglicherweise spielt Jonson, um seine Fälschung noch schillernder zu machen, mit dem »sweet swan of Avon« nicht nur auf Shakspere Stratford-upon-Avon an, sondern zugleich auf Oxfords Aufenthalt in Wilton House und das dort entstandene Tempelchen, genannt *Shakespeare's House* (vgl. Anm. S. 509).

Mit dieser Anspielung war der neue Shakespeare geographisch sicher geortet.

– Im Anschluß an Digges brachte Ben Jonson eine seiner bewährten Besetzungslisten »mit den Namen der Hauptdarsteller in all diesen Stücken« zum Abdruck. An erster Stelle rangiert »William Shakespeare«, danach folgen Richard Burbage, John Heminge, Augustine Phillips, William Kempe und andere.

– Zuletzt (und zuerst) beauftragte man den Freund und Kupferstecher Martin Droeshout (ca. 1601–1650), ein Titelporträt zu den gesammelten Werken anzufertigen. Das einigermaßen steife Porträt mit Halbglatze wurde nach einer unbekannten Vorlage geschaffen. Alle Indizien, die auf die Standeszugehörigkeit des Porträtierten schließen lassen könnten, sind getilgt.

Ben Jonson kommentiert das säkulare Konterfei:

»An den Leser. Die Darstellung, die du hier siehst, wurde nach dem edlen Shakespeare geschnitten, worin der Graveur im Wettstreit mit der Natur lag, als er das Leben zu übertreffen suchte. Oh, könnte er seinen Geist so gut wie sein Gesicht in Messing ritzen, so würde der Druck alles übertreffen, was je in Blei gesetzt wurde. Aber da er das nicht kann, so schau, Leser, nicht auf sein Bildnis, sondern in sein Buch.«

Vier Jahre vor dem Abschluß der FIRST FOLIO – im Januar 1619 – hat Jonson im Gespräch mit dem Schotten Drummond of Hawthornden eine aufschlußreiche Erinnerung preisgegeben, in der eine Art Selbstrechtfertigung anklingt. Wer sein geheimnisvoller »Engländer« war, verrät er nicht:

»Ein Engländer, Anhänger der Lehre Demokrits von den Atomen, schrieb im Alter ein Buch für seinen Sohn (der damals kaum sechs Jahre alt war), in welchem er hinterließ, wie man gewisse Argumente begründet und auf Gegenargumente antwortet; das alles war in diesem Buch. Auf das Argument aber, das Buch stamme von einem Unbekannten, bat er ihn zu antworten, daß sein Vater unter allen existierenden Namen den des Luzifer am meisten hasse – und alle, die unter ihrem eigenen Namen schrieben, wären Luziferi.«

Gut zehn Jahre später, um das Jahr 1630, äußert sich Jonson ein letztes Mal dezidiert über den Speerschwinger:

»Wie ich mich erinnere, haben die Schauspieler es Shakespeare oft zum Ruhm angerechnet, daß er aus dem Manuskript, was immer es war, nie eine Zeile strich. Ich antwortete: *hätte er doch tausend Zeilen gestrichen* – was mir als böswillig ausgelegt wurde. Ich halte dies nur fest, um die Ignoranz derer zu kennzeichnen, die ihren Freund für einen Umstand lobten, worin er am meisten fehlte, aber auch, um meine eigene Aufrichtigkeit zu bezeugen, denn ich liebte diesen Mann und ehre, ebenso wie andere, sein Andenken fast bis zur Abgötterei. Er war, in der Tat, achtbar und von einem offenen und freien Wesen – hatte eine glänzende Phantasie, kühne Gedanken und edle Formulierungen, worin er sich mit solcher Leichtigkeit bewegte, daß es manchmal nötig war, ihn zu bremsen. *Man mußte ihm ins Wort fallen*, wie Augustus von Haterius sagte. Er beherrschte seinen Geist und Witz: wenn er sich nur immer an die Regeln gehalten hätte. Oftmals verfiel er in Unarten und konnte der Versuchung des Lächerlichen nicht widerstehen, so wenn er Cäsar sagen ließ (nachdem jemand sich unrecht behandelt fand): *Hör, zu Recht nur tat dir Cäsar unrecht* – und solcher Dinge mehr, die zum Lachen waren. Aber er glich seine Unarten mit seinen Tugenden auf. An ihm war jederzeit mehr zu bewundern, als zu entschuldigen.« (*Timber, or Discoveries made upon Men and Matter*, ed. 1641.)
Allerdings wußte Ben Jonson mehr als der heutige Leser. In der zitierten Passage aus *Julius Caesar* (III/1) heißt es:
»Hör! Cäsar tut kein Unrecht; und ohne Grund / gibt er sich nicht zufrieden.« D. h., das aufreizend Lachhafte der ursprünglichen Formulierung wurde in der First Folio getilgt. Und von wem anders als von Ben Jonson, dem gewissenhaften Herausgeber der Werke?

Die Auftraggeber der FIRST FOLIO überlebten ihr Werk nur kurze Zeit. Henry Wriothesley, Earl of Southampton, der Jüngling aus Shakespeares Sonetten, begab sich als Kommandeur in die niederländischen Generalstaaten, um gegen die Spanier zu kämpfen. Der Einundfünfzigjährige fiel im November 1624 einer Seuche zum Opfer. Henry de Vere, der 18. Earl of Oxford, erlag Ende Juni 1625 den Verwundungen, die er während der Belagerung von Breda erlitten hatte. Der Zweiunddreißigjährige hinterließ keine Nachkommen. William Herbert,

3. Earl of Pembroke, verstarb 1630. Ihm folgte als 4. Earl of Pembroke
sein Bruder Philip, dessen Frau Susan de Vere 1628 gestorben war. Philip Herbert dürfte Oxfords schriftlichen Nachlaß nach Wilton House
gebracht haben. Ein Brand im Jahr 1647 vernichtete die Bibliothek.
Den Rest der Vergessensarbeit besorgte – im gleichen Jahrzehnt – das
puritanische Theaterverbot.

NACHWORT ODER
KLEINE GESCHICHTE EINER GROSSEN VERIRRUNG

>Bis ich den sichern Zweifel klar erkannt,
biet ich dem dargebotnen Trug die Hand.«
(W. S., *Die Komödie der Irrungen*, II/2)

>Die Unvernunft einer Sache ist kein Grund gegen ihr Dasein,
vielmehr eine Bedingung derselben.«
(Friedrich Nietzsche)

Der »Speerschwinger« ist Kosmiker und Realist, seine Figuren wissen
sich eingespannt zwischen Himmel und Hölle, besitzen Freiheit und
Schicksal. Ihr persönliches Chaos ist eingebunden in eine weltliche und
überweltliche Ordnung, die verletzt und erschüttert, aber letztlich
nicht aufgehoben werden kann.
Shakespeare verfolgt keine Mission. Er zeichnet den Menschen in seiner Abgründigkeit, seiner Paradoxie, seiner Ausgesetztheit und seiner
Tiefe. Da er ohne Ideologie ans Werk geht, erfindet er die Geschichte
der Beziehungen nicht neu, sondern radikalisiert das in ihnen enthal-
tene Potential von Verletzung und Selbsterkenntnis. Ihn beschäftigt die
Realität der menschlichen Beziehungen, das Spiel von Verlust und
Gewinn, Täuschung und Ent-Täuschung, Macht und Ohnmacht – ihn
interessiert, was für die Menschen wahr wird, wenn sie an der Wirklichkeit zu leiden beginnen.
Alle Charaktere, alle Nuancen spielen in dem Menschen Shakespeare.
Aus dem Ringen um Identität erwächst ihm die Möglichkeit, er selbst
und jeder andere zu sein: Shylock, Falstaff oder Lady Macbeth. Er ist,
auf der Spur des einen Geistes – und des einen Gottes – zugleich immer
auch der Andere, weil er die Anderen in sich vereint.
Shakespeare weiß, daß die Wahrheit im Fluß ist, daß sie so unerreichbar
wie unaufgebbar ist. Aber denkend, sprechend und schreibend zu
erspüren.
Seine Wahrheit des Spiels umfaßt die tragische Komödie und die komische Trägödie – den Tod, der Leben schenkt, das Leben zum Tod, die
kämpfende Liebe und den liebenden Haß.

Aber im eigenen Leben hat sich der »Speerschwinger« nur seinen engsten Freunden zu erkennen gegeben. Für seine literarischen Arbeiten
wählte er ein Pseudonym, hinter das er als Person zurücktrat. Die Folge: Dreihundert Jahre lang hielt man den Earl of Oxford für einen
Abseitigen und Halbkriminellen – und den Mann aus Stratford für das
Genie vom Dorf.

Dieser Vorgang beleuchtet die Geschicke des menschlichen Wissens.
Denn nicht alles, was gezählt, notiert, behauptet, gespeichert und abgeschrieben werden kann, ist gewußt.
Aber schon früh wurden Zweifel angemeldet am überlieferten Bild des
Mannes Shakespeare. Die Autorschaftsdebatte schwelt seit 150 Jahren,
d. h. seit Delia Bacons *Shakespeare Unfolded* von 1857. Allerdings stand
diese Arbeit unter einem unglücklichen Stern, denn Miss Bacon tippte
auf den Philosophen Francis Bacon als Shakespeare und verlor, zur großen Genugtuung der etablierten Wissenschaft, über ihren Studien den
Verstand.
Doch was brachte der Stratforder mit für seinen Anspruch, Shakespeare
zu sein? Eine Büste in Stratford und einen Fingerzeig in der First Folio
von 1623. Im übrigen gar nichts. Denn als er um das Jahr 1592 nach
London kam, gehörten mindestens zehn Stücke Shakespeares zum
Repertoire der Schauspieltruppe, der er sich zwei Jahre später anschlie-
ßen sollte. (Vgl. Andrew Gurr, *The Shakespeare Company*, 2004 – und
Thomas Nashes Shakespearezitate 1592-93.) Wie und wann hätte Shak-
spere das Wunder seiner Verwandlung in einen »Compleat Gentleman«
und Dichter von Weltformat bewerkstelligen sollen?
Im 19. Jahrhundert schlug die Bacon-Theorie große Wellen. Friedrich
Nietzsche schrieb in *Ecce Homo* (1888):
»Ich kenne keine herzzerreißendere Lektüre als Shakespeare: was
muß ein Mensch gelitten haben, um dergestalt es nöthig zu haben,
Hanswurst zu sein! – Versteht man den *Hamlet*? Nicht der Zweifel,
die Gewissheit ist das, was wahnsinnig macht ... Aber dazu muß man
tief, im Abgrund, Philosoph sein, um so zu fühlen ... Wir fürchten
uns Alle vor der Wahrheit ... Und, daß ich es bekenne: ich bin dessen instinktiv sicher und gewiss, daß Lord Bacon der Urheber, der
Selbstthierquäler dieser unheimlichsten Art Litteratur ist: was geht

mich das erbarmungswürdige Geschwätz amerikanischer Wirr-
und Flachköpfe an? Aber die Kraft zur mächtigsten Realität der
Vision ist nicht nur verträglich mit der mächtigsten Kraft zur That,
zum Ungeheuren der That, zum Verbrechen – sie setzt sie selbst
voraus ... Und zum Teufel, meine Herrn Kritiker! Gesetzt, ich
hätte meinen Zarathustra auf einen fremden Namen getauft, zum
Beispiel auf den von Richard Wagner, der Scharfsinn von zwei
Jahrtausenden hätte nicht ausgereicht, zu errathen, daß der Verfasser
von ›Menschliches, Allzumenschliches‹ der Visionär des Zarathustra
ist ...«

Nun besaß Bacon zwar die philosophischen Voraussetzungen, einen
Hamlet zu schreiben, aber nicht die dichterischen.

Als nächsten Kandidaten nannte Abel Lefranc 1918/19 den Schwiegersohn Oxfords: William Stanley, 6th Earl of Derby. Zwar war Derby zwei
oder drei Jahre in Frankreich gewesen und möglicherweise hatte
Edmund Spenser ihn den Hirten»Aetion« genannt, aber es sind keine
literarische Arbeiten Derbys auf die Nachwelt gekommen. Im übrigen
waren sowohl Bacon wie Derby noch am Leben, als die First Folio erschien. Und es wäre doch sehr unpassend gewesen, an einen von ihnen
als Verstorbenen zu erinnern.

1920 veröffentlichte der Lehrer J. Thomas Looney sein aufsehenerre-
gendes Werk:»Shakespeare‹ Identified in Edward de Vere, the 17th Earl
of Oxford«. Looney behandelte das Verhältnis der frühen Lyrik Oxfords
zu Shakespeares Werk und wies auf die Voraussetzungen hin, die dieses Werk erst möglich machten: auf die umfassende Bildung des Earls,
seine Italienkenntnis und seine Vertrautheit mit der Sprache und den
Zeremonien des Hofs. Aber irrtümlicherweise glaubte er, daß Oxfords
Verwandtschaft vollzählig in die Personnage seiner Stücke eingegangen
sei.

Zuletzt brachte Calvin Hoffman in seinem Buch *The Murder of the Man
who was Shakespeare* (1955) den Dramatiker und Spion Christopher
Marlowe ins Spiel – mit der Hypothese, Marlowe hätte seine Ermordung überlebt und unter einem Decknamen weitergeschrieben. Offenbar hat dieser Ausflug ins Jenseits Marlowe zum besseren Schriftsteller gemacht, denn er war vor seinem Tod ein zwar talentierter, aber kein
genialer Dramatiker.

Der Anerkennung Oxfords als Autor der Shakespeareschen Werke steht seit Looney nicht nur die etablierte Wissenschaft, sondern auch der Oxfordianismus im Wege. So begeisterte Verfechter wie H. H. Holland, Eva Turner Clark, Charles W. Barrell, Dorothy and Charlton Ogburn, Ruth Miller, Charlton Ogburn jr. und Elizabeth Appleton haben neben richtigen Erkenntnissen auch grobe Fehleinschätzungen als Beweise vorgelegt und damit den Stratfordianern in die Hände gespielt. Oxfords Biographen Bernard M. Ward – *The Seventeenth Earl of Oxford* (1928) – und Mark Anderson – *«Shakespeare» by Another Name* (2005) – konnten kein überzeugendes Bild des Autors zeichnen, da Ward nur das Bild des Hofmanns zeichnete, während Anderson einem Biographismus Looneyscher Prägung verfiel. Der Historiker Alan H. Nelson – *Monstrous Adversary. The Life of Edward de Vere* (2003) – macht sich in seiner Arbeit zum Erfüllungsgehilfen historischer Intrigen. Er diskreditiert, denunziert und fälscht ohne Not.

Um so dringlicher ist an die Arbeit von Walter Klier – *Das Shakespeare-Komplott*, Göttingen 1997 – zu erinnern, die zum ersten Mal im deutschen Sprachraum die Oxford-These kritisch referiert hat. (Eine erweiterte Auflage folgte unter dem Titel *Der Fall Shakespeare*, Buchholz 2004.)

2007 erschien – nach den biographischen Arbeiten von Stephen Greenblatt und Peter Ackroyd – Bill Brysons *Shakespeare*, eine »unsentimentale« Stratford-Biographie, deren Autor uns nicht verschweigt, daß es über William Shakspere wenig zu sagen gibt. Des Biographen virtuoses Fazit lautet: »Nur *ein* Mann besaß die Voraussetzungen und Anlagen, uns solch unvergleichliche Werke zu hinterlassen, und unzweifelhaft war William Shakespeare aus Stratford dieser Mann – wer immer er war.« Wichtiger als Brysons logischer Salto erscheint uns seine explizite Herausforderung an die Adresse des Earl.

1. »Oxford«, referiert der Biograph die Lehrmeinung, »war arrogant, launenhaft, verdorben, unverantwortlich im Umgang mit Geld, sexuell ausschweifend, weitgehend unbeliebt und zu unvorhersehbaren Ge-

waltausbrüchen fähig. Im Alter von siebzehn ermordete er einen Hilfskoch im Zorn (aber entging der Bestrafung, nachdem man die untersu-
chende Kommission überzeugt hatte, der Diener wäre ihm ins Schwert
gelaufen). Nichts in seinem Verhalten zu irgendeinem Zeitpunkt seines
Lebens wies auf die mindeste Veranlagung zu Mitgefühl, Empathie
oder Großzügigkeit hin – oder auf den Willen zu harter Arbeit, die ihm
erlaubt hätte, mehr als drei Dutzend Stücke anonym zu schreiben, zusätzlich zu seinem eigenen Werk, während er bei Hofe tätig war.«
Oxfords Zeitgenossen, so ist zu antworten, haben in allem diesem
Urteil widersprochen. Der Earl war als einer der großzügigsten Gönner und Mäzene seiner Zeit bekannt. Die erhaltenen Briefe zeigen
ihn sehr wohl des Mitgefühls und der mitmenschlichen Sorge fähig.
Darüber, daß der Siebzehnjährige während eines Fechtkampfs seinen
Gegner unglücklich traf, kann sich die Nachwelt kein Urteil erlauben. Und welch harter Arbeit Oxford fähig und willens war, zeigt
die Veröffentlichung seiner dramatischen Novelle »Die Aventiuren
des Master F. I.« (mit einem Anhang von fünfzig Gedichten) im Alter von knapp 23 Jahren.

Die über drei Jahrhunderte weitergereichten Vorwürfe seiner moralischen und sexuellen Verdorbenheit stammen aus dem Mund seines Feindes Henry Howard, den die *Encyclopedia Britannica* »einen
der skrupellosesten und verräterischsten Charaktere seines Zeitalters« nennt.

2. »Looney konnte nie stichhaltig erklären, warum Oxford – ein Mann
von unbegrenzter Eitelkeit – seine Identität hätte verbergen wollen.
Warum sollte er damit zufrieden gewesen sein, der Welt in seinem Namen einige vergessene Stücke und mittelmäßige Gedichte zu hinterlassen, aber sich dann in die Anonymität zurückziehen, als er, in reiferem
Alter, zum phantastischen Genius wurde?«

Der gebildete Aristokrat verbarg seine Identität, da es, wie John Selden noch im 17. Jahrhundert sagte, »lächerlich« war für einen Lord,
zu Lebzeiten seine Verse drucken zu lassen. Noch weniger erlaubte
der höfische Kodex dem Lord Great Chamberlain die Publikation
seiner Dramen. Oxford wählte sein erstes Pseudonym – *Meritum
petere grave* – bereits mit 23 Jahren. Er nannte sich ferner: »Fortunatus
Infoelix«, »My lucke is losse«, »Content«, »Ignoto« und »Phaeton«.

Bei den acht mit der Signatur »E. O.« zum Abdruck gebrachten
Gedichten von 1576 handelt es sich um poetische Lamentationen,
die der junge Dichter aus Gründen der Selbstlegitimation öffentlich
machen wollte. – Oxfords »vergessene Stücke« sind Shakespeares
Stücke. – Und was die Mittelmäßigkeit seiner frühen Gedichte
betrifft: wir halten sie für sprachliche und gedankliche Kostbarkeiten. Darunter: »My mind to me a kingdom is«, »A crown of bays«
und »If women could be fair«.

3. »Damit enden die Probleme mit Oxford nicht. Da gibt es die beiden
Widmungen seiner Versepen. Zur Zeit der Veröffentlichung von *Venus
and Adonis* war Oxford vierundvierzig Jahre alt und dem jugendlichen
Southampton gegenüber der ältere Earl. Der schmeichlerische Ton der
Widmung mit ihrer Rechtfertigung dafür, ›eine so starke Stütze‹ gewählt zu haben, ›um eine so schwache Last zu tragen‹, und dem Versprechen, ›aus allen Muße-Stunden Vorteil zu ziehen, bis ich Euch mit
einer gewichtigeren Arbeit ehren kann‹, gleicht kaum der Stimme, die
man erwarten würde, wenn ein älterer Earl sich an einen jüngeren wendet, besonders, wenn er so stolz ist wie Oxford.«
Der Autor zeigt sich wenig vertraut mit der höfischen Sprache des
16. Jahrhunderts. Der Stil der Selbstuntertreibung kennzeichnet den
Hofmann. Der Ton der Widmung ist nicht schmeichlerisch, sondern ehrerbietig, gemischt mit einer Prise Ironie. Auch die Rede
von den Mußestunden, den »idle hours«, bildet ein Adelsprädikat.
Einem bürgerlichen Autor muß diese Wendung fremd bleiben, da
er gezwungen ist, vom Erlös seiner Arbeit zu leben. Die Widmung
der *Lucrece*, die für einen bürgerlichen Autor Vermessenheit und
Narretei wäre, entspricht der höfischen Konvention: »Die Liebe,
die ich Eurer Lordschaft zusage, ist ohne Ende; wovon diese Schrift
– ohne Anfang – nur einen überflüssigen Teil bildet. Die Bürgschaft
Eurer ehrenwerten Gesinnung, nicht der Wert meiner ungelehrten
Verse, versichert mich ihrer Annahme.«

4. »Warum sollte Oxford, der Patron einer eigenen Schauspielertrup-
pe, der Oxford's Men, seine besten Werke für eine konkurrierende
Truppe schreiben, die Lord Chamberlain's Men?«
Weil Oxfords Truppe nach 1586 bedeutungslos wurde bzw. in anderen Truppen aufging, ferner, weil der Dramatiker seit den siebziger

Jahren gute Beziehungen besaß zu James Burbage, dem Impresario der Chamberlain's Men.

5.»Aber sicher die größte Schwäche des Arguments für Oxford ist die unbestreitbare Tatsache, daß er 1604 starb, zu einem Zeitpunkt, als viele Stücke Shakespeares noch nicht erschienen waren – und in manchen Fällen noch gar nicht geschrieben sein konnten, weil sie von späteren Ereignissen beeinflußt waren. Merkwürdigerweise wurde *The Tempest* von der Erzählung eines Schiffbruchs auf Bermuda inspiriert, geschrieben von einem gewissen William Strachey im Jahr 1609. Gleicherweise hatte *Macbeth* Kenntnis vom Gunpowder Plot (1605), einem Ereignis, das Oxford nicht mehr erlebte.«

Der Sturm enthält keine wörtliche Anlehnung an Stracheys (um 1610 geschriebene, aber erst 1625 veröffentlichte) Beschreibung. Shakespeare kannte die Schilderungen des Schiffbruchs aus der Feder Ovids, Vergils und Ariosts, stützte sich aber vor allem auf Erasmus von Rotterdams *Naufragium* (1518) und Richard Edens *Decades of the New World* (1577). Die Beschreibung des Elmsfeuers findet sich nicht erst bei Strachey, sondern identisch bei Erasmus und im dritten Band von Richard Hakluyts *Principall Navigations, Voiages, Traffiques and Discoveries* (1600). – Warum läßt man außer acht, daß Marston-Chapman-Jonson in *Eastward Ho!* (1605) nicht nur *Hamlet*, sondern auch *The Tempest* parodieren? Im übrigen: eine Beziehung zwischen *Macbeth* und dem Gunpowder Plot gibt es nicht.

6.»Alles in allem sind fünfzig Kandidaten als alternative Shakespeares vorgeschlagen worden.«

Wenn es nach einem Mordfall fünfzig Verdächtige gibt, so bedeutet das weder, daß von den Verdächtigen alle unschuldig sind, noch daß der Mord nicht stattfand. Auch hat der arme Mann von Stratford allzu lange auf seinen Freispruch warten müssen.

7.»Da gibt es noch das Problem, wie man die vielen textlichen Anspielungen wegerklären soll, die auf Shakespeares Autorschaft hinweisen – zum Beispiel das Wortspiel auf den Namen von Anne Hathaway in den Sonetten.«

Die entsprechenden Zeilen in Sonett 145 lauten:

»Ihr Mund, den Liebe selbst geschaffen, / er sprach das dunkle Wort *ich hasse* / ... doch als sie sah, daß Tod sie brachte, / wars ihr im Herzen um mich leid, / drum ließ sies ihre Zunge büßen, / die sonst zu mildem Spruch bereit, / und lehrte sie, erneut zu grüßen: / ... indem vom Haß den Haß sie strich, / mich rettend mit dem Wort: *nicht dich.*« Die beiden letzten Zeilen des englischen Gedichts lauten: ›*I hate‹, from hate away she threw, And saved my life saying ›not you‹.* Aus Anne Hathaway, obwohl sie nur das zweitbeste Bett geerbt hat, eine Miss Hate Away zu machen, entspricht nicht Shakespeares Stil.

Das Argument für Shakspere? Daß es »antidemokratisch« sei, gegen die kleinbürgerlichen Würden seiner Verfasserschaft aufzubegehren. Shaksperes Erben: selbstgenügsam wie im Traum kauen sie am Knochen ihrer fixen Idee. Ihr biederes Vorurteil klammert sich an die Leugnung aristokratischer Kultur. Deshalb hat die Wissenschaft ihre Erkenntnisse auf eine Falschaussage hin passend gemacht – den Earl diffamiert und mit dem Geschwätz vom Barden dem Bauern ein Denkmal gesetzt.

Es haben sich die hervorragendsten Interpreten mit historischen Luftschlössern zufriedengegeben. Aber Wissenschaft ist nicht, was in freundlicher Selbstgefälligkeit sich bodenwurzelnd fortpflanzt. An Irrtümern muß selbst dann nicht festgehalten werden, wenn sie Geschichte gemacht haben.

ANHANG

LITERATURHINWEISE

1. Durchgängig benutzte Literatur

1.1. Grundlagen:

Arber, Edward: A Transcript of the Registers of the Company of Stationers of London 1554-1640 (5 vols). London 1875 (Reprint New York 1950)

Bullough, Geoffrey: Narrative and Dramatic Sources of Shakespeare (8 vols). London 1967-1975

Calendar of State Papers, Domestic Series, of the Reigns of Edward VI, Mary, Elizabeth, Preserved in the State Paper Department of Her Majesty's Public Record Office (5 vols), ed. by Robert Lemon. London 1856-1872

The Cambridge History of English Literature, ed. by A. W. Ward and A. R. Waller. Vol. IV, Prose and Poetry from Sir Thomas North to Michael Drayton. Vol. V/VI, The Drama to 1642, Part I/II. Cambridge 1909-10

Chambers, Edmund K.: The Elizabethan Stage (4 vols). Oxford 1923

Chambers, Edmund K.: William Shakespeare – A Study of Facts and Problems (2 vols). Oxford 1930

Dramen der Shakespearezeit [Kyd, Marlowe, Heywood, Jonson, Beaumont/Fletcher,Webster], hrsg. von Robert Weimann. Leipzig 1964

Feuillerat, Albert, ed.: Documents Relating to the Office of the Revels in the time of Queen Elizabeth. Louvain 1908

Kemp, Friedhelm: Das europäische Sonett, (2 Bde). Göttingen 2002

Klein, Julius Leopold: Geschichte des Dramas, Bde 4-7, Geschichte des italienischen Dramas, Leipzig 1866-1874; Bde 12-13, Geschichte des englischen Drama. Leipzig 1876

Lewis, C. S.: English Literature in the Sixteenth Century Excluding Drama. Oxford 1954

May, Steven W.: The Elizabethan Courtier Poets, The Poems and their Contexts. Columbia 1991

Muir, Kenneth: The Sources of Shakespeare's Plays. London 1977

Nichols, John: The Progresses and Public Processions of Queen Elizabeth (2 vols). London 1823 (Reprint 1965)

Oxford Dictionary of National Biography (60 vols). Oxford 2004

Schabert, Ina (Hrsg.): Shakespeare Handbuch. Die Zeit – Der Mensch – Das Werk – Die Nachwelt. Stuttgart 2000

Schelling, Felix E.: English Literature during the Lifetime of Shakespeare. London 1910

Shakespeare, William: The Poems, ed. by Hyder Rollins. Philadelphia, London 1938

Shakespeare, William: The Arden Shakespeare, Complete Works. Ed. by Richard Proudfoot, Ann Thompson, David Scott Kastan. London 2003

Shakespeare, William: Sämtliche Dramen. Übs. von August Wilhelm von Schlegel, Dorothea Tieck, Wolf Graf Baudissin nach der 3. Schlegel-Tieck-Gesamt-

ausgabe von 1843/44. Mit einem Vorwort von Wolfgang Clemen. Bd. 1: Komödien, Bd. 2: Historien, Bd. 3: Tragödien. München 1967 (Düsseldorf 2001)
Shakespeare, William: Sonette / Epen und die Kleineren Dichtungen. Zweisprachige Ausgabe. Übertragung von Therese Robinson, Gottlob Regis und Wilhelm Jordan. Mit einem Nachwort von Wolfgang Weiß. München 1968
Shakespeare, William, Englisch-deutsche Studienausgabe der Dramen Shakespeares [zweisprachig]. Tübingen 1977-2008
Shakespeares Zeitgenossen. Erster Band: Komödien [Lilly, Greene, Jonson, Fletcher, Massinger, Heywood]. Zweiter Band: Tragödien [Kyd, Marlowe, Webster, Massinger]. Hrsg. von Erich Loewenthal. Heidelberg 1961
Simrock, Karl: Quellen des Shakespeare in Novellen, Märchen und Sagen. Berlin 1831 (Bonn, 1870)

1.2. Edward de Vere, Earl of Oxford:
British Library, Harleian MS 7392 (2), *Coningsbye* [Humphrey Coningsby]
Bodleian Library, Rawlinson Poet. 85, *Songs & Verses [John Finett]*
Folger Library, MS V.a.89, *Anne Cornwallis Her Booke*

A Hundreth sundrie Flowres, Bounde up in one small Poesie. Gathered partely (by translation) in the fyne outlandish Gardins of Euripides, Ovid, Petrarke, Ariosto, and others: and partly by invention, out of our owne fruitefull Orchardes in Englande: Yelding sundrie sweete savours of Tragical, Comical, and Morall Discourses, bothe pleasant and profitable to the well smellyng noses of learned Readers. *Meritum petere, grave.* At London, Imprinted for Richarde Smith. [1573]
The Posies of George Gascoigne Esquire.Corrected, perfected and augmented by the Author. 1575. *Tam Marti, quam Mercurio.* Imprinted At London by H. Binneman for Richard Smith.
Gascoigne, George: A Hundreth sundrie Flowres, ed. G. W. Pigman III, New York 2000
The Paradyse of daynty devises, Conteyning sundry pithy preceptes, London 1578
The Paradise of Dainty Devices (1576-1606), ed. Hyder E. Rollins. Cambridge, 1927
The Whole workes of George Gascoigne Esquire, London 1587
Sweet Speech, in: Axiochus. A most excellent Dialogue, written in Greek by Plato the Phylosopher: concerning the shortness and uncertainty of this life, with the contrary ends of the good and wicked. [1592] Translated out of the Greek by Edw. Spenser. Heerto is annexed a sweet speech or Oration, spoken at the Tryumphe at White-hall before her Maiestie, by the Page to the right noble Earle of Oxenforde [Pforzheimer Collection, New York].
Poems of Edward de Vere, ed. by J. Thomas Looney, London 1921
Ward, B[ernard] M.: The Seventeenth Earl of Oxford 1550-1604. From Contemporary Documents, London 1928
May, Steven W.: The Poems of Edward DeVere, Seventeenth Earl of Oxford, and of Robert Devereux, Second Earl of Essex, Studies in Philology, 1980

Letters and poems of Edward de Vere, Earl of Oxford, ed. by Katherine Chiljan. Oxford 1998

Nelson, Alan H.: Monstrous Adversary. The Life of Edward de Vere, 17th Earl of Oxford. Liverpool 2003 [Dämonographie, Quellensammlung]

The Poems of Edward de Vere, Edward de Veres Gedichte, Deutsch von Kurt Kreiler. Buchholz in der Nordheide 2005

Fortunatus im Unglück. Die Aventiuren des Master F. I. Von Edward de Vere, Earl of Oxford. Aus dem Englischen von Chris Hirte, Nachdichtungen und Nachwort Kurt Kreiler. Frankfurt/Main 2006

1.3. Werke der Zeitgenossen:

The Complete Poems of Richard Barnfield, ed. by Alexander B. Grosart. London 1876

The Plays of George Chapman, the comedies, a critical edition, ed. by Allan Holaday, University of Illinois Press, 1987

The Dramatic Writings of Richard Edwards, Thomas Norton and Thomas Sackville, comprising Damon and Pythias, Palamon and Arcyte, Gorboduc, or Ferrex and Porrex, Note-book and wordlist, ed. by John S. Farmer. London 1906

The Works of Richard Edwards, Politics, Poetry and Performance in Sixteenth-Century England, ed. by Ros King. Manchester. New York 2001

The Life and Complete Works of Robert Greene, ed. by Alexander B. Grosart (15 vols). Huth Library 1881-86

The Poetry of Robert Greene, ed. by Tetsumaro Hayashi. Muncie 1977

The Prose Works of Fulke Greville, Lord Brooke, ed. by John Gouws. Oxford 1986

The Works of Gabriel Harvey, ed. by Alexander B. Grosart (3 vols). Huth Library 1884-85 (Reprint, Kessinger 2007)

Letter-Book of Gabriel Harvey, A.D. 1573-1580. Ed. by Edward J. L. Scott, 1884

Gabriel Harveys Marginalia. Collected and ed. by G. C. Moore Smith. Stratford-upon-Avon 1913

Ben Jonson, The Complete Works, ed. by Charles H. Herford, Percy Simpson, and Evelyn Simpson (11 vols). Oxford 1925-52

Ben Jonson und seine Schule. Dargestellt in einer Auswahl von Lustspielen und Tragödien, übers. u. erläutert von Wolf von Baudissin. Leipzig 1836

Ben Jonson, Dramen. Hrsg. von Margarete Mauthner. Berlin 1912

The Complete Works of Thomas Lodge, ed. Edmund Gosse (4 vols). 1883 (Reprint 1966)

John Lyly, Complete Works, ed. by Richard Warwick Bond (3 vols). Oxford 1902

Christopher Marlowe, The Complete Plays, ed. by J. B. Steane, London 1969

Christopher Marlowe, Der Jude von Malta, übs. von Erich Fried. Mit Essays von Stephen Greenblatt und Karl Marx. Berlin 1991

Anthony Munday, Zelauto, or The Fountain of Fame [1580], ed. by Jack Stillinger. Carbondale 1963.

Anthony Munday, Fedele and Fortunio [c. 1584], ed. by Richard Hosley. New York 1981

Anthony Munday, John a Kent and John a Cumber [c. 1588], ed. by Arthur E. Pennel. New York 1980.

The Works of Thomas Nashe. Ed. by Ronald B. McKerrow (5 vols). Oxford 1904-1910

Thomas Nashe, Der unglückliche Reisende oder Die Abenteuer des Jack Wilton. Aus dem Engl. übertragen und mit einem Nachwort versehen von Werner von Koppenfels. München 1970

George Peele, Works, ed. by A. H. Bullen, A. H. (2 vols). 1888

The Poems of Sir Walter Ralegh, ed. with an introduction by Agnes M. C. Latham. Boston 1929 (1951)

The Poems of Sir Philip Sidney, ed. by William A. Ringler, Jr. Oxford 1962

Sir Philip Sidney, Miscellaneous Prose of Sir Philip Sidney, ed. by Katherine Duncan-Jones. Oxford 1973

Sir Philip Sidney, The Major Works, ed. by Katherine Duncan-Jones. Oxford 2002

Edmund Spenser, The Faery Queene, ed. by Albert Charlie Hamilton. London 1981

Edmund Spenser, The Yale Edition of the Shorter Poems, ed. by William A. Oram, Einar Bjorvand, et al. Yale Univ Press, 1989

Edmund Spenser: Die Lilienhand, Alle Sonette, Zweisprachige Ausgabe, Aus dem Engl. von Alexander Nitzberg. Salzburg 2008

The Poems of Thomas, Lord Vaux, Edward, Earl of Oxford, and Robert, Earl of Essex, and Walter, Earl of Essex, in: Grosart, Alexander B. ›Miscellanies of the Fuller Worthies‹, Huth Library 1872

The Complete Works of Thomas Watson (1556-1592), ed. by Dana F. Sutton (2 vols). Lewiston 1997

Tottel's Miscellany 1557-1587, ed. by Hyder E. Rollins (2 vols). Cambridge/Mass. 1928

Britton's [Breton's] Bowre of Delights, 1591, ed. by Hyder E. Rollins. Cambridge/Mass. 1933

The Phoenix Nest, 1593, ed. by Hyder E. Rollins. Cambridge/Mass. 1931

England's Helicon 1600, ed. by Hyder E. Rollins. Cambridge/Mass. 1935

Francis Davison. A poetical rapsody, 1602, ed. by Hyder E. Rollins. Cambridge/Mass. 1931

Lyrics From the Song-Books of the Elizabethan Age, ed. by A. H. Bullen. London 1891

Englische und amerikanische Dichtung (I-IV), hrsg. von Werner von Koppenfels u. a.; Bd. 1, Von Chaucer bis Milton, hrsg. von Friedhelm Kemp. München 2000

1.4. Elizabeth I. und Lord Burghley

Aikin, Lucy: Memoirs of the Court of Queen Elizabeth (2 vols). London 1818 (1823)

Wright, Thomas: Queen Elizabeth and her times – original letters [Burghley, Leicester, Walsingham, Smith, Hatton] (2 vols). London 1838

Raumer, Friedrich von: Die Königinnen Elisabeth und Maria Stuart nach den Quellen im britischen Museum und Reichsarchive. Leipzig 1836
Beesly, Edward Spencer: Queen Elizabeth, London 1892
Neale, John E.: Queen Elizabeth. London 1934 (dt.: Königin Elizabeth, Hamburg 1936)
Die Briefe der Königin Elisabeth von England 1533-1603, Hrsg. G. B. Harrison, übs. von Hans Reisiger. Wien 1938
Read, Conyers: Lord Burghley and Queen Elizabeth. London 1960
Frances A. Yates: Astraea. The Imperial Theme in the Sixteenth Century. London, Boston 1977
Suerbaum, Ulrich: Das elisabethanische Zeitalter. Stuttgart 1989
Alford, Stephen: Burghley. William Cecil at the Court of Elizabeth I. New Haven, London 2008

1.5. Frühe Geschichtsschreibung:

Segar, William: The booke of Honor and Armes. London 1590 [Reprint: New York 1975]
Segar, William: Honor Military and Civil. London 1602 [Reprint: New York 1975]
Harington, John [1561-1612]: Nugae Antiquae, 2 vols in one. Bath 1769, 1775
Camden, William: Annales, The True and Royall History of Elizabeth Queene of England. London 1615 (1625)
Markham, Gervase [Jervis]: Honour in his Perfection, or a Treatise in Commendation of the Vertues of Henry, Earl of Oxenford, Henry, Earle of Southampton, Robert, Earl of Essex. 1624
Naunton, Robert [1563-1635]: Fragmenta regalia or Observations on Queen Elizabeth, her times and favorites. 1641
Osborne, Francis: Historical Memoires on the Reigns of Queen Elizabeth and King James. London 1658 [zweifelhaft]
Dugdale, Sir William: The baronage of England or an historical account of the lives and most memorable actions of our English nobility (2 vols). 1675 [fahrlässig]
[Aubrey, John] Brief Lives chiefly of Contemporaries set down John Aubrey between the Years 1669 and 1696, was edited in 1898 by the Rev. Andrew Clark from manuscripts in the Bodleian Library, Oxford. [Anekdoten]
Peck, Francis: Desiderata curiosa (2 vols). London 1732-35 [wiederholt Dugdale]
Collins, Arthur: Historical collections of the noble families of Cavendishe, Holles, Vere, Herley and Ogle. 1752
Walpole, Horace: Earl of Orford, in: A catalogue of the Royal and Noble Authors of England with lists of their works (2 vols). 1759 [wiederholt Dugdale und Peck]
Lodge, Edmund: Illustrations of British History (3 vols). London 1791 [wiederholt Dugdale]
D'Israeli, Isaac: Curiosities of Literature, London 1833 [wiederholt John Aubrey]

1.6. Monographien

August W. von Schlegel: Vorlesungen über dramatische Kunst und Literatur [1808], in: Kritische Schriften und Briefe, Bd. 5 und 6. Stuttgart 1966-67

Heine, Heinrich: Shakespeares Mädchen und Frauen. Paris 1839 (Hamburg 1921)

Gervinus, G[eorg] G[ottfried]: Shakespeare (4 Bde). Leipzig 1849-50

Gundolf, Friedrich: Shakespeare, Sein Wesen und Werk (2 Bde). Berlin 1928

W. H. Auden: Aus Shakespeares Welt [1948-1962]. Zürich, München 2001

Tomasi di Lampedusa, Giuseppe: Shakespeare [c. 1953]. Aus dem Italienischen von Maja Pflug. Berlin 1994

Lüthi, Max: Shakespeares Dramen. Berlin 1956 (2. Aufl. 1966)

Kott, Jan: Shakespeare heute. Aus dem Polnischen von Peter Lachmann. München 1970

Krippendorff, Ekkehart: Politik in Shakespeares Dramen, Historien, Römerdramen, Tragödien. Ffm. 1992

Bloom, Harold: Shakespeare – The Invention of the Human. New York 1998 (dt.: Shakespeare, Die Erfindung des Menschlichen. Kömödien und Historien. Berlin 2000)

1.7. Oxfordianische Literatur:

Looney, J. Thomas:»Shakespeare« Identified in Edward de Vere, The Seventeenth Earl of Oxford. New York 1920 (1948)

Clark, Eva Turner: Hidden Allusions in Shakespeare's Plays. New York 1931 (Reprint 1974)

Holland, H[ubert] H[enry]: Shakespeare, Oxford and Elizabethan times. London 1933

Barrell, Charles Wisner: The Writings of Charles Wisner Barrell, 1940-1943, in: The Shakespeare Fellowship News-Letter (American) [net: *Shakespeare Authorship Sourcebook*]

Barrell, Charles Wisner: The Writings of Charles Wisner Barrell, 1944-1948, in: The Shakespeare Fellowship Quarterly (American) [net: *Shakespeare Authorship Sourcebook*]

Ogburn, Dorothy and Charlton: This Star of England.»William Shakespeare«, Man of the Renaissance. New York 1952

Miller, Ruth Loyd (ed.): Oxfordian Vistas. Essays. Vol. II of *Shakespeare Identified*, by J. Thomas Looney. Port Washington, 1975

Fowler, William Plumer: Shakespeare Revealed in Oxford's Letters. Portsmouth 1986

Ogburn, Charlton [jun.]: The Mysterious William Shakespeare. The Myth and the Reality. 2nd Edition. Virginia 1992

Wright, Daniel L.: The Anglican Shakespeare. Elizabethan orthodoxy in the great histories. Vancouver 1993

Klier, Walter: Das Shakespeare-Komplott. Essay. Göttingen 1994 (2. erweiterte Aufl.: Der Fall Shakespeare. Die Autorschaftsdebatte und der 17. Graf von Oxford als der wahre Shakespeare. Buchholz 2004)

Sobran, Joseph: Alias Shakespeare. Solving the Greatest Literary Mystery of All Time. New York 1997 (dt.: Genannt *Shakespeare*, Die Lösung des größten literarischen Rätsels. Köln 2002)
NEUES SHAKE-SPEARE JOURNAL. Hrsg. von Robert Detobel und Uwe Laugwitz.
Bd.1: Zum Stand der Diskussion. 1997
Bd.2: Entdeckungen und Fälschungen. 1998
Bd.3: Zur Publikationsgeschichte. 1999
Bd.4: Anmerkungen und Nachforschungen. 1999
Bd.5: Shakespeare und Italien. 2000
Bd.6: Shakespeares Copyright. 2001
Bd.7: Georg Blume, Shakespeare-Korrespondenz. 2002
Bd.8: Edward de Veres Lyrik. 2003
Bd.9: Verschwörungstheorien. 2004
Bd.10: Robert Detobel, Wie aus William Shaxper William Shakespeare wurde. 2005
Bd. 11: Zum Stand der Diskussion 2007
Stritmatter, Roger A.: The Marginalia of Edward de Vere's Geneva Bible: Providential Discovery, Literary Reasoning, and Historical Consequence. Northampton 2001
Great Oxford. Ed. by Richard Malim. Essays on the Life and Work of Edward de Vere, 17 th Earl of Oxford, 1550-1604. Tunbridge Wells 2004
Anderson, Mark: Shakespeare by Another Name. New York 2005

2. Im übrigen benutzte Literatur in der Reihenfolge der Darstellung

2.1. Erste Schritte
Wright,Thomas
The History and Topography of the County of Essex (2 vols). London 1836
Krieger, Karl-Friedrich
Geschichte Englands von den Anfängen bis zum 15. Jahrhundert. München 1990
Townsend, G.J.W.
History of the Great Chamberlainship of England. London 1934
Edward VI
Letter of 17 April 1550 to Sir Anthony Aucher re christening gift from Edward VI at Oxford's birth – in: British Library, Ms Add. 5751A, f. 283
Dewar, Mary
Sir Thomas Smith, A Tudor Intellectual in Office. London 1964

Der Wald
Ovid [Publius Ovidius Naso]: Metamorphosen. Übersetzt von Erich Rösch. München 1997

2.2. Lehrjahre
Pearson, Daphne
Edward de Vere (1550-1604), The Crisis and Consequences of Wardship.
Aldershot 2005
Jolly, Eddi
Lord Burghley's Library, in: Great Oxford, Essays on the Life and Work of
Edward de Vere, Tunbridge Wells 2004
Golding, Louis Thorn
An Elizabethan puritan. [Arthur Golding] New York 1937
Clemen, Wolfgang
Die Tragödie vor Shakespeare. Ihre Entwicklung im Spiegel der dramatischen
Rede. Heidelberg 1955
Boas, Frederick S.
University Drama in the Tudor Age. New York 1971
Bradner, Leicester
The Life and Poems of Richard Edwards. New Haven, London, Oxford 1927
Elliot, John R.
Early Staging in Oxford, in: A New History of Early English Drama, ed. by John
D. Cox and David Scott Kastan. New York 1997
Guzman de Silva
Letter of 19 August 1564 to Philip II. Calendar of State Papers, Spain, Vol. I,
p. 375. Ed. Martin A. S. Hume. London 1892

Das Protokoll
Coroner's Report, Nov. 28, 1567, in: Public Record Office [London Kew] KB
9/619, part I (A. H. Nelson, Monstrous Adversary, p. 47)

2.3. Erstes Blut, erste Siege
Prouty, Charles Tyler
George Gascoigne. Elizabethan Courtier, Soldier and Poet. New York 1942
Ariosto, Ludovico
Sämtliche poetische Werke, übertragen v. Alfons Kissner (4 Bde). Berlin 1922
Euripides
Sämtliche Tragödien und Fragmente, Bd. 4: Iphigenie im Taurerlande, Helena,
Ion, Die Phönikerinnen, übs. v. Ernst Buschor. München 1972
Fortunatus Infoelix
The argument of the Tragedie, in: Jocasta, A Tragedie written in Greeke by *Euripi-
des*, translated and digested into Acte by George Gascoygne, and Francis Kin-
welmershe of Grayes Inne, in: A Hundreth sundrie Flowres [Chapt. II]. London
1573 (George Gascoigne: A Hundreth sundrie Flowres, ed. G. W. Pigman III,
New York 2000)
Duchein, Michel
Maria Stuart – Eine Biographie. Aus dem Franz. von E. Heinemann und U.
Schäfer. Zürich 1992
Stritmatter, Roger A.
The Marginalia of Edward de Vere's Geneva Bible. Northampton 2001

Anonymus
   The lamentable Tragedie of Locrine, the eldest Sonne of King Brutus, discoursing the Warres of the Britaines and Hunnes, with their Discomfiture [c. 1585], printed by Tho. Creede 1595

Feuerspiele in Warwick
Kemp, Thomas (ed.): The Black Book of Warwick. Warwick 1898 (B.M. Ward, The Seventeenth Earl of Oxford, pp. 69-71; A.H. Nelson: Monstrous Adversary, pp. 84-86)

2.4. Die neue Freiheit
Anonymus
   A Hundreth sundrie Flowres, Bounde up in one small Poesie. London 1573. Chapt. IV, Divers excellent devises of sundry gentlemen [1-47]. *When stedfast friendship (bound by holy othe)* [No. 20]; *The Partridge in the pretie Merlines foote* [No. 22]; This tenth of March when *Aries* receyv'd [No. 24]; *Give me my Lute in bed now as I lie* [No. 37]. (George Gascoigne: A Hundreth sundrie Flowres, ed. G.W. Pigman III, New York 2000)
Earlle of Oxenforde
   If women could be fair and yet not fond, in: The Poems of Edward de Vere. Edward de Veres Gedichte. Deutsch von Kurt Kreiler. Buchholz in der Nordheide 2005
Moore, Peter R.
   Der Graf von Oxford und der Hosenbandorden, in: Neues Shake-speare Journal 12, 2008, S. 7-22
Castiglione, Baldesar
   Das Buch vom Hofmann (Il Libro del Cortegiano). Übs. und erläutert von Fritz Baumgart. Mit einem Nachwort von Roger Willemsen. München 1986
Cardano, Girolamo
   Des Girolamo Cardano von Mailand eigene Lebensbeschreibung. Übertragen und eingeleitet von Hermann Hefele. Jena 1914 (München 1969)
Keßler, Eckhard (Hrsg.)
   Girolamo Cardano. Philosoph, Naturforscher, Arzt. Vorträge gehalten anläßlich eines Arbeitsgespräches vom 8. bis 12. Oktober 1989 in der Herzog-August-Bibliothek Wolfenbüttel, Wiesbaden 1994
Douce, Francis
   Illustrations of Shakspeare and of Ancient Manners. London 1807
Hunter, Joseph
   New Illustrations of Shakespeare of the Life, Studies, and Writings of Shakespeare. London 1845
Campbell, Lily B.
   Shakespeare's Tragic Heroes. Cambridge 1930
Craig, Hardin
   Hamlet's Book, in: Huntington Library Bulletin 6, 1934, pp. 17-37
Nicolas, Sir Harris
   Life and Times of Sir Christopher Hatton, London 1847

Sargent, Ralph M.
    The Life and Lyrics of Sir Edward Dyer. Oxford 1935

Der zarte Faden, den die Schönheit spinnt (E. O.)
A Hundreth sundrie Flowres, Bounde up in one small Poesie ... [1573]. Divers excellent Devises of sundry Gentlemen, No. 13, *The thriftles thred which pampred beauty spinnes*

2.5. *Hundert Vermischte Blumen*
Gilbert Talbot
    Letter of 11 May 1573 to to his father, the Earl of Shrewsbury, in: Edmund Lodge, Illustrations of British History, vol II., p. 100, London 1791 (A. H. Nelson: Monstrous Adversary, p. 95)
Prouty, Charles T.
    George George Gascoigne's ›A Hundreth sundrie Flowres‹. Columbia Missouri 1942.
Brooks, Eric St. J.
    Sir Christopher Hatton, London 1946
Moore, Peter R.
    Demonography 101, in: Shakespeare Oxford Newsletter, Shakespeare Oxford Society. Washington, Dec. 2004 [Kritik von A. H. Nelsons Biographie]

Ralph Lane an Lord Burghley
Letter of 17 January 1574 from Ralph Lane to Lord Burghley. Cecil Papers [Hatfield House] 159/80

2.6. *Der englische Seneca*
Conyers, Read
    Mr. Secretary Walsingham and the Policy of Queen Elizabeth (3 vols). Oxford 1925
Roper, David
    Henry Peacham's Chronogramm: the Dating of Shakespeare's *Titus Andronicus*, in: Great Oxford, Essays on the Life and Work of Edward de Vere, 17th Earl of Oxford. Tunbridge Wells 2004
Metz, G. Harold
    Shakespeare's Earliest Tragedy, Studies in Titus Andronicus. London 1996
Cunliffe, John William
    The Influence of Seneca on Elizabethan tragedy, London 1893
Seneca, Lucius Annaeus
    Jasper Heywood and his translations of Seneca's Troas, Thyestes, ed. from the octavos of 1559, 1560 and 1561 by H. de Vocht. Materialien zur Kunde des älteren englischen Dramas, Bd. 41. Louvain Leipzig London 1913
Seneca, Lucius Annaeus
    Sämtliche Tragödien. Lateinisch und deutsch, übs. und erläutert von Theodor Thomann (2 Bde). Zürich und Stuttgart 1961-69

Das Verhör von Orazio Cuoco
›Cocco Orazio‹. Archivio di Stato, Venezia, MS Santo Uffizio, busta 41 (A. H. Nelson, Monstrous Adversary, pp. 155-157)

2.7. Frankreich und Italien
Fénélon, Bertrand de Salignac de la Mothe
  Correspondance diplomatique, I-VII, ed. by Purton Cooper. 1838-1840
Robinson, Agnes Mary Frances
  Queen Elizabeth and the Valois Princes. English Historical Review 2 (1887), pp. 40-77
Chledowski, Casimir von
  Die letzten Valois. München 1922
Mahoney, Irene
  Katharina von Medici – Königin von Frankreich. München 1977
Agrippa d'Aubigné, Theodore
  Denkwürdigkeiten aus dem Leben des Theodor Agrippa d'Aubigné, Stallmeisters von Heinrich dem Vierten. Aus dem Franz. übs. von Ludwig Ferdinand Huber. Tübingen 1780 (auch in: Allgemeine Sammlung Historischer Memoires II/9, Jena 1796, S. 219-423)
Margaretha von Valois
  Geschichte der Margaretha von Valois, Gemahlin Heinrichs IV., von ihr selbst beschrieben. Übs. von Dorothea Schlegel, mit einer Vorrede von Friedrich Schlegel. Hrsg. von Michael Andermatt. Zürich 1996
Sohm, Walter
  Die Schule Johann Sturms und die Kirche Straßburgs in ihrem gegenseitigen Verhältnis 1530-1581. Ein Beitrag zur Geschichte deutscher Renaissance. München, Berlin 1912
Montaigne, Michel de
  Tagebuch der Reise nach Italien über die Schweiz und Deutschland. Übersetzt, hrsg. und mit einem Essay versehen von Hans Stilett. Frankfurt am Main 2002
Franco, Veronica
  Poems and Selected Letters, eds. Ann Rosalind Jones and Margaret F. Rosenthal. Chicago 1998
Simon, Kate
  Die Gonzaga, eine Herrscherfamilie der Renaissance. Köln 1991
Arundell, Charles
  Charles Arundell's allegations against Oxford. PRO (Public Record Office) SP12/151[/45], ff. 100-2 und PRO SP15/27A[/46], FF. 81-2 [PRO, London Kew]; (A. H. Nelson, Monstrous Adversary, pp. 205-206)
Beeching, Jack
  The Galleys at Lepanto. New York 1982 (dt.: Don Juan d'Austria, Sieger von Lepanto. München 1983)
Spinola, Pasquino
  Letter of 11 December 1575 to Lord Burghley, Calendar of State Papers, Foreign, Elizabeth, Vol. 11, 1575-77, No. 495. Ed. Allan James Crosby. London 1880

Beeching, Jack
Don Juan d'Austria. Sieger von Lepanto. München 1983
Detobel, Robert
Ein historisches Vorbild für Shylock? [Gaspare Ribeiro]. Neues Shake-speare
Journal 7, 2002, S. 125-130
Frémy, Édouard
L'Académie des Derniers Valois. Académie de Poésie et de Musique 1570-1576.
Académie du Palais 1576-1585. Paris 1887 (Réimpr. Genève 1969)
Morosini, Giovanni Francesco
Letter of 3 February 1576 to the Signoria, in: Calendar of State Papers, Venice,
Vol. 7 (1558-1580), No. 646, ed. by Rawdon Brown and G. Cavendish Bentinck.
London 1890

Exkurs: »Shakespeare«: l'uomo universale
Mortimer, Anthony
Wyatt, Surrey et les Pétrarquismes Anglais. In: Pierre Blanc (ed.), Dynamique
d'une expansion culturelle: Pétrarque en Europe XIVe-XXe siècle. Paris 2001
Koeppel, Emil
Studien zur Geschichte der italienischen Novelle in der englischen Litteratur
des 16.ten Jahrhunderts. Strassburg 1892
Grillo, Ernesto
Shakespeare and Italy. Glasgow 1949 (New York 1973)
Praz, Mario
The Flaming Heart: Essays on Crashaw, Machiavelli, and Other Studies in the
Relations between Italian and English Literature from Chaucer to T. S. Eliot.
New York 1958
Friedrich, Hugo
Epochen der italienischen Lyrik, Frankfurt am Main 1964
Hocke, Gustav René
Manierismus in der Literatur. Sprach-Alchimie und esoterische Kombinations-
kunst. Reinbek 1959
Moore, Peter R.
Shakespeares Astronomie, in: Neues Shake-speare Journal, Bd. 5, S. 10f.
Jonas, Maurice
The Plot of *Measure for Measure*, in: Notes and Queries, July 29, 1893
Magri, Noemi
Keine Irrtümer bei Shakespeare, in: Neues Shake-speare Journal 5, 2000,
S. 63-75
Sarrazin, Gregor
War Shakespeare in Mantua? In: Shakespeare-Jahrbuch 29 (1894), S. 249-254
Magri, Noemi
The Influence of Italian Renaissance Art on Shakespeare's Work, Titians Barbe-
rini Painting, in: Great Oxford, Essays ... Tunbridge Wells 2004
Talvacchia, Bette
Homer, Greek Heroes and Hellenism in Giulio Romano's Hall of Troy, in: Jour-
nal of the Warburg and Courtauld Institutes, Vol. 51, 1988, pp. 235-242

Magri, Noemi
Places in Shakespeare: Belmont and thereabouts, in: Great Oxford, Essays on the Life and Work of Edward de Vere, 17th Earl of Oxford. Tunbridge Wells 2004
Neubert, Fritz
Die Académie du Palais unter Heinrich III. und die Anfänge der neueren psychomoralischen Literatur in Frankreich, in: Germanisch-Romanische Monatsschrift 21 (1933), S. 444-70

Burghley an die Königin
Letter of 23 April 1576 from Lord Burghley to Elizabeth I. British Library MS Lansdowne 102 [/2], ff. 2-3 (B. M. Ward, The Seventeenth Earl of Oxford, pp. 118-120; A. H. Nelson, The Monstrous Adversary, pp. 143-145)

2.8. Trennung
May, Steven W.
The Poems of Edward DeVere, Seventeenth Earl of Oxford, and of Robert Devereux, Second Earl of Essex, in: Studies in Philology, Vol. LXXVII No. 5 (1980)
Black, L[aughlann] G.
Studies in some related manuscript poetic miscellanies of the 1580s. [Diss.] Oxford 1970
Marotti, Arthur F.
Manuscript, Print and the English Renaissance Lyric. Ithaca, London 1995

Harveys Prognostica 1628

2.9. Geschichte des Irrtums
Woudhuysen, H. R.
Sir Philip Sidney and the Circulation of Manuscripts 1558-1640. Oxford 1996
Marotti, Arthur F.
The Cultural and Textual Importance of Folger MS V. a.89, in: English Manuscript Studies, ed. by Peter Beal, Vol. 11 (2002)
Brie, Friedrich
Sidney's Arcadia. Eine Studie zur englischen Renaissance. Strassburg 1918
Dyer, Sir Edward
Miscellanies of the Fuller Worthies' Library, Vol. IV. The Writings in verse and prose of Sir Edward Dyer, ed. by Alexander B. Grosart. 1876
May, Steven W.
Sir Walter Ralegh. Boston 1989
Forster, Leonard W.
The Icy Fire – Five Studies in European Petrarchism. Cambridge 1969 (dt.: Das eiskalte Feuer. Sechs Studien zum europäischen Petrarkismus. Übs. von Jörg-Ulrich Fechner. Kronberg/Ts. 1976)
Castelnau de Mauvissière, Michel de
Memoires de Castelnau de la Mauvissière, éd. Le Laboureur, t. ii, Paris 1731

Castelnau de Mauvissière, Michel de
Lettres. Bibliothèque Nationale, Fonds francais, 15, 973.
Transcript: Dispatches of Castelnau de Mauvissière, Public Record Office, Baschet Transcripts de Paris, bundle 27 (Public Record Office 31/3/27)
Pollen, S. J. John Hungerford
The English Catholics in the Reign of Queen Elizabeth. London 1920
Bossy, John A.
English Catholics and the French Marriage 1577-81, in: Recusant History, vol. 5 (1959), pp. 2-16
McGhee, Robert.
The Arctic Voyages of Martin Frobisher, An Elizabethan Adventure. Montreal 2001
Mendoza, Bernardino de
Letter of 14 August 1578 to Gabriel de Zayas. Calendar of State Papers, Spain, Vol. 2, No. 521. Ed. Martin A. S. Hume. London 1894
Harvey, Gabriel
Gabrielis Harueij Gratulationum Valdinensium libri quatuor ... Londini : Ex officina typographica Henrici Binnemani, Anno. M. D.LXXVIII. [1578] Mense Septembri.
Harvey, Gabriel
The Gratulationes Valdinenses, ed. by Thomas Hugh Jameson. Yale University 1938
Stern, Virginia F.
Gabriel Harvey, His Life, Marginalia and Library. Oxford 1979

Der Cavaliero
Rich, Barnabe: Riche his Farewell to Militarie Profession, 1581 (B. M. Ward, The Seventeenth Earl of Oxford, pp. 193-194; A. H. Nelson, Monstrous Adversary, pp. 228-229)

2.10. Die französische Hochzeit
Feuillerat, Albert
John Lyly. Contribution à l'histoire de la renaissance en Angleterre. Cambridge, 1910 (New York 1967)
Houppert, Joseph W.
John Lyly. Boston 1975
Landmann, Friedrich
Der Euphuismus, sein Wesen, seine Quelle, seine Geschichte. Gießen 1881
Turner, Celeste
Anthony Munday: An Elizabethan Man of Letters. California, 1928
Hamilton, Donna B.
Anthony Munday and the Catholics, 1560-1633. Aldershot 2005
Mears, Natalie
Love-Making and Diplomacy: Elizabeth I and the Anjou Marriage Negotiations, c. 1578-1582, in: History, 86 (2001), pp. 442-66

Pears, Steuart A.
The Correspondence of Sir Philip Sidney and Hubert Languet. London 1845
Duncan-Jones, Katherine
Sir Philip Sidney. Oxford 1989
Rebholz, Ronald A.
The Life of Fulke Greville. Oxford 1971
›Ball‹ [Edward de Vere]
Though I seem strange und Winged with desire in: The Poems of Edward de Vere.
Edward de Veres Gedichte. Deutsch von Kurt Kreiler. Buchholz in der Nord-
heide 2005
Waller, Gary
Edmund Spenser, A Literary Life. New York 1994

Exkurs: Shakespeare, der göttliche Dieb
Bate, Jonathan
Shakespeare and Ovid. Oxford 1993
Donaldson, E. Talbot
The Swan at the Well, Shakespeare Reading Chaucer. New Haven 1985
Boccaccio, Giovanni di
Das Dekameron. Deutsch von Albert Wesselski. Leipzig 1909 (Ffm. 1999)

Spiegel des Toskanismus
Three Proper and wittie, familiar Letters: passed betweene two Universitie men:
touching the Earthquake in Aprill last, and our English refourmed Versifying.
Imprinted At London, ... 1580, in: The Works of Gabriel Harvey, ed. by Alexander B. Grosart, Vol. I., 1884, pp. 84-86 (A. H. Nelson, Monstrous Adversary, pp.
225-226)

2.11. Die Kunst der falschen Botschaft
Detobel, Robert
Neue Spuren zu Shakespeare, in: Neues Shake-speare Journal 3, 1999, S. 98-150
[Harveys Speculum Tuscanismi, Greenes Replik]
Castelnau de Mauvissière, Michel de
Lettres. Bibliothèque Nationale, Fonds francais, 15,973.
Transcript: Dispatches of Castelnau de Mauvissière, Public Record Office,
Baschet Transcripts de Paris, bundle 27 (Public Record Office 31/3/27)
Klarwill, Victor (Hrsg.)
Fugger-Zeitungen: ungedruckte Briefe an das Haus Fugger aus den Jahre
1568-1605. Wien 1923
Mendoza, Bernardino de
Letter of 25 December 1581 to King Philipp II. Calendar of State Papers, Spain,
Vol. 3, No. 186
Arundell, Charles
Charles Arundell's allegations against Oxford. PRO (Public Record Office)
SP12/151[/45], ff. 100-2 [London Kew] (A. H. Nelson, Monstrous Adversary,
pp. 205-206)

Oxford's interrogatories to be administered to Lord Henry Howard and Charles Arundell.
PRO, SP12/151[/42], ff. 96-6v

Das Märchen
Sweet speech or Oration, spoken at the Tryumphe at White-hall before her Maiestie, by the Page to the right noble Earle of Oxenforde. In : Axiochus, A most excellent Dialogue [1592] (A. H. Nelson, Monstrous Adversary, pp. 262-264)

2.12. Feinde ringsum
Young, Alan:
    Tudor and Jacobean Tournaments. London 1987
Chambers, E. K. / Greg, W. W. (Eds.)
    Dramatic Records from the Lansdowne Manuscripts (1908), pp. 181-187 [The Knights]
Wilson, Jean
    Entertainments for Elizabeth I. Woodbridge 1980
Wickham, Glynne
    Love's Labor's Lost And The Four Foster Children of Desire, 1581, in: Shakespeare Quarterly 36, No. 1, 1985, pp. 49-55
Chambers, Edmund K.
    Sir Henry Lee. Oxford 1936
Karnehm, Christl
    Die Korrespondenz Hans Fuggers von 1566-1594. Regesten der Kopierbücher aus dem Fuggerarchiv. München 2003
Bennett, Josephine Waters
    Oxford and Endimion, PMLA, Vol. 57, (1942), pp. 354-69
Phelps, John
    The source of Love's Labour's Lost, in: The Shakespeare Association Bulletin, vol. 17, no. 2, April, 1942
Harbage, Alfred
    Love's Labor's Lost and the Early Shakespeare, in: Philological Quarterly 61, No. 1, Jan. 1962
Yates, Frances A.
    A Study of Love's Labour's Lost. Cambridge 1936

Exkurs: A companion for a King
May, Steven W.
    The Authorship of ›My Mind to me a Kingdom is‹, in: The Review of English Studies, New Series, Vol. 26, Nov. 1975
Edward de Vere
    Were I a king, I might command content, in: The Poems of Edward de Vere. Edward de Veres Gedichte. Deutsch von Kurt Kreiler. Buchholz in der Nordheide 2005
Davies of Hereford, John
    The Complete Works of John Davies of Hereford, ed. by Alexander B. Grosart (2 vols). Edinburgh 1878 (Reprint Hildesheim 1968)

Detobel, Robert

»Ich kannte einen Mann«, in: Wie aus William Shaxper William Shakespeare wurde. Neues Shake-speare Journal X, 2005, S. 139-148

Das Aschermittwochsmahl

Bruno, Giordano: Gesammelte Werke, Bd. 1 Das Aschermittwochsmahl. Ins Deutsche übertragen von Ludwig Kuhlenbeck. Leipzig 1904

2.13. Neue Allianzen

William Cecil, Lord Burghley

Letter of 12 March 1583 to Sir Christopher Hatton, in: Sir Harris Nicolas, Life and Times of Sir Christopher Hatton, London 1847, pp. 321-324. (A. H. Nelson, Monstrous Adversary, pp. 284-285 [hier falsch datiert])

Bowen, Gwynneth

More Brabbles and Frays, in: Shakespearean Authorship Review (English), Autumn 1968 [Oxford-Knyvet feud]

May, Steven W.

The Countess of Oxford's Sonnets, A Caveat, in: English Language Notes, 3 (1992), pp. 9-19

Smith, Rosalind

The Sonnets of the Countess of Oxford and Elizabeth I. Translations from Desportes, in: Notes and Queries 41 (1994), pp. 446-450

Raleigh, Walter

Letter of 12 May 1583 to Lord Burghley. British Library MS Lansdowne 39 [/22], f. 130. (A, H. Nelson, Monstrous Adversary, p. 290)

Bruno, Giordano

Gesammelte Werke, Band 1-6 (Bd. 1 Das Aschermittwochsmahl, Bd. 2 Die Vertreibung der triumphierenden Bestie, Bd. 3 Zwiegespräche vom unendlichen All und den Welten, Bd. 4 Von der Ursache, dem Anfangsgrund und dem Einen, Bd. 5 Eroici furori, Bd. 6 Kabbala, kyllenischer Ekel, Reden, Inquisitionsakten). Ins Deutsche übertragen von Ludwig Kuhlenbeck. Leipzig 1904-09

Bruno, Giordano

Der Kerzenzieher. Übers., mit einer Einl. und Anm. hrsg. von Sergius Kodera. Hamburg 2003

König, Wilhelm

Shakespeare und Giordano Bruno, in: Shakespeare-Jahrbuch 11 (1876), S. 97-139

Yates, Frances A.

Giordano Bruno and the Hermetic Tradition. London/New York 1964 (dt.: Giordano Bruno in der englischen Renaissance. Aus dem Engl. von Peter Krumme. Berlin 1989)

Singer, Dorothea Waley

Giordano Bruno, His Life and Thought. With Annotated Translation of His Work *On the Infinite Universe and Worlds*. New York 1968

Bossy, John
    Giordano Bruno and the Embassy Affair. New Haven 1991 (dt.: Agent der
    Königin. Giordano Bruno und die Londoner Botschaftsaffäre 1583-1586. Stutt-
    gart 1995)
Wright, Louis B. (ed.)
    Advice To A Son. Precepts Of Lord Burghley, Sir Walter Raleigh, and Francis
    Osborne. Ithaca 1962
Wedel, Lupold von
    Lupold von Wedels Beschreibung seiner Reisen und Kriegserlebnisse, 1561-
    1606. Nach der Urhandschrift hrsg. und bearb. von Max Bär. Stettin 1895
[Howard, Philip, Earl of Arundel]
    The Ven. Philip Howard, Earl of Arundel. English Martyrs II. Publications of
    the Catholic Record Society; vol. XXI. Edited by John Hungerford Pollen.
    London 1919
Motley, John Lothrop
    The Rise of the Dutch Republic (3 vols). London, New York 1856 (dt.: Der
    Abfall der Niederlande und die Entstehung des holländischen Freistaats (3 Bde).
    Dresden 1857)

Prinz Amleth
Belleforest, Francois de: Histoires Tragiques. Lyon 1576 [nach: Saxo Grammaticus,
Historiae Danicae (Gesta Danorum), ed. Paris 1514]

2.14. Sein und Schein
Maas, Hermann
    Äußere Geschichte der englischen Theatertruppen in dem Zeitraum von 1559
    bis 1642. Louvain 1907
Anonymus
    The Duttons and theyr fellow-players. British Library, Harl. Ms. 7392, fol. 54.
    (E. K. Chambers, The Elizabethan Stage, Vol. II., Oxford 1923, pp. 98-99)
Fleetwood, William
    Letter of 18 June 1584 to Lord Burghley, in: E. K. Chambers, The Elizabethan
    Stage, vol. IV, Oxford 1923, pp. 297-298
Gager, William
    Dido tragoedia. Herausgegeben, übersetzt, eingeleitet und kommentiert von
    Uwe Baumann und Michael Wissemann. Frankfurt/M. 1985
Wilson, J. Dover
    The Puritan Attack upon the Stage, in: The Cambridge History of English Lite-
    rature, Ed. A. W. Ward and A. R. Waller, Vol. VI, The Drama to 1642, Part Two.
    Cambridge 1910
Nicholl, Charles
    The Reckoning, The Murder of Christopher Marlowe. London 1992
Montaigne, Michel de
    Essais. Erste Moderne Gesamtübersetzung von Hans Stilett. Frankfurt/Main
    1998

Taylor, George Coffin
Shakspere's Debt to Montaigne. Cambridge 1925
Deutschbein, Max
Shakespeares Hamlet und Montaigne, in: Shakespeare-Jahrbuch 80/81 (1946),
S. 70-107
Ritter, Ulrich
Montaignes Skeptizismus und dramatisierte Skepsis bei Shakespeare. Bochum
2003

Epitaph auf Anne Cecil
Wilfred Samonde, *For modesty a chaste Penelope*; John Hoskyns, *Uxor Eduardi Veri
Comitis Oxoniae.* British Library, MS Lansdowne 104, ff. 195-214

2.15. Die Wende
Peter R. Moore
Demonography 101, in: Shakespeare Oxford Newsletter, Shakespeare Oxford
Society. Washington, December 2004 [Begräbnis von Anne Cecil]
Neil Hanson
The Confident Hope Of A Miracle. The True Story Of The Spanish Armada.
New York 2005

Im Vertrauen darauf
Letter from Mrs Julyan Penne to the Earl of Oxford. British Library, MS Lans-
downe 68 [/114], ff. 255-56 (B. M. Ward, The Seventeenth Earl of Oxford, p.302;
A. H. Nelson, Monstrous Adversary, p. 329)

2.16. Sir John oder die Parodie der Verfeindung
(*Tracts and Documents in the Harvey-Nashe Quarrel* und *Marprelate Tracts* und *Anti-
Marprelate-Tracts* sind im Netz – in modernisierter, nicht durchweg richtiger
Schreibweise – auf *The Oxford Authorship Site* zu finden.)
Black, Joseph L. (ed.)
The Martin Marprelate Tracts. Cambridge 2008
Crupi, Charles W.
Robert Greene. Boston 1986
Pichler, Arnold
Thomas Nash und seine Streitschriften. Leipzig 1909
McKerrow, Ronald B. (ed.)
Introduction and Appendices. The Works of Thomas Nashe, vol. V, 1910
McGinn, Donald J.
Nashe's Share in the Marprelate Controversy, in: PMLA, Vol. 59, Dec. 1944
Nicholl, Charles
A Cup of News. The Life of Thomas Nashe. Routledge 1984
Appleton, Elizabeth
An Anatomy of the Marprelate Controversy 1588-1596: Retracing Shakespeare's
Identity and That of Martin Marprelate. Lewiston 2001 [haltlos spekulativ]

Poole, Kristen
Saints Alive! Falstaff, Martin Marprelate, and the Staging of Puritanism, in: Shakespeare Quarterly 46, No. 1 (1995), pp. 47-75
Poole, Kristen
Radical Religion from Shakespeare to Milton. Cambridge 2000
Honigmann, E. A. J.
Sir John Oldcastle, Shakespeare's Martyr, in: Fanned and Winnowed Opinions. Shakespearean Essays presented to Harold Jenkins, ed. John W. Mahon and Thomas A. Pendleton. London, 1987 (pp. 118-32)

Sonnett I
SHAKE-SPEARES SONNETS. Never before Imprinted. By G. Eld for T. T. and are to be solde by William Aspley. 1609

2.17. Jüngling und Dark Lady
Judith H. Anderson
Spenser's Faerie Queene, Book V: Poetry, Politics and Justice, in: A Companion to English Renaissance Literature and Culture. Cambridge 2007
Akrigg, G. P. V.
Shakespeare and the Earl of Southampton. London 1968
Green, Martin
Wriothesley's Roses in Shakespeare's Sonnets, Poems and Plays. Baltimore 1993
Mary Browne, Countess of Southampton
Letter to Lord Burghley, State Papers; Domestic 1581-1590, p. 680
Martindale, Charles/Burrow, Colin
Clapham's Narcissus, A Pre-Text for Shakespeare's Venus and Adonis? In: English Literary Renaissance 22 (1992), p. 147-76
Yates, Frances A.
John Florio. The Life of an Italian in Shakespeare's England. Cambridge 1934
Stone, Lawrence
Family and Fortunes. Studies in Aristocratic Finance in the Sixteenth and Seventeenth Centuries. Oxford 1973
Ovid (Publius Ovidius Naso)
Elegien der Liebe [Amores]. Deutsch von Hermann Oelschläger. Leipzig 1880

Exkurs: The Sonneteer. Eine biographische Spurenlese
Vendler, Helen Hennessy
The Art of Shakespeare's Sonnets, Harvard University 1997
Moore, Peter R.
Der Dichterrivale in Shakespeares Sonetten, in: Neues Shake-speare Journal 5, 2000, S. 130-141
Du Maurier, Daphne
Golden Lads. Francis Bacon, Anthony Bacon and their friends. Garden City 1975

Gentle Master William
Nashe, Thomas: Strange Newes, Of the intercepting certaine Letters, and a Convoy of Verses, as they were going Privilie to victuall the Low Countries. Printed 1592 [1593]

2.18. Der alte Esel. Ein Kapitel für Pedanten
(Vgl. 1.3. Werke der Zeitgenossen: John Lyly, Robert Greene, Gabriel Harvey, Thomas Nashe. – *Tracts and Documents in the Harvey-Nashe Quarrel* sind im Netz – in modernisierter Schreibweise – auf *The Oxford Authorship Site* zu finden.)
Detobel, Robert
    Eine Widmung, in: Neues Shake-speare Journal 4, 1999, S. 72-116
Wilson, Christopher R.
    Astrophil and Stella: A Tangled Editorial Web. *The Library*, Sixth Series, Vol. I, No 4, 1979, S. 336-342
Barrell, Charles Wisner
    Gentle Master William, in: The Shakespeare Fellowship Quarterly, V.4, Oct. 1944
Detobel, Robert
    Greene's Groatsworth of Wit, in: Neues Shake-speare Journal 1, 1997, S. 21-75; und: Zur Verfasserschaft von GGW, in: Neues Shake-speare Journal 2, 1998, S. 25-65

The Gentlewoman
Harvey, Gabriel: Pierce's Supererogation, or A New Praise of the Old Ass. A Preparative to certaine larger discourses, entituled *Nashe's St. Fame*. London, imprinted by John Wolfe, 1593; Harvey, Gabriel: A New Letter of Notable Contents, With a Strange Sonnet, Entitled Gorgon, Or The Wonderful Year. London. Printed by John Wolfe, 1593

2.19. Das Rätsel der Venus. Ein Kapitel für Zweifler
David, Richard (ed.)
    Love's Labour's Lost. The Arden Edition of the Works of William Shakespeare. London 1955
Taylor, Rupert
    The Date of Love's Labour's Lost. New York 1932
Hannay, Margaret P.
    Philip's Phoenix. Mary Sidney, Countess of Pembroke. Oxford 1990

Exkurs: Shakespeare, der Kopist
Tobin, J. J. M.
    Nashe and *Romeo and Juliet*, in: Notes and Queries, 1980, pp. 161-162. – Nashe and *The Two Gentlemen of Verona*, in: Notes and Queries, 1981, pp. 122-123. – Nomenclature and the Dating of *Titus Andronicus*, in: Notes and Queries, 1984, pp. 186-187. – Nashe and *Othello*, Notes and Queries, 1984; pp. 202-203. – Nashe and *Measure for Measure*, in: Notes and Queries, 1986, p. 360. – Nashe and

Shakespeare, Further Borrowings, Notes and Queries, 1992, pp. 309-20. – Texture as Well as Structure, in: Moison/Bruster, eds., In the Company of Shakespeare, 2002, pp. 97-110. [»One of the most vigorous defenders of the status quo«]

Holmer, Joan Ozark
Nashe as »Monarch of Witt« and Shakespeare's Romeo and Juliet, in: Texas Studies in Literature and Language, Vol. 37, 1995

McCarthy, Penny
Some quises and quems: Shakespeare's true debt to Nashe, in: Shakespeare Yearbook 2004, Lewiston 2004

Eine freundliche Empfehlung
Willobie His AVISA. Or The true Picture of a modest Maide, and of a chast and constant wife. London 1594 [CANT. XLIV-XLVII]

2.20. Seine behexende Feder

Foakes, Reginald A. (ed.)
Henslowes Diary. Cambridge 2000

Manley, Lawrence
From Strange's Men to Pembroke's Men, in: Shakespeare Quarterly, 54 (2003), pp. 253-287

Luna, B[arbara] N[ielsen] de
The Queen Declined. An Interpretation of Willobie his Avisa. With the Text of the Original Edition. Oxford 1970

Aspen, Tomas
Historical Sketches of the House of Stanley. Preston 1877

Lindheim, Nancy R.
Lyly's Golden Legacy: Rosalynde and Pandosto, in: Studies in English Literature, 1500-1900, Vol. 15, No. 1, pp. 3-20

Knight, Stephen/Ohlgren, Thomas H. (eds.)
The Tale of Gamelyn, in: Robin Hood and Other Outlaw Tales, Kalamazoo 1997

Schmidgall, Gary
The Tempest and Primaleon: A New Source, in: Shakespeare Quarterly 36 (1986); pp. 423-439

Elze, K[arl]
Die Abfassungszeit des Sturms, in: Shakespeare-Jahrbuch 8 (1872), S. 29-47

Orpheus
Letter of 25/27 April 1603 from the Earl of Oxford to Sir Robert Cecil. Cecil Papers [Hatfield House] 99/150

2.21. Die unerbittliche Zeit

Moore, Peter R.
The Fable of the World, Twice Told. In The Shakespeare Oxford Society, Newsletter Vol. 27, No. 4 [The Earl of Essex und Lady Derby]

Strachey, Giles Lytton
   Elizabeth and Essex. A Tragic History, London 1928 (dt.: Elisabeth und Essex.
   Eine tragische Historie. Zürich 1969)
Detobel, Robert
   Der 22. Juli 1598. Ein Tag in der Geschichte der Stationers' Company, in: Neues
   Shake-speare Journal 6, 2001, S. 10-66
Barrell, Charles Wisner
   Lord Oxford As Supervising Patron, in: The Shakespeare Fellowship Quarterly,
   July 1944
Chester, Robert
   Loves Martyr. Ed. by Alexander B. Grosart. London, 1878
Strong, Roy
   »My Weepinge Stagg I Crowne« [The Persian Lady], in: The Art of the
   Emblem, ed. by M. Bath & A. Young. New York 1993
Devereux, W. B.
   The Devereux: Lives and Letters of the Devereux, the Earls of Essex (2 vols).
   London 1853
Harrison, G. B.
   Live and Death of Robert Devereux, Earl of Essex. New York 1937
Schelling, Felix E.
   Introduction to the Complete Works of Ben Jonson; Everyman edition. New
   York, 1946
Kay, W. David
   Ben Jonson, A Literary Life. London 1995
Small, Roscoe Addison
   The Stage-Quarrel between Ben Jonson and the so-called Poetasters. Breslau
   1899
Elton, William
   Portrait of Ajax in Troilus and Cressida, in: PMLA 63 (June 1948), pp. 744-748
Oates, Joyce Carol
   The Tragedy of Existence, Shakespeare's Troilus and Cressida, in: The Edge of
   Impossibility: Tragic Forms in Literature. New York 1972
Bednarz, James
   Shakespeare & the Poets' War. New York 2001
Detobel, Robert
   1605 – Ben Jonson im Jahr danach, in: Das Neue Shake-speare Journal 11, 2007,
   S. 24-44
Muir, Kenneth
   Samuel Harsnett and King Lear, in: The Review of English Studies, New Series,
   Vol. 2, No. 5 (1951), pp. 11-21
Geoffrey of Monmouth
   [Historia Regum Britanniae] The History of the Kings of Britain. Translated,
   with introduction and index, by Lewis Thorpe, London 1966
Nicoll, Allardyce / Nicoll, Josephine (eds.)
   Holinshed's Chronicle as used in Shakespeare's plays. London 1975

[Davies, Sir John]
   The Poems of Sir John Davies, ed. by Robert Krueger. Oxford 1975
Roper, David
   By Shakespeare's Other Avon, in: Great Oxford, Essays on the Life and Work of
   Edward de Vere, Tunbridge Wells 2004

Ever or never
The famous historie of Troylus and Cresseid. Excellently expressing the beginning
of their loves, with the conceited wooing of Pandarus Prince of Licia. Written by
William Shakespeare. London: imprinted by G. Eld for R. Bonian and H. Walley,
and are to be sold at the spred Eagle in Paules Church-yeard, ouer against the great
north doore, 1609.

2.22. Shakespeare und Shakspere
Vickers, Brian
   A Lover's Complaint, and John Davies of Hereford. Cambridge 2007
Lewis, B. Roland (ed.)
   The Shakespeare Documents, Facsimiles, Transliterations, Translations & Com-
   mentary (2 vols). London, 1940
William Shakespeare
   The Life Records, vol. 263 in Gale's Dictionary of Literary Biography. Ed. by
   Catherine Loomis. [Facsimiles and transcripts of all documents connected with
   Shakespeare] 2002
Gurr, Andrew
   Intertextuality at Windsor, in: Shakespeare Quarterly 38 (1987) pp. 189-200
Gurr, Andrew
   The Shakespeare Company, 1594-1642. Cambridge 2004
Halliwell-Phillipps, James Orchard
   Illustrations of the Life of Shakespeare. 1874
Lee, Sidney
   A Life of William Shakespeare. London 1898
Schoenbaum, Samuel
   Shakespeare. Eine Dokumentation seines Lebens. Frankfurt/Main 1981
Detobel, Robert
   Shakespeare macht ein Vierdritteltestament, in: Wie aus William Shaxper Wil-
   liam Shakespeare wurde, in: Neues Shake-speare Journal 10, 2005, S. 28-37. –
   Und: Literaturbericht, Oxfordianische Studien zur *First Folio*, in: Neues Shake-
   speare Journal 3, 1999, S. 66-79
Greg, W. W.
   The Shakespeare First Folio. Its Bibilographical and Textual History. Oxford 1955
Bowen, Gwynneth
   The Incomparable Pair and »the Works of William Shakespeare«, in: Shake-
   spearean Authorship Review (English), Autumn 1961
[Jonson, Ben]
   Ben Jonson's Conversations with William Drummond of Hawthornden, ed. by
   R. F. Patterson. London 1924

Nachwort oder Kleine Geschichte einer großen Verirrung
Bacon, Delia
The Philosophy of the Plays of Shakespeare Unfolded. London & Boston 1857
Morgan, J. Appleton
The Shakespearean Myth. Cincinnati 1881 (dt.: Der Shakespeare-Mythus. Leipzig 1885)
Vitzthum von Eckstädt, Karl Friedrich
Shakespeare und Shakspere, zur Genesis der Shakespeare-Dramen, Stuttgart 1888
Lefranc, Abel
Sous le masque de »William Shakespeare« : William Stanley, VIe comte de Derby (2 vol.) Paris 1918-19)
Looney, J. Thomas
»Shakespeare« Identified in Edward de Vere, the 17th Earl of Oxford. New York 1920
Hoffman, Calvin
The Murder of the Man who was Shakespeare. New York 1955
Hope, Warren / Holston, Kim
The Shakespeare Controversy. An Analysis of the Claimants to Authorship, and their Champions and Detractors. Jefferson/NC 1992 (3rd ed. 2009)
Michell, John
Who wrote Shakespeare? London 1999 (dt.: Wer schrieb Shakespeare? Deutsch von Reinhard Kaiser. Frankfurt/Main 2001)
Greenblatt, Stephen
Will in the World. How Shakespeare Became Shakespeare. New York 2004 (dt.: Will in der Welt. Wie Shakespeare zu Shakespeare wurde. Berlin 2004)
Ackroyd, Peter
Shakespeare. The Biography. London 2005 (dt.: Shakespeare. Die Biographie. München 2006)
Bryson, Bill
Shakespeare. The World as Stage. London 2007 (dt.: Shakespeare, wie ich ihn sehe. München 2008)
Höfele, Andreas
Shakespeare und die Verlockungen der Biographie. Bayerische Akademie der Wissenschaften, Phil.-Hist. Klasse. München 2006
Moore, Peter R:
Das Stillschweigen um Stella, in: Neues Shake-speare Journal 9, 2004, S. 8-19) [ein Fall der literarischen Vertuschung]
Detobel, Robert
Schweigen und Sub-Versionen in der höfischen Öffentlichkeit, in: Neues Shake-speare Journal 9, 2004, S. 20-47
Moore, Peter R.:
Der Abgrund der Zeit, Die Chronologie der Shakespeare-Stücke, The Tempest, in: Neues Shake-speare Journal 4, 1999, S. 51-54

CHRONOLOGIE DER WERKE,
QUELLENTEXTE UND PLAGIATE

Stück	Entstehung	datierungsrelevante Quellen
Titus Andronicus	1573–1574	
Timon of Athens	1574–1580	Pierre Boaistuau, 1566, 1574;
The Comedy of Errors	1576–1577	
Two Gentlemen of Verona	1576–1578	gleiche Quellen wie *Twelfth Night*
Twelfth Night	1577–1578	gleiche Quellen wie *Two Gentlemen*
The Merchant of Venice	1578–1579	
Taming of the Shrew	1579–1580	
Romeo and Juliet	1581–1582	
All's Well That Ends Well	1582–1583	
Love's Labour's Lost I	1582–1583	Gabriel Harvey, Three Letters, 1580; The Four Foster Children of Desire, 1581
Much Ado About Nothing	1582–1583	Thomas Watson, Hekatomphathia, 1582
Measure for Measure	1583–1590	George Whetstone, Heptamerone, 1582
The Tempest	1583–1587	Primaleon de Grece, 1577–1583; Montaigne, Essais I–II, 1580–1582
Cymbeline	1584	
A Midsummer Night's Dream	1584–1587	Langham Letter, 1575–1577; Pastorale »Phyllida und Corin«, Dez. 1584
Hamlet	1585–1586	
King John	1587–1588	Raphael Holinshed, Chronicles of England, Scotland and Ireland, 1587
Henry VI 2–3	1588–1589	Raphael Holinshed, Chronicles, 1587
Othello	1589–1590	

Indizien für die Datierung	Nachfolge: Zitate / Imitate
Henry Peacham, Albumblatt, 1574	
Grabschrift übernommen aus North' Plutarch-Übersetzung (1579)	John Lyly, Campaspe (1583); William Warner, Pan his Syrinx (1584); Greene's Gwydonius (1584)
Historie of Error (Revels Accounts, 1.1.1577)	
George Wapull, The Tide tarrieth with no Man, 1576	(Munday) Fedele and Fortunio, 1584
Spensers Imitation von »With hey ho, the wind and the rain« (1579)	
G. Harvey (ca. 1579): »He that is fast bownde unto the in more obligations than any marchante in Italy to any Jewe there«. Die suitors der Kästchenszene	Gosson, The Schoole of Abuse, 1579: Munday, Zelauto, 1580.
Anne Vavasour?	Nashe, Menaphon, 1589
Erdbeben 1570 (eleven years); Knyvet, März 1582 »Dumains«	Nashe, Saffron-Walden (Nov. 1596)
Alençon verläßt im Februar 1582 England, stirbt im Juni 1584	

Ariodante and Genevora (Revels Accounts, 12.2.1583)	
	Thomas Nashe, Pierce Penniless (1592); King James, Basilicon Doron (1599)
	Munday, John a Kent and John a Cumber (1587/88) »Shrimpe«; Marston-Chapman-Jonson: Eastward Ho! (IV/1) (1605)
Fidele (Anspielung auf Fedele and Furtunio, 1584?)	
»Cupid, all arm'd; a certain aim he took / At a fair vestal, throned by the west, / And loos'd his love-shaft smartly from his bow« (II/1); der Liebespfeil hat Elizabeth verfehlt	Munday, John a Kent and John a Cumber (1587/88), Laienspielszenen
Dido 1583, »fishmonger« 1584, »inhibition« 1584	Nashe, Menaphon, 1589; Marston-Chapman-Jonson: Eastward Ho! (1605)
Soliman and Perseda (ca. 1586)	The Troublesome Raigne of King John of England, 1591
Druck: Contention Part 1/2 (1594/95), bearbeitet von Marlowe	Chettle, Groatsworth, 1592; Nashe, Pierce Pennilesse, 1592
	Nashe, Pierce Pennilesse, 1592; »The Newe Metamorphosis, or a Feast of Fancie, or Poeticall Legendes, written by J.M. Gent, 1600«

Stück	Entstehung	datierungsrelevante Quellen
Henry IV 1-2	1590–1592	Raphael Holinshed, Chronicles, 1587
Winter's Tale	1590–1593	Greene, Pandosto, 1588
The Merry Wives of Windsor	1592–1593	May-game 1589; Greene, Cony-Catching I + II, 1591/92
Henry V	1592–1595	»The Famous Victories of Henry the Fifth« 1586/87
As You Like It	1593–1600	Lodge, Rosalynde 1590
Richard II	1593–1596	Raphael Holinshed, Chronicles, 1587
Richard III	1593–1596	Raphael Holinshed, Chronicles, 1587
Coriolanus	1594	
Love's Labours Lost II	1594–1595	Thomas Nashe, Pierce Pennilesse 1592; Th. Nashe, Strange Newes, 1593; Gabriel Harvey, Pierce's Supererogation, 1593
Antony and Cleopatra	1594–1596	
Julius Caesar	1594–1598	
Henry VIII	1598–1603	
Macbeth	1599–1603	R. Hakluyt, The Principall Navigations, 1598. (»I, Ralph Fitch … did ship myselfe in a ship of London called the Tyger … thence we took the way to Aleppo«)
Troilus and Cressida	1601–1602	Chapman's Homer, 1598
King Lear	1603–1604	Samuel Harsnett: A Declaration of Egregious Popish Impostures, März 1603

Indizien für die Datierung	Nachfolge: Zitate / Imitate
Martin Marprelate, 1588-1590; Julyan Penne – Episode, April 1591	Harvey, Four Letters, 1592; Nashe, Strange Newes, 1593; Nashe, Unfortunate T., 1594
Henslowe: »the gelyous comedy«, 5. Januar 1593; 22nd May, 1594: »Edward White Entred for his Copie vnder the handes of bothe the wardens a booke entituled a Wynters nightes pastime«	
Mrs. Julyan Penn; Besuch Friedrichs von Württemberg in Windsor, August 1592	Nashe, Strange News, 1593 (»cony-catcher«)

4. August 1600: »staied« in the Stationers' Register	
Quarto 1597	
Quarto 1597	

Raphael Peregrino, 1594 (»too *peregrinate*, as I may call it«)	Thomas Nashe, Have it with You, 1596

Anspielung bei John Harington, Metamorphosis of Ajax (1596)	
	Nashe, Lenten Stuffe, 1599; Ben Jonson, Every Man in His Humour, 1599
»but, as when / The bird of wonder dies, the maiden phoenix / Her ashes new create another heir« (V/5); Anspielung auf die Thronfolge	
Anspielung auf James VI und die Thronfolge	

Ben Jonson, Poetaster, June 1601; Dekker, Satiro-Mastix, Sept. 1601	

DATEN ZU LEBEN UND WERK

(Die Daten beziehen sich auf den julianischen Kalender,
den England bis 1752 beibehalten hat.)

4.12.1550	Edward de Vere geboren in Castle Hedingham, Essex
17.11.1558	Regierungsantritt von Königin Elizabeth I
Aug. 1561	Königin Elizabeth besucht John de Vere in Castle Hedingham
3.8.1562	Tod von John de Vere, 16th Earl of Oxford
3.9.1562	Übersiedlung Edward de Veres, 17th Earl of Oxford, zu William Cecil, Baron Burghley
6.8.1564	Der junge Earl besucht die Aufführung von Plautus' *Aulularia* in King's College Chapel, Cambridge
1.2.1567	Oxford schreibt sich ein in der Rechtsschule Gray's Inn, London
24.7.1567	Oxford tötet Edward Baynham während eines Fechtkampfs
2.12.1568	Tod der Mutter Margery Golding
1.5.1571	Erstes Turnier in Whitehall Palace, an dem Oxford teilnimmt
16.12.1571	Hochzeit mit Anne Cecil, der Tochter von William Cecil, Lord Burghley
2.5.1572	Hinrichtung von Oxfords Cousin Thomas Howard, Duke of Norfolk
17.8.1572	Feuerspiele von Warwick Castle unter Beteiligung von Oxford
24.8.1572	Bartholomäusnacht in Paris
Mai 1573	*A Hundreth sundrie Flowres* (darin: The Adventures of Master F. I.)
20.5.1573	Überfall bei Gadshill (Wilkins, Hannam und Dennis contra Faunt und Wotton). Ort und Zeit des Landstraßenspektakels tauchen auf in der Tarletonschen Posse *The Famous Victories*, einer Vorlage für *Henry IV*
5.2.1575	Oxford bricht auf zu seiner Reise nach Frankreich und Italien
6.3.1575	Audienz im Louvre bei Henri III
2.7.1575	Geburt der Tochter Elizabeth
20.4.1576	Rückkehr von der Italienreise, Landung in Dover, Abkehr von Anne Cecil
1.1.1577	*Historie of Error*, Hampton Court Palace (wahrscheinlich identisch mit *The Comedy of Errors*)
Juli 1578	Elizabeth I, Burghley, Leicester, Oxford, Hatton und Sidney in Audley End
1.10.1578	Tod von Don Juan d'Austria, Gouverneur der spanischen Niederlande
3.3.1579	Aufführung der »Shrovetide-Device« mit Edward de Vere, Frederick Windsor, Thomas und Philip Howard, Whitehall Palace
11.8.1579	Hercule-François, Duc d'Alençon, französischer Kronprätendent, der um die Hand der englischen Königin wirbt, reist in Verkleidung nach England

Aug. 1579	Oxford trifft am Tennisplatz von Greenwich Palace auf Philip Sidney
Juli 1580	Gabriel Harvey karikiert den Earl in *Speculum Tuscanismi*
18. 12. 1580	Oxford klagt vor der Königin gegen seine Freunde Howard und Arundell
22. 1. 1581	Turnier in Westminster – Windsor, Sidney, Oxford versus Philip Howard
23. 3. 1581	Geburt von Edward de Vere, Oxfords unehelichem Sohn mit der Hofdame Anne Vavasour
April 1581	Haft im Tower bis 8. Juni 1581
Dez. 1581	Rückkehr zu Anne Cecil
12. 2. 1583	*Ariodante and Genevora* (wahrscheinlich identisch mit *Much Ado About Nothing*), Whitehall Palace
April 1583	Giordano Bruno alias Henry Fagot zieht in das Haus des französischen Botschafters Mauvissière
1. 6. 1584	Tod von Hercule-François, Duc d'Alençon
15. 6. 1584	Schließung von Londons Theatern (»inhibition«)
26. 6. 1586	Elizabeth I bedenkt Oxford mit einer jährlichen Pension in Höhe von 1000 £
17. 10. 1586	Tod von Sir Philip Sidney
8. 2. 1587	Hinrichtung von Maria Stuart
25. 6. 1588	Tod von Anne Cecil, Countess of Oxford
29. 7. 1588	Vernichtungsschlag gegen die spanische Armada
Okt. 1588	*Epistle*, Streitschrift des puritanischen Publizisten Martin Marprelate
2. 8. 1589	Ermordung von König Henri III
Sept. 1589	Thomas Nashe erwähnt *Hamlet* (Vorwort zu Robert Greenes *Menaphon*)
Aug. 1590	Henry Wriothesley, Earl of Southampton, sträubt sich gegen die Heirat mit Oxfords Tochter Elizabeth de Vere
Dez. 1591	Oxford heiratet die Hofdame Elizabeth Trentham
3. 9. 1592	Tod des Schriftstellers Robert Greene, Beginn der Harvey-Nashe-Kontroverse
Feb. 1593	Thomas Nashe, *Strange Newes* (mit Widmung an »Master William«)
24. 2. 1593	Henry de Vere geboren
Juni 1593	*Venus and Adonis,* mit Widmung an Henry Wriothesley, Earl of Southampton
Sept. 1593	Gabriel Harvey, *Pierce's Supererogation* – Widmung an »The old Ass« und die »Idle Hours«, womit der Verfasser von *Venus and Adonis* gemeint ist
Juli 1594	Gründung der Theatertruppe Chamberlain's Men
Juli 1594	*The Rape of Lucrece,* mit Widmung an Henry Wriothesley, Earl of Southampton
Dez. 1594	William Shakspere als Zahlungsempfänger der Chamberlain's Men genannt

26. 1. 1595   Hochzeit von William Stanley, 6th Earl of Derby, und Elizabeth de Vere

1598   Fehlerfreie Stückausgaben, die sogenannten *good quartos*, mit Angabe des Verfassernamens »William Shake-speare« beginnen zu erscheinen

22. 7. 1598   Autorieller Sperrvermerk im Stationers' Register für *The Merchant of Venice*

4. 8. 1598   Tod von William Cecil, Lord Burghley

25. 12. 1599   Robert Armin, Mitglied der Chamberlain's Men, besucht in Hackney seinen »Meister, dem er dient«

25. 2. 1601   Hinrichtung von Robert Devereux, Earl of Essex

24. 3. 1603   Tod von Königin Elizabeth I

1604   *The tragicall historie of Hamlet, Prince of Denmarke. By William Shakespeare. Newly imprinted and enlarged to almost as much againe as it was, according to the true and perfect coppie.* (Vorletzte *good quarto*)

24. 6. 1604   Edward de Vere, 17th Earl of Oxford, stirbt in Hackney

1609   *The famous historie of Troylus and Cresseid. Excellently expressing the beginning of their loues, with the conceited wooing of Pandarus Prince of Licia. Written by William Shakespeare.* (Letzte *good quarto* mit einem Vorwort von »A Never Writer to An Ever Reader«)

1609   *SHAKE-SPEARES SONNETS. By George Eld for T. T. [Thomas Thorpe]*

Dez. 1612   Tod von Elizabeth Trentham, Countess of Oxford

23. 4. 1616   Tod von William Skakspere, Stratford-upon-Avon

1623   Folio-Ausgabe der Werke von William Shakespeare

PERSONENNAMEN UND STÜCKE

BILDNACHWEIS

akg-images: S. 387 o. re.; Farbabb. 6, 19 (Erich Lessing), 20;
Armourers & Brasiers' Company, Armourers' Hall: Farbabb. 24;
Bodleian Library, University of Oxford: Farbabb. 3;
bpk/RMN: Farbabb. 12 (Christian Jean); 13, 14 (René-Gabriel Ojéda);
15 (Gérard Blot); 16 (Franck Raux) 21 (René-Gabriel Ojéda);
The Bridgeman Art Library: S. 113 u. (British Museum), 387 u. (Private
Collection/The Stapleton Collection); Farbabb. 22 (Private Collection/
The Stapleton Collection), 25 (Private Collection), 28 (National Portrait
Gallery);
Marquess of Salisbury/Hatfield House: S. 142; Farbabb. 23;
National Portrait Gallery: S. 195 o., 458 u. re., 520; Farbabb. 1, 4, 5, 7, 9, 10
Royal Collection/Her Majesty Queen Elizabeth II: S. 492;
ullstein bild: S. 387 o li., 458 u li.; Farbabb. 11 (Roger Viollet), 17, 18
(Alinari Archives, Florenz);
Victoria and Albert Museum: Farbabb. 8.
Weitere Nachweise über das Archiv des Insel Verlags.